# 江西文化地图

JIANGXI
WENHUA
DITU

主编　张天清

# 目录 Contents

（本书地图中行政区划资料截止期为 2019 年 12 月底）

# 第一章 总图

Overview

# 一 江西省在中国的位置

哈萨克斯坦
俄
蒙
吉尔吉斯斯坦
塔吉克斯坦
阿富汗
巴基斯坦
克什米尔
(巴基斯坦实际控制区)
(印度实际控制区)
印度
尼泊尔
不丹
孟加拉国
缅甸
老挝
泰国
孟加拉湾
北回归线
新疆维吾尔自治区
西藏自治区
青海省
甘肃省
四川
云南省
塔什干
比什凯克
伊斯兰堡
新德里
加德满都
廷布
达卡
内比都
万象
塔城
阿勒泰
克拉玛依
伊宁
乌鲁木齐
吐鲁番
阿克苏
库尔勒
哈密
喀什
和田
且末
若羌
敦煌
额济纳旗
嘉峪关
张掖
武威
德令哈
格尔木
西宁
海东
兰州
同仁
玛沁
玉树
九寨沟
噶尔
改则
普兰
那曲
昌都
甘孜
日喀则
拉萨
山南
林芝
察隅
乐山
宜宾
西昌
昭通
香格里拉
丽江
攀枝花
大理
保山
曲靖
昆明
玉溪
普洱
图例
未定
国界
省、自治区、直辖市界
特别行政区界
地区界
军事分界线
北京 首都
天津 省级行政中心(外国首都、首府)
保定 地级市行政中心
和田 县级行政中心
1∶18 400 000

罗
斯
漠河
黑河
满洲里
呼伦贝尔
伊春
齐齐哈尔
佳木斯
黑
龙
江
省
大庆
乌兰浩特
哈尔滨
白城
牡丹江
长春
吉林
吉
林
省
延吉
锡林浩特
二连浩特
通辽
赤峰
阜新
沈阳
通化
辽
宁
省
本溪
锦州
丹东
呼和浩特
包头
张家口
河
北京市
北京
承德
秦皇岛
天
津
市
天津
大同
保定
北
鄂尔多斯
大连
长山群岛
平壤
朝
鲜
首尔
韩
国
日
本
海
日
本
东京
渤
海
榆林
太原
石家庄
德州
烟台
山
西
吕梁
邯郸
济南
东
青岛
陕
延安
长治
安阳
山
济宁
日照
黄
海
运城
洛阳
郑州
开封
徐州
连云港
江
苏
盐城
西安
河
南
省
宿州
南阳
蚌埠
安
徽
合肥
南京
十堰
信阳
襄阳
湖
北
省
芜湖
苏州
上海
上海市
重
长
江
宜昌
武汉
舟山
舟山群岛
万州
恩施
黄山
杭州
绍兴
九江
景德镇
浙
江
省
台州
张家界
岳阳
南昌
江
西
省
鹰潭
温州
湖
南
省
长沙
株洲
吉安
南平
怀化
福
建
省
福州
三明
郴州
赣州
泉州
桂林
韶关
厦门
台北
台
湾
省
钓鱼岛
赤尾屿
东
海
北回归线
柳州
广
东
省
广州
汕头
澎湖列岛
台湾岛
高雄
兰屿
玉林
深圳
珠海
澳门
香港
澳门特别行政区
香港特别行政区
北海
湛江
东沙群岛
海口
儋州
海
南
省
三亚
海南岛
南
海
巴布延群岛
菲
律
宾
太
平
洋
南海诸岛
1:36 900 000
南宁
广西壮族自治区
广东省
福建省
台湾省
台湾岛
河内
东沙群岛
海南岛
西沙群岛
永兴岛
三沙
中沙群岛
黄岩岛
马尼拉
南沙群岛
斯里巴加湾市
曾母暗沙
110°
115°
120°
125°
130°
135°
140°
145°
50°
45°
40°
35°
30°
25°
20°

# 二 江西地势

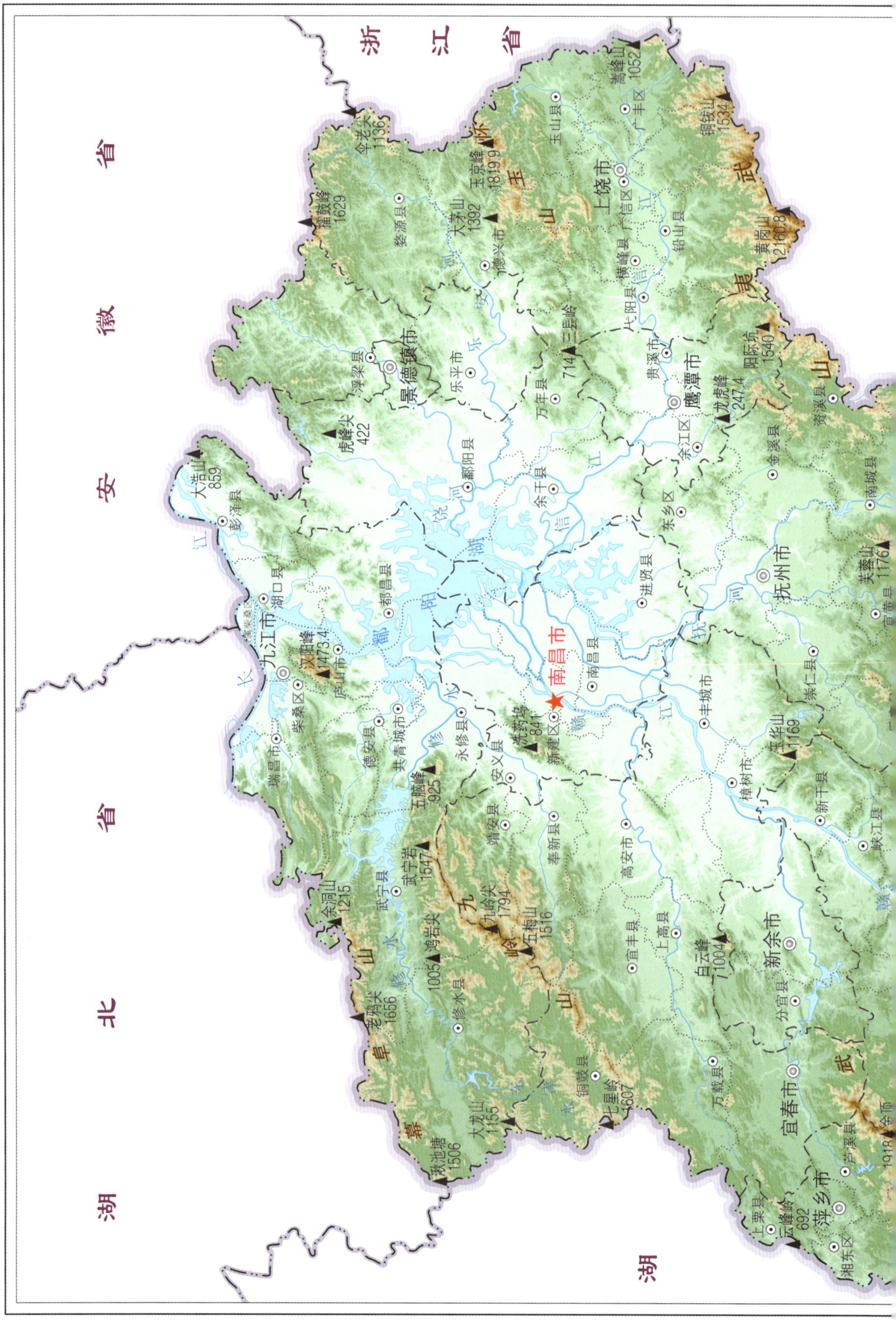

浙江省
安徽省
湖北省
湖
南昌市
九江市
景德镇市
上饶市
鹰潭市
抚州市
新余市
宜春市
萍乡市
鄱阳湖
长江
赣江
信江
抚河
修水
饶河
乐安河
怀玉山
武夷山
九岭山
幕阜山
庐山市
湖口县
彭泽县
都昌县
鄱阳县
余干县
万年县
乐平市
浮梁县
婺源县
德兴市
玉山县
广丰区
广信区
铅山县
横峰县
弋阳县
贵溪市
余江区
东乡区
进贤县
南昌县
新建区
永修县
安义县
靖安县
奉新县
高安市
丰城市
樟树市
新干县
峡江县
上高县
宜丰县
万载县
分宜县
铜鼓县
修水县
武宁县
德安县
共青城市
瑞昌市
柴桑区
芦溪县
上栗县
湘东区
金溪县
资溪县
南城县
崇仁县
宜黄县
大浩山 859
汉阳峰 1473.4
虎峰尖 422
擂鼓峰 1629
大茅山 1392
玉京峰 1819.9
三县岭 714
龙虎峰 247.4
黄岗山 2160.8
铜钹山 1534
五脑峰 925
武宁岩 1547
九岭尖 1794
五梅山 1516
老鸦尖 1656
大沩山 1155
七星岭 1607
白云峰 1004
玉华山 1169
云峰岭 692

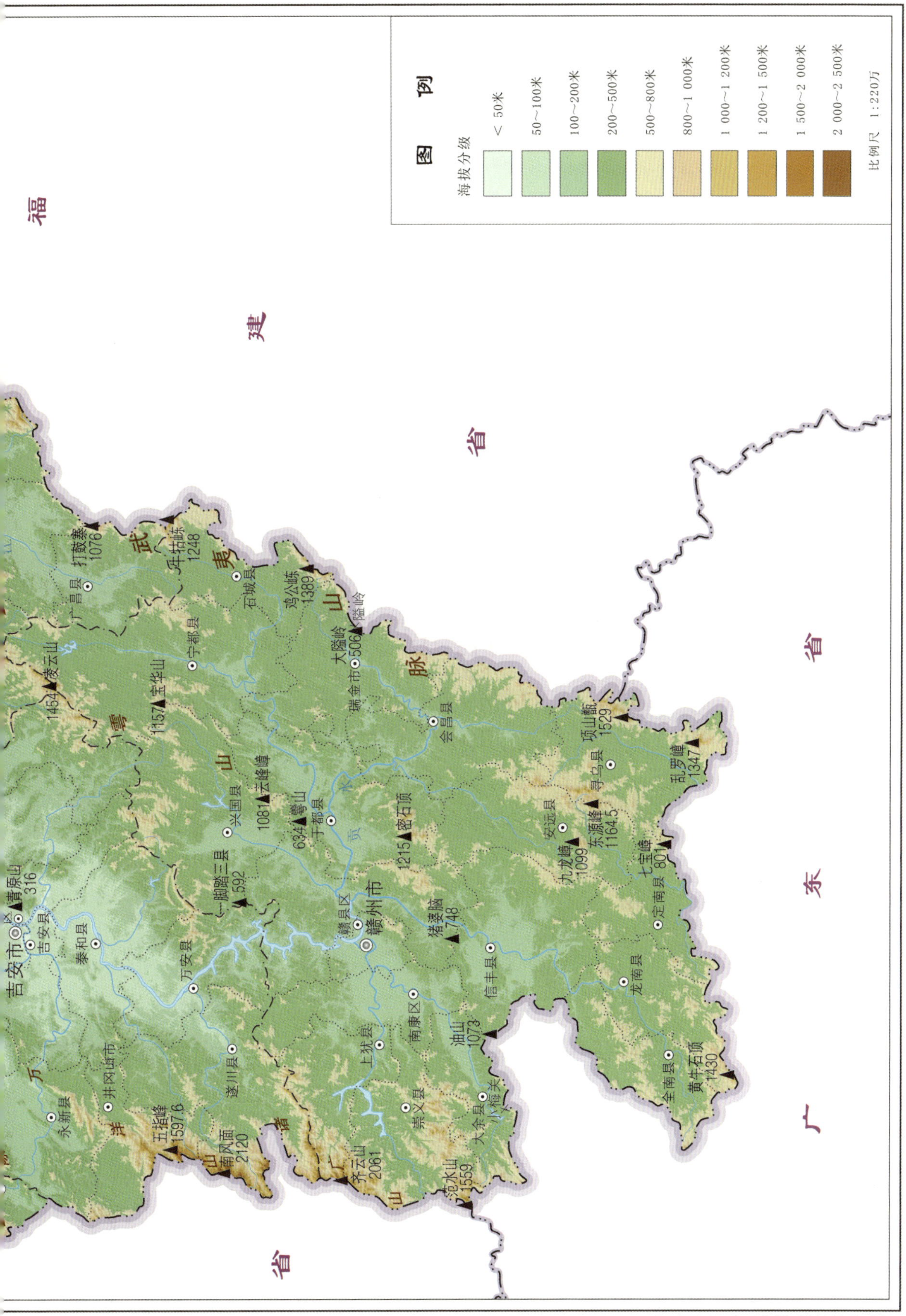

图例
海拔分级
< 50米
50~100米
100~200米
200~500米
500~800米
800~1 000米
1 000~1 200米
1 200~1 500米
1 500~2 000米
2 000~2 500米
比例尺 1:220万
福
建
省
广
东
省
省
武
夷
山
脉
赣州市
吉安市
吉安县
泰和县
万安县
兴国县
于都县
宁都县
广昌县
石城县
瑞金市
会昌县
寻乌县
安远县
定南县
龙南县
全南县
信丰县
南康区
赣县区
上犹县
崇义县
大余县
遂川县
井冈山市
永新县
打鼓寨 1076
岳岭 1248
鸡公岭 1389
大隘岭
隘岭 506
凌云山 1454
宝华山 1157
云峰嶂 1081
雩山 634
密石顶 1215
一脚踏三县 592
猪婆脑 748
青原山 316
九龙嶂 1099
东源嶂 1164.5
七宝峰 801
乱罗嶂 1347
项山甑 1529
黄牛石顶 1430
油山 1073
小梅关
五指峰 1597.6
南风面 2120
齐云山 2061
洸水山 1559
雩
山
万
洋
山
诸
广
山

# 三 江西文化地图

此图另附放大折页

# 第二章　江西文化类别图

10 Types of Cultural in Jiangxi

# 一 省级以上历史文化名城图

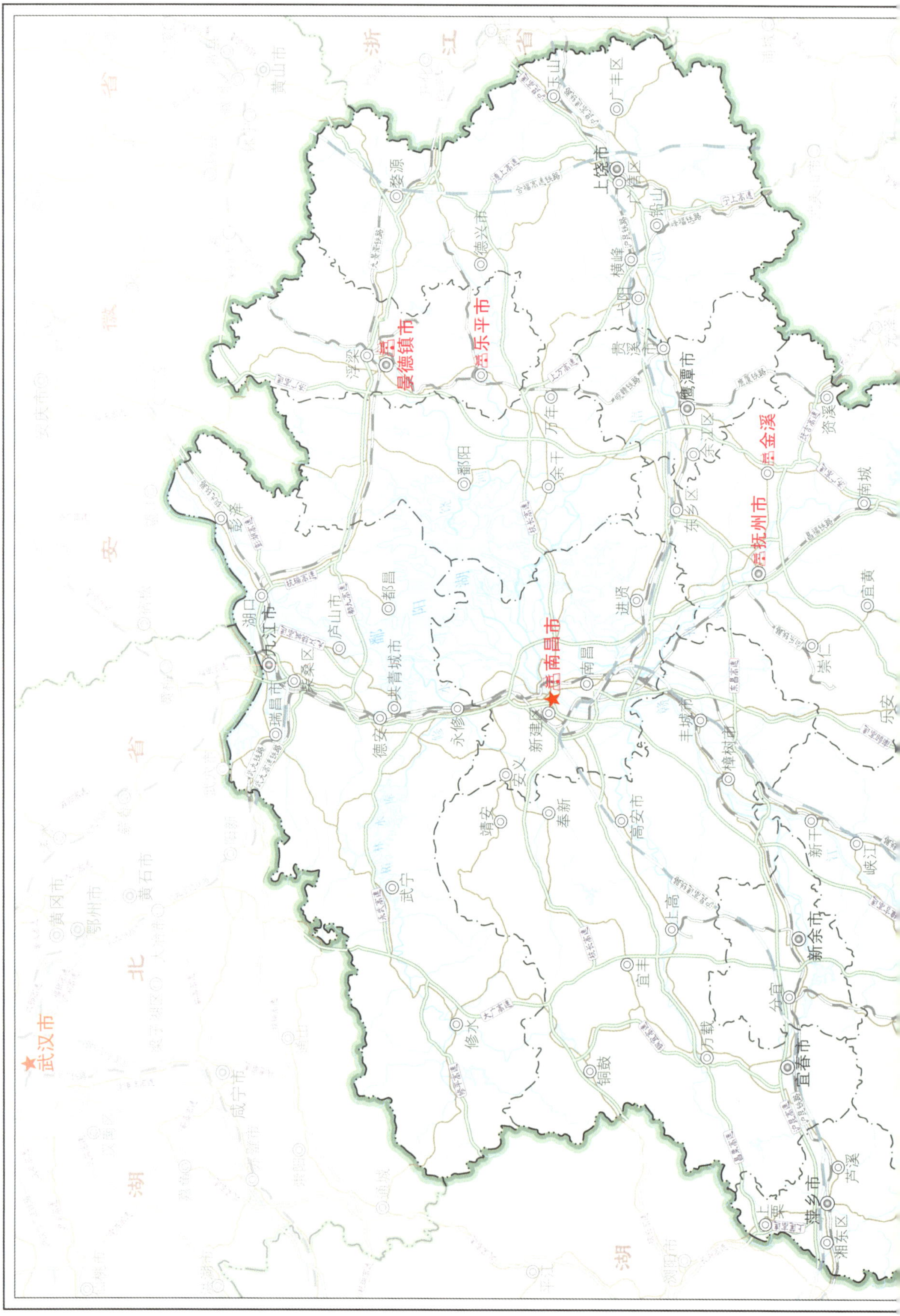

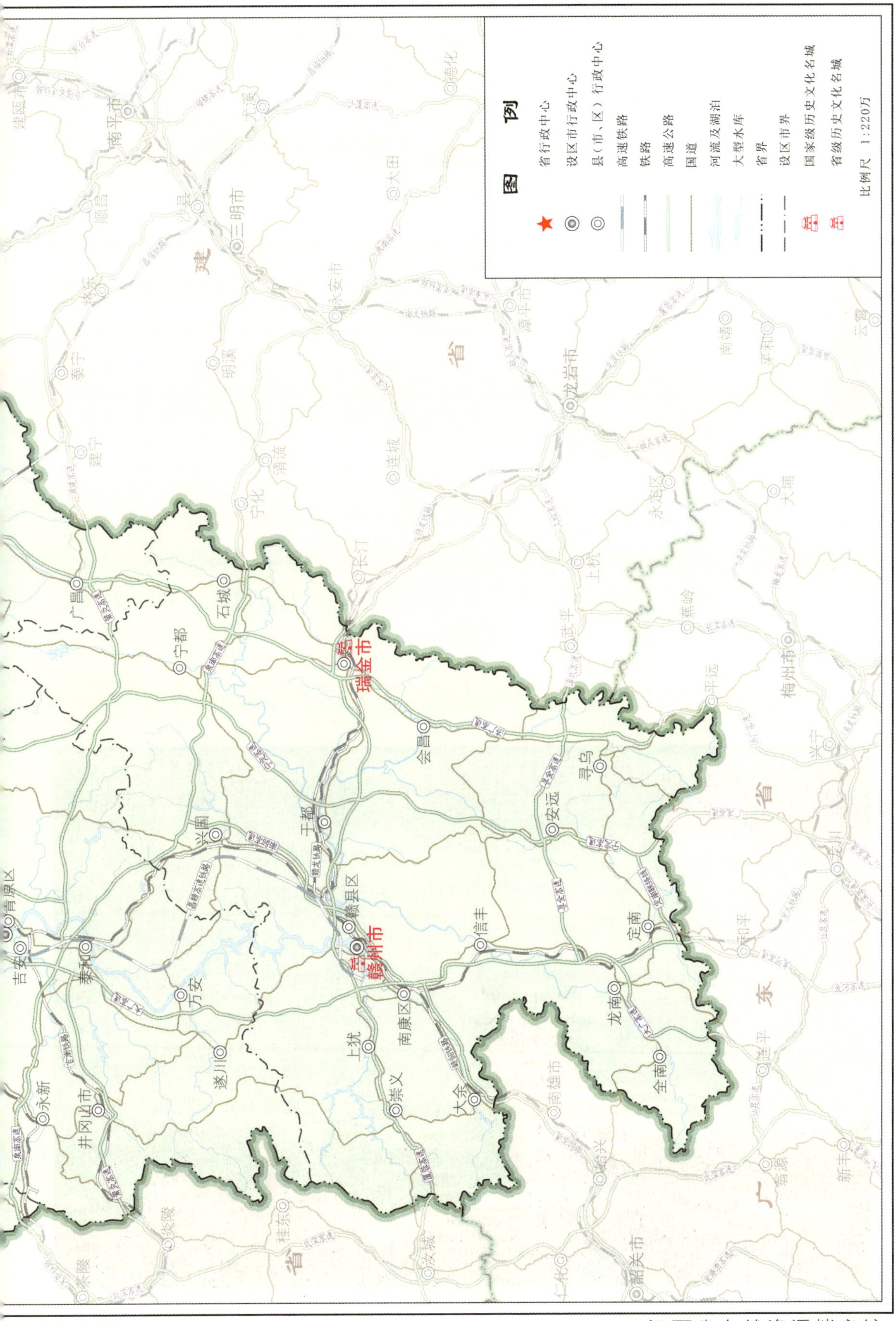

图例
省行政中心
设区市行政中心
县（市、区）行政中心
高速铁路
铁路
高速公路
国道
河流及湖泊
大型水库
省界
设区市界
国家级历史文化名城
省级历史文化名城
比例尺 1:220万
瑞金市
赣州市
赣县区
南康区
信丰
会昌
于都
兴国
宁都
石城
广昌
安远
寻乌
定南
龙南
全南
上犹
崇义
大余
遂川
万安
泰和
吉安
青原区
永新
井冈山市
福
建
省
广
东
省
三明市
永安市
龙岩市
漳平市
梅州市
南平市
建瓯市
长汀
连城
清流
宁化
明溪
建宁
泰宁
将乐
顺昌
沙县
尤溪
大田
德化
上杭
武平
永定区
蕉岭
平远
兴宁
大埔
南靖
平和
云霄
龙川
和平
连平
新丰
翁源
始兴
南雄市
仁化
韶关市
乳源
乐昌
汝城
桂东
炎陵
茶陵

# ① 国家级历史文化名城

| 国家级历史文化名城 | |
|---|---|
| 1 | 南昌市 |
| 2 | 景德镇市 |
| 3 | 赣州市 |
| 4 | 赣州市瑞金市 |

## 南昌市

南昌市于 1986 年被列为第二批国家历史文化名城，具有人文荟萃的悠久历史文化和彪炳千秋的革命历史。南昌自汉初设豫章郡、南昌县以来，历经二千余年，一直是江西的政治、经济中心。其悠久的建城历史、鼎盛的人文背景，为南昌留下了众多的历史景观及人文名胜。

南昌市

从历史城区来看，自唐代初步形成城池格局以来，虽几经改建，但南昌历史城区的基本格局没有发生重大变化。众多的传统街巷以及众多的旧地名大多保留了下来，构成了南昌的历史格局和风貌，也成为南昌悠久历史的见证。除此之外，南昌人文鼎盛，名家辈出。

南昌除了人文荟萃的历史，更以光荣的革命历史而蜚声中外。“八一南昌起义”在中国革命斗争史上写下了光辉的一页，也使南昌因此成为中国人民解放军的诞生地。

南昌古时就有对其“襟三江而带五湖”特色环境的描述。作为长江主支流的赣江，由南向北纵贯江西全境，南昌扼赣江入湖咽喉，是赣江两千年水运线上的繁荣重镇，也赋予了南昌沿江瑰丽雄奇的精致。除滔滔赣江外，南昌还拥有众多湖泊，河湖相连，湖光山色，独有特色。襟江带湖的良好特色景观格局，是南昌这座城市风貌的重要特色。

## 景德镇市

景德镇市，别名“瓷都”，位于江西省东北部。1982 年，景德镇被列为首批国家历史文化名城。

景德镇昌江风情

景德镇是因产业而有城的历史文化名城，无建制、无城墙，是商业行帮组织下的传统城市格局。这一格局在全国历史文化名城中十分罕见，是景德镇独特的城市建成逻辑。清代至民国时期，景德镇的城址空间布局以御窑厂为中心，御窑厂创建于明洪武二年（1369），沿用至清朝灭亡，作为专门管理和组织烧造御用瓷器的官府行政机构，前后延续了 542 年。

景德镇建筑类型主要有民居、店铺、会馆、制瓷作坊、窑房、工业厂房等，建筑类型较其他城市更为特殊且丰富。其中，传统民居建筑材料广泛使用修窑时被废弃的窑砖、匣钵、垫饼、尾砂等，这些材料经高温烧制，耐久性强，有特殊的颜色和质地。景德镇民居多以天井为中心组合院落，建筑细部受到来自全国各地的影响，如福建的弯梁、西洋拱门等。瓷业商行的主要功能是代客订货、挑选货物、包装、暂存和转运货物，平面布局由住宅引申而来，多为两进或一进院落。景德镇会馆共 24 座，其中都帮 1 座、徽帮 6 座、杂帮 17 座。现存湖北会馆、湖口会馆、丰城会馆、天后宫遗址（福建会馆）4 处。会馆文化是景德镇商业行会组织下的传统格局中最具代表性的历史环境要素。

景德镇市的非物质文化遗产十分丰富，涵盖民间文学、民间音乐、民间舞蹈、民间传统手工技艺、民间美术、民俗六大类53个项目，其中已列入国家级非物质文化遗产保护名录的有传统瓷窑作坊营造技艺和手工制瓷技艺2项。

## 赣州市

赣州市

赣州历史城区，是以历史上延续下来的宋、明古城墙及其遗址以内包含的区域，范围为北至章江和贡江，南至红旗大道，西至环城路，东至东河大桥。赣州也被誉为“客家摇篮”“稀土王国”“江南宋城”。

赣州城的景观轮廓和基本结构在宋代已基本形成，时至今日，赣州城依旧保留了宋城的基本风貌，处处可见历史的烙印。在宋代已初具雏形的南北和东西干道，如文清路、南京路、章贡路、中山路、阳明路等，仍是今天城区的主要干道和商业街。宋代的砖城、舍利塔、八境台、浮桥以及与宋代有不解之缘的夜话亭、郁孤台等，仍保存在市区之中。宋代重修的下水道工程——福寿沟，历时900余年，今天仍在发挥着它的作用。加上极盛于两宋时期的东郊七里古瓷窑址和鼎盛于北宋的通天岩石窟寺，更为赣州城增添了无尽宋韵。赣州是一个名副其实的宋城博物馆，留下了与之相关的众多物质遗存和非物质文化。各代名人、文人墨客留下的名句名篇是赣州人文精神的集中体现，如白居易、苏轼、文天祥等历代文人的吟诵传唱，遗留了众多耳熟能详的文学作品。

近现代时期，赣州是中央苏区的重要城市之一，是红色文化、爱国文化的集中体现地。目前，赣州古城内尚存陈毅与国民党地方当局谈判旧址（米汁巷3号）、中共华南分局扩大会议旧址暨叶剑英住地旧址、广东会馆暨赣州工人第一次代表大会旧址、坝上红军标语等重要的红色文化遗迹。

赣州古城中代表明清与民国风貌的遗存包括6片历史文化街区及1片风貌区中的大片明清民居、传统街巷、解放路阳明路的沿街骑楼建筑及蒋经国先生旧居等文物建筑。

1994年，赣州被列为第三批国家历史文化名城。

## 瑞金市 赣州市

瑞金市

瑞金市位于江西省东南边陲，赣州市东部、武夷山脉南段西麓，东界福建省龙岩市长汀县，南邻会昌县，西连于都县，北接宁都县，东北毗石城县。瑞金素为赣、闽、粤三省通衢，是中西部省市沟通东南沿海的中转要地，是海峡西岸经济区的第一腹地。瑞金主要以客家人为主，少数民族主要有畲族，呈大分散、小聚居的形态分布。

瑞金作为客家文化和红色文化的重要发源地，历史底蕴深厚，文化遗存丰富，全市现已登记的不可移动文物点有 406 处，列入各级文物保护单位有 117 处，珍藏文物 11418 件；3 个街区被批准为历史文化街区。

瑞金既是一座千年古邑，又是中国革命史上中国共产党建立的第一个民主政权的中央政府所在地，其历史文化价值可以概括为：红色故都，遗址众多；共和之根，卷帙浩繁；长征之源，彪炳史册；苏区精神，光照千秋；客家古邑，溢彩流金。

非物质文化遗产异彩灿烂，尤其是以客家山歌、赣南采茶戏、客家灯彩、传统手工艺为主的客家民俗文化和民间艺术引人注目，熠熠生辉。苏区时期，瑞金作为全国苏区的文化中心，孕育形成了苏区歌谣、舞蹈、戏剧、革命故事等一大批宝贵的非物质文化遗产，至今仍在传唱传演。2008 年，瑞金市被授予“中国民间文化艺术之乡”荣誉称号。

瑞金先后荣获国家及省里大量殊荣，例如：2015 年，“共和国摇篮”旅游区成功被评为国家 AAAAA 景区，成为赣南第一、江西第七个国家 AAAAA 级旅游景点。同年，瑞金市被列为国家历史文化名城，成为江西首个获此殊荣的县级市。

# 2 省级历史文化名城

| 省级历史文化名城 | |
|---|---|
| 1 | 景德镇市乐平市 |
| 2 | 吉安市永丰县 |
| 3 | 抚州市 |
| 4 | 抚州市南丰县 |
| 5 | 抚州市金溪县 |

## 乐平市 景德镇市

乐平市，位于江西省东北部，地处“南昌——九江——景德镇”金三角区域，北连瓷都景德镇市浮梁县和昌江区，东邻亚洲最大的铜基地德兴和国家级生态县婺源，南接万年县及华东重要交通枢纽鹰潭，西毗鄱阳县，地处鄱阳湖平原。

乐平少有崇山峻岭，大多是平缓的丘陵平山。自然状貌基本上是“五山一水二分田，二分道路和庄园”，具有典型的江南特色。乐安河及其水系所形成的冲积平原和河谷盆地，土地肥沃，物产富饶。

乐平山川钟秀，风光旖旎。有国家 AAAA 级旅游景区洪源仙境和文山怪石林，有国家级水利风景区，还有历居云海、泪滩双月、军山硅化木群等众多秀美的自然美景；有显示江西人类起源和远古人类活动遗迹的涌山仙岩洞旧石器时代古人类洞穴遗址、鸬鹚高岸岭新石器晚期磨制石器遗址；有以接渡镇唐代南窑遗址为代表、涵盖各个朝代的众多瓷业遗存；有以省级历史文化街区何家台以及国家级传统村落、省级历史文化名村涌山村为代表的 10 多个国家、省级传统村落和历史街区。

千百年来，悠悠乐安河水孕育了乐平灿烂的史前文化、优秀的传统文化、宝贵的革命文化和丰富多彩的民俗文化。保留了 480 余座融建筑、雕塑、工艺、绘画、文学于一体的被称为“中华一绝”的古戏台，乐平因此被称为“中国古戏台博物馆”。

2018 年，乐平市被列为第二批省级历史文化名城。

## 永丰县 吉安市

永丰县位于江西省中部，为吉安市管辖。县城中的明清思江古城址，是江西省迄今发现的规模最大、保存最好、结构最清晰的古代县城城址。

永丰县古城建于宋初或更前，以后逐渐扩展。从明代古城墙凸显出了永丰古城的大致范围，进而勾画出永丰古城的基本轮廓。清乾隆、道光、咸丰年间城墙历经多次维修。永丰古城墙是江西省现存规模最大、保存最完好的明代古城墙，总长约 4000 米。

永丰县

永丰县下西坊历史文化古街是清朝后期的建筑物。下西坊古街保存基本完好，古街街面原先是麻头石铺成，地下有发达的排水沟，至今沿用，没有维修过，充分体现了当时劳动人民的智慧。20 世纪 60 年代，街面改成水泥地面，一直沿用到今天。只要走进永丰，到下西坊一游，就可以一饱古街眼福，看到清朝时期古街的原貌，为人们展示当年的古街古貌。

永丰县养育了南宋恩榜状元董德元、明朝状元曾棨、明朝状元罗伦、清朝状元傅以渐、清朝状元刘绎等 5 位状元。从宋淳化三年（992）至清同治四年（1865）走出了进士 287 人，出现了有“一门八进士同朝为官”的盛景，在科举史上称得上是一个佳话。

第二次国内革命战争时期，永丰大部县域为中央革命根据地的一部分。永丰这块红色土地诞生了郭林祥上将等 11 位共和国将军和 2 位新中国成立时期的省委书记。

2018 年，永丰县被列为第二批省级历史文化名城。

## 抚州市

抚州市

抚州古称临川，有着 2200 多年的建置历史，历来是赣东的政治、经济和文化中心，是抚河下游、进入鄱阳湖前的重要地区性中心城市与交通枢纽，自古就有“襟领江湖，控带闽粤”之称。

抚州经历数千年的历史沿革，历史文化遗存众多，境内有省级历史文化名城 3 个（抚州市、金溪县、南丰县），省级历史文化街区 12 个，各级文物保护单位 672 处及登记不可移动文物 3779 处。同时抚州市境环山面湖，武夷盘亘东南，雩山逶迤西南，抚河贯通南北，山水格局形成风水格局中的“聚水格”；抚河流域孕育出璀璨的城乡历史文化聚落，境内古城古镇古村星罗棋布，生产生活生态空间相互交融，有各级历史文化名镇名村 18 处，各级传统村落 114 处，以及国家部委命名的“中国南丰蜜桔之乡”“中国广昌通芯白莲之乡”“崇仁麻鸡之乡”“抚州西瓜之乡”等，千余年来，盛享“赣抚粮仓”之誉，体现传承着悠久的农耕文明。境内自然遗产众多，有风景名胜区 9 处，森林公园 11 处、自然保护区 16 处、湿地公园 14 处、水利风景名胜区 4 处。

抚州是临川文化的发源地，自古人文鼎盛，名人辈出，素有“才子之乡”“文化之邦”的美誉，不仅是伟大的戏剧家汤显祖的故里，是南方著名的戏曲之乡，还孕育了王安石、曾巩、晏殊、晏几道等一大批名儒巨公，书写了光照千秋、灿若星河的临川文化。境内各级非物质文化遗产代表性项目有国家级 7 项、省级 39 项、市级 46 项、县级 79 项。类型涵盖了民间文学、传统音乐、传统舞蹈、传统戏剧、曲艺、传统美术、传统技艺、民俗、传统医药等九大类。

抚州悠久的历史，积淀了丰富的物质与非物质文化遗产，并形成深厚的文化底蕴，是赣东地区乃至整个海峡西岸经济区内为数不多的历史文化资源富集地区。

2018 年，抚州市被列为第二批省级历史文化名城。

## 南丰县 抚州市

南丰县位于江西省东南部，抚州市南部，迄今有 1700 多年的历史，被誉为“世界橘都、中国傩乡、休闲南丰、曾巩故里”。

南丰县历史文化悠久，地方文化特色鲜明。现有 1 处国家级文物保护单位，已登记不可移动文物的数量多达 480 处。有 1 处江西省历史文化名村——石邮村，1 处中国传统村落——洽湾村，另外还有 6 处（港下、甘坊、苦竹、梅坑、石邮、瑶铺）江西省级传统村落。南丰有国家级非物质文化遗产 1 项——南丰跳傩，省级非物质文化遗产 5 项，市级非物质文化遗产 1 项，县级非物质文化遗产 12 项。有历史名人曾致尧、曾巩、曾肇、赵长卿、曾易占、刘埙、吴嘉善、吴嘉廉、赵醒侬、张僖等。

南丰县

南丰县于 2018 年 4 月被列为省级历史文化名城。

古城现存主要街道 4 条，十字街是干道。其余街巷大多与其相接，呈网格状分布。南丰古城内的历史街巷保留了明清时期的空间尺度和界面，是古城重要的历史见证。

此外，古城内有大量的非物质文化遗产，包括 2 项省级非物质文化遗产——传统技艺南丰泥炉制作工艺、传统美术南丰傩面具雕刻；8 项县级非物质文化遗产——南丰豆腐皮制作技艺、南丰水粉制作技艺、南丰鱼丸制作技艺、南丰水酒制作技艺、南丰灌心糖制作技艺、南丰斗笠编织技艺、南丰做篾技艺和南丰打圆木技艺。

2018 年，南丰县被列为第二批省级历史文化名城。

## 金溪县 抚州市

金溪位于江西东部、抚河中游，毗邻道教圣地龙虎山，地处武夷山脉向赣抚平原过渡的地带。历史上曾因出金产银、山间溪水色泽如金而得“金溪之名”，“六分半山两分田，分半水路和庄园”，构成一幅美丽的山水画卷。素有“千年古邑、心学圣地、江南书乡、文明之城、华夏香都”之称。

千年古邑，是指金溪历史悠久，建县始于北宋淳化五年（994），是江西为数不多的千年古邑。目前金溪仍有明清古建筑 11633 栋、古村 100 多个，其中中国历史文化名镇（名村）3 个、中国传统村落 21 个。

心学圣地，指与朱熹齐名的南宋思想家、教育家陆九渊（号象山）是金溪人，被誉为“百世大儒”，其学说被称为“心学”，金溪是“心学”的发源地。

江南书乡，是指金溪浒湾镇是明清时期江南最大的雕版印书中心，2015 年成立“中国雕版印刷文化保护基地”和“中国雕版印刷博物馆浒湾分馆”。这里出版的书籍被称为“金溪书”“赣版”，至今流传着“临川才子金溪书”的谚语。

文明之城，是指金溪十分注重精神文明建设，先后荣获全国文明县城、全国双拥模范城市等荣誉称号。

华夏香都，是指具有金溪特色的香料香精产业。目前有香料香精企业 46 家，天然香料总产量跃居全国第一，2012 年被授予了“华夏香都”商标。2018 年，金溪县被列为第二批省级历史文化名城。

# 二　省级以上历史文化名镇名村图

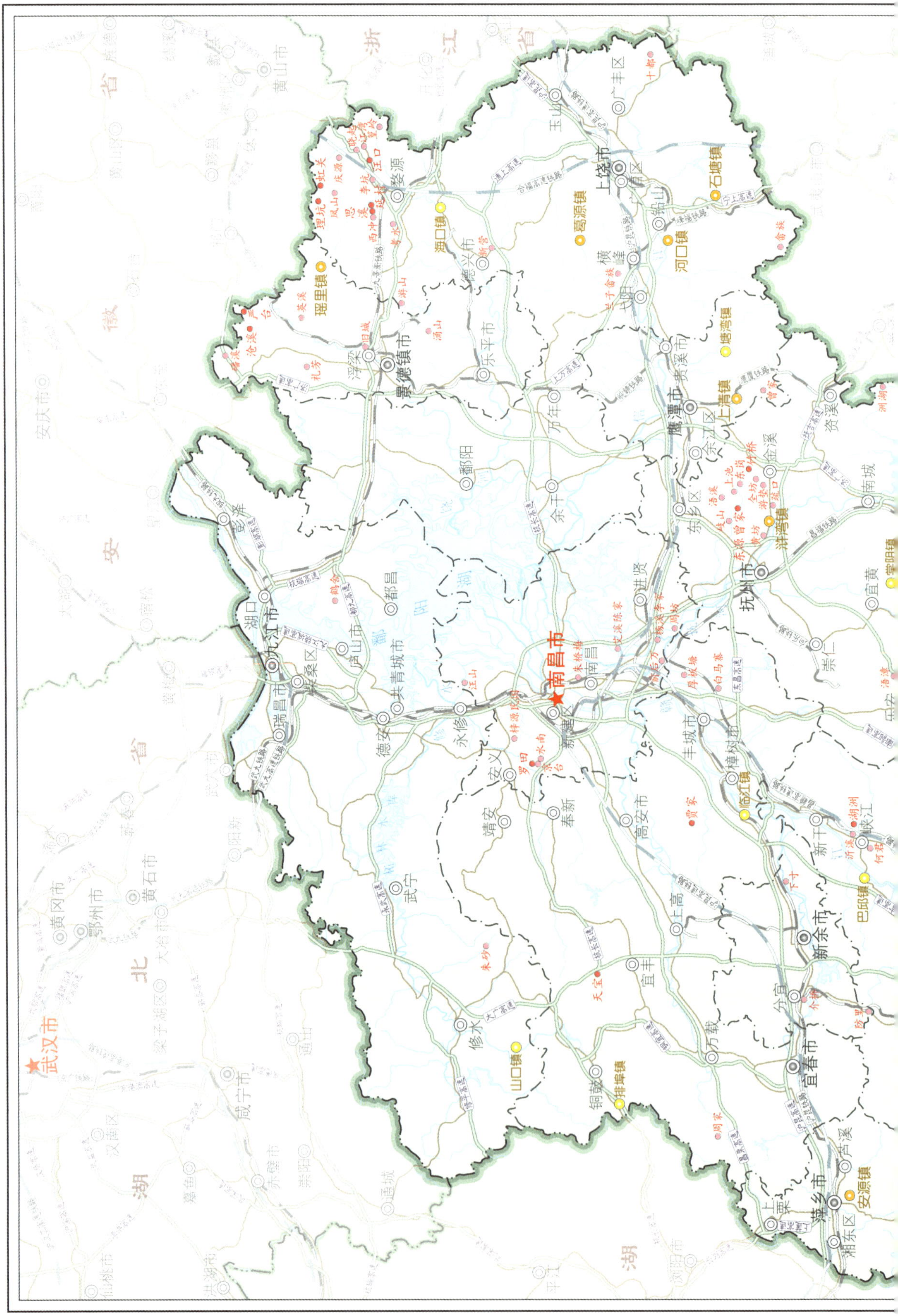

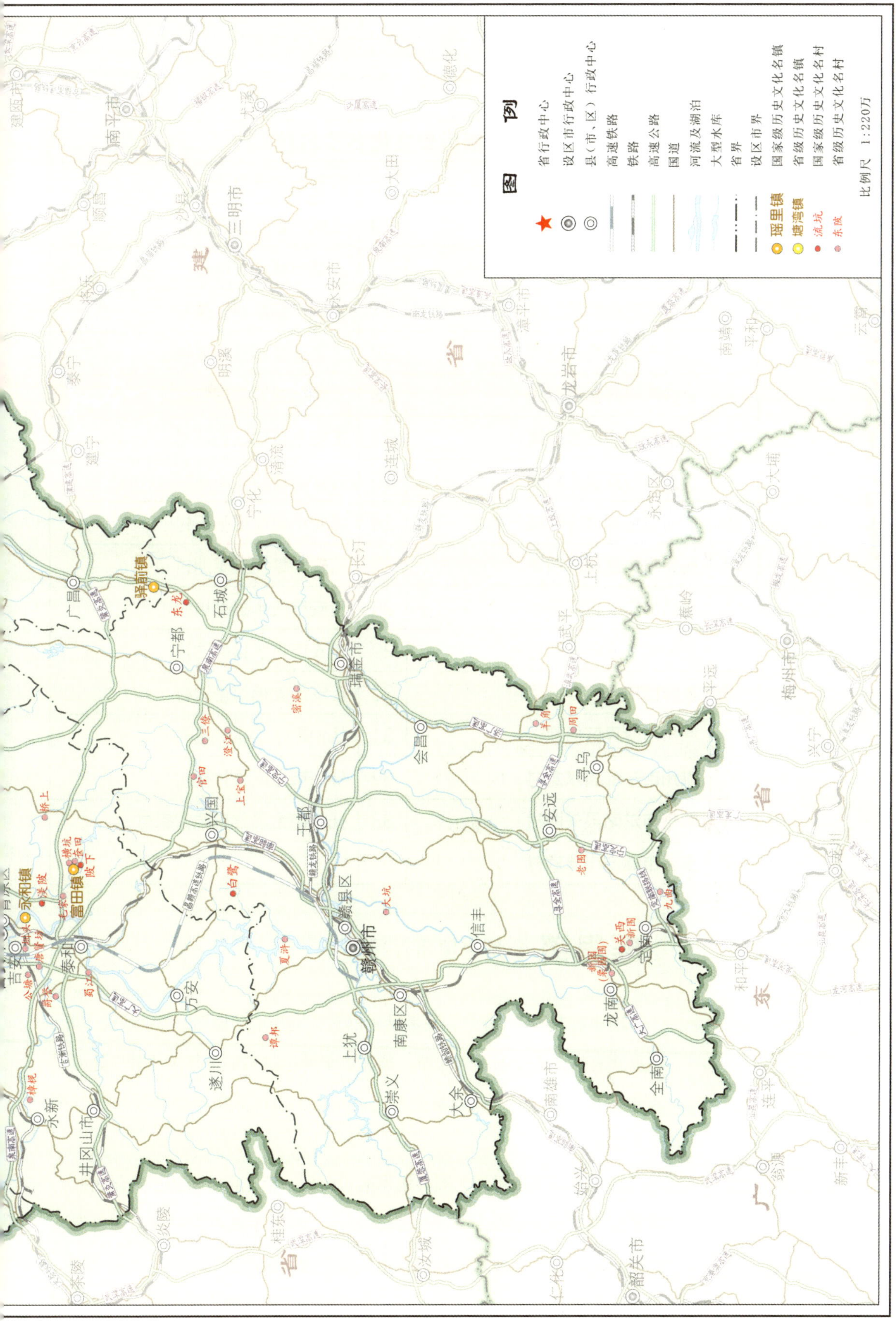

图例
省行政中心
设区市行政中心
县（市、区）行政中心
高速铁路
铁路
高速公路
国道
河流及湖泊
大型水库
省界
设区市市界
瑶里镇 国家级历史文化名镇
塘湾镇 省级历史文化名镇
流坑 国家级历史文化名村
东陂 省级历史文化名村
比例尺 1:220万
赣州市
赣县区
南康区
瑞金市
井冈山市
兴国
于都
宁都
石城
广昌
会昌
寻乌
安远
信丰
龙南
定南
全南
大余
崇义
上犹
遂川
万安
泰和
吉安
永新
驿前镇
富田镇
永和镇
东龙
白鹭
龙岩市
梅州市
三明市
韶关市
福
建
省
广
东
省


江西省自然资源档案馆

# 1 国家级 历史文化名镇名村

| 国家级历史文化名镇名村 | | | |
|---|---|---|---|
| 1 | 景德镇市浮梁县瑶里镇 | 18 | 宜春市宜丰县天宝村 |
| 2 | 萍乡市安源区安源镇 | 19 | 上饶市婺源县汪口村 |
| 3 | 鹰潭市贵溪市上清镇 | 20 | 上饶市婺源县延村 |
| 4 | 上饶市铅山县河口镇 | 21 | 上饶市婺源县虹关村 |
| 5 | 上饶市铅山县石塘镇 | 22 | 上饶市婺源县思溪村 |
| 6 | 上饶市横峰县葛源镇 | 23 | 上饶市婺源县理坑村 |
| 7 | 吉安市青原区富田镇 | 24 | 吉安市吉州区钓源村 |
| 8 | 吉安市吉安县永和镇 | 25 | 吉安市青原区渼陂村 |
| 9 | 抚州市金溪县浒湾镇 | 26 | 吉安市青原区陂下村 |
| 10 | 抚州市广昌县驿前镇 | 27 | 吉安市峡江县湖洲村 |
| 11 | 南昌市安义县罗田村 | 28 | 吉安市吉水县燕坊村 |
| 12 | 景德镇市浮梁县严台村 | 29 | 吉安市吉水县桑园村 |
| 13 | 景德镇市浮梁县沧溪村 | 30 | 吉安市安福县塘边村 |
| 14 | 赣州市赣县区白鹭村 | 31 | 抚州市乐安县流坑村 |
| 15 | 赣州市宁都县东龙村 | 32 | 抚州市金溪县竹桥村 |
| 16 | 赣州市龙南县关西村 | 33 | 抚州市金溪县东源曾家村 |
| 17 | 宜春市高安市贾家村 | | |

## 瑶里镇 景德镇市浮梁县

瑶里，古名“窑里”，因是景德镇陶瓷发祥地而得名，远在唐代中叶，这里就有生产陶瓷的手工作坊。瑶里位于举世闻名的瓷都东北端，处赣、皖两省祁、浮、婺、休四县交汇处，与景德镇市区和浮梁县分别相距59千米和55千米。

2005年瑶里镇被评为高岭国家矿山公园、第二批中国历史文化名镇、国家AAAA级旅游景区、国家森林公园；2006年被列为中国国家自然旅游与文化双遗产；2007年被评为第二批全国特色小镇。

瑶里物华天宝人才辈出，是西汉长沙王吴芮、南宋开国侯李椿年、清工部员外侍郎吴从至等历史名人的故里。开国元帅陈毅曾在此工作和居住过。

瑶里镇

瑶里境内山高林密，盛产制瓷原料——瓷石，虽经数百年采掘，但至今仍有丰富的蕴藏。瑶河贯穿全境，水运便利，加之徽州古道穿境而过，水陆运输齐备。此外，境内黄山松、金钱松遍布，是上等的窑柴。因而在不同的历史时期，有着颇具规模的瓷业生产，并在宋、元、明时期达到顶峰，是景德镇古代三大窑区之一，形成千余年的制瓷历史。

瑶里镇有着古朴的明清风韵，264 幢明清古建筑依山傍水，错落有致地分布在瑶河两岸，一律的徽派建筑风格，飞檐翘角，粉墙黛瓦，掩映在青山绿水之中。

瑶里最为秀丽的风光当数汪胡、梅岭自然风光区，那里山峭林密，景色雄奇，整个景区集山、水、岩、林为一体，聚险、奇、峻、秀于一身，是一处寻幽探奇的旅游佳境。

## 安源镇 萍乡市安源区

安源镇位于萍乡市东南近郊，是中国近代工业的发祥地、中国工人革命运动的策源地、秋收起义的主要爆发地，是全国百个爱国主义教育基地和江西五大红色景区之一，被誉为“东方莫斯科”。2014 年安源镇被评为第六批中国历史文化名镇。辖区内有文物保护单位 30 处，国家级文物 5100 件，非遗文化有安源傩、安源灯彩、安源花果、安源民歌等传统艺术，2005 年被评为中国文明镇；2010 年还被评为中华傩文化传承基地。

安源经历了近代工业化和国内革命战争的洗礼，保存下来的历史建筑多为晚清、民国时期建造的，具有浓郁西洋建筑风格。如萍乡煤矿办公大楼、公务总汇、张公祠等，这些建筑具有历史文化和红色革命文化相兼容的特点。特别是安源路矿工人俱乐部演讲大厅，图纸是刘少奇从苏联带回来的“莫斯科大剧院设计图”，建设资金由工人们捐款自筹和义务施工，造就了演讲大厅中西合璧的独特风格。

为了解放劳苦大众与中国的光明，1921 年至 1930 年，毛泽东同志曾先后 8 次来到安源，亲手点燃了革命的火种。安源工人在中国共产党的领导下，举行了震惊全国的安源路矿工人大罢工和秋收起义。跟着人民领袖的足迹走上井冈山，谱写了中国革命的辉煌篇章。

安源涌现了一批又一批革命英才，有在安源牺牲的工运领袖黄静源、第一位工人出身的中共中央委员朱少连、长征路上强渡大渡河的二十一勇士之一刘莘华等灿若繁星。他们用鲜血染红了这方热土，给我们留下了丰富而珍贵的革命遗产。

安源历史悠久，文化底蕴深厚。人们自古能歌善舞，山歌、茶歌、田歌、盘歌、红歌、小调、春锣、采茶戏芬芳如野，绚丽如春，像安源山盛开的红杜鹃，装点着安源人民多姿多彩的生活。特别是上古时期流传下来神奇的傩文化，傩舞、傩面具、傩庙保存完好，可谓“三宝”齐全，请“傩神”、送“傩神”的活动至今仍活跃在村镇，被誉为古文化的活化石。

## 上清镇 鹰潭市贵溪市

上清镇位于鹰潭市东南部，旧名沂阳市，南北朝时已渐有人聚居。唐高祖武德八年（625）设雄石镇，并派兵驻守，至今已有一千三百多年的历史。清乾隆三十年（1765）始称上清镇。

上清镇

上清镇是中国道教第一古镇，犹如一幅绚丽多彩的历史画卷，演绎着中国道教一千九百多年的历史。东汉中叶，第一代天师张道陵创立道教以来，历代天师在龙虎山上清镇总领三山符箓，承袭道统，繁衍生息63代，上清镇因此成为中国道教传播和发展的中心。镇区中央的天师府乃张天师起居之所，享誉“南国无双地，西江第一家”之称。位于镇区东首的大上清宫，素有“神仙所都”“百神受职之所”之誉。

上清镇风景秀丽，英才辈出。这里三教九流荟萃，商贾骚客云集。宋代心学大师陆九渊曾在上清应天山创办象山书院，使象山书院成为中国历史上四大书院之一。一代忠臣名相、明朝首辅夏言与奸臣严嵩斗智斗勇的故事至今在夏言的故里上清镇广为流传。王安石、曾巩、徐霞客等历代名人曾在这泼墨吟诗。著名的国家森林公园——上清森林公园为上清古镇披装挂彩，增添了无穷的魅力，明净秀丽的泸溪河宛如一条玉带蜿蜒飘逸，东西横贯上清。沿泸溪河3里长的上清镇吊脚楼古街，青石小路，天师家族私宅和明清民居大宅工艺之精湛、结构之精妙，令人叹为观止。

2007年，上清镇被评为第三批中国历史文化名镇；2014年被评为全国重点镇、第四批国家新型城镇化试点镇；2015 年被列为江西省首批水生态文明乡镇，2016 年被列为第一批中国特色小镇、全国第四批美丽宜居小镇。

## 河口镇 上饶市铅山县

河口镇位于上饶市铅山县北部，始建于明万历年间（1573—1620），被誉为“八省码头”，曾与樟树、吴城、景德镇并称为江西四大名镇。2014 年，河口镇被评为第六批中国历史文化名镇。2013 年，河口镇内的明清古街被列为省内首条中国历史文化名街。明万历年间和清乾隆年间是河口镇兴盛发达的时期，素有“江西名镇数河口，八省通衢连五洲”之说。曾有“买不完的汉口，装不尽的河口”之称。

河口镇靠着水运而发展起来，沿河而建。虽然面积不大，却有“九弄十三街”，每条古街都有自己的功能。除此之外，还有黄千米、五云第、兴隆街等临河街巷。

河口古镇还留存着许多古迹。古码头：建筑在信江边上大码头 10 处。古井：古镇内现有古井 1 处，立碑于清光绪三十二年（1906），名为祝家井；古桥：河口古镇沿信江的浮桥现为铁质，原来为木质浮桥，还有众多的内河青石桥；渡口：据清同治《铅山县志》载，有大王渡、庙湾渡、官埠头渡 3 处。

非物质文化遗产丰富。风物类有“河红”茶、柳木制品、陈醋、竹编、铅山绢扇等传统产品；地方艺术类有铅山赣剧；文化名人有明朝首辅费宏、清朝戏曲大师蒋士铨、宋朝宰相陈康伯、名学士刘辉及现代名人陈桢、胡遗生等。朱熹与陆九渊兄弟的“鹅湖之会”及辛弃疾和陈亮之会影响深远；风土民俗类有颇具地方特色的花朝节。相传农历二月十二日为百花生日，铅山称这一天为花朝节，城乡各地娶亲嫁女者颇多，此习至今依然。

## 石塘镇 上饶市铅山县

石塘镇置镇于南唐保大年间，距今已有 1060 余年历史，坐落在江西省东北部的武夷山北麓。

石塘镇素有“武夷山下小苏州”美誉。这里风景如画，气候宜人，街弄整齐，民居高大，群山葱茏环抱着古镇。相传五代时，镇北有方塘十口，故名十塘，后谐音为石塘。

石塘镇在明清时期曾以“品重洛阳”的手工造纸业名噪一时，被誉为传统手工造纸之乡，是国家级非物质文化遗产“连四纸”的原产地。镇内有天和纸号、查家号、赖家纸行等盛极一时的著名纸行遗址与“连四纸手工造纸陈列馆”，生动展现了中国传统造纸业的卓越技艺和辉煌历史，堪称中国传统纸业的“活化石”。

石塘古镇内219栋明清古建筑飞檐翘角、青砖黛瓦，高大的“封火墙”把街区分隔出52条弄堂，大弄套小弄，幽曲相通。有不少富户豪宅，大门气派宏伟，石雕美观精致，屋檐飞梁柱石的图案或镂雕或浮雕，明快而又简洁，在古韵悠长的老街上构成了一个令人惊叹的明清古建筑“博物馆”。

据载，石塘籍有名有姓的革命烈士436名。1937年国共合作后的次年2月，闽北红军游击队奉令下山在石塘集中整编，成立了新四军第三支队第五团。石塘还是“皖南事变”后国民党关押新四军战士的上饶集中营的重要组成部分。

2003年，石塘镇被公布为首批省级历史文化名镇。2006年，石塘镇“连四纸”被列为第一批国家非物质文化遗产。2010年，石塘桥灯被列为第三批省级非物质文化遗产。2014年，石塘镇被评为第六批中国历史文化名镇。同年11月，石塘村被列入第三批中国传统村落名录。2017年，石塘新四军整编旧址被列为全国红色旅游精品景区。

## 葛源镇 上饶市横峰县

葛源镇位于北怀玉山余脉，距县城35千米，东接上饶县，西临弋阳县，北枕德兴市，是横峰县北部区域性中心集镇，也是一座保存着完好历史风貌的千年古镇。因漫山遍野生长着野葛，又处溪水源头而得名。2008年，被评为第四批中国历史文化名镇；2009年，获批为全国爱国主义教育示范基地；2016年，获批为全国特色景观旅游名镇；2016年，获批为国家AAAA级旅游景区。

葛源镇历史悠久。隋末唐初，苏、冯二姓定居在溪水源头，后又有蔡、叶、骆、金等姓相继迁入，至宋代，葛源就已成为了繁荣的山区集镇，素有“小小横峰县，大大葛源街”之说。

葛源镇是著名的“红色省会”。1931年2月，以方志敏为首的赣东北特区党、政、军领导机关从弋阳迁驻葛源，成立赣东北特区苏维埃政府，同年11月，更名为赣东北省苏维埃政府。自此，葛源成为赣东北革命根据地政治、军事、经济、文化的中心，为中国革命写下了光辉的一页，成为全国六大革命根据地之一。该镇现存众多保存完好的革命旧址，其中国家级重点文物保护单位5处，省、县级文物保护单位50余处。葛源镇也因独特丰富的红色旅游资源，被命名为全国红色旅游经典景区。

葛源镇物华天宝。隋末唐初，葛源就有加工葛粉的历史，明、清两朝葛源葛粉被作为贡品贡奉朝廷。现在葛根已成为葛源的主导产业，葛源因此被誉为“中国葛之乡”和中国葛根原产地。葛源蕴藏丰富的地下矿产资源，其中钽矿储量为“亚洲第一”。葛源豆腐因其制作工艺传统、独特，加之葛源水质优良，被誉为“葛源一绝”。

葛源镇闽浙赣根据地旧址群

葛源古韵犹存，至今仍然保留着山区古老村镇的风韵，土墙、瓦顶、禾基、走廊、拖步、天井构成了独特的农舍房屋造型。全镇现有 3 条古街道，建于清末民初，至今完整保留着清末民初时期的集市商铺特色，保存完好的白石书院旧址、万年戏台等古意盎然的历史文化景观令人追古情怀油然而生。

## 富田镇 吉安市青原区

富田镇位于吉安市区东南，地形以平原微丘为主，部分为山区，青原区的母亲河富水河穿境而过。

富田历史悠久，人文鼎盛，红、古、绿资源交相辉映。富田是东固革命根据地的重要组成部分，是第二次反围剿的前沿阵地。老一辈革命家毛泽东、朱德、邓小平、曾山等都曾在这里战斗过，镇内拥有毛泽东旧居、朱德旧居、红四军总部旧址、公略县委旧址、中共赣西南第一次代表大会旧址、红军医院、苏维埃财政总局、苏区邮局等一大批红色遗址，现保存基本完好的红军标语有 1000 多条，富田被誉为是红色标语的大海洋、红色历史的大课堂，党史上著名的“富田事变”也发生于此。这里不仅是民族英雄文天祥故里，也是著名史学家罗泌、理学家张贞生的故乡，历史上从这里产生了 1 名状元、10 名进士，走出了 7 位开国将军，是名副其实的将军镇、进士乡。同时还具有保存完好的明清古建筑群，祠堂数目众多、规模宏大，最具代表性的是匡家娘娘祠、王家大祠堂和陂下敦仁堂。国家级非物质文化遗产——“陂下喊船”独树一帜，是国内罕见的大型民俗文化活动。

富田镇被评为“国家级生态乡镇”等，共打造了 15 枚“国字号”品牌。2010 年，被评为第五批中国历史文化名镇；2012 年，被评为国家生态镇。

## 永和镇 吉安市吉安县

永和镇老街

永和镇地处吉安县东部，赣江西岸，是一座千年古镇。东汉开埠，又名东昌。永和在南宋最盛时为“天下三镇之一”，具有“六街三市七十二花街”的规模。永和镇处于吉泰盆地中部，是中部红岩低丘陵带向赣江平原带过渡部位。主要山脉有南面真华山，起伏延绵，与凤凰乡的天马山接壤，西南中部有庐岗。

该镇旅游资源得天独厚，中国宋代“八大民窑”之一的吉州窑就坐落在镇区。2001 年，吉州窑遗址被列为“国家级重点文物保护单位”，境内有本觉寺塔、清都观、东昌井、宋朝丞相周必大遗迹、曾山故居等名胜古迹。永和人文鼎盛，古代有周必大、欧阳守道、欧阳珣等名人，当代有曾山、曾庆红等无产阶级革命家、党和国家领导人，及许多文人墨客在境内留下足迹。

2007 年，永和镇被评为全国特色小镇；2014 年，被评为第六批中国历史文化名镇、国家级生态镇；2016 年，被列为全国重点镇。吉州窑遗址公园 2015 年被评为国家 AAAA 级旅游景区，2017 年，公布为国家考古遗址公园。

## 浒湾镇 抚州市金溪县

浒湾镇

浒湾镇素有江南重镇之美称，2014 年，被评为第六批中国历史文化名镇，百姓淳朴聪慧，赣东俗谚“临川才子金溪书”即称赞浒湾出书之盛。

浒湾镇位于抚州市金溪县西部，紧傍抚河北岸。镇内水陆交通便利，316 国道穿境而过，距县城 24 千米，离抚州市 23 千米，抚河码头长年停靠各类船只，货船可通赣江直达长江。

浒湾镇作为历史上水陆交通中心，既具有百业繁盛的码头古镇格局，更有雕版印刷业营运中心书坊书铺建筑林立的特点。古镇里的扬洲街与苏洲街为商业街。扬洲街以杨柳渡大渡口得名，苏洲街以堆积如山，待船装运的书籍得名书洲，其后形成了江西地区独一无二的前、后书铺街和礼家巷，专门从事雕版、印刷、销售、仓储、收藏书籍。

该镇至今仍保存有 3 个古码头、4 个漕仓、5 座寺庙、1 座教堂。现存明清、民国历史建筑 189 栋。浒湾古镇的建筑因其丰富的功能而各有特色，不少建筑内部装饰精美，而一些作坊、小栈则简洁大方。其中，上下堂形式的民居建筑形态在赣中抚河流域较为常见，作为本地区典型的民居类型保存，具有其特殊的价值，尤其是各类商业建筑对研究中国古代商业文化有着极大的学术价值。

近千年来古镇积淀的文化底蕴十分深厚，既有浓厚的商贾文化、宗教文化，又有儒家文化气息，对研究中国的木刻印书的保护、开发与利用价值具有十分重要的意义。古镇还充分体现了赣中抚河流域的集镇聚落生成和发展历史，反映了中国历史上长期稳定存在的社会经济结构，也是中国明清商业兴起发展的珍贵实物见证，具有很高的历史、艺术、科学研究价值。

## 驿前镇 抚州市广昌县

西汉景帝年间（前 156—前 149），驿前名梅村，岗上梅树千棵，为古代通往闽、粤必经之道，南北往来商贾，朝廷兵马传递文书歇息之处。南宋绍兴八年（1138）于梅村建驿馆，后圩镇建于驿站之前，驿前从而得名。驿前镇位于广昌县南部，武夷山脉腹地，系抚河的发源地，东邻本县杨溪乡，南连石城县木兰乡和小松镇，西界宁都县湛田乡，北接广昌县赤水镇。

驿前镇古建筑气势雄浑，密布于圩市中心，一直延伸至抚源梅溪岸边，是江西省保存较完整、规模较大的民居古建筑群之一。现存古建筑以明清时期为主，由 50 余处单栋古建筑构成，有姓氏宗族的祠堂、家庙，有达官显贵的官邸、别墅，有商贾小贩的店铺、作坊。目前已开放的七进厅、石屋、船形屋、进士第、大夫第、金鳌鱼、奉先思孝等 6 处院庭 300 余间，大部分建于清代康熙至同治年间，高墙深院，飞檐翘脊，曲径通幽，富丽堂皇。驿前镇的木雕、砖雕、石雕艺术，堪称江南明清古建筑的上乘佳作，文化底蕴深厚，做工精巧细腻，为研究明清社会、思想、文化、民俗风情提供了实物证据。

2017 年，驿前镇被评为中国特色小镇；2017 年，获批为国家 AAAA 级旅游景区；2014 年，被评为第六批中国历史文化名镇。红色旅游资源有苏区遗址，彭德怀、杨尚昆的高虎脑战斗作战指挥部和高虎脑红军烈士纪念碑等，2017 年，被列为爱国主义教育示范基地。

## 罗田村 南昌市安义县

安义县石鼻镇罗田村地处江西省会南昌市郊安义县石鼻镇境内，自唐广明元年（880）开基至今，已有一千二百多年历史。罗田村的开基始祖名黄克昌，又名克昌公，为祝融帝后裔，湖北蕲州罗田县人，为躲避战乱来到此地，经过唐宋元明清几个朝代的繁衍生息，已形成了一个以黄姓为唯一姓氏的村庄。2008 年，被评为第四批中国历史文化名村。

罗田村

罗田村由 3 条古街相连接组成，分别是前街、横街、后街。在古时候，前街主要经营的是油盐百货，横街主要经营茶馆饭庄，后街主要经营仓房客栈。民间流传着这样一句话“南通街、北通街，南北通街通南北，东当铺、西当铺，东西当铺当东西”。由此可见，当时的罗田古村是赣西北古商道中一个十分重要、知名的古驿站。

其古民居建筑规模宏大，文化内涵丰富，融风水星相、建筑艺术于一体，集古代商贸、教育、文化于一处，是赣文化和赣商文化完美结合的典范，也是不可多得的研究中国古代传统里甲体系、集镇变迁和建筑文化艺术的瑰宝和活化石。

古民居装饰考究，雕刻精美。随处可见古街、古井、古樟、古牌坊、古戏台，寺庙、祠堂、香火堂、祖先堂；还有保存完好的四十八天井豪宅—世大夫第、曦庐，闺秀楼、百福图、百花图等，无不渗透着浓郁的赣商文化气息以及炎黄子孙的孝德观和桑梓情怀。

## 严台村 景德镇市浮梁县

严台村，位于浮梁县北部，毗邻安徽省祁门县闪里镇和渚口乡，自古以茶叶、油茶为赖以生存的产业。据《济阳江氏宗谱》记载，严台古称严溪。起源于东汉光武年间，古为番地，后隶浮梁县江村乡，至今已有一千九百年历史。

现存 220 幢民居中保存比较好的明清建筑仍有 68 幢，其中明代 9 幢，清代 59 幢，其余多为近代仿徽式建筑。这里古街、茶商古道、古桥亭、古遗址均保存完整，无不显现出岁月的痕迹。

严台村现存的明清民居均为砖木结构式楼房，属徽式原始巢居建筑风格，整体素雅、端庄，传统的坡屋顶半掩半露，家家设有防火、防风和防盗用的马头墙。清一色的青石板街巷，以及石鼓石墩等，多为明清的产物。

严台村

严台村属黄山余脉，辖地群山逶迤，林海绵延，溪水环绕，风光旖旎，最高峰祁峰山 599 米，林木资源丰富，整个村庄被龙虎二山合抱其中。红豆杉、白果等珍贵树种和杏花树、古樟、古枫、黄檀木、大叶青冈等珍贵植物被保护在村中村外，争奇斗艳地倾诉着岁月的沧桑。

2008 年被评为第四批中国历史文化名村；2010 年被列为江西省生态和旅游示范点；2012 年被列为中国传统古村落；2015 年被列为中国最美休闲乡村——历史古村。

## 沧溪村 景德镇市浮梁县

沧溪村位于江西省浮梁县东北部，东邻本县江村乡，南毗本乡石溪村，西连本乡勒功村，北接安徽省祁门县。

沧溪村

村前有一条发源于安徽省东至、祁门两县的河流，自西向东绕村而过，另一支源自安徽省祁门县红旗岭经本乡白茅港，在本村口交汇，形成杨村河。

全村以农、林、茶为主要收入来源，茶叶为该村传统产业。清朝末年至民国初年，村内共有 6 家茶号，并在上海开设茶庄。至今，茶叶经济在村民的收入中仍占有较大比重。

沧溪有着悠久的历史、深厚的文化底蕴和璀璨的人文景观，村内有 60 多处明清古建筑，至今保留完好，多以砖、木、雕为主调，古朴典雅。

沧溪的古建筑中以牌坊、民居、祠堂居多，其中有一座坊叫蜚英坊，是表彰宋代理学大师朱宏功德的牌坊。蜚英坊前，自然景观与人文景观交相辉映，正如沧溪古人诗中所言：“三步金阶五凤楼，单桂双柳半月池。茂林修竹相映美，河水萦带胜江漓。”

沧溪村 2007 年被评为江西省历史文化名村；2010 年被评为第五批中国历史文化名村；2012 年被列入中国传统村落名录。

## 白鹭村 赣州市赣县区

白鹭村

白鹭村建村于南宋绍兴六年（1136），距今约有九百年历史。自建村以来，钟姓族人一直在此繁衍生息，布种耕耘，一代又一代地承载着客家的文化，至今仍保留着原汁原味的客家传统民俗，是典型的老客古村。古村集中连片建有 69 座大小祠堂，蔚为壮观。其中具有代表性的有：兴复堂、书箴堂（村史馆）、王太夫人祠、恢烈公祠、四逸堂、书升堂、世昌堂、洪宇堂等。此外，还有福神庙、绣花楼、古戏台、有“福”人家、“泰山石敢当”等著名景点，可视为白鹭村的名片。

古村一直保留着崇文尚武、敬祖尊师的客家传统家风。1949 年以前，有私塾 11 所，仅清一朝村内就培养出进士 2 人，举人 17 名，秀才 568 人，各类七品以上官员 31 人。

同时，古村还保留了许多丰富多彩、原汁原味的客家民俗文化，有些民俗文化依然承传着中华远古的汉族民俗文化传统，如抢打轿、烧瓦塔、闹花灯、打黄元米果、擂擂茶、客家婚嫁（哭嫁）、采茶戏、东河戏、木偶戏、对山歌、喊惊叫夜等。

在革命战争年代，白鹭村曾是苏区赣县六区所属地，是当年红军活动的主要阵地，留下过许多可歌可泣的革命事迹。全村有革命烈士 126 人，现有烈士遗属 78 人，保存有多处革命遗址，最具代表性的就是白鹭会议旧址——福神庙、红军医院旧址——恢烈公祠，钟氏总祠——世昌堂的院墙上至今还保留着清晰的红军宣传标语。

2008 年，白鹭村被评为第四批中国历史文化名村；2012 年被评为中国传统村落；2013 年被评为中国生态文化村和全国特色旅游景观名镇名村示范村。

## 东龙村 赣州市宁都县

东龙村位于宁都县东大门田埠乡境内，始建于北宋乾德五年（967），东距石城县20千米，西距宁都县城50千米，距济广高速公路出口4千米，是明末清初文学家“易堂九子”之一李腾蛟生和理学家李大集的家乡。

东龙村是隐藏在深山中的一叶扁舟，自然环境优美，青山环抱，古祠古宅依山傍水，古寺古塔点缀其间；村内阡陌纵横，千顷良田；百口池塘，清溪环流，形成高山水乡的奇特景观。村中有两条环村小溪，一溪流穿村中心轴而过，与村中近百口池塘相连，既给村落排水、防火带来便利，又调节了村内小气候，让高山扁舟顺风顺水，给村落增添诗情画意。

东龙村的人文景观让人叹为观止。据统计，目前保存完整的祠堂48座，宝塔1座，寨堡4座，隘口4处，书院2座，古戏台1座，义仓1处，寺庙3座，石桥4座，这些明清建筑清一色的青砖灰瓦，朴实素雅，格局多为二进一天井，建筑装饰集木、砖、石雕（刻）及彩画、墨绘于一体，工艺精湛。墙壁、门框、窗棂、柱础、门楣、藻井也多有雕绘装饰，制作的花鸟虫鱼、飞禽走兽、人物山水、传说神话栩栩如生。

2009年被评为第三批省级历史文化名村；2010年被评为中国民族优秀建筑——历史文化古村镇示范项目；2011年被评为中国景观村落；2013年被列为第二批中国传统村落、全国美丽乡村创建试点乡村；2014年被评为第六批中国历史文化名村；2015年被列入全国特色景观旅游名镇名村示范名单；2017年，被评为第五届全国文明村镇。

## 关西村 赣州市龙南县

关西村

关西村于宋朝末年徐姓祖先逃难至关西村下燕村小组安居以来，有近八百年的历史。明正德年间（1506—1521），南赣巡抚王阳明率兵前往广东平剿三浰曾在程岭（与定南交界处）一带安营设关把寨，关西正处关隘之西，故名关西。

明代中期以后，赣南及广东、福建等地就不是一块平静的土地，战争、骚乱时有发生，在这样一个特定的历史环境下形成的围屋建筑具有鲜明的防卫特征。这是一种集家、堡、祠于一体的民居建筑形态。除墙高壁厚、壁垒森严外，其巨大的尺度、冷峻的外貌、完善的防御体系、固若金汤的结构，无不给人一种威慑力。围屋一般选址在田地之中或依山而立，外墙一般以三合土筑就，厚度达1米，高二至三层，上面设有走马楼、枪眼、炮楼，下面楼层外面不设窗孔；炮楼凸出外墙，屋面以硬山为主；墙基厚实，外密布桩基，围四周挖护濠，与外部水系相通；大门设在近角处，门墙特别加厚，除少数大围外一般只设一门；大门表面包钉铁板，门顶设有水箱及漏水孔，围内设消防水池或大水缸、一至两口水井，中间楼层存放粮草，有的还设有秘道或逃生口。

关西新围始建于嘉庆三年（1798），于道光七年（1827）完工，历时近30年。由于地形和风水等原因，新围并非是正南北朝向，而是坐西南朝东北，建筑群的中轴线为北偏东60度左右。关西新围平面属典型的“国”字型围，除四周围屋外，在围内还建有规模宏大的厅、屋组合建筑。

关西村2010年被评为第五批中国历史文化名村。

## 贾家村 宜春市高安市

贾家村位于高安市新街镇西南5千米、省道高清公路30千米桩号处，是一个有着1057年历史的古村。始建于宋代，繁荣于明清，康乾盛世的三朝元老、乾隆帝师为该村题的匾额仍保存完好。贾家村有金碧辉煌的贾氏宗祠和七进七出八个天井的厚德堂已申报江西省重点文物保护单位，怡爱堂是全国屈指可数的受过皇帝临幸的嫔妃宫女复归民间后的居住地。贾家村历史悠久，环境优美，规模宏大，类型丰富，保存完整；是农业社会一个大家旺族生活的缩影。其“关内”“关外”的村落布局在江西民居中独具特色，其抬梁、穿斗以及减柱挑梁等木建筑构造，内部装饰之精美雕刻工艺对于研究中国传统建筑、民间艺术具有十分重要的价值；丰富的传统文化留存使古村至今仍是活力四射。

贾家村

2007年，贾家村被评为第三批中国历史文化名村；2011年被评为全国生态文化村、全国民主法治示范村；2013年获批为中国AAA级乡村旅游点；2014年被评为中国传统村落；2015年被评为中国乡村旅游示范村；2016年被列为中国最美休闲乡村；2017年获批为国家AAA级旅游景区。

## 天宝村 宜春市宜丰县

天宝乡辛联村、辛会村、居委会3个行政村的部分范围，规划合称天宝村。

天宝村

作为古宜丰县治所在地，天宝村至今一千八百余年历史，自三国东吴至唐代在此四设县治达245年之久，宋光宗元年（1190），墨庄始祖刘椿任大姑岭巡检遂家于此，繁衍后代，始建屋场至今815年，为宜丰现代最早、规模最大、较为完整的古村落。

天宝村地理位置优越，自然的船形地貌，东南有2500余米的东水西流弯山绕城的护城河，西有藤江河，北面有气势恢宏的古城城墙遗址。曾以“三街六市、六门十三第、内外八景、四十八条巷、四十八口井、四周竹城墙、四季马蹄香”饮誉江南，有“小南京”之称。现保存有明清房屋141栋，其中重点保护的有22栋，古石板路总长7375米，古巷43条，古井36眼，古牌匾25块，历史标语23条。

天宝村不仅环境优美，文化底蕴亦深厚。明朝开国元勋刘伯温、北京元大都总设计师刘秉忠、民国时期外交政务次长刘师舜的祖籍地均在天宝。天宝村历史上的科举人士众多，其中有进士22名，举人129人，诸贡139人，至今还留存皇家赐匾25块，可谓人才济济于一堂。还有创建于1919年的培根职业学校，是专门培养农业人才的职业院校，为全省第一所现代职业学校。天宝村在土地革命时期系湘鄂赣根据地区域，至今留存有不少当年的红军标语。

凭借其得天独厚的生态资源和厚重的人文历史，2005年，天宝村被评为第一批省级历史文化名镇（名村）；2008年，天宝村被评为第四批中国历史文化名村，2010年受邀参加全国首届小城镇博览会并入选上海世博会中国馆小城镇展区展览。

## 汪口村 上饶市婺源县

汪口村位于婺源县江湾镇西部，村落背靠逐渐升高、呈五级台地的后龙山。汪口由一股正东水（江湾水）与另一股东北水（段莘水）在村东汇合。明净如练的河水因村对岸葱郁的向山的阻拦而呈“U”形弯曲，形成村前一条“腰带水”的三面环水的半岛。自南向北，向山—段莘水—官路正街商市—村庄民居依次形成了汪口“山、水、市、居”的村落整体形态。

汪口村

据《永川俞氏宗谱》载，歙县篁墩俞昌迁婺源的第九代孙、宋代朝议大夫俞杲于宋大观三年（1109），由附近陈平坞迁到今汪口村后的郑婆坞，再由郑婆坞逐渐向河边扩展。从此，汪口人在这里耕读并举，儒商结合，繁衍生息。

古代的汪口，既是古代徽州府通往饶州府的陆路必经之地，又是婺源水路货运至乐平、鄱阳湖、九江等地的端点码头。当时，徽州交通“取道有二：一从饶州、鄱、浮（即江西一线），一从杭、严（即浙江一线）。汪口正处于婺源水路交通“通舟止此”的端点与终点，通过水路，汪口成为徽州一个主要的出入口，汪口 18 个溪埠就是 18 个小型货运码头。古代商业“沿水而兴”，在 15 世纪末至 19 世纪，汪口是徽州有名的商埠和货物集散地，繁荣发展程度较高。

位于汪口村水口河中的平渡堰，为婺源四大古建筑之一。平渡堰南北长 120 米，宽 15 米。其南端靠岸，北端堰堨头向上折成曲尺形，离岸空有 6 米宽的舟船通道。平渡堰在不设闸门的情况下，同时解决了蓄水、通舟、缓水势的矛盾，是中国水利建设史上的杰作。2019 年，汪口村被评为省级文物保护单位。村中的俞氏宗祠于 2016 年被公布为国家重点文物保护单位。2007 年汪口村被评为第三批中国历史文化名村。

## 延　村 上饶市婺源县

延村地处婺源县城北偏西 14 千米处，是当代著名城市规划学家、摄影艺术家金经昌和中国科学院院士、发展中国家科学院院士金亚秋的故里。先后被评为第四批中国历史文化名村（2008）、国家 AAAA 级旅游景区（2009）、中国传统村落（2012）、中国美丽休闲乡村（2017）。

延村始建于北宋元丰年间（1078—1085），村名原称“延川”，是因为村落面临川流不息的清溪，乡民以期后代子孙绵延百世而名。后来，延川才慢慢地被人们俗称为“延 村”。

延村古民居群体现了“道法自然”的意蕴，里外墙着重采用了马头墙、山墙的建筑造型，尤其是马头墙屋檐角飞翘，在蔚蓝的天际勾画出民居墙头与天空的轮廓线，增加了空间的层次韵律美。

延村现有保存完好的明清古民居 53 幢，其中重点保护建筑 18 幢，较为著名的有明训堂、余庆堂、聪听堂等，被誉为“清代商宅群”“儒商第一村”。明训堂是一座三连幢的古宅，其主人金永俅与同乡好友詹世鸾（詹天佑的祖父）通过广州“十三行”，将婺源绿茶销至海外。余庆堂古屋建于清代乾隆年间，整个门面是个“商”字，门罩门楼组成“商”字的上部，青石门枋是个“口”字，门枋外砌筑青砖，形成“门”字。聪听堂是延村著名的书香门第，为徽商金嘉藻的祖先于乾隆年间所建，因金嘉藻育有十子，所以有“金氏十家”的称谓，“金氏十家”人丁兴旺，且多饱学之士，亦儒亦官亦商，交往的多有儒学大家，至今屋中仍保存清乾隆年“桐城派”首领、著名儒学大师姚鼎的墨迹匾额。

## 虹关村 上饶市婺源县

虹关村，于南宋建炎年间詹姓迁居始建，是古代饶州通往徽州的必经之路。因坐落于春秋时期的吴、楚两国划疆之地的浙岭南麓，故有“吴楚锁钥无双地，徽饶古道第一关”之誉。

虹关村

虹关村有许多知名景观。被誉为“江南第一樟”的虹关古樟屹立于村口河畔，树龄已一千余年，树高 26 米，胸径 3.4 米。另，虹关村口有一座青石板砌成的拱桥，桥拱与水倒映仿似月圆，使得不少游人及摄影爱好者驻足观赏，人们把它取名为“平桥印月”。2007 年被评为中国经典村落景观。

虹关村人文古居颇多。玉映堂：建于明代，是世界第一长人詹世钗（小名詹五九）的诞生地，故称为“长人故居”。留耕堂：建于明代，除门楼、梁枋、花窗等雕刻显得古朴简单外，不同的是还有天井边的一个曲尺形的石槽坑。这是古代防御型村落的遗存，一项求生避难的设计。除此之外，还有虑得堂、大厅屋、万安水池、什堡祠堂等。

虹关明清时期詹姓墨铺之多、墨之著名、声誉之广为海内外所共知，在当时国内制墨业实属罕见，故又有“徽墨名村”之美誉。目前存于故宫博物院中的 90 余块古墨中，有 53 块出自虹关村。2010 年，虹关村被评为第五批中国历史文化名村，后又获评为中国景观村落、中国传统村落等众多金字招牌。

## 思溪村 上饶市婺源县

思溪村位于婺源县城北偏西15千米，始建于南宋庆元五年（1199），至今已有八百余年的历史，以建村者俞氏以鱼（俞）水相依思念清溪水而名。2014年，思溪村被评为第六批中国历史文化名村，2013年被评为中国传统村落，同时也是国家AAAA级旅游景区。

思溪村口建于明代的“通济桥”和“如来佛柱”，是古代村落水口组合建筑的遗迹，通济桥是一座建在三个船形石礅上的古香古色的廊桥，廊桥的中部建了个小神龛，供奉着大禹神位，刻有“铸九鼎，定神州”的字样。建于清雍正年间的敬序堂，上堂悬挂“敬序堂”鎏金匾额，厅内藻井为长方形，古色古香，为品茶对弈、吟诗作画之地；屋内共有6个天井，楼有回廊护栏，尤以客馆的雕刻精细完美；书斋较简朴，面向庭园，甚为幽静。更为罕见者，是清乾隆年间建的俞氏客馆，客馆内12座格扇门的中间，分别镌刻着由96个不同字体（楷、行、草、隶、篆）的“寿”字组成的“百寿图”，格扇门上下均雕有八仙人物、鱼虫花鸟、水谢楼台等吉祥图案，令人目不暇接，堪称木雕精品。

思溪村以明清古建筑为主，村内以青石板铺地，古建群背靠青山，面临清溪和稻田，村庄与秀水青山的优雅自然风光融为一体。村落有古民居156幢，其中明代建筑5幢，清代建筑80余幢。古民居大多粉墙黛瓦，整体色彩效果是黑白相间，给人朴素淡雅的美感。

思溪村是远近闻名的“聊斋影视村”，1987年福建电视台曾在此拍摄电视连续剧《聊斋》，同时敬序堂也是2006年拍摄的20集电视连续剧《青花》的取景地。

## 理坑村 上饶市婺源县

理坑村坐落在鄣公山余脉驼峰尖东南麓，属沱川乡一个行政村。

明清时期，沱川官吏品阶高的冢宰、侍郎、正卿等均出自该村。有的外出经商，则成巨贾。这些达官显贵，巨富豪商，或衣锦还乡、耀祖荣宗，或告老还乡、落叶归根，不仅带回了“百花金莲炬”“翡翠鳌鱼佩”“竹雕香笼”等国家一级珍贵文物和神宗皇帝御花园池内的珍稀品种“荷包红鲤”，还建造了一批如“天官上卿”“尚书第”“司马第”等官厅府第和以精致的“三雕”（砖、

理坑村

石、木）见优的“诒裕堂”“福寿堂”“云溪别墅”等古建民居。形成频具特色的明清官邸建筑群，被誉为“中国明清官邸、民宅最集中的典型古建村落”。

理坑自古被誉为“书乡”，村人好读成风，崇尚“读朱子之书，服朱子之教，秉朱子之礼”，被文人学者赞为“理学渊源”“山中邹鲁”。几百年来，这个偏僻山村秉承勤学苦读之风，人才辈出，先后出过尚书余懋衡、余懋学，大理寺正卿余启元，司马余维枢，知府余自怡等。经科举中进士者有16人，七品以上官员36人，文人学士92人，著作达333部582卷之多，其中5部78卷被收入《四库全书》。

全村山多田少，农业生产以水稻为主，水果为辅，是婺源传统高档茶产区和主要林区。改革开放后，被列为县重点旅游景点之一。

理坑古建群1999年被公布为“省级文物保护单位”，2000年被列入全国首批50个民俗文化村名单，2005年被评为第二批中国历史文化名村。2006年天官上卿第、司马第、云溪别墅、友松祠、福寿堂被公布为全国重点文物保护单位。

## 钓源村 吉安市吉州区

钓源村位于吉州区兴桥镇，古村唐末肇基，距今已有一千一百多年建村历史，古村为北宋著名政治家、文学家欧阳修同宗后裔聚居地。村庄建筑东西南北向，布局呈八卦图形，宛如迷宫。青石板铺成的巷子前窄后宽，150余幢至今犹存的古建筑的屋角皆为弧形，大门斜立，人戏称“歪门邪道”。依村七口水塘，取“七星伴月”之意。古建筑内外亦有木雕、石雕、木刻、石刻、彩绘和镏金字画。如镏金图《访贤才于渭滨》和《求富亦求寿考》，人物笑容可掬，服饰鲜活，车銮华盖、滩石树木、山水云霓都完整生动。陈列于各家的朱红色鎏金雕花架子大床，分别雕饰了麒麟送子、喜鹊登梅、八仙过海、竹节梅花图。钓源人的人生理想、生活意趣尽在其中。古村建筑群由庄山、渭溪两个自然村组成，东为渭溪，西为庄山，分别坐落在呈“S”形的长安岭的两个弯里。

钓源村

钓源村历来兴文重教，欧阳弘开基建村，分别为“仁派”渭溪和“礼派”庄山两个自然村，两村先后出了 9 个进士，有“父子登科，兄弟连科”佳话，三边总制都御中宪大夫欧阳重、兵部尚书欧阳慎、宁国知府欧阳衡等 21 人在朝中为官。

该村 2003 年被评为江西省历史文化名村，2010 年被评为第五批中国历史文化名村和省级生态村，2012 年被评为省级 AAAA 级乡村旅游示范点，被列入第一批中国传统村落名录，2014 年获批为国家 AAAA 级旅游风景区、中国历史文化名村。

## 渼陂村 吉安市青原区

渼陂村元宵活动

渼陂村位于青原区文陂镇，始建于南宋初年，距今有近千年历史。是一座融书院文化、祠堂文化、宗教文化、红色文化和明清雕刻艺术为一体的“庐陵文化第一村”。

它是一个山环水抱的绿色生态村。古村大大小小的 28 口水塘象征天上 28 星相护卫着整个村庄，带给人财富与吉祥。还有倒地生根的卧龙樟、喜结金兰的连理樟等，古村绿树成荫、生态宜人，给人生机与活力。

它有璀璨古今的古色文化。古村现有民居 582 栋，明清建筑 367 栋。宗祠是渼陂古村全村建筑的精华所在，分为总祠、房祠、家祠三类。祠中蕴含深邃的儒家思想，有众多的传世家训，精美雕刻。渼陂祖先非常重视文化教育，建立了较多的书院，“格言警句育贤弟，儒家文化颂古今”，在此地曾经出过 6 位二品官员。

它有彪炳千秋的红色历史。毛泽东、朱德等老一辈无产阶级革命家在这片热土上召开了党著名的二七会议，在会上颁布了《二七土地法》，轰轰烈烈的打土豪分田地的土地革命燎原全国。此外，古村走出了梁兴初、梁必业、梁仁芥、梁必骎 4 位共和国将军，电影《闪闪的红星》《决裂》和电视连续剧《井冈山》《浴血坚持》都在渼陂取景拍摄过，因此，渼陂又被誉为“将军村”和“电影村”。

娱乐游艺是渼陂民俗的一个亮点。渼陂的元宵与众不同，有正月十五“上元宵”和二月初一“下元宵”之分。下元宵，是渼陂人真正的节日，全村要举行盛大的舞龙舞狮、游彩擎、踩高跷、走旱船、扭秧歌等各种活动。

渼陂村 2003 年被评为第一批省级历史文化名村；2005 年被评为第二批中国历史文化名村；

2010 年被评为国家级生态村；2014 年被评为第一批中央财政支持范围的中国传统村落、第一批乡村旅游扶贫重点村、省级第一批水生态文明村建设试点村，2015 年被评为全国生态文化村、全国水生态文明村。

## 陂下村 吉安市青原区

陂下村古名潭溪，村内集舞龙、打狮、喊船、放河灯为一体的大型民俗活动“喊船”，是省级非物质文化遗产。村中古建筑众多，尤以古祠堂文化为甚，儒道释三家文化在此交融传承千年，革命旧居旧址众多。富水河绕村而过，群山怀抱，依山傍水，18 口古井井水清甜，是著名的双胞胎村、长寿老人村，也是《井冈山》《领袖》《第四道封锁线》《建军大业》《毛泽东寻乌调查》等影视节目的拍摄地。陂下村是威震日寇的新四军名将胡发坚的故乡。

陂下村

2008 年陂下村被评为第四批中国历史文化名村；2012 年被列入全国首批传统村落名录；2014 年获批为国家 AAAA 级旅游景区；2015 年被评为全国生态文明村。2012 年陂下村被评为第三批省级生态村；2013 年获批为江西省 AAAA 级乡村旅游点；2015 年被评为中国（江西）百个“最具乡愁”村庄之一。

## 湖洲村 吉安市峡江县

湖洲村位于峡江县城所在地水边镇以东。北部紧邻新干县，西邻馆头村，东、南与马埠镇交界。

湖州村始建于宋庆历五年（1045），距今已有近千年的历史。峡江地名志记载，村址原是一片荒滩沙洲，沂江涨水时茫茫一片，因名湖洲。该村位于山体环绕的河谷地带。古村四面环山，沂江从村前自东向西蜿蜒流过汇入赣江，自然生态环境突出。村内分布有大量的樟树，古树名木，十分茂盛。

湖洲村自宋代以来一直是习氏姓氏的聚居地，村中人口以习姓占绝大多数。东晋末期的襄阳望族习凿齿一系，因北方战乱和政治因素，迁徙至新渝白梅（今江西省新余市）定居，并在江西地区繁盛发展。习凿齿后代习有毅于北宋庆历五年（1045）经过周密选址与勘测，迁居于新淦湖洲村，被尊为湖洲习氏始祖，习氏在湖洲开启了长达近千年的发展史，并且延续至今，是我国古代姓氏宗族延续发展的一个典型。今天在湖洲村中仍保存了与习氏宗族文脉发展延续相关的众多历史遗存，包括习氏大宗祠、花门楼、继美堂、习振翎故居和《湖洲花门楼习氏族谱》《邓州习氏家谱》等重要历史遗存及文献，都是习氏在湖洲繁衍发展的例证。

湖洲村2012年被评为江西省千年古村，2013年被评为江西省156处文化遗产重点保护基地之一；2013年被评为第二批中国传统村落；2014年被评为第六批中国历史文化名村。

## 燕坊村 吉安市吉水县

燕坊村，亦名鄢坊村，为金滩镇辖区，位于金滩镇南偏西7千米的山坡上，赣江西岸3千米处，与吉安市接壤。始建于南宋中期，具有八百余年的历史。

燕坊村建筑

燕坊整个村庄呈带形，南北约长2千米，东西约长1千米。后龙山的古樟树林顺南北方向从村头延伸到村尾，足有千棵。村中有百余亩果园，分布在村中各处，郁郁葱葱，整个村庄掩隐在翠绿丛中，一幅“村在园中、园在村中”的原生态美景，这是燕坊的一大特色。

村中的第二大特色就是古水塘、水库多。村中心10口水塘都是相通的。对村中的小气候起到很大的调节作用。

燕坊村的第三大特色是明、清时期的古建筑多。随着时间的流逝，至今幸存了100多栋雕梁画栋的房屋及8座古宗祠，成为不可多得和不可再生的宝贵财富。

第四大特色是门坊多。现存13座，每座门坊或自成一体，或与院落连成一体，建筑气势不凡，均采用青石或红石撑门，两侧是阴刻楹联，如：山平水远清华湛，霞蔚云蒸瑞气浓。门楣阳刻着“水木清华”“字水潆洄”“青阳绚彩”“山环水绕”等题词。门楣的两侧装饰雕刻的图案，有人物故事、吉祥动物、四季花卉、珍禽异鸟，幅幅栩栩如生。门楣以上是层层叠叠的翘角飞檐。

村中除鄢姓之外，还有王、饶、刘、夏、江、肖、黄、郭等姓。2007年被评为第三批中国历史文化名村。

## 桑园村　吉安市吉水县

桑园村是吉水县金滩镇双元村委会的一个自然村，因“屋舍前后桑树成荫，以养蚕著称”而得名。

桑园村属于丘陵地貌，面朝西南而立，地势由东北向西南微倾，这与江南村落一般的坐北朝南有所不同：三面被农田环抱，东面濒临赣江，西侧有一形似长龙的护城河——龙湖；远处山峦连绵，近处稻田葱郁，整体自然环境非常好。

桑园村据《金滩桑园夏氏族谱》记载，唐宣宗时，夏诜从乐平到庐陵为官，后居家于吉州。夏诜长子迁居庐陵瑶埠，幼子迁居于湖广衡州，次子夏皜迁居于金鱼塘槐花树下。夏皜长子夏权留居折桂乡桃源；次子夏隆迁居折桂乡沙源；幼子夏钦迁居沙源井头，后迁到南昌府新建县。此后，桃源夏氏子孙有迁居到湖广荆州、广信、赣州、兴国、九江、德化、永丰、庐陵等地；沙源夏氏子孙有迁居到抚州乐安、湖北宣恩、河南麓邑、福建汀州、庐陵、永丰、文昌下河等地。夏皜八世孙、宋刑部司门郎夏泽（元丰四年即1081年解举）从吉水折桂乡桃源迁居到吉水县城北坊布政第。夏泽传九世至夏霖。夏霖长子夏伯隆迁居到吉水同水乡五十六都蕉坑，五子夏伯时在明永乐年间（1403—1424）迁居到桑园村。夏伯时就是桑园夏氏基祖。

该村2003年被评为首批省级历史文化名村。2012年被评为江西省第三批省级生态村。2014年被评为第四批中国历史文化名村，被列入中国传统村落名录。

## 塘边村　吉安市安福县

塘边村位于安福县洲湖镇南端。村系洲湖镇四大古村之首，历史悠久，地域开阔，环境优美，人才辈出，谱载“世传诗书理学、代有仕宦科名，奕葉贵显，盖乡邑之望族也”。村落传统建筑主体分布在东、西边自然村。东边以奎光堂为宗，面向水塘向南发展出古民居群，上山有刘氏大宗祠临塘而建。西边以五房祠为宗，下析出滋德堂，至清代咸丰年间由滋德堂析出致美堂、继美堂（西边大夫第），至此形成三片区面朝水塘环绕成圆向外发散的格局。

塘边村的建筑保留着浓厚的聚落式遗风。在塘边古民居群中，宗祠与民居并排连成一体，形成一个组合。这些建筑也是清代安福商贾文化的产物。清代的安福籍商人足迹遍布赣、湘、鄂、云、贵、蜀、京、粤、沪等省市重要商埠口岸。不少商人积累了雄厚的资金，回乡买田置屋。

塘边村除保留了南方汉民族一般传统节日庆典和区域文化现象以外，还具有其独特的民俗文化魅力。例如：正月十五龙灯会、水稻收割前的吃新节、七月十五中元节、中秋祭月烧塔等，特色民俗为“表嫂茶”。表嫂茶是和气茶、团结茶，是和谐社会的瑰宝，2013年，“表嫂茶习俗”

被列入“江西省第四批省级非物质文化遗产”名录。

2003 年塘边村被评为第一批省级历史文化名村，2012 年被评为首批中国传统村落，2014 年被评为第六批中国历史文化名村，同年塘边村被评为中央财政支持范围的传统古村落。

## 流坑村 抚州市乐安县

流坑村建筑

流坑村，属乐安县牛田镇，位于乐安县牛田镇东南部的乌江之畔。始建于五代南唐升元年间（937—943），繁荣于明清两代。流坑村以规模宏大的传统建筑、风格独特的村落布局闻名。村中现存明清传统建筑及遗址 260 处，其中明代建筑、遗址 19 处，另有古水井、风雨亭、码头、古桥、古墓葬、古塔遗址等 32 处。这是一座典型的江右民系古村，四周青山环抱，三面江水绕流，山川形胜，钟灵毓秀。流坑以规模宏大的赣派建筑、风格独特的村落布局而闻名遐迩。2003 年被评为首批中国历史文化名村，2012 年被列为首批中国传统村落。

据村史记载，明万历年间，时任刑部尚书的董裕在族中选拔了一批子弟，到宫廷乐队学习“小吹会”音乐，后带回村中传习，被当地群众视为本村荣耀历史的印证。“流坑小吹会”有其独特的演奏形式。每年正月初二至十五，乐班全体人员头戴礼帽，身着长袍马褂，到村中古戏台进行隆重献演。而在平时，每当村中有大型祭祀活动或喜事时，乐班人员须穿戴整齐，在两个高脚提花灯笼的引领下，一路吹打到演出场地，先由班首高声报出喜庆人家的姓名或祭祀活动的内容，然后再根据不同场合演奏不同的曲牌，气氛庄重热烈。

## 竹桥村 抚州市金溪县

竹桥村前沃野良田、菽稻飘香，村后山丘连绵、竹木繁茂，金东公路挨村而过，进出交通便利。2010 年竹桥村被评为第五批中国历史文化名村；并先后获评中国最美村落；2017 年获批为国家 AAAA 级旅游景区。整个村落的建筑风格统一，均为青砖黛瓦，村内到处可见高高耸立的马头墙，朴实素雅，村落前稻田平坦，丘壑屏列，缜密井然，溪渠回环，不见水出，在古人尊重自然、贴近自然的人文精神的熏陶之下，竹桥古村显得古韵盎然，含有浓郁的田园风味。

竹桥村

全村现存有总门楼、赐福庙、“品”字三井、古代雕版印书作坊、公祠、书院、晒书楼、商铺、“后花园”和各类民居等完整的明清古建筑 109 栋。村落建筑及整体布局处处体现中国传统思想文化，总门楼前三口古井呈“品”字型排列，寓意为人、为学、为商都要讲究品德之意。村中散布水塘七方，中间另有一月塘，形成“七星伴月”的村落空间格局。从外围远眺，竹桥古村地势由低渐高，整个村落呈扇面展开，布局独具匠心。

竹桥村是我国南方农村耕读文明、商贾兴村、“一村一品”的历史见证，蕴含了“临川文化”圈中的多种文化元素，涵盖了考古学、建筑学、社会学、民俗学、生态学等文化思想，为我们提供了一个自元明清以来的封建社会农、商、儒、宦并重的人文历史信息标本，是赣抚平原和赣鄱大地上一个古风浓郁、保存完好的古代村落。

## 东源曾家村　抚州市金溪县

东源曾家村坐落于琉璃乡以北偏东 5 千米处，距县城 29 千米。古村选址于丘岗地带，远瞰峻岭交错，村外田园平沃，村后竹林茂密，村东溪水潺潺，村北一河横穿，风景秀丽。村内分布着几处水塘，村外是大片田园风光，加上远山连绵，一派秀丽美景。

村落坐北朝南，背山面塘。整体呈不规则的方形，建筑局部较为集中。村内街巷纵横，布局紧凑，房屋排列有序。村四周有一人多高的用砖砌成的围墙，并在四面设有村门，形成城堡式村落。如今围墙大多数已经倒塌，只有村北围墙基本完好。村南一条小公路从东门仙师殿到村西新牌坊，村南边主石街为村内主要干道。九条青石小巷从北门、西门放射状直通南边主石街，使全村呈折扇状打开。主石街于乾隆年间全面整修过，街边有一排水溪沟，溪沟砌成一节节的船形，一头大一头小，艘艘相接成蜿蜒之溪。

古村历史风貌完整如初，至今仍保留着 300 余栋明清建筑，如庙宇、官厅、宗祠、宅第、门楼、民宅、桥梁等，类型齐全，数量多，时间跨度大，保存完好，在江西地区少见。古建筑上的石刻、木刻精细，栩栩如生，石刻尤为突出，古村中每栋古建筑外墙上的石质花窗、雕花纹饰图案都各不相同，是研究我国古代尤其是南方地区古代建筑极为珍贵的实物资料。

东源曾家村 2014 年被评为第四批中国历史文化名村；2015 年被列入第三批中国传统村落名录。

## 2 省级历史文化名镇名村

| 省级历史文化名镇名村 | | | |
|---|---|---|---|
| 1 | 九江市修水县山口镇 | 30 | 景德镇市浮梁县礌溪村 |
| 2 | 萍乡市安源区安源镇 | 31 | 景德镇市浮梁县英溪村 |
| 3 | 鹰潭市贵溪市上清镇 | 32 | 景德镇市浮梁县旧城村 |
| 4 | 鹰潭市贵溪市塘湾镇 | 33 | 景德镇市浮梁县礼芳村 |
| 5 | 宜春市樟树市临江镇 | 34 | 景德镇市浮梁县严台村 |
| 6 | 宜春市铜鼓县排埠镇 | 35 | 萍乡市莲花县湖塘村 |
| 7 | 上饶市铅山县河口镇 | 36 | 新余市分宜县介桥村 |
| 8 | 上饶市铅山县石塘镇 | 37 | 新余市分宜县防里村 |
| 9 | 上饶市德兴市海口镇 | 38 | 新余市渝水区下寸村 |
| 10 | 吉安市青原区富田镇 | 39 | 鹰潭市贵溪市曾家村 |
| 11 | 吉安市吉安县永和镇 | 40 | 赣州市南康区谭邦村 |
| 12 | 吉安市峡江县巴邱镇 | 41 | 赣州市赣县区大坑村 |
| 13 | 抚州市宜黄县棠阴镇 | 42 | 赣州市赣县区白鹭村 |
| 14 | 抚州市金溪县浒湾镇 | 43 | 赣州市赣县区夏府村 |
| 15 | 抚州市广昌县驿前镇 | 44 | 赣州市安远县老围村 |
| 16 | 南昌市南昌县前后万村 | 45 | 赣州市龙南县新围村 |
| 17 | 南昌市进贤县杨溪李家村 | 46 | 赣州市龙南县新园村（栗园围） |
| 18 | 南昌市进贤县艾溪陈家村 | 47 | 赣州市定南县九曲村 |
| 19 | 南昌市进贤县周坊村 | 48 | 赣州市兴国县三僚村 |
| 20 | 南昌市安义县水南村 | 49 | 赣州市兴国县官田村 |
| 21 | 南昌市安义县罗田村 | 50 | 赣州市宁都县东龙村 |
| 22 | 南昌市安义县梓源民国村 | 51 | 赣州市于都县澄江村 |
| 23 | 南昌市安义县京台村 | 52 | 赣州市于都县上宝村 |
| 24 | 南昌市青云谱区朱桥梅村 | 53 | 赣州市瑞金市九堡镇密溪村 |
| 25 | 南昌市新建区汪山村 | 54 | 赣州市会昌县羊角村（羊角水堡） |
| 26 | 九江市修水县朱砂村 | 55 | 赣州市寻乌县周田村 |
| 27 | 九江市都昌县鹤舍村 | 56 | 宜春市丰城市厚板塘村 |
| 28 | 景德镇市乐平市涌山村 | 57 | 宜春市丰城市白马寨村 |
| 29 | 景德镇市浮梁县沧溪村 | 58 | 宜春市高安市贾家村 |

| 省级历史文化名镇名村 | | | |
|---|---|---|---|
| 59 | 宜春市宜丰县天宝村 | 87 | 吉安市吉安县公塘村 |
| 60 | 宜春市万载县周家村 | 88 | 吉安市峡江县湖洲村 |
| 61 | 上饶市广丰区十都村 | 89 | 吉安市峡江县沂溪村 |
| 62 | 上饶市铅山县畲族村 | 90 | 吉安市峡江县何君村 |
| 63 | 上饶市横峰县兰子畲族村 | 91 | 吉安市吉水县桑园村 |
| 64 | 上饶市婺源县汪口村 | 92 | 吉安市吉水县桥上村 |
| 65 | 上饶市婺源县理坑村 | 93 | 吉安市吉水县燕坊村 |
| 66 | 上饶市婺源县江湾村 | 94 | 吉安市吉水县仁和店村 |
| 67 | 上饶市婺源县思溪村 | 95 | 吉安市泰和县蜀江村 |
| 68 | 上饶市婺源县李坑村 | 96 | 吉安市泰和县爵誉村 |
| 69 | 上饶市婺源县考水村 | 97 | 吉安市安福县塘边村 |
| 70 | 上饶市婺源县虹关村 | 98 | 吉安市安福县上街村 |
| 71 | 上饶市婺源县西冲村 | 99 | 吉安市安福县柘溪村 |
| 72 | 上饶市婺源县延村 | 100 | 吉安市永新县樟枧村 |
| 73 | 上饶市婺源县晓起村 | 101 | 抚州市东乡区浯溪村 |
| 74 | 上饶市婺源县凤山村 | 102 | 抚州市东乡区上池村 |
| 75 | 上饶市婺源县篁岭村 | 103 | 抚州市黎川县洲湖村 |
| 76 | 上饶市婺源县游山村 | 104 | 抚州市崇仁县浯漳村 |
| 77 | 上饶市婺源县庆源村 | 105 | 抚州市乐安县湖坪村 |
| 78 | 上饶市德兴市新营村 | 106 | 抚州市乐安县水南村 |
| 79 | 吉安市吉州区钓源村 | 107 | 抚州市金溪县东岗村 |
| 80 | 吉安市吉州区东陂村 | 108 | 抚州市金溪县岐山村 |
| 81 | 吉安市青原区夻田村 | 109 | 抚州市金溪县竹桥村 |
| 82 | 吉安市青原区横坑村 | 110 | 抚州市金溪县全坊村 |
| 83 | 吉安市青原区毛家村 | 111 | 抚州市金溪县游垫村 |
| 84 | 吉安市青原区陂下村 | 112 | 抚州市金溪县东源曾家村 |
| 85 | 吉安市吉安县圳头村 | 113 | 抚州市金溪县黄坊村 |
| 86 | 吉安市吉安县唐贤坊村 | 114 | 抚州市金溪县疏口村 |

# 三 省级以上传统村落图

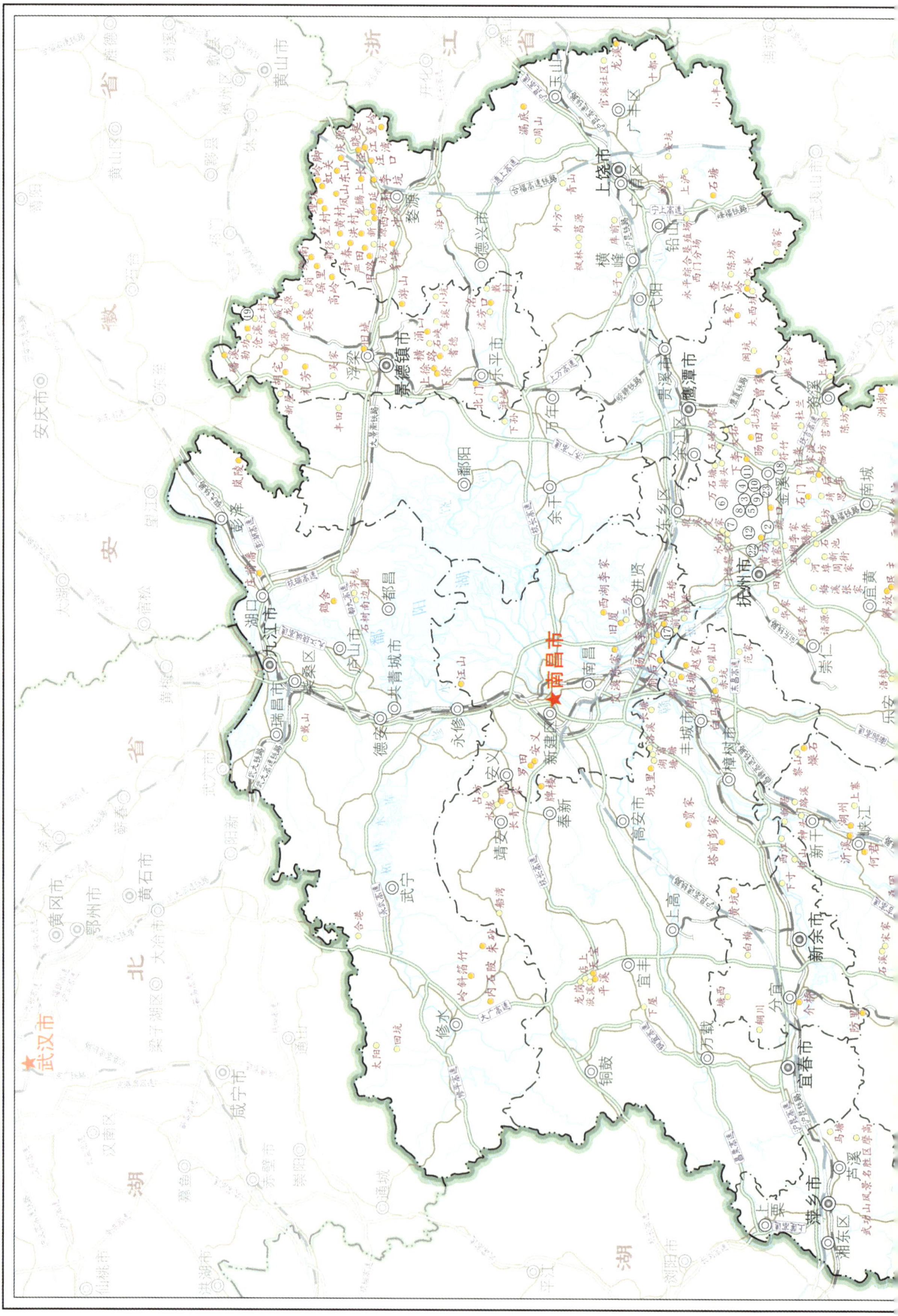

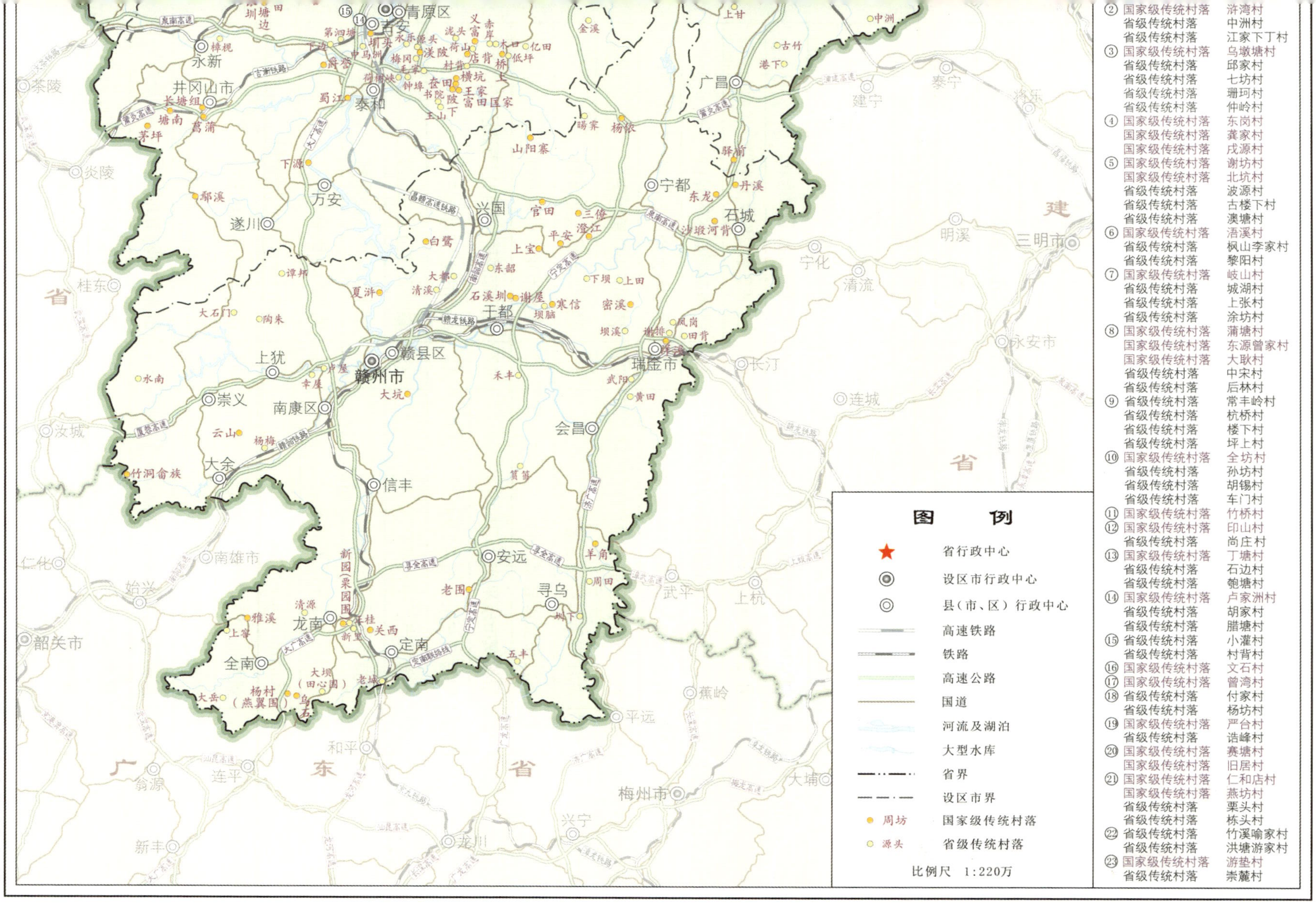
② 国家级传统村落 浒湾村
省级传统村落 中洲村
省级传统村落 江家下丁村
③ 国家级传统村落 乌墩塘村
省级传统村落 邱家村
省级传统村落 七坊村
省级传统村落 珊珂村
省级传统村落 仲岭村
④ 国家级传统村落 东岗村
国家级传统村落 龚家村
国家级传统村落 戌源村
⑤ 国家级传统村落 谢坊村
国家级传统村落 北坑村
省级传统村落 波源村
省级传统村落 古楼下村
省级传统村落 澳塘村
⑥ 国家级传统村落 涪溪村
省级传统村落 枫山李家村
省级传统村落 黎阳村
⑦ 国家级传统村落 岐山村
省级传统村落 城湖村
省级传统村落 上张村
省级传统村落 涂坊村
⑧ 国家级传统村落 蒲塘村
国家级传统村落 东源曾家村
国家级传统村落 大耿村
省级传统村落 中宋村
省级传统村落 后林村
⑨ 省级传统村落 常丰岭村
省级传统村落 杭桥村
省级传统村落 楼下村
省级传统村落 坪上村
⑩ 国家级传统村落 全坊村
省级传统村落 孙坊村
省级传统村落 胡锡村
省级传统村落 车门村
⑪ 国家级传统村落 竹桥村
⑫ 国家级传统村落 印山村
省级传统村落 尚庄村
⑬ 国家级传统村落 丁塘村
省级传统村落 石边村
省级传统村落 鲍塘村
⑭ 国家级传统村落 卢家洲村
省级传统村落 胡家村
省级传统村落 腊塘村
⑮ 省级传统村落 小灌村
省级传统村落 村背村
⑯ 国家级传统村落 文石村
⑰ 国家级传统村落 曾湾村
⑱ 省级传统村落 付家村
省级传统村落 杨坊村
⑲ 国家级传统村落 严台村
省级传统村落 浩峰村
⑳ 国家级传统村落 赛塘村
国家级传统村落 旧居村
㉑ 国家级传统村落 仁和店村
国家级传统村落 燕坊村
省级传统村落 栗头村
省级传统村落 栋头村
㉒ 省级传统村落 竹溪喻家村
省级传统村落 洪塘游家村
㉓ 国家级传统村落 游垫村
省级传统村落 崇麓村
图例
省行政中心
设区市行政中心
县（市、区）行政中心
高速铁路
铁路
高速公路
国道
河流及湖泊
大型水库
省界
设区市界
周坊 国家级传统村落
源头 省级传统村落
比例尺 1:220万
赣州市
赣县区
南康区
青原区
吉安
泰和
井冈山市
永新
万安
遂川
兴国
宁都
石城
广昌
于都
瑞金市
会昌
上犹
崇义
大余
信丰
安远
寻乌
龙南
全南
定南
建
省
广
东
省
福建
三明市
永安市
长汀
连城
明溪
宁化
清流
建宁
泰宁
武平
上杭
平远
蕉岭
梅州市
大埔
兴宁
和平
连平
翁源
新丰
龙川
始兴
南雄市
仁化
韶关市
汝城
桂东
炎陵
茶陵

# 1 国家级中国传统村落

| 国家级中国传统村落 | | | |
|---|---|---|---|
| 1 | 南昌市南昌县前后万村 | 30 | 景德镇市浮梁县瑶里村 |
| 2 | 南昌市进贤县艾溪陈家村 | 31 | 景德镇市浮梁县沧溪村 |
| 3 | 南昌市进贤县旧厦村 | 32 | 景德镇市浮梁县英溪村 |
| 4 | 南昌市进贤县西湖李家 | 33 | 景德镇市浮梁县严台村 |
| 5 | 南昌市进贤县杨溪村委李家村 | 34 | 萍乡市莲花县湖塘村 |
| 6 | 南昌市进贤县曾湾村 | 35 | 新余市分宜县防里村 |
| 7 | 南昌市进贤县晏家村 | 36 | 新余市分宜县介桥村 |
| 8 | 南昌市进贤县周坊村 | 37 | 新余市渝水区黄坑村 |
| 9 | 南昌市安义县安义千年古村群 | 38 | 鹰潭市贵溪市曾家村 |
| 10 | 南昌市安义县罗田村 | 39 | 鹰潭市贵溪市车家村 |
| 11 | 南昌市新建区汪山村 | 40 | 赣州市赣县区夏府村 |
| 12 | 九江市修水县朱砂村 | 41 | 赣州市赣县区大坑村 |
| 13 | 九江市修水县岭斜村箔竹自然村 | 42 | 赣州市赣县区白鹭村 |
| 14 | 九江市修水县高丽村内石陂自然村 | 43 | 赣州市大余县云山村 |
| 15 | 九江市都昌县鹤舍村 | 44 | 赣州市崇义县竹洞村 |
| 16 | 九江市湖口县庄前潘村 | 45 | 赣州市安远县老围村 |
| 17 | 九江市彭泽县岚陵村 | 46 | 赣州市龙南县新园村 |
| 18 | 景德镇市乐平市北门村 | 47 | 赣州市龙南县杨村村燕翼围 |
| 19 | 景德镇市乐平市名口村 | 48 | 赣州市龙南县乌石村 |
| 20 | 景德镇市乐平市横路村 | 49 | 赣州市龙南县关西村 |
| 21 | 景德镇市乐平市上徐村 | 50 | 赣州市全南县雅溪村 |
| 22 | 景德镇市乐平市下徐村 | 51 | 赣州市兴国县三僚村 |
| 23 | 景德镇市乐平市涌山村 | 52 | 赣州市兴国县山阳寨村 |
| 24 | 景德镇市浮梁县旧城村 | 53 | 赣州市兴国县官田村 |
| 25 | 景德镇市浮梁县胡宅村 | 54 | 赣州市宁都县杨依村 |
| 26 | 景德镇市浮梁县礼芳村 | 55 | 赣州市宁都县东龙村 |
| 27 | 景德镇市浮梁县磻溪村 | 56 | 赣州市于都县寒信村 |
| 28 | 景德镇市浮梁县高岭村 | 57 | 赣州市于都县谢屋村 |
| 29 | 景德镇市浮梁县绕南村 | 58 | 赣州市于都县平安村 |

| 国家级中国传统村落 | | | |
| --- | --- | --- | --- |
| 59 | 赣州市于都县澄江村 | 88 | 上饶市婺源县汪口村 |
| 60 | 赣州市于都县上宝村 | 89 | 上饶市婺源县晓起村 |
| 61 | 赣州市于都县禾溪埠村石溪圳自然村 | 90 | 上饶市婺源县洪村村 |
| 62 | 赣州市瑞金市密溪村 | 91 | 上饶市婺源县诗春村 |
| 63 | 赣州市瑞金市洋溪村 | 92 | 上饶市婺源县李坑村 |
| 64 | 赣州市会昌县羊角村 | 93 | 上饶市婺源县长径村 |
| 65 | 赣州市石城县沙堠河背自然村 | 94 | 上饶市婺源县思溪村 |
| 66 | 赣州市石城县丹溪村 | 95 | 上饶市婺源县西冲村 |
| 67 | 宜春市樟树市塔前彭家村 | 96 | 上饶市婺源县延村 |
| 68 | 宜春市丰城市赵家村 | 97 | 上饶市婺源县篁村 |
| 69 | 宜春市丰城市白马寨村 | 98 | 上饶市婺源县理坑村 |
| 70 | 宜春市丰城市厚板塘村 | 99 | 上饶市婺源县凤山村 |
| 71 | 宜春市丰城市坑里村 | 100 | 上饶市婺源县虹关村 |
| 72 | 宜春市靖安县雷家村 | 101 | 上饶市婺源县岭脚村 |
| 73 | 宜春市奉新县牌楼村 | 102 | 上饶市婺源县游山村 |
| 74 | 宜春市高安市贾家村 | 103 | 上饶市婺源县豸峰村 |
| 75 | 宜春市宜丰县天宝村 | 104 | 吉安市吉州区钓源村 |
| 76 | 宜春市宜丰县平溪村 | 105 | 吉安市吉州区文石村 |
| 77 | 上饶市广丰区龙溪村 | 106 | 吉安市吉州区卢家洲村 |
| 78 | 上饶市玉山县漏底村 | 107 | 吉安市吉州区丁塘村 |
| 79 | 上饶市铅山县石塘镇 | 108 | 吉安市吉州区上藤桥村 |
| 80 | 上饶市铅山县西坑村查家岭 | 109 | 吉安市青原区渼陂村 |
| 81 | 上饶市婺源县黄村村 | 110 | 吉安市青原区陂下村 |
| 82 | 上饶市婺源县东山村 | 111 | 吉安市青原区横坑村 |
| 83 | 上饶市婺源县庆源村 | 112 | 吉安市青原区王家村 |
| 84 | 上饶市婺源县甲路村 | 113 | 吉安市青原区旮田村 |
| 85 | 上饶市婺源县严田村 | 114 | 吉安市青原区匡家村 |
| 86 | 上饶市婺源县篁岭村 | 115 | 吉安市井冈山市菖蒲古村 |
| 87 | 上饶市婺源县江湾村 | 116 | 吉安市井冈山市茅坪村 |

| 国家级中国传统村落 | | | |
|---|---|---|---|
| 117 | 吉安市井冈山市长路村长塘组 | 147 | 抚州市黎川县洲湖村 |
| 118 | 吉安市井冈山市塘南村 | 148 | 抚州市南丰县洽湾村 |
| 119 | 吉安市吉安县田岸上村 | 149 | 抚州市乐安县湖坪村 |
| 120 | 吉安市吉安县赛塘村 | 150 | 抚州市乐安县流坑村 |
| 121 | 吉安市吉安县社边村 | 151 | 抚州市宜黄县建设村 |
| 122 | 吉安市吉安县圳头村 | 152 | 抚州市宜黄县民主村 |
| 123 | 吉安市吉安县旧居村 | 153 | 抚州市宜黄县解放村 |
| 124 | 吉安市新干县燥石村 | 154 | 抚州市金溪县龚家村 |
| 125 | 吉安市永丰县河下村 | 155 | 抚州市金溪县大耿村 |
| 126 | 吉安市峡江县何君村 | 156 | 抚州市金溪县黄坊村 |
| 127 | 吉安市峡江县湖州村 | 157 | 抚州市金溪县下李村 |
| 128 | 吉安市峡江县沂溪村 | 158 | 抚州市金溪县浒湾村 |
| 129 | 吉安市吉水县仁和店村 | 159 | 抚州市金溪县疏口村 |
| 130 | 吉安市吉水县桑园村 | 160 | 抚州市金溪县全坊村 |
| 131 | 吉安市吉水县义富村 | 161 | 抚州市金溪县东源曾家村 |
| 132 | 吉安市吉水县桥上村 | 162 | 抚州市金溪县印山村 |
| 133 | 吉安市吉水县燕坊村 | 163 | 抚州市金溪县后车村 |
| 134 | 吉安市吉水县店背村 | 164 | 抚州市金溪县旸田村 |
| 135 | 吉安市泰和县爵誉村 | 165 | 抚州市金溪县游垫村 |
| 136 | 吉安市泰和县蜀江村 | 166 | 抚州市金溪县乌墩塘村 |
| 137 | 吉安市万安县下源村 | 167 | 抚州市金溪县戌源村 |
| 138 | 吉安市遂川县鄢溪村 | 168 | 抚州市金溪县蒲塘村 |
| 139 | 吉安市安福县沙溪村 | 169 | 抚州市金溪县北坑村 |
| 140 | 吉安市安福县银圳村 | 170 | 抚州市金溪县谢坊村 |
| 141 | 吉安市安福县柘溪村 | 171 | 抚州市金溪县石门村 |
| 142 | 吉安市安福县上街村 | 172 | 抚州市金溪县岐山村 |
| 143 | 吉安市安福县塘边村 | 173 | 抚州市金溪县东岗村 |
| 144 | 吉安市安福县三舍村 | 174 | 抚州市金溪县竹桥村 |
| 145 | 抚州市东乡区浯溪村 | 175 | 抚州市广昌县驿前村 |
| 146 | 抚州市南城县尧坊村 | | |

## 前后万村 南昌市南昌县

前后万村位于南昌县三江镇东南，地处丰城市、抚州市临川区、南昌县交界之处，京九、向莆铁路穿境而过。

前后万始祖是南宋建炎三年（1129）的兵部尚书万迪（又授银青荣禄大夫），因金兵袭扰，奉命护送太后南避，路过隆兴（南昌）与后唐八祖后裔相遇，便将家属留下，居于隆兴郊外的板湖，1223 年万迪第七代孙万仲举始迁丰城县属的三江口牛宿洲定居。

该村整体布局是以水为主要元素规划，最有特色的是其“双鲤望龙（垅）”的天然水体格局，所谓“双鲤望龙（垅）”是依据其空间布局意境而言，古村三面环水，更有总赣渠在村东，可谓是处于水的怀抱，村中、村西、村南其余几塘互相联通。“鲤”就是前后万村村基，因其前后分明，所以称“双鲤”。中间的鲤鱼塘又叫鲤鱼垅，从而形成了“双鲤望龙（垅）”之象，寓意吉祥图腾，兴旺发达之意。

现村内仍保留了 50 余栋古建筑（其中两栋为民国初年建筑），巷道规划整齐，纵横交错，保留的巷道原貌有 1300 米，该村现有省市文物保护单位 4 处，前后方 50 余栋古建筑群均为县级文物保护单位。

万氏先辈自古以来受朱子理学的熏陶，把“大道既隐，名教是遵，儒风不坠，大雅扶轮”的教育理念作为一条族规，教育子孙立身建业，做到“处为贤士，出作良臣，退则辅教，进则育民”。正是这些宗政族规，使得前后万村文风蔚然，人才辈出。

2009 年被评为江西省历史文化名村，2009 年被被评为十佳旅游景观名村，2013 年被评为乡村旅游示范点，2013 年被列入第二批中国传统村落名录。

## 艾溪陈家村 南昌市进贤县

艾溪陈家村位于进贤县架桥镇，南距抚河 1 千米，东、北两面与南昌县塔城乡东游村交界，西与南昌县武阳镇郭上村为邻。

相传在明英宗天顺元年（1457），始祖肖水公由南昌县下艾溪迁居至此，故而新居地称艾溪陈家，迄今 558 年，繁衍 26 代。艾溪陈氏人以勤耕苦读为本，经济文化在明代中后期即得到较大发展，因此，就在“义门世家”总门坊后建立了纵横两条麻石巷道，并很快在村庄中心位置建立了“睦目传家”总祠堂。

村内保存着明代总门楼“义门世家”及 2 幢明代建筑和 37 幢清代建筑，有麻条石巷道 6 条，总长度达 600 多米。另有红条石砌明塘 1 口，古井 1 眼，旗杆石 1 对，墓葬群两处，明、清庙庵遗址各 1 处。

艾溪陈家村

艾溪陈家村基本保持了明清纵横相通的格局，是以儒行商、以商助儒、商儒合一的封建儒商文化的代表。宗族文化的熏陶使先人一方面尊师重教，修建养源、明新、敬德、书院、学舍；另一方面用儒家传统的格言、警句、对联装饰住宅，教育后人。古村一直保持“村镇合一、村市合一”的历史风貌，既是古代农业文化、儒商文化、宗族文化、建筑文化、民俗文化的综合体现，又是独具赣派文化特色的个体代表，在南昌古村历史中，具有显著的代表性和典型性。

2007 年，艾溪村委会陈家村被批准为第二批省级 19 个历史文化名村之一，2013 年被列入第二批中国传统村落名录，其中“羽琌山馆”和“云亭别墅”列入第七批全国重点文物保护单位。

## 旧厦村 南昌市进贤县

旧厦村属章岗村的自然村之一，位于罗溪镇罗溪街北 3 千米处，夹于抚河与青岚湖之间，素有“鱼米之乡”美称。

旧厦村全村姓周，南宋景定元年（1260）始祖公周崇立由南昌县亭山迁此，有八百年的建村史。

村前有双水塘、大塘、井塘、罗家塘、张罗渠，村后有沥里湖汊、齐天塘、上下眼塘、藕塘、竹篙塘、江陂塘、洪家塘，西有西边岗，北有邓家岗，村中有门前塘和背后塘，流水自西向东，前后环绕。

旧厦村建村初期即有周氏家族规划立村的传统，遵循总门楼、十字巷、四门的建筑格局，大部分建筑朝南，少量朝东、朝西。古村落原南北长近 100 米，东西宽约 200 米，现集中成片保留有总门楼 1 座，清代民居 14 幢。

旧厦村现存明清时期的古巷道 1000 多米、大门楼 1 处、祠堂 1 处、水井 2 眼、榨坊 1 处、池塘 2 口、匾 20 余块、麻石道 3000 余米、花门花窗磉礅雕刻工艺品几千件。此外，还留有晚清至民国早期的各种生产工具和生活用具，如水车、碾子、风车、梳妆台等，堪称天然的民俗文化博物馆。该村 2013 年被列入第二批中国传统村落名录。

## 西湖李家 南昌市进贤县

西湖李家

西湖李家地处进贤县的军山湖与青岚湖之间，是一座具有六百多年历史的古村庄。

自 2006 年以来，西湖李家充分挖掘和利用山水资源和古村神韵的优势，秉承“传承华夏文化，恢复古村精华，重墨青山绿水，美我故乡天下”的宗旨，围绕“古村神韵，田园稻香，塘中莲藕，山间鹭翔，农家饭菜，湖边泳场”的思路，突出了“马头墙，红石路，碧绿水，满村树”的特色，按照“先村庄、后田庄，先村容、后文化”的要求，着力推进社会主义新农村建设。经过几年来的不懈努力，在村容村貌、生态环境、文明乡风等方面得到明显的提升，实现了道路硬化、村庄绿化、水面净化、民宅美化，先后建成了陇西堂、古戏台、古门头、乡心亭、万家桥、俊明泳场、农博馆、榨油坊、陇西亭、沙凼农舍等一批旅游景点，显著地改善了当地的生态环境和人居环境。良好的生态吸引了大量野生禽类，夏天白鹭满山，冬天天鹅栖息，形成了人与自然相和谐的动人景象。

2015 年西湖李家被评为国家 AAAA 级旅游景区；2010 年被评为全省首批“江西省生态新农村”和“江西省乡村旅游示范点”；2016 年被列入第四批中国传统村落名录。

## 杨溪村委李家村 南昌市进贤县

杨溪村委李家村位于抚河岸畔，温圳镇东南部，始建于南宋淳祐年间，当地人俗称杨溪李家。始祖李居信当年用倒插 5 棵杨柳的反式选址，因此村庄全名为“伍杨溪李家”。

建村至今已有七百余载。在村庄东面一口长 200 多米、宽 30 多米的风水塘东侧，一字排开，竖立有 14 对麻灰色旗杆石，每一对旗杆代表 1 位进士，据记载，杨溪李家共有 14 位进士及 100 多位有功名的官员，这些数据彰显着杨溪李村自南宋至清代六百多年科举历史上文化的辉煌。

“村无别姓根番李，溪有先人手种杨”是李联琇撰写的一副对联，百余年来，一直镌刻村口倒了又建的门坊前。这副对联的奥妙在于其从下联往上联倒着念，藏有“杨”“溪”“李”“村”4 个字。杨溪李村“村无别姓”，七百六十余年来“一以贯之”，至今未改。

杨溪村委李家村 2012 年被列入第一批中国传统村落名录。

## 曾湾村 南昌市进贤县

曾湾村位于进贤县文港镇西南部，曾湾吴氏建村历史悠久，迄今近八百年。

曾湾村坐北朝南，宋代建有5巷，分别为进士巷、父子恩荣巷、门第生辉巷、经纶五纬巷、宪台风纪巷，闻名于世。村中原有文天祥旧居、总兵桥、武馆堂、吴为谦故居等，后毁于战乱。现仅存“父子恩荣”巷、“宪台风纪”巷、“进士”巷3条古巷道。新老建筑分区分布，古建筑集中分布于村落前部，类型全、数量多，拥有明清建筑43栋，其中6栋为明代古建筑，37栋为清代古建筑，最有代表性的有“三让家风”宅邸、“望重荆蛮”宅邸、吴细谱、吴细水家古居宅等；村落总布严谨，整洁大方，不同历史时期建筑坐落有别，井然有序，还包括祠堂、庙宇、旗杆石、石人、古村巷等，连同各种雕刻和壁画，所有这些折射出丰富的文化内涵。该村拥有古樟树4棵，特别是位于村西的千年古樟，在当地有“树中树”和“活化石”之称，给传统古村起到了点睛作用。

曾湾村文化底蕴深厚。乾隆四十五年（1780），该村8名进士及第，列为中国进士名村。2013年被列入第二批中国传统村落名录。

## 晏家村 南昌市进贤县

进贤县文港镇晏家村又名沙河村，因北宋宰相、著名词人晏殊故里而得名。该村位于文港镇西南部，地处抚河之滨东岸，素有“七星伴月”之称。村落始建于北宋，迄今约一千一百年历史，全村姓晏，村民为晏殊的后裔，是宋朝以后中国晏氏家族的重要发源地。

村落中，古宅、古庙、古井、古巷、古景颇多，这里有全国各地晏殊后裔的总祠——晏氏家庙。晏氏家庙置于村前，村东原有一楼，仁宗赐有“江山第一楼”，相传范仲淹作过楼记，后毁于战乱。

晏家村物华天宝，人杰地灵，具有厚重的文化底蕴。千百年来，从这里走出去的晏氏子孙，考取进士、举人者有30多人，在朝廷为官者有100多人。晏家村村中间有标志性建筑晏氏家庙和富有传奇色彩的晏殊神童古井。全村有完整的明清时期及近代砖瓦建筑98幢，有井井有条的南北走向的古巷14条。

晏家村2012年被列入第一批中国传统村落名录。

## 周坊村 南昌市进贤县

周坊村位于文港镇东南部。该村建于南宋建炎年间（1127—1130），始祖公为周继瑜，迄今九百年历史。

该村建筑的特点有：房屋四围下石上砖，砌成“山”字墙，墙内灌土；屋内一般由7根杉木柱连接穿枋，以一字三间形式排列，大多两进一天井，天井四围石础与窗棂的雕刻装饰；屋顶“人字脊”，上盖陶灰瓦；门楣石匾，多用石（木）做斜撑，形成一门罩；屋内穿枋与穿枋之间形成的空档，用竹篾编成壁面，以稻草糊泥抹平，石灰盖面，然后在上绘墨色壁画。屋脊高度遵循当地“屋不离六”的传统观念，多为一丈九尺六寸。周坊村房屋朝向有东、南、西三面。特别是位于村庄中间的周虎臣（故居）毛笔作坊，由两条明代石板路夹着内中一条暗巷道，分别由“汝南世家”庭院、“太极呈图”屋、“汝州后裔”庭院、“泽承丰镐”屋、“无名东北”屋、“光映玉堂”屋、“岐山耸翠”庭院、“汝南望重”屋及无名西南屋等三庭院六屋宇组成。

周坊村生产的毛笔及周坊村的周虎臣毛笔作坊，是毛笔文化的重要支撑。2010年5月，中国民族建筑研究会楼庆西、谷长江、李先逵等先生，感叹周坊传统村落承载的中国毛笔制作技艺，为该村题写“湖光山色存古韵，中国毛笔第一村”赞语；同年11月，由当代中国文物泰斗罗哲文先生题字并授予周坊村“中国民族优秀建筑”称号。

该村2014年被列入第三批中国传统村落名录。

## 安义千年古村群 南昌市安义县

安义千年古村群地处南昌市郊安义县石鼻镇境内。它是由罗田、水南、京台3个自然村聚集形成的古建筑群落。

一千多年前，罗田、水南的黄氏祖先和京台的刘氏祖先为躲避战乱，先后从江夏郡罗田县（今属湖北）和彭城郡徐州（今属江苏）辗转至此。到清代已成为闻名遐迩的大村，并有“小小安义县、大大罗田黄”“京台刘李，清水白米”的美誉。

安义千年古村群牌楼

古村群有保存较好的明清古宅100余栋，还有大量的文物古迹散布村中，唐代始建的巨石牌坊，宋元开凿的排污暗道，遮天蔽日的千年古樟，花岗岩铺成的古街古道，以及清代建筑的古戏台、古私塾、古宗祠、香火堂等。

古村最具代表性的建筑非世大夫第莫属了，建造这幢大府第的主人叫黄秀文，是罗田开基老祖黄克昌的第27世孙。整幢大屋占地5500平方米，屋中共有48个天井，12个厅堂、36对厢房、108间起居室，还有仓库、厨房、碾房等一系列附属建筑，后来人们把这幢大屋称为“48个天井”。经历了二百八十多年的沧桑巨变，这幢大屋只剩下3300平方米，天井也只有26个了，主体建筑保存完整。

安义千年古村群自2001年保护开发以来，先后被评为“中国历史文化名村”“中国传统村落”“全国农业旅游示范点”“江西省爱国主义教育基地”“江西十大乡村美景”等荣誉，并列入“十五”“十一五”全省旅游规划重点线路。

## 罗田村 南昌市安义县

内容介绍详见P030。

## 汪山村 南昌市新建区

汪山村位于南昌市北郊45千米处，鄱阳湖西汊，东起（南）昌铁（河）公路，西至汪山老基村庄西端，南到红光渠道，北临蚂蚁河。

汪山村自明代肇基以来，世代繁衍昌盛，为鄱阳湖地区大族，特别是在清朝，仅嘉庆五年至宣统二年一百多年间，出了举人21名、进士7名、清朝各部各省官员100余名和受封为总督、尚书、一品夫人10余位，成就了当时大塘“一门三督抚，五里六翰林”的程氏家族辉煌。

汪山村

道光元年（1821），程畜采三兄弟经上奏道光帝允准后，在家乡汪山冈大兴土木，花巨资历时半个世纪建造一栋豪宅——汪山土库。它占地108亩，大小房间1443间，天井572个，规模浩大、气势伟绝，在江南乃至全国都极为罕见，素有“江南小朝廷”之美誉。

汪山村至今保存了较为完整的民俗风情如：上基谱、走谱饼、破摹等特殊风俗；以及花样繁多的各种彩语如：男婚彩语、女嫁彩语、结婚花烛酒席，母舅开鉴彩语、丧葬彩语、玩龙灯彩语、做屋上梁彩语等。

2016年被列入第四批中国传统村落名录。

## 朱砂村 九江市修水县

朱砂村位于海拔1775米的九龙山下，森林面积2万余亩，森林覆盖为90%以上。朱砂古村落坐落在瞿家老屋自然村，古建筑群保护核心区域3平方千米。朱砂村现保存比较完整的古建筑中，有大屋6栋，分别是洋屋里、上位贤、三幢堂、下位贤、新屋里、城下屋。古建筑遗址有古坟2处、古塔1处、古寺2处、道观庙宇1处、石记娘坛3处、榨油房1处、水车碓臼1处。

朱砂村始先祖瞿令奕始建的村庄。一千多年来，长期为瞿氏一姓居住。悠久的历史，形成了独具特色的文化。朱砂人历来崇文重教，新学教育的先驱“瞿海门”先生，便在朱砂古村创建了培士小学，传播耕读思想、兴办学校免费招收周边农村学子就读、建育婴堂收养孤儿，吸纳周边4县的学子，培养了大量的栋梁之材。并著有《公约十则》的祖训。距今有二百多年历史的瞿姓家族采茶戏班一直盛传至今，每逢喜事都要请唱几场。采茶戏文化传人瞿秋琴丑词唱腔和珍珠塔唱本手抄本再现了采茶戏的原汁原味。

古村落周边有1300余亩青钱柳，已注册青钱柳原产地标志，初步形成产供销一条龙；这里家家户户养殖黄羽乌鸡，产销两旺。

朱砂村2013年被评为江西省历史文化名村，2014年被列入第三批中国传统村落名录。

## 岭斜村箬竹自然村 九江市修水县

该村处于海拔800米的眉毛山山腰，与宁州镇桃里村、黄坳乡旁培村交界，离县城20.3千米。箬竹四面环山，处于盆地中央，唯一一条南向老路通往外界，村内小溪自眉毛山顶发端，以八卦之势环绕村庄顺流而下。村内有四方原始古门清晰可辨，有“九井”分守各处，十八巷道纵横交错。

其风光秀美，历史厚重，山清水秀，是宜种、宜养、宜居、宜游的胜地。

岭斜村箔竹自然村古朴纯静，其有三大独特之处，一是传统建筑保存完好：整个自然村完全一派古色古香。二是历史文化厚重：有乾隆进士、官兵部左侍郎万承凤、毛主席语录、白底黑字扫盲墙村中墙面四处遍布。箔竹村能代表长江中游以南的建筑风格和民俗民风，江西的采茶戏在此得以传承。三是传统民俗、生活习俗得到较好的保留：箔竹仍保留着竹片引水、土灶蒸饭、石磨豆腐、地窖储薯等传统生活方式，居民睡的是传统雕花床，坐的是传统板凳，农田耕种还是传统的牛拉犁田与人工肩挑。

此村是名贵植物青钱柳（又名摇钱树）的原生地，该植物对降糖、降脂、降压，增强免疫力，增强新陈代谢及减肥有显著功效。

岭斜村箔竹自然村 2016 年被列入第四批中国传统村落名录。

## 高丽村内石陂自然村 九江市修水县

高丽村内石陂自然村四面环山，只有一条南向村路通往外界，村内小溪自山顶发端而下，汇聚成 3 条河流以八卦之势环绕村庄顺流而下流向黄沙秀水河，民房靠山而建。村内建于乾隆年间的高家祠堂保存完好，体现清代较高的建筑工艺水平，村内古井分守各处，巷道纵横交错。

该村已有四百余年历史，高家祖先高顺生于明代中期由福建龙岩逃难于此形成，将村庄藏匿于群山之中，造就其世外桃源美名。内石陂自然村仍保留着竹筒引水、石磨豆腐等传统生活方式，大多数村民睡的是传统雕花床、坐的是传统板凳、吃的是土灶做出来的柴火饭；江西宁河戏在此已有上百年历史，活跃在本地和毗邻地区，守护着最后的精神家园。

内石陂自然村属江南丘陵地貌，土壤以红壤和黄棕壤为主，有机质丰富，土层浅薄，适合农作物生长；日照偏少，云雾较多，盆地地形造就其冬暖夏凉的气温特征，是天然避暑胜地。

该村 2016 年被列入第四批中国传统村落名录。

## 鹤舍村 九江市都昌县

鹤舍村位于都昌县西北角，距县城约 25 千米，属九江市都昌县苏山乡管辖。始建于东汉末年，成村于明代初期，发展于清代中叶，距今已有一千八百多年历史。全村为袁姓一支聚族而居，是一个耕读并重、农商并立的历史古村。

“缘仙得号，重读称名，古村鹤舍为学舍；厚德经商，凭才入仕，先祖文明更开明。”袁氏

鹤舍村

后裔的这副楹联，解读了一村两名（鹤舍、学舍）的由来及古村的历史沿革。

全村建筑古屋成群，据统计，村中现保存较完整的明清建筑有 23 栋，鹤舍村的古建筑群属十字架、硬山顶、砖木结构，室内装饰主要突出在正堂天井周围的门窗、梁枋、柱托上，装饰手法有浅雕、浮雕、透雕，其内容除民间吉祥寓意图案外，还有历史神话传说等。文化内涵丰富，具有很高的文物价值和艺术价值。

鹤舍村是鄱阳湖畔保存完好的古建筑群村落，对其进一步保护、挖掘、修缮、考究，将对鄱阳湖旅游开发起到画龙点睛的作用。

鹤舍村 2012 年被评为省级历史文化名村，2016 年被列入第四批中国传统村落名录。

## 庄前潘村 九江市湖口县

庄前潘村隶东风行政村。与大垅、张青、凰村交界。自然地理由花尖山脉南来，蜿蜒回转至此，类似龙爪 5 指中的大拇指（其余 4 指为祖坟山），前临一条溪港，为三水岭发源，水经此溪通黄茅潭入长江。据《潘氏宗谱》记载和文史资料及传说，庄前潘村为三国东吴都督陆逊屯田之处的庄园，庄旁优质农田系陆屯田开垦成垅，称陆家庄。周围山林翠柏青松，鹿鸣于野，又称翠鹿庄。地形椭圆，术家称瓜藤地。

自明至清，庄前潘村九品至三品（授职和候补）官（阶）员 48 人（不包女眷）。故该村有旗鼓石 8 只（过去只有进士或六品以上的官员才能使用 1 只），系马桩 14 座，朝廷封诰、赏赐匾旌不少；另有功名的秀才、贡生、监生等未授职的 68 人。

庄前潘村 2014 年被列入第三批中国传统村落名录。

## 岚陵村 九江市彭泽县

岚陵村地处赣北边陲彭泽县浩山乡南部 10 千米处大浩山群山环抱之中的岚岭上，距彭泽县城 45 千米，彭湖高速 35 千米，与安徽东至永丰、泥溪镇仅一岭之隔。全村辖 8 个自然村。

岚陵村村民均姓张，有族谱记载，南宋咸淳元年（1265），岚陵村的祖先因避战乱从都昌迁来此地，至今已有七百多年，山前竹海波涛起伏，古木参天，岚陵村四面环山，像一朵灿然绽放的莲花，村落坐落在花蕊的外缘，有诗为证："层层叠嶂踞高巅，瓣瓣如开九叶莲。得傍花池通玉井，几行白鹭任盘旋。"是谓山水秀丽之地。

岚陵分为上湾下湾自然村，呈"C"形布局，山溪傍村而过，村中民居房屋建造传统古朴，以江南民居为主，外观整体性和美感很强，青砖黑瓦，色彩典雅，室内木柱支架，木板墙体，木雕窗栏，其形状有磨角、拆角和扯角等，村内青石小径，交叉纵横。

村中建有清代古祠堂 1 间，厅堂前方有"天井"，采光通风，亦有"四水归堂"之寓意。祠堂高墙封闭，马头翘角，墙线错落有致，是明清古村落的典型实例。

村中现今保存完好的旗鼓、旗夹有 20 多只。在当时，村里有人考中举人或进士，就会从外运来 1 只或 1 对旗鼓。旗鼓周围的石壁上雕有鼓环，有虎头环、狮头环。在清顺治、乾隆、雍正、嘉庆、同治年间，岚陵曾出现过"三代四进士，五代六举人"，尤其是被称为"帝师"（最高学府校长）的张锦枝，更是族人中的翘楚。

岚陵村 2016 年被列入第四批中国传统村落名录。

## 北门村 景德镇市乐平市

北门村老北门街全长 580 余米，宽 4 米，花岗石地面，总面积约 30 公顷。沿街两面店铺，有民居、祠堂、庙宇、古井、水池、巷道、茶肆、作坊等建筑鳞次栉比。这些店面老屋，一般以前店后寝的商居式为主，历经千百年风雨沧桑，几经修葺，貌虽破旧，但其古风格局，既有飘檐斗拱构建风貌，又带有徽派建筑特色。在北门村区域中，尚有清代江氏典当行建筑群、富贵巷 13 号明初县丞彭氏府宅、周家、彭家大祠堂、薛家塘、啸月簃、清代江氏典当行、三都试馆、翥山书院，荷园、花园巷3号汪大纲汪大绥旧居、国民党鄱湖警备司令部驻地、老营盘等重要历史文化遗产（迹）。

北门村富贵巷13号，是迄今保存完好的明代建筑，乃明初县丞彭氏府邸。万家池又名范家祠，曾在祠堂内展陈范文程事迹。

荷园建于1922年，建造人汪徵元，原为黎元洪大总统府顾问。这是一座中西合璧的院庭式洋楼建筑。为中国近代文化转型时期极具代表性的历史例证。1931年曾为“赣东北特委机关”所在地，方志敏烈士故居，现为爱国主义教育示范基地。

北门村2013年被列入第二批中国传统村落名录。

## 名口村 景德镇市乐平市

名口村

名口村也称“洺口村”。许氏建村于唐末五代十国战乱期间，由河南省许昌县迁来乐平，根据风水学立村的地理山川形势，见是三河汇口之处立村，想到祖籍河南故乡有条河流叫“名河”，为了纪念祖地恩德，将村口对面南河称为“名溪”，再将姓名的“名”字上多加三点水在旁，寓意本村有3条河流相傍之意，立村在洺溪之口，故将村名称为“洺口村”。从地理环境来说，在主要靠水上运输的封建社会，名口村亦是古代乐平上达徽州、下抵饶州的黄金水道上的通衢要埠。

由河道驳运、商贸繁荣而形成的繁华洺口街，其老街有一处商业街区，即村南沿河十字商业街区，集中有南北杂货、医药、染布、造香、锻铁、诉讼、餐旅、制纸牌等商家，店铺一家紧接一家，市场繁荣，商贾云集，是旧乐平县东部最大的集镇。

今日之洺口老街，其商业街道布局原型尚在，商店老铺旧貌犹存，废弃码头遗迹仍有。并且有的古建筑、古民宅、古家塾且保存完好，尤其是两座老祠堂与一座私塾。其中一座名曰高阳祠，以许氏大总祠著称，是明洪武帝爱将许瑗大将军建造，用材硕大，石砖木并用，设计巧妙，造型精美，气势雄伟。特别是人工精心铣凿的4根巨大石质圆柱和10根绿色大理石方柱，令人叹为观止。

名口村2013年被列入第二批中国传统村落名录。

## 横路村 景德镇市乐平市

横路村位于乐平双田镇，距乐平市区 20 千米，与镇政府所在地田里蔡家村相距 8 千米、乐涌公路穿境而过。

横路村历史悠久，自唐乾符六年（879）由安徽歙县迁入定居以来，已有一千一百多年历史。该村曾出过 8 名进士尚书、3 名翰林学士、1 名都御史、两名知府、两名知县和 3 名省参议，村内现存有较多的古祠堂、古民居等古建筑。

横路村依山形水势而建，布局巧妙，叶姓一脉世世居于此。村中明清建筑遗存较多，古居民、街铺、祠堂、戏台、石桥 40 余处。村落格局完整，形态以叶氏宗祠为中心，一房、四房、九房分祠祠堂为副中心，呈团状分布。因乐平地处“赣剧”之乡，村中有众多古戏台，包括一房、四房，九房都有各自的小戏台，但因历史原因，很多都拆除或朽坏。目前，村中仍存有两座，一座位于村南侧，为明代万历五年（1577）始修的万年台，另一座在村北，原有的已拆，现址为新建。村内核心部分巷道空间保留较好，两侧建筑界面较为完整，建筑外墙多为当地的建筑材料砌筑，屋顶为灰色小青瓦，高度多为一层带阁楼至二层。

据统计，横路村已登记为不可移动文物 21 处，含省级文物保护单位 1 处（万年台），此外还有 459 处传统风貌建筑，多以民居为主。其中 16 处建筑具有一定保护价值，能够反映历史风貌和地方特色。

古戏台位于横路村中部，于明代万历五年（1577）下半年动工兴建，是横路村第一座古戏台，工程历时数月，万历六年正月竣工，名曰“万年台”。该台属乐平乡土戏台典型代表之一，也是乐平现存戏台中数量最多、分布最广的一类戏台。

横路村 2013 年被列入第二批中国传统村落名录。

## 上徐村 景德镇市乐平市

上徐村有一千一百多年的历史。根据上徐徐氏宗谱记载，上徐村的始祖是汉代南州高士徐孺子的后人，据村里老人介绍，村周围的小山起名砚山，因山下有田，下雨积水，田有如砚，故名砚山。古时砚山包括今塔前的上徐、下徐、山下 3 个村。

上徐村坐落在前后环山的塔科秋盆地，村前的宝门山寓意着为该村落带来无尽的财富；在村庄西面矗立着一座天马山；在村尽头的溪流上建有一座古老的石拱桥，有几百年的历史。靠近村庄的东面，有几棵约摸几百年的樟树。走在村内的青石板路上，映入眼帘的是上徐村依旧耸立的山门，山门是上徐村的一个精神象征，婚丧嫁娶、红白喜事要进出山门，象征着能得到山神的庇护，山门依照传统的木质结构建造，保留徽派艺术，山门牌匾上的字迹“万泽流芳”依稀可见。

“叔侄两状元。”徐庚与徐衡是同一宗人。徐衡是上徐村人，因为有“世科”牌坊为证。世科牌坊始建于明洪武二十六年（1393），于明成化二十年（1484）重建，是村民为纪念徐衡所建，又被当地人称为古山门。走近山门，依稀可见“世科”二字，山门前保留着几块下马石。这个山门（牌坊）在江南地区算是资格最老之一。

上徐村也是中国人民解放军重要领导人之一、著名军事家徐海东大将的祖籍地。徐海东与陶瓷渊源深厚，他出身于窑工家族，祖上 6 代都是烧窑工人，所以又被尊称为“窑工将军”。1925 年 4 月，徐海东加入中国共产党，此后一直戎马生涯，战功卓著。1955 年 9 月 27 日，被授予中国人民解放军大将军衔，毛泽东主席曾赞扬他是“对中国革命有大功的人”。该村 2013 年被列入第二批中国传统村落名录。

## 下徐村 景德镇市乐平市

下徐村坐落在四面环山的塔科秋盆地，头枕掩面群山。靠近村庄的山旁，有一棵 4 人才能合抱的古樟树，约有几百年的树龄了。

村里的古建筑除了山门之外，当数仁寿楼。据说徐衡告老还乡时，宋高宗御笔亲题“仁者寿”3 个字；在他 80 大寿（1153）时，朝廷又赐建仁寿楼。3 年后，徐衡去世，应了宋高宗“仁者寿”的赐语。仁寿楼建成后，徐衡曾自题七律一首，诗曰：“百尺楼成接昊苍，御题仁寿问行藏。四短所有虽为贵，五福为先谁敢当。日千山里凝晓色，花开十里带秋香。老来意外无他念，赢得登临兴味长。”从诗中可见当时仁寿楼是多么雄伟了。

下徐村 2013 年被列入第二批中国传统村落名录。

## 涌山村 景德镇市乐平市

涌山村位于江西省乐平市东北部，地处乐平、浮梁、婺源三县（市）交界处，距景德镇市区 25 千米，距乐平市区 32 千米。

涌山村

涌山村初始于唐，因其山明水秀初名锦溪。新中国成立后，附近煤炭和水泥工业生产大兴，集镇之内，交通运输，商业贸易随之发展较快，已成为全市最繁荣的集镇之一。古饶州、徽州两州文化于此碰撞并链接，民谣流传“徽地多饶匠、饶地多徽商”之说。现存的古道、桥梁及文献族谱证明，这里是中国历史上几次人口南迁的一条重要入口通衢。古时涌山还是军事要塞，太平天国时期，曾国藩、左宗棠、曾国荃、石达开等人都曾到过此地。

该村 2012 年被评为江西省历史文化名村，2013 年被列入第二批中国传统村落名录。

## 旧城村 景德镇市浮梁县

旧城村位于浮梁县东北方向 3 千米处，距瓷都景德镇市 10 千米，地处长江三角洲、珠江三角洲、闽东南“金三角”，长江中游经济区和京九铁路经济带接合部中心地区。

村内保存的古民居，以木雕石砖结构为主，规模宏大，装饰精美，主要建筑于明清时期，仿徽派风格。

旧城人好读成风，名贤辈出。汪澈，南宋绍兴八年（1138）戊午科进士，御史中丞、参知政事枢密使。戴珊、操时贤等先后经科举考试中进士者有数人。

行走在青石板的街巷上，仰视建筑，群楼错叠，如浮天宇，仿徽的建筑风格，白墙青砖，灰瓦民居，朴实厚拙，两边的“马头墙”高低起伏，纵横交错，层次丰富，富于韵律感。经时代变迁和历史沧桑虽失去昔日的辉煌，但蜿蜒的昌江河及保存完好的民居院落，装饰精美的建筑艺术，使旧城散发着独特的魅力。

旧城村 2012 年被列入第一批中国传统村落名录。

## 胡宅村 景德镇市浮梁县

胡宅村位于浮梁县西北部，距蛟潭镇 15 千米，距浮梁县城 39 千米，胡宅村南面山峦与黄坛乡相邻，西面山峦与鄱阳县相接，北面山峦与经公桥镇相连。

胡宅村胡氏始祖胡昌翼是唐昭中宗皇子，昌翼出生之时逢朱温造反，在迁都洛阳途中，幸有婺源胡清仕金紫光禄大夫庇匿归隐婺源考川，后随义父胡清而姓。同光三年（925），胡昌翼以明经科登第，此后子孙世代以经学传家，署其族为明经胡氏，胡昌翼第十代宋元丰年间迁入胡宅。

如今该村还保存当时建筑风格与布局。一进村便看到巍然耸立的古印墩，那是古人寓意财富与权力的象征。印墩夹道而建，笑迎四方来客。走出印墩便见一条整齐规划的石板街道，贯穿村头村尾，石板街巷两边是整齐的古民居，老式的木板门，高耸的马头墙，八口古印池，一口古井，走出石板街巷就能看到一块巨石古桥，重约 2.5 吨，横卧于小河之上。

胡宅村不仅历史文化底蕴丰厚，自然景观更具特色，村中有红豆杉群，两三人合抱的随处可见，有千年古樟、楠木群、银杏。更有趣的是“胸有成竹”——一棵千年槠树中间长满翠竹，形成一道独特亮丽的风景。

胡氏宗祠更是见证了胡宅历史的辉煌。1845 年，进士胡芬带领族人历时 5 年，建造了一座气势宏伟的明经宗祠，雕梁画栋。

该村 2013 年被评为省级生态村，2016 年被列入第四批中国传统村落名录。

## 礼芳村 景德镇市浮梁县

礼芳村，位于浮梁县中北部，距浮梁县 35 千米，至 206 国道 6 千米。辖 13 个村民小组，9 个自然村，是浮梁李氏的主要居住地之一。

礼芳村属黄山余脉，林木资源丰富，木本植物达 600 余种，野生动物有虎、金钱豹、穿山甲、豪猪、野猪等，并伴有白鹭、喜鹊等品种繁多的鸟类。红豆杉、白果等珍贵树种和杏花树、古樟、古枫、黄檀木、大叶青冈等珍贵植物被保护在村中村外。

礼芳村有条古街，全长 388 米，宽约 1.8 米，一条溪流与它相向而行，纵贯村庄东西。古时，溪的外侧为店铺，溪的内侧是民居，闾门林立，水乡景致巧自天成。古街门头上有一匾额，上书“古街毓秀”4 个大字。

礼芳村是浮梁县保存较好的古代聚落之一。其历史文化价值体现在以下三个方面：一是保存了较多的古代建筑和历史遗迹，反映了明清时期浮梁农村政治、经济、文化状况。二是保留着礼芳李氏家教传统，士趋诗书，矜名节，历代仕宦文达代不乏人。三是与景德镇陶瓷文化紧密相连，是景德镇窑柴的主产区和集散地。

礼芳村前有一处水堰。该水堰建于宋代，长 43 米，宽 24 米，先辈们为保风水，在此筑坝蓄水，明清时期，村民以贩卖烧瓷器的窑柴为生，这里就成了窑柴的水运码头。

1988 年荣获江西省文明村称号，2014 年被评为江西省首批水生态文明村，2015 年被评为省级生态村和江西省历史文化名村，2016 年被列入第四批中国传统村落名录。

## 磻溪村 景德镇市浮梁县

磻溪村位于江西省最北端赣皖交界处，距景德镇市和浮梁县 80 千米，坐落在黄山余脉青龙山下，含 7 个自然村，12 个村民小组。明代洪武间汪祖从饶州浮梁隐山迁居此地至今。在奉诏修谱和修祠时，先祖们把“潘村”易名“磻溪”，取意为有石则稳，有水则活。缘由是根据磻溪八景中“两石接涧”和“双溪汇源”而来。

磻溪四面环山，村前双溪汇源，村周古木参天，冬青、白果、苦槠、香枫硕大而枝繁叶茂，特别是村东栽有金丝楠木群千余棵，筑铸了一道亮丽的风景，是我国最大的金丝楠木水口林之一，2016 年村内一棵古茶花树被评为景德镇市十大树王。占地面积 419 平方米的汪氏宗祠屹立村中。初建于明万历年间，重修于清光绪年间，现为省级文物保护单位。

磻溪村村景

磻溪村产茶历史悠久，自唐以来就是古老茶区，宋代诗人熊蕃路过磻溪，品茗后留下“红日新升气转和，翠兰相逐下层坡。茶官正要灵芽润，不管新来带露多”的诗篇，特别是汪氏定居以来人才辈出，以茶独树一帜，富甲一方，是一个名副其实的以茶商起家创业致富的典型古村落。

磻溪村历史上人才辈出，有殿试进士 1 人，明经进士 20 余人，四品 1 人，五品 4 人，六品 3 人，奉政大夫 4 人，同知衔 6 人，是一个赣、徽文化交织融合并存的古村落。

该村 2013 年被列入第二批中国传统村落名录。

## 高岭村 景德镇市浮梁县

高岭村隶属浮梁县瑶里镇，位于景德镇东北部，地处皖、赣两省、四县（安徽祁门、休宁、江西婺源、浮梁）交界处，距离景德镇市区东部 40 千米处，坐落于高岭——瑶里风景名胜区和高岭古瓷矿遗址保护区内，是由高岭外村、高岭里村和高岭河东 3 个部分构成。

高岭村周围山峦叠翠，高岭古道穿村而过，林木、水资源丰富，是古代景德镇制瓷业最重要的原料产地、国际通用黏土矿物学专用名词高岭土（KAOLIN）的命名地。主要历史遗迹有明清两代采矿遗址、淘洗坑、水口亭、古街、古道等。

景德镇的东河流域盛产制瓷原料——瓷土。13 世纪开始开采麻仓土，麻仓土成为供应景德镇瓷器生产的主要原料，在元代为“官有”资源，由浮梁瓷局垄断开采，不久“官土”近枯竭。元以后，高岭土、得尔坝和白石塔等瓷土矿的开采相继支撑着景德镇瓷业生产，特别是高岭土（宋应星在《天工开物》中提到的“粳米土”）与普通瓷土 1∶1 混合，成为景德镇主要瓷胎原料，这种革命性二元配方的瓷胎料使得景德镇的陶瓷生产在质量和工艺上达到前所未有的高度，奠定了景德镇的“瓷都”地位，高岭成为全国重要的瓷原料生产中心。

2001 年高岭土矿遗址被评为第五批国家重点文物保护单位；2003 年高岭村被评为江西省首批历史文化名村；2005 年高岭成功申报为国家矿山公园；2012 年高岭村列入中国传统村落名录。

## 绕南村 景德镇市浮梁县

绕南村所在瑶里镇位于江西省景德镇市浮梁县东部，地处皖、赣两省四县（安徽祁门、休宁、江西婺源、浮梁）交界处和两湖（鄱阳湖、千岛湖）、六山（黄山、九华山、庐山、三清山、龙虎山、武夷山）连线交点位置，绕南村隶属浮梁县瑶里镇白石塔行政村，处于瑶里风景名胜区内，绕南村主要产业以制釉、茶叶、林业为主。

绕南村人从宋代以前开始直到现在都从事着釉果的加工生产，制釉的历史已有上千年之久，大家在这里可以看到最古老的陶瓷手工制作工艺和古水碓、古矿洞、古釉果作坊、龙窑遗址等古代陶瓷生产遗迹。绕南古水碓作坊堪称瑶里一大奇观，有诗美曰：“十万陶工，万炮齐轰，村村窑火，户户陶埏。”历代瑶里人民充分利用天然的水流落差动力，在这些支流上安装水碓，用以粉碎瓷石，制作瓷土和釉果。每当春夏水发季节，绕南河沿河两岸便是车轮旋转，水碓翻腾，数里相接，响声隆隆，形成了“重重水碓夹江开，未雨殷传数里雷”的壮观场面。

绕南村保留较好风貌的传统建筑为詹氏宗祠、绕南活动中心、私塾、祠堂等。绕南詹氏在宋朝末期由婺源詹氏迁入，慢慢发展成村落，绕南陶瓷主题园区坐落在绕南村旁，园内古民窑、古作坊星罗棋布，是目前景德镇市瓷业遗迹保存最完好的地区，对研究中国古代瓷业生产状况具有重要价值。

该村 2012 年被列入第一批中国传统村落名录。

## 瑶里村 景德镇市浮梁县

瑶里村位于江西省景德镇东北部，处于两省（江西、安徽）四县（浮梁、婺源、祁门、休宁）交汇处。地处镇域中心区，四面环山，始建于汉代末年，距今已有二千余年历史。西南距浮梁县城 48 千米、距景德镇市区 51 千米；东北距黄山市约 90 千米。古村传统建筑及文化古迹多为古文化遗址、古建筑、石刻、地貌遗迹、古村名木、古路桥涵垣等。

瑶里村南居象山，北卧狮山，作为昌江东源头的瑶河呈“S”型穿村而过。237 栋明清古建筑依山傍水，错落有致地坐落在瑶河东西两岸。瑶里毗邻徽州，徽州古道穿境而过，明清古建筑一律为徽派风格，飞檐翘角，粉墙黛瓦，高高马头墙饰以三雕艺术。

瑶里村有展示中国民产木雕工艺的狮冈胜览，程家居民也有展现封建家族礼仪的程氏宗祠进士第。程氏宗祠又名为“享睦”堂，释义为“享厚诚实，相近和睦”。始建于明代，清代道光年间重修，背依气势宏伟的狮山，前临清澈的瑶河，正对青翠高峻的瑶岭。程氏宗祠同样不乏精美的木雕，其中以有关瓦岗寨故事的木雕较多，特别是中梁的“瓦岗寨群英会”和外梁的“程咬金拜旗图”。

瑶里村古居民建筑中已发现3栋进士第：2栋吴姓进士第，1栋程姓进士第。狮岗胜览始建于清朝洋务运动时期，前后修建了3年，屋主吴用舟经营茶叶釉果生意，并且留过洋当过乡长的官商。

在第二次国内革命战争时期，由于瑶里地处两省交界，地广人稀，多深山老林，十分适宜开展游击战争，是当时皖赣边区革命根据地，老一辈革命领袖元帅陈毅曾两次亲临瑶里指导工作，平时工作生活在敬义堂（现为陈毅旧居）。

瑶里村2008年获国家生态村，2014年被列入第三批中国传统村落名录。

## 沧溪村 景德镇市浮梁县

内容介绍详见P015。

## 英溪村 景德镇市浮梁县

英溪村位于景德镇市浮梁县峙滩镇东南12千米处，青山绵亘，绿水环绕，是个典型的“八山半水一分田”的山村，但同时又是历史悠久、文化底蕴深厚的古村。2012年被评为江西省第四批历史文化名村；同年，被列入第一批中国传统村落名录。

英溪村开基于唐末，金氏由槐里（今浮梁镇）迁羊九源（今废），再迁英溪。村口建有七星拱桥，是旧时英溪出入的咽喉，也为全村水口。英溪村以金姓为主。据史载，其始祖唐初由安徽篁墩迁入槐里金家，是唐朝左仆射、后任浮梁县令金安的后裔，唐朝末期又分支迁入英溪，世代繁衍。正因为具有深厚的历史文化底蕴，英溪才可能培育出明代探花金达。金达在考取举人后，扩充旧宅并精心装修，以体现其身份和社会地位的变化。金达故居不仅具有较高的建筑史学研究价值和建筑艺术观赏价值，而且还具有明代社会生活史研究的价值，于2013年被公布为国家级重点文物保护单位。

英溪村与金达直接相关的精美建筑还有“国学师”门楼及“国学师”牌坊，以及“青云得路”坊。其中“国学师”门楼为第一进，以上3座历史建筑均于2018年被列为省级重点文物保护单位。

英溪村内街套街，巷套巷，古宅错落有致。每条主要街口都有八字门楼或一字门楼，俗称“小门口”，既是一条街的界址，又是这条街的护门。传统民居沿着英溪河畔建造，历有“半街半水”

之称。英溪祠堂建于清嘉庆年间（1796—1820），现存享堂及后寝两部分，于1989年被公布为景德镇市重点文物保护单位。此外村中还有保存较好的明、清民居27幢，还有“御赐俸禄”门楼、“御赐俸禄”坊等一批已登记的不可移动文物。

英溪村还保存了一批宝贵的非物质文化遗产，其中省级非物质文化遗产有“工夫红茶制茶技艺”，市级非物质文化遗产有“碱水制粑技艺”，均于2014年公布。村中还有传统民俗如元宵舞龙灯、清明祭祀、端午划龙舟、楹联对文、竹木编制、木器加工、采茶戏、民间聚会喊唱会、草鞋编制、手工粉皮晾制、蓑衣编制等。

## 严台村　景德镇市浮梁县

内容介绍详见P030。

## 湖塘村　萍乡市莲花县

湖塘村坐落在罗霄山脉中段石门山北面的山脚下，湖塘村古民居是莲花县厚重的古色旅游资源的典型代表。古民居建筑群规模大，是明清时代兴建的古建筑群，全村近30栋古祠旧宅，整齐序立，结构恢宏、布局严谨，艺术造型典雅古朴，大小巷交错纵横，巷道地面皆以卵石铺成，水沟及屋基均用人工磨过的青砖、条石砌成；每栋深宅大院呈二层三进式并联木架结构，内房分为30间或40间不等；登堂入室，镂金溢彩、木雕彩绘、石刻书画、匾额楹联，琳琅满目，雕工精细。这批建筑物是莲花县及周边地区历史文化的积淀，让人强烈地感受到明清时代民间文化的艺术氛围，具有较高的观光、开发、研究、利用价值。

湖塘村居住着贺氏、周氏和占全村总人口百分之七八十的刘姓等姓氏的村民。其中贺氏来湖塘开基系明朝万历年间，距今有424年之久，周氏和刘氏于康熙年间迁徙本村，已有312年。

1929年秋，由彭德怀元帅率领的红五军一个纵队，与国民党谭道源部激战的“路口大捷”战役，消灭匪军500余人，主战场就发生在距本村西面200米左右的下岸山。至今山上留有不少碉堡、堡垒和战壕的遗址。

湖塘村2009年被评为江西省历史文化名村，2013年被列入第二批中国传统村落名录。

## 防里村　新余市分宜县

防里村属新余市分宜县钤山镇，村庄北至分宜县38千米，至新余市68千米，南至安福县23千米，至吉安市 73 千米，224 省道分安公路横穿防里。

防里村始建于东晋永和元年（345），由孙子寅在此开基。相传此地域古为两侯国接壤之地（宜春侯国、安城侯国），此外，此地可以很好地“防”止外人入侵，也可以很好地治“理”家园，因此“防里”由此而得名，至今有 1668 年历史。

三姓聚居大防里，千年科举留芳名。村内先后科考取 19 名进士，举人拔元数十名。

各朝各样古建筑和文物古迹遍布全村，如欧阳殊墓、众和堂、登瀛桥、状元坊、贞节楼、贞节坊、意山书院、星拱桥、紫云峰庙、白云峰庙、一本祠、侪柳公祠、庆远堂、豫生公祠、绍祁宅、褒封祠、古井、古道等古迹建筑。

舞龙灯是防里村的历史传统，从宋朝至今有近千年历史，每到逢年过节村内有重大喜事、古人科考中举，村民都会舞龙欢庆，特别是过春节到了正月初八开始，村民自发组织龙灯队去家族村、邻村等地都是以舞龙灯的方式去拜年，预祝各族、各村来年丰收、大吉大利万事如意。

防里村 2014 年被评为江西省历史文化名村，同年被列入第三批中国传统村落名录。

## 介桥村 新余市分宜县

介桥村位于分宜县城南面，南临仙女湖风景名胜区，北接天工大道直接沪昆高速公路分宜出入口，前有介溪拱翠，后有袁岭揽护，20 余棵千年古樟树环绕全村，素有“屋后七峰袁岭秀，门前一水介溪清”的美誉。自北宋元祐年间，始祖严季津落籍分宜以来，迄今有近千年历史。

介桥村民居

介桥村为一代权臣严嵩的故里，历史悠久，素有“方伯世家”“八世一品”的美称。该村文化昌盛、人杰地灵、英贤辈出，据载经廷试、会试、恩科和恩赐的进士 7 位、举人 20 余人、民国以前七品以上官员 100 多人。

介桥老村呈撒网状，至今还保留明清时期连片建筑，其中有十祠堂、九府第、二十九家私厅，祠堂中的飨褒堂被列为省级文保建筑。村口的千年古井至今仍在使用。

清朝大画家、刑部侍郎高其佩感其事，书赠“一岁三荐”匾额悬挂于祠。从那以后，严开祜的住厅被称为“科甲第”，遗址犹存。

该村 2009 年被评为省级历史文化名村，2010 年获批为国家 AA 级旅游景区，2013 年被列入第二批中国传统村落名录。

## 黄坑村 新余市渝水区

黄坑村位于水北镇东北方向，与蒙河相邻，自古有“笔架山为屏，颖江水为带”依山傍水自然环境。

古村历史最早可追溯于元朝泰定二年（1325），以村居黄土丘陵山坑，故名“黄坑”。整体呈北高南低地势，以宗祠为中心，向两翼及后方伸展。俯瞰古村，青墙灰瓦的古屋一栋栋紧密相连，呈“丰”字形排列。古村现存古建筑 63 栋，属独居型封檐土固、砖木结构，比较闻名的有世夫第、大夫第、司马第、养正斋、别开生面、松竹山房、爽气环轩、果育山房、势奋北溟、美尽东南、指南山房、聚星里、十二山房等。黄坑村有着现在都堪称先进的排水系统，古村的排水系统全为暗沟，互相连通，不仅排水顺畅，且形成一个完整的体系，汇流后统一排入蒙河。

黄坑村地理环境优美，十七美景环绕村庄，即金星磊落、金狮迎星、震山流霞、盘阿竹韵、晚田浴鹭、野馆书声、古垓翔鸿、清泉漱石、颖江渔唱、蒙峰返照、神龟观星、伏虎啸风、犀牛望月、大岭樵歌、三八冰境、古树、田园交响乐。

黄坑村现保留包括省级文保单位馀庆堂、12 栋已登记不可移动文物在内的清中晚期古建筑群，古建筑群上半墙体为青砖质，下半墙体为三合土墙，以双坡人字顶建筑为基本单元，纵横相交，左右相连，其屋脊为井字脊形式的复合式屋脊，这些井字形复合屋脊又回环相接，四向延伸，形成了一种规模效应。古建筑群采用月梁形式，内部装饰、雕刻丰富多彩，多为人物戏剧故事雕饰。另外古建筑群地下设置排水系统与古建筑群天井相连，至今仍发挥作用。该村 2014 年被列入第三批中国传统村落名录。

## 曾家村 鹰潭市贵溪市

曾家村位于贵溪市西南 40 千米、泸溪河中游。务义港曾家是北宋时期“唐宋八大家之一”曾巩的后裔，与曾国藩是同宗一脉。古村现存规模浩大的清代建筑群，被评为省级文物保护单位。

曾家村

务义港曾家雍正年间迁居此地，建筑群始建于清乾隆三十年（1765），距今已有二百五十多年历史。整个建筑布局呈“品”

字形，分为“曾氏公祠”“鱼塘花园”“经学书院”“住宅”四大部分。

“曾氏公祠”原有3个公祠，即曾先公祠、云士公祠、曾在公祠。曾先公祠建于乾隆二十年(1755)，为曾族第一代所建，于1958年被毁。云士公祠建于乾隆四十年（1775），为曾族第二代所建，现改为住房。曾在公祠，为现在保存完好的曾氏公祠，建于乾隆五十年（1785），为曾族第三代所建。公祠南北长44米、东西宽26米、高8米，内有100根木立柱和2根长8米、直径0.5米的青石整条圆柱落地支撑，祠内分戏台、酒楼、观厅、神堂、茶室五部分。

“鱼塘花园”建于清道光年间，长200米、宽60米，后毁于1973年。

“经学书院”亦建于清道光年间，长140米、宽36米，院前栽有4株桂花树，两排长柏树。是曾姓子弟读书之地，由族长聘请塾师来此执教，芸芸学子，琅琅书声，书院曾名噪一时。

“住宅”是建筑群的主体。初建时，有42栋510间，后来发展到68栋712间，住宅依山傍水而建，层叠而上，共分为4排，外部依山势围以围墙，给人以一整体山庄观感。

古村建筑群规划缜密，既有幽雅的高楼台阁，也有王府式的递进大厅，还有两厅并列的宽敞平房，形式上求同一，存别异。古宅虽屡经风雨沧桑，但从未出现过自然倒塌现象，这反映出能工巧匠在建筑技艺上的高超本领。

曾家村2013年被列入第二批中国传统村落名录。

## 车家村 鹰潭市贵溪市

车家村位于贵溪市文坊古镇东南，占地面积约1平方千米。现有村民以车、汪、伍三姓为主。昔日文坊商贾如云，蜿蜒曲折的街道上车水马龙，热闹非凡。如今的古街依然保持原貌，鹅卵石铺就的路面中央镶嵌着青石板土车道，历经了数百年人踏车碾，坚硬的石板上辙痕历历、古韵犹存。

石质门坊刻有“秀挹双溪”“玉峰徽声”“理学家风”等以乐山乐水、明德修身、理学治家为内容的门匾，彰显着房屋主人的思想品位和人生追求，散发着古村浓郁的文化气息。

村内10多座典型古建筑错落有致，房前屋后古井、防火塘、沟渠设计科学合理。露天的地面多用细小鹅卵石铺成，图案有白色鹅卵石嵌成的蜜蜂和猴子，寓意为“封侯”；“卍”字图案，象征天长地久、吉祥万德；有的院内地面正中是一个圆圆的大铜钱，铜钱圆心是阴阳太极图，铜钱左右为龙凤，面向大门，右为龙，左为凤。

沿鹅卵石路自西向东南，依次坐落着伍家宅院、“德元号”大纸店、车家宅院、“仁正亨”宅院、“仁复亨”宅院、车氏祖屋、车驹故居等。古建筑保存相当完好，大青砖砌成的墙壁，屋顶上雕花的脊梁，年代久远的木门、方格窗户、香几等在向人们诉说着那久远的辉煌。其中“仁复亨”宅院规模最大，装饰最美。

车家村在清末和民国时期名人辈出，汪氏仁复亨、仁正亨药铺享誉海内；车驹在江西省立南昌二中任校长 22 年，创立民国时期三大名牌中学之一；汪群曾任中共赣南特委书记，1929 年 1 月，夫妇二人在赣州城卫府里英勇就义，是中共历史上著名的夫妇英烈。

该村 2016 年被列入第四批中国传统村落名录。

## 夏府村 赣州市赣县区

夏府村，地处赣江上游，赣县北端湖江镇所辖赣江段的西岸，是明朝抗倭名将戚继光的祖籍地，客家人南迁赣南的第一站。据记载，夏府早在南北朝就已建村，目前有近两千年的历史，素有赣南水上“北大门”之称。

夏府村

夏府村三面环水，呈半岛状，名胜古迹颇多。有名祠、名亭、名景 24 处。史料上记载：从宋朝开始，夏府村慢慢形成戚、谢、欧、肖、李五大姓氏，在历史上，赣江曾经长期成为南北交通的要道，而夏府滨江占有地利之便。古代船沿赣江自南向北而下或自北向南逆流而上，邻近夏浒时，便是赣江“十八险滩”中的最险段——天柱滩至黄泉滩，由于礁多水急，只好在夏府村村头，人下船，货改陆运，空船被拉纤过险滩后再装货上人前行。夏府村于是便成了货物集散地、交通要冲，过往商贾、官宦、名流如云，一派繁华景象。至今仍保存完好的文物古迹有戚氏“追远堂”宗祠、戚氏聚顺堂、谢氏祠堂——敦五堂、蒋经国先生在赣州任专员兼赣县县长期间亲自牵头在夏府村创建的民办夏府中学旧址等。

夏府，曾名“下釜”“下浒”。夏府村的兴盛与客家先民的迁徙有很大关系。自汉唐以来，中原百姓由于灾害、战乱及朝代更替等原因逐步向南迁徙。开始居于长江两岸，后沿湘江经漓江进入两广；至唐开元四年（716）张九龄凿通梅关后，缩短了中原汉人南迁的路程，改为溯赣江过岭南的迁徙路线，夏府村便是这条线路上的重要驿站。因此，至明代中期夏府村就已是一个居有两万多人的繁华之地了。村内有古驿道穿村而过，街巷密布，沿江自上而下分布着刘家、戚家、欧家、谢家、李家五大码头。村内华堂秀屋蔚然成街，大小祠宇星罗棋布，十八花厅雕梁画栋，华丽无比。

夏府村历史文化底蕴深厚，至今还保存着许多特色民俗文化活动。正月新春是一年开头的喜庆之月，夏府人为了在这一年能六畜兴旺，会请木偶戏班子来夏浒唱木偶戏，由各姓出资在各姓祠堂唱，一直唱到出元宵。

除此之外，夏府村的南洋奇树、思母亭、恩德亭、十八花厅、太平天国古战壕遗址、拴马石、古驿道等名胜景点。

该村 2013 年被列入第二批中国传统村落名录。

## 大坑村 赣州市赣县区

大坑村是开国上将赖传珠的故乡，地处赣县大埠乡西北角，桃江河畔，距赣县县城 42 千米，距离市中距离大埠圩镇 1.5 千米。

大坑村曾是大埠农民暴动旧址，包括赣南最早的红色政权——赣县南区工农革命委员会。

大坑村主要古建为礼公祠、赖氏宗祠、韩氏宗祠等，村内有古井、古树、古碾、古磨多处。大坑村有大小枫树几百棵，树龄百年以上的古樟也有数十棵。一到秋天更有樟榕共生共荣的奇特景观。大坑村主要民俗活动有食贡、烧瓦子灯、擂茶。

该村 2014 年被列入第三批中国传统村落名录。

## 白鹭村 赣州市赣县区

村落介绍详见 P032。

## 云山村 赣州市大余县

云山脚下有个云山村，位于大余县左拔镇，距县城 27 公里，村中有一座几乎是赣南现存的最古老的客家围屋——曹氏围屋。

曹氏围屋——平阳第位于大余县左拔镇镇政府西面约 1 千米的一个小盆地中，为一大型客家围屋，始建于明嘉靖四十三年（1564）。外围有 3 米高的干打垒围墙，围成不规则的圆形，围内约有 40 个院子，500 间房。院围有正门和后门，正门朝向西北。进正门为一长 180 米、宽 3.55 米的主巷道，尽头为总祠堂。内有 6 根主柱，有一天井。两侧有一条约 60 米长的横巷道，横巷道两端又各有一条约 90 米长的纵巷道，与主巷道平行的还有一条约 2 米宽的纵向巷道。主巷道两侧，各有 2 条至 3 条 1 米至 1.5 米宽的横巷道，横巷道内各有 3 个至 5 个独立大院，有大门、院内前后厅。房屋为青砖高墙木结构，硬山式瓦顶，墙高约 4 米。围内还有 4 个分祠堂，两眼水井，巷道皆为卵石铺筑口。现在居住围里的绝大部分是曹口氏，分为 6 个居民小组。据曹氏家谱记载，曹氏先祖于宋代咸淳年间（1265—1274），从河北正定府辗转迁至江西南安，先居横浦驿外燕子窝（现黄龙镇境内）、明时有曹氏在南安府为官，弃官后进左拔狩猎，发现左拔铜盘（现围里旧名）依山傍水，山清水秀，遂搬迁曹氏宗族入山，并于明正德四年（1509）建祠堂祭拜祖先，后人口繁衍又设立分祠堂，规模不断扩大。为防止深山猛兽的侵扰和加强宗族内部联系，在整个建筑群外用干打垒墙围住，前、后门均建有阁楼，气势宏大，从而形成典型的赣南客家民居建筑群格局。

如今，曹氏围屋被列入市级不可移动文物保护名录、国家级保护单位。2014 年云山村列入中国传统村落名录。

## 竹洞村 赣州市崇义县

竹洞村位于聂都乡西南角，地属聂都省级风景名胜区，地处湘、粤、赣三省交界处，东毗大余县，南、西接广东省仁化县。聂都乡是赣江源头支流——章水发源地，距县城 51 千米。

明末清初先后有孔氏、蓝氏、钟氏、郭氏、邓氏等十几个家族迁居至竹洞村，距今已有 300 多年历史，是一个典型的少数民族村。村庄沿着主要道路呈东北——西南方向分布，境内有锦江源头（竹洞河）穿境而过。村内建筑依山就势而建，充分利用地势的高差，形成层层叠叠的独特景观。目前古村落遗迹保存较好的有孔氏天坪脑、蓝氏老山塘、新山塘、水楼下。

该村的传统民居鲜明地反映了该村“大杂居、小聚居”的民族分布特点。村内生活着畲族与汉族居民。在千百年的历史进程中，这两个民族的人在生活、文化等各方面相互交融，逐渐形成了畲族、汉族同胞整体相互杂居，同时又以民族、姓氏、家族为依据分散聚居的居住形式。

村内遗存有以孔氏“祖厝”为代表的 21 栋传统民居，是该村最早的建筑，距今有三百多年历史。竹洞畲族山歌，用来歌唱劳作生活、抒发情思和鼓舞斗志，传递对来年风调雨顺、老少平安的美好愿望，2010 年获批为江西省第三批省级非物质文化遗产名录，2011 年，竹洞原生态畲族山歌应邀代表赣州市参加江西省首届畲族文化艺术节，并荣获山歌对唱一等奖；手工传统造纸，为 20 世纪末期以前村落山民赖以生存的经济主要来源渠道。此外，还有古街巷、古驿道、古桥、竹洞河、古树、奇石等。

竹洞村 2016 年被列入第四批中国传统村落名录。

## 老围村 赣州市安远县

老围村，位于安远县城 20 千米处，毗邻国家级森林公园东江源头三百山，距乡政府驻地 1 千米。

全村绝大部分是客家人。老围村临河而建，风光优美，是江西脐橙产业强村、江西历史文化名村、江西生态旅游示范点。

老围村保存有全国建筑规模最大、保存最完整的方型围屋——东生围。东生围，江西重点文物保护单位，始建于清道光二十二年（1842），落成于道光二十九年，至今已有158年历史，是一座具有南方建筑艺术特色和赣南地方特色的围屋，呈“回”字形。其一大特点是，围屋有7座大门，并一字排开，每座大门进来有1条街道，每条街道两侧的建筑有其独特风格，似围中有围。整座围屋建成防火防水防盗和抵御外侵的土木结构，被誉为“刀枪不入，水火难攻”。

陈郎庭次子陈步高立基建的磐安围、五子陈步升立基建的尊三围（仅存遗址）与东生围呈三角鼎立之势，成为当地远近闻名的3座“土围子”。目前围内居住的村民，均系陈郎庭后裔。《安远县志》记载了尊三围的故事。20世纪30年代，该围是当时的乡苏维埃政府驻地。

“唱歌仔来唱采茶歌，东升围就像一条河，流水百年歌不尽，唱出人间好事多……”正如当地采茶歌所唱，东生围见证了老围村的岁月更迭。老围村也传承并发扬着独特的客家文化，在国庆黄金周期间，设置每天固定表演时段，在东生围内开展采茶戏、走马灯、南乡大堂音乐、上刀山、五股龙等安远民俗文化展演，令人赏心悦目。这些古老而鲜活的非物质文化遗产的精彩呈现，充分展现出中华民族源远流长的创造活力，体现的是中华民族优秀的文化传统和审美情趣。

老围村于2003年列入江西省首批省级历史文化名村，2012年被列入第二批中国传统村落名录。

## 新园村 赣州市龙南县

新园村位于龙关公路里仁镇新园村路段，是龙南县最大的客家围。始建于弘治辛酉年（1501），是龙南李姓祖祠所在地，保存较为完好，迄今已有五百多年。围内及周边现有4个村小组，耕地545亩。景点主要有纪缙祖祠、围中围、八卦林、八卦巷、客家文化体验场、客家文化宣传长廊、古门炮楼、明代古井、亲水台、拴马台等。

新园村栗园围

围屋四周为长789米、高4米用毛石精工砌造而成的围墙，按八卦演化在东、南、西、北四个方向均建有围门，四周角落遍布有12个炮楼，围墙上凿有枪眼数百个。围内主要建筑布局以纪缙祖祠、栊梃厅厦、梨树下厅厦、新灶下厅厦（一祠三厅）为核心。历经506年的纪缙祖祠（橘瑞堂）气势甚为恢宏，堂内雕梁画栋，镂刻斗拱。大堂顶部清晰可见的历史故事彩画见证了其浓厚的文化气息和悠久的人文历史。围内曾于民国十八年（1929）创办过族立崇正小学，书院内右设文馆，左设武馆，中建教堂。

栗园围不仅具有客家围屋普遍具备的防御功能，而且依风水原理布局建宅，增强了生产、休闲、文教功能，体现了客家人一脉相承的勤生产、重文教、图发展的人文特色。它是客家围屋中罕见的八卦型围屋，恢宏的建筑规模和厚重的人文历史使其成为赣南客家围屋中一颗璀璨的明珠。

栗园围围名为著名哲学家、教育家、军事家王阳明所题，王阳明见此地周围为大片板栗林，所以题为“栗园围”。门楼及两旁围墙沿围墙布有上百个炮眼、枪眼，炮眼主要用于防盗、防抢、防宗族械斗等，门楼主要用于指挥。该村 2014 年被列入第三批中国传统村落名录。

## 杨村村燕翼围 赣州市龙南县

杨村村燕翼围

杨村村燕翼围也称高守围，2012 年被列入第一批中国传统村落名录。燕翼围始建于清顺治七年（1650），历经 27 年，系赖福之及其长子赖从林所建。其围命名有 2 种版本，一种是因为前左角凸（展）出，后右角凸（展）出形状像燕子展开的翅膀，取名为“燕翼围”；另一种是“燕翼”二字原出自《诗经大雅 · 文王有序》“武王岂不仕，贻阙孙谨，以燕翼子”，又曰“燕安也，翼敬也”，意即为子孙着想之计谋。赖福之正是为子孙着想取名为“燕翼围”。

此围呈长方形，边长 41.3 米，宽 31.8 米，高 14.3 米（赣南最高的围屋）。基脚上下 7 尺，也即出土面与基脚深各为 7 尺，全部用长方形麻条石浆砌成，共用麻条石 1910.55 平方米。墙壁用青砖拌糯米浆砌成。墙厚 5 尺，围的四角凸出，称炮楼。每层设有火枪眼，统称“躲眼”。内宽处狭，从内望外清晰可见，从外望内，则什么也看不见。

燕翼围门有 3 层，外层铁门，中层栅门，内层厚实木门，并装有门闩。门顶有漏斗孔，以防火攻时灌水灭火。门前有眼水井，井水清甜。围内有两口暗井，一是水井，二是埋藏万余斤木炭和蕨粉围旱井。平时填土封闭，战时因危，才掘井自救，有水、火、粮可用。

燕翼围进门有阶梯登楼，第二层有 1 米宽的楼廊环通，盖有廊檐。房间内空长 5 米，宽 2.87 米。

方围对角有四边，以靠角道间外伸 2 米，筑成炮角，每层炮角有 5 个炮眼（三大两小），可全方位观察围外动态，第四层角有全面作战功能。有 58 个炮眼（大 19、小 39），外形似窗，二三两层炮眼的内侧砌有小门可关可开。炮眼兼具通风、透光、监视、射击功能。环通过道以 0.85 米宽墙体顶面为路面，来往十分方便。过道有 4 个排污孔，以石槽伸外。

赖福之生有 3 子，他为其 3 个儿子各建高层守围 1 座。为长子赖从林在下坊建“燕翼围”，为次子赖德林在上坊建“永藏围”，为三子赖衡林在堪头子建“光裕围”。3 个守围结构一致，格式相似。现在 3 个围屋：上坊的永藏围，新中国成立后改建粮食仓库；堪头的光裕围在抗战时被日本飞机炸成危房；燕翼围也遭日军飞机轰炸，受损不大，如今仍然坚固如初。

## 乌石村 赣州市龙南县

乌石村位于龙南县杨村镇的东部，距龙南县城约 50 千米，是龙南县保存最完整的客家围之一。乌石村又名乌石围、磐石围，始建于明代万历十年（1582），于万历三十八年（1610）完工，系赖氏先祖赖景星所建，最多可以住 70 余户。乌石围以围前一块黑色奇石得名，是赣南 700 余座客家围屋中历史最悠久的围屋，其平面格局特殊，前方后圆，对于研究赣南、粤北、闽西地区的客家围屋影响与演变具有重要的价值。因围屋门前有一块状似蟾蜍的乌石，故称“乌石围”，以其前方后圆形成的半圆围在众多风格迥异的客家围屋中独具特色，弥足珍贵。

乌石围坐东南朝西北，前方后圆，内方外圆，面阔 52.4 米，进深 42.3 米，围屋墙高约 8 米，主围门外有禾坪、照壁及月池。乌石围共有 3 个门供围内人出入，大门设在围屋正面的中间。大门两边分别立有一只雕刻精美的石鼓，石鼓上边各刻有一只小狮，表示围内曾是官宦之家。走进大门，是具有客家民居特色三进三开的建筑结构，中间层层递进的是上、中、下三大厅。3 个大厅中间有两个天井供采光用，大厅的左右边都是由 6 间两层房屋组成的 6 个四合院。36 间偏房和 3 个宽大的大厅组成蔚为壮观的方形建筑体，是乌石围的核心建筑。二楼有用木板做成走马廊形成 U 型通道，相互呼应；而朝外的墙上则从上至下分布着许多深邃幽暗的枪眼炮洞，与围屋前两边的炮楼一起，形成抵御外敌入侵的火力网。

乌石围后圆左侧挖有一口井，供围内生活用。三百多年来，清澈凉爽的井水滋养着一代一代围屋里的客家子孙，至今人们仍然是饮用这古井里的水。

2001 年中央电视台东方时空栏目组以乌石围为背景向全世界直播了《客家人的围屋》，令乌石围享誉海内外。2016 年被列入第四批中国传统村落名录。

## 关西村 赣州市龙南县

内容介绍详见 P033。

## 雅溪村 赣州市全南县

雅溪村位于赣州市全南县龙源坝镇东南面，东西为中高山岭，属山区，南北为山谷地段，贯穿全吊线，距全南县城 25 千米，距龙源坝镇 5 千米。雅溪村始建于清末，作为一个传统的客家村落，雅溪村客家文化底蕴深厚，至今依然保留着许多客家传统习俗，延续着客家人的饮食文化。雅溪村积极将土围、石围、承庆堂和陈氏宗祠打造成主要的旅游景点，拥有香火龙、客家擂茶、蓝巾帕等丰富内涵的民俗文化，并以旅游带动周边农户发展农家乐、乡菜馆等，推出浓郁的客家特色菜肴，如客家酿豆腐、擂茶、麻糍、薯包、擂茶等。

雅溪村以浓厚的客家文化底蕴和历史悠久的古建筑为依托，大力发展旅游业，将“以旅兴村”作为该村的另一发展方向。

陈氏祠堂是陈氏族人祭祀祖先的地方，每遇逢年过节或红白喜事，族人们便相聚在宗祠，饮水思源，缅怀祖先业绩，颂扬祖先恩德。

宗祠不仅为家族文化和家族情感留下了深刻的见证，还始终引导着族人保持着良好的家风和生活作风。陈氏宗祠中还保留着由本地乡绅陈庆铭在 1944 年亲笔书写的《新赣南家训》。

雅溪村不仅有人文故事的点缀，更有历史资源的依托。雅溪村拥有距今百年历史的土围、石围、承庆堂和陈氏宗祠等 4 座古建筑，土围和石围是该镇保留最完好的围屋，该村围屋群小巧玲珑，设计精美，为围屋中的“小家碧玉”，其整体建筑非常坚固，防御性能极强，用挑空砖砌的炮角代替普通的炮楼，使得建筑形态轻盈优美，又同样起到防御攻击的作用，这是雅溪村围屋群的特点。

该村 2006 年列入江西省文物保护单位，2016 年被列入第四批中国传统村落名录。

## 三僚村 赣州市兴国县

三僚村——风水文化第一村，古称僚溪，是兴国县东部梅窖镇的一个偏远山村。现有 18 个自然村，均为曾、廖两姓后裔。

走进三僚，犹如走进了一座“易学博物馆”。站在曾、廖两姓交界的“和合石”上看，三僚村地形状如一个太极图形。整个村子坐落在盆地上，盆地中间一座条状石恰如罗盘中的指针，故称“罗经吸石”。曾姓村和廖姓村分居指针两侧，就像太极图中的两仪。盆地四边各有东华、西竺、南极、北斗 4 座寺庙和御屏帐、活龙脑、九尾杉、和合石、多士石、章罡士、七星池、甘泉井等 8 个景点，仿佛在演绎着《易经》中“太极生两仪，两仪生四象，四象演八卦”的原理。

走进三僚村，犹如走进了一座巨大的风水文化陈列馆。在这个不足 2 平方千米的古老山村，布满了历代风水师们留下的独具匠心的风水文化建筑。如，这里有大小祠堂 42 座，典型的有“挂壁大井”“蛇形祠”“龟蛇会”“狗形祠”“半坑祠”“无蚊祠”“万方祠”“月洲祠”“美女照镜祠”等，每一座祠堂都蕴藏着高深的玄机，包含着神奇的故事。

三僚村因其独树一帜的风水文化，被海内外易学界誉为“中国风水文化第一村”“中国风水文化的诞生地”。

三僚风水文化景区先后被评为“2006 江西乡村游十大旅游景点”“2007 国家农业旅游示范点”。2008 年第二批列入江西省非物质文化遗产名录。三僚村 2009 年被评为省级历史文化名村，2011 年获批为国家 AAAA 级旅游景区，2013 年被列入第二批中国传统村落名录。

## 山阳寨村 赣州市兴国县

山阳寨村位于兴国县枫边乡石印村行政村，距离石印圩 1.8 千米，距离兴国县城 60 千米。

据族谱记载，村庄一世祖是万公，其后子孙繁衍第十四世同公由永丰迁徙至罗田。南宋宁宗期间，传至第十八世谓公，游三际见其山奇水秀，遂从罗田迁居此地开基创业，村庄建村已有八百多年历史。

建村之后，子孙勤劳耕作，开垦农田种植稻谷，利用山体资源种植油茶，发展传统手工艺，明清两代是山阳寨发展的鼎盛时期，人丁兴旺。由于村落地处丛山峻岭之中，群山环抱，地形十分隐藏，加之村落内有较多的粮食储备，在 1931 年第二次反围剿时期，为保障伤员的医疗救治，在山阳寨设立红军医院第二分院第四所，在村落内留下了大量的红色印记。第二次反围剿后，虽然红军医院在村落仅存三四个月，但激发了群众参军的热潮，其中村内 20 多名青年走上战斗前线，30 余名妇女自发成立洗衣队、护理队、炊事班。

新中国成立后，村庄没有大拆大建，至今保留 10 余栋历史建筑，村落格局至今保存完整，包括德安公祠、德斌公祠、重白堂、彦兴堂、荣寿堂、玉璜堂、欧阳甲最宅、欧阳榜和宅、欧阳爵金宅、欧阳班永宅、欧阳榜森宅、红军医院旧址等。村内有古树 10 余棵，古井 1 口，古桥 1 座，红军小道 3 条，防护洞 1 处。这些均是村内重要的历史遗存，反映历史风貌和地方特色。

山阳寨村 2016 年被列入第四批中国传统村落名录。

## 官田村 赣州市兴国县

官田村位于兴莲乡东南部，距离乡政府3千米，面积14平方千米，辖谢坑、桐江、寨下、大坪、河背、乾下、礼部、山下、村上、官溪、新屋、老屋、水口等13个村民小组，有耕地1480亩，林地12300亩。

1931年10月，中央红军在官田村创办了中央兵工厂。官田中央兵工厂是我党历史上第一个综合性兵器工业企业，它的创建标志着人民兵器工业的创立。中央兵工厂旧址群先后被评为江西省文物保护单位、全国重点文物保护单位和首批全国军工文化教育基地。

官田三角班，源自赣中、赣西一带一种主要由“生、旦、丑”三个角色组成的富有乡土气息的地方小戏。官田三角班已有近两百年的历史。清末民初，著名的三角班艺人螺田的夏月梅在丁江、乌江、冠山、螺田等地组班授徒，积极发展三角班，被水东一带的艺人称为“祖师爷”。

该村2013年被列入第二批中国传统村落名录。

## 杨依村 赣州市宁都县

杨依村坐落在黄陂镇东北4.5千米处，全村辖14个村小组，7个自然村。

杨依村始建于唐乾符年间，是一个以谢姓聚居的千年客家古村。村内建于明清时期的祠堂、书院、戏台、庙宇等名胜古迹林立，现保存较为完整的、具有赣南客家传统的古民居、宗祠建筑33座，是展示赣南客家传统建筑的基地。

杨依村是状元故里。这里人杰地灵，历史名人、科举人士辈出，世登仕籍，代出名贤，据历届族谱记载，杨依曾孕育出状元1人，进士33人，举人43人，因军功或恩授获功名者24人。南宋时，元凤、元龙兄弟进士，科甲蝉联。“谢氏家庙”出状元谢元龙、榜眼谢楷树、探花谢杰，是赣南唯一的“三鼎甲”古祠。

杨依村是典型的风水文化村。村庄选址是堪舆大师杨筠松的杰作，背山面水、藏风聚气，注重人与自然的高度和谐，充分体现了“天人合一”的传统文化所思，是研究古代风水学顺应自然的村落选址理论的载体。

杨依村还是一块红色故土。当年红一方面军总前委驻地在黄陂时，这里设立了许多临时机构：“建明翁祠堂”为医疗救护之地，“谢氏家庙”为村驻红军用餐之地，“回兰观”为村驻红军杨依理事处，“文昌阁”当时为红军政审处等，现许多祠堂及民宅墙面都留有当年的宣传标语。

该村2016年被列入第四批中国传统村落名录。

## 东龙村 赣州市宁都县

内容介绍详见 P033。

## 寒信村 赣州市于都县

寒信村位于赣州市于都县段屋乡。仙澄公路穿境而过，连接 323 国道和于银公路，交通便捷。

寒信村是从明洪武年间开基祖肖寿六公在这里定居之后开始的。肖氏族谱记载，他们的开基祖寿六公精通地理术。家境富裕，爱游山玩水钓鱼的寿六公，从家乡赣县信江营溯水而上一路垂钓，发现了寒信是个天然成局的风水宝地。

寒信村因寒信峡地势险要而成为整个航路中的重要码头之一，今可见古码头、店铺遗址，展现当时的水运与商贸繁荣景象。客家建筑、民俗风情、古树名木、小桥流水、自然景观与人文景观都得到较好的保护与传承。寒信村世代崇文重教、文风昌盛，正如《峡溪萧氏族谱》载“人文鹊起、科甲蝉联为于邑之旺族”。

寒信村的传统建筑大多数都依山傍水，有寺庙、祠堂、门楼、戏台、接官厅，拱桥、古码头等，民居则有老宅院、店面排屋等 40 余处，建筑规模达 32000 平方米。尤为可贵的是寒信村古建筑集中连片、保存完好，建筑装饰，无论在风格上，还是在造型上都具有赣南客家建筑风貌和眷家居民特色。古建筑以祠堂最具代表性，祠堂大都为青砖、灰瓦和“穿斗式”木构架结构。

民居大都为“四扇三间”的建筑格式。传统的“四扇三间”系土木结构，两层楼房，中间厅堂，左右两旁前后共 4 个房间。如要扩宽，则左右加建横屋。“四扇三间”具有明显的建筑优越性，即在有限的建筑面积内，将可使用的面积空间扩展到最大的限度，造价低廉，布局合理，利用率高，且体现了住房成员之间的亲和性、团聚性。

寒信村山清水秀，桃李丰富，古树繁多。全村共有百年以上古榕树、古樟树 60 余棵，大小祠堂、庙宇、牌坊 20 余处。民俗活动传承有力且活动众多，特别是每年农历七月二十四日的水府庙会，前来参加庙会祈福的信士达 2 万余人，届时村里人山人海，鼓乐齐鸣，场面非常壮观，吸引了众多媒体前来采风。

寒信村于都唢呐《公婆吹》历史悠久，被列入“国家非物质文化遗产保护”名录，并在寒信村设立了“于都县非物质文化遗产培训基地”。

古文是在寒信峡极为流行的一种民间曲艺，演唱者多为盲人。他们演唱曲目大都是一些流传于民间的古老传说、神话和历史故事等，当地群众又称之为“唱传本”，其中主要曲目有《赵玉林》

《珍珠塔》《卖花记》《丝带记》等。该村2009年被列入“江西省非物质文化遗产保护”名录，2013年被列入第二批中国传统村落名录。

## 谢屋村 赣州市于都县

谢屋村位于赣州市于都县岭背镇乡，距县城10千米，离于银公路约2千米。

谢屋村位于于都县岭背镇东北面，村部设大屋组。全村地处丘陵，东面靠山，东、北与上营村相连接，南与水头村相接，西与岭背村、禾溪埠村交界，共辖14个村小组。境内有梅江，水头河穿境而过，大部分古建筑及传统建筑保存较好。主要有水头步蟾坊、谢氏宗祠宝勅堂、谢氏存正公祠、谢屋福神庙、谢宁公祠、宝树流芳谢氏民居、谢屋谢氏家庙、谢氏九井十八厅等。

古建筑大部分为砖木结构，风火墙，悬山顶。特别是该村的明代步蟾坊，步蟾坊坐落于谢屋村大屋内，当地人称坊牌。系明正统六年（1441）于都县知县王琳等人“为表彰邑人谢宁任广东都司莅官勤慎，操行刚介，崇尚正道，摒斥淫靡”而立。明成化二十一年（1485）和民国二十五年（1936）两次重修。坐南朝北，木构建筑，面宽11.21米，进深3.4米，高10.38米，为四柱三间四楼，歇山顶，重檐。牌坊由4根主柱8根戗柱支撑，各楼均有门棋支撑出檐起翘。明间有明楼和顶楼两层，次间为一较矮单层檐，均用筒瓦盖坊。整个建筑结构合理，受力均匀，该坊有木质匾一块，正反面各阳刻“步蟾坊”3个大字，并有题款。

谢屋村1987年公布为江西省级文物保护单位，2014年被列入第三批中国传统村落名录。

## 平安村 赣州市于都县

平安村位于于都县北部约45千米的银坑镇，在苏区时期是中共江西省委、省苏维埃政府驻扎地，中共胜利县委、县苏维埃政府驻扎地，中央后方保管处所在地。平安村的传统建筑大多数都依山傍水，有祠堂、古商业街及商铺、门楼、牌坊、民居、真君庙、戏台等。尤为可贵的是平安村古建筑集中连片、保存完好，建筑装饰无论在风格上，还是在造型上，都具有赣南客家建筑风貌和客家民居特色。

古建筑以祠堂群最具有代表性，平安祠堂群由29座紧密相连的大小宗祠组成。祠堂群中以主宗祠“崇仁堂”规模最大，由院落、木牌坊、祠堂组成，为二井三厅，其他分宗祠大多为一井二厅，并以主祠为中心左右分布。分“专祀型”祠堂和“居祀型”祠堂。具有典型的赣南客家建筑风格。

平安村客家民居大多为“四扇三间”的建筑格式。“四扇三间”具有明显的建筑优越性，即在有限的建筑面积内，将可使用的面积空间扩展到最大的限度，造价低廉，布局合理，利用率高。

平安村在苏区时期是中共江西省委、省苏维埃政府驻扎地，中共胜利县委、县苏维埃政府驻扎地，中央后方保管处所在地。

这里不仅保留了集中连片的祠堂群、传统民居、古商业街及商铺，还有革命旧址、真君庙、戏台等，古色、红色和客家文化相得益彰。

该村 2006 年被公布为江西省文物保护单位，2016 年被列入第四批中国传统村落名录。

## 澄江村 赣州市于都县

澄江村位于于都县葛坳乡，距县城 60 千米，离 319 国道 2 千米。澄江谭氏先祖谭全播是唐熹宗朝进士，公元 912 年受后梁帝封为虔州（今赣州）防御使，官至太尉，封金紫光禄大夫。其次子谭文谟袭父爵续居赣州城，谭文谟之第九代孙谭文景，于公元 1070 年前后迁回故乡澄江居住，扩建村庄，距今 930 多年。谭文景之曾孙谭子清经吉安谭氏宗亲介绍，曾聘请吉安名师文革斋先生到澄江执教，其子文天祥随父侍读于澄江村 10 余载，受到谭氏族人厚待，文天祥中状元官至显宦后，为报谭氏厚待之德，相继为谭氏首修族谱作序，为澄江村建东、南、西、北四大门，形成城堡式村庄。

澄江村古代建筑和文物古迹众多，建有古祠堂 24 座，古民居上百栋，古寺庙 3 座，集市 1 处，古戏台 1 座，进士第 1 座，190 余年历史的大理石狮 1 对，古祠庭院彩石垒成的鹿象 3 头，古井 3 口，文天祥所题四大门门楣已存县博物馆，东门、南门尚存骨架，现存围墙残墙和墙基 300 多米。

古祠堂群都建于明清时期，均属徽派建筑，由九五制式青砖和优质木料建成，外表壮观，内饰精致。前后排列有序、左右相连、中间有石街巷道相隔，前面有石铺庭院相通，形成井字形结构，规划合理，错落有致。古祠堂大多为青砖灰瓦和“抬梁式”木构件结构；硬山顶，封火墙并围天井，以柱承梁支撑整个屋面，即“四水归堂”。比较有代表性的古祠堂有文景祠、云窗祠、雪窗祠、渊潜祠、秀明祠、松波祠等。

澄江村获批为江西省历史文化名村，2014 年被列入第三批中国传统村落名录。

## 上宝村 赣州市于都县

上宝村位于于都县北部约 40 千米的马安乡。上宝村古建筑集中连片、保存完好，建筑装饰无论在风格上还是在造型上，都具有赣南客家建筑风貌和客家民居特色。

古建筑以祠堂群最具代表性，上宝祠堂群由 18 座紧密相连的大小宗祠组成。始建于明朝末年，清康熙、乾隆、光绪、民国等历代均进行过维修和增建。祠堂群中以主宗祠“世德堂”规模最大，为三井五厅，其他分宗祠均为一井二厅，并以主祠为中心左右分布。分“专祀型”祠堂和“居祀型”祠堂。祠堂大都为青砖、灰瓦和“穿斗抬梁式”木构架结构。硬山顶，马头墙，并围绕天井，以柱承梁，支撑整个屋面，即“四水归堂”，这种结构使整个建筑高大牢固，内部厅堂宽敞明亮、通风透气。

上宝村客家民居大都为“四扇三间”的建筑格式。传统的“四扇三间”系土木结构，两层楼房，中间厅堂，左右两旁前后共 4 个房间。“四扇三间”具有明显的建筑优越性，即在有限的建筑面积内，将可使用的面积空间扩展到最大的限度，且体现了住房成员之间的亲和性、团聚性。

此外，在祠堂群外围还保留着建于清咸丰八年（1858）的土围，上宝土围墙体内外以片石夹有夯实泥土砌筑而成，围墙厚达 2 米至 3 米，墙上布满炮眼，曾建有 6 个碉堡和东、西、南、北 4 个门，周环宽约 3 米的护围河（现尚有溪水），是当时钟氏百姓抵御外来侵扰的堡垒。所围面积约 1.1 万平方米，是当时赣南最大的村围之一。1931 年红军攻打躲进上宝土围的靖卫团和土豪劣绅，拔除了于都县最后一个“白色据点”，于都成为全红县，土围被部分拆除。并成立了以上宝为中心的胜利县，胜利县县委、苏维埃政府设上宝村排脑钟蓝田祠。

这里不仅保留了集中连片的祠堂群、传统民居、土围遗址，还有古井、百岁亭、古驿道。居住在上宝村的钟氏村民至今还保留了延续六百多年的客家春祭活动。

上宝村 2014 年被列入第三批中国传统村落名录。

## 禾溪埠村石溪圳自然村 赣州市于都县

石溪圳村落由李姓六世祖一宏公始建于元朝至正年间，至今已有 650 多年了。

村落中心区域是总祠李氏宗祠问修堂。祠的右边有冰鑑公祠、亮三房分祠、映川房分祠、定先公分祠；祠的左边有良佐房分祠、文周房分祠，在良佐房分祠境内还有进入主祠的必经地接官厅。总祠和分祠共有 10 多座基本连片的建筑，居民均居住在总祠和各分祠的左、右两侧。

除中心区域外，分居在四周的其他房也有分祠，如两溪公祠、乐野公祠、德庆公祠、石潭公祠、朝辅公祠、玉传公祠、步云堂等公厅分祠的旧址。

建造工艺和文化内涵主要体现在中心区域的总祠内。总祠是本村落各房集会、烊灯、祭祖、红白喜事等议事、处理内务“公事”、春节茶话会及海外游子返乡酒宴等活动的主要活动场所。

各分祠均为各房集会、烊灯、祭祖等议事及活动场所。数百年来的民风民俗一直沿用至今，从未更改。

该村落以两河交集河流为界，分河东片和河西片，河东、河西各有两个自然村小组，主宗祠在村落中心处，庵堂、庙宇、晒场、古树、桥梁等的分布均在本村落南方水口处。2016 年列入中国传统村落名录。

## 密溪村 赣州市瑞金市

密溪村

密溪村位于瑞金市九堡镇北部，距瑞金市区 35 千米，距九堡镇 13 千米。有大坑、板坑、赛下、小板等 4 条大小不一的河流，俱从西北顺势流向东南水口汇入九堡河而入梅江，因不能通舟楫而称之为“溪”。在密溪罗氏的宗祠里有这样一副对联，“密水源流通梅水，凤山秀气接龙山”，告诉我们密溪的山是从宁都龙华山透迤而来，水是汇入梅江而去。清嘉庆九年（1804），名士阙维枚慕名而来，是从密峡水口进村的，所以他在《密溪记》中写道：“……自外入者，行至峡，几迷不认得路，若《桃花源》然。”一语道破了密溪的形性，也许正是因为村庄的隐秘，又有密水之故而称之为密溪。不过罗氏后人更愿意相信，是因罗氏开基始祖字号“密峰公”定居于此而称之为密溪。

密溪村已有 700 多年历史。罗氏在密溪村起于南宋，成于元朝，兴于明朝，全盛于清朝。现存古建筑多为明清时期建造，其中，明代建筑 3 座，清代建筑 32 座，建筑类型多为民居和宗祠，重点古建筑 15 座。另有 3 处具有红色意义的旧址，分别是 1932 年驻设密溪的红军印刷厂，1934 年 9 月红军后方医院旧址，以及 1935 年红军和国民党徐汉谋部队作战的战壕遗址。一座古墓（蜈蚣墓）系瑞金四大名墓之一。

密溪村以其保留的客家民居、文物古迹和传统的客家文化风俗（东平王庙会、观音茶会等）比较集中而著称，能较完整地反映明清时期的传统赣南客家村庄风貌和地方特色、民族风情，有“明清古建筑博物馆”称号，体现出一种“乐土”气象、“望族”风范。

该村 2003 年被评为江西省首批历史文化名村，2013 年被列入第二批中国传统村落名录。

## 洋溪村 赣州市瑞金市

洋溪村地处瑞金市区东北方 6 千米，瑞金市最大的出口蔬菜基地就在村前，村中央有宋代古建筑刘氏宗祠上下两栋，祠后龙山雾嶂，页岩丘陵绵延，祠左有绵江河川流，右有小溪环村而过。

洋溪村始由汉高祖后裔在宋代进士刘弁（字广传）第五子巨海公由象湖镇塘背迁徙洋溪定居，史书记载洋溪原名“洋垓”后更名洋溪沿用至今。现有中央国家级保护单位：中央军委、马克思共产主义学校、无线电通讯学校、中央造币厂、教育部、列宁师范、外交部、法院、无线电指挥部、中央团校、工农剧社等多处旧址，举世闻名的二万五千里长征军事会议就在洋溪刘氏宗祠里召开，各路大军二万五千里长征就在洋溪村迈开第一步，老一辈革命家毛主席、朱德、彭德怀、王稼祥、徐特立等都在村中居住和工作过。原国家主席杨尚昆 1996 年特来洋溪视察。

村中除苏区遗址外，还有“大夫第”公祠、方慰公祠、玉山公祠、文玑公祠、明昊公祠、瀚彪公祠、曰慕公祠、慕云公祠、展云公祠、善彪公祠、花厅下等。

村落文化活动丰富，有茶灯、龙灯、文明小品戏，每年有庙会，清明祭祖联谊会，因先祖刘广传生 14 子分居世界各地，常年各地宗亲前来洋溪村刘广传公墓前缅怀先祖祭扫陵园，许多宗亲都说来到了洋溪真有回家的感觉，真是：

骏马骑行各出疆，任从随地立纲常。

年深外境皆吾境，日久他乡即故乡。

早晚勿忘亲命语，晨昏须顾祖炉香。

苍天佑我卯金氏，二七男儿共识昌。

此诗词成了现今世界刘氏宗亲联谊总会的会歌。

洋溪村 2014 年被列入第三批中国传统村落名录。

## 羊角村 赣州市会昌县

羊角村，也称羊角水村，距县城东南 70 千米，是赣南独有的一处规模宏大的明清军事城堡。羊角地名源于赣江支流贡水上游湘江水道绕城而过，形如羊角，故名羊角水。

羊角村东、西、南三面环水，北靠汉仙岩。因其地势险峻，易守难攻，早在西汉，名将周亚夫就曾在这里驻军，到了明、清更是成为军事重地。自古以来，羊角城堡素以“一隅之地而遥制千里”著称。

羊角村初期为明成化十九年（1483）设立的羊角水堡提备所，主要包括城墙以及城门、城隍庙、周氏宗祠、周家建民居、蓝氏节孝坊、蓝氏祠堂、纲公祠、芳公祠、绍福祠、衙门、码头、古街道、古路面等。古堡城墙为明嘉靖二十三年（1544）修建，目前有保存完整的城墙861米，有通湘门、向阳门、镇远门3座城门。

城墙外的湘水边有两个古码头，一处在鹅胸桥左侧，靠河沿处砌3级红麻条石梯；另一处在向阳门外，自上而下27级麻条石级，是羊角堡最早的水运码头。此外，城堡还保存有完整古码头和一些具有较高研究价值古石碑。羊角水堡在古代不仅为经商要道，且为攻防要冲。明代城堡建成后，原先散居在城堡附近的近千户村民悉数迁入堡内。明清两朝，羊角水堡逐渐成为闽粤赣客家地区一座集防御、治安、商贸、宗族、民居等融为一体的典型乡村城堡。

羊角村至今仍保存少数民族畲族（蓝姓）的建筑风格特征，对研究少数民族史、中国古建筑史、古代军事史都具有重要的价值。

该村2013年公布为全国重点文物保护单位。2014年列为江西省历史文化名村名录，2014年被列入第三批中国传统村落名录。

## 沙垇河背自然村 赣州市石城县

沙垇河背自然村2016年被列入第四批中国传统村落名录。位于琴江镇沙垇村西北部，村域面积1.3平方千米，全村为陈姓，为义门陈氏后裔，遵循敦孝悌、睦邻族、端品行、隆学校、训子弟、明礼让的祖训。

村庄具有突出的地域文化背景、强烈的赣南文化特色，保存有建筑风格鲜明的祠堂、庙宇、民居、书院等古建筑，年代久远，寓意深厚。古建筑中培基大厦尤为突出。培基大厦为当地乡绅陈绳武于清光绪年间所建，是一座砖木结构、造型古式、设计精良、建筑恢宏的客家围屋，已有一百五十余年的历史，曾是中央苏区时期红军医院的所在地。

沙垇的庵堂庙宇也很多，其中东岳庙、太子庙、观音庙均留有传说，各有庙会日期。

石城先民们为祈求家口平安、丰登大熟，时常举灯以消灾避难，经年累月，致使石城民间渐渐形成了“事事当中有规矩，样样规矩不离灯”的说法。现沙垇村内保留有龙灯、茶篮灯、狮灯、蚌壳灯等各种不同形式的灯队。

## 丹溪村 赣州市石城县

丹溪村始祖于1315年从宁都上团里迁居于此，距今七百余年。丹溪传统建筑群依宗祠为中心向两侧山涧布局和发展，依山建房、旁水建村。村内传统建筑众多，保存有祠堂（李氏家庙、许氏家庙、许氏宗祠）、庙宇（观音堂）以及大量传统民居，民居分为典型客家建筑和土楼建筑，建筑形态保存完好。村内还有明崇祯十年（1637）兴建的石拱桥（崇先桥）、建于1637年的观音堂、土楼街、古驿道、壁画等名胜古迹。

丹溪村还是红色文化传统村落。1931年2月，中国工农红军进驻小松镇，丹溪村就成立了党支部。1934年9月，参加石城阻击战的红军少共国际师部就设在许氏宗祠。许氏宗祠始建于雍正七年（1729），距今已有三百多年。北门之上立有“秘书名宗”古牌匾，墙体上保存了许多当时红军题写的宣传标语、口号，对于中国革命历史研究具有重要的价值，现为县级文物保护单位。

丹溪村客家文化传承历史悠久，底蕴深厚，非物质文化遗产以形式多样的龙灯、茶篮灯、板桥灯、秆龙灯等灯彩活动为代表，其主要活动形式为每年新春的正月初一至十五的花灯会、为各路神庙菩萨举行庙会时的游垅和游街，是典型的客家传统非物质文化遗产。

该村2016年被列入第四批中国传统村落名录。

## 塔前彭家村　宜春市樟树市

塔前彭家村坐落在樟树市刘公庙镇以南，距市城区35千米，紧邻赣粤高速公路、省道樟高公路，并设有上下道口。

据民国十五年彭氏族谱载，彭氏祖先自元末开始迁徙于此定居。

全村现存古民居30余栋，布局以彭姓血缘关系为纽带，以彭氏宗祠为中心，前为扇形池塘，古民居依山而建，层叠而上，共计6排，并呈扇形向两翼辐射。该村落的营建较为强烈地表现受传统文化影响，一是所有建筑大门和二门或者大门与院门均不在一条纵轴线上，这有别于其他地区建筑特点；二是营建平面的轴线刻意遵循风水规划原则，并对建筑物的主要部位对动工时日吉日良辰选择，并用碑刻记录下来。在古村落内目前仍保留清代中晚期由青石板与青砖铺砌的7条古巷道，三横四纵，其中东西向3条、南北向4条，以及古代完整的排水系统。

塔前彭家村系单一姓氏的宗族聚落区，文化积淀深厚，民俗古朴。至今仍以活态方式沿袭旧俗，每年农历腊月二十四，半夜子时全村彭姓子孙均要在宗祠内举行祭祖大典以及舞龙等传统仪式。

彭家村历史名人彭龟年（1142—1206）字子寿，清江人。南宋乾道进士，历官焕章阁待制、知江陵府，迁湖北安抚使。谥忠肃。著有诗文《止堂集》《解经祭仪正致录》《奏议外制》《内治圣鉴》。

该村2013年被列入第二批中国传统村落名录。

## 赵家村 宜春市丰城市

赵家村，位于白土镇东北部，元至正年间（1341—1368），赵家先祖赵宾由甘棠迁居于此，因姓得名。

赵家村现完好保存有：一樟（一棵500年前的古樟树），二场（戏台场和莲塘场），三塘（日塘、月塘、莲塘），四井（吴家井、莲塘井、护龙庙井和野猫园井），九巷（斗尺巷、拱辰巷、居仁巷、光裕巷、崇文巷、怀德巷、明义巷、物仁巷、蹈和巷）。

新修的赵氏宗祠宽敞明亮，古朴华丽，既有现代建筑之质量，又承古代建筑之遗风。重建于原址的赵氏宗祠共投资20余万元，古磉石雕引人入胜，木柱盘龙栩栩如生。占地面积300多平方米，气势恢宏。

现在，逢农历九月重阳节，村内都要请高安、南昌、丰城、抚州等地的采茶剧团来演出，祈愿吉祥康泰，兴旺发达。

赵家村2013年被列入第二批中国传统村落名录。

## 白马寨村 宜春市丰城市

作为全省首批29个省级重点文化古村之一并素有“石雕书法博览园”之誉的白马寨村，始建于南宋咸淳九年（1274），距今已有744年历史，主要以杨姓为主，系南宋杰出诗人杨万里（吉水人）的后裔。该村位于丰城市张巷镇西南部，省级丰抚公路首段，距市区15千米，隔张巷镇5千米。

白马寨村

作为一个规模较大的古建筑群，白马寨有明清建筑125栋，巷道64条，石雕匾额122块，整个建筑布局规整、规模宏大，是江南保存最为完整、最具文化内涵的古建筑群落，其间的石雕与木刻艺术，可谓是精彩纷呈、大放异彩。白马寨村有着悠久的历史，所以它具有专属的博大精深的白马寨文化以及古朴醇厚的民风民俗。

白马寨文化包括儒教文化、建筑文化、商业文化、匾额文化、军事文化以及风水文化，其中的匾额文化主要象征和标志性建筑为父子符卿坊，父子符卿坊是明代崇祯年间为尚宝司卿杨应祥所建的功名坊。它是一座纪念性质的门式牌坊。

白马寨村的风水理念源远流长。早在明崇祯年间，风水大师杨应祥位居尚宝司卿，深受崇祯帝的宠信。崇祯帝于崇祯十一年四月二十三日下诏，兴建中国唯一的供奉历代风水大师的“地师府”于白马寨。

该村 2013 年被列入第二批中国传统村落名录。

## 厚板塘村 宜春市丰城市

厚板塘村始建于明代宣德年间，为古时丰城甘棠十八涂一支聚族而居。周边有一条腰带河环绕，寓意“腰缠万贯”。主建筑群由四栋六进结构的房屋连接而成，分别是文林第、通奉第、大夫第、进士第。

厚板塘村兴盛于清代中期，依靠第十二世祖涂士良及其长子涂若拔、幼子涂若灿在衡阳创办“涂近仁堂”商号，经营成衣、布匹，开设当铺、钱庄发家致富。“涂近仁堂”经商崇尚信义为先，乐善好施，凡是衡阳地方善事，都积极捐施。清道光甲午年（1834）涂士良从衡阳返乡后，涂氏开始大兴土木，村中现存的绝大部分建筑，如大夫第、通奉第、逊守公祠、凝秀轩均在此间建成。

该村 2013 年被列入第二批中国传统村落名录。

## 坑里村 宜春市丰城市

坑里村地处“燕窝地”，四面群山环抱，自然形成锦绣谷。

村东有一福溪自北向南缓缓流过村前，故坑里村又叫“福溪坑里”。

坑里建村于元末，全部为胡姓。胡氏先祖胡铨，是南宋著名的政治家、文学家、爱国名臣。坑里村素有崇教重学之风，深得铨公忠义、正直真传。明清两朝有两进士，一孝廉，两郡庠生。民国有富商巨贾江西省商会理事长胡敏堂，丰城市第一个革命烈士胡占魁。

坑里村有明清古建筑 20 多幢，其中保存较为完好的有 13 幢，分别为“光映紫垣”“诏旌贻徽”“世沐恩荣”“卜晏留祥”“离照文明”“奎壁联辉”“冈峦耸秀”“南山毓秀”“霞蔚云蒸”“紫气上升”及其他数幢。村口有古戏台 1 座，村内有古水井 4 口，院墙门楼牌 3 个等。

村里历史上有舞“鱼龙灯”的习俗，系鲤鱼、鳜鱼、鲢鱼、草鱼、青鱼五条鱼和两条龙组合而成，舞起来赏心悦目，起源于清朝顺治年间，此习俗被列为丰城市非物质文化遗产保护名录。坑里村的木雕工艺、建筑工艺、社火习俗、草编工艺等多项传统文化民俗均是重要的非物质文化遗产项目。

坑里村 2016 年列入中国传统村落名录。

## 雷家村 宜春市靖安县

雷家村始建于南宋初期，位于靖安县仁首镇南端，东南与奉新干洲接壤，整个村落呈长方形。

雷家村古建筑群共有两种，分别是古代民居和“保驾楼”。距今三百多年的历史，现存明、清古民居 12 幢，接官厅 1 幢，如：“士大夫第”“文林世第”“儒林世第”、无字匾商贸世家楼等。“保驾楼”建于明万历十年（1582），当时主要作用是瞭望敌情，御寇保家。“保驾楼”一直是雷氏家族的骄傲，现全国存有两幢。此外，该村大门“剑溪世家”也极具特色，建于明嘉靖年间，呈漏斗型，四周均为石刻雕纹，外形酷似火龙、鸟类图案，其意为“日进斗金”。

村落人文景观有贞洁牌、解放时期告江西农村书等，民间表演艺术有雷家古戏、龙灯、狮子灯、茶花灯、蚌壳灯、狗王歌等，民间节庆有二月十四花朝节、四月八牛生日、七月初七乞巧日、八月初一送寒衣等，特色服饰有大襟褂、直筒裤、绣花衫裙、黑布靴等。

该村 2016 年被列入第四批中国传统村落名录。

## 牌楼村 宜春市奉新县

牌楼村隶属于奉新县宋埠镇宋埠村。宋埠镇地处赣西北平原的奉新县东部，距县城 12 千米，毗邻安义县石鼻镇、黄洲镇、乔乐乡。牌楼村位于宋埠镇东侧。它是驰名中外的明朝科学家宋应星的故里。

该村之所以称牌楼村，是因为明代时在村内建有“三代尚书”“方伯第”“进士第”和“世科坊”等高大的石牌坊，现村中这些牌坊仍然存在。此外村中还存有众多的明清古建筑和其他大量的传统建筑计 121 处，占全村一半以上。其中已登记不可移动文物 7 处，历史建筑 3 处，传统风貌建筑 111 处。

牌楼村最有名的名人当属宋应星。宋应星（1587—1661），字长庚，明末清初著名的科学家。所著《天工开物》驰名中外。书中收录了农业、手工业，诸如机械、砖瓦、陶瓷、硫磺、烛、纸、兵器、火药、纺织、染色、制盐、采煤、榨油等生产技术。

现有宋应星公园及宋应星纪念馆，是江西省重要的科普基地和爱国主义教育基地。同时还有宋应星故居遗址及宋应星墓在村中及周边。

该村 2016 年被列入第四批中国传统村落名录。

## 贾家村 宜春市高安市

内容介绍详见 P034。

## 天宝村 宜春市宜丰县

内容介绍详见 P035。

## 平溪村 宜春市宜丰县

平溪村位于宜丰县北部，天宝乡西南部。

平溪村有着深厚的文化底蕴，现保存尚好的云涯翁祠和翰林第（是吴氏宗祠）都建于明代，吴氏宗祠翰林第为三幢一寝形式砖木结构，雕梁画栋、花格窗花、古壁画寓意丰富。村内古巷深幽，古老的石板路诉说着当年村落的繁荣，至今保持有 200 多米长的石板路；村内古井众多，但又以“靴井”最著名，此井为天然岩石井，数百年来一直供村民生活用水。

“左山文化遗址”是文物普查时在平溪左山发现的春秋文化遗址，遗址长 400 米，宽百米左右，出土有石蔟、石斧及各类有铈纹软硬陶片、历石等百余件。根据发掘考证，初步推定为商周文化遗址，距今四五千年，是天宝境内已发现的最早的古人类文化遗址。

该村 2016 被列入第四批中国传统村落名录。

## 龙溪村 上饶市广丰区

龙溪村地处广丰区东阳乡东部，与浙江省江山市卅二都乡和峡口镇接壤。全村现仍有宗谱可考的明代建筑 20 多幢，清代建筑 130 余幢，共存古民居、宗祠、亭、阁 300 多幢，坐拥祝氏宗祠、文昌阁、观音阁、江浙社等国家级文物保护单位。

龙溪村古建筑群中最典型的是龙溪祝氏宗祠，龙溪祝氏宗祠建造技艺在 2008 年被评为省级非物质文化遗产，2013 年公布为全国重点文物保护单位，该祠始建于明成化年间（1465—1487），清康熙、乾隆两朝有 3 次较大规模的扩建。坐北朝南，祠分三进，中轴线上自南而北依次为一进戏台、二进中堂、三进享堂。戏台面朝中厅，台前有宽敞的前院，两侧厢房为二层结构建筑，跑马楼廊与戏台相通。中堂和享堂均为歇山顶，面阔 5 间，气势不凡。中堂应是议事、宴飨的厅堂，其与享堂之间是后院，有古树 2 株。两侧厢房，称“报功”和“崇德”，为褒彰祀奉乡贤和名宦而置。

三进享堂则是供奉祖先神位之处。祠侧还有客房、膳堂、马厩等，附属建筑，一应俱全。

文昌阁建于清同治五年（1866），在祝氏宗祠右侧。屋顶为三重檐歇山顶。高耸庄重，古典轩昂。阁内采用柱网架构，四根粗大的中柱，配以金柱、檐柱，形成柱网支撑梁架。

龙溪村原是以血缘关系聚族而居形成的，这里的民居颇具特色。多为单层木构架结构，围以马头山墙封火。清一色的青砖灰瓦。单幢建筑的平面序列一般是：入口堂门——天井——厅堂——左右厢房。

龙溪村水口石拱桥头有一处标志性建筑——观音殿，歇山顶二重檐楼阁式。村子中心有纪念性建筑“江浙社”，因为龙溪祝氏由浙江江郎峰旧宅迁徙而来，这也是龙溪最古老的建筑物之一。加上村口有祝氏宗祠和文昌阁，龙溪村整体布局完善，公益性建筑功能完备。

龙溪古建筑类齐全，有祠堂、庙宇、文昌阁、民居、桥梁、凉亭、会址、社屋等。建筑时间从明到清直至近现代，各个时期都有，全面展示出赣东北区域古代村落建筑的发展轨迹。

该村 2016 年被列入第四批中国传统村落名录。

## 漏底村 上饶市玉山县

漏底村位于玉山县双明镇，四面环山，没有一条通往外界的小溪，但自古以来从未积水，好像村子里有个漏斗将水漏走，因而取名漏底村。

漏底村

漏底是典型的喀斯特地貌，有神态各异的石林，有千姿百态的溶洞，同时漏底也是天然的动植物天堂，有红豆杉、千年紫薇等名贵树种，珍稀中药材七叶一枝花、杜仲等自然资源十分丰富。

漏底村的风景独特、奇秀，在古村落的东面，有一堵山墙，高 100 多米，将村口紧紧围住，与外隔绝。山上怪石林立，成为漏底一奇观。

在村落北面山脚，有一山洞，洞口仅容一人进出，不知其深浅。夏日，洞内冷空气涌出，气温冰凉，人立洞口不能长久，村里人谓之“风洞”。“千年古道”“坪地”“郭公书”等一大批带有浓郁地方特色的旅游景点，成为漏底古村落绝美的风景名片。

漏底村 2014 年被列入第三批中国传统村落名录。

## 石塘村 上饶市铅山县

内容介绍详见 P025。

## 西坑村查家岭 上饶市铅山县

西坑村查家岭位于上饶市铅山县太源畲族乡。查家岭是一个畲族古村落，历史悠久，村落完整，底蕴深厚，畲族生活气息浓郁。

西坑村查家岭仍保存一栋古旧完整的畲族山民的房屋。该民房木构，正屋三开间，通面宽约 11 米。前廊后沿，有配屋侧房，厅堂雕梁画壁。20 世纪 80 年代文物普查时，据当地年长村民介绍，此房建于清代，为当地最早的老屋。2005 年公布为上饶市第一批文物保护单位。

村中有开荒斩草时候留下来的一棵大古树。因为它树冠形状长得像一匹骆驼，所以人们叫它“骆驼树”。还说这棵古树每年春天比别的树发芽早，长出的树叶也格外的绿。因为这棵树树龄大，根深叶茂，青绿青绿的树冠罩着一片树荫，成为一道风景。

西坑村查家岭 2013 年被列入第二批中国传统村落名录。

## 黄村村 上饶市婺源县

黄村村地处婺源县西北部，离大鄣山乡政府所在地 4 千米，距婺源县城 44 千米。村落坐落在一条呈“W”形曲折的河谷之中，乡人俗称“黄村”。后周广顺辛亥（951）迁此，建村于河旁，因名潢川。村落以黄姓为主，后张、薛、吴等迁入合居。

黄村村选址在一条呈“W”蜿蜒的河曲之间，古坦水在村前流淌，村落整体坐南朝北，呈长条形沿河岸分布。黄村村北靠来龙山，南面隔河有笔架尖相对，前有照壁，后有靠山。黄村村西侧的南岸有象鼻，北岸有狮形，是个典型的狮象把门的传统村落。整个村落轮廓呈“竹筏”形，旧时在村落西头的山坡上有一棵巨大的荷树，是系住这个“竹筏”的木桩。从空中鸟瞰黄村，就像一片“竹筏”靠泊在青山绿水之间。

黄村村属于传统的徽州村落，村落始于后周，兴于明清，在村东头建有规模宏大的全国重点文物保护单位——百柱宗祠，亦称经义堂。该祠始建于明朝末年，为全村黄氏总祠，因内有 102 根柱子，俗称为“百柱宗祠”。1982 年，百柱宗祠照片作为我国古代建筑艺术之一在法国巴黎展出。

该村 2006 年公布为全国重点文物保护单位，2016 年被列入第四批中国传统村落名录。

## 东山村 上饶市婺源县

东山村始建于明初，村名古称“鳌溪”，当地江村江姓建村。近代婺源俗语曰“东山文化，石佛木杓”，指的是近代东山多出文人。

东山村古韵犹存，清代进士官第仍完好有人居，旁边三百三十余年之古桂花树仍可开花弥香，有溪涧穿村而过，古石桥上方有小石碣，古昔有石碓，传说水丰称水碓，贫水用脚踏，称踩脚碓焉！东山江氏旺在民国，村人江峰青对后人影响极大，他的耕读之风影响着村人。光绪十一年，任婺源县紫阳学社社长兼商、农、教育会会长等职。在家乡，江峰青曾捐建“虹东书院”于徽国文公故宅；倡设“存古学社”于婺源县城保安山，并捐助膏奖；又输田 200 亩，捐建“东山学社”于东山村；还为纂修婺源县志捐银洋 1000 元，并亲任《婺源县志》（民国庚申）总纂。

继一代才子后，1912 年，东山村也走出了一代才女江芷。江芷，字沅子，为江峰青孙女。江芷父亲江家珩，民国初任省参议会议员。1948 年，江芷随父迁去台湾，历任台湾师范大学教授，台湾私立华冈中学校长。江芷诗词造诣高，出版《春云秋梦诗词合集》著作，且工画兰竹、花鸟，喜昆曲、皮黄。

东山村 2016 年被列入第四批中国传统村落名录。

## 庆源村 上饶市婺源县

庆源村位于婺源县东北部的段莘乡，距离婺源县城 66 千米，与安徽黄山市的休宁县五城仅隔一座五龙山，东与浙江开化也只隔一条马金岭。庆源建村于唐开元年间（713—741），是一个有 1300 多年历史的古村落。村中心有一株千年银杏，树高 30 余米，似船形村貌的桅杆，本地称乔木里神树。

庆源村口“别有天”古亭内现仍留有古人绝句“空山隐卧好烟霞，水不通舟陆不车。一任中原戎马乱，桃源深处是吾家”。原亭大门口两侧有联为“车马绝喧阗忆前人三径怡情托迹不殊陶靖节，鸡犬声相闻惟此地四民安堵落花犹似武陵源”，横联为“桃源深处”。说庆源古村是小桃源，亦源于此。

庆源村现保存明清民居百余幢，因粉墙均以“三六九”规格的青砖砌筑，故有“屋塌砖在，祖业永存”之说。村基布局呈双身船体形，全长 1 千米，两岸往来，有 16 座石板桥相通。村中至今还保存着“大史第”“大夫第”“资政第”等达官贵人的旧居。在庆源众多的古建筑中，以村末的双层石拱桥最具特色，桥上建有 2 层楼，高 16 米，廊桥四门进出，墙窗砌日月之形，原正门两侧有联“描来新月半弓，封成石磴；添得闲云一片，锁住花村”。桥墙上有“半空浮壁，翠映银屏；空谷传声，祥云出岫”等匾题，并有普陀寺高僧云游此地时题诗“翠园深处淡烟笼，古木森森一径通。流水小桥花细落，行人笑指武陵中”。廊桥古朴而独特的造型，堪称江南一绝，是一份沉甸甸的历史文化遗产。

该村 2013 年被列入第四批中国传统村落名录。

## 甲路村 上饶市婺源县

甲路村位于婺源县西北部，唐广明元年（880）歙县篁墩张姓建村，因地处上至徽州、下达饶州的通衢要道，故名甲道，俗称甲路。宋绍兴元年（1131），岳飞路经村中“花桥”时曾留字：“上下街连五里遥，青帘酒肆接花桥。十年争战风光别，满地芊芊草色娇。”村中有宋代建筑的“马廷鸾第”和“马家花园”，花园中古井、石山和马廷鸾手植的香柏树尚存。

甲路村是一个同时拥有油纸伞、抬阁、傩面具 3 项省级非物质文化遗产的文化名村。近年来，甲路村以非遗文化特色引领，规划建设抬阁文化广场和甲路纸伞文化广场，成立甲路纸伞、抬阁等非遗文化传承人。

甲路工艺伞始于康熙甲戌年（1694），历史源远流长，至今已有三百多年，有歌谣曰“景德镇的瓷器甲路的伞，扬州的女子不用拣”。随着婺源旅游的发展，甲路油纸伞成了一张旅游名片，伞厂成了传统工艺体验基地和摄影创作基地，每年吸引游客逾万人次。

甲路抬阁也称抬阁戏，是以古典戏剧为原本，束之高阁的固定人物表演，神奇之处是在高处，4 人抬着一阁架，中间一杆，杆上表演的人分两层，上层 1 人，下层 1 人或 2 人，离地 4 米到 5 米，在夜间看时，整个表演人是悬在空中，飘飘欲仙，从天而至。

甲路村建设民俗展览馆供游客参观和体验，强化传承人的组织和培养，每年组织两次以上大规模的巡游表演，大量游客慕名前来观看，成为文化旅游的重要载体。

该村 2016 年被列入第四批中国传统村落名录。

## 严田村 上饶市婺源县

严田村位于婺源西北部，938 年由南唐散骑常侍李德鸾始迁建村，是李姓最早迁入婺源的始居地。

因李德鸾家训“以田为本，以严治家”得名“严田”。严田自古以来便是“不废耕读”的书乡，宋代村人登进士第者 24 人，又因严田古时为徽饶两府过境必经之地，明清之际，不少村人走上经商之路，“富甲四方”带回大量财富回乡修缮房屋，架桥铺路。

悠久的历史，丰富的历史文化遗存，使严田保留了大量古色古香的民居、祠堂，加之良好的生态环境，遵循家训传承的淳朴民风，使严田开发旅游业具备了得天独厚的条件。

如今，严田村从事网络销售樟木制品和农特产品的村民多达百人，成为首批“江西省淘宝村”，电商产业初具规模。

严田村 2016 年被列入第四批中国传统村落名录。

## 篁岭村 上饶市婺源县

以“晒秋”闻名遐迩的篁岭村，位于婺源县东北部，建村于明代中叶，距今有五百多年历史。梯田叠翠铺绿，村庄聚气巢云，被称为“梯云人家”。

数百年来，奇特的地形地貌激发了先民的想象和创造力，从而在无意间造就了一处中国特有的“晒秋人家”风情画。篁岭古村数百栋徽派民居在百米落差的坡面错落排布，每当日出山头，整个山间村落徽式民居晒架上、圆圆晒匾里，五彩缤纷丰收果实组合，绘就出世界独一无二的“晒秋”农俗景观。春晒茶叶、夏晒辣椒、秋晒黄菊、冬晒乡俗……128 户“古宅晒秋”，仿佛 365 天永不落幕的童话。

可以说，篁岭村既是自然的宠儿，也是人文的杰作，更是造物主遗落在人间的一块美玉。篁岭景区试营业以来，得到了社会各界的好评。央视新闻、人民网、凤凰网、中国旅游报纷纷跟踪报道，央视直播多次走进篁岭。篁岭景区还承办了全国网络媒体江西行、全球华人媒体江西行、2014 外媒看江西等大型媒体采访活动，让各大媒体记者留下深深的印象。

篁岭村至今获奖项和荣誉众多。2014 年被列入第三批中国传统名落名录，获批为国家 AAAA 级旅游景区，被评为“中国最美休闲乡村”“最美中国符号”；2015 年被评为“中国乡村旅游模范村”；2016 年被评为“中国最美休闲胜地”；2017 年被评为“全国乡村旅游超级 IP 村”“亚洲旅游‘红珊瑚’奖——最佳旅游小镇”等。

## 江湾村 上饶市婺源县

江湾村位于婺源县江湾镇境内。距县城 28 千米，婺溪公路穿村而过，离景婺黄高速公路道口 1 千米，交通便利。江湾是古徽州婺源县与休宁县接壤的一个重镇，自唐以来，江湾便是婺源通往皖浙赣三省的水陆交通要道，成为婺源东大门。

江湾村建村于唐朝初年，滕、叶、鲍、戴等姓人家在江湾的河湾处聚居，逐步形成了一个较大规模的村落。因人口较多、炊烟如云，故名云湾。北宋神宗元丰二年（1079），萧江第八世祖江敌始迁江湾，子孙繁衍成巨族，乃改云湾为江湾。

江湾村

受徽州古文化影响，婺源古村落推崇风水文化。江湾村村域属江南丘陵地貌。三面环山，一面临水，东有灵山，南有攸山，北有后龙山，一条梨园河由东向西，呈“S”形从村南蜿蜒流过。村内有千年古樟5株，呈梅花状护村，以防风沙。山与水的交融给江湾平添了许多灵气，构成了碧山遥环、藏风聚气、清溪环绕、水量充沛的村居环境，体现了自然万物之间、人与自然之间和谐相处的“天人合一”的高妙境界。

2003年以来，江湾村先后被评为中国绿色村庄、江西省历史文化名村、全国民主法治示范村、江西省文明村镇、江西省十大文明村庄、省级卫生村、江西省省级生态村。2012年被列入第一批中国传统村落名录。

## 汪口村 上饶市婺源县

内容介绍详见P035。

## 晓起村 上饶市婺源县

晓起村位于婺源县江湾镇，高速公路沿景婺黄线从村前而过，距婺源县城21千米。

晓起村

晓起村始建于公元787年，始居人为汪万武，据晓川《汪氏宗谱》载：唐乾符年间（877—879）歙县篁墩汪万武逃乱，至此天刚破晓，只见青山环绕，绿水潺潺，地沃草肥，花香四野，便搭草棚、起炊烟，而将此取名“晓起”，亦称晓川，后汪姓在小溪上游1千米处建村，也称晓起。两溪汇合处的下晓起，村边水口十几棵数百年老树和村小学后成片的古樟树林，即使在古树遍布的婺源也不多见。

晓起村有“中国茶文化第一村”与“国家级生态示范村”之美誉。是清代两淮盐务使江人镜故里，位于婺源县城东北45千米的段莘水和晓起水交合处，晓起村委会下属现有12个自然村（青垓山、大碣、箬坦、岭下、上晓起、下晓起、上坦、下坦、井坞、湖村、新屋、龙廻坦）。村屋多为清代建筑，风格各具特色，村中小巷均铺青石，曲曲折折，回环如棋局。主要景观有双亭耸峙、枫樟流荫、进士第、大夫第、荣禄第、江氏祠堂、砖雕门罩、养生河与古濯台等。

晓起村大部分自然村以农业传统耕作为主，主要种植一季水稻。近年来，大面积种植晓起皇菊，兴办了20余家农业合作社。上晓起、下晓起、新屋、龙廻坦等公路沿线村庄则以旅游业为主，有农家乐40余户。

该村2013年被列入第二批中国传统村落名录。

## 洪村村 上饶市婺源县

洪村村位于婺源县清华镇西北部，沿着河边的石板路，踏过“培源桥”，感受“半月溪水半月村”之佳境。村中古树众多，其中生长在村头的有一千余年树龄的银杏树，是洪村始祖迁徙到此亲手栽种，它不仅见证了洪村的千年历史，至今依然果实挂满枝头。

洪村村

这里有明代中期建造的光裕堂，清代建造的奉直大夫霭庭公祠，以及徽派民居大夫第、中翰第、敦素堂、积善堂、和善堂等。其三雕（砖雕、石雕、木雕）精雕细琢，门楼翘角飞檐，尤以洪氏宗祠裕堂、奉直大夫霭庭公祠为代表，既大气又别致、幽雅、瑰丽。村口有两块嘉庆年间设立的石碑，一块是“长寿养生”碑，另一块是“永禁”碑。在洪村村宗室宗祠旁还留存着一块道光年间设立的“公议茶规”牌，体现了洪村人“公平诚信”的经商准则。

洪村村最具有传奇色彩的“景观”就是这里的长寿老人众多。在这儿活到八九十岁的人并不稀奇，历史上就有人活到119岁，在村口门楼上，至今保存着嘉庆御笔亲书的“长寿古里”四字石匾。

近年来，洪村村先后被评为“中国民俗文化村”“历史文化保护名村”“长寿古里——洪村风景名胜区”“第六批全国重点文物保护单位——婺源泉宗祠（洪村光裕堂）”“省级科普示范村”。2013年被列入第二批中国传统村落名录。

## 诗春村 上饶市婺源县

诗春村

诗春村位于婺源县清华镇西北部，距镇区约13千米，村庄由东而入，三面环山，坐北朝南，北高南低，布局为燕窝形，享有中国最美乡村——婺源“四大古村落”之一的美誉。诗春历史悠久，文化底蕴厚重，名人辈出。南宋高宗壬戌年，由十世祖建康太守施仲敏举家从江西省浮梁榔木田迁入婺源大安里下小坑，始建施村。明朝洪武年间御封“文武世家”后更名诗春。诗春村下辖5个自然村，11个村小组，面积16平方千米，村口有百亩莲花，每到夏日，吸引无数游客来此观光、旅游、摄影。现主要种植水稻、茶叶、莲花为主导经济产业，养殖业为辅助产业，以“百亩莲花”为依托，大力发展旅游业，促进经济可持续发展。该村2014被列入第三批中国传统村落名录。

## 李坑村 上饶市婺源县

李坑村

李坑村是一个以李姓聚居为主的古村落，建村于北宋祥符年间庚戌年（1010），至今已有千余年的历史。自宋至清，仕官富贾达百人，村里的文人留下传世著作达29部，南宋年间出了一位武状元，名叫李知诚。

村庄距婺源县城12千米，2010年获批为国家AAAA级旅游景区，同时也是婺源东线上离县城最近的景区。因其保存完好的徽派古建筑群和秀丽的自然景观。

村落群山环抱，山清水秀，风光旖旎，以小桥流水著称。其中年数久远的可以算是村内的通济桥了，修于村内横竖两溪的交会处，桥上的石板早已古旧不堪。村里人唤此处为双龙戏珠，“双龙”为横竖相交的两条溪水，“珠”为桥拱及其水中的倒影。

村内保存尚好的古建筑如“大夫第”“李其高故居”“铜绿坊”“申明亭”等都是典型的徽派建筑。

村内有两棵古树：一为桂花树，另一为紫薇树。

李坑村每年都要举行中秋舞龙的活动。每到一家，主人就会燃放鞭炮、烟花，整个舞龙过程要走遍全村，一般会持续到凌晨。

该村 2013 年被列入第二批中国传统村落名录。

## 长径村 上饶市婺源县

长径村

长径村位于婺源县秋口镇东北部，村庄历史悠久，始建于南唐，因其保存完好的徽派古建筑群和秀丽的自然景观。

东面村头有一条小溪，名叫窑坑，溪上建有“崇福桥”，桥上是 16 根支柱的双柱桥亭，徽饶古驿道穿村而过，驿道建有 14 座路亭，供过往客商歇息。全村共有水碓 5 座，村头还有“九步三座桥”的景观。全村有南山塔寺、五峰庵等 7 处庵堂寺庙，吴戈坑五显财神庙至今仍香火旺盛。

明嘉靖四十年，程文著任陕西苑马少卿时，把全套傩舞带回了家乡，几经风风雨雨保存至今，2006 年公布为国家级非物质文化遗产名录，有“中国舞蹈活化石”之称。长径村“驱傩神班”有演员 15 人，面具 30 余个，其中，有 4 个原始木雕面具。每到春节就有许多游客慕名来到长径村过年，为的是赶着正月初二看傩舞。

春末夏初，村头 400 余亩的田园中，油菜花海一片，群山环绿水，绿水映青山，吸引着无数游人来长径驻足流连。

长径村 2013 年被列入第二批中国传统村落名录。

## 思溪村 上饶市婺源县

内容介绍详情见 P038。

## 西冲村 上饶市婺源县

西冲村民居

西冲村地处婺源县城北偏西 18.5 千米处，东接思溪村委会，有国家重点文物保护单位俞氏宗祠（又名敦伦堂，2006 年公布为全国文物保护单位），西冲的手提花灯在 2013 年婺源乡村旅游文化节暨全国“山花奖”灯彩大赛上获得了金奖。

西冲村建于南宋景定五年甲子（1264），明清时期是叱咤一时的徽州木商故里，初名西谷，后改西冲，并沿用至今。其中明清古建现存 40 余幢，优美古朴的风景引得无数旅游与写生客人流连忘返。

敦伦堂是西冲村发家致富的木商反哺桑梓而建的俞氏宗祠，建于清朝嘉庆七年（1802），共有 16 眼天井，木雕、砖雕、石雕“三雕”技术精湛。

为了留住乡村的历史文化记忆，西冲在保护古村落古建筑等物质文化遗产的同时，还着手开展非物质文化遗产、非物质形态的保护工作。西冲村手提花灯有近五百年历史，工艺繁杂，独具特色。

西冲村以其优美的生态与深厚的人文吸引了一批有情怀有实力的客商前来投资兴业，现已建成了西冲院、从前山居、西府隐居、长林院等多幢精品民宿，民宿产业集群效应日益显现，美誉度与影响力不断扩大，西冲院还以修旧如旧的艺术改造和独特的设计与创新，荣获了“国际空间设计大奖——最佳酒店设计奖”之殊荣。

该村 2013 年被列入第二批中国传统村落名录，2007 年被评为江西省历史文化名村。

## 延　村 上饶市婺源县

内容介绍详情见 P036。

## 篁　村 上饶市婺源县

篁村是沱川余姓的最早迁入地，当年篁村始祖余道潜（与朱熹父亲同科进士）以村前的青山为笔架，挖掘月池为砚，塘水为墨，开垦一大片良田为“宣纸”，植红豆杉为笔，自然与人文构成天人合一的景致。又因为篁村四面青山环绕，茂林修竹映带村庄，于是便根据唐代诗人王维“独坐幽篁里，弹琴复长啸”的诗句，将村择名“篁村”。篁村文脉十分深厚，人才辈出，是著名学者余秋雨的祖籍地。

篁村水塘

“双桥锁月”是篁村水口一道靓丽风景，因篁村先后有多人中了进士而建桥纪念。现在看到的这座是“下大夫廊桥”，廊桥横跨在由西流向东的燕水河上，6 根粗大的松木桥梁架设在南北两岸，桥梁上铺板、立柱、盖两瓦。村里人认为桥存村兴，桥毁村败，从这里更加强化了风水学中水口造桥以聚龙气的作用，在实用功能与精神寄托的双重作用下，大夫桥成了篁村村民心中不倒的图腾。

在篁村的村口生长着一株高大的罗汉松，远望它似一钵天然盆景，近看宛如一簇巨大的绿珊瑚，相传这株罗汉松是沱川始祖余道潜迁居前倒插成活的。

宗祠作为家族精神维系的核心，是宗法制度的象征，是敬奉祖先牌位的地方，余庆堂形象生动地记录了余氏在篁村繁衍兴衰的历史。它是婺源现存的最古老的宗祠，是国家重点文物保护单位。

篁村 2014 年被列入第三批中国传统村落名录。

## 理坑村 上饶市婺源县

内容介绍详情见 P038。

## 凤山村 上饶市婺源县

凤山村建村 1030 余年，全村大部分为查姓。

凤山村还是金庸故里。金庸，原名查良镛，当代著名武侠小说家，出生于浙江海宁，其祖辈查瑜（查氏十七世）于元惠宗至正十七年 (1357) 迁往杭嘉湖平原嘉兴。金庸系良字辈，排行查氏 39 世。金庸与祖籍凤山村百姓常以书信联系，对家乡甚是挂念。

凤山村

查氏宗祠又名“孝义祠”，始建于清康熙三年(1664)，是婺源、海宁(金庸一族)查氏后裔为祭礼婺源查氏始祖而建。查氏宗祠因其重要的历史文化价值于2013年列入国家文物保护单位。

郑公山位于浙源乡凤山村委会。土坯房的大量保存，千年桐的漫山遍野，彰显此处的古老风貌，犹如一座天然古朴的博物馆，被外界誉为“最后的土墙部落”。

千年桐在郑公山的大面积栽培，是当地的一大特色。种子榨出的桐油，色泽金黄，是重要的工业用油。五月中下旬，高大挺拔的千年桐花竞相开放，白里透红，一团团，一簇簇，煞是好看，真叫人心旷神怡。青山、土屋、桐花相间其中，令摄影爱好者乐此不疲。

凤山村2013年被列入第二批中国传统村落名录。

## 虹关村 上饶市婺源县

内容介绍详见P037。

## 岭脚村 上饶市婺源县

岭脚村

岭脚村因坐落在浙岭的脚下而得名，春秋战国时期为吴国的门户，今为婺源之北大门，是安徽和江西两省在婺源与休宁县的交界处，建村1400余年。

岭脚村知名景观有：

徽饶古道：一条古代徽州通往饶州的古道，是全国目前保存最完整的徽饶古驿道。岭脚至官坑的驴友徒步线路每年吸引大量县内外游客驻足。

吴楚分源：在古道跨山脊中线上的东侧，耸立着一大石碑(古时吴楚分界碑)，上刻“吴楚分原”4个刚劲大字，为清朝康熙年间著名书法家詹奎所书。

“堆婆冢”：一千多年前专为浙岭行人免费供应茶水的婺源老妪方婆的古墓。

“一线泉”：浙岭头岩壁上方中书“一线泉”，为道光元年(1821)珠崖孙敏浦题。东面岩壁上镶有一块小石刻，上书“云根”二字，两块碑文合在一起是“云根一线泉”。

梯田奇观：错落有致的梯田层层叠加，蔚为壮观，每年吸引大批摄影爱好者前来采风。

岭脚村人文古居有：

古驿站光裕堂：光裕堂为明朝嘉靖年间詹世光所建。

书法家詹奎故居：詹奎是徽墨名家詹有乾的后人，家境富裕，专攻书法，行家称赞他的字有明朝洪武年间大书法家詹希原的风格。

如松堂：雍正年间徽商詹达三建造，古朴大方。

玉润堂：徽墨名家詹有乾后裔所建，大门楼砖雕精美，屋内豪华气派。

孝子坊：徽墨名家詹彦文所建，镶嵌在门楼上精美的砖雕中的“钦旌孝子”依然刚劲有力。

岭脚村 2013 年被列入第二批中国传统村落名录。

## 游山村 上饶市婺源县

游山村

游山村位于婺源县的西南方，与景德镇的浮梁县和乐平市交界。2008 年被评为江西省历史文化名村，并于 2013 年被列入第二批中国传统村落名录。游山村始建于唐朝，原名浚源村，明朝达到鼎盛时期。因唐朝天宝年间有一彩凤翱翔于村后的一座高山，故将高山取名为凤游山，而将浚源村更名为游山村。是婺源县最大的自然村，素有“千烟古村”“秋国古村”之称。

游山村现今保存大量完好的历史街巷、门亭、风雨廊、古桥、古井、古树和古民居，共有 267 处。包括古民居 247 栋（包含从明代至今各个时代的建筑），古桥 3 座、门亭 2 座、风雨廊 11 座、吴王靠 4 处，其中已列入上饶市文物保护单位的有 3 处。

## 豸峰村 上饶市婺源县

相传豸峰建村于北宋年间，早先并不叫豸峰，而是因在回龙山下结村聚居，故名寨峰。后有一外地官员路过这里，闻其名，观其形，疑有结寨谋反之嫌，便密报朝廷。好在村里朝中有人，快马送信，告知乡亲，改村名为“豸峰”。“豸”，方言与“寨”相谐，遂躲过了一场灭村之灾。

豸峰村集明、清官邸与民宅于一地，其数量之多，保存之完整，是目前国内所不可多得的，建于同治年间的国家级保护古建筑——成义堂，其砖、木、石雕惟妙惟肖，大厅顶上的呈螺旋形

豸峰村古建筑

藻井堪称一绝，是徽派建筑的典范之作。为纪念兄弟进士潘镒、潘铉而建于同治年间的省级保护古建筑——资深堂，气势宏伟，博大精深。在豸峰村中间也有多处当年商家所建的房屋，外部采用徽派马头高墙与欧洲弧形门窗相结合，内部是中式天井与欧式装饰为一体，两者相得益彰，最突出的是天井左右梁枋雕刻脍炙人口的戏文及四季花卉，使人联想起昔日的繁华和房屋主人的高雅气质，在这些古建的周围小巷，青石铺路，碎石点缀，给人一种安然、宁静的舒服感。

豸峰村 2014 年被列入第三批中国传统村落名录。

## 钓源村 吉安市吉州区

村落介绍详情见 P039。

## 文石村 吉安市吉州区

文石村历史悠久，文风鼎盛，建筑别具一格，山水赏心悦目。是唐朝名将李晟（西平郡王）的后裔聚居地，村中皆姓李，至今仍保留着纪念李晟的标志性建筑“西平第”，虽历经沧桑，仍屹然挺立。

文石，又名“横石”。整个村庄像一块横着的大石块，伸进赣江之中；而一条河犹如玉带绕村庄而过，宛如一幅图画。进村的各条道路两旁，长满了小叶竹丛、藤蔓，就像经过园艺师装扮的通幽花径，整个古村俨然藏在竹丛中，于是便有了“竹丛里的江边古村——文石”这一美誉。该村值得称道的景观、文物手迹主要有李氏宗祠（忠武第）、九栋屋、大夫第、李彩章公祠、清宰相刘墉手书木刻楹联等。李氏宗祠又名“忠武第”，面阔五间，二井三进，门廊三开，前驻红石蹲狮，庄严威武，大门悬匾“西平第”，古朴端庄。正殿“叙伦堂”是古村的形象标志，也是文石人敬祖睦族的神圣殿堂。九栋屋是文石村人引以为豪的又一组清代建筑。这是村里富商李彩章为后人留下的财富。9 栋大屋分成 3 组，每组 3 栋，呈“三”字排列，庄重典雅，9 栋屋子一样大小，清一色的青砖灰瓦，江南硬山式建筑风格，整个院落布局规范，整齐划一，古色古香。“大夫第”就位于“九栋屋”内。李彩章公祠位于村子中央，始建于道光二十五年，面阔三间，四进、二天井，高大雄伟，气势不凡。文石古村，文风鼎盛。这从村中古建中的楹联和门额中可见一斑。

文石村 2013 年被列入第二批中国传统村落名录。

## 卢家洲村 吉安市吉州区

卢家洲村是曲濑丰厚历史文化底蕴下孕育出的一颗耀眼明珠。卢家洲坐落在泸水、禾水交汇口的冲击而成的绿洲上，因望族卢氏开基于此而得名，以玉祠、斜塔、罗汉松三奇而闻名。明清建筑遗存 63 栋，分为祠堂 5 座，书院 4 座，庙宇 4 座，古民居 50 栋。这些明清建筑，均为江南硬山式建筑风格，防火墙高耸，马头墙起翘，屋内或饰华丽的藻井，或刻画描金花卉、人文故事，或饰描金家训，数栋民居还饰有斗拱门楼，用雕、刻、塑、抹、填等装饰艺术手法，做工十分讲究。村中尚留古井两口，井口均为抹角四边形，大青石板竖砌而成。两井一深一浅，一大一小，用桶汲水发出的声响迥然不同，村民们将其称为锣井、鼓井。卢家洲位于泸水、禾水交汇口，西有宽敞的石砌码头，水运十分便利，卢氏为了美化家园，安全防范及用水便利，人工挖掘了一条围绕村庄的相连水系，引万硕垅流水入村，既便利了农田灌溉、方便洗涤，更使活水常流，成为丘陵地带中的一方水乡。体现了自成一体、小中做大、静中求变，幽深却又通畅的建村理念。

卢氏宗祠是族人引以自豪，外人叹为观止的祠宇建筑。人们不称其祠名，却昵称“玉祠”。该祠清嘉庆十年（1805）建，位于村中偏西南的进村要道旁，坐北朝南，面阔三间，二井三进，占地面积 1.2 亩，歇山顶，飞檐翘角，斗拱间饰圆形细雕图案 70 幅，给人以庄重典雅，却又飘然欲飞的美感。门楼下，板书“科第征贡”4 个大字，标示元代基祖卢仲文为举进士，贡入朝廷的显赫身份。

卢家洲村距西不足 500 米是古代水运码头，码头上古樟林立，绿荫数亩，其间屹立着一棵苍劲挺拔、枝繁叶茂的罗汉松。树高 28 米，围径 5.20 米，据园林学者考察，该树树龄在 1500 年以上。

该村 2014 年被列入第三批中国传统村落名录。

## 丁塘村 吉安市吉州区

丁塘村有着近千年的建村史，素称吉州之名姓望族。丁塘村地处赣中腹地、224 省道（吉福公路）兴桥圩镇西部 5 千米的山丘地带，红壤土质。距吉安市中心城区 16 千米。其古修族谱记载着自尧及汉，到唐宋元明清的渊远历史文化，村里仍保存着系统完整的明清古建筑群和丰富独特的古雕饰珍品，蕴藏着颇具特色的古文化精髓。

走进村里，横展直通的大小巷道里铺设着平整清亮的青石板，“热天可乘凉，雨天不湿脚”。各巷道的转角墙头多刻有“泰山石敢当”的字幅，以示驱邪避灾保平安。全村现有总祠 1 幢（一本堂刘氏宗祠）、房祠 3 幢（怀远堂、敬爱堂、孝恩堂）、支祠 7 幢（元任公祠、叙谊堂、五氏堂、六德堂、七家祠、礼祖祠、任庄公祠），还有“云小居”学楼，“荣昌”古药号和多处古校舍。总祠前原有两柱旗杆，旗杆石尚存一对在池塘码头上，正对面屏障墙上有一个较大的“龙”字和一副古楹联，上书“丁跨风翩世世新，塘泊龙舟亭亭立”，寓意人丁兴旺，富水长流。前檐台阶上有两樽高大的合抱石柱，密湖派衍秀毓丁溪世泽长”，以示古村望族的源远流长。

丁塘村 2016 年被列入第四批中国传统村落名录。

## 上藤桥村 吉安市吉州区

上藤桥村地处吉州区西北部、吉安至安福公路以东、官溪水库正北的山丘地带。吉安城区至袁州（今宜春）古道从村边经过。距吉安市中心城区 15 千米，距兴桥镇圩镇 7 千米。如今，全村存有明、清、民国时期古建筑 34 处，其中古祠堂 2 幢，古民居 28 幢，书塾 1 幢，牌坊 2 座，福神庙 1 个。

村中的古建筑集中连片，或独立兴建，或数幢相连；这些古建筑的格式都为中轴对称的长方形，民居或有边宅和前院、后院。建筑的外墙全部使用一面打磨过的青砖，扁、竖砖砌墙，并用蓝灰淌缝，墙面光洁，线条分明、笔直；一般饰三四节马头墙，防风防火壮观；屋顶先垫陶质沟瓦，再覆以黛瓦，屋檐置特制的瓦当；檐下和马头墙上绘节义历史故事场景、吉祥花鸟虫鱼图案，或书写励学励志楹联。

上藤桥村 2016 年被列入第四批中国传统村落名录。

## 渼陂村 吉安市青原区

村落介绍详情见 P040。

## 陂下村 吉安市青原区

村落介绍详情见 P041。

## 横坑村 吉安市青原区

横坑村，古名泓溪，拥有685年的历史，是共和国少将钱江的故里。古村原生态保存完整，拥有五百年树龄古樟、古枫20多棵，绕村而屏，毛竹、篁竹杂陈其间，满山松树苍翠欲滴。古村底蕴深厚，原有祠堂24座，现存11座，保存完好的9座，村内的三排六栋等古民宅、古民居独具特色，数条古巷道纵横交错，砖雕、石雕、木雕随处可见。古村传承了红色历史，是曾山同志在中央苏区革命试点的第一村，革命旧址、文物众多且大都保存完好。2015年以来，坚持保护与开发并举，修复了6座古祠堂和4座古门楼，建成了一个农耕文化体验区，完成了1处榨油坊建设，布置了水车、油槽、碾米间、弄谷间、豆腐磨坊。

横坑村2012年被列入第四批中国传统村落名录，2015年被评为江西省历史文化名村，2016被评为国家AAA级旅游景区。

## 王家村 吉安市青原区

王家村自开基祖经信于北宋端拱二年（989）由甲村徙居富田，至今已有千余年的历史。

村庄环境地势优越，自然造化的神工，留下很多自然景观，如双狮把隘、七星伴月等诸多景点。王家村内，两口肇基辟村的古井（高井头和沪下井）是见证千年古村的古迹。两口井都处在村中最高的地标上。有懂地脉的人说是该二井地处龙脊之上，龙在天从云，在地从水，虽至高亦不干涸，正映示王家的人脉。

王家村有着浓厚的红色文化。1927年共产党组织红色的武装力量，建立红色的政权。以诚敬堂为核心的红军和苏维埃政权的领导机关遍布在王家、匡家、陂下几个主要村庄。毛泽东旧居在富田王家村的“头户”内，一式四栋坐西朝东的青砖瓦房，房屋墙上，院墙内外写满了红军的宣传标语。朱德旧居在毛旧居往老街路边100余米处，一单栋的青砖瓦房，坐南朝北。

诚敬堂是富田王家的族祠，称“富田王氏宗祠”，始建于明朝正德年间，是江西省最大的古祠堂，有“江南第一祠”的美誉，现为国家级重点文物保护单位。土地革命时期，红四军总部、江西省苏维埃政府及红一方面军总部均先后驻扎在这里，2013年王家诚敬堂被评为国家级文物保护单位。

该村2016年被列入第四批中国传统村落名录。

## 夻田村 吉安市青原区

夻田村共辖有夻田、东冈、新村等4个自然村，9个村民小组，夻田村是西平王李晟的后裔，村内祠堂叫“忠武堂”，出了很多名人。据传当年的开基祖家里很穷，娶妻时，娘家心疼闺女，不但陪送了很多嫁妆，还带了块田地来，所以村名叫“奁田”。

奁田村是一个在巨大古樟树掩映下的古老村落，现存有主干 6 人合抱的千年樟树，有二十几个古老的宗祠。古树、古井、古泉、古祠堂、古茶亭交相辉映，瀑布、枫林、鹅卵石巷道相映成趣。古村拥有明清民宅五排 47 栋，其中明代建筑 7 栋，清朝建筑 40 栋，现存 25 栋。鹅卵石巷道 5 条，其中一条长 1000 余米，上起“大门楼”“盘谷第”，下至“水光接天”门楼，彰显了江南古村深厚的历史文化底蕴。奁田古村背靠富水河，村庄为“排形”，坐西向东，东南方的“六脚茶亭”称为“吊桩”，供竹木排停泊。东仰天马文峰，前有“溪水伴奏”，村口的仙人脚印“草鞋陂”是江南仅见的村中瀑布。周边平畴沃壤，田野阡陌，池塘环绕，古樟掩映，由沟渠串起的 80 余口池塘似环绕村庄的巨型水晶项链，与村内的 5 口古井形成了“西水东流”的天然排灌系统。千年古樟造就了这里世外桃源般的清幽，天然的水系赋予了古村仙境似的灵性。

该村 2013 年被列入第二批中国传统村落名录，2014 年被评为江西省历史文化名村。

## 匡家村 吉安市青原区

匡家村是民族英雄文天祥的故里。村中居住着文、王、匡三大姓，先后在宋代开基，各姓均建有总祠、分祠、房祠，目前保存比较好的就达 16 座之多。古庐陵有“文家有个文宰相、匡家出了个娘娘、王家建了个大祠堂”“种匡家的田、吃王家的饭、打文家的牌”等一些民谣，而这些民谣从富田村的祠堂中都能找到无法割舍的联系。此外，这里还存有众多红色旧址标语，被誉为“红色标语的大海洋，红色教育的大课堂”。

匡家村

在文、王、匡三家当中，匡家是最早在富水河畔开基定居的。相传宋淳祐年间，匡姓在村西开基，有一垅乌泥淤积而成的肥沃田地，种什么庄稼均能获得丰收，故名“富田匡家”。匡氏总祠崇孝堂，始建于明成化年间，由照壁、聚星池、参亭、厢房、朝楼、享堂等组成，此外还有善乐堂、思养堂、踵芳堂、仁亲堂、复心堂、毓秀堂、攀桂堂、光裕堂等分祠 8 座。

匡家村特有的民俗活动叫妆撵，凡村中有喜事皆以此形式来庆祝。妆撵是先做一个内空的大木架，四周用幕布遮住，里面坐两个人，木架中间插一根约 20 米高的铁管。里面坐着的人不停地旋转着铁管。铁管为曲尺形，分为上下两层，每层上站着一个人，站在下层的人手中拿着一根芦苇来回摆动，站在上层的人以各种动作配以一些语言，表演历史故事，如七仙女下凡、白蛇传等。远远地看着，表演者像是站在芦苇上表演着轻功。

匡家村 2014 年被列入第三批中国传统村落名录。

## 菖蒲古村 吉安市井冈山市

菖蒲古村以打造休闲旅游农业作为主攻方向。一是凭借古村的区位优势，共享井冈山旅游资源，打造了以农家乐餐饮为主，农事体验为辅的农家乐旅游产业，分别从特色餐饮、民俗文化、农事体验和田园风光 4 个方面着手，带动农户开发了酿米酒、磨豆腐、编斗笠、编草鞋、做麻糍、打米果等土工艺，吸引游客动手参与其中，让游客体验一次农事，品尝一回乡情。二是利用拿山河道水利优势，开发水上旅游休闲项目。三是利用村庄耕地的连片优势，引进资金在古村创办了井冈山金葡萄有限公司。四是利用气候环境的天然优势，在多方的扶持协作下，以低洼田及浅水塘相结合，种植优质太空莲 350 株。五是依托泰井高速的地理优势，在菖蒲村境内全线 4 千米高速公路沿线连片种植优质“双低”油菜，给旅游业发展增加了“一道亮丽的风景线”，给农户创收增加了渠道。

在保留古老资源的基础上，对菖蒲古村重新精心雕琢，延续了古村的整体自然布局，充分展示了古村的“古韵”，修缮了具有一百多年历史的尹氏宗祠，新建古色古香牌坊 1 座、葡萄庄园门楼 1 座，以菖蒲大食堂和尹氏宗祠为平台，组建了具有当地浓厚乡土文化特色的“好日子”文艺宣传队，菖蒲古村 2013 年被列入第二批中国传统村落名录。

## 茅坪村 吉安市井冈山市

茅坪村位于罗霄山脉中段，井冈山市的中部，地处驰名中外的黄洋界脚下，是一个“红”“绿”资源交相辉映、客家文化底蕴深厚、人居环境十分优美的小山村。

井冈山被誉为“中国革命的摇篮”，而茅坪村则是“摇篮中的摇篮”，是井冈山革命根据地的重要组成部分和井冈山精神的发祥地。毛泽东先后在茅坪村的八角楼写下了《中国的红色政权为什么能够存在》和《井冈山的斗争》两篇光辉著作。至今，该村仍保留完好并已对国内外游客开放的全国重点文物保护单位有 5 处，江西省文物保护单位 1 处，井冈山市文物保护单位 13 处。

茅坪村素有“天然氧吧”之称。村民依托丰富的旅游资源和林木资源，以旅游业、竹制品加工业和种养业为主要经济支柱。

茅坪村有 5 处全国重点文物保护单位、6 处江西省重点文物保护单位，10 多处井冈山市文物保护单位（革命旧居旧址）静静地伫立在茅坪河畔，像一部无言的史书。古枫树、古柏树、古樟树 20 多棵，红军井两口，它们都是井冈山斗争时期的见证者。

该村 2010 年列入江西省非物质文化遗产名录，2013 年被列入第二批中国传统村落名录。

## 长路村长塘组 吉安市井冈山市

长路村隶属于拥有井冈山“北大门”之称的拿山乡，始建于明朝末期，迄今已有五百余年历史。

长路村是从吉安方向去往井冈山核心景区的必经之地。区位优良、自然环境优美、历史文化丰厚。青山环绕长路，村口古樟侍卫，村内大小池塘、百年老井，令人应接不暇。村内明清建筑和上世纪知青老宅保存基本完好，成为了几百年历史文化有力的见证。长路村至今还有舞龙舞狮的习俗，村落一砖一瓦、居民一举一动都闪烁着赣文化的光辉。

长路村历史文化遗迹、建筑遗存分布集中，风貌良好，保留了传统村落格局、聚落结构、建筑形制等方面的诸多历史信息，对研究井冈山地区社会文化演变具有较高的历史价值。同时村庄建筑内保留的大量的革命旧居旧址和红色标语，是研究地区红色文化的良好例证例证。

20 世纪 60—70 年代，长路村成为上山下乡的知青村，这个时期有来自各省各地的知识青年达 200 多人，他们与村民同吃、同住、同劳动，至今尚保留知青劳动场所遗址。现今，村庄还建立了知青文化馆，将知青文化通过故事、图片、场景复原等方式集中展现，成为长路村旅游的一个重要节点。长路村是知青文化的承载地，是一个时代的缩影，与其他传统村落相比具有相对的独特性和差异性。

长路村长塘组 2013 年被列入第二批中国传统村落名录。

## 塘南村 吉安市井冈山市

塘南村，位于鹅岭乡乡政府所在地之东南 1 千米处，东为峰高插云的鹅岭，南对上坑村，西侧为白石圩，北陲与黄石、东富相连。村委下辖 3 个村民小组。

根据第十修《龙氏族谱》记载，明代成化己丑年（1469），上坊塘头房龙子中，即六世祖伯江公率4个儿子来到塘南立村。塘南的龙氏子孙从子中公光裕堂位于伯江派侔翁顺聚堂一世祖起，至今已繁衍至27世。

塘南向为宁冈望族，村中的府第宅屋极有名气。在新中国成立之前，全村有风火墙高翘的青砖瓦舍几十幢，景观壮阔。尤其在村庄中央矗立着始建于明代万历四年（1576）的宗祠“敬爱堂”。1610年由朝廷颁旨敕建纪念龙遇奇的“进士殿”为江西省文物保护单位。“进士殿”斗檐飞拱、精美雄伟。塘南村不仅有着厚重的古代历史，在近现代也具有遐迩闻名的红色史迹。特别是在井冈山武装割据时期，写下了浓墨重彩的一笔。龙超清是井冈山中共党组织的创始人，历任中共宁冈县委书记、湘赣边界特委委员。1927年至1928年，毛泽东同志曾多次来到塘南，到龙超清家看望，还在“进士殿”与乡工农兵政府的工作人员交谈。朱德军长在“进士殿”牌楼的石狮旁召开群众大会。红四军军部宣传队队长、朱德之妻伍若兰，带着红军宣传队在村中展开群众工作，斗争过劣绅龙南恩。红军在“进士殿”和很多户群众家里写下了上百条宣传标语，这些红色遗迹大部分已经拍成照片，保留在井冈山会师纪念馆。

塘南村地处宁冈老“八景”之首鹅峰的脚下，北面是龙厦公路和通往湖南衡阳的高速公路，东面为衡吉茶铁路。有着五百四十多年的古村背后环山，山上竹树苍翠，西北面的村埂长有几十棵绿荫蔽地的古樟，衬出村庄的古朴秀美。古绿红特色纷呈，前景辉煌，这是塘南村得天独厚的有利条件。

该村2012年被列入第一批中国传统村落名录。

## 田岸上村 吉安市吉安县

田岸上村地处浬田圩镇西南6千米，泸水西岸山丘地带，隶属于吉安县浬田镇清水村委会。整个村落坐落在一个被村民称为“眠虎形” 的山坡里，以东北山岭下一阶隆起山坡（基祖南山公之墓葬于此）为虎头，村落房屋所处山冲为虎身，至村落南偏西并列的两口水塘，水塘之间一条通路为虎尾。

据第九次编修的《清水刘氏宗谱》记载，刘氏基祖刘超，号南山，生于明正德十四年（1519），殁于明万历七年（1579），于明嘉靖年间从当地大屋场迁至今地开基建村，于明末形成村落。

田岸上村拥有明、清古建筑55幢，其中古祠堂8幢、节孝祠1幢、书院2幢、古民居42幢、节孝牌坊1座、明代古墓1座。田岸上村的传统建筑大多保存完好，做工精致，具备较高的历史文化价值。其特点主要有：一是古民居当中，几乎每一幢都带有边宅或者后宅，而这些边宅后宅，全部都是书房，沿着正方的墙开一个天井，在墙上则做成照壁，上书有耕读传家、修身齐家等内容的楹联或者格言。室内有精美的字画，整个书房精致典雅，展现出田岸上浓郁的人文气韵。二是祠堂、民居、书院等建筑，均为青色水磨砖到栋，蓝灰割线，硬山顶，饰三、四节马头墙，规整成排成系列。三是古民居的门额、厅板、书房，都书有描金的励志、戒喻、抒怀的楹联和格言，部分民居室内木刻雕花，精美绝伦。四是 1930 年前后，田岸上属中央苏区，是赣西南红色革命根据地的重要组成部分。据传上将萧克曾经在清水驻扎，田岸上村的养心山房曾开办红军医院。在多处房屋墙壁上发现留有大量的红军革命标语，至今仍然能够清晰辨认的有 100 多条，主要内容包含：瓦解敌军、巩固苏区、肃清 AB 团、苏区婚姻条例等。部分红军标语和遗迹为首次发现，具有较高的历史研究价值。

该村 2016 年被列入第四批中国传统村落名录。

## 赛塘村 吉安市吉安县

赛塘村位于吉安县固江镇西南方向，距离固江街约 1.2 千米。赛塘即坐落在泸水中游东北岸沙洲上，因从河沙中淘出过金沙，故称金沙洲。村落沿从西北流向东南的泸水河而建，排成大致的长方形，村落选址以王氏宗祠（崇本堂）为中心，南北各 7 个水塘，人称“双七星伴月”。

据 1988 年《梅冈王氏宗谱》记载，赛塘王氏基祖王国旦的先祖从泰和县梅冈迁出辗转多地，于明初迁至今地开基建村，于明朝中期形成村落，距今已有六百多年历史。村民以王姓为主。

村中现存有明、清、民国时期传统建筑 73 处，其中祠堂 10 幢、民居 58 幢、节孝祠 2 幢、书院 2 幢、庙宇 1 幢，另外还有其他生产生活设施，形成集中连片的古村落。几乎所有历史建筑的院墙内外、檐下均有墨绘壁画和题记。这些古民居，建筑装饰质朴简洁，风格明快，工艺精湛，具有很高的历史价值、人文科学价值及环境与建筑艺术价值。

赛塘村 2014 年被列入第三批中国传统村落名录。

## 社边村 吉安市吉安县

社边村位于吉安县中部以北，泸水河东北岸 7 千米的山岗上，距固江圩镇 6 千米，距吉安县城 38 千米。村落呈火炬形，房屋坐向全部坐西北向东向，顺着缓坡依次而建。西北两山逶迤起伏似两龙齐头并进，村前圆锥山酷似龙珠，好似二龙戏珠。祠堂建在北龙上额，两棵古柏是龙须，半月形池塘为龙口，两排旗杆石做龙牙，村前布局7个池塘，形成七星伴月之势。

据社边村民国二十五年（1936）《义城黄氏宗谱》记载，社边黄氏基祖黄澄湫于元末明初从本乡上观社上迁至今地，已有六百多年历史。

社边村经明清数代先民经营，成为各项功能齐全的村落。村中现存有明、清、民国时期传统建筑46处。所有建筑格式中轴对称，外形阔大，结构比例合理，显得端庄稳健。屋柱、门扇用金粉书写耕读、忠孝内容楹联或格言，将建筑与传统文化紧密结合在一起，使传统文化紧密贴近生活，具有赣中民居建筑特色。

该村2014年被列入第三批中国传统村落名录。

## 圳头村 吉安市吉安县

圳头村位于吉安县林业局东面，依山傍溪聚居，“前有笔架山，后有五马回槽，上有海螺石壁，下有金钩银钩，左有金盆银盆，右有泉塘活水，东有金腰玉带，西有双龙戏珠；村中七星伴月，紫金街经商贸，宝壁塘藏宝地，乌纱帽出七只，十八只存金涡，二水推车尧中坐，村头龙眼双井，村尾下巷清泉”概括了圳头村的独特村落格局。圳头村人口众多，分为“敦厚”和“厚丰”两个村委，新中国成立初为敦厚乡政府驻扎地，至今保留了“敦厚人民公社”等历史遗迹，是县域内原生态格局保留最完整的“城中历史文化名村”。

据2000年第八次编修的《圳头南城永和刘氏宗谱》记载，圳头古村始建于南宋宝祐年间，至今有七百多年历史，当时有刘、邹、杨、曾、萧等姓氏，自明洪武年间，其他姓氏相继迁出，刘姓延续至今。

圳头村现保存有明代建筑36栋，清朝建筑100多栋，村中有五角屋两栋，圆角屋1栋；有圳头古村独具特色的喇叭巷子500多条；至今村中保存的红石石雕有200多幅，木雕3000多幅，泥塑造型100多塑，有红军标语、毛主席语录多处。在清咸丰年间原有古祠32栋，现存19栋，古祠如刘氏宗祠五伦堂、尧公祠世德堂、荣先公祠、荣禄堂等；有兴祚灵王大福主庙等八大古庙和“岳龙庵”“中皇宫”等佛道古迹；村中还存有七眼古井、三座古塔、三座惜字亭、300多年历史的古街、古菜市场古马路等古迹，还存有敦厚乡政府、敦厚人民公社、邮电局、合作社、敦厚信用社、党校、县大队等旧址，200多棵古樟掩映古村，景致优美。

该村2013年被列入第二批中国传统村落名录。

## 旧居村 吉安市吉安县

旧居村位于梅塘镇北面，距离梅塘镇政府所在地栗塘街 7.5 千米，距固江镇 3 千米，距县城 25 千米。旧居基祖刘德崇按“四水归流”“七星望月”的风水讲究，在“东界”小流域地势最低的一个洼地里开基。“四水归流”是指村落的南、西、北三面的集雨水，通过 4 条溪水向村落流过来，在村四边环绕后，在村落东面汇合，注入泸水河；“七星望月”是指村北田垅中有 7 个规则的土堆。

据民国二十八年（1939）第五次编修的《东界旧居刘氏宗谱》记载，旧居村的远祖为东晋时期的安成太守刘遐。明洪武癸酉年（1393），刘德崇迁居至离麻园数百米远的旧居，成为现今旧居村的开基祖，至今已有六百多年历史。

旧居村现保留有古祠堂 5 座，明清时期古民居 50 栋，私塾 2 座，惜字塔 1 座，节孝祠 1 座，世科第牌坊 1 座，朝拜石 1 座，旗杆石 4 座，古墓 2 座。村中现保留的清朝至民国初年的祠堂、民居，书塾等建筑，正厅内饰木质雕刻、绘画，屋柱上用金粉写有楹联。用材考究，做工精细。样式居中、居正，体现了传统儒家的尊卑观念。雕刻、绘画均有传统的祈福、祈寿、祈富贵平安的寓意；楹联则以忠孝节廉为主要内容，将建筑艺术与传统教育结合。

该村 2014 年被列入第三批中国传统村落名录。

## 燥石村 吉安市新干县

燥石村位于吉安市新干县东北部七琴镇，距离新干县城 100 余里，是一个海拔达 600 余米的原生态高山小村，也是江西最偏远的山区之一。村庄因怪石林立、平地稀少而得名燥石，又因交通不便被戏称为新干的西藏。燥石村建村于明末，经过三百多年的生息繁衍，鼎盛时期燥石村有上千户人家。

燥石村独特的地理环境造就了燥石村独特的村落布局形式，依托上天赐予的奇石，村民们就地取材，围牛栏、架小桥、铺巷道、垒田埂、搭院墙，无一不是采用山上的石头。本村有清代、民国建筑 10 余栋，新中国成立后当地村民就地取材，利用当地石材砌筑墙体和内部房间及厨房等附属设施。是本县唯一个以石材为主材并集中连片建有 70 余栋房屋的村庄，并且那些石屋保存良好，大部分仍在使用。

燥石村风光逶迤，景色独特，是一座未经开发的原生态地质公园。其周遭山体面积达 18000 余亩，主体山峰有海拔 1082 米的才地岩、930 米的蛤蟆藤仔埝山、705 米的桃仔树岩里山，成三足鼎立状，把村庄揽于怀抱。燥石村以石出众，这里的石皆隐映在浓翠之间，尤其是由小火山喷口积水形成的“巨石川”山沟内的巨石在林间绵延数里，颇为壮观。而随处可见的“鱼塘石”“蛤蟆石”“雕石”“原子石”“一线天”等惟妙惟肖的天然巨石奇观，又使燥石村成为一个名副其实的奇石博物馆。海拔 1000 多米的山林里有不少珍稀树种，百年红豆杉、油杉、楠木、香樟等随处可见。

燥石村 2014 年被列入第三批中国传统村落名录。

## 河下村 吉安市永丰县

河下然村是欧阳修故里遗留唯一的古村，始建于清，砖木结构，坐北向南，一进三开间，面阔 13.4 米，进深 25.75 米，面积 345 平方米。四周砖墙，风火山墙屋顶，祠内抬梁式架，原有藻井、棂窗等雕刻精美。古建筑保存较完整且集中，现存古井 1 口、池塘 1 口、古墓 1 座、古桥 2 座（玲珑桥、泷冈桥）；门楼 3 座（进士第、大夫第、营前旧第）；民居和王氏、李氏、刘氏、邱氏、艾氏祠堂等古建筑二十几栋，古村中原有围墙（部分坍塌）将大部分古建筑围起，有防御外敌作用。

河下村古井为村中李氏先祖迁徙至村中时开挖，据说开挖于宋朝末年，距今约七百多年历史。因井水甘甜可口，附近村民世世代代在此取水饮用。

该村 2014 年被列入第三批中国传统村落名录。

## 何君村 吉安市峡江县

何君村位于峡江县东境水边镇西南，坐落于中国南方道教圣地——第十七大秀法乐洞天、第八郁木福地玉笥山东麓山脚，是县内唯一处于喀斯特地貌区的村庄，村周泰石、紫霄石、龟石、温润石、鹤石、仙人石 6 座石山突兀环立，山石嶙峋奇险，各呈异状，山石下洞穴深邃连环，钟乳遍生。源于玉笥山九仙台“九曲十八井”的山水流经于此，与门石下的清泉汇合，环绕全村，村民枕流而居，构成“小桥流水人家”、悠然怡人的田园风光。

何君村历来为吴氏一族繁衍生息之地，距今已逾千年，历来为“玉峡望族”，现村中人口仍以吴姓为主。

古村当中清溪自西向东蜿蜒流过，溪流两侧绿树成荫，环境优美。村内分布有大量的古樟树、古银杏，十分茂盛。何君古村所处的地理区位长期是在庐陵文化圈和临川文化圈的影响之下，古村的文化内涵与建设风格深受文化圈层的熏陶。

何君村 2013 年被列入第二批中国传统村落名录。

## 湖州村 吉安市峡江县

内容介绍详见 P041。

## 沂溪村 吉安市峡江县

沂溪村地处峡江县水边镇东北部，因村前处于沂水之滨而得名。其北部靠近下痕村，东部毗邻加坊村、馆头村。

古村始建于宋仁宗天圣三年（1025），距今已有近千年历史。至 1191 年馆头上房曾氏 47 派，徙居嘉坊为始祖。明嘉靖五年（1526）设峡江县，因巴邱城区南玉峡两岸群山夹赣水，江面狭窄而得名峡江县，沂溪村始属峡江。

沂溪村是沂江上保留古建筑最完整的第一村，可称为峡江第一古村，村内主要有“承恩堂”，于明景泰年间（1450—1457）为景帝特赐敕奖本村乐善好施义民而建。

“绳忠堂”始建于明初，建筑雄伟，叹为观止，明初状元练子宁题“绳忠堂”匾高悬堂上。清中期重修一次至今保存较好。

“一法庵”，取“法不二门”之意，始建于明崇祯年间（1628—1644），四周翠竹摇曳，古樟如盖。清道光戊申（1848）重修。庵内至今仍存一古钟，铭文清晰，重 400 多斤。清晚期维修一次，至今保存较好，现有住持僧人日行佛事。

该村 2013 年被列入第二批中国传统村落名录。

## 仁和店村 吉安市吉水县

仁和店村开基祖从四川经商发财回家，便购置田地，大兴土木。当时人到中年的开基祖足下有 7 个儿子，于是他便建造一座前后两排 16 栋的大宅院。由于主人在四川经商的药店号是“仁和店”，于是给这座大宅院取名为“仁和店”（即曾家大院）。另有一说，仁和店村取“仁义道德、和气生财”之意而得名。现在村庄分为古村和新村两大部分。

仁和店村现保存基本完好的古建筑 20 余处，其中民居 16 座、门坊 3 座、祠堂 1 座。村内古建筑中，最具有代表性的有“曾家大院”及其“气蕴清淑”门坊、“运启文明”门坊、“司马第”门坊和“曾氏宗祠”。此外，村庄还有仁和药店遗址、洗药池遗址和书院遗址，有古樟、古枫等古树名木。

曾家大院建于清代，是一座前后两排 16 栋的大宅院，砖木结构，坐东向西，长 104 米，宽 49

米；是仁和店村内最具代表性的规则式古民居群落，现为县级文物保护单位。3个门坊的正楼主牌均高约6米、宽约5米，均采用红石或青石撑门，两侧有阴刻对联，门楣的两侧是雕刻的图案，门楣上还有层层叠叠的飞檐翘角。大院内建有两排建筑风格几乎一样的民居，每排8栋，共16栋，笔直成线。前后两排民居都配有一一对应的落廒等附属建筑，做厨房等其他功用。所有民宅都为砖木结构、青砖灰瓦、平檐有垛。大院内现保留有一条较完整的历史巷道，长度为99米，宽度为2.5米。历经几百年沧桑，宅院建筑仍保存完好，属不可多得的历史文化遗产，对研究我国南方古建筑文化、宗族派系文化等，具有十分重要的实物见证作用和保护开发价值。

曾氏宗祠较为特殊，不在村内，而在距民宅约300米的东北面。为三进式建筑，中门之上有“曾氏宗祠”门匾，中门两侧门上有“庚续联辉”“卿云呈瑞”门匾，堂内正中悬挂“常春堂”牌匾（开基祖名常春）。

仁和店村仍保留着“祠堂年宴”的习俗。春节期间，还进行舞龙、舞狮和武术表演、曲艺表演。仁和店许多村民都会剪纸工艺，许多村民家中的贴纸均是本村妇女亲手剪制的。2007年被评为江西省历史文化名村，2013年被列入第二批中国传统村落名录。

## 桑园村 吉安市吉水县

内容介绍详见P043。

## 义富村 吉安市吉水县

义富村位于吉安市吉水县水南镇东北面、泷江上游湾内，似处湖中，古称倚湖，衍为倚富，道光年间改为现名。

义富村呈盆形，坐落西北朝东南，前田后土，三面环水。沿泷江河岸，生态林里的茂林修竹，最大特色是百年古樟，树龄有六七百年，最大树胸围有五六米，树冠近300米。沿江千多米的古树和翠竹相互辉映呈半圆形环抱义富村落，甚为壮观。

现在，义富村全部传统建筑占村庄建筑总面积约80%，有明清古建筑59间。村中建筑规模1800平方米的明代民居、建筑规模5600平方米的清代民居、牌坊1座、祠堂7座（余庆堂、崇善堂、缵绪堂、光裕堂、如公祠、毛家私祠等）、古庙1座、池塘20多口、古井2口、古码头3座、古树17棵、鹅卵石巷道等融为一体。

该村2014年被列入第三批中国传统村落名录。

## 桥上村 吉安市吉水县

桥上村位于白沙镇镇区南侧，古村北侧为南湖村古商铺群，中央古巷原为吉安至兴国的古道，西侧为老古崇公路、东侧为规划新古崇公路。

全村有罗、黄、邱、周、曾等姓氏，其中罗姓居多。

桥上村，原名桥南村，在唐代就有黄氏家族居住在桥上村南部，至宋代熙宁年间，罗氏祖先济昌公居南昌而教授庐陵公而有时间游泷江，因为喜欢泷江的山水秀美，想至桥上村居住，但却没有实现。济昌公的儿子济民公和济川公兄弟完成父亲的遗憾，从此罗氏家族在桥上村繁衍生息。

罗氏家族为纪念祖宗功德而先后兴建了墩本堂（罗氏总祠）、墩睦堂（天郁公祠）、齐美堂（民公祠）、长春堂（天海公祠）、致中堂（天性公祠）、敬节堂（充耕公祠）、奕伦堂（赞候公祠）、枚吉堂（卜臣公祠）、尚志堂（汉漳公祠）、兴堂公祠。村内祠堂经过多次毁坏和重建。除墩本堂在“文革”期间被用于建设白沙礼堂和敬节堂建在白沙本滩村外，其余祠堂多为清代重建保存至今。

在 20 世纪革命战争年代，苏维埃在桥上村北面的南湖村建立了白沙区政府，红军在桥上村活动频繁，毛泽东同志和朱德同志多次在罗氏总祠召开革命会议，许多建筑如赞候公祠等墙上还保留该时期的各种标语和口号。

桥上村 2012 年被评为江西省历史文化名镇名村，2013 年被列入第二批中国传统村落名录。

桥上村

## 燕坊村 吉安市吉水县

内容介绍详见 P042。

## 店背村 吉安市吉水县

店背村是吉安市吉水县水南镇店背村委会的驻地。店背村位于吉水县水南镇以南 3.5 千米处、泸江南岸田垅中。

店背村属丘陵地带，村庄西侧山上数以千亩的山林生长着松树、柏树、杉树、杂树等。

现在店背村委会含店背、东城、西城、新建、下大屋、枧埠、石壁、粤民等 8 个自然村。

关于店背村地名之来历，有如下说法，因该村祠堂前几百米处在古代曾建有一条小街，名为上步街，街有土围，里人谓之城，故村名“城北”；此地铺面林立，人来如潮，而该村正好坐落于此街道铺面之背面，故此村又称“店背”。

店背村传统民居大多建于清代，大多用石头垒砌而成，还有少量土砖建造的老宅，总体方位坐东朝西。

店背村还有功成公祠、世衍堂、达远公祠、五金堂、极庆堂、荣仁堂、乐道堂、神仁堂、店背桥、玉龙桥、夏朗小学、新建的入村牌坊和书院 1 座、礼堂 1 座、社官（土地庙）1 座、古井 4 口、水塘 15 座、樟树等古树 18 棵、店背文化广场等。

该村 2013 年被列入第二批中国传统村落名录。

## 爵誉村 吉安市泰和县

爵誉村地处泰和县城西北。北临转江村，南至建丰村，西邻禾市镇，东与普田、木垄村相连。距镇政府驻地 5 千米，距泰和县城 20 千米。爵誉村始建于南唐。

爵誉村原本叫龙源村，自唐以来周氏就有登科进士 23 人，举人拔贡等不计其数，官居御史员外郎等有 310 多人。因村里人才辈出，声名鹊起，文风鼎盛，科举蝉联，爵崇誉隆，故宋仁宗赐名“爵誉”以示褒奖，村名沿用至今逾一千多年。

爵誉村有着千余年历史，现保存较完整的古祠堂建筑就有 20 余处，祠堂建筑体量均较大，青砖墙面、马头墙，室内有天井，前面一般都有古樟、池塘与活动场地，建筑风貌完整。坐落在村中的“久大堂”“孝德堂”“宝诰堂”“复古堂”“敦叙堂”是 5 座具有明清典型特色的古祠。

村内有一处墓地为周矩墓，属省级历史文物保护单位；村内多水塘，村边有 36 口塘，比较著名。村内尚有 34 栋清朝时期建设保存完好的古民居。

爵誉村每年的农历正月十五，都要举行盛大的武术表演、庙会、宗祠祭祖等各种活动。爵誉村的武术队和舞狮队等民间文化艺术在吉安市久负盛名。

爵誉村自开基建村以来长期处于庐陵地区辖区之内，深受庐陵文化的浸淫，在文化理念、村庄布局、宗族特征、建筑风貌以及传统习俗等方面均集中体现了庐陵文化的特征。具体表现为：一是村落营建，突出“山水宜居”的山水文化；二是耕读传家，彰显“文章节义”的耕读文化；三是宗族延续，传承源远流长的宗族文化；四是注重精神修养，蕴含包容并蓄的宗教文化；五是建筑风貌，塑就乡土古朴的建筑文化。

该村 2011 年被评为江西省历史文化名村。2016 年被列入第四批中国传统村落名录。

## 蜀江村 吉安市泰和县

蜀江村位于蜀口洲上、蜀水岔道注入赣江的汇合口下，四面环水，村庄地势平坦，布局规整。蜀口洲是马市镇内的一个自然生态绿洲，含大洲、蜀口、大江 3 个自然岛及中洲岛，面积约 4.61 平方千米。

蜀江村始建于南宋。建炎年间，蜀口始祖欧阳德来泰和经商到蜀口洲游玩时，发现此处两水交汇，水路便利，沙洲之上风光旖旎，便在此肇基，繁衍生息，至今已有九百年历史。

蜀江村现有 21 个自然村，13 个村民小组。蜀江村土地主要为沙质地。产业以农业种植为主，至今已有上千年的历史，在党委、政府的政策扶持下，茶叶种植业不断发展壮大，在国内屡次获奖，现已形成“蜀口茶”品牌并畅销国内外市场。

蜀江村文化底蕴深厚，古祠、古墓碑、名匾、古民居保存完好，明清时期建筑大小祠堂 9 座，欧阳氏祠堂崇德堂规模宏伟壮观，创建于明永乐九年（1411），是一座具有明代特色的古祠。古祠

蜀江村

内名匾高悬，有“五经科第”“朝天八龙”“兄弟尚书”“父子进士”“二十一进士”“三世宪台”等。十一世孙翰林院庶吉士欧阳永俊与大学士解缙、梁潜同编修《永乐大典》有多卷，列为国家重要文献。

蜀江村历史环境要素众多，拥有古祠堂 2 座、古墓 1 处、古花园 1 处，具有明清时期建筑风格的古建筑 33 座、古码头 2 座、水塘 2 个。其中国辅公墓经专家鉴定为宋代皇冠形古墓，在省内乃稀有古墓。南庄花园坐落于蜀江古村的正北面，是湖南江华知县欧阳柱于 1784 年建成，欧阳柱号南庄，所以花园称“南庄花园”。

蜀江村非物质文化遗产有庐陵传统民居建筑营造技艺（鹊巢宫）、蜀口茶、蜀口糖等，制作工艺尚存，且不断传承发展，是传统生活的再现。

该村 2016 年被列入第四批中国传统村落名录，先后被评为江西省第四届文明村、江西省生态村、国家级 AAA 旅游风景区、江西省历史文化名村、全国第四届文明村。

## 下源村 吉安市万安县

下源村位于万安县赣江东岸的百嘉镇，南宋建村，距今有近千年历史。下源古村，古称夏源。在南宋末年，随着湖州刘氏的迁入及繁衍壮大，才发展至一个村庄的规模。古村以明清建筑为基础，融祠堂文化、宗教文化、红色文化和明清雕刻艺术为一体。

下源村中建筑布局以古祠为中心朝东、西、北方向分布，错落有致，古村 10 多处古民居均为硬山顶砖木结构，具有典型的清代建筑风格。

下源村南宋时建村，四周由 7 个大水塘围合而成，古称“七朵莲花”，在风水中呈现“七星伴月”状，这 7 个水塘决定了古村穴场的大小和形状；在南侧的大水塘有一条排水渠直通到赣江，在风水中这条水渠作为下源古村的地户，是风水中的重要点，是龙水交会之处，决定了古村的生气与活力；村庄坐北朝南，建筑格局以刘氏祠堂为中心，向东、西、北展开，建筑布局规整、科学合理，建筑朝向均朝向水体，在风水学中为最吉。

下源村民俗丰富。每年端午节从阴历五月初一到五月初五会与韶口乡举行为期 5 天的龙舟竞渡，声势浩大。现如今，龙舟竞渡对于百嘉村甚至是万安县来说都是一项重要的活动。竞渡前，会从隔壁的车溪村请来车溪老爷，放置于现存最大渡口的旁边，后杀鸡祭之，之后再从万寿宫旁边的古戏台（今粮站右侧）下请出龙船，龙船游行路线，直接是从古戏台抬到渡口，在这几天村民都聚在刘氏祠堂内吃百家饭。

该村 2013 年被列入第二批中国传统村落名录。

## 鄢溪村 吉安市遂川县

鄢溪村于 2013 年被列入中国传统村落名录。距遂川县城 40 千米，距井冈山市 48 千米。该村距今已有六百多年历史，明永乐年间（1410 年前后），鄢溪黄氏先祖从湖南桂东“与子俱徙龙泉”，开基鄢溪，遂定居于此，繁衍生息，建设家园。

村中古建筑风格独特，保存完好，有着徽派建筑与客家围屋相结合的“九厅十八井”大屋——黄氏正亮堂，以及最早实行分班制教育的客家私塾——燕山书院，还有中西合璧的家庭宗祠——黄氏正祖祠。其中正亮堂和燕山书院在 2006 年被列为江西省文物保护单位。整个村落以正亮堂为中心，向左右两边依山伸展，与周边恬静的自然风光和谐统一，堪称江西客家民居建造的典范。

村内自然风光旖旎如画，民俗风情浓韵醉人，耕读文化源远流长。鄢溪黄氏族谱家范“德业相劝”规定：“凡孝悌、忠信、礼义、廉耻、读书、力田、营家、经商、畏法、谨度之类德业。同族之人各自进修，共相勤勉为。”将经商放在与读书、力田营家同样重要地位，同时要求族人经商时必须遵守法律及道德。长久以来，黄氏子弟都奉守这条金律，形成了鄢溪独特的崇文修善、勤耕苦读文化。

鄢溪村 2013 年被列入第二批中国传统村落名录。

## 沙溪村 吉安市安福县

沙溪村位于安福县竹江乡庄下村东部，距县城 26 千米。明朝嘉庆年间沙溪颜氏先祖，从县城西部南田盆形迁此立村，因村前一条小溪多沙而得名。1957 年前属庐陵或吉安县，1958 年并入安福县竹江公社管辖，已历时五百多年、19 代人。

古建筑栋栋相连，巷道清一色的青砖、鹅卵石，中间青石板铺就，其中以心斋公祠为代表性建筑。另有颜氏宗祠、崇本堂、司马第、协公书屋等。古祠堂及民居连片建三排，占地面积 6240 平方米，门墙彩塑，檐角高耸，气势轩昂，内部结构雕绘描金装饰。协公舍为民国初仿日建筑，其他建筑基本保持始建时原样，现新建房皆靠村西北发展。现全村有林地数千亩，古樟、原始马尾松居多，枫、荷、栗等阔叶林也有分布，林地盛产松菇，味极鲜。

沙溪村是集耕、读、商为一体的传统社会村落。古建筑类型齐全，有保存完好的明清建筑 29 栋，房舍连绵密布，布局错落有致，巷道纵横幽深，卵石路面交错相连。门楣、藻井、窗棂、门柱、影壁、山墙，或为书画，或为雕刻，祠柱多石刻楹联，显示出崇文尚儒的气息。

该村 2013 年被列入第二批中国传统村落名录。

## 银圳村 吉安市安福县

银圳村现存古建筑，有民居 48 幢、祠堂 5 幢、庙 3 座、书院 1 幢、书舍 2 幢。这些古民居群青砖水圳排水、鹅卵石巷道连接，栋栋都有大门通巷，巷道有宽有窄，形成封闭、保守而又外却相连和亲的建筑风格，这种格调存而不显地反映了银圳村耕读农商文化的特点。

银圳村依托国家级传统村落项目抓好村级环保工程建设、古房屋修复建设，通过传统村落建设，使之跻入县旅游点行列。同时，依托物流的便利条件，抓好高产油茶、养牛、养鸭等产业发展；积极引导农民外出务工发展第三产业，大力发展家庭庭院蜜柚、养鸡等庭院经济，全方位盘活村民经济。

该村 2014 年被列入第三批中国传统村落名录。

## 柘溪村 吉安市安福县

柘溪村位于安福县南部的金田乡，距县城 42 千米，柘溪村原名柘木，始建于北宋天圣七年（1029）。曾任西凉郡守的刘楚卸任后迁居此地，是为柘溪刘氏的始迁祖。近千年来，其后裔繁衍生息于斯，至今传 36 代，有 6 个村民小组。是一个山清水秀、人杰地灵的风水宝地。

柘溪古建筑中，除少量明代建筑及民国时期建筑，大部分是清朝各个时期的建筑。最早的建筑是位于蛇形山西侧的刘喜垣住房。此房正门坐东朝西，东傍蛇山，西临鱼池，距今六百余年。这是安福县目前所发现保存最早的古民居，具有较高的历史文化价值。其他有确切纪年的古建尚有：竹林寺，始建于清顺治甲午年（1654）；进士亭，始建于清康熙戊午年（1678）；白马灵庙，始建于清乾隆庚子年（1780）；义仓，始建于清嘉庆壬戌年（1802）；三角书院（含文昌阁、魁星楼），始建于清咸丰年间（1851—1861）。

主次得当，井然有序，是柘溪古村的一大特色。主要的公益性建筑分布在村中央或村旁交通要道上，其他建筑围绕散落在山脚下。位于村子中央的是柘溪刘氏宗祠，义仓在其东侧并排而立。刘氏宗祠是总祠，气宇轩昂。义仓规模也较大，有公田与店面出租，可贮公祠稻谷 9 万余斤，用于祭祖或救助。

厅院相接，风格多样，是柘溪的独特之处。柘溪民居一般均有巷道式院落，厅门向南不直接对外露，院门在侧。有些房祠与本支民居并排而建，同一道院门出入，体现出血缘关系的亲疏。明、清民居的屋面多为重檐，都有石门框、石窗棂。民居内的木装饰风格十分多样，70% 保存完好。明早期民居装饰简陋，多为素面。民国时期的厅内不设藻井，即使有藻井的，也是素面，不加修饰。

清代民居内的藻井、围栏、隔扇、雀替、神龛，纹饰精美，雕刻手法多样，风格极少雷同。

柘溪村 2014 年被列入第三批中国传统村落名录，柘溪中秋烧塔习俗在 2014 年被列入国家级非遗项目，2012 年被评为江西省省级生态村，2011 年被评为全国文明村镇。

## 上街村 吉安市安福县

上街村位于赣中西部安福县的南端偏西，洋门乡的西北角，金田至彭坊公路 6 公桩的右侧。村落前望陈山河、背靠金莲山，素有“罗霄山下千年古村”之称。

上街村素称上城，村内有一条贯穿全村落长达 1500 米的鹅卵石古街道从东往西而过，街道两边店铺作坊林立，如同城中街市，因此，现上街村区域在当时又称“上城街上”。

村落以上城刘氏祠为中心，分上街、下街两大段落，全村以 7 个自然区域形象构成“北斗七星”之理念，“北斗七星”中的天枢、摇光、天权、天玑、玉衡所象征的 5 个象限区又对应着村落中的五块民居群，串联在村内 5 个民居群的鹅卵石古道犹如一“斗”字。

村落的外沿建有代表儒教文化、佛教文化和道教文化的村西的“文昌阁”，村东南的“古龙洲庵”和村北的“金溪观”等 3 处古建筑，这 3 处建筑距村中心距离均为 1500 米左右，且相互之间的距离又基本相同，恰似等腰三角形的形状，而村落正好位于三角形的中心。

上街村自古又以池塘多而著称，村内 40 口池塘就像珍珠项链，相间成排于村落中，排水通畅、息息相连。全村共有古建筑 92 处，古樟树 150 余棵。村落自古文风鼎盛人才辈出，自宋至清有进士 15 人（含清乾隆梁梦元）、举人 30 人，并出了像宋工部郎中刘侃、隋炀帝尚书郎刘延、山东道监察御史刘延、明翰林院庶吉士刘就等历史名人。

上街村早在秦汉时即隶属安成县，地处吴楚之间，民俗民风具有吴楚文化交融的特色，形成了婚丧宴席劝客喝酒吃菜的祝敬戏曲《十碗菜》、婚庆吹打乐曲《十番锣鼓》、祭祀乐《法事调调》以及“吃新节”“中秋烧塔”“端阳节”“中元节放灯”等一批特色民俗文化。

该村不仅拥有深厚的历史文化底蕴，也弘扬、传承了红色革命精神，是苏区革命活动在安福的重要区域之一，并建立了安福县最早的红色政权，留下了丰厚的红色文化遗产。2012 年被列入第一批中国传统村落名录，2013 年被评为江西省历史文化名村。

## 塘边村 吉安市安福县

塘边村位于安福县洲湖镇南端，距安福县城 36 千米。现辖 23 个村民小组。

塘边村系安福县洲湖镇四大古村之首，谱载“世传诗书理学、代有仕官科名，奕葉贵显，盖乡邑之望族也”。村落传统建筑主体分布在东、西边自然村。东边以奎光堂为宗，面向水塘向南发展出古民居群，上山有刘氏大宗祠临塘而建。西边以五房祠为宗，下析出滋德堂，至清代咸丰年间由滋德堂析出致美堂、继美堂（西边大夫第），至此形成三片区面朝水塘环绕成圆向外发散的格局。

塘边村保留着浓厚的聚落式遗风。在塘边古民居群中，宗祠与民居并排连成一体，形成一个组合。文明坊两侧，居住着刘宾西的后裔。从滋德堂析出的致美堂、继美堂，则是刘宾西后裔中的商人刘略棠、刘讲华兄弟各自建造的。一个个民居群组合皆以院墙围绕成封闭式状态，有的甚至大院套小院，反映出房主人之间明显的血缘亲疏关系。

古民居群均为砖木结构，厅房以穿斗与抬梁式木构架为主体，铺以多姿多彩的木装修。房屋周围用青砖砌成装饰墙，硬山顶附马头墙，几乎不出檐，保留着清代赣中西部民居的典型风格。

塘边村除保留了南方汉民族一般传统节日庆典和区域文化现象以外，还具有其独特的民俗文化魅力。特色民俗为“表嫂茶”。表嫂茶是和气茶、团结茶，是和谐社会的瑰宝，2013 年，“表嫂茶习俗”入选江西省第四批省级非物质文化遗产名录。

该村 2003 年被评为江西省首批历史文化名村，2012 年被列入第一批中国传统村落名录，2014 年被评为国家历史文化名村。

## 三舍村 吉安市安福县

三舍村，古称上井。1060 年，南唐工部尚书刘适之子刘君造任吉州推官。宋下江南时，刘适隐退，便到儿子官宦处寻访山水之胜，“经安福县南之上井，爱其秀丽，遂卜居于谷木塘之北”。刘适之孙刘璞，中南唐进士，“璞子愍、愍子员、员子知刚皆为宋上舍生，乡人荣之，称三舍”。“谷木塘”改为进士塘。三舍走小路去吉安府为 90 华里，这也正合刘适“退隐三舍”（一舍为 30 华里）的初衷。

三舍村位于安福县甘洛乡政府所在地石陂村东南 11 千米的山冲里。明代三舍儒士把他们引为自豪的秀丽风光归纳为“三舍八景”：狮泉喷玉、羊岭浮岚、西坞余曛、东溪叠嶂、进士名塘、龟岩书院、平畴春种、松壑秋声。

三舍村保留宗祠 8 座，邦伯牌坊 1 座，总坊基石座（木柆门已毁）1 座，儒林第民居 1 幢，古民居群组合 3 个共 31 幢。古桥、古宗教建筑 15 处，古街道古驿道各 1 条及其他历史环境遗存。其中，明、清建筑约占 50%。康家（洽水）自然村、现保留宗祠 1 栋，民居建筑 16 栋，宗教及其他历史环境遗存 3 处。主要为清代建筑。肖家自然村保存清代民居建筑 7 栋，宗教及其他历史环境遗存 5 处。全村现有江西省文物保护单位 1 处（邦伯坊）。

最为三舍村人引以为荣的是三舍层出不穷的杰出人物。有刘适，南唐工部尚书，为三舍开基之祖。刘宣，明景泰辛未进士，官至工部尚书；刘戬，明成化乙未榜眼，曾作为正使，着孝宗帝亲授麒麟一品服到交趾国（今越南）颁诏；刘铎，明万历进士，三舍的鸿儒心学声名鹊起，刘晓、刘文敏、刘子和、刘以身、刘宝珏等是闻名江右的理学家。刘文敏、刘邦采，刘子和还与安福东乡的邹守益（探花、南京国子监祭酒）一起于公元 1534 年前后创办了夏古、复真书院。2008 年，文物部门在该村进行普查时，记录了明代民居院落的一副墨水对联：“官至尚书不大不小，粮积万担不多不少。”

三舍村 2014 年被列入第三批中国传统村落名录。

## 浯溪村　抚州市东乡区

浯溪村始建于宋庆元元年（1195），距今已有八百多年历史。浯溪村民 60% 姓王，始祖为 11 世纪改革家王安石之弟——王安国第四世孙王子寿。因村前一港，流水潺潺，清澈见底；村后青山，青苍翠绿，故取名“浯溪”。1958 年冬，东乡兴建幸福水库，将库内愉怡乡坂上村 34 户于姓居民移至该村，与王姓合居。

浯溪村

浯溪村书香绵延，人才辈出，其独特的才子文化是才情四溢的临川文化的一部分，为抚州丰厚的人文底蕴增添了浓墨重彩的一笔。

全村现有古建筑 59 栋，且基本保存完好，其中明代建筑 31 栋，清代建筑 28 栋；官吏和商贾豪宅 6 幢，民居 48 栋，祠堂 1 栋，南、北门楼各 1 座，“奕世甲科”牌楼 1 座。此外，还有还魂桥和登科桥两座古桥、3 口古井及古塘、古下水道等附属设施，同时还保存有石狮两只、旗杆石两副及各种传统家具、用具。村南路口还立有一座清道光二十五年（1845）获宣宗皇帝恩准而建造的贞孝石牌坊。

村中18条巷道多是青石板铺就。王廷垣所建的官厅前是一条被村人称为“状元路”的槽状石道，全长450米，南联“南垣萃秀”门楼，北接“科甲里”门楼，与条条巷道相连。“科甲里”右侧有两棵连根古樟，一大一小，枝繁叶茂，村民称之为“母子樟”。

浯溪村2007年被评为江西省历史文化名村，2011年被评为“江西省生态文明村”，2014年被列入第三批中国传统村落名录。

## 尧坊村 抚州市南城县

尧坊村位于南城县县城北部，距县城中心区约10千米，距离天井源乡政府约7千米，紧邻福银高速公路。尧坊村目前主要经济作物有水稻、大豆、花生、甘蔗、西瓜等。

尧坊村现存的传统古建筑为清中、晚期宁氏所建，尧坊村宁氏在唐朝末年间太四公从西蜀迁入南城，宋绍兴年间（1131—1162）始祖第八代孙宁士高从良湖村的黄堂嵊迁移于尧坊村，这里土地肥沃、水源充沛、古樟环抱，松溪从村外围环绕而过，最终汇入盱江。历代的宁氏祖辈善于经商，同时祖辈们也很重视教育，尧坊大夫第的北侧是古时的书屋，大夫第院落内树立4块旗杆石上面还阴刻有文字，依稀可见“光绪甲午科 举人宁文琳”。尧坊村古时为宁家庄，近代改名为尧坊，村中现主要居住着宁、尧两大姓氏。

村庄内现存13处古塘，主要分布位于尧坊大夫第南北两侧、树德居南侧、宁光斗宅东侧、村委会东侧、宁争名宅南侧等，这些古塘四周多为整齐的石块堆砌。其中尤以尧坊大夫第南北两侧、村委会东侧的古塘最具古韵，这些古塘不仅可以用来美化景观，而且也是古时消防水源。

尧坊村其特色民俗为“游神庙会”，农历正月十六，周边村民来到观音堂，由壮年男子将神像抬出，游遍周边信徒的村庄，家家户户都会准备蜡烛、爆竹、黄纸、水果等迎接神像。

该村2013年被列入第二批中国传统村落名录。

## 洲湖村 抚州市黎川县

洲湖村坐落于黎川县华山镇东北角，距离县城30千米，辖11个村民小组。辖区内的洲湖船屋风景名胜区还有着全国罕见的“船形古宅”建筑群，远近闻名的天然温泉，挂标保护的千年古杉，有慷慨激昂的红军标语，是集“绿、古、红”三色为一体的旅游休闲胜地，原始林保护完好，自然、人文景观丰富，是发展旅游产业的理想佳地。

村落古建筑群气势宏大，工艺精湛，保存较完好的主要建筑有大夫第、红军旧居、黄东溪祠堂、恒位厅、儒林郎第、何氏宅、忠靖王府等。其中以大夫第建筑面积最大，保存最完整，共108间，其造型酷似航空母舰，被称为“船形古宅”，目前已被列为江西省文物保护单位。建筑格局大体一致，中部为中轴对称的厅堂，两边为附属的厨房及饭厅，中间以风火墙相隔。建筑多为天井院落布局，每个房间通过天井的设置都有采光，且各厅通过连廊连接，房间四通八达，从任意一个厅门都可以走出建筑。

如今，洲湖村成为对青少年开展中国近代史教育和爱国主义教育基地。1933年，第二次国内革命战争的第三、第四次反围剿战役时，毛泽民和肖劲光曾在洲湖村的高位厅与中位厅里住过，后来改名叫革命厅。如今墙上还留下当年红军的标语。

2008年洲湖村被评为抚州市十佳旅游美景之首，2009年获抚州市十大王牌景区和全省首批“江南小镇”称号，2010年获批为国家AAA级旅游景区，2011年获批为省级生态村，2012年被评为省级历史文化名村和全国生态文化村，2014年获批为江西省休闲农业示范点，2015年获批为江西省级AAAA级旅游景区和全国最美休闲乡村，2016年被列入第四批中国传统村落名录，2017年被评为全国一村一品示范村镇。

## 洽湾村 抚州市南丰县

洽湾村位于洽湾镇境内，沧浪河畔。洽湾原名漯溪，因地外沧浪河湾，前方500米与浆坑水汇合，而改名洽湾。据《胡氏宗谱》记载，元末年间，胡保堂将家族由游源迁至洽湾，游源在盱江畔，距沧浪河入江处不远。胡保堂撑筏逆水而上，见此处秀丽虎踞龙蟠，正合祖先逢圹逢井逢源逢溪注水之地，遂携过氏迁至洽湾，开基创业，繁衍子孙。

古村的先民中，有不少人逆水而上，奔江、浙、闽等地闯荡。在外的先民事业成功后，便回乡谋划，沿河建造了码口一条街，开设了一排店铺，每天早上设有露水圩，吸引县域和周边村民前来，很快便成了商贸中心，热闹非凡，长盛不衰。

古村文化底韵丰富，每年的关帝会（农历五月十三），居民都特别看重，要举行盛大的关帝会。在胡氏宗祠门前广场上，高搭戏台请人唱戏，居民出动，龙灯满街舞，从四面八方招来成千上万人，到关帝殿朝拜关帝、看戏、做买卖，整个洽湾人山人海，喜庆热闹，戏班一般要唱三四晚戏，其声势一代盛过一代，传至今日，仍不减当年。

洽湾村明清古建筑众多，现有20多幢大屋保存完好。代表性的祠堂有4幢（胡氏宗祠、智房祠、信房祠、仙源公祠），其中最著名的是胡氏宗祠，堪称“江南第一祠”。代表性的民居有2幢（大夫第、连仔少爷府），这些建筑构造奇特，充满神秘色彩。代表性古墓有宋代葛氏墓（省级文物保护单位）、胡氏药保公墓。村外，围建了关帝、福主、竹山等12座殿堂。代表性的农事器具有乾隆年间的风车、古代纺车、织布机、水车、石磨、犁、耙、箩筐、簸箕等。

该村2016年被列入第四批中国传统村落名录。

## 湖坪村 抚州市乐安县

古村始建于北宋雍熙年间（984—987），建村之初，王氏先民顺三条溪流设置村庄排水系统，使村庄逐步建设成为“川”字形的基本格局，这种格局一直保留至今，呈现出最原始的风貌。古村现存传统建筑近200余处，其中保存较为良好的明清古建98处。

古村所存古建大多为清代各个时期所建，共有3处省级文物保护单位，古韵遗风犹存。在现存传统建筑中，既有单体建筑，也有建筑组群，其类型主要有宅第、祠堂、书院、牌坊、神庙、戏台。规模大小不一，以祠堂最大，其中又以国宝公祠最具代表性。古村中另一类极具特色的古建便是牌坊，这些牌坊，既体现着湖坪王氏绵长的历史和繁盛的人文，又使历代村民耳濡目染，备受文化的熏陶、功名和节孝的感召。在这些牌坊中，还有许多古代“圣旨”留存于上，极具历史研究价值，数量之多在全县都是独一无二。

湖坪村先后经吉州（现吉安）、抚州管辖，因此，湖坪文化深受吉州庐陵文化和抚州临川文化的影响，并相互交织、融合而演化，在共性中显示个性特征，在个性中融入共性的内涵，如在语言、服饰、时节、丧葬的传统娱乐活动中都有体现。古村仍保留着装故事、花鼓戏等多类非物质文化遗产，其中“装故事”在2008年被列入江西省非物质文化遗产保护名录，充分体现湖坪传统内涵。

20世纪30年代，“大湖坪整编”是中共党史、军史上的一次重大历史事件。红军在全乡各处留下了许多的红军标语、红军漫画。经统计，湖坪乡辖区范围内现存红色标语、红色漫画共计500余条，分布在汉上、西头和中村等8个村委会的60余处古建筑中，可谓是“湖坪处处扬红语”。更为难得可贵的是，这其中许多红军标语保存状况良好，字迹依然清晰可见，映入眼帘恍如置身于革命年代。

湖坪村2012年被列入第一批中国传统村落名录，同年获批为江西省历史文化名村。

## 流坑村 抚州市乐安县

内容介绍详见P044。

## 建设村 抚州市宜黄县

建设村始建于北宋年间，代表性建筑有迎恩塔、“日”字塘、文保仓下。迎恩塔原名万寿塔，位于棠阴镇建设村西北1500米宜水畔的龟山上，为六面七层砖石结构。塔高36米，直径8米，雄踞龟山，俯瞰棠阴，颇为壮观。塔始建于明崇祯元年（1628），清乾隆元年与万所石桥同时落成。底层南面两边各有一扇门，可同时入塔，塔内有石阶梯螺旋式上至塔顶，是抚州现存的5座古塔之一。

“日”字塘老居是座五开间住宅，坐落在棠阴镇下街西巷，因为井前半部为一长方形池塘，中隔长条麻石，形如“日”字而得名，现为罗姓居屋。“日”字塘以高大的外墙封闭，内屋分前后两厅，前厅设有门厅，前厅和门厅的地面以石板铺就，础柱木质，有简单纹饰，后厅础柱石。前厅和后厅以天井分开，沿天井两侧为廊，沟通“日”字塘前后两部分。“日”字塘的结构整齐，平面布置紧凑，功能分区明确，其构架的用材较大，柱与檩梁的连接均依靠斗拱。月梁弯部的凸曲率较大，是典型的明代中早期建筑。

该村2014年被列入第三批中国传统村落名录。

## 民主村 抚州市宜黄县

民主村位于棠阴镇东面，全村辖5个村民小组，始建于北宋年间，是棠阴古镇的发祥地，村中有着极具代表性的民居古建筑群，无论是祠堂、住宅、牌坊、桥楼、庙宇等，大多数为梁式木构框架，平面布局为三开间，大门多为青条石构建，层次和大小与整栋房屋的纵深及大小比例协调，格局严谨且富有变化。每栋房屋在四周风火山墙的拱卫之中自成一体，并善于结合自然环境组成和谐巧趣的建筑空间。在房屋的风火山墙、檐椽、斗拱等处，都有造型各异的浮雕，雕饰题材广泛，造型生动、构图新颖。其中代表性建筑有八府君祠、吴家大院、官帽厅、三让遗风，林彪指挥部。八府君祠是棠阴吴姓（吴姓为棠阴大姓，人数最多）的大宗祠。八府君祠宅基面积达4000平方米。至今，八府君祠与承恩坊仍保留明代建筑风貌，成为棠阴街上最古老、最经典、最兴盛的标志性建筑物。1933年间，毛泽东、朱德、周恩来等老一辈革命家曾率红军在此召开过群众大会，为取得第四次反“围剿”的胜利留下了光辉的史迹。现存大量红军标语是红军第四次反“围剿”的历史见证。

民主村2014年被列入第三批中国传统村落名录。

## 解放村 抚州市宜黄县

解放村始建于北宋年间，代表性建筑有承恩坊、罗家大院，通政居。承恩坊坐落在棠阴镇的下街口上，始建于明宣德五年（1430），是知事谭政为皇帝恩赐荣归祭祖的吴余庆而建，故坊名承恩。明隆庆辛未（1570）重建，1985年重修。承恩坊为全木质结构，坊高8.35米，宽5.1米，四柱三门三楼式。最上层为土瓦歇山式枋顶，斗拱疏密得体，错落有致，翼角飞翘，斗拱复杂、斗拱间还有许多下昂，顶端有鲤鱼跳龙门的造型设计，反映了当时民间工匠精湛的工艺。相传明成祖时，有一次京师大放花灯。明成祖特赐宫廷花灯给吴母观赏。吴余庆将花灯带回棠阴，乡人尊称此灯为“承恩花灯”。此后每年正月初至元宵夜，棠阴吴氏便以支房为单位，各自扎出造型各异的花灯，组成承恩、冠棠、带桥、天麟、天马、天鹰、长虹、十字、西巷、东巷、塔背、月池、松、均坪、昼锦、上仪、中秋等17路花灯。在锣鼓、唢呐和其他乐器的伴奏下，游街竞美，热闹非凡。每年正月十五闹花灯时，其后裔还特地制作“五朝名卿”“纂修大典”“出纳王言”“乡贤名宦”等4座牌灯，以纪念吴余庆的功德。数百年来，“承恩花灯会”成为棠阴古镇一道亮丽的风景线。

该村2014年被列入第三批中国传统村落名录。

## 龚家村 抚州市金溪县

村落整体坐西朝东，村前开凿一个长方形水塘，水塘之西为“渤海流芳”总门坊。根据村内建筑布局，可以分为祠堂组团、龚家大院组团和其他普通民居组团。祠堂组团位于村东，独立于其他居住建筑，由两座祠堂并排组成，大体坐北朝南。龚家大院组团位于村西北，为一座规模庞大的私家宅院和支房公祠。其他普通民居组团集中分布在祠堂组团和龚家大院组团之间。村中巷道由总门坊入，由祠堂组团回到水塘前，不仅联系三个组团，同时两侧建筑墙体高耸，内部道路曲折幽深，水塘前的道路开阔平直。

龚家村现有明清古建筑40幢，保存较好的有龚氏祠堂、三堂直进的大夫第和“兰翼饴谋”龚家大院建筑群、乡村图书馆等，还有官帽井、医林状元龚廷贤墓等重要历史元素。其中龚家大院建筑群，坐落在村落西北角，自成一体，由正房、厢间、接待厅、饭厅、书院、粮仓、练功房、花园等构成。

龚家村优美的村落环境，保存完整的村落格局，规模不凡、功能齐全的龚家大院，医林状元的事迹，使其在金溪地区颇具影响，也充分反映了中国历史上长期稳定存在的社会经济结构和深厚的农耕文化背景，具有很高的历史、艺术、科学研究价值。

该村 2016 年被列入第四批中国传统村落名录。

## 大耿村 抚州市金溪县

大耿村格局可概括为“外形印字基，南北一里许，大祠定中心，东西为两翼”。古人将大耿村比喻为“丹凤展翅”形，即村庄分为大小两个组团，大的组团称为大耿，小的组团称为耿桥。两个组团东西互为犄角，中间有水塘古桥良田相连。大耿村分别有“义封门”总门楼、榜眼牌楼、上下箭楼、艮二门楼等分隔内外和各支房派，内部空间张弛有度。村落房舍因地而建，高低错落，鳞次栉比，经总门楼入村，以柏轩公祠（“麟阁世第”）为中轴向东西两侧展开，1 条石板大道贯穿东西，6 条直巷纵穿南北，大道前莲池相连，屋舍后林木葱茏。

大耿村现存明清建筑 50 幢，包括祠堂、官厅、民宅、牌坊、书舍等。大耿村尤其引人注目的是明代建筑群，包括明代祠堂、官厅（尚书第）、宅第、门楼等。明代祠堂（“麟阁世第”）梁柱宏大，风格浑雅；明代官厅斗拱层叠，结构真实；榜眼牌楼古拙质朴，意蕴悠长。大耿村是明代建筑的宝库，祠堂（“麟阁世第”）和官厅，结构明晰，规制典型，堪称抚河流域明代建筑的代表。

大耿村被誉为“人杰地灵榜眼村”，是明代榜眼、礼部尚书徐琼的故里。大耿村的建筑群较完整地保存了不同类型的明代建筑和清代建筑，体现了很高的聚落与建筑营造水平，是本地域承载耕读文化、宗族文化、科举文化的聚落典范，也是研究和学习明代建筑的活的博物馆，具有很高的历史、艺术、科学研究价值。

大耿村 2016 年被列入第四批中国传统村落名录。

## 黄坊村 抚州市金溪县

黄坊村，坐落在金溪县浒湾镇西北 5 千米，316 国道 500 千米界桩处，距金溪县城约 29 千米，离抚州市区约 18 千米。古村选址在灵谷峰的东南麓；前绕抚水，背枕灵谷峰，重山叠嶂，境界开阔。其地势呈西北高、东南低；后有山丘为屏，前有带水缠腰，水塘相连，将村庄分出 4 个组团向灵谷峰朝拜，开阔舒展，起伏有度。素有“十八只螃蟹上滩”的风水说法。

黄坊村是金、车、黄、何、于等诸姓杂居的村落，古村中现仍较好地保存有 8 条 90 米以上的青石板铺就的主要古街巷和程关、瓦子岭、何关、金家、喻家、下关 6 大古民居聚落群，该村现存古建筑年代分布从明代、清早期、清中、清晚至民国，每个聚落群的年代特征非常分明。村内的里巷也是以宗族支派为单位区分，却以巷道通联，散而不乱。大型宗祠和庙宇多处于村子的边沿，颇具庇护和统率全族子孙的意义，而较小的宗祠及公共建筑则多依房派的支系散置村内。黄氏宗祠、车大宗祠、何氏大祠、福英庙分处黄坊村的村南、村西、村北，分支派的小祠则散处村中支房住区各片之中。支房亲族是呈同心圈形成而发展而来，故鳞次栉比，又各有区分。村内还有金鱼水、玉带水及新圳水与十三关寨墙将之环绕围护。建筑由此向外有秩序地排列，形成一种渐进的向心结构，构成了黄坊古村的基本格局。

黄坊村尚存比较完整的明清建筑有 89 栋。古建筑类型丰富，其中包括祠堂、书院、官厅、门楼、古民宅、别墅楼居等，造型各异，空间别致，数量众多，其中仅祠堂就有 9 座；古建筑气势宏大，黄坊古村多见深宅大院，许多巷道和院落砌筑保存至今，依然纹丝合缝，宛如新作。

该村 2016 年被列入第四批中国传统村落名录，同时也获批为江西省历史文化名村。

## 下李村 抚州市金溪县

下李村是特色旅游景观名村，位于抚州市金溪县城东北 13 千米处，西距抚州市区 40 千米，206 国道挨村而过。

下李村现存各类明清传统建筑 32 栋，其聚落形态清晰完整，建筑组合紧凑。村中有明清古建筑宗祠、书院、进士府、民宅等以及古井、古塘等重要历史文化元素。其中三堂直进的进士府、门楼气派的丽江赞府、庄严肃穆的 4 座李氏宗祠、古桂飘香的书院、下李大祠内的戏台，都是特色鲜明的建筑。下李古村建筑的空间组合手法独特，装饰艺术、砌体结构等方面的工艺质量整体较高，尤其是石雕、砖雕方面做工非常细致。

该村 2016 年被列入第四批中国传统村落名录。

## 浒湾村 抚州市金溪县

内容介绍详见 P028。

## 疏口村 抚州市金溪县

疏口村位于疏溪河北岸，紧靠疏山寺。站在疏山看疏口古村，就像一柄巨大的佛家法器——拂尘。村中房屋主要坐北朝南，村落道路沿着东西方向的上边街与下边街展开，并由 18 条南北向的里巷连接两街，形成十八纵两横的巷道格局。从村西门到东端增祠是一条长约 300 米的东西向的直街，称下边街，犹如拂帚之柄；其上边位置便是高低错落的无规则的巷道，有横有斜，有直有曲，相互穿插交错，形成一个基部半圆形，东北部火焰形的拂帚上部，故人称疏口为“拂帚地”。村落水系自西侧村口流向村内，形成“倒流”的景观。

疏口村尚存比较完整的明清建筑149栋，大致分类有祠堂4座、书院3座、门楼3座、民宅139栋，其中很多是官员府第，如大夫第、天官第等；节孝坊2座，但与民宅联为一体，为民宅大门坊，一为民宅街面墙。这些建筑中有明代祠堂与门楼各1座、明代民宅7栋。村外还有古代石桥一座、石亭1个。这里许多古建民宅、书院祠堂以及疏山的清风亭、一览亭、复性堂遗址、潜省居等处，无不保留着宋明理学的流风遗韵。

该村2014年被列入第三批中国传统村落名录，同时也获批为江西省历史文化名村。

## 全坊村 抚州市金溪县

全坊村围绕南边池塘展开，房屋放射状排列，东西两端向池塘收拢，形成向心而紧凑的扇形格局，并以正中的明代建筑为中心，清以后建筑均围绕其向东、西、北3个方向延伸扩展。环村原建有3米高的围墙，设4门（总门即南门、东门、西门、北门即村后的山门）。古村以东家弄为中心，环池塘的道路为横，以村前门楼为起点，分支出6条巷道为纵，形成一横六纵的街巷网格。村中5个古民居建筑群，每条巷子和弄道都有或明或暗的排水沟；古建筑顺着巷道，依地势从高向低，自北向南有序排列。

全坊村内历史建筑保存完好，集中连片，明清时期的民宅、官厅、古祠堂、古庙、书院等古建筑就有77栋。其中“科第”总门楼、“圣旨”节孝牌坊、全氏宗祠、“瞻云就日”门与贵和公祠、璞六公祠、全家大屋、通天祠与关帝庙、村前古井、衡塘桥、东家弄建筑群、八家弄建筑群、樵楼、全启茂明代民宅、全坊清代官厅等建筑物具有重要的文物保护价值。在全坊现存的各类建筑中，有古典风范的民居建筑，有宏伟壮观的宗祠建筑，有幽雅别致的庙宇建筑，有崇文尚儒的文化产物——书院，还有古桥、古井、古门楼、古牌坊等历史文化要素，种类齐全，数量众多。其中官厅建筑，布局独特，自成体系，是宅第建筑的一种创新。

全坊村全村无杂姓，具有强烈的家族宗法观念。其“孝友传家”“重儒不轻商”等文化不仅传承千年不衰，而且影响到村落整体风貌与格局的营建与保存，至今深入人心。

该村2014年被列入第三批中国传统村落名录。

## 东源曾家村 抚州市金溪县

内容介绍详见 P045。

## 印山村 抚州市金溪县

印山村的特征可归纳为：“一条主线、两个组团、三个入口、四座门坊、一座大院”。一条主线为上述石板古巷、南北延伸，两个组团一大一小、比邻而居，三个入口呼应自然、方向各异，四架门坊遍布主线、交相辉映，一座大院为徐兰仕商宅。空间序列明晰，交通通达，结构紧凑。

印山村现存明清建筑达 70 余幢，计有庙社、宗祠、书院、门楼、宅第等。印山村被称为科甲之乡，石艺之乡。建筑的质量和题匾体现了印山村科举的荣耀（印山村历史上曾经出过 4 名进士，13 名举人），精美的石雕诉说着印山村骄人的石艺。印山村尤以科甲第组团和徐兰仕商宅建筑最为突出。商宅建筑以群体组合方式呈现，规模宏大，功能齐全，雕刻精美，布局趣味，自成一体。这样的建筑类型和工艺水平在赣抚河流域一带中实属罕见。印山村建筑是赣中丘陵平原地区建筑的精品。

金溪地方传有俗语：“黄坊是府，尚庄是县，印山好比金銮殿。”说明印山村落规模和格局以及建筑质量都属上乘，并在该地区卓有影响。印山村的村落选址讲究审美，村落格局清晰完整，建筑质量考究上乘，文化底蕴深厚，是一座综合价值高的传统村落。

印山村 2014 年被列入第三批中国传统村落名录。

## 后车村 抚州市金溪县

后车村位于抚州市金溪县南部，距县城 21 千米。后车位于左坊镇南部，距县城 21 千米。村前一条小河由南向北流入芦河，村后古木参天，有溪南名里之称。据传村名为纪念后周孟后驻车于此，而称后车。

村落整体略呈扇形展开。尚存进士第、宗祠、临河等 3 个建筑组团。古桥、门券、过街廊棚等公共元素等连缀其间。村中既有沿河街道式横排的格局，又有前后式样的纵深排列的格局。南北向的河街形成流水人家枕河而居的风貌；东西纵深的巷子达 80 米，巷子两侧前后叠加着 5 幢民居，它们分别将院门开在巷子一侧，各转 90 度进入大门，这在金溪地区是独具一格的布局。

后车村中保存下来的 50 余幢明清古建筑，分别是后车大祠、材伯公祠、式六公祠、进士第、太史第，3 座官厅、7 栋品字形民居、河街商铺等。村前一古石桥为族人何裴所建，历经 600 来年，桥面仍然平整，看不到独轮车留下的辙槽。后车古村古建筑风格独特，质量考究，是赣中抚河流域传统民居的优秀代表。

后车村临水的格局、纵横的街巷、完整的建筑群、恢宏的祠堂、精美的牌坊，既展示这一地区古道驿站、边界古村的特色，又承载家族文化的千年沿袭，充分体现了地方的历史文化和社会经济结构的稳定存在，具有很高的历史、艺术、科学研究价值。

该村 2016 年被列入第四批中国传统村落名录。

## 旸田村 抚州市金溪县

旸田村距金溪县城东北方向 20 千米外，坐落于对桥镇西南 10 千米处。村落依山面南而建，呈东西船形布局，村前溪水常清、和熙普照，又开阔千亩田畴，得名旸田。

旸田村现有 4 个明清建筑核心群，具有保存价值的明清赣派风格建筑逾百余幢，鳞次栉比、线行绵延，各时期建筑分界明显。初入旸田，浓厚的半封闭农耕气息扑面而来，旧时古井私塾，酒肆药店、杂货铺、肉铺店、铁器店等一应俱全。

村中现存邓氏祠堂始建于明嘉靖三十一年（1552），无砖雕石刻之制，门簪直接安于照面枋，门廊宽敞，朴实宏伟。祠堂内悬竖匾 3 块，“枢密府”“仪同三司”“姻联天派”鎏金匾额，历经沧桑仍旧夺目。

祠堂右券门前后石匾“名高义社”“忠义”字刻，烙印着族人邓雱誓死保家卫国，光耀史册之功。

“义学义仓”为济助村内贫困者及读书人家而创立，建于 1845 年，时任知县杨士达为之题记，亦为村中鲜有文献可考老宅。私塾“挹秀云峰”“是仑山房”，简约宁静。

“中宪第”，清道光湖南按察使邓应台官邸，雕梁画栋，古朴威严。屋檐仍存“大头娃娃套图”精美彩绘，颜色鲜艳，光彩依旧。中堂“天井”水深数米，清澈见底，两井相互沟通，石桥穿堂而过，护栏石雕精美绝伦、相得益彰。

旸田村祠堂以西，存有数百米晚清商业店铺，合面而建，采光合理，此中村民至今留有“露水集”习俗：五更成市，日出则散，讲信修睦，可赊可欠。

该村 2016 年被列入第四批中国传统村落名录。

## 游垫村 抚州市金溪县

游垫村是抚州市第二批市级文物保护单位，古村坐北朝南，村前一条青石街道横贯东西，路北从西到东排列着 5 个门楼，上面的石匾依次刻着“进士第”“侍郎坊”“尚书府”“方伯第”和“大夫第”。每个门楼后面延伸出一条由青石铺就的南北走向的巷陌，均与东西向的主干道相接，构成“一横五纵”的村落格局。顺着巷道，依地势从高向低，排入村前池塘，古建筑自北向南有序排列，具有科学的排水与防潮系统。在这条东西走向的主干道南面，分布着大小不等的 7 口池塘，与整个半月形的村庄构成了一幅七星伴月之景象。

游垫村中现存封墙整齐的古建筑 23 幢。明清建筑保存完好，其中以“总宪第”“胡氏祠堂”“节孝坊”最为精美，均以青石雕刻花纹图案。这些建筑不仅为我们留下了一段悠久的历史，还为后人留下了精湛绝伦的石雕艺术品，显示出了我国民间古代工艺美术的高超技艺和审美追求，特别是“总宪第”门壁上的牌坊有明确的明代纪年，是赣中抚河流域难得的明代建筑精品。

游垫村在聚落结构、建筑形制、价值观念和文化背景上，代表了该地区独特的聚落发展和历史传承的历程，是地方历史文化的见证。所存胡氏谱牒为研究封建社会崇尚的行为规范提供了依据。现存完好、种类齐全的明清建筑生动反映了明代工部侍郎胡桂芳及其家族的传奇经历，为研究明代文官制度提供了详细的史料，为研究抚河流域明清聚落形态与建筑形制提供了翔实资料，具有重要的历史、艺术和科学研究价值。

该村 2016 年被列入第四批中国传统村落名录。

## 乌墩塘村 抚州市金溪县

乌墩塘村地处合市村南部，是金溪最古老的村寨之一，为合市镇合市村的自然村，村落由傅、王、李三姓组成，其中王姓最多。

乌墩塘村历史悠久、文化底蕴深厚，至今保存着众多的历史文化遗存，主要包括已登记不可移动文物、历史建筑、具有传统风貌的民居建筑、历史街巷、古树名木、古井、古桥及众多非物质文化遗产。村落现状清代时期的传统风貌建筑众多，且多数保存完好。

乌墩塘村内聚落呈纵长方形，伴随而来的水系在仁里门处分成两处，在村落中自然流淌，将村落切割成有机的居住组团。同时，也成为多姓氏村族群之间的自然分野，协调着不同群体之间的社会关系。村中建筑形制众多，有门楼多个、王氏宗祠、王前中民居、王小辉民居、大夫第等重要建筑，多为青砖黛瓦。官式住宅的存在，为村落增添了不凡的建筑艺术价值，清道光年间的大夫第的雕饰精美绝伦，与明末的王廷对宅所采用的“挑斡”与“把头绞项造”等精湛技艺，完美呈现出江西传统民居的结构美。建筑整体采用传统的中轴线对称形式，普通民居结构为穿斗式，重要的公建为抬梁与穿斗的混合式。室内梁柱、门窗雕刻精美。建筑入口处原有门罩，或木构或石构，现仍存留。

乌墩塘村民俗多姿多彩，有龙灯习俗、蚌壳灯习俗、藕丝糖技艺。2016 年被列入第四批中国传统村落名录。

## 戍源村　抚州市金溪县

戍源村地处龚家村中部，是合市镇龚家村的自然村、金溪最古老的村寨之一，村落同姓聚居，村民都是“周氏”一族的后代。945 县道从村落北部东西向穿过，是其对外交通联系的主要通道，该村为岗埠平原地形，四面环山，戍源位于山岗下。从东始长虹门楼由一条足 230 米的青石板路，将村子一分为二成颇具特色的村庄。

因建村于山沟水源处，故名水源，后雅称戍源。一横五纵的街巷系统、前方后圆、前低后高的空间形态，横亘东西的双层水系，构成了有效的寨堡空间体系。低处的溪流、高处的寨墙，尽端式的街巷体系，与多层甬道空间和各式门楼相结合的防卫体系，有效地体现着戍源的村落空间特色。戍源村具有众多的特色和历史文化价值，主要体现在以下六个方面：历史价值：在自给自足的农耕文化时期，防御是一项重要的功能，戍源就是一座具有鲜明的防御性的传统村落。南北与甲申之乱，促成了戍源的形成，而村庄的格局的奠定时代主要出现在明崇祯与清顺治之间。戍源无疑是对历史上的民族迁徙、抚州村落防卫性研究的一个重要的历史见证。科学价值：以周日瀚营建的儒林第为核心的建筑群，以三进三天井的院落体系横向扩展，形成 3 列平行布置的建筑群，包括有正房、偏房、下人屋、仓库、牲口棚等多种功能用房的民居组合，反映了明清时期当地村民的生产生活方式，对研究传统民居文化有着一定的参考价值。艺术价值：以周世丞宅为代表的明末清初建筑，其平面格局为“两进一天井”，门厅明间采用“三间五架”的“插梁式”的形式，空间比例低矮，构建简洁有力，装饰简约，重点突出，反映着赣派民居的苍健朴实的艺术魅力。文化价值：戍源传统村落以传统的宗亲关系、血缘关系为纽带，维系村落文化传承，反映着传统儒家文化价值观；戍源村人杰地灵，风流人物层出不穷，众多门楼的题名，反映着登科及第的良好愿望。

戍源村 2016 年被列入第四批中国传统村落名录。

## 蒲塘村　抚州市金溪县

蒲塘村位于金溪县城西北 19 千米处，西距抚州市区 35 千米处， 945 县道在村西贯穿。古村现有村庄建设用地 71.2 公顷。

村落整体由西城门通往蒲池的道路大致分为东西两个组团。环村周围，水塘密布，据传蒲塘共有 99 口塘，而众塘之首为村东的蒲池，水面十几亩；塘岸东北、西北角上各有方、圆两眼古井，称为龙凤井；塘北岸世宦祠和玉成书舍仍连成一片；村落主门楼南薰门紧贴池岸横当路口，引导道路通向村中。“东作、西成、南薰、北钥”4 座门楼划分村落与外面的边界。村内又根据各支房分布设有“科甲第、外翰第、进士第、旌义坊”等小门楼，显示出清晰的宗族社会组织结构。

浦塘村尚有60余栋保存完好的明清古建筑，造型各异，鳞次栉比，雕梁画栋。庙社、宗祠、书院、官厅、民宅，各种建筑类型俱全。“旌义坊”门楼牌坊，始建于明洪熙元年（1425）。正立面为牌坊式石结构，仿木结构四柱五楼，檐下施斗拱，雕刻极其精美，正中书“名荐天朝”4 个大字。“旌义坊”上至今仍保存着一道完整的圣旨，十分罕见，具有重要的历史文献价值。铜峰古庙始建于宋朝，经历近千年风雨，至今规模可观，在金溪地区卓有影响，极具代表性。

蒲塘村在选址和布局上体现了对水系的运用和生态的保护，村落组织上反映了义举文化、科举文化、商贸文化、神话传说等多元特征，使其成为赣中抚河流域聚落形态的典型代表。

该村 2016 年被列入第四批中国传统村落名录。

## 北坑村 抚州市金溪县

北坑村位于抚州市金溪县中部琉璃乡，距 316 国道 10 千米，离抚州市 30 千米。

村落整体形态略呈长方形。其东侧面为一个由联排仓房组成的完整对外界面，沿村前水塘展开，墙体连绵，为村落的主立面，仅开小窗洞，除总门楼外，别无开口，整体对外呈封闭形态。

北坑村中现存古建筑成片集中，有门楼、祠堂、官厅、书院，洋楼等计 20 余幢。村中现存多为清代民居，其中有 3 座典型建筑，一入口“南邦伟望”总门楼，是村落的重要空间节点；二是在总门楼南侧的“叔三公祠”；另外一座重点建筑是村落西南角的“三省斋”，其格局为书院，左前侧有一建筑做过学生宿舍，内部构架一柱多梁，结构奇特，为金溪古民居罕见。

封闭的界面、向心的格局、狭窄的街巷、完整的建筑群、独立的书院、工艺精细的石墙裙等，使之成为农耕社会防御性古村特征的代表。

该村 2016 年被列入第四批中国传统村落名录。

## 谢坊村 抚州市金溪县

谢坊村地处金溪县西北端，距县政府驻地约 34 千米。东邻波源村，南与铭山村和山塘村毗邻，西侧陈家排和琉璃乡乡政府所在地相望，北靠曾家村。

谢坊村是南宋忠臣、与文天祥齐名的民族英雄谢叠山（谢枋得）后裔居住的村落，至今已有六七百年。明清时期孕育了许多官宦名贤，历史上曾经出过4名进士、7名举人，是科举文化之乡。村中留有“天官第”“大夫第”“进士第”“科甲第”等古宅。“天官第”旁有一古道，古道贴着村落外围弯转延伸，隔着一方水塘，不远处的一面门坊，上有“瑶林世家”题字，据说是与汤显祖同时代的明代著名戏剧家谢廷谅为酬谢来时而题写的牌匾。巷子东的主体部分坐西朝东，“进士第”“天官第”等一组建筑分前后两列。

据统计，村内现有明清古建筑和古民宅30余栋，包括谢氏宗祠、天官第（吏部官员宅，即谢廷寀故居）、大夫第、进士第（为两栋并列的官厅）、科甲第（为两栋并列的官厅）、秋官里（刑部官员宅）、功德牌坊等。

谢坊村还保留有金溪县境内盛行的省级非物质文化遗产——金溪手摇狮和省级非物质文化遗产——金溪藕丝糖传统制作技艺，都传承了百年以上。

该村2016年被列入第四批中国传统村落名录。

## 石门村 抚州市金溪县

石门村最早因建村于石台山旁而得名石台，约于明代中期改称石门。

整个村落呈“二横四纵”布局。“二横”为村南板石铺就的老街和村北混凝土铺设的新街。老街宽约3米，长600余米，青石板路面，车辙如沟，可以想见昔日商贸盛况。老街一侧为规格统一的排水沟，两旁商铺林立，且大多为前店后宅或前店后坊。保存较好的有酒坊、钱庄、染坊、打铁铺、木工坊、刨烟坊、金银店、布店、邮差、旅店等古商铺30余家，均为砖木结构，质朴实用不奢华。“四纵”为通往新、老街的4条青石板铺就的小巷。由西往东分别称永安巷、肖家巷、土地巷、八字门楼巷。小巷长度不一，宽约1米有余，下雨天行走绝不染泥。30多幢保存完好的明清时期建造的民居集中分布在4条巷道两侧，排列严谨，错落有致，为清一色的青砖黛瓦马头墙，风格清逸。建筑物中的梁柱、门窗多有雕刻，墙裙多为二三层高的大板石。整体建筑采用中国传统的中轴线左右对称的形式，通体古朴典雅，建筑和装饰工艺令人赞叹。

村中保存下来的还有各具风貌的张氏宗祠、熊氏良四公祠和胜元公祠、肖氏祠堂、熊氏义塾、两座古桥、四口古井等明清和民国时期的公共建筑。

石门村2016年被列入第四批中国传统村落名录。

## 岐山村 抚州市金溪县

岐山村位于金溪县陈坊积乡北部，与金溪县城相隔 47 千米，距离抚州市区 25 千米，浒陈公路贯穿于村庄南部，古村现设 1 个村民小组，均为吴姓。

“九桥七巷通后山”，依山傍水的岐山村宛如双龙，展现在山坡之上；四周环抱溪流，既有利于村民生产生活，也形成易守难攻的地形格局，开拓村庄的先祖们为了抵御寇匪侵袭，将村中的街道都铺向村后深山密林之中。全村 100 米以上的传统街巷保存有 13 条，在各式青砖黛瓦明清宅第之间形成高低错落的青石巷子，清幽静穆，曲折有致，巷陌深深，看不到前路，望不到巷尾。九桥现今依旧保存完好，其中村口五孔石拱桥建于清道光年间，历经一百七十多年，至今依旧稳固结实，依然承担现代车辆载重来往。

岐山村现存 11 组民居建筑群，共计 40 余栋明清建筑，数量众多，类型齐全，如庙社、宗祠、书院、门楼、宅第、古桥等。其中，“岐山小宗祠”“清林书院”“中宪第”“大夫第”等各具风貌。它们多为岐山先辈里的杰出人物历代累世，逐辈建造，至今形成相互联通、隐而不露的建筑群式。岐山古村对称形式的民居建筑形态风格独特、形制多样，是本地区典型的民居标本遗存。

该村 2016 年被列入第四批中国传统村落名录。

## 东岗村 抚州市金溪县

东岗村位于距抚州市金溪县 23 千米处，古村选址于丘岗地带，村东、北两面环山，坐北朝南，背拥茂密的古树林（风水林），南、西为开阔的田畈、水塘、小溪，形成一种背靠青山、前临开阔的格局。

东岗村地处丘岗地带，背依林木葱茏的山丘，前有对景（荷岭崇峰），左右有适于防御的小丘陵环护；古村前开挖了一口大塘（杨沽塘），并有腰带状的小水系串联起来，是蕴藏山水之灵“气”的理想村落选址之地。村落沿古驿道展开，呈“一横七纵”结构。“一横”为村中古驿道，“七纵”为七条青石铺就的小巷。小巷从东往西依次为“上位一弄、上位二弄、楼崽弄（也称东房弄）、中位一弄（也称西房弄）、中位二弄、樟树弄、下位弄”。小巷长度不一，宽约 1 米有余，面对水塘的 3 条小巷，每个巷口都有巷门，同时 3 条巷道都面临水塘，体现着防火防盗的匠心设计。明清时期的民居建筑集中分布在楼崽弄、中位一弄、中位二弄这 3 条巷道两侧，坐北朝南，排列严谨，错落有致，建筑布置路线和谐流畅，俯瞰全村，飞檐翘角的屋宇随山形地势高低错落，层叠有序，别有一番韵味。

东岗村中现存的100余栋各类建筑中，有明清传统建筑及遗址40余处，其中明代建筑1处。民居建筑为清一色的青砖黛瓦马头墙。建筑物中的梁柱、门窗雕刻精美，墙裙均为三层高的大板石。整体建筑采用传统的中轴线左右对称的形式。其中最具特色的有大善堂连体屋、“大夫第”（“父子登科”旧居）等，装饰工艺考究，是金溪传统民居的精品，堪称抚州地区明清建筑的代表。

该村2014年被列入第三批中国传统村落名录，同年获批为江西省历史文化名村。

## 竹桥村 抚州市金溪县

内容介绍详见P044。

## 驿前村 抚州市广昌县

驿前村是驿前镇的中心村，镇政府所在地，距县城40千米，位于206国道旁。

该村现有明清古建筑53幢，有姓氏宗族的公祠、家庙，有达官显贵的官邸、别墅，有商贾店铺、生产作坊，以及文人挥毫遗存的数十处石刻题额。其高墙幽巷、飞檐翘脊、深院宽庭，富丽堂皇；其“三雕”艺术，古朴典雅、栩栩如生；尤其是随处可见的莲花雕刻图案，造型优美、雕工精致、美轮美奂，蕴含了深厚的莲文化，堪称江南明清古建筑之上乘佳作，具有较高的历史研究与文化保护价值。

驿前村在明末清初尤为鼎盛，圩市36只半祠堂，24庙宇，72家酒店，200多幢商邸、民宅，年年祠堂盛会、庙会、灯会，闹市车水马龙，市场繁荣，百姓富裕，是通往广东、福建的边贸交易重镇。

在土地革命和第五次反“围剿”时期，著名的古楼峰战役就是在驿前村境内进行的。其中的“大夫第”是当年红一军团指挥部旧址。至今，许多建筑上仍留有红军题写的标语。

驿前村民风淳朴，依托村落承载着其特有的民俗和传统技艺，其中传承百年以上历史的莲花灯会和白莲生产加工技艺被列为省级非物质文化遗产。

该村2012年被列入第一批中国传统村落名录，2014年被评为国家级历史文化名镇，2017年获批为国家AAAA级旅游景区（中国莲花景区），2017年驿前村明清古建筑群获批为市级爱国主义教育示范基地。

# 2 省级中国传统村落

| 省级中国传统村落 | | | |
|---|---|---|---|
| 1 | 南昌市进贤县五桥村 | 32 | 新余市渝水区下寸村 |
| 2 | 南昌市进贤县三房村 | 33 | 新余市渝水区哲山村 |
| 3 | 南昌市进贤县桂桥村 | 34 | 新余市渝水区西江村 |
| 4 | 南昌市进贤县前塘村 | 35 | 新余市渝水区白梅村 |
| 5 | 九江市修水县太阳村 | 36 | 鹰潭市贵溪市闽坑村 |
| 6 | 九江市修水县回坑村 | 37 | 鹰潭市余江区五峰倪家 |
| 7 | 九江市武宁县太平山村合港村 | 38 | 赣州市南康区谭邦村 |
| 8 | 九江市都昌县茅垅村 | 39 | 赣州市南康区卢屋村 |
| 9 | 九江市都昌县石树南边圈村 | 40 | 赣州市南康区幸屋村 |
| 10 | 九江市柴桑区戴山村 | 41 | 赣州市赣县区大都村 |
| 11 | 景德镇市乐平市小坑村 | 42 | 赣州市赣县区清溪村 |
| 12 | 景德镇市乐平市耆德村 | 43 | 赣州市大余县杨梅村 |
| 13 | 景德镇市乐平市戴村 | 44 | 赣州市上犹县大石门村 |
| 14 | 景德镇市乐平市浒崦村 | 45 | 赣州市上犹县陶朱村 |
| 15 | 景德镇市乐平市流芳村 | 46 | 赣州市崇义县水南村 |
| 16 | 景德镇市乐平市车溪村 | 47 | 赣州市安远县筼筜村 |
| 17 | 景德镇市乐平市石峡村 | 48 | 赣州市龙南县新里村 |
| 18 | 景德镇市浮梁县江村 | 49 | 赣州市龙南县正桂村 |
| 19 | 景德镇市浮梁县城门村 | 50 | 赣州市龙南县清源村 |
| 20 | 景德镇市浮梁县程家山村龙源村自然村 | 51 | 赣州市龙南县大坝村（田心围） |
| 21 | 景德镇市浮梁县楚岗村 | 52 | 赣州市全南县大岳村 |
| 22 | 景德镇市浮梁县吴家村 | 53 | 赣州市全南县上窖村 |
| 23 | 景德镇市浮梁县新源村 | 54 | 赣州市定南县老城村 |
| 24 | 景德镇市浮梁县龙潭村 | 55 | 赣州市兴国县东韶村 |
| 25 | 景德镇市浮梁县诰峰村 | 56 | 赣州市宁都县暘霁村 |
| 26 | 景德镇市浮梁县勒功村 | 57 | 赣州市于都县禾丰村 |
| 27 | 萍乡市芦溪县马塘村 | 58 | 赣州市于都县坝脑村 |
| 28 | 萍乡市芦溪县武功山风景名胜区摩高村 | 59 | 赣州市瑞金市田背村 |
| 29 | 萍乡市莲花县阳春村 | 60 | 赣州市瑞金市黄田村 |
| 30 | 新余市分宜县辋川村 | 61 | 赣州市瑞金市武阳村 |
| 31 | 新余市分宜县塘西村 | 62 | 赣州市瑞金市下坝村 |

| 省级中国传统村落 | | | |
|---|---|---|---|
| 63 | 赣州市瑞金市上田村 | 94 | 上饶市玉山县官溪社区 |
| 64 | 赣州市瑞金市凤岗村 | 95 | 上饶市玉山县周山村 |
| 65 | 赣州市瑞金市谢排村 | 96 | 上饶市铅山县永平综合垦殖场西门分场 |
| 66 | 赣州市瑞金市坝溪村 | 97 | 上饶市铅山县太源村水美自然村 |
| 67 | 赣州市寻乌县周田村 | 98 | 上饶市铅山县西坑村大西坑自然村 |
| 68 | 赣州市寻乌县圳下村 | 99 | 上饶市铅山县畲族村雷家自然村 |
| 69 | 赣州市寻乌县五丰村 | 100 | 上饶市铅山县陈坊村 |
| 70 | 宜春市丰城市赤坑村 | 101 | 上饶市横峰县葛源村 |
| 71 | 宜春市丰城市富塘村 | 102 | 上饶市横峰县枫林村 |
| 72 | 宜春市丰城市湖塘村 | 103 | 上饶市横峰县兰子村 |
| 73 | 宜春市丰城市洛溪村 | 104 | 上饶市鄱阳县新屋下村 |
| 74 | 宜春市丰城市长塘村 | 105 | 上饶市鄱阳县丰田村 |
| 75 | 宜春市丰城市后坊村范家自然村 | 106 | 上饶市万年县中洲村下孙自然村 |
| 76 | 宜春市丰城市瓘山村 | 107 | 上饶市婺源县新源村 |
| 77 | 宜春市丰城市湖茫村 | 108 | 上饶市婺源县龙腾上村 |
| 78 | 宜春市靖安县水垅村 | 109 | 上饶市婺源县坑头村 |
| 79 | 宜春市靖安县占坊村 | 110 | 上饶市婺源县菊径村 |
| 80 | 宜春市靖安县船湾村 | 111 | 上饶市德兴市海口村 |
| 81 | 宜春市奉新县长青村 | 112 | 吉安市吉州区上赵塘村 |
| 82 | 宜春市宜丰县龙岗村 | 113 | 吉安市吉州区菰塘村 |
| 83 | 宜春市宜丰县洑溪村 | 114 | 吉安市吉州区腊塘村 |
| 84 | 宜春市宜丰县店上村 | 115 | 吉安市吉州区胡家村 |
| 85 | 宜春市宜丰县下屋村 | 116 | 吉安市吉州区东陂村 |
| 86 | 上饶市广丰区小丰村 | 117 | 吉安市吉州区皰塘村 |
| 87 | 上饶市广丰区十都村 | 118 | 吉安市吉州区石边村 |
| 88 | 上饶市广信区青山村 | 119 | 吉安市青原区毛家村 |
| 89 | 上饶市广信区库前村 | 120 | 吉安市青原区毛家村委会源头村 |
| 90 | 上饶市广信区松坪村 | 121 | 吉安市青原区永乐村 |
| 91 | 上饶市广信区安坑村 | 122 | 吉安市吉安县中马洲村 |
| 92 | 上饶市广信区上泸村 | 123 | 吉安市吉安县第泗塘村 |
| 93 | 上饶市广信区外方村 | 124 | 吉安市吉安县村背村 |

| 省级中国传统村落 | | | |
|---|---|---|---|
| 125 | 吉安市吉安县小灌村 | 157 | 吉安市泰和县书院村 |
| 126 | 吉安市吉安县下边村 | 158 | 吉安市泰和县王山村 |
| 127 | 吉安市新干县上寨村 | 159 | 吉安市泰和县荷树峡村 |
| 128 | 吉安市新干县路溪村 | 160 | 吉安市安福县龙田村 |
| 129 | 吉安市新干县神头村 | 161 | 吉安市安福县松田村 |
| 130 | 吉安市新干县黎山村 | 162 | 吉安市安福县牌头村 |
| 131 | 吉安市新干县新居村 | 163 | 吉安市安福县下李家村 |
| 132 | 吉安市永丰县金溪村 | 164 | 吉安市安福县嘉溪村 |
| 133 | 吉安市吉水县栗下村 | 165 | 吉安市永新县石桥镇樟枧村 |
| 134 | 吉安市吉水县赤岸村 | 166 | 吉安市永新县马家村 |
| 135 | 吉安市吉水县亿田村 | 167 | 抚州市临川区竹溪喻家村 |
| 136 | 吉安市吉水县栋头村 | 168 | 抚州市临川区洪塘游家村 |
| 137 | 吉安市吉水县东塘村 | 169 | 抚州市临川区新街村 |
| 138 | 吉安市吉水县林桥村 | 170 | 抚州市临川区玉湖李家村 |
| 139 | 吉安市吉水县石溪村 | 171 | 抚州市临川区腾桥村 |
| 140 | 吉安市吉水县宋家村 | 172 | 抚州市临川区石池村 |
| 141 | 吉安市吉水县荷山村 | 173 | 抚州市临川区梅溪张家村 |
| 142 | 吉安市吉水县泷头村 | 174 | 抚州市临川区门楼黎家村 |
| 143 | 吉安市吉水县村背村 | 175 | 抚州市临川区田南傅家村 |
| 144 | 吉安市吉水县木口村 | 176 | 抚州市临川区陈坊村 |
| 145 | 吉安市吉水县低坪村 | 177 | 抚州市临川区河埠周家村 |
| 146 | 吉安市吉水县湴塘村 | 178 | 抚州市临川区江家下丁村 |
| 147 | 吉安市吉水县栗头村 | 179 | 抚州市东乡区枫山李家村 |
| 148 | 吉安市吉水县上栋村 | 180 | 抚州市东乡区黎阳村 |
| 150 | 吉安市吉水县云庄村 | 181 | 抚州市东乡区万石塘村 |
| 151 | 吉安市吉水县大桥村 | 182 | 抚州市东乡区排头村 |
| 152 | 吉安市吉水县上陇洲村 | 183 | 抚州市东乡区段溪艾家村 |
| 153 | 吉安市吉水县桥头村 | 184 | 抚州市东乡区水南村 |
| 154 | 吉安市吉水县固洲村 | 185 | 抚州市南城县磁圭村 |
| 155 | 吉安市泰和县梅冈村 | 186 | 抚州市南城县新丰村 |
| 156 | 吉安市泰和县钟埠村 | 187 | 抚州市南城县云市村 |

| 省级中国传统村落 | | | |
|---|---|---|---|
| 188 | 抚州市南城县汾水村 | 219 | 抚州市金溪县后林村 |
| 189 | 抚州市南城县临坊村 | 220 | 抚州市金溪县坪上村 |
| 190 | 抚州市南城县上唐村 | 221 | 抚州市金溪县车门村 |
| 191 | 抚州市南城县下崔村 | 222 | 抚州市金溪县杭桥村 |
| 192 | 抚州市南城县源头村 | 223 | 抚州市金溪县胡锡村 |
| 193 | 抚州市南城县上舍村 | 224 | 抚州市金溪县珊珂村 |
| 194 | 抚州市黎川县中洲村 | 225 | 抚州市金溪县孙坊村 |
| 195 | 抚州市黎川县社苹村 | 226 | 抚州市金溪县澳塘村 |
| 196 | 抚州市黎川县中田村 | 227 | 抚州市金溪县中宋村 |
| 197 | 抚州市南丰县瑶浦村 | 228 | 抚州市金溪县波源村 |
| 198 | 抚州市南丰县港下村 | 229 | 抚州市金溪县涂坊村 |
| 199 | 抚州市南丰县梅坑村 | 230 | 抚州市金溪县城湖村 |
| 200 | 抚州市南丰县上甘村 | 231 | 抚州市金溪县彭家渡村 |
| 201 | 抚州市南丰县古竹村 | 232 | 抚州市金溪县杨坊村 |
| 202 | 抚州市南丰县石邮村 | 233 | 抚州市金溪县付家村 |
| 203 | 抚州市崇仁县浯樟村 | 234 | 抚州市金溪县符竹村 |
| 204 | 抚州市崇仁县段家车村 | 235 | 抚州市金溪县后龚村 |
| 205 | 抚州市崇仁县华家村 | 236 | 抚州市金溪县上张村 |
| 206 | 抚州市崇仁县谙源村 | 237 | 抚州市金溪县大拓村 |
| 207 | 抚州市乐安县连河村 | 238 | 抚州市金溪县靖思村 |
| 208 | 抚州市乐安县水南村 | 239 | 抚州市金溪县邓家村 |
| 209 | 抚州市乐安县稠溪村 | 240 | 抚州市金溪县古楼下村 |
| 210 | 抚州市乐安县前团村 | 241 | 抚州市金溪县常丰岭村 |
| 211 | 抚州市乐安县东坑村 | 242 | 抚州市金溪县尚庄村 |
| 212 | 抚州市乐安县汤山村 | 243 | 抚州市金溪县中洲村 |
| 213 | 抚州市乐安县珠溪村 | 244 | 抚州市金溪县孔坊村 |
| 214 | 抚州市金溪县七坊村 | 245 | 抚州市资溪县上傅村 |
| 215 | 抚州市金溪县仲岭村 | 246 | 抚州市资溪县陈坊村 |
| 216 | 抚州市金溪县邱家村 | 247 | 抚州市资溪县杜兰村 |
| 217 | 抚州市金溪县楼下村 | 248 | 抚州市资溪县莒洲村 |
| 218 | 抚州市金溪县崇麓村 | 249 | 抚州市资溪县姚家岭村 |

# 四 省级历史文化街区图

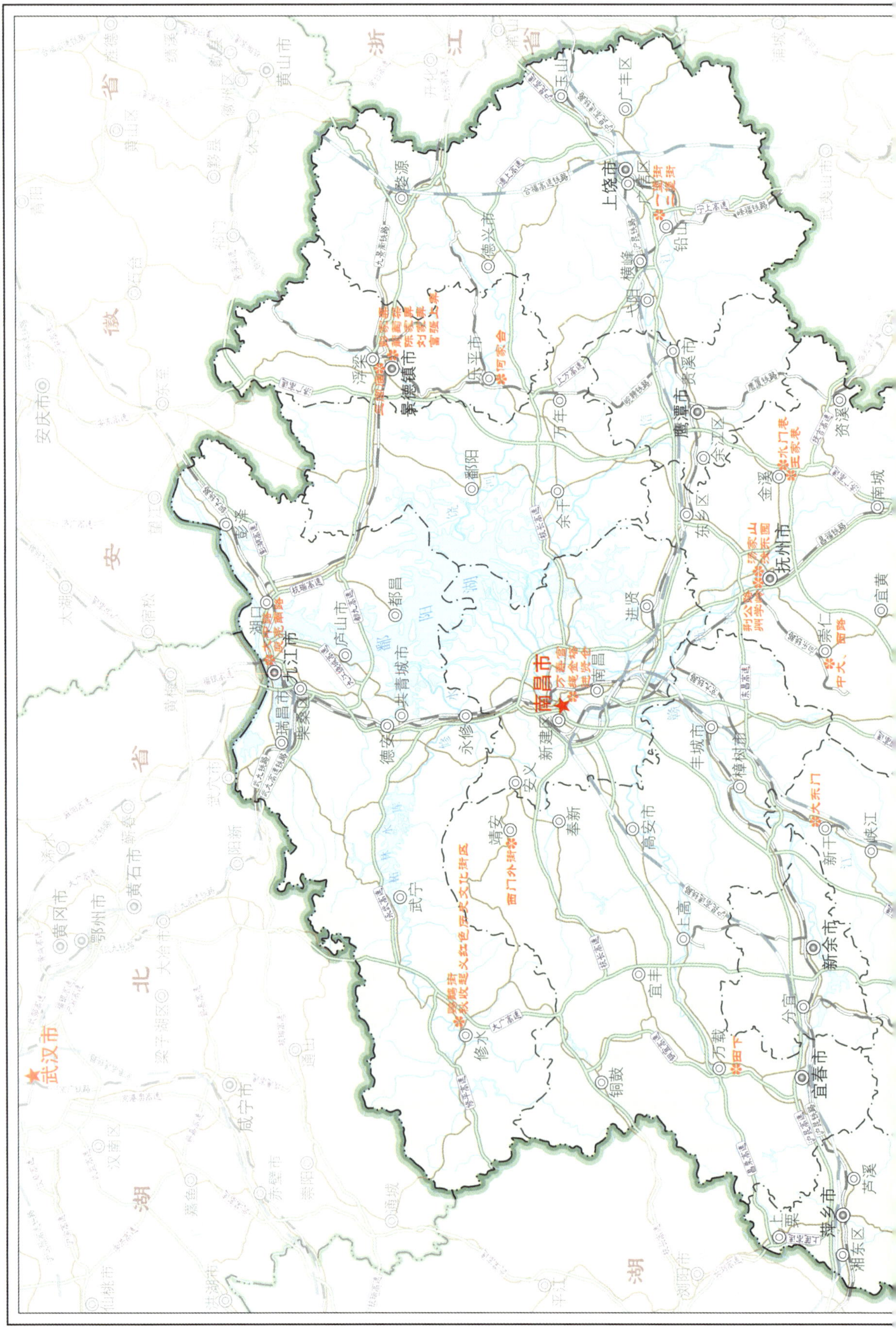

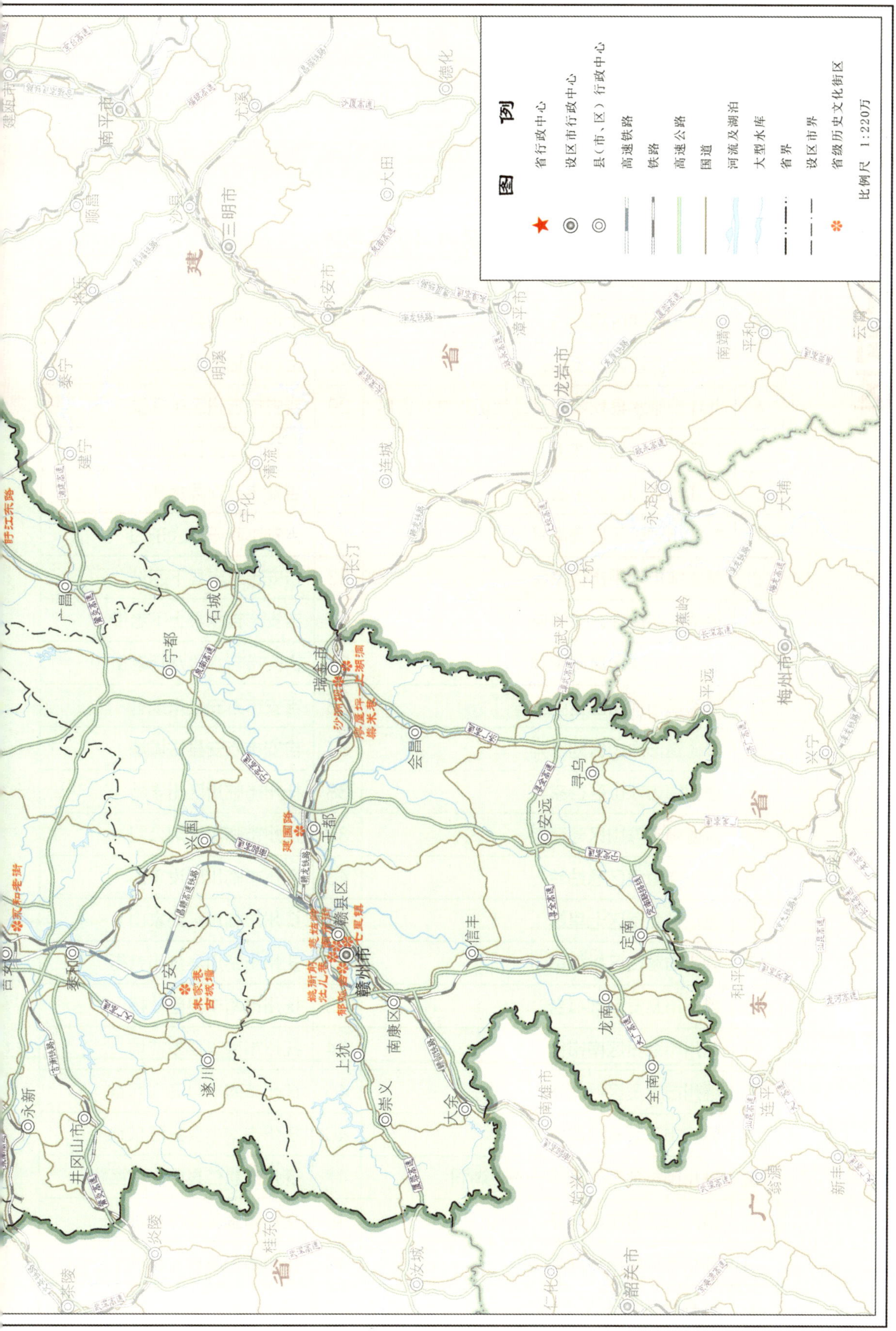
图例
省行政中心
设区市行政中心
县（市、区）行政中心
高速铁路
铁路
高速公路
国道
河流及湖泊
大型水库
省界
设区市界
省级历史文化街区
比例尺 1:220万
福建省
广东省
赣州市
赣县区
南康区
信丰
上犹
崇义
大余
安远
定南
龙南
全南
寻乌
会昌
瑞金市
于都
兴国
宁都
石城
广昌
万安
泰和
遂川
永新
井冈山市
三明市
龙岩市
梅州市
韶关市
南雄市
长汀
武平
上杭
平远
和平
连平
始兴
仁化
炎陵
桂东
汝城
茶陵

# 省级历史文化街区

| 省级历史文化街区 | | | |
|---|---|---|---|
| 1 | 南昌市西湖区万寿宫 | 26 | 宜春市万载县田下 |
| 2 | 南昌市西湖区绳金塔 | 27 | 上饶市铅山县一堡街 |
| 3 | 南昌市西湖区进贤仓 | 28 | 上饶市铅山县二堡街 |
| 4 | 九江市修水县秋收起义红色历史文化街区 | 29 | 吉安市吉州区圣恩堂 |
| 5 | 九江市修水县鹦鹉街 | 30 | 吉安市吉安县永和老街 |
| 6 | 九江市浔阳区大中路 | 31 | 吉安市吉安县水巷 |
| 7 | 九江市浔阳区庾亮南路 | 32 | 吉安市新干县大东门 |
| 8 | 景德镇市乐平市何家台 | 33 | 吉安市永丰县下西坊 |
| 9 | 景德镇市昌江区三闾庙 | 34 | 吉安市吉水县上下老街 |
| 10 | 景德镇市珠山区陈家弄 | 35 | 吉安市吉水县八都老街 |
| 11 | 景德镇市珠山区富强上弄 | 36 | 吉安市万安县朱家巷 |
| 12 | 景德镇市珠山区刘家弄 | 37 | 吉安市万安县古城墙 |
| 13 | 景德镇市珠山区彭家弄 | 38 | 抚州市临川区州学岭 |
| 14 | 景德镇市珠山区葡萄架 | 39 | 抚州市临川区荆公路 |
| 15 | 赣州市章贡区慈姑岭 | 40 | 抚州市临川区汝东园 |
| 16 | 赣州市章贡区七里镇 | 41 | 抚州市临川区汤家山 |
| 17 | 赣州市章贡区姚衙前 | 42 | 抚州市黎川县黎川老街 |
| 18 | 赣州市章贡区郁孤台 | 43 | 抚州市南丰县望仙桥 |
| 19 | 赣州市章贡区南市街 | 44 | 抚州市南丰县攀桂坊 |
| 20 | 赣州市章贡区灶儿巷 | 45 | 抚州市南丰县盱江西路 |
| 21 | 赣州市于都县建国路 | 46 | 抚州市南丰县盱江东路 |
| 22 | 赣州市瑞金市廖屋坪——上湖洞 | 47 | 抚州市崇仁县中大、西路 |
| 23 | 赣州市瑞金市粜米巷 | 48 | 抚州市金溪县水门巷 |
| 24 | 赣州市瑞金市沙洲坝 | 49 | 抚州市金溪县王家巷 |
| 25 | 宜春市靖安县西门外街 | | |

## 万寿宫 南昌市西湖区

万寿宫

万寿宫历史文化街区于 2015 年获批为省级第一批历史文化街区。该街区范围北至中山路，东至珠宝街，南至棉花街，西至船山路，行政辖区为南昌市西湖区广润门街道办事处。

历史上的万寿宫历史文化街区位于南昌市旧城西南部，濒临赣江，自古水运发达。宋代在此设西南城门柴步门，明代改为广润门，门外沿河设有水路驿站南浦驿，是南昌主要的对外交通出入口，并由此形成南昌市传统的商业中心。

街区东端为全国重点文物保护单位八一南昌起义总指挥部旧址，其西侧至翠花街间为 1998 年建造的万寿宫商城，是一座中高层商住混合建筑。街区中部翠花街西侧有铁柱万寿宫遗址，原为许逊祠，历史可追溯到晋代，流传约一千七百年不绝，一直是南昌城内重要地标，毁于 20 世纪 60 年代后期。街区南、西界船山路系 1928 年拆除城墙建造的环城路的一部分，有明清南昌西南城门广润门遗址。

万寿宫历史文化街区内的建筑主要是以民国建筑构成的历史遗存。街区内存在多种建筑风格面貌同时存在、交错出现的混搭局面。传统建筑风貌、近代建筑风貌和现代建筑风貌同时出现在街区之中，是本街区最显著的风貌特征。

万寿宫历史文化街区是江西特有的地方传统崇拜许逊信俗的发源地之一，是南昌作为中国国土南北大通道传统要点所长期具有的交通与商业重镇地位的最后的历史遗存，是南昌进入近代化进程后历史城区变迁的见证之一，也是南昌不同信仰民族和谐共处的见证。

## 绳金塔 南昌市西湖区

绳金塔历史文化街区于 2015 年获批为省级第一批历史文化街区。该街区位于南昌市西湖区，向西与抚河相望，街区范围北至站前西路，南至前进支路北侧，东至会堂东路西侧，西至前进路、前进支路一线，包括绳金塔公园、十字街两侧地段。

街区因绳金塔而得名。绳金塔始建于唐天祐年间（904—907），现在的塔体重建于清康熙五十二年（1713），1985 年，国家文物局和省、市人民政府拨款修复绳金塔，修复工程于 1987 年完工。1954 年成立绳金塔街道，1960 年改称公社，1979 年复称街道。

绳金塔历史文化街区主要体现的是绳金塔文化和驿道文化。在古代南昌人民的心目中，绳金塔是镇城之宝，绳金塔关乎着这座城市的吉祥和安康，它承载着千年历史文化底蕴，其内涵丰富、影响深远，形成了独特的绳金塔文化。十字街紧邻绳金塔，该街正对着南昌正南门——进贤门，是南昌城进出的交通要道，属京广驿路的一段。由于其作为南昌古城的交通要道，曾被誉为“南昌第一街”。繁华时代，众多名人光临并在此留下了轶事与传说，具有丰富的驿道文化。

绳金塔

## 进贤仓 南昌市西湖区

进贤仓

进贤仓历史文化街区于2015年获批为省级第一批历史文化街区。该街区位于南昌市历史城区南部，向西与抚河相望，属于南昌市南浦社区管辖，街区主要由进贤仓街、犁头咀巷、地藏庵巷、禾草街和南昌仓组成。街区范围北至禾草街，南至南昌仓街，东至地藏庵巷东侧，西至犁头咀巷西侧。

进贤仓历史文化街区历史悠久，最早可追溯至明清时期，进入近代以后的建设行为没有停止，形成了主要以民国和明清时期建筑构成的历史遗存。目前，传统建筑风貌和较为现代的多层砖混结构建筑同时出现在街区之中。进贤仓建筑立面呈现出丰富多样的形式，有天井式民居、商铺式民居等形式。建筑空间布局呈现出多样化面貌，其中大部分是联排式民居风格，同时有独栋式民居建筑风格，传统的单进天井式空间、多进天井式空间、L型院落式空间。

进贤仓历史文化街区主要体现的是码头文化和商贸文化。民国十五年的《南昌市全图》中，进贤仓街区濒临抚河，周边也有众多码头、渡口。同时民国二十二年的业态也佐证了当时进贤仓街区承担着一定的粮食货物仓储功能（进贤仓也因此得名），也因此发展了如茶馆、旅舍等商贸功能，进一步印证了进贤仓在历史上为码头仓储、商贸物流的地位。

## 秋收起义红色历史文化街区 九江市修水县

修水县秋收起义历史文化街区于2018年获批为第三批省级历史文化街区，坐落于宁州古城中心衙前社区，地势由西北向东南倾斜。整个街区是以秋收起义工农革命军第一军第一师师部旧址、一团团部旧址、秋收起义修水纪念馆、军旗制作地旧址等红色历史遗迹为主导的历史街区，包含公敏巷、陈家园、冷家巷（修江路）、铁炉巷（广场北路）、红旗巷等区域。

师部旧址保留着原有的围墙院落空间，青砖、石板铺地，体现出原商会会馆的厚重与沧桑。团部旧址与秋收起义修水纪念馆的庭院空间大方庄重，体现出革命旧址的庄严肃穆。秋收起义修水纪念馆，1977年为纪念秋收起义50周年而建造，馆藏文物（文献）700余件，是江西省爱国主义教育基地、全国爱国主义教育示范基地。该纪念设施对于开展民众革命传统及爱国主义教育有着较大的价值，是近现代重要史迹及代表性建筑。

修水是著名的革命老区，是秋收起义主要策源地和工农革命军第一面军旗诞生、制作和率先升起的地方。中国工农革命军第一军第一师在这里组建，毛泽东同志领导的秋收起义第一枪在这里打响，是湘鄂赣革命根据地中心区域和南方八省游击战争主战场。秋收起义红色历史文化街区的传统建筑与红色历史遗迹基本成片，可相对成一个整体，是修水传统文化与红色文化深度叠加、融合的区域，是修水红色历史文化的典型代表。历史街区既有传统街巷的曲径通幽，又有革命旧址的庄严肃穆，还有青砖黛瓦下蕴含着大气磅礴的革命精神。

## 鹦鹉街 九江市修水县

贞观鹦鹉街历史文化街区于2018年获批为第三批省级历史文化街区。鹦鹉街原为宁州古城正街，历史文化街区分布在鹦鹉街西段区域，因鹦鹉桥更负盛名而改名为鹦鹉街，后鹦鹉桥毁而鹦鹉街传承至今。此街始建于唐贞元年，完善于清乾隆年间。长约500米，宽约3米，局部可达6米，长条麻石的街沿，青石板拼镶的街面。街两侧板壁结构的商业建筑，底层铺面是完全开启的木制铺板门，上层为砖石墙面配上木制透空窗，檩角雕龙画凤，仍保持着完好的古朴风韵。

鹦鹉街历史街区传统建筑基本成片，商铺林立，古街两侧保留下来的当铺巷、周家巷，房舍俨然，尤其以祠堂闻名遐迩。

修水传统建筑以晚清和民国初期建筑居多，具有“青砖黛瓦马头墙”江南典型的建筑风格，又有修水地方特色，以书院、祠堂为突出。修水古祠堂极为丰富，清代民间就有“宁州的祠堂抚州的塔、苏州的扇子浏阳的伞”的盛誉，中华人民共和国成立初期，宁州古城曾经有 130 多座古祠堂，面积近 4 万平方米，几十年的风雨沧桑后，鹦鹉街历史街区依旧保存着 14 座古色古香、风格独特、保存完好的古祠堂。

鹦鹉街

街区的建筑形成皆为内部主体木结构外包砌墙体的砖木混合结构住宅，将“天人合一”“文章节义”等儒家思想通过雕饰附着在建筑构件中。街区延续基本完整的清代修水建筑群格局，大部分历史建筑得以留存，建筑与建筑之间形成空间组合和布局，传统形式与乡土建筑交相辉映，反映了修水古建筑文化特色。

## 大中路 九江市浔阳区

大中路是一条横贯九江市城区东西、历史悠久的百年老街。明朝时称府前大街，清朝时称西门外正街，西段为租界范围，1923 年拆城修路，东段和西段连成一片，当时亨得利钟表店捐大钟一座立于路上，就是现在重建的钟楼位置，新修的路俗称为“大钟路”，后为纪念民主革命先驱孙中山先生，改名为“大中路”。大中路在 20 世纪是江南著名的商业街，特别是民国时期，道路和铁路连通码头，成为交通枢纽，人流不息，货流不断，店铺茶楼，鳞次栉比，名闻天下。

2011 年，浔阳区委、区政府对大中路步行街西段进行升级改造。改造过程充分重视历史文化街区特色，改造按照“修旧如旧”的原则，充分发掘街区历史文化元素，保护修缮街区特色建筑。同时聘请中央美院在大通广场设计和创作了明清风格的牌楼和九江特色小吃雕塑群，集中浓缩展现了清末民初九江作为全国三大茶市、四大米市之一，商业文化鼎盛时期场面宏大、繁华热闹的历史商业文化场景。改造后的大中路西段历史文脉得以延续，商业历史得以重现，成为九江集历史文化展示和购物休闲为一体的精品街区。大中路步行街在 2013 年获得全省首批“江西省特色商业街”称号，2016 年获批为第二批省级历史文化街区。

## 庾亮南路 九江市浔阳区

庾亮南路

庾亮南路历史文化街区位于九江市浔阳区庾亮南路南段，东起和中广场，西至天主教堂，全长约 570 米。2016 年获批为第二批省级历史文化街区。庾亮南路历史文化街区集中了大量文化、教育、宗教、医疗的历史遗存，辖区内全国文物保护单位有同文书院（1885）、大胜塔（宋、辽、金），省级文物保护单位有九江修道院旧址（1937）、生命活水医院住院部旧址（1915），市级文物保护单位有能仁寺（南唐）、天主堂（1862）。

庾亮南路是为纪念东晋名臣庾亮而得名，是保存较为完好的历史街区，该路人文氛围浓厚，此外周边还拥有较多的宗教文化场所。第二次鸦片战争后，九江被辟为通商口岸，法国、美国的神道人员纷纷来九江传教。他们在庾亮南路建教堂、办学校、开医院，先后兴建了法国天主教堂、育婴堂、修道院、同文中学、儒励女中、儒励小学、生命活水医院等文教卫生机构。新中国成立后，这些被外国神职人员控制的教会机构回到九江人民的手中。

## 何家台 景德镇市乐平市

狭义的何家台，作为乐平老城区一个地段，位于龙神庙与城隍庙北侧，明代有何氏聚居此地，在高地建一祠堂，故名何家台。广义的何家台街区，则是县治东南隅的整个“长乐坊”地域，它以何家台为中心，包括今天状元巷、小南门、城隍庙、观音阁整片街巷地带。这一带，亦是乐平老城区明清古建集中之区，旧时多祠堂、官邸、庙宇、豪宅，且因青楼集中于此地，以“烟花巷”闻名于镇，是紧靠大寺口、毗邻老北门的又一县治繁华之地。

何家台北头紧接着的是财贵巷，又名汪家巷，是儒林汪家一支富商财主聚居地。往东百多米之地就是状元巷，因清嘉庆年间武状元汪道诚在此处建造状元府而得名。

在何家台街区，建有许多庙宇、祠堂。在庙堂，一年四季、初一十五，佛门信徒求签还愿、朝拜菩萨者，络绎不绝。如何家台不远处的观音阁，今名“观音古寺”南端有城隍庙、西边有龙神庙、东北面有祭长沙王吴芮的石下庙，都是常年香火不断，终日烟雾萦绕，拜者如云之地。

何家台

何家台街区建有不少以祖先崇拜为纽带以聚集族人为目的的宗祠，如何家台处的何家祠、余家祠、洪公祠，附近的方家祠巷的方家祠、支持（祠）巷的汪家祠等。

何家台街区，乃是古县治小城之一角，面积只 0.5 平方千米，内有如此密集的官邸、豪宅、庙宇、祠堂乃至青楼，旧时其繁华热闹之景，可以想见。2016 年，何家台获批为第二批省级历史文化街区。

## 三间庙 景德镇市昌江区

三间庙

三间庙历史文化街区位于景德镇市城区西北，昌江与西河交汇处。始建有忠洁侯庙，以后逐渐发展成商住街区，并以庙为名。街区东西长约 310 米，南北长约 510 米，西邻昌江大道，东至昌江东侧堤岸，是景德镇市老城区的重要组成部分。2015 年，三间庙街区获批为首批省级历史文化街区。

三间庙街区主要形成于明清之际，从三间庙街区的现存状况看，多数建筑为清代中晚期修建。三间庙街区的主要文化遗产和传统风貌建筑集中在以清街为主，包括明街残存段落内的两条街巷内。

三间庙街区的立面形式分为窑砖、普通砖墙和柴栏厝三种类型。窑砖是景德镇手工业生产的独特建材类型，是景德镇区别于其他历史文化名城的重要例证；普通青砖墙根据建筑的类型和规格分为两种形式，乡绅住宅和部分商铺的墙砖规格较大，一般民居建筑的墙砖排布方式较为随意；

柴栏厝是长江以南地区历史街区中商铺建筑常见的类型之一，景德镇的柴栏厝建筑多以砖墙为基础，立面以鱼鳞板、老虎窗等木质材料覆盖，局部二层区域直接以木结构与砖石结合，形成独具特色的砖木结构建筑。

忠洁侯庙是三闾庙街区得名的重要原因。忠洁侯原为宋代对楚国三闾大夫屈原的封号，清代又因屈子投汨罗典故，将屈原封为江渎王，司江河水运，人称江神。由此可见，忠洁侯庙的形成时间在明清之际，与码头运输关系密切，也成为景德镇运输的守护神。

## 陈家弄　景德镇市珠山区

陈家弄历史文化街区北至戴家弄，南至浙江路，西至中山南路，东至中华南路，是景德镇老城区的重要组成部分。2015 年，陈家弄历史街区获批为首批省级历史文化街区。

据景德镇地名志记载，陈家弄形成于明朝，明代陈氏曾在此聚居，故名陈家弄。清末民初，随着景德镇民窑生产的兴盛，加上片区优越的地理位置（沿着刘家上弄至刘家下弄直至刘家码头），许多大窑户老板居住于此，建造大量前店后宅式建筑群。

陈家弄街区内部分街巷如刘家上弄、陈家弄、典当弄、烟园里等，依然保持着原有的尺度、走向、名称和风貌，且街区内巷弄各有功能特色，混合了生产、居住、商业、运输等多种功能，是景德镇民窑生产生活的重要体现地。

街区建筑遗存以民居建筑为主，风格多元，包括徽派建筑风格、赣派建筑风格甚至欧洲建筑风格；平面形式多样，有独栋式、一进院落式、多进院落式；同时前店后宅式的独特形式是清末民初民窑生产片区的集中代表，具有较高的历史价值、艺术价值和科学研究价值。

陈家弄还有大量的非物质遗产传承空间，包括传统商铺、瓷厂（作坊）、窑房、工业厂房等；民间传统手工技艺包括景德镇市传统瓷窑作坊营造技艺、景德镇市手工制瓷技艺。

## 富强上弄　景德镇市珠山区

富强上弄历史文化街区东至中华南路，西至中山南路，南至黄家上弄，北接昌欣路沿街居住用地，是景德镇六片历史文化街区之一。2015 年，富强上弄历史街区获批为首批省级历史文化街区。

清代，景德镇老城区逐渐向南伸展，富强上弄附近也逐步形成以瓷行、会馆为主的瓷器街，富商也聚集在此定居，因此也称“富商弄”。在这之后，富强上弄两侧街巷逐渐形成了前街和后街两条并列对称的大街，共计约为 6.5 千米，故在瓷都史上有“陶阳十三里”之称。现在富强上弄西侧的中山路就是当年的前街，而东侧的中华路则是当年的后街。

富强上弄历史文化街区内现存有与瓷器生产相关的坯房、红店（瓷器釉彩绘画手工作坊），有与瓷器交易相关的瓷行、会馆，有富商别墅和匠人民居等居住建筑，有清真寺、财神庙等宗教建筑，传统建筑类型十分丰富。

富强上弄历史文化街区内共有文物保护单位 3 处，分别是花园里 1 号瓷行、再胜弄 21 号瓷行和江家祠堂。

富强上弄有大量的非物质遗产传承空间。城市文化建筑包括沿街老店铺、寺庙、会馆、红房、瓷行等；民间传统手工技艺包括传统瓷窑作坊营造技艺、手工制瓷技艺；民间文学包括景德镇市民间故事——瓷窑的传说；民间美术包括景德镇传统陶瓷书法；民俗则包括景德镇市瓷业习俗，以会馆、书院、姓氏命名的古、旧街巷里弄地名等。

## 刘家弄 景德镇市珠山区

刘家弄历史文化街区位于景德镇市珠山区，基地东西长约 375 米，南北长约 117 米，街区北至浙江路，南至大花园弄，西至昌江东岸线，东至中山南路，是景德镇老城区的重要组成部分。2015 年，刘家弄历史街区获批为首批省级历史文化街区。

据资料记载，早在唐朝就有刘氏从山西迁居此处，后来又有都昌县刘氏来此聚居，逐渐形成弄巷，巷内原来还建有刘氏宗祠。刘家弄是景德镇最长的一条里弄，因为景德镇的四大码头之一——刘家码头设置在刘家下弄，刘家弄曾经也是景德镇最热闹的一条里弄。刘家下弄的历史在一定程度上反映了景德镇在历史上是一个工商业繁荣、交通便利的水运码头，也验证了清代乾隆、康熙年间，景德镇曾有“千窑升火、万匠制瓷、商贾盈市、舳舻蔽江”之说，造就了景德镇瓷业兴旺、商业繁荣的过往，是景德镇老城区年代跨度最长、堆积最丰厚的窑业生产生活片区。

刘家弄古作坊群分为正间、厫间和泥房三座单体建筑，呈庭院式布局，四周砌围护墙，构成一个封闭式的四合院形式，是瓷业成型的专用建筑；这种建筑形式既便于生产场所的集中管理，又可为自然干燥创造良好的日照条件。刘家弄古作坊群内部构架和布局多数较为完整，是目前发现的景德镇老城区保存较好的作坊群。

## 彭家弄 景德镇市珠山区

彭家弄历史文化街区是景德镇六片历史文化街区之一，位于珠山区，北邻斗富弄，西至中山北路，东至昌江西侧堤岸，是景德镇市老城区的重要组成部分。2015 年，彭家弄历史街区获批为首批省级历史文化街区。

景德镇自唐代就开始生产陶器，唐朝末期有数户彭姓制瓷者在此居住。宋朝中期，随着制瓷业生产的发展，坯房随之增多，渐成巷弄，因彭姓而得彭家弄之名。

彭家弄历史文化街区的街巷格局始于宋代，发展于清代，定型于民国，街巷格局保留完整，街巷界面突出体现了清代末期和民国时期的传统商业风貌。明末清初以后，由于窑业及生活垃圾不断往河滩倾倒，堆填出了前街到沿河街之间的街区，格局与早期街巷对应。民国时期，政府对前街、后街、太平巷等一些街巷扩建，新中国成立后又修建了珠山路。最终形成了现有的老城区街巷里弄格局。

彭家弄由南北走向的前街（现中山路）、后街（现中华路）及东西走向的街巷组成。地段内徽帮、都帮和杂帮文化均有体现，功能高度混合，是清代、民国时期景德镇商贸繁荣的有力见证。

## 葡萄架 景德镇市珠山区

葡萄架历史文化街区北临陶瓷大世界用地边界，南临珠山中路，西以中华北路、胜利路为界，东至莲社北路，是景德镇六片历史文化街区之一，也是占地面积最大、历史保护要素较为集中、情况最复杂的街区之一。2015 年，葡萄架历史街区获批为首批省级历史文化街区。

明末开始，葡萄架街区开始兴起作坊、窑房等，街区内逐渐兴盛起来。葡萄架街区临近御窑厂，生产极为旺盛，是“窑坯分离”的聚集区，窑房与坯房的不同布局方式，对街巷肌理与结构产生较大影响，这也使得葡萄架街巷肌理格局具有独特性。葡萄架街区地形较复杂，明末清初生产力提高后，陶瓷生产突破了传统依水建窑的限制，灵活利用地形依山挖窑、烧制瓷器，既节省了材料又节省了人力，也体现了景德镇制瓷生产力的发展与规模的扩大。

葡萄架历史文化街区范围内共有文物保护单位 4 处，分别是广益弄民居、葡萄架作坊、江家坞民居和酱油弄 5 号作坊。

## 慈姑岭 赣州市章贡区

慈姑岭是南至厚德路，西临南市街、海会路，东靠荷包塘、蕻菜塘围合的区域，位于河套老城区东部。2018 年，慈姑岭历史文化街区被批准为第三批省级历史文化街区。

慈姑岭现存民居建筑基本建于清末民国时期，主要受赣北民居风格影响，呈现出类似徽州民居的风貌特色。防火山墙、门楼、门罩等为外部装饰的重点部位，体量高大，立面简洁，细部精美，多用砖雕木雕等装饰手段，整体风貌朴素精致，其中魏家大院列入赣州历史城区保护名录。慈姑

慈姑岭

岭南侧的魏家大院建于清乾隆年间，后由魏家人历经多代扩建形成现在的魏家大院。

赣州民谣，“三山五岭八境台，十个铜钱买得来”中的五岭，其中一处便是慈姑岭。慈姑岭现存两条街巷，为老赣州城三十六街七十二巷中的慈姑岭巷与罗家巷。慈姑岭巷东自荷包塘、蕻菜塘相接处起，西至南市街、五道庙相会处止。全长约340米，主巷巷道宽3米。西段高，东段低，呈缓坡状。罗家巷西起海会路、东至魏家大院，现存巷长约107米。

## 七里镇 赣州市章贡区

七里镇主要包括十字街、庙前街、沿江古道及沿岸历史建筑，以及古榕树和码头等历史环境景观。

唐代末年，七里镇开始烧造瓷器，到了北宋时就已经是江西名镇。元代末年七里镇瓷器终烧，前后有着五百余年的瓷烧历史。优质的七里窑瓷器成为赣南及其周边地区民间的主流生活用瓷，甚至还远销至日本、韩国等地，是江西宋代四大窑场之一。

七里镇临贡江，水运发达，又是木材的重要产地，因此成为了明代赣南最大的木材贩运中转地和商业码头，至今还留下了18处古老的货运码头遗址和若干拴木排的缆柱及编织篾缆的缆池。七里镇有两条古老的街道，它们都形成于唐宋时期，是古镇经济繁荣的象征。

现存民居建筑基本建于清末民国时期，慈云塔为宋代遗物。市区民居建筑主要受赣北民居风格影响，呈现出类似徽州民居的风貌特色。防火山墙、门楼、门罩等为外部装饰的重点部位，体量高大，立面简洁，细部精美，多用砖雕木雕等装饰手段，整体风貌朴素精致。

七里镇的庙会文化盛行。庙会是为庙宇内神祇庆生的仪式而发展成一种乡村宗教社会活动，是一种集观赏、娱乐、祀神于一体的群众性活动。七里镇庙会的时间各不相同，庙会的形式也丰富多样，是古镇悠久文化内涵的重要载体。近年已陆续恢复的庙会有仙娘庙庙会、万寿宫庙会，在七里镇历史上有影响的庙会还有康王庙庙会、赖元庙庙会。

2015年七里镇历史文化街区被批准为首批省级历史文化街区。

## 姚衙前 赣州市章贡区

姚衙前

姚衙前历史文化街区，南至北京路、解放路，北至章贡路南边界（结合历史建筑分布划定），东至濂溪路以西一个院落边界，西至米汁巷、坛子巷传统建筑分布范围。街区格局形成于宋代，当时由于靠近涌金门的码头交易而繁荣起来，成为了商业区。街区内部的民居建筑以赣南天井式民居为主，也有反映民国时期赣州建筑风格的鱼鳞板建筑及骑楼建筑，并保留传统店铺水板门的特色构件。保留有米汁巷、均井巷、姚衙前、纸巷、凤凰台、桥儿口、方杆巷等传统街道，以及阳明路、至圣路极具民国传统风貌的骑楼街。

姚衙前街区是古城传统市井生活还原度最高的地区。米汁巷历史上有康王庙，景凤山巷曾有真武庙、大王庙，嵯峨寺巷曾有嵯峨寺，现存有天王寺街的天王寺，街区历史上庙会文化盛行；嘶马池巷曾有嘶马池，均井巷曾均匀分布有七口古井，部分尚存，景凤山巷现存凤眼井，姚衙前巷有东园古井，井水水质清澈，水源充足，是古城传统生活延续的见证；姚衙前巷历史上赌场、戏院密布，桥儿口巷曾有赣州大戏院，坛子巷有做戏服道具的专门店铺，现在街区仍有采茶戏的传承物质载体；另外，现存的嵯峨寺小学及小学中的大榕树、历史上景凤山的育婴堂也反映了历史上姚衙前街区的市井生活。

2015 年姚衙前历史文化街区被批准为首批省级历史文化街区。

## 郁孤台 赣州市章贡区

郁孤台历史文化街区以郁孤台为核心，南至章贡路北边界，北至唐宋遗址建设控制地带北侧，东至皇城城墙建设控制地带，西至田螺岭以西院落边界。

郁孤台在唐代已有记载，西津——章贡路以北的公安局与赣五中一带是赣州原有的衙城，俗称皇城，是历代赣州郡、州、府的衙署所在地，现存皇城遗址两处：一是赣五中一带的射箭坪遗址，二是建国路北端赣州电影院附近的宋代皇城城墙遗址。地段内部的地委大院，在明、清、民国时为县府。

郁孤台

街区内有建于宋代的赣州城墙和唐宋时期城市重要公建——郁孤台与八境台、章贡台、四贤坊等，街区内有广东会馆、皇城遗址等景区，传统特色街道有田螺岭。街区北部是宋代府衙，府衙文化是郁孤台历史文化街区的核心价值所在。

郁孤台历史文化街区有许多名人轶事。文天祥、苏轼、辛弃疾都在此留下了著名诗篇，这些历史名人留下的文学作品使得街区成为文学氛围浓厚的人文圣地。

2015 年郁孤台历史文化街区被批准为首批省级历史文化街区。

## 南市街 赣州市章贡区

南市街历史文化街区位于历史城区的东南部，以南市街为核心，南至罗家巷西侧街巷南边界，北至杨判巷、大公路，东至海会路，西至忠节营东边界。

南市街街巷格局形成于宋代，为宋代赣州城 6 条主要街道之一的斜街的南段，保持了宋代的街道走向和宽度，全长 340 米，宽 3 米至 4 米。

南市街的街东侧民居建筑有一个特别的民俗现象。这些房屋，基本开有前后两道大门。临街房屋的店门，虽然是面阔全开放的商业门面，但实际上它是这栋建筑的后门。因为临街门面是西北向，不宜开大门，所以用建筑背面作门面。建筑设计的真正大门，是临街门面的“后门”。虽然“后门”面临蕻菜塘，小路曲径蒿草丛生，少有居人出入。但“后门”却是门楼高大，上面灰塑着许多人物花卉图案，有的“后门”还有院落，它才是建筑真正的大门。这种良苦用心是为了取得房屋建筑的东南风水吉向，寓意紫气东来，财旺人吉。

街区南部曾是各种文化设施、学堂的聚集之地，现存文庙、武庙等历史遗存；忠节营巷在民国时期设有赣南中学、知困小学、幼幼小学，是名副其实的文化巷道；贺家坪巷曾有郭氏一族，三代为人师表；小南门历史上名为兴贤门，也是取天下贤士聚兴于此之意；现今的赣一中，历史上是笔峰山下的学宫；另外，笔峰山、厚德路名称来历也体现了崇儒尚文的文化特征。

2015 年南市街历史文化街区被批准为首批省级历史文化街区。

## 灶儿巷 赣州市章贡区

灶儿巷历史文化街区与南市街历史文化街区毗邻，临近贡江和建春门，南至东门井、油滴巷沿街建筑边界，北至云峰巷、大华新巷传统建筑分布范围，东至梁屋巷东边界、寿量寺西边界，和平路东边界。包括灶儿巷、六合铺、油滴巷、小坛前、东门井、梁屋巷、烧饼巷、老古巷共 8 条街道。

灶儿巷

灶儿巷明代称作“姜家巷”。清初时很多衙役住在这里，而衙役统一穿的服装是黑色服装，叫皂色，所以有人把他们叫作皂役，他们住的地方就叫作“皂儿巷”，后来谐音就变成了“灶儿巷”。

南宋末期，当时的南宋皇室为躲避金兵逃亡到赣州，选择了面对湖洲、绿树环抱的灶儿巷街区附近作为官吏的宅邸区，因此，灶儿巷街区成为了士绅聚集之地，也是外来经商户聚集之地，商贾私宅、会馆林立，现今仍有董府、筠阳宾馆等历史遗存；梁屋巷曾有新安书院，后作为安徽会馆。灶儿巷为宋代赣州城 6 条主要街道之一的阴街的东段，保持了宋代街道的走向和宽度，全长 225 米，宽 3 米至 4 米。

灶儿巷街区保留有清代至民国时期具有代表性的建筑多处，建筑风格多样化，既有赣南的客家建筑，又有精工细作的徽式建筑，同时还有明显带有吉安、南昌一带建筑风格的建筑和典型的西洋式建筑，在部分街区还保留有跨街门洞。

2015 年灶儿巷历史文化街区被批准为首批省级历史文化街区。

## 建国路 赣州市于都县

于都县地处赣南东部，赣江上游的贡水之边，建县于西汉高祖六年（前 201），是汉初江西 18 个文明古县之一。

建国路历史文化街区位于县城老城区，东至红旗大道、南至贡江、西至阳明路、北至学苑路。其主干街依贡江北岸自东向西延伸，数条南北走向街巷与其垂直相交，大体呈鱼骨状。至今，街巷的宽窄、走向仍保留着古代县城的主要格局。

于都县建国路古称“衙背街”，曾是历代政治、文化、经济和居住中心。它起源于唐贞观五年，繁荣于明清时期，发展于民国时期。明清时期历史建筑众多且保留较为完整，中央红军长征前夕毛泽东、朱德等老一辈无产阶级革命家旧居和苏维埃政府办公旧址等一批历史文物保存完好。

街区内有古建筑81处，其中有国家重点文物保护单位3处，其中又以红色旧址、名人祖居占多；而解放路两侧，保留着骑楼，给人以商铺林立的感觉。北门街则以传统手工艺、草医草药、平民客栈为主。其他街巷各以生活宅院为主，青砖灰瓦，或砖木结构，或土木结构，保持着客家先民的居住风格。

2018年，建国路历史文化街区被批准为第三批省级历史文化街区。

## 廖屋坪——上湖洞 赣州市瑞金市

廖屋坪——上湖洞历史文化街区位于瑞金古城西门，历史城区绵江以北。廖屋坪巷因清初廖氏在此坪上建居而得名，后逐渐发展成商业街巷；上湖洞巷为清初胡氏从胡岭背迁此而建，随着人口的不断增加，逐渐形成了传统居住街坊。廖屋坪巷体现瑞金市传统商业街巷的风貌特色，上湖洞巷体现瑞金市客家传统居住街坊的风貌特色。

街区现存的民居院落、宗族祠堂、古街商铺等古建筑和传统历史建筑中结构良好、特征鲜明，街区内保存有全国重点文物保护单位1处（5栋）、历史建筑15处、传统风貌建筑202处、祠堂7处、牌坊1处、古井3处、门楼7处、古树名木26棵。街区内的传统风貌街巷有10条：庙前巷、下湖洞巷、上湖洞巷、上阳巷、老牧场一巷、廖屋坪巷、烟叶巷、横烟叶巷、通荡巷、横通荡巷。

该街区历史建筑主要分布在历史街巷两侧，革命旧址有全国重点文物保护单位中国工农红军学校旧址。在历史上这里主要为杨姓和廖姓的聚居地，杨姓为瑞金大姓，人口众多，有“杨半县”之称。街区中有7座杨氏宗祠，是瑞金杨氏的公认祖地。这7座杨氏宗祠，在中央苏区时期是工农红军学校校址和中央工农剧社社址，叶剑英、刘伯承曾先后任校长，共和国一大批开国将领曾在此接受过政治和军事教育；瑞金历史文化名人杨以任、杨枝远和瑞金籍开国将军杨力、杨家华也在此居住。

为更好地保护、挖掘和继承江西省历史文化遗产，弘扬民族传统文化，2015年，瑞金市廖屋坪——上湖洞历史文化街区被批准为首批省级历史文化街区。

## 粜米巷 赣州市瑞金市

粜米巷历史文化街区位于瑞金历史城区绵江以南，沿绵江河南岸延展。早在明代，此街巷便是繁忙的粜米交易场所和农产品集市，商业氛围浓厚，街巷也因此得名“粜米巷”，街巷两侧店铺毗邻，一直保存至今。

该街区是一条以历史建筑为主的传统商业、居住区。街区具有丰富的历史遗存（如云龙桥、古树及水塘等）、历史街巷以及保存完好的传统街坊。历史街巷主要有下半团巷、粜米巷等，其中粜米巷是一条明代形成的古商业街。街区现存的古街商铺、民居院落、寺庙宫观等古建筑和传统历史建筑结构良好、特征鲜明、具有保护价值的建筑约占74%。街区内保存有历史建筑12处、传统风貌建筑187处、市级文物保护单位2处、古桥2处、古寺庙3处、古井2处、古码头2处、古树名木32棵。街区内的传统风貌街巷有8条：下半团巷、桥下巷、横枝塘巷、桥头巷、溪子下巷、横街巷、吊桥巷、上吊桥巷。

该街区是瑞金古城多元文化的聚集地。街区中的东门观早在宋朝时，苏轼曾游观于此，并写下《题东门观》的诗作；街区中的天后宫，在中部地区非常少见，专家学者推测可能历史上有很多福建商人来此行商而建。

2015年，瑞金市粜米巷历史文化街区被批准为首批省级历史文化街区。

## 沙洲坝 赣州市瑞金市

沙洲坝历史文化街区位于瑞金市城西3千米处。

街区现存的民居院落、革命旧址、宗族祠堂等古建筑和传统历史建筑结构良好、特征鲜明，街区内保存有全国重点文物保护单位8处、历史建筑13处、传统风貌建筑145处、古树名木12棵。

沙洲坝

该街区包含了村庄、农田和革命旧址群，所承载的历史是中华苏维埃共和国中央政府进一步发展壮大的历史；街区的文化内涵是反映苏区政府同苏区人民鱼水情深、共同生产、巩固政权的精神；街区延续了村庄、农田、革命旧址融为一体的特色风貌，具有村民生活、生产与革命纪念地相结合的功能。目前，沙洲坝共有 8 处全国重点文物保护单位：中华苏维埃共和国中央执行委员会旧址、中华苏维埃共和国中央人民委员会旧址、红井、中央粮食人民委员部旧址、中央土地人民委员部旧址、中央财政人民委员部旧址、中央审计人民委员部旧址、中央国民经济人民委员部旧址。

2015 年，沙洲坝历史文化街区被批准为首批省级历史文化街区。

## 西门外街 宜春市靖安县

西门外街位于靖安县城西，石板路面，曾称“西外大街”和“向阳路”，是靖安县城市发展历程中的重要片区，此街全长 650.3 米，宽 3.276 米，是县城保留的唯一一条历史古街。2018 年被批准为第三批省级历史文化街区。

明正德五年（1510）以前，靖安县城没有城墙，并无城内城外之分，正德辛未（1511）才筑造土城。设有东、南、西、北四座城门，城门上建有城楼，城门外建有护城河，名“濠沟”，西门外之名自此启用。

目前，靖安县西门外街历史文化街区内保留有以西门外街为主干，呈鱼骨状发展的街巷空间，建筑体现了传统赣西北民居的典型风格。在街区中有历史巷道 9 条，普通街巷 7 条，其中最长的巷道就是西门外街。街区内有 4 处县级待批文物保护单位、14 处已登记不可移动文物、9 处推荐历史建筑、110 余处传统建筑，有“龙凤呈祥”福字彩绘及雕版拓印工艺、烙画、糖画、纸扎、纸折工艺、打草鞋、竹篮编织技艺、做木杆秤、茶花灯、靖安湖调等非物质文化遗产项目 14 项。

1995 年，为扩展城市建设，政府在县小至民政局的地段新建了一条石马路，把西门外街截成了东、西两段。东段由西门口至石马北路，全长约 180 米，90% 的街道仍保留了石板街的风貌。西段由石马路至清湖路，全长约 437 米。西门外街自古以来就是两大姓占主导地位，东段为舒姓，因木门楼始祖舒梦兰（《白香词谱》的编纂者）著称，西段为涂姓，以南宋咸淳元年（1265）进士涂幼庆闻名。

20 世纪 50 年代后期，西门外街由兴旺走向萧条，店铺逐渐关闭，成为居民区。现在的西门外街仍保留着古朴的模样，它是靖安老城区的缩影，见证了靖安飞速发展的历史进程，与现代化城区形成很大差异。

## 田　下 宜春市万载县

田下位于万载县城西南，唐宋时期这里水草丰茂，后人开垦为田，种植席草和水稻，故万载人称“田下”。至明代这里渐次人口兴盛，后有“聚鸡犬桑麻之盛半康乐”之说。

至今，田下古城保留有明清时期古祠堂 23 座，民居、书院等其他历史建筑 6 栋，古街道 1 条，老店铺 50 余间，面积 158 平方千米。目前，在县城内完整保留如此众多的古祠堂建筑已非常罕见，是我国宗法社会历史研究的重要历史遗存。

万载县城内原有“辛、宋、郭、彭”四大姓氏。在田下，祠堂最多的要数郭姓，原有宗祠 10 余座。绿阴公祠是其中规模最大、工艺最精的一座，始建于明代天启七年（1627），重建于清同治丙子年（1876），距今有一百四十年历史。

在田下，有众多的祠堂毗邻而建，每幢祠堂的墙砖上都刻有祠堂的名号，有的还有石刻界碑，人说这是古代建筑的“房证地契”，一目了然，简单有效，互无异议，自古以来各姓氏之间和睦相邻、相安无事。

传统儒家思想、家和文化、宗法社会的影响在田下得到最大体现。田下右祠堂前大多原有月塘水道、石门牌坊、石柱旌表，可惜都湮灭在历史的岁月中，如今在古城保护建设中将予以修复。

万载南门古街，建筑风格具有明清特色，是万载明清时期主要商业街区，全长 270 米，现在仍保留有老店铺 60 余间，石板古道纵贯全街，它的北端正对过去的万载县衙，南端通县城南门，是古代万载城南的主要通道。

2018 年，田下历史文化街区被批准为第三批省级历史文化街区。

## 一堡街　上饶市铅山县

一堡街历史文化街区位于河口镇东北部，始建于明朝。

该街区有精彩丰富的历史文化遗产，不管是明清时期的商铺，还是各大会馆，以及类型丰富的居住建筑，更有民国时期的西洋化的建筑，解放初期典型的国营商店建筑。

2018 年，一堡街历史文化街区被批准为第三批省级历史文化街区。

## 二堡街　上饶市铅山县

二堡街历史文化街区位于河口镇北部，始建于明朝，是铅山县城市发展历程中的重要片区，也是目前铅山县中心城区历史文化遗存最集中的地区，街区格局与风貌保持完好。

二堡街历史文化街区有精彩丰富的历史文化遗产，现仍存有 13 座古桥，市级文物保护单位 1 处——惠济渠，街区内的建筑遗产可分为三类：明清时期建筑遗产、民国时期建筑遗产和近现代时期建筑遗产。

二堡街

明清时期的有沿街商住建筑、居住建筑（临河居住、深宅大院）、古街小巷（九弄十三街）、商业建筑（金利合）、惠济渠、宗教建筑（天主堂）。民国时期的公共建筑有邮局、世界书局等。近现代时期建筑遗产有竹编工艺厂、国营商店等。

2018 年，二堡街历史文化街区被批准为第三批省级历史文化街区。

## 圣恩堂 吉安市吉州区

圣思堂街区因吉州区内原有一座圣恩堂而得名，宋时建，原名“养疾院”，是收容盲人居集之所。相传宋仁宗来此视察时将盲人入册，定期拨款救助，盲人感激他，立额“圣恩堂”，1929 年曾改称“安老所”。

圣恩堂街区位于永叔街道办辖区范围内，东至高峰坡路，南至市生资公司，西至古南大道，北至田侯路小学。2016 年，圣思堂街区被批准为第二批省级历史文化街区。

## 永和老街 吉安市吉安县

永和老街历史文化街区位于国家级特色小镇吉安县永和镇镇区老街地块，为清末永和镇街道，街区内有老街（长约为 700 米）、刘家口（长约为 66 米）、肖家巷（长约为 100 米）。博物馆西侧小巷（长约为 51 米）。均以火烧板、碎匣钵拼花及青砖铺路，街区内街巷、民居、宗祠、古树等历史文化遗存类型丰富且为数众多，是永和古镇迄今保存最为完善、最具规模的历史地段，集中体现了永和古镇的特色和价值，是古代城市规划与建设的杰出典范。

入宋以来，随着吉州窑的快速发展，它所依托的永和镇也日益兴旺发达，号称“民物繁庶，舟车辐辏”。当时瓷城永和有“天下三镇”之一的称谓，是“江东一大都会”。根据文献记载，宋元永和镇有“六街三市”。六街为：莲池街、鸳鸯街、迎仙街（米行街）、瓷器街、锡器街、茅草街。三市均在莲池街上，东段及周边地段为上市，中段为中市，西段为下市。故莲池街为宋元永和镇的中心大街。

2016 年，永和老街历史文化街区被批准为第二批省级历史文化街区。

## 水　巷 吉安市吉安县

水巷，又名“水巷里”。地处上田侯路和中山东路之间，是吉安老城区尚未开发的最后一块“处女地”。水巷位于市中心，风雨沉沙，独得一份安宁，走入小巷让人悠然自得，心旷神怡。水巷是至今吉安城区保留最久的巷子，巷子里有塔有巷，还有一口历经风霜的水井，巷子居民几代人都用着天然井水。

水巷房屋基本都是按照“青砖黛瓦马头墙”这种徽派建筑风格建造而成，具有防火功能。水巷里建造于清末明初保留至今的房屋有 8 栋，距今已有一百多年历史了。其中水巷 36 号房屋，在 1945 年日军敌机从吉安城区逃亡时，曾丢下一枚炮弹，炸毁了一面墙，因这种建筑具有防火功能没有殃及左邻右舍。目前这栋带有炮火熏染痕迹的老民居虽然断壁残垣，但依然挺立，静静地向世人诉说历史的故事。

2016 年，水巷历史文化街区被批准为第二批省级历史文化街区。

## 大东门 吉安市新干县

大东门历史文化街区位于新干县老城区东门路，东西走向，东至金川中大道（105 国道），西至滨江大道，南至中山路，北至环城北路，全长 450 米，面积约 115.4 平方千米。大东门街区东门主街长 435 米，宽 4 米，整体成片，具有鲜明的时代特征。街区传统格局保存较完整，传统巷道保存较好，局部还留有卵石、青石板铺路，街区整体上仍旧沿袭清代格局，基本未变，街巷及建筑尺度相对较小，建筑密度较高。距今有五百多年的历史，是新干县城唯一保存下来的传统街巷，是赣江黄金水道上保留较好、规模较大的老街区。

新干县大东门历史文化街区位于老城片区，以大东门古街、传芳牌坊为主，包括东门路、北站路片区。大部分建筑使用功能为民宅，沿街有部分商铺，也掺杂有部分老旧住宅小区，为明清时县城的繁华地段。2018 年大东门历史文化街区被批准为第三批省级历史文化街区。

大东门老街历史上为赣江水路经济的节点，历来就是商业街区。现今，西面建设有滨江大道景观带，老街中部有明朝建造的传芳石牌坊和数口古井，北宋建造苏轼题书的惠政桥距离老街中心北面约 200 米处，清朝建造的何昌言状元塔距离老街东端约 300 米处，湄湘河从南侧汇入赣江，湄湘河南岸目前尚保留部分古城墙，河两岸绿树如盖，风光旖旎。

## 下西坊 吉安市永丰县

下西坊历史文化街区由修旧如旧古街（现保存的下西坊古街）、仿古新街和永叔公园三部分组成。

下西坊历史文化街区，在永丰还尚未建县时就是热闹繁华的商业街，大约有二千多年历史。

下西坊古街保存基本完好。两边店面由两层木质阁楼组成，二楼阁楼挑出，木葫芦为栏杆，阁楼雕刻、彩绘各色图案，油漆各种颜色。虽然没有琼楼玉宇、飞檐流阁，但也古朴清雅，匠心独运。

坐落在下西坊的毛主席旧居原是一家油行杂货店。房屋建筑风格独特，由前、中、后三厅组成。中厅有天井，四水归堂，中、后厅堂两侧厢房有杉木花格板，厢房内铺木地板。整个房屋建筑富丽堂皇，具有清代建筑特色。

下西坊

下西坊古街的河湾街、梭罗巷、汤家巷、宋家圈、塘仔角等是当年的老街区，也是下西坊古街的重要组成部分。值得一提的是河湾街，当年是永丰商业最繁华中心。永丰当年流传的“河湾街的店，罗田塅的田”俗语，高度形象地描述了永丰最好、最热闹的街和最好的田。古街现存大量藤编手工作坊，有菊花石、篾器和木器工作坊等非物质文化遗产等民间手工作坊。

在下西坊古街的中段，有一戏台，在直街脚带巷（梭罗巷旁）还有一戏台，经常有三角班、采茶戏等演出。下西坊古街还是政治中心，毛主席旧居是原红军指挥中心，同时，这幢房屋曾经是恩江镇镇政府办公所在地。还有老邮政局，担负着永丰县的整个通信通讯工作。

状元楼、报恩寺塔、葛溪桥、六一桥、明古城墙是至今保存完好的名胜古迹，分别建于宋、明、清时期，是研究不同朝代建筑历史的活标本。

2018 年，下西坊历史文化街区被批准为第三批省级历史文化街区。

## 上下老街 吉安市吉水县

上下老街历史街区位于吉水县城老城片区内，以上老街、下老街、四牌楼为主，是吉水古县城所在地，历史上就是商业街区。上下老街历史上为赣江水路经济的节点，其南面滨江为古县城的瓮城，其西部为古城墙，同时也是两江交汇之地，水域宽阔，风景优美。

该路段建筑为下店上宅的现代建筑，沿街均为商铺，街区中部为民营街，也是下店上宅的现代建筑，沿街均为商铺，街区东面接到县城主干道文峰大道，是县城的主要街道。

吉水县上下老街历史街区作为吉水县城唯一保存下来的传统街巷，保存了吉水的传统建筑，体现了不同时期的建筑风貌，其间穿插祠堂、街巷、古井，一派完整的传统市井风情，且保存完好，有着不同于现代的传统机理，代表了特定时期的社会结构和价值观念，是赣中县城市井民俗街区的典型。

根据吉水古县城图示，上下老街所处是吉水古县城最核心的区域，包括县衙、庆初书院、吉阳祠、旌忠祠、万寿宫、关帝庙、城隍庙、节孝坊、上谕亭等。从中国古代历史和文化上分析，古代以水路为主要交通与经济联系方式。吉水古县城依江而建，西门是重要码头，因而西区所处的区域成为县城中心，商业繁华，公共建筑均集中。时至今日，虽然大部分公共建筑已经消失，但本区仍然保留着老县城基本的空间格局，同时也保留着西门、旌忠祠、古城墙、老街等部分建筑。

因此，上下老街一方面是吉水古县城的精华区域；另一方面，是赣江黄金水道上保留较好、规模较大的老街区。上下老街历史文化街区已于 2016 年被批准为第二批省级历史文化街区。

## 八都老街 吉安市吉水县

八都老街始建于明清年代，历史悠久，古往今来，留下众多文人骚客之踪影，是当代伟人毛泽东的祖籍地。八都镇古称龙城，古今交相辉映，逐步形成了自身独特的龙城文化。

八都老街

老街地处镇域最核心的区域，包括敦本堂、重庆堂、香火堂及解放初期电影院、银行、法庭、百货商场、电话亭、理发社、缝衣社等。时间从清朝初期到新中国成立初期，时间跨度为三百多年历史。从中国古代历史和文化上分析，古代八都老街为周边县市市集集中地，老街位于现 105 国道旁，以古驿道主路为主要交通与经济联系方式，因而所处的区域成为镇城中心，商业繁华，公共建筑集中。时至今日，大部分公共建筑保存完整，仍然保留着八都基本的空间格局。

老街以民国建筑群风格为主，穿插明清历史建筑及传统风貌建筑群，以团结路、中山路、文明路三线交叉，形成工字形商业沿街形态。建筑多为双层结构样式，一层沿街均为商铺，二层为居住，两侧建筑外墙高 4 米至 5 米，部分建筑达 8 米至 9 米，气势雄伟磅礴。八都老街街区整体格局为依古驿站交通要道而建，并与古吉水县城遥相呼应，整体成片，具有鲜明的时代特征。传统巷道保存较好，至今保留了以卵石、青石板铺面道路。八都镇老街街区以居住功能为主，穿插商业功能，作为八都镇唯一保存下来的传统街巷，代表了特定时期的社会结构和价值观念，见证了八都镇从古至今的繁华和历史精髓。

2018 年，八都老街历史文化街区被批准为第三批省级历史文化街区。

## 朱家巷 吉安市万安县

万安县老城内有巷、坊 12 处，分别是朱家巷、虎溪巷、丁家巷、循良坊、立新巷、糯米巷、仁德巷、解放巷、马号背、尚书巷、王家巷、坛上巷。其中朱家巷处县城东南面，东风路中上段。清初朱姓从西塘迁来此开基，故名朱家巷。20 世纪 70 年代初县建筑公司在此新建办公楼房和生产车间，21 世纪初万安县重新修复了朱家巷，现位于万安县城南社区水电站对面。朱家巷街区 2016 年被批准为第二批省级历史文化街区。

## 古城墙 吉安市万安县

万安县古城墙位于吉安市万安县芙蓉镇沿江路 35 号。它的历史悠久基于万安县城的历史悠久。

万安城墙周围长714丈，高2丈2尺，垛口 950 个，连垛口墙上宽 1 丈，墙下宽 1 丈五尺。置 6 个城门，除东南北向各 1 个城门分别取名为威远门、表忠门、通都门外，由于万安城西面临赣江，客货运输繁忙，因此在临赣江的正西、西偏南、西偏北置了 3 个城门，分别取名为观澜门、五云门和芙蓉门，由此可见古代万安之繁华。万安城墙从土城墙到砖城墙历经 400 多个春夏秋冬，是古代劳动人民的聪明才智和坚强毅力的结晶。

古城墙

万安城墙上有近 10 种明清时期的砖铭，砖铭记录了历史。最原始的标准青砖是明正德七年（1512）烧制的，规格为长 35 厘米至 39 厘米，宽 18 厘米至 20 厘米。由于建有责任制，每个地方烧制的砖分别阴印有工头、窑户等姓名铭文，中间为“正德七年万安提调知县桑翘”，但也有的只印“吉安府万安县”几个字，可见各窑使用印模是有区别的。清代砖规格普遍小于明代砖。“咸丰四年”的砖应是一两个窑烧制的，因为从砖铭上可以辨认。

2006 年年初，万安县委县政府本着“修旧如旧”的原则，进行大规模维修，尽量恢复历史原貌，再现古城墙原有风貌。让年久失修的古城墙拂去泥垢，重新向世人展现古城墙雄姿。2016年，古城墙被批准为第二批省级历史文化街区。

## 州学岭 抚州市临川区

州学岭历史文化街区位于抚州老城区东部，抚河西岸，与文昌里隔江对望。街区历史可追溯至东晋，大书法家王羲之在任临川内史时，曾在此建筑房宅。唐天复二年（902）刺史危全讽在王羲之故宅原址立文宣王庙。宋庆历四年（1044），庙后建学，称为州学，明代改称为府学。因此此街区也有“州学故地”之称。

街区以州学岭路为骨干和主轴，东岳观路布列于南侧，近似“T”字状，规划范围北至市粮食局仓库，南至鱼子巷、泰山背路一线，西至赣东大道，东至沿河路，包括核心保护范围和建设控制地带。

州学岭历史文化街区以王羲之的临池学书之地而出名，东晋书法家王羲之曾寓居于此，有一长方形水池，为其临池学书洗墨池。目前洗墨池是区域内闻名遐迩的文化古迹。

街区现存多栋清代大院，门楣题额具有文化趣味，其中六水桥大夫第建成后作为族人蒙学，是抚州地区文化教育面貌的重要体现。而街区内的传统民居建筑多采用木、石、砖、夯土等乡土材料，现存的传统民居建筑多为天井式民居（大户人家）。青砖墙、瓦、马头墙、砖木石雕以及层楼叠院、高脊飞檐、曲径回廊、亭台楼榭等和谐组合，构成赣派建筑的基调。

除了大夫第和传统民居外，街区内曾有建于北宋崇宁五年（1106）的道教场所东岳观，也有建于1916年的基督教洪恩堂，是抚州多元宗教文化的代表。

街区传统文化习俗也十分具有特色。临川地区喜文风自古便有，文房四宝在诞生礼、婚礼、寿礼中是较重要的馈赠礼品。

州学岭历史文化街区于2018年被批准为第三批省级历史文化街区。

## 荆公路 抚州市临川区

荆公路历史文化街区位于抚州老城区东部，抚河西岸，与文昌里（汤翁故里）隔江对望，被誉为“荆公故里”。街区历史可追溯到南朝宋元嘉初年，人文底蕴深厚而璀璨。

街区以荆公路为骨干和主轴，梵罗山巷、常平仓巷、唐家巷、邓家巷布列于两侧，近似树枝状，其余小巷贯穿其间，常平仓巷、唐家巷可通滨河。范围北至穆堂路、人民医院北院墙一线，南至邓家巷南侧建筑公司生活区，西至具庆路、临川第六中学东院墙及“荆国公祠”遗址一线，东至沿河路，包括核心保护范围和建设控制地带。

荆公路历史文化街区自古以来名人辈出，其深厚的文化底蕴和秀美的自然风光也吸引了众多文人来此题咏驻留。除了人文底蕴深厚外，荆公路街区也是抚州繁华的商业地段之一，毗邻临川主要的传统商业街——十字街，是城外经文昌桥进城的必经之地。每年五月初八是抚州传统庙会，既有龙舟竞渡，也有物资交流，抚河两岸人山人海，商业街也热闹非凡。

目前街区内传统民居建筑多采用木、石、砖、夯土等乡土材料，现存的传统民居建筑多为天井式民居。位于荆公路西侧的梵罗山巷具有深巷清幽、闹中取静的环境特色，与近在咫尺的荆公路形成鲜明对比。梵罗山巷两侧密集分布大量文物及历史建筑，是抚州古城的历史文脉与氛围的延续。

荆公路历史文化街区于 2018 年被批准为第三批省级历史文化街区。

## 汝东园 抚州市临川区

汝东园历史文化街区位于文昌里片区的北部，西临抚河，东至中洲堤，南起大公东路，北达赣东大桥。街区南侧紧邻文昌桥，是文昌里片区作为滨河商贸代表性街区的重要组成部分。2016 年，汝东园街区被批准为第二批历史文化街区。

汝东园

明代商业贸易繁荣，抚州是重要的商品、漕粮集散地。抚河东岸汝东园街区内逐渐形成千福厂、肖公庙、芝兰馆等码头。沿河店铺林立，形成垂直于横街的街巷，为直街。随着人口增多，向临街建筑背后拓展用地，支巷增加，街区格局基本形成。

受到码头与商业发展的影响，街区内的主要建筑形式分为店铺与民居。店铺主要分布于直街与横街沿街，形式有“前店后居”“前店后坊”两种，面宽 3.5 米至 6 米，进深不等，统一朝向街道开门；民居主要分布于街区内部，面宽 10 米至 20 米，进深不等，主要有“四水归堂”“开门厅”两种基本形制。同时受到天主教传播的影响，民国时期逐渐出现了中西合璧式建筑。

汝东园历史文化街区文化特点提炼为“抚商津埠”和“耕读传家”。“抚商津埠”指此街区是抚河流域内滨河商贸街区的典型代表地。“耕读传家”指此街区是临川农耕与崇文尚学文化的特色展示地。

## 汤家山 抚州市临川区

文昌里位于抚州市区东北，城外文昌桥东面，与主城一河之隔，古称“港东厢”。汤家山历史文化街区位于文昌里片区的南端，西临抚河，东至中洲堤，北起大公东路，南至戴湖以及抚河沿岸。街区北侧紧邻文昌桥，是抚河西岸老城与河东联系的首要地段。2016 年，汤家山历史街区被批准为第二批省级历史文化街区。

文昌里地处抚河东岸，属于抚河冲积平原，本与湖南乡的广袤农田连为一体。唐代初年，抚河于今孔家桥上游决口，形成支港，文昌里与孝桥镇沦为孤岛，与湖南乡分离。虽然文昌里地势低洼，水灾频发，但土地平舒，肥沃高产，吸引着诸多民众安家落户，他们聚族而居，日出而作，日落而息，形成文昌里最早的村落或家族聚落。随着岁月的流逝，由于战乱、天灾、疫病及迁徙，北宋之前的村落或家族悉已荡然无存，根据资料记载，汤显祖家族属于汤家山定居较早的家族。汤显祖的祖先于明初迁入临川文昌里汤家山开基，逐渐繁衍成当地的名门望族。

街区内传统建筑表现出明显的多元化。受到码头与商业发展的影响，街区内的主要建筑形式分为店铺与民居。店铺主要分布于太平街、官沟上等，主要有“前店后宅”“前店后坊”两种建筑形式，面宽 3.5 米至 6 米，进深不等，统一朝向街道开门；民居主要分布于街区内部，面宽 10 米至 20 米，进深不等，主要有“四水归堂”“开门厅”两种基本形制。受到天主教传播的影响，民国时期逐渐出现了中西合璧式建筑。

汤家山历史文化街区文化特点提炼为：汤翁故里和万寿福地。汤翁故里是汤翁戏曲文化的重要承载地，万寿福地是临川道教文化的核心传扬地。

## 黎川老街 抚州市黎川县

黎川老街，位于县城东部，始建于南宋，繁盛于明清，至今已有上千年的历史，为抚州市最古老的城邑之一。老街全长 1843.72 米，中心区域面积 1.2 平方千米，常居人口约 9900 人，有“十里长街”之称。现有连绵毗邻的骑楼式店铺 600 余家，保存

黎川老街

完好或基本完好、具有江南民居特色的明清古建筑 100 余幢，其中仅规模较大、二层以上厅堂复合式建筑便有 80 来幢，沿街两侧有纵横交错的巷道 34 条，临街跨河千年古廊桥 2 座，文化底蕴深厚。2016 年黎川老街被批准为第二批省级历史文化街区。

黎川老街不仅历史悠久，且不乏许多行业精粹和丰富多彩的传统民俗文化。“话文”（一种民间市井口头说唱文学）、“讲传”（评书）、赛龙舟、“戏剧场”等老街民俗文化异常活跃；手工业生产一度繁盛，除木材、茶叶、布匹、纸张等货物买卖交流频繁，木器、竹器、铁器等各种手工艺品也销售旺盛；此外，老街上特色风味美食不少，曾先后被央视《走遍中国》《乡村大舞台》等栏目专题报道。2017 年黎川老街被评为国家 AAAA 级旅游景区。

## 望仙桥 抚州市南丰县

望仙桥街区位于南丰县城西北部，2018 年被批准为第三批省级历史文化街区。该历史文化街区范围北至城墙路，南至胜利路，东至建设路，西至汤家大屋一带，主要包括望仙桥、灯楼前、张家巷、姜家巷、高风巷、小太史巷、大太史巷、肖家巷等。主要历史街巷有 8 条，街区中有 3 片核心保护区。

望仙桥

望仙桥历史街区内保留了较为完好的明清建筑群，具有整齐的街巷空间。该街区内建筑类型丰富，现存民居、门楼、店铺和书社等，建筑多具有南丰当地传统特色，或从侧面先入前院，然后进前厅、堂屋，或入前厅时入口有木隔断再转折。门朝向多变化，或开口向南，或开口向西。整个望仙桥街区中有县级文物保护单位 1 处并推荐为省级文物保护单位，已登记不可移动文物 30 处，传统历史风貌建筑 105 处。

南丰崇尚读书，古城至今还保留着许多私家书院，是南丰古城构成的重要历史文化元素，加重了南丰古城的文人气书卷气。该街区还有大量的非物质文化遗产，包括 2 项省级非物质文化遗产——传统技艺南丰泥炉制作工艺、传统美术南丰傩面具雕刻；8 项县级非物质文化遗产——南丰豆腐皮制作技艺、南丰水粉制作技艺、南丰鱼丸制作技艺、南丰水酒制作技艺、南丰灌心糖制作技艺、南丰斗笠编织技艺、南丰做篾技艺和南丰打圆木技艺。

## 攀桂坊 抚州市南丰县

攀桂坊

攀桂坊街区位于南丰县古城东北部。据南丰县志记载，元代城中即有“攀桂坊”，“攀桂”是“攀蟾折桂”之意，蟾指月宫，攀登月宫，折取桂花，寓意士子登科及第。巷北曾经坐落着一座牌坊，现已无存。该历史文化街区范围北至岳庙上胡水香民宅一带，南到人民路，东至琴城路，西至建设路，主要包括上朱家巷、下朱家巷、陈家巷、攀桂坊、汪家巷、岳庙上，主要历史街巷有9条。核心保护范围北至岳庙上胡水香民宅一带，南至邓家巷黄艳婷民宅，西至岳庙上包卫平宅、上朱巷朱家大宅一带，东至攀桂坊揭家大屋一带。

攀桂坊历史文化街区保留了整齐的街巷空间、较为完好的明清建筑群，是活态文化历史的载体。街区居住者主要为普通富商和士绅，真实反映普通古城市井人家风貌，家家院落养花植草，以兰花为代表，四季花香，延续着古老的市井生活和博雅的民风。其中民宅朱家大屋已经设为县级文物保护单位；寺庙有位于岳庙上九号的福主殿，但是街区总体上还是以民宅为主、店铺为辅的构成。

位于攀桂坊历史街区的棣华书屋，元代坐落在“棣华坊”附近的深巷之中，坐北朝南，巷子围以高墙，尽端有一道铁门，内设东西窄的院子，北端拱门门楣上赫然刻着“棣华书屋”四字，里面的空间不大，是一个带天井的一进厅。

攀桂坊街区中有县级文物保护单位1处，已登记不可移动文物12处，传统风貌建筑119处。

2018年，攀桂坊街区被批准为第三批省级历史文化街区。

## 盱江西路 抚州市南丰县

盱江西路街区位于南丰县古城西南部，该历史文化街区范围北至胜利路，南靠古城墙，东依解放路，西沿转角巷，含盱江西路、火巷、三忠祠巷、万家巷、摆布巷、转角巷、直钟巷、横钟巷、鲁家巷、府关巷、上水关、河梁门巷，街巷平均宽度约为2.39米。主要历史街巷有11条，核心保护区北沿胜利路，东至黄氏祠堂，南至大守第，西至谭明仔宅、彭家大屋、赵家祠堂一带。

该街区在南丰县历史上具有特别重要的地位，自唐开成二年（837）起，南丰县衙一直设在本街区东北部，历史接近一千一百年，直至 1929 年改建为广场。自宋庆历四年（1044）起，南丰县学一直设在本街区东南部，历史超过九百年，直至 1950 年改为小学。街区内建筑类型丰富，现存民居、祠堂、书院、佛寺、商铺、城隍庙等；其中祠堂已列入县级文物保护单位的有饶氏宗祠、揭氏宗祠和待列入省级保护单位的曾氏家祠，书院有选青别墅等，佛寺有寿昌寺。

盱江西路街区中县级文物保护单位 9 处，已登记不可移动文物 55 处，传统风貌建筑 251 处。其中 8 处县级文物保护单位（彭家大屋、饶家祠堂、秋雨名家、大夫第、选青别墅、分转第、藏春园、太守第）正在申报为第六批省级文物保护单位。2018 年，盱江西路街区被批准为第三批历史文化街区。

## 盱江东路 抚州市南丰县

盱江东路街区位于南丰县古城东南部，该历史文化街区北至人民路、南靠古城墙、东临五帝巷、西到解放路，含盱江东路、花心巷、铁炉巷、祝家巷、罗家巷、五帝巷、杜家巷、下水关和季家巷，主要历史街巷有 9 条。核心保护区范围北至祝家巷黄国良民宅一带，南至杜家巷封祖锦民宅、下水关义善堂一带，西至解放路，东至罗家巷付春女民宅、季家巷朱家祠一带。

盱江东路

街区完整保留了历史空间格局，现存街巷路网、民居院落、坛庙古井古桥、历史名人、山水形胜，各种历史元素，一应俱全。其规模之大，保存之完好，在江西省内位列前茅，充分反映了传统县城的格局风貌。街区内建筑类型丰富，现存民居、祠堂、书院、佛寺、商铺、教堂等。总体上，历史街区的风貌保护完整，并没有出现较多的传统建筑和现代建筑的情况，巷道保留中国传统的古色古风的情调。目前街区内已列入县级文物保护单位的有基督教堂和刘家大夫第。该建筑平面多转折，空间轴线富于变化，大门呈八字形凹入口，左右侧墙多用硬心包心墙装饰。入口门罩雕刻精美，呈现出细致的槅扇和装饰花纹。同时天井及院落内常搭有戏台及亭子，亭子与正堂相对。室内铺装特色明显，常用 2 米左右的整块方石置于中央，并以条石镶嵌在旁边。木结构独特，常以轩廊连接正堂与厢房，大门门罩也常使用。南丰的传统建筑多在檐口做勾头与滴水，上刻有纹饰。

盱江东路街区中现有县级文物保护单位2处，已登记不可移动文物22处，传统风貌建筑112处。其中1处传统风貌建筑——罗家巷18号被推荐为不可移动文物建筑。2018年，盱江东路被批准为第三批历史文化街区。

## 中大、西路 抚州市崇仁县

中大、西路历史街区位于崇仁县巴山镇城南以东，属旧时的“民城”。唐广德二年（764），巴山镇被定为县署所在地，距今已有一千二百五十五年的历史了。巴山镇在宝水河的两岸发展，建成了南北两座集镇，这两座集镇各不相同，南城街巷如网，商店、酒楼、茶馆、钱庄、当铺、客栈、码头和民居多集于此，故称民城；北城县署、学宫、捕厅署、粮厅署、布政按察分司和镇公所、邮政代办处、法院、消防局和官第均设于此，故称“官城”。南城建有6门，周长870丈（约2900米）；北城建有7门，周长803丈（约2676.67米）；“一镇双城”，实属罕见。

中大、西路历史文化街区的吴氏大祠

中大、西路历史文化街区，现有塔西街、花街口、宝塔街3条街巷，现存明、清、民国时期不可移动文物41处。明、清时期的建筑多采用天井式类型，从而解决屋内采光、通风等问题，穿斗式木构架，硬山顶，坡顶灰瓦，青砖风火墙，呈现出青灰色建筑基调，墙头的高低起落勾画出民居的轮廓，简直美轮美奂。这些古建筑中，不乏有独具特色的建筑，如：花街口吴氏大祠位于中大社区花街口街，建于清代，硬山顶，穿斗式，砖木结构，石匾上方，高浮雕花卉边框，中间刻有“恩荣”两字，石匾中央刻有“吴氏大祠”4个大字，下方为5个方形砖雕户对。“户对”，即置于门楣上或门楣双侧的砖雕、木雕。有圆形短柱，短柱长1尺左右，与地面平行，与门楣垂直，由于它位于门户之上，且取双数，有的两个一对，有的四个两对，故名“户对”。而吴氏大祠的户对为5个，给人更多的遐想空间。

2018年，中大、西路历史街区被批准为第三批省级历史文化街区。

## 水门巷 抚州市金溪县

水门巷历史文化街区在 2016 年被批准为第二批省级历史文化街区，位于金溪县城秀谷镇东侧，胜利路以东，主要由陈家巷片区和水门巷片区组成，现被秀谷一小分隔成南北两片。水门巷片区历史建筑密集分布，建筑质量风貌较好，有几十栋明清建筑留存，其分布有明显的组团居住的特征，并且形成环形的巷道，以水门庙为环形巷道的节点，该片区被金溪水及其另一支流环抱，周边水井众多，生活取水十分方便。重要历史建筑有水门庙、周浑元故居、科第、周氏官厅等。此街区是赣东县城市民俗街区的典型。

水门巷街区中历史建筑分布较为自由，没有特定的朝向，建筑依照地形和环境而建，形成自然弯曲的和环形的巷道，巷中大多铺有条石，宽约 1.5 米至 3 米，两侧建筑外墙高约 4 米至 5 米，街巷空间尺度舒适怡人，适宜于人与人的交往。居住建筑入口采用凹进、退后或小门楼的形式，非常人性化，同时也形成了丰富的空间肌理，街巷界面完整连续并富有节奏和变化，很好地反映了传统街巷的空间特色和居民生活面貌，金溪水与一部分街巷并行或穿插，形成流水人家的风貌。

构成水门巷街道风貌特征的主要元素有马头山墙、八字墙门、木雕和砖石门罩、青砖墙面、条石或卵石地面，以及 10 余处古井和金溪水沟渠。

水门巷居住建筑为两进一天井或者三进两天井形式，平面规整成矩形，建筑体现出金溪传统的“四方斛谷兜”风格。建筑一般采用青石做基础，墙体用青砖砌筑，屋檐有黑白色的绘画。

水门巷典型建筑为明代官厅建筑，整体坐东朝西，平面为三进两天井三开间，大门为立柱式门坊，墙体有一米多厚，立柱和梁架粗大浑厚，具有典型的明代特征。最为奇特的是门洞是斜着朝向巷子的，柱础上刻有花、鸟、草、马等形象，窗棂上也有精美的雕刻。

## 王家巷 抚州市金溪县

王家巷历史文化街区在 2016 年被批准为第二批省级历史文化街区，位于金溪县城西侧，锦绣谷以南，胜利路北侧，主要由王家巷居住组团、张家巷组团和仰山书院等组成，建筑均分布于王家巷的西侧，东侧为锦绣谷。王家巷曾叫熙春巷、富春巷，近代才改名为王家巷，街宽 2 米，卵石铺地，排水处用板石铺砌。王家巷居住组团排列规整，住宅呈南北向依次排列，除有局部倒坍现象外，总体建筑质量良好。王氏宗祠位于王家巷居住组团的北侧，紧挨着仰山书院，两者均坐西朝东，面向锦绣谷，景色优美。张家巷组团围绕张家老屋和水井，坐北朝南，依张家山山坡分布。

王家巷街区由一条主巷和若干支巷构成。主巷自胜利路起，往北延伸于锦绣谷南侧脚下，全长三百余米，地面铺条石和卵石，主巷前小段宽度不足 2 米，两侧建筑山墙或围墙高 5 米有余，形成狭长高耸的空间，至王氏祠堂和仰山书院时，视线宽敞，仅西侧有建筑，东侧为锦绣峰；支巷位于王家巷组团内部，地面为卵石铺砌，两侧墙体青砖砌筑。

王家巷建筑群由现存 7 栋三进两天井的住宅前后两列依次排列而成，总体呈南北向，每栋住宅侧面山墙之间由宽约 1 米左右的巷道串连，彼此之间又由小的券门连通，局部设有廊子，整体形态十分规整，体现出大家族居住空间严谨大气的风范。王家巷建筑群北侧的王氏宗祠保存完好，为四进三天井式建筑，入口后退巷道 3 米左右。王家巷历史街区，以王氏院落为代表，规模宏大，建筑质量精良，秩序井然，街巷幽深。其间坐落着王家祠堂、仰山书院，是传统礼制文化的载体和见证，地域和时代特征鲜明，且传承有序，保存良好。

# 五 重点保护古代书院图

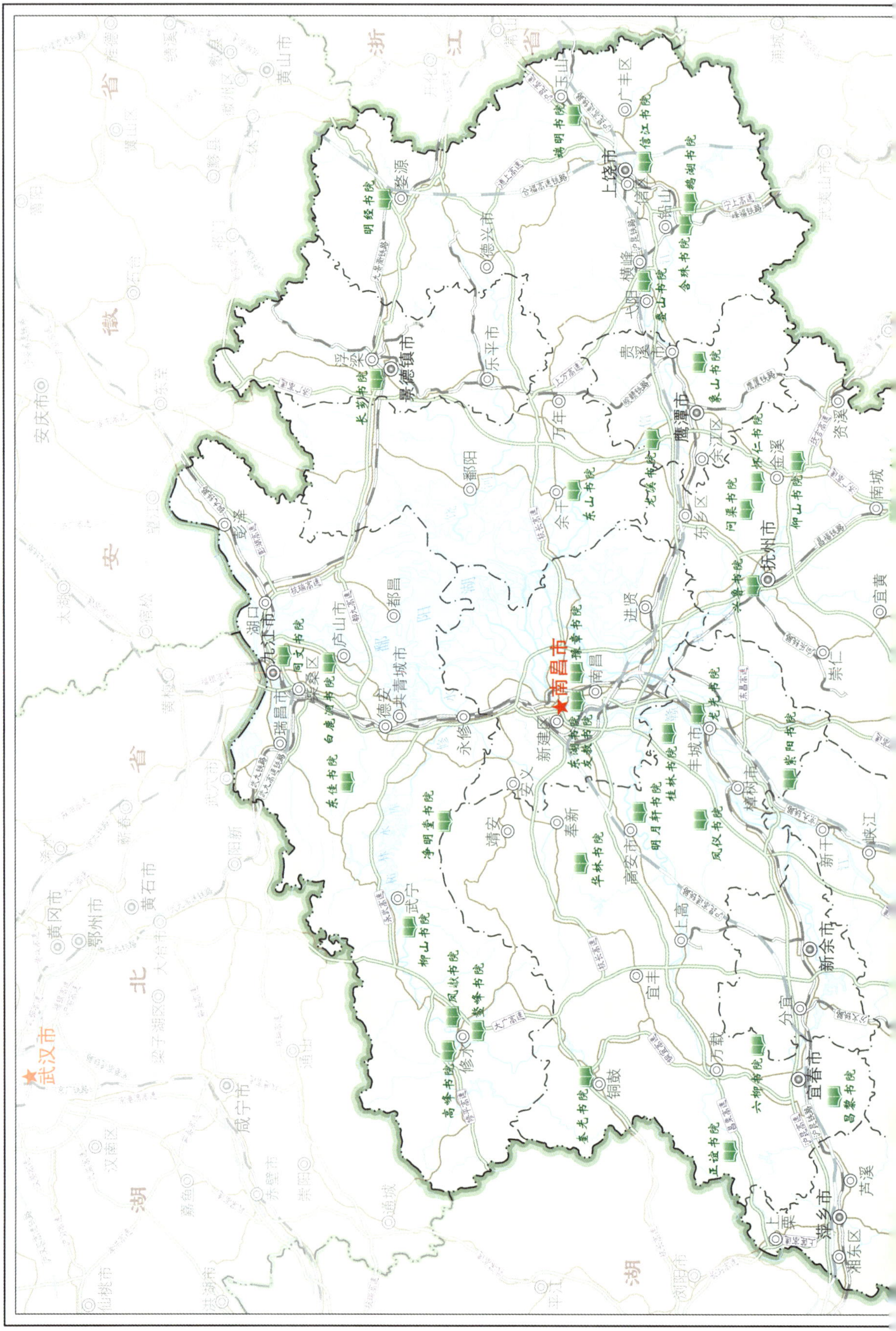

浙江省
安徽省
湖北省
湖南省
武汉市
南昌市
九江市
景德镇市
上饶市
鹰潭市
抚州市
宜春市
新余市
萍乡市
婺源
德兴市
乐平市
浮梁
鄱阳
万年
余干
贵溪市
铅山
弋阳
横峰
广丰区
玉山
信州区
余江区
东乡区
金溪
资溪
南城
宜黄
崇仁
进贤
南昌县
新建区
安义
永修
德安
共青城市
庐山市
都昌
湖口
彭泽
瑞昌市
武宁
修水
靖安
奉新
高安市
丰城市
樟树市
新干
峡江
上高
宜丰
铜鼓
万载
分宜
芦溪
上栗
湘东区
明经书院
端明书院
信江书院
鹅湖书院
叠山书院
象山书院
东山书院
龙溪书院
怀仁书院
河梁书院
仰山书院
兴鲁书院
豫章书院
白鹿洞书院
同文书院
东佳书院
净明书院
东湖书院
友教书院
桂林书院
明月轩书院
华林书院
凤仪书院
龙光书院
紫阳书院
柳山书院
正谊书院
六柳书院
昌黎书院

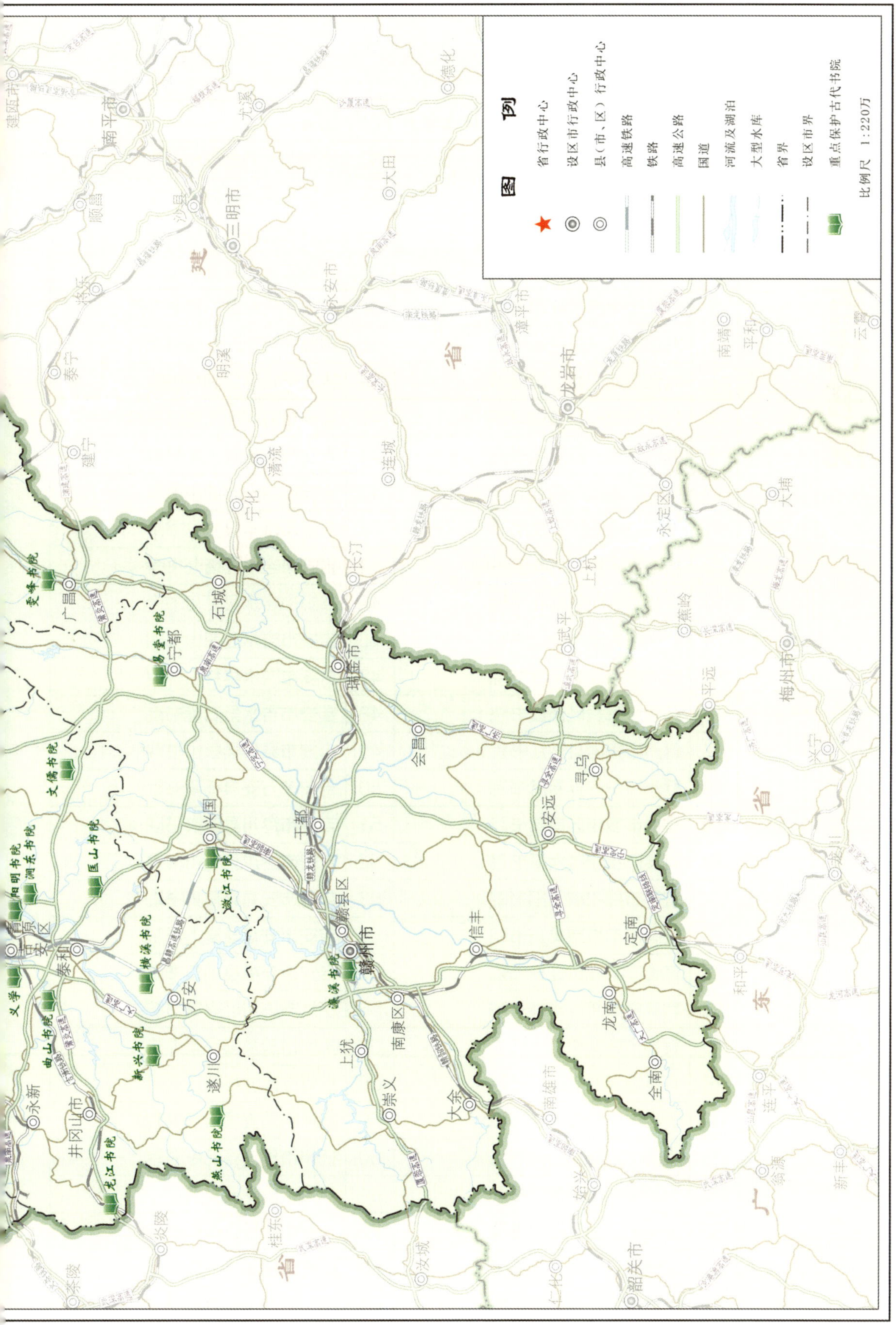
图例
省行政中心
设区市行政中心
县（市、区）行政中心
高速铁路
铁路
高速公路
国道
河流及湖泊
大型水库
省界
设区市界
重点保护古代书院
比例尺 1:220万
福建省
广东省
赣州市
瑞金市
会昌
安远
寻乌
定南
龙南
全南
信丰
南康区
赣县区
上犹
崇义
大余
于都
兴国
宁都
石城
广昌
万安
遂川
泰和
井冈山市
永新
南平市
三明市
永安市
漳平市
龙岩市
长汀
连城
清流
宁化
明溪
建宁
泰宁
将乐
顺昌
沙县
尤溪
大田
德化
上杭
武平
永定区
南靖
平和
云霄
大埔
梅州市
平远
蕉岭
兴宁
和平
连平
翁源
新丰
始兴
南雄市
仁化
韶关市
汝城
桂东
炎陵
茶陵
爱莲书院
易堂书院
阳明书院
新兴书院
龙江书院
燕山书院
濂溪书院

# 重点保护古代书院

| 重点保护古代书院 | | | |
|---|---|---|---|
| 1 | 南昌市东湖区东湖书院 | 33 | 上饶市弋阳县叠山书院 |
| 2 | 南昌市东湖区友教书院 | 34 | 上饶市余干县东山书院 |
| 3 | 南昌市西湖区豫章书院 | 35 | 上饶市婺源县明经书院 |
| 4 | 九江市修水县凤巘书院 | 36 | 吉安市吉州区义学 |
| 5 | 九江市修水县鳌峰书院 | 37 | 吉安市吉州区白鹭洲书院 |
| 6 | 九江市修水县高峰书院 | 38 | 吉安市青原区阳明书院 |
| 7 | 九江市武宁县净明堂书院 | 39 | 吉安市青原区涧东书院 |
| 8 | 九江市武宁县柳山书院 | 40 | 吉安市井冈山市龙江书院 |
| 9 | 九江市德安县东佳书院 | 41 | 吉安市吉安县爱莲书院 |
| 10 | 九江市庐山市白鹿洞书院 | 42 | 吉安市吉安县曲山书院 |
| 11 | 九江市浔阳区同文书院 | 43 | 吉安市永丰县文儒书院 |
| 12 | 景德镇市昌江区长芗书院 | 44 | 吉安市吉水县衡公书舍 |
| 13 | 萍乡市莲花县复礼书院 | 45 | 吉安市吉水县复初书舍 |
| 14 | 鹰潭市贵溪市象山书院 | 46 | 吉安市吉水县朗山书院 |
| 15 | 鹰潭市余江县龙溪书院 | 47 | 吉安市吉水县科山书院 |
| 16 | 赣州市章贡区濂溪书院 | 48 | 吉安市吉水县石莲书院 |
| 17 | 赣州市兴国县潋江书院 | 49 | 吉安市泰和县匡山书院 |
| 18 | 赣州市宁都县易堂书院 | 50 | 吉安市万安县横溪书院 |
| 19 | 宜春市袁州区昌黎书院 | 51 | 吉安市遂川县新兴书院 |
| 20 | 宜春市袁州区六柳书院 | 52 | 吉安市遂川县燕山书院 |
| 21 | 宜春市樟树市紫阳书院 | 53 | 吉安市安福县复真书院 |
| 22 | 宜春市丰城市龙光书院 | 54 | 吉安市安福县复古书院 |
| 23 | 宜春市丰城市桂林书院 | 55 | 吉安市安福县山角书院 |
| 24 | 宜春市奉新县华林书院 | 56 | 抚州市临川区兴鲁书院 |
| 25 | 宜春市高安市明月轩书院 | 57 | 抚州市东乡县问渠书院 |
| 26 | 宜春市高安市凤仪书院 | 58 | 抚州市南城县盱江书院 |
| 27 | 宜春市铜鼓县奎光书院 | 59 | 抚州市乐安县如蘭书院 |
| 28 | 宜春市万载县正谊书院 | 60 | 抚州市乐安县元猷书院 |
| 29 | 上饶市信州区信江书院 | 61 | 抚州市乐安县文馆 |
| 30 | 上饶市玉山县端明书院 | 62 | 抚州市金溪县仰山书院 |
| 31 | 上饶市铅山县含珠书院 | 63 | 抚州市金溪县怀仁书院 |
| 32 | 上饶市铅山县鹅湖书院 | 64 | 抚州市广昌县雯峰书院 |

## 东湖书院 南昌市东湖区

东湖书院创建于南宋，坐落于南昌东湖之滨，原为宋臣李寅的涵虚阁。其时，为了推动理学发展，隆兴府通判丰有俊建议在涵虚阁基础上创建书院，该建议得到了秘阁修撰、江西转运使胡频的支持。嘉定四年（1211），在府学教授刘余庆的主持下，沿湖修筑了 34 间房屋，建成了一所“门庭堂宇，宏丽崇深，庖幅器用，咸备无缺”的书院。胡频又将东湖水利、水产和一部分公田收益划归书院，专供书院费用，并征江南西路十一军州图书充入其中。东湖书院得以完成之后，江西提举兼提刑袁燮即奏请宋宁宗敕赐“东湖书院”额。东湖书院不仅在江西名声极高，而且在全国也有一定影响。“处白鹿，游东湖”成为当时名流、学者的荣誉学历，其时许多著名学者都先后在东湖书院讲学和游学，如宋代黄榦、李燔、饶鲁曾讲学于此处，江万里、程文海也在此游学。东湖书院在有元一代还有大声名，但至明代之后衰败。清嘉庆年间东湖书院得以重建。同治九年（1870）书院订有《官绅核定东湖书院章程》，规定书院主旨、山长聘任、束脩数额、经费开支、生徒管理、祭祀名单、迎送礼仪、考课方法、奖惩条例等，形成了规制完备的书院制度。书院于光绪年间改制。

## 友教书院 南昌市湾里区

友教书院又名澹台祠书院，因纪念孔子弟子澹台灭明而得名，其历史可以追溯至宋代。据载，南宋淳熙间江西转运副使程大昌在澹台墓前修建澹台祠以祀先贤，祠匾曰“友教堂”。万历十五年（1587），南昌知府范涞与知县何选倡率士民重修澹台祠，并建为书院，仍匾曰：友教堂。李材、章潢、邓以诰、邓以赞、徐即登等曾先后在此讲学。万历四十一年（1613）巡抚江西右副都御史王佐以澹台祠书院滨临东湖，地狭人挤，于是倡率士绅，将书院迁往南昌府学南棉花市街，原址祠庙保留。友教书院在明末清初之际一度与白鹿洞书院、鹅湖书院、白鹭洲书院并称为“江西四大书院”。然而甲申之后，友教书院化为兵隶厩舍，几近荒废凋零，直到清代乾隆之际才再度辉煌。乾隆三十三年（1768），省城士绅联名呈请兴复友教书院，然因束脩、膏火无着而中止。乾隆三十八年（1773），布政使李瀚清查原属友教书院之田亩，倡率官绅增加经费，酌定章程，延掌教集生徒，设管院，书院遂见起色。乾隆四十八年（1783）布政使冯应榴重修，院中前为书院讲堂，后为君子堂。然而，至乾隆后期，友教书院又因年久失修，屋宇渗漏，图籍散失，讲学荒废，气度毫无。乾隆五十四年（1789），王昶出任江西布政使，在任上他重修扩建院舍，增加充实教学经费，添置图书，整顿规制，制订《友教书院规条》，并亲自讲学其中，聘安义进士杨继熊、奉新宋鸣琦等主讲，聘请徐懋绩、黄爵滋、万良等执教，友教书院进入到清代最为兴盛时期。

## 豫章书院 南昌市西湖区

豫章书院旧址

豫章书院最早建于南宋孝宗隆兴元年（1163）至宁宗开禧三年（1207）间，为名儒罗从彦弟子李燔于南昌进贤门所创，弟子饶鲁等于此侍讲，是当时理学在江西的重要传播基地，然后是几百年的沉寂。清康熙二十七年（1688），巡抚宋荦将“豫章二十四先生祠”改名“理学名贤祠”，祀澹台灭明等47人，新增者有澹台灭明、范宁、韩愈、范仲淹、欧阳修、周敦颐等；康熙二十八年（1689）继又拨款进行整修，使之初步发展成为教学功能、集招生徒、接纳游学讲学的一个组织，成为豫章书院完全复兴的前奏。康熙三十一年（1692）巡抚马如龙在“理学名贤祠”西侧重建豫章书院，建斋舍，并将“理学名贤祠”祭祀正殿修成书院祭祀殿堂；聘南昌进士熊飞渭为山长，选江西各府、州、县、厅学之生员俊秀者入学。马如龙亲订学规、选订教材，并主讲其间，使得豫章书院成为由巡抚直接掌管的省城书院。康熙五十六年（1717），巡抚白潢重建豫章书院，而且布局有所不同，右为讲堂，左为祠堂，面向全省选拔数百名学子读书其中，延请原右通政使、新城（今黎川）进士鲁瑗主讲。白潢又恭请圣祖爱新觉罗·玄烨赐额；康熙五十七年（1718），在最高统治者鼓励和推动下，豫章书院得到进一步发展。乾隆七年（1742），江西巡抚陈宏谋制订了《豫章书院学约十则》和《豫章书院节仪十条》，使得豫章书院的各项规制完备，成为当时全国重要的书院之一，为江西乃至全国培养不少人才。

## 凤巘书院 九江市修水县

凤巘书院是修水众多书院中最具名气的一所，这不仅仅是因为书院的豪阔壮丽和古色古香的青砖黛瓦马头墙以及雕栏画栋的古代建筑艺术，更主要的是因为中国现代史上三大著名武装起义之一的修水秋收起义的工农革命第一军第一师一团曾经驻扎在这里。

书院坐落在古城的凤凰山下的凤巘门前，素有凤巘朝阳之说，纵横广阔，百米之内无他物，背北面南，一进三重，青砖黛瓦，飞檐翘角，有宫殿之气势，无奢侈之土俗。

清同治三年（1864），时任知州邓国恩极重人才培育，他认为凤巘门依山造垫，傍水生津，集山川之秀，揽秀水之灵，最宜设馆筑阁，培植饱学之士。于是乎，他四面奔走，八方鼓呼，聚乡贤于州衙，倡士绅于里正，设馆延师，招揽才俊齐集于馆，自书匾名曰“凤巘书院”而高悬于正门之顶，于是乎修水众多的书院行列又增添了一员新秀。

凤巘书院占地760平方米，一进三重，前重为讲经堂，中重谓文昌阁，后重曰魁星阁。左右两厢则以“智、仁、圣、义、中、和”六字排序为仕子肄业之所，共有房室60余间可供学子吃住之用。清末维新时曾奉命改为义宁州立高等小学堂，民国元年，帝制消亡后被废弃。新中国成立后，部分被改建他用，现在保存较为完整的只剩下中重了。即便只余三分之一，然而，就其现有的规模、气势、结构就足可窥其往昔辉煌之一斑了。

现在建筑部分因获其革命遗址之福而多次得到政府专款维修保护，虽属残余，一进大堂之后，便自有一股凛然之大气，麻条石嵌边，小砾石拼花天井排列左右，高大雄伟的木构架辉映出它的古老繁华，厢房里的八仙桌、太师椅，墙壁上的先辈遗像更显示了它的庄严与肃穆，让人似乎已看到八十多年前的初秋，何长工等老一辈革命先驱们正紧张地描绘由我党领导的第一支工农武革命武装旗帜图样。1927年9月9日，由中国共产党亲自缔造的人民军队“工农革命军第一军第一师”在党的指挥下，在修水打响了秋收起义的第一抢，升起了第一面镰刀斧头大旗，从打响第一枪之时，直到井冈山会师并创建了中国革命第一个革命根据地，修水和凤巘书院同时载入了光辉的革命史册。正因为如此，该书院除了它固有的艺术价值之外，又平添了几分历史价值。

## 鳌峰书院 九江市修水县

鳌峰书院位于九江市修水县义宁镇肖爷巷北，坐北朝南，砖木及土木混合结构，占地面积864平方米，三进三天井。

一幢古建筑青石大门上方，“鳌峰书院”4个行书红色大字赫然在目。大门前立有“修水县文物保护单位”的石碑。据以前在此读过书的老人介绍，取名鳌峰书院意谓“独占鳌头”。书院正身一进三重，45步，横20步，是修水县县城仅存的一座较为完整的书院。

鳌峰书院于清同治八年（1869）修水县高乡众乡绅捐资兴建，目的是为了让更多的人读书。鳌峰书院当时兴盛修城，成为修水境内规模和影响较大的书院之一。清末被改为高等小学，1942年县立第一中心小学由农村迁回县城，曾设在鳌峰书院。

《修水县志》记载，书院结构简朴，独具匠心，分为三重，下重左右各一个天井采光排水，中重有一大天井，站在大门口往里看，三个天井正好形成一个天然的“品”字。“品”凸显了鳌峰书院的特立个性，也体现了清贫乐道、品德为先的办学育人宗旨。修水教育史书有记载鳌峰书院的对联：“鳌峰凌紫府，鸿翼搏青宫。”“书卷莫教春色老，诗怀常伴月华开。”可见当时老师对学子的殷切期盼。

该书院对于了解清代当地教育状况、建筑风格及技艺，具有一定的研究价值。2007 年被公布为修水县重点文物保护单位。

## 高峰书院 九江市修水县

高峰书院位于九江市修水县杭口镇双井村，背依巍峨杭山，面临修江秀水，东有明月湾，西为金盆里（黄山谷先生故居处），修竹丛丛，古木森森，环境极为静谧幽美。书院处原系山谷先生少年读书的地方，乡人都说“黄文节所著诗书勃奥，乃得自山林秀气”。故倡建书院于其间，因院后有一高峰，故名高峰书院。

该院建成后，曾经兵燹，时有消落。清同治年间（1862—1874）捐款重建，续因兵荒，又曾一度败落。光绪二十三年（1897），民间集款，进行了一次较大的修整。修整后的校舍，屋面宽 64 步，一进三重，有大门三个，中间为主体，两边一式翼附。各种厅堂共计 40 余间。至今，院舍主体和左翼，仍保存完整。

现今的高峰书院坐北朝南，砖木结构，三进一天井，宽 53 米、进深 35 米、高 9 米，总占地面积 2640 平方米，制式古朴，布局合理。格局为四合院式，回形的四排房间都是教室，为激励学生的学习积极性，学校将 48 位进士的名字和事迹用木刻展示陈列于图书室内。为学习发扬中国优秀传统文化，在当前规定的课程外，这里还开设有国学等课程。

高峰书院对于了解清代当地民间教育、民风民俗及书院建筑状况，具有一定的研究价值。2007 年被公布为修水县重点文物保护单位。

## 净明堂书院 九江市武宁县

净明堂书院，又名净明堂寺，位于武宁县杨洲乡南屏村，九岭山脉武陵崖中下部篁山腹地。始建于清康熙甲子年（1684），为明末戎旗先锋营都司李致庵退藏出家后开山所建，最初由道人住持，清末改由佛教僧人住持。净明堂原建筑为清代四合院建筑，砖木石结构，青砖灰瓦，壮观朴素。主体建筑一进四重，第一重山门三间，第二重旁设二厅，中置石雕天井一座，四周皆石刻浮雕，如八洞神仙、飞禽走兽、花鸟鱼虫、狮马鹿象等，栩栩如生。天井中置一三层石塔，高丈余。循两厅石阶直达主殿堂为第三重，两边楼上左置晨钟，右设暮鼓。后重中间为客厅，两旁为书斋禅房。殿堂东厢筑学堂两间，供教学设馆之用，是瓜源有名的私塾学堂，名人辈出，如清代进士卢浙、卢鸿翔、舒鼎，武状元张大鹏和红五军团参谋长李屏仁等都在此读书或任教。净明堂兴盛时期，有水田40亩，山场数百亩，香客络绎不绝，文人慕名而至，寺内珍藏经书丰富，文化底蕴深厚。

1968年前后，殿堂被拆除，全部建筑被毁，砖瓦木料运至山下建成张湾小组仓库，至今犹在。

## 柳山书院 九江市武宁县

柳山书院位于石渡乡柳山，宋绍兴年间（1131—1162）乡人陈功显创建。柳山原名飞来峰，南屏荷山，北倚修江，海拔569米。一峰独秀，直插云天，有“秀压西南第一峰”之誉。在柳山之阴，有石平坦如台，唐天宝年间进士、衢州司马柳浑弃官隐居在此，常与兄柳识及萧定、卢虚舟、李勋、袁高等人在石上读书、吟诗，其间，不少文人学士慕名前来读书或求学。后人称其石为柳浑读书台（亦称柳浑精舍），柳山由此得名。陈功显在“柳浑精舍”建祠，祀柳贞公，设讲堂，辟斋舍，聘名师讲学，教授乡里子弟。开庆年间，毁于兵乱。陈功显之孙陈时章重建。元代复毁。明成化二十一年（1485），知县冯琦重建，又称柳贞公祠。清乾隆年间重修书院，民国时期曾于院内设柳山小学。

柳山书院制定了较为全面的书院条规：书院设山长一人，为该院主管兼讲师，山长由地方举荐科甲之士，经知县延聘，岁奉束脩二千文。院内设水火二夫和院子三人，助理山长。设正课、附课两个班级，每年二月初一开馆，腊月初一日解馆，腊月初二日进行考试。附课录取名额不限，食宿自理，每月逢六举行三课，初六、十六、二十六为馆课，馆课由山长发卷考试。柳山书院不仅有专门的讲堂和斋舍，而且具备藏书丰富的书楼，这样就可以保证教学、治学等正常学习生活的需要。在制度管理方面更加严格，制定了作为生活与学习准则的学规，同时还颁布了有关考试、图书借阅等方面的管理制度，保证了柳山书院的规范性，为书院的艺术研究、人才培养创造了有益的条件。

## 东佳书院 九江市德安县

东佳书院（现为遗址），位于德安县城西北32千米（今爱民乡红岩村），是我国最早的书院之一，它比白鹿洞书院至少早半个世纪。据中国古代书院史之研究，江西德安东佳书堂创立于唐龙纪年（889）前，发展到宋，成为江南著名的书院，所藏书、帖“号天下第一”（文德翼《求是堂集》）。

书院坐落在东佳山下，这里环境清幽，风景秀丽，无车马之喧，无俗尘之染，是一个读书治学的好地方。“东佳左峙形胜一方甲第，源泉右绕泽流百代人家”，这副赞美东佳书院风景的对联，镌刻在两个 4 米高的石柱上，至今保存完好。

东佳书院有家法的保障与家族的支持，德安义门陈氏能聚族同居 230 余年，就是因为有独一无二的《陈氏家法三十三条》。《家法》第八条、第九条提出创办书屋、书堂，对学生入学、选择教师、供应纸笔墨砚、书籍保管等都做了规定。陈氏家族教育的最大特点是组织完备，它有书屋、书堂两个层次。书屋是基础教育，教化童蒙，供 7 岁至 15 岁的少儿入读。陈氏子弟在书屋毕业后，其中学习努力、成绩优秀的，方能入东佳书堂就读并参加科举考试。从书堂丰富的藏书、为举业做准备以及承担为书院培养师资的职责等特征来看，不难发现其教育程度要高于书屋，东佳书堂的高等教育性质开了我国古代书院教育与学术紧密结合这一优良传统的先河。因此陈氏历位家长都重视教育，舍得投入，使东佳书堂在有“书楼、堂庑数十间，聚书数千卷”的同时还拥有学田 20 顷。陈氏家族设置学田作为书院的固定收入，保证了书院聚徒、聘教、教学、购书、藏书等各项事业的稳定发展。

东佳书院开创了一代读书新风，取得了显著的教育成果，为朝廷培养了大批人才。唐宋时期，从书院走出了 18 位朝官（其中有 3 人担任过宰相）、29 个地方官、55 位进士，陈氏“八英九才子”“同榜三进士”更是传为美谈。而且，书院重视人伦教化，通过对家族子弟宗法伦理意识的培养，形成了“世守家法，孝谨不衰，闺门之内，肃如公门”的良好家风，使德安陈氏成为古代封建家族的典范。因此，唐僖宗、南唐烈祖、宋太祖、宋太宗、宋仁宗等皇帝先后褒旌陈氏为“义门”。书院因声名远播、山水佳秀、藏书丰富，还吸引了欧阳修、朱熹、吕端、钱若水、黄庭坚、杨亿、苏轼等文人学士前来求知、讲学或游览，留下了 300 多件题词文章和诗篇。

## 白鹿洞书院 九江市庐山市

白鹿洞书院坐落在庐山五老峰东南麓，庐山市海会镇与白鹿镇交界处，环山公路旁，东邻鄱阳湖。建筑群四面环山，山地面积 2900 余亩；古建坐东北朝西南，建筑面积 7800 多平方米。贯道溪（发源于五老峰的凌霄峰）自北向南从院前流过，地理位置优越，属于亚热带季风气候。

白鹿洞书院是全国重点文物保护单位，是世界文化景观——庐山的重要景点之一，历史上享有“海内书院第一”“天下书院之首”的美誉。它肇基于唐，定名于北宋，盛于南宋，绍隆于明清，是中国古代最负盛名的高等学府。

唐贞元年间（785—805），洛阳人李渤与其兄李涉在此隐居读书，渤养白鹿自娱，人称白鹿先

白鹿洞书院

生；又此处四面环山，俯视似洞，白鹿洞因此而得名。

北宋初年，白鹿洞书院规模日盛，与睢阳、嵩阳、岳麓并称全国四大书院。皇祐六年（1054），书院毁于兵燹，仅剩瓦砾榛荆，茂草荒丘。

南宋淳熙六年（1179），大理学家朱熹任南康军，兴复白鹿洞书院，措置田产，征集图书，聘请教师，招收生徒，手定教规，自任洞主，亲自讲学，他制定的《白鹿洞书院揭示》，成为后来七百年间封建教育办学的指导方针，至今海外的一些学校仍用它做校训。经过朱熹的苦心经营，书院很快成为了封建科举时期书院教育的典范。

明正统元年（1436），南康知府翟溥福重建白鹿洞书院，奠定明清时期白鹿洞书院建设的规模和基础，明代虽有张居正和魏忠贤废全国书院之举，但白鹿洞书院受到的损失较小。

清顺治七年（1650），康熙皇帝重视书院教育，赐额、赐书，并派多人进行修葺、编修院志，白鹿洞书院达到鼎盛时期。光绪二十七年（1901），清廷下令将白鹿洞书院改为了学堂。宣统二年（1910），白鹿洞书院被改为江西省高等林业学堂。

新中国成立后，党和政府采取了一系列措施对白鹿洞书院进行保护和修复，1959年被列为江西省文物保护单位；现在，白鹿洞书院已成为了集文物管理、教学、学术研究、旅游、林园建设五位一体的综合体，是一个独具特色的文化旅游胜地。

## 同文书院 九江市浔阳区

同文书院始建于清光绪二十三年（1897），国家级重点文物保护单位。坐落于九江市同文中学校园中心位置，建筑结构为四层砖瓦结构，现存三层。

清同治六年（1867），美国传教士赫尔利陶理等经清政府同意于城外土桥创办“埠阆小学”，为江西省第一所教会书校。1881年，随着学校规模的扩大，学校选择城内南门口为新校址。1906年，学校在新校址挖掘出三大坛唐开元古钱。校长库思非把这些古钱拿到美国换得巨款，加上美国教会本身筹集的一部分钱，新建教学楼，并取《中庸》“普天之下，车同轨，书同文”之意，定名为“同文书院”。

同文书院分设小学部、中学部、神学部、大学部等四组，学期小学3年、中学4年、神学2年、大学2年。建院初期，书院有外国教师4名，中国教师8名，学生80余名。每位学生1年学费食费合计60元。书院经营除收取学生费用外，美以传道会每年补助12000元，在同文书院坚持办学40余年，直到新中国成立后人民政府收回教育主权。

1912年，孙中山先生参观访问同文书院，和书院师生座谈交流，对同文书院开放包容的书院文化表示赞赏，并手书“同文书院”四字。后同文书院将其手书制作成牌匾悬挂于书院大门正上方。

新中国成立以后，同文书院成为九江市第二中学（后改名为九江市同文中学）的重要办学场所。2017年，在市委市政府的大力支持下，同文书院建设成为九江市同文中学的新校史展览馆。

解放前，作为九江的教育重镇，同文书院培养了一大批杰出人才，他们为国家的进步和社会发展做出了杰出贡献。其中有无产阶级革命家方志敏、傅烈、谢贤庆、杨嗣震，中国共产党早期领导人饶漱石，中国第一批留美女博士石美玉、吴懋仪、康成，学部委员、华中理工大学校长杨叔子，亚运村总设计师、北京建筑设计院院长熊明，我国第一代同步通信卫星通信系统设计者、解放军总参通讯部副部长杨千里等。

同文书院建筑风格兼具中西特点，具有极高的审美价值。同时，在历史上作为教会学校，同文书院见证了中西文化交流的发展历程，具有极高的历史研究价值。

## 长芗书院 景德镇市昌江区

长芗书院始建于南宋，至今已有八百二十年的历史，是宋元之际江南地区有着较大影响的书院之一，是景德镇市十分重要的历史文化遗产。

南宋庆元三年（1197），景德镇监镇季齐愈仿白鹿洞书院规制创建了长芗书院。长芗书院因建在长芗都而得名。“长芗都”为景德镇旧地名。长芗书院于明初洪武四年（1371）停办，历时174年。

长芗书院位于景德镇禅师山，今址为国家森林公园。这里层峦叠嶂，远离尘嚣，历来是读书讲学的好地方。禅师山开山祖师唐代西峰禅师，两度受到皇帝的赐封。北宋时期，山中建有云林别墅，状元刘辉、进士程节、程筠从这里走出。禅师山保存有宋元古道、古山门、古井、碑刻等历史遗迹。

元代，曾任辽、金、宋三史总裁的史学家、文学家欧阳玄来长芗书院讲学，留下了“圣朝无地非无教，院在长芗业已专”的赞美之词。明代戏剧家汤显祖对长芗书院予以肯定。长芗书院参与刊刻的元刻本《隋书》现珍藏于中国国家图书馆，成为珍贵历史文献。江西省博物馆的镇馆之宝——元青花釉里红楼阁式谷仓，是元代长芗书院山长凌颖山孙女的陪葬品，是目前所发现最早记载长芗书院名称的实物。这件宝物同曾侯乙编钟、三星堆青铜神树、金缕玉衣等一起，被国家文物局公布为第一批禁止出国展览的文物。

赓续百代文脉，重启千年学风。2016年以来，沉寂了6个半世纪之久的长芗书院重启讲坛，被赋予藏书、讲学、文化交流三大功能。复兴以来的长芗书院，成为历史文化名城瓷都景德镇的又一个独具魅力的文化景观。

## 复礼书院 萍乡市莲花县

复礼书院是明清时期的一座高等书院，创办人是江右久负名望者之一，明代王阳明再传弟子、著名理学家刘元卿。清雍正版《江西通志》“书院志”有小传。书院面禾山，背武功，位于当时江右学术中心之一——安福县境内（现属于莲花县），始建于明隆庆六年（1572），次年落成。

明隆庆六年（1572），理学家、文学家、教育家刘元卿（1544—1609）因会试不第，埋头著书和热衷讲学。为了讲学，倡里弄二十四姓士民创办书院，中为明德堂，前为门，题词“复礼书院”；后为“四贤祠”，祠有楼房三间，中为“留贴阁”。明万历七年（1579），神宗诏毁书院，全国大多数书院被迫停办，刘元卿又将复礼书院改名为“五谷神祠”，仍聚众讲学如故。万历十二年（1584），学禁方开，复礼书院仍复原名。书院创办以来，历经四百多年，一直是治学场地，是县历史悠久的一座学府，曾培育了一批批学子。书院位于莲花县闪石乡境内，现为复礼中学。1984年列为县级文物保护单位。

这一自古誉为“礼门义路，圣域贤关”的理学圣地，总建筑面积长宽达百丈有余。刘元卿认为，自己的老家（时归安福县管辖）处于距县城百八十里的西南边陲，道险远，阻声教，其俗故尚富兢胜，莫肯顺理。豪杰者至抗治吏而强有力，多苦佃民，而兼其资，非一日之积矣。这种现状使予自在诸生中，深引为耻。其时，正值明朝后期，王阳明所创立的、旨在学术上突破与革新在当时处于主流地位的程朱理学的束缚，使社会由乱而治、由衰转盛，而以“致良知”为宗旨的心学理论红遍大江南北，而王阳明的弟子、后学则以讲会为形式，以书院为依托，在社会上大力倡导和推行这一理论，以致书院讲会活动遍地开花，风靡一时。

## 象山书院 鹰潭市贵溪市

象山书院位于江西省贵溪市，始建于宋淳熙十四年（1187），是南宋著名理学家陆九渊开创讲学之所，与长沙岳麓书院、金华丽泽书院、庐山白鹿洞书院为南宋著名的四大书院。书院前身为象山精舍，坐落于现龙虎山风景名胜区上清镇东南的应天山。宋绍定四年（1231）迁建于贵溪县城河对岸的三峰山下徐岩，得诏赐“象山书院”匾额。

象山书院

陆九渊在象山精舍既是其讲学盛时，亦是他的“心学”思想体系完成时期。他规定了象山精舍的办学宗旨是：“明理”“志道”“做人”。陆九渊在象山精舍历时 5 年，先后来求见文学者“逾以千人”，在离开之际嘱托傅季鲁代为主掌，并望其将精舍扩成书院。陆九渊不久去世，朝廷赐“文安”谥号。为了缅怀先贤，弘扬陆学，陆九渊的高足弟子杨简的得意门生江东提刑袁甫，奏请将象山精舍迁建于贵溪县城河对岸的三峰山下徐岩，宋绍定四年冬书院落成。院内有祭文安（陆九渊）、梭山（陆九韶）、复斋（陆九龄）三先生的祠庙一栋，学生的斋舍百楹。象山书院日益兴旺，盛况空前。元代，书院未曾修葺，几近销声匿迹，一片荒凉。明成化二十年（1484），皇帝命再度修缮象山书院。正德、嘉靖年间，是明代书院发展的高潮，象山书院也进入了它的繁荣期。明代著名文学家李梦阳在担任江西提学副使期间，亲临贵溪对象山书院进行大规模的修整。明正德五年（1510），武宗皇帝诏刻刚劲镌永的“象山书院”四字，石刻在西峰峭壁之上的 14 米多高处，它每个字 1 米见方，是 480 多年前的遗迹。至今中峰陡壁上，尚残存正德壬申（1512）夏言瞻仰、桂恭讲学的阴文石刻，反映当年书院盛况。

## 龙溪书院 鹰潭市余江县

龙溪书院位于鹰潭市余江县锦江镇团黄村委会岗底李家村。坐落在群山环抱、山清水秀的云盖峰山下，是清朝乾隆癸未年（1763）安仁举人李尚宗在浙江省金华就任左堂告老返乡后为族人所建。

龙溪书院占地约 500 平方米，坐东北朝西南，砖石梁架结构。大门为牌坊式“八字”门楼，青麻石建造，上下三层，呈塔形。翘起的沟檐，镂空的雕刻，与以戏曲人物为内容的栩栩如生的人物图案融为一体，展现了古代精美的建筑艺术和高超的建筑水平。书院主体房屋高约 5 米，歇山屋顶，土瓦覆盖，青砖墙面。面宽 12 米，院宽 23 米，进深 24 米，建筑面积 288 平方米。进门后有亭廊，直通正房，共三进两个天井，天井两侧有厢房。西侧一排平房，有学舍 10 余间。

清代著名文学家、戏剧家蒋士铨曾为龙溪书院写了《龙溪书院记》，蒋士铨和李尚宗同年中举，都是金德瑛的门生，可谓同门。

龙溪书院是江西省至今保存最完整的古代书院之一。得益于 3 个方面的原因：一是龙溪书院地处云盖峰山下，地方偏僻，交通极为不便，没有受到战火的洗礼；二是岗底李家村民有较好的保护意识，家教之善，村规之约，使他们懂得珍惜祖先遗留下来的宝贵财富；三是龙溪书院从创建到 20 世纪 90 年代初一直在使用，清至民国是岗底李家村的私塾；抗战时期日军飞机轰炸锦江镇，锦江小学曾一度迁入这里；新中国成立后至 20 世纪 90 年代初，龙溪书院一直用作团黄村小学的校舍。

现在，这座历经二百四十多年尚保存完整的古代书院风韵依旧，令人惊叹不已，对我们研究古代书院建筑具有非常宝贵的价值。1987 年，龙溪书院被公布为第一批县级文物保护单位。2005 年，被公布为第一批市级文物保护单位。2018 年，被公布为第六批省级文物保护单位。

## 濂溪书院 赣州市章贡区

濂溪书院位于赣州城南。创建于宋嘉祐年间（1056—1063），院址旧时设在水东玉虚观左，是虔州通判周敦颐与程颢、程颐讲学处。元末毁于战火，明洪武四年（1371）重建。弘治十三年（1500），迁郁孤台下。崇祯十三年（1640），迁城东光孝寺右（今赣州一中内），改称廉泉书院。清顺治十年（1653），复改为濂溪书院。书院建有楼、台、亭、阁、堂、所共 10 余处，题词碑刻 8 处。清末为道立书院，光绪二十四年（1898），在院内附设致用中学堂。

## 潋江书院 赣州市兴国县

潋江书院

潋江书院位于兴国县潋江镇。书院坐北朝南，砖木结构，始建于清乾隆三年（1738）。1930年至1934年，书院为兴国县苏维埃政府所在地。1983年，潋江书院被评为县级文物保护单位。1991年至2002年，这里成为中国人民解放军兴国县籍将军生平事迹展览馆。2001年，潋江书院被命名为第二批百个全国爱国主义教育示范基地。2006年，被评为全国重点文物保护单位。

潋江书院是江南书院建筑的典型代表。依山造形，五重递进，由门厅、讲堂、拜厅、魁星阁、文昌宫和崇圣祠组成一个建筑群，由北而南建在一条中轴线上。建筑由低而高，阶梯次，设计严谨，布列有序，气势恢宏，雄伟壮观。

潋江书院是兴国阳宅风水建筑的典范。清乾隆二年（1737），湖北大冶徐大坤任兴国知县时，应邑人所举，倡建学宫，请三僚名师廖应梓开盘定位，次年书院落成，亲书匾额“潋江书院”。

潋江书院兴建之期，正是兴国三僚风水文化的兴盛时期，整个建筑的设计处处蕴含风水讲究。书院位于兴国县城之北，背山望水，坐西北向东南，立乾山巽向兼亥巳，左水倒右，水出丙口为正旺向；合文库消水。书院左前方为牌坊式门楼，申山寅向兼庚甲，开甲门，子癸火来，水出巽，坐西南向东北。

书院建成后，县内文风大振，人才辈出。特别是民国以来，国共两党近百位将军，大多学出于此。

## 易堂书院 赣州市宁都县

明亡清继，许多爱国志士坚守民族气节，或以身殉国，或退隐山林，不与清廷合作。在江西宁都也出现了这样一个爱国文人团体——易堂九子。易堂九子中有清初散文三大家之一的魏禧，及其兄弟魏际瑞、魏礼，姐夫邱维屏，同门师兄弟李腾蛟、曾灿，同里友人彭任，南昌友人彭士望、林时益。九子隐居翠微峰，讲学著述，求真学问，写真朋友，交真朋友，育真人才，守真气节，做真君子，被方以智赞为“易堂真气，天下罕二”。

易堂九子是一个爱国文人团体，也是一个教育团体。他们设馆讲学，传授经世致用思想，宣扬救国救民真理，门人来自江西各地和福建、广东、安徽、浙江等地。易堂学馆地点有三，即邱维屏主持的翠微峰易堂学馆、李腾蛟主持的三巘学馆和魏禧主持的水庄学馆。

易堂学馆于庐山市的髻山学馆、南丰谢文洊的程山学馆互为呼应，影响巨大，称为“江西三山学派”，易堂学馆为其首。受学于易堂三馆的门人子弟，有“小三魏”魏世杰、魏世傚、魏世俨，著名画家曾先慎、地理学家梁份、颜李学派重要人物王源等。他们继承了九子的思想，火尽薪传，使易堂九子在江西乃至全国影响深远。

## 昌黎书院 宜春市袁州区

昌黎书院（红一方面军军事会议旧址）位于宜春市袁州区考鹏居委会沙子巷宜春第四中学内，西邻宜春台，东靠沙子巷，北面为中山中路，南面为东风大街。

始建于北宋皇祐五年（1053），元末毁于兵燹。明正统年间（1436—1449）移建于此。清嘉庆十五年（1810）最后一次重建，是为今制。光绪十九年（1893）改办宜春中学堂。2014 年 7 月 2 日书院进行了修复工程，于 2015 年 12 月 30 日，历时一年半正式竣工。修复后的昌黎书院内设有韩文公祠、明伦堂、乡贤祠、中国工农红军第一军团第四军军部旧址、爱国主义教育基地，为集古色、红色等为一体的文物点。

该建筑坐北朝南，砖木结构，面宽 18.53 米，进深 24.04 米，建筑总面积 445.5 平方米。书院式布局，上下两栋，两栋之间架有廊亭，廊亭两边是天井、封火山墙，单檐泥瓦、木门窗、木隔板、砖铺地面。1984 年被评为市级文物保护单位。2018 年被评为第六批省级文物保护单位。

昌黎书院和宋时江西有名的几所书院有所不同，它不完全属于官办，而且反对所谓杂学（即不搞诗、词、歌赋和其他学派），是正统的儒学。

千百年来，昌黎书院是袁州一府四县的最高学府，对于宜春的古代科举制度研究和文化价值不可估量。同时，昌黎书院对我们研究中国古代书院文化和书院建筑提供了宝贵的实物资料。

## 六柳书院 宜春市袁州区

六柳书院位于宜春市袁州区寨下镇横塘村横塘小学校内，该书院始创于明末，坐北朝南，砖木结构。书院于民国时期改建过，现为一进四直，进深 7.2 米，面宽 18.45 米，抬梁式，封火山墙结构，砖铺地面，占地面积 132.84 平方米。

书院由明代袁鲁训所建。袁鲁训，字宗道，号六柳居士，为使乡人学有所处，便建书院于此，称“六柳书院”，六柳书院曾为袁继咸启蒙就学处，盛于明清，为寨下最早的书院。袁继咸（1593—1646），字季通，号湛思，又号临侯，别号袁山。著述甚丰，后由挚友张自烈整理，编作《六柳遗集》付梓。在横塘村，目前尚存袁继咸幼年读过书的“六柳书屋”。袁继咸生前著述甚多，共 9 种 17 卷，后人整理编为《六柳遗集》。

六柳书院对研究地方历史文化、袁州科考文化、袁氏人文历史以及袁州区书院建筑均有重要价值。

## 紫阳书院 宜春市樟树市

紫阳书院位于樟树市道教名山——阁皂山九龙谷骆驼峰南麓，阁皂山又名阁山，透迤绵延 200 余里，峰回峦复，古竹苍松，霞蒸云蔚，引絮含烟，山川风光，胜景天成。以道医著称，2015 年，获批为国家 AAAA 级旅游景区。

紫阳书院占地约 860 平方米，原是按灵宝道派“三教合一”道义供奉太上老君、释迦牟尼、孔丘之殿宇，也称“道德宫”，也是名人论道讲学、唱和燕憩的场所。

朱熹两次在这里讲学，因其别号紫阳，故时人又称其为“紫阳书院”。现庭院门额上“紫阳书院”四个苍劲的枯笔字，是朱熹手书的拓刻。进门左边的银杏树，是当年朱熹为创杏坛气氛而手植的。明代毁于山火，清雍正庚戌岁（1730），当地大学生黄衍出资重改建为混砖结构。院内古树婆娑，浓荫蔽日，有距今近八百年的参天古银杏，腰围近 3 米，高数十米，宋元时金桂、银桂、四季桂，还有罗汉树、紫玉兰、紫荆等观赏和药用珍贵草木，多逾百年之物。四季和风习习，常年馥郁馨香，尤其是盛夏到此，清风徐来，爽心沁脾，实是避暑消炎之圣地。金秋季节飘香十里，所以明代又有“桂苑宫”之称，并存碑刻于庭院内。朱熹有《崇真宫》诗云：“磴道千寻风满林，洞门无锁下秋阴。紫台凤去天关远，丹井龙归地轴深。野老寻真浑有意，道人谢客亦何心。一尊底处酬佳节，俯仰山林慨古今。”

## 龙光书院 宜春市丰城市

龙光书院现位于丰城市荣塘镇荣塘村南 500 米荣塘中学内，清道光十七年（1837）重修。剑池东南前 200 米，清代建筑。院名是宋高宗赵构所赐，“龙光书院”匾额为元代书法家欧阳元（玄）

篆书。“龙光书院”石匾残部依存。龙光书院已有八百多年的历史，其规模是丰城历史上所办书院中的佼佼者。其建筑风格具有四合院式布局特点。院落坐北朝南，分前后两进。原有大小建筑楼堂馆室 22 间及塔寺亭祠等附属建筑，前立头门，中设大殿祀先师像，后建六经堂，左为讲堂，右为规戒堂，占地面积 2000 多平方米。书院前，丰水环流，池水荡漾，四周林木青翠，环境幽静。书院现仅存圣殿，硬山顶，单进，面阔三间 16 米，进深 8 米，高 7.5 米，占地面积 160 平方米。

据清代《丰城县志》及陈氏世居之地荣塘下边陈家村《陈氏家谱》记载，龙光书院的首创者是陈瑞父子。陈瑞，字应龙，人称荣湖公，官至金紫光禄大夫，朝散大夫，大司寇，陈自俯（1108—1183），陈瑞独子，称为陈氏二祖，幼从父教，聪颖好学，博览群书，终身未仕，继父志，致力于办学，终生教授，讲学不倦。

龙光书院自创办至清末，历时八百余年。其间几经战火焚毁，几经修缮。元末书院焚毁，圣像付之灰烬，至明洪武二年（1369）重建。十几年后，复建六经楼及心广堂等屋。明嘉靖三年（1524）改建书院。嘉靖二十七年(1548)八月重修。至明万历年间，书院又毁，再次重建。清代道光五年(1825)、咸丰八年（1858）、光绪三十四年（1908）均有重修之记录，千年书院保持原有的规模和风貌。时至 2007 年夏，丰城市委市政府斥巨资重修龙光书院，2008 年大竣工，遂有今日之概况。1998 年被评为丰城市重点文物保护单位。

## 桂林书院 宜春市丰城市

桂林书院位于丰城市同田乡镇坊村，始建于明朝，与龙光书院、龙山书院并称为丰城三大书院，1996 年，被评为“重点文物单位”；2018 年，被评为省级文物保护单位。

桂林书院前倚虎岭，后依象山，左临苏溪堤，右涵锦江；门前两株百年古樟，至今绿荫笼罩，生机盎然；院墙内四周盛植芳桂，苍翠四时，桂香满庭。书院始建于明代永乐年间（1403—1424），初名桂林书楼，由洪武举人夏时明所创建，贮藏图书，延师讲学，力促夏氏子孙和附近学子前来读书，“崇文尚教”由此成为镇坊（钞塘）夏氏的传家之训，桂林书院也因此成为丰城最有名气的书院之一，其藏书量亦为丰城各大书院之冠。

书院平面呈四方形，总占地面积 1300 余平方米，建筑面积 374.2 平方米。院墙采用灰青条砖垒砌，环砌围墙与院门连成一体。院门立面八字形状，采用青灰砖砌建，红砂岩质楣额，楣额周沿镂刻连续几何纹间图案，楣额从右至左横刻阳文“桂林书院”。大门两侧直行楷书对联一副，自右至左为“桂蕊飘香书声吟破山中月，林峦耸翠诗思敲残槛外花”。

院内主楼“文昌阁”保存完整。从大门而入，楼阁正面中悬“文昌阁”木匾。楼体为回廊式重檐歇山顶全木结构，上层为阁楼，下层是正殿，面阔 22 米，进深 15.8 米，脊高 9.22 米。正殿四围为披檐回廊，前廊迎着大门，左、右回廊连在两端，三廊四角共有 28 根石楹柱斗，柱斗成人难以环抱。正殿四向有门，朱漆红牖，古朴厚重；两边厢房分隔成八室，是学子读书休憩之处。从侧门上到二楼，有一雅室，四方而来的文人墨客皆爱聚集于此，读书吟唱、赋诗抒怀。

桂林书院历经六百多年，与历代文人墨客朝夕相伴。古有中顺大夫万曰栋、士大夫魏仕仲，贤相姜曰广，清吏部右侍郎万有严；今有原中国共产党中央顾问委员会委员夏征农，以及曾跟随赵醒农、方志敏等革命先烈，为中国革命献出生命，年仅 21 岁的烈士夏日辉等，亦求学于此。

## 华林书院 宜春市奉新县

华林书院坐落在奉新县治西南 25 千米处的华林浮云山麓，这里山清水秀，四季如春，人文荟萃，景观独特，自古堪称“仙源灵境之地，文物昌盛之乡”。

华林书院的办学历史最早可追溯到唐僖宗中和年间，始为华林胡氏私塾。五代时期，华林胡氏一世祖、唐侍御史胡城归隐华林，悬车不仕，督课儿孙，将私塾扩建为学舍，并开创了敦本重学、施教育人之门风。北宋初期，华林胡氏五世祖、著名教育家、国子监主簿胡仲尧携兄弟倾家产将华林学舍扩建为具有楼式四合院建筑风格的华林书院，总体布局为四进三房二层，砖木结构，长 37 米，正房宽 20 米，两边厢房宽各 12 米，占地面积超过 1600 平方米。

华林书院具有明显的办学目的，即通过研经史、诵诗书、讲礼仪、重家教，把累世传经的学风和聚族义居的家风传承下去，并为家族和社会培养济美兴邦的有用人才。华林书院办学有两大特色：一是家族办学，敦儒传经，并在此方面产生了深远影响，仅两宋时期即有华林后裔胡瑗的安定学案、胡安国的武夷学案、胡寅的衡麓学案、胡宏的五峰学案、胡宪的刘胡学案、胡大时的岳麓学案。这些学案在阐发学术理论和培育人才两个方面均取得了辉煌成就。二是招收女生，重视女教，其生源基本来自华林胡氏家族的贤妻良母和闺秀。通过接受教育和熏陶，她们大多成为重礼教、敦儒雅、勤家教、乐尊师、持躬内助、淑善称贤的垂范者，并在激励儿孙勤学苦读等方面发挥了佐读、教读、引读、劝读、助读、陪读的独特作用。

华林书院在办学方面取得了辉煌成就，曾为胡氏家族和当时的社会培养出大批人才。北宋初期的宰相王钦若、翰林学士王禹偁、工部侍郎李虚己、孙瑾等都曾学成于华林书院。两宋时期，华林胡氏一门中进士总计 160 名，仅胡仲尧办学 30 年间就有 15 名，并满贯状元、榜眼、探花，其中官至刺史、尚书、宰相者不乏其人。

华林书院是江南古代四大书院之一，与鹅湖书院、白鹿洞书院和岳麓书院齐名，其历史悠久、成就辉煌、声誉卓著、影响深远均堪称一流。

## 明月轩书院 宜春市高安市

明月轩书院位于宜春市高安市新街镇景贤村委会贾家自然村，属清代建筑，坐北朝南，砖木结构，硬山顶，二级马头墙，穿斗式。通面宽 3 间 8.30 米，通进深 4 间 17 米，两进两厅两天井 8 厢房。书院侧开门于南墙西侧，前院为一正方形天线天井，前厅与前院自然相接无板墙相隔，采光度良好。前厅正上方悬挂一长方形红底黄字匾额“明月轩”，内天井为石刻桃形排水口，寓意桃李满天下。明月轩书院是较典型的江南地区清代书院建筑，对研究清代的江南书院有重要的参考价值。

明月轩书院是清代中期建筑，毁损严重，但有两个标记清晰可见。其一是“双喜”木雕图案，独具匠心，双喜字图案还带有蝴蝶坠子，似行云流水，十分飘逸。极像如今博士帽，寓意书院学子个个金榜题名。其二是书院天井出水口，竟然是个倒刻的石桃寄寓书院桃李满天下。据说，官至宰相的付作秋正是书院的轿子。

明月轩书院其主要特征为书院分前院、前堂、后堂和两天井，其通面阔 9.38 米，通进深 16.765 米，占地面积约 157.26 平方米。两侧紧靠古村民居，前、后均为青石小路。背面为明的排水，其余皆为自由排水，屋面天井排水则通过暗沟排至层外。

贾家村自古人杰地灵，人才辈出。据《畲山贾氏宗谱》载，明清时期就有通过乡试以上科考的秀才、举人、进士 120 余人，其中进士 10 人，举人 9 人。那时贾家村书院、私塾林立，明月轩为其中具有代表性的书院之一，对当时贾家村的传统文化有较高的研究价值。明月轩书院运用大量木雕刻，装饰精美，布局合理，是赣中具有代表性的传统民居建筑，对了解、研究赣中民居具有一定的参考价值。

## 凤仪书院 宜春市高安市

凤仪书院位于宜春市高安市瑞州街道宜春幼儿师范高等专科学校老校区内，是继“西涧书院”“三刘贤祠”之后，在原地重新建立起来的。据《高安县志》载：凤仪书院建于清乾隆二十四年（1759）。当时瑞州知府杨仲兴倡率三邑（即高安、上高、宜丰）创建。高安县石泉村游谟烈俱置田亩、竹山支持书院的建设，被称为“创建凤仪书院卓卓可称者”。乾隆五十二年（1787），瑞州知府都世昌倡率合邑绅士创建的“养正书院”置有的田南、竹山也并入凤仪书院。该书院在清咸丰年间寇毁，同治九年庚午（1870）瑞州知府黄廷金率属捐修。周恩来总理外公万庭兰曾于清同治时在凤仪书院任教 1 年多。

现凤仪书院遗存珍贵文物有：“凤仪书院”石匾，楚北黄廷金题，同治九年庚午九月立；“试馆”石匾，清同治十一年壬申立；凤仪书院“学生付联芳习作选”；凤仪书院图书馆藏书2000余册，均为线装善本，图书盖有“凤仪书院藏书图章”。

凤仪书院总共占地面积有13571.25平方米，共有建筑物3幢：一是四合院。即是清同治试馆（即考试院），原江西省高安师范学校，约有1000余平方米；二是凤仪书院。院内有原高安师范老图书馆，有1000余平方米；三是凤仪书院。院内有原高安师范后做的图书馆，约有1500余平方米。

## 奎光书院 宜春市铜鼓县

奎光书院位于铜鼓县城南路15号，由铜鼓客家人周至衡发起，数十姓客家人捐资兴建。原系“奎光堂”，俗称“奎光书院”，后改为“奎光高等小学”。始建于清乾隆四十年（1775），坐南朝北，土木结构，前后两进，总面积690平方米，是典型的客家建筑。奎光书院当时名为“奎光堂”，是铜鼓第一所客家学堂，至今已有二百多年的历史，是铜鼓客家人聚众议事的场所。奎是二十八星宿之一，光是太阳放射出来的耀眼光芒，奎光含有奎宿耀光、文运昌明、开科取士之意。

奎光书院是铜鼓县最早期的一处高等教育场所，又是一处重要的革命旧址，也是革命标语保存最多、保护较完好的一处重要革命标语旧址。客家人将美好的信仰和优良的品德注入其中，奎光书院虽经历无数风雨，青瓦土墙、门窗房梁，依旧沉静儒雅。在客家人看来，要想改变境遇，唯一办法就是晴耕雨读，金榜题名，走仕途之路。只有通过读书实现“朝为田舍郎，暮登天子堂”的梦想，跻身于官宦行列，才能实现其修身、齐家、治国、平天下的理想。为了子弟成龙，光耀门楣，客家人往往集中全家族、全宗族的力量来培养子弟读书。

奎光书院创建以后至清光绪三十二年（1906）废科举制度的百余年间，虽历经沧桑，但奎光书院在铜鼓早期教育史上却写下了厚重的一笔。出进士10名、举人59名，秀才、监生更是无法统计。走进书院，整个房子内外墙都写满了“共产党十大政纲”“红军万岁”等文告标语，有些清晰有些模糊，这些都无不印证了书院那段峥嵘岁月。1983年被评为铜鼓县第一批重点文物保护单位，2000年，被评为省级重点文物保护单位。

## 正谊书院 宜春市万载县

正谊书院位于宜春市万载县株潭镇，面临锦江上游的株溪，遥对黄茅金钟湖，后倚获富水角岭，四周小山抱依，环境优美、娴静，有得天独厚的办学条件。晚清光绪元年（1875）由举人谢大舒、曹瑞祥发起，株潭地方刘、杨、谢、张等10余姓众会资助兴建的“正谊书院”。

正谊书院把培育人才作为紧急要务，邀请的授课的老师品学端正、博古通今，所订立的学规也大有白鹿洞、鹅湖书院的遗志，而经挑选在正谊书院工作的人，没有谁不加强修养，以期待明经典修品行，不愧对君子这个称呼，不辜负乡里先辈，因此读书之风蒸蒸日上。

正谊书院中间有讲堂，堂后祀文昌，讲堂的右侧刻有书院捐建者名字，再右则有高高的阁楼，巍然高耸，以祭祀魁星。这中间祭祀崇文堂前有深院倚阶为两廓，围起几方空地作为花药栏，是读书人适意的地方。堂左边是山长厅事，前面有两个池子，用来准备救火之用。再往左则是学生的坐斋，鳞次排列，有数十间。它的前面是观兴楼，可凭栏远眺。教学之余，登上此楼，一定会有心旷神怡、悠然自得的感觉。其他像桓墉园、沼邑之类，环绕四周，神秘美丽，是书院的一大景象。

书院里藏书非常丰富，莘莘学子在这里可以博览群书，畅游在书海里，而绝不会被外界诱惑。大概不唯独宫墙修饰之美，或藏书修善的地方也不过如此吧！

## 信江书院 上饶市信州区

信江书院

信江书院是江西四大古书院之一，位于上饶市区信江南岸黄金山上。南屏山北麓，“钟山峙于后、灵山揖于前”，中部隆起，古称道观山，北环信水，西带丰溪，东与祥符寺（今市人民医院）相邻，占地100余亩，地理环境优越。

书院创建于清康熙三十三年（1694），旧称曲江书院。康熙五十一年（1712），扩建后易名钟灵讲院。乾隆八年（1743），在后山建楼以祭祀朱熹，更名紫阳书院。乾隆四十六年（1781），始称信江书院。内有钟灵台、春风亭、一榻轩、夕秀亭、日新书屋、亦乐堂等10余处古色古香的古建筑，雕梁画栋，造型古朴，掩映在浓荫绿树间，显得分外风雅别致。在书院的东北部亦乐堂旧址上，新中国成立后修建了“上饶专区革命烈士纪念碑”和“黄道烈士墓”。

自信江书院沿河而上，山峦起伏，森林植被茂密，自古有南屏山之称。从汉唐以降，寺庙、祠宇和楼台亭阁密布，南屏山被视为府治郡城风水格局中的案山，自然生态环境一直受到比较好的保护。由于其特殊的地理位置，古往今来，一直吸引着许多文人、墨客的寻幽探古之情，留下了许多珍贵的题记和吟咏之作，其中包括陈运和的诗《信江·书院·师范》。自清代以后，信江书院脱颖而出，独领风骚三百余年，名播远近，成为上饶人杰地灵、人文荟萃的重要象征。

现存信江书院总面积约25000多平方米。乾隆全盛时期超过6万多平方米。书院保存的古建筑有钟灵台、春风亭、一榻轩、夕秀亭、讲堂、十八排（学舍）、日新书屋、又新书屋、经训堂等10多栋。旧址内仍见阶曲廊回，古木参天，修竹夹径，景色幽美。1983年，信江书院被评为“市级文物保护单位”。1987年，被评为省级文物保护单位。

## 端明书院 上饶市玉山县

端明书院位于玉山县武安山东麓殿口村，元至正十年（1350）创办于宋端明殿学士汪应辰故居（今玉山宾馆西）旧址之上，称为“端明书院”。汪应辰原名汪洋，高宗赐名应辰。他是理学家，是“玉山学案”代表人物，人称“玉山先生”。南宋绍兴年间状元汪应辰从故里汪坞迁居于城隍庙东，在此讲学，因汪应辰状元及第后，称为端明殿学士。元至正十年（1350），玉山监县寿安会同县尹、主簿、和本县义士将汪应辰在县城的故居改建成书院，并以其官职而命名为“端明书院”。

端明书院历经几代兴衰，改建后院宇共四重：朱子祠、前厅、中厅、讲堂，还建有生活用房，掘井挖池等。光绪二十七年（1901），清政府实行新政，全国书院改为学堂，书院停办。民国二十五年（1936），本县绅士吴道觉在书院旧址创办农业实验学校，两年后改办日醒中学。1952年按省教育厅指示，日醒中学并入玉山县中，成为县中分部。1954年分部撤出，县血防站、县种兔场先后设在此地，后为县磷肥厂职工宿舍。现书院仅存前厅、西厢房、朱子祠。

端明书院从创办到取消，历经元、明、清三朝五百余年，历经五废，四移书院，凸显了玉山人锐意进取、崇文重教的特性。1982年，端明书院被评为第一批县级文物保护单位。

## 含珠书院 上饶市铅山县

含珠书院坐落在铅山县河口镇西部，紫家村南6华里处之含珠中心，始建于明朝前期。

含珠山坐南面北，主峰海拔347米。山峦东西走向，主峰矗立，峰峦向东、西两面延伸，逶迤数里。山前层峦叠嶂，中有一麓，形圆如珠，坐于主峰怀中，远眺主峰两侧峦脊，犹如两条巨龙，簇向圆形山麓，似二龙抢珠，山故得名“含珠”。

含珠书院在明朝的科举时代，私塾与家学已满足不了一般世家的需求，为了使家族子弟能在科场占有一席之地，横林费氏家族第四代传人——费应麒，持家以农耕为本，兼以商贾为补。虽一介布衣，但胸怀志远，为乡间培育英才，每思兴资办学。其几履含珠山，见此山环境清静幽美，常触景生情。为使子孙后代将来能举科第，登朝堂，毅然筹资建校舍，聘名儒为师，创办起经学，广招邑中学子前来就读。从此，原有含珠山庙与含珠书舍（含珠山书院前身）并存于含珠山岬之中。

三十年后，应麒育五子，长子费珣、中景泰四年（1453）乡试举人，成为费氏家族从含珠书院走出的第一个举人，这对乡间父老是一极大鼓舞。尔后，在费氏家族的后代中，费应麒的五个儿子中长子费珣、五子费瑞中举人，次子费瑄中进士，三人榜上有名。第六代中，费宏（应麒三子）之长子费璠中成化丁未科状元，次子费完中正德癸酉科举人；费应麒四子之次子费玙中正德辛未科进士。

在横林费氏第六代代表人物费宏、费完的引领下，扩建了含珠书舍，将其改名为含珠书院，从此学子中人才辈出。自明代景泰年间起，含珠书院先后走出的进士（含进士丁洪）共7个，举人（含张祐）共15人，贡生50余人，秀才若干人。从政者近百人，遍布大江南北。

## 鹅湖书院 上饶市铅山县

鹅湖书院位于上饶市铅山县鹅湖山麓，距上饶市30千米，距福建武夷山市70千米。鹅湖书院古建筑群布局合理，错落有致，雕刻精细，端庄古朴，风貌依旧，主体建筑5536平方米。

鹅湖书院

景区具有“一大优势、两大招牌、三大元素”的独特魅力，其中“一大优势”为交通区位优势；“两大招牌”为“两个国字号”：全国重点文物保护单位——鹅湖书院和国家级森林公园——鹅湖山；“三大元素”为景区融“文化熏陶、宗教信仰、山水休闲”为一体，内涵丰富，韵味十足。多年来，海内外游客慕名而来，对此地心驰神往。

论及鹅湖书院，时间要追溯到南宋淳熙二年（1175），当时著名的理学大师朱熹与心学之魁陆九渊、陆九龄应浙东学派代表人物吕祖谦的邀请而论辩于鹅湖寺。4位贤人吟诗唱和，相与激辩，场面盛极一时。这次学术争鸣自战国以后未有，是中国哲学史上一次堪称典范的学术讨论会，开了中华理学辩论之先河，史称“鹅湖之会”。四子薨，后人在此建“四贤祠”以为纪念；南宋淳祐十年（1250），宋理宗赐名为“文宗书院”；明朝景泰四年（1453），又重修扩建，并正式定名为“鹅湖书院”。御书楼有大清康熙皇帝手书“穷理居敬”匾额。

南宋淳熙十五年（1188），著名爱国词人辛弃疾与爱国主义思想家陈亮会于鹅湖寺，他们“长歌相答，极论世事”，纵谈十日，共商复国大计，史称“鹅湖之晤”，也称为“第二次鹅湖之会”。

据明朝嘉靖二十七年（1548）书院西碑亭石碑记载，鹅湖书院与嵩阳书院、岳麓书院、白鹿洞书院齐名，并称为“天下四大书院”。

书院于 1957 年被评为首批省级文物保护单位，于 2006 年被评为全国重点文物保护单位，同时这里也是省级爱国主义教育基地、江西省 2011 朱子文化协同创新中心、上饶师院朱子研究所研究基地、北京大学中国政府文化发展战略研究基地。

## 叠山书院 上饶市弋阳县

叠山书院

叠山书院，又名万寿宫，习称高庙，位于上饶市弋阳县城东，是江南现存规模较大、建筑构架较完整的古书院之一。元皇庆二年（1313），虞舜臣为纪念其恩师——南宋爱国诗人、抗元志士谢枋得（字君直、号叠山）而建，始称谢文节公祠。元延祐四年（1317）经江浙行省奏请朝廷批准更名为叠山书院。七百年间，风雨战乱不断，犹存当年气象，经几番扩建增修，成就今日规模，占地面积 7700 多平方米。1987 年被评为省级重点文物保护单位。

书院始建至今，以叠山的文章气节、独具特色的建筑、典雅安谧的治学环境，吸引了历代国中政要、朝野名流。明朝提学副史、理学家李梦阳，礼部尚书汪俊，清代千古名臣林则徐等，都曾前来拜谒或讲学，并留下了诗文题额。它用源远流长的中华文化和现代科学知识，哺育了一代代莘莘学子。七百多年来，书院一直是弋阳县文化教育中心，1916 年至 1919 年，无产阶级革命家方志敏、邵式平在这里同窗共读 3 年。

## 东山书院 上饶市余干县

余干县东山书院，由宋丞相赵汝愚之弟、理学家赵汝靓于淳熙五年（1178）创办于东山岭，以山名而冠书院名。朱熹与赵汝愚友好，故到余干吊唁赵父应善时，主讲书院，并为书院“云风堂”题额。庆元二年（1196），赵汝愚贬死衡阳途中，朱熹再来余干吊唁，居东山书院注《离骚》并复馆讲学。

东山书院的开办，开余干儒学之风，自此，余干文风日盛，英才辈出；书院学子赵崇宪、曹建、柴元裕、柴中行、饶鲁等名满天下的理家大家相继而起，从而形成了史称“余干之学”的中坚力量。

纵观书院历史沿革，近千年来，虽书院发展之路艰难多舛而屡废屡兴，然其作为余干人民的精神家园，官府民间，士绅贤达悉心呵护，无私奉献，故一直绵绵不断地延续至今而得以传承。其最兴盛时期为清乾隆二十四年（1759）知县李世仁见书院颓废，遂捐廉倡建，本邑生员张三则等力任其事。时书院占地 4 亩余，内构 28 间，其中云风堂 3 间，理学祠 3 间，丽泽堂 2 间，斋房 1 间，文昌宫 5 间，谨独堂 3 间，集义堂 3 间，考亭祠 3 间，头门 1 间，东山书院坊 1 座，望湖亭 1 所，照墙 1 座等设施。且书院有田产 600 余亩，仓斛租谷 500 石。最为衰败为民国二十一年（1932）书院主要建筑被日寇烧毁，仅存望湖亭及魁星阁一部分。2006 年，余干县政府及各界人士共同参与恢复东山书院的筹备工作。2007 年 8 月 15 日，余干县纪念馆开馆，同日在馆内恢复东山书院，范式增任名誉院长，朱建群任院长。

## 明经书院 上饶市婺源县

明经书院位于婺源县紫阳镇考水村，元皇庆元年（1312），元代教育家、文学家胡炳文及其族侄胡淀、胡澄为纪念始祖明经进士胡昌翼以及朱熹题词“明经学样、诗礼人家”而共同创建。胡炳文，婺源考川（今婺源考水）人，专心研究朱子理学，对于诸子百家、阴阳医卜、星历术算也无不精通，曾受聘婺源县学讲学，并先后出任江宁（今南京）教谕、信州路学录和“道一书院”山长，在学界被尊为一代名儒。

明经书院占地 350 亩，建造房屋 200 间，规模较大，主要建筑有大成殿、会讲堂、书斋、塾堂等，不仅供胡氏子弟读书，也可以满足附近学子求学的愿望。书院田产全部用于兴办义学，“输其岁入，以养师弟子”。明经书院规定，家族子弟不论贫富，士人不论远近，都可以到明经书院读书求学。书院还提供膳食、宿舍。书院落成后，四方慕名前来求学的学子络绎不绝。元代经学家、国子监司业吴澄撰文称赞明经书院：“真儒明经之学，复见于朱子之乡，不其伟欤！”当时的婺源知州黄维中考察了新建成的书院，上奏朝廷，请赐匾额“明经铨注”于书院。已届花甲之年的胡炳文辞去信州路“道一书院”山长，受黄维中聘回到家乡的“明经书院”执掌教事。十余年间，明经书院培养了千余名学者，闻名遐迩，诵读之盛，盖甲于东南。后任山长有余元启、李惟诚、胡世佐等。元至正十三年（1353），明经书院在战乱中焚毁。明成化十六年（1480），知县丁祐等重建。明万历十二年（1584），邑侯万国钦率族人重修。清康熙五十三（1714），年考川胡氏合族将书院从原西山麓移建于凤山东麓。

明经书院已于新中国成立前损毁，遗址位于紫阳镇考水村委会所在地，婺源考川实业公司拟对明经书院进行重建。

## 义　学　吉安市吉州区

位于吉安市吉州区曲濑乡卢家洲村有两处古建：义学和义仓。

卢家洲村义学和义仓旧址位于卢氏宗祠西边，清代建筑，坐北朝南，硬山式砖木结构，建筑占地 285 平方米，义学与义仓一前一后两建筑连为一体，属于卢氏宗祠建筑的一个组成部分。

卢家洲人虽处乡村，却非常重视知识传承、人才培养。村民们很早就开始办学馆，村落中有多处书院。义学作为一种专门为民间乡村孤寒子弟设立的学校，其开办有两种方式，一为一些官员、地方出资在家乡所为；一为以祠堂地租或私人捐款而设立。义学一般都免收学费，有的还提供部分学习用品，如书籍笔墨。目前所存的义学旧址为卢家洲族长公卢嘉缙清嘉庆十九年（1814）创办，建筑占地面积 127 平方米。如今村子里尚有年逾 8 旬的老人曾在“义学”就读过，还学过英文。卢家洲村目前有 5 人执教于清华大学等高等学府，有数十名大学生在全国各地大学里深造，文风之盛，可见一斑。卢家洲村义学为免费教育的学舍，为乡村传统公益事业。义学的设立为家境贫寒的学子提供了就学的机会，对于普及民间教育和从社会最底层培养人才起到了很好的作用。

卢家洲人扶贫济困、民风淳朴。卢家洲义仓，为 1813 年设立，至今二百多年，建筑占地面积 158 平方米。卢家洲村近河道，人多田少，古时一遇灾荒，贫困者吃粮便成问题，为此村中绅士或有钱人闲时积储粮食，以解燃眉之急。义仓是卢氏宗族为度过灾荒及接济贫困村民而设的赈灾粮仓，同时为族人子弟中试者和品学兼优者发放义粮。

义学义仓的存在，是卢家洲民风淳厚、仁爱互助优良传统美德的象征，是良好族风民风的历史见证。

## 白鹭洲书院　吉安市吉州区

白鹭洲书院

白鹭洲书院位于吉安市吉州区沿江路 248 号白鹭洲中学内。创建于南宋淳祐元年（1241），因其位于赣江中的白鹭洲而得名。书院创始人江万里，受业于白鹿洞书院，深受理学大儒朱熹思想影响，以敦教化、兴理学、明节义、育人才为目的创办了白鹭洲书院。

1246 年，乡郡儒宗欧阳守道担任书院山长。欧阳守道厚德高学，是理学巽斋学派领袖，其执掌书院十余年，注重培养学生经世致用之能，培育了书院以道德文章留名天下的精神气质。

宝祐四年（1256），欧阳守道的学生文天祥，以一篇“法天地之不息”的策论，被理宗皇帝钦点为状元，理宗欣赐“白鹭洲书院”匾额以示褒奖。

景定三年（1262），书院学子邓光荐、刘辰翁同中进士，书院更是名声大震，成为与庐山白鹿洞书院、铅山鹅湖书院齐名的江西三大书院之一。

由于书院地处洲岛之上，在近八百年的历史长河中，由于战乱和水患等原因，书院屡次被毁，但由于书院闻名遐迩，加上吉安崇文重教之风，又得到屡次修建，据统计，历史上白鹭洲书院大规模的修缮和复建有 20 多次。

新中国成立后，学校又先后更名为江西省立吉安联合中学校、江西省立第一中学、江西省高级中学等，1976 年改为吉安市第七中学，1982 年定名吉安市白鹭洲中学至今。

2013 年，白鹭洲书院被评为国家重点文物保护单位。同年，白鹭洲和白鹭洲书院进行整体改造，按清代建置重建白鹭洲书院，并设立书院文化展览和复原陈展，让传承千年的以白鹭洲书院为代表的吉安书院文化得以传承弘扬。

## 阳明书院 吉安市青原区

阳明书院位于吉安市青原区青原山景区内，阳明书院亦称九邑会馆、青原会馆。明正德五年（1510），余姚王守仁任庐陵知县，在此开坛讲学，从学者甚众。直至嘉靖六年（1527），王守仁以吉安为中心，往返于吉安、赣州、抚州等地，吉郡名儒邹守益、罗钦顺、聂豹、欧阳德等人为其嫡传弟子，交往密切，于每年春、秋两季在青原山讲会，倡良知之学，八方学者云集青原，成为当时全国讲会中心之一，被誉为“东南邹鲁、西江杏坛”，从而奠定了“江右王学”基础，使庐陵荣膺理学之邦。后人修建五贤祠，为祭祀王守仁、邹守益、聂豹、欧阳德、罗洪先等五贤士。

明万历年间，吉安九县学者首先在净居寺北侧设置会馆，阳明理学空前兴盛。由于讲学规模大，影响净居寺正常佛事活动，由邹元标、郭子章等人倡议，于万历四十三年（1615）将讲学之所迁移至翠屏山之阳，时称青原会馆。会馆年久失修，道光十九年（1839），王门后学为了纪念王阳明先生在青原山今现址修建阳明书院。1930 年，红军学校第三分校曾迁至阳明书院办学。1938 年秋至 1944 年冬，阳明书院曾为国立第十三中高中部和第 36 后方医院。新中国成立后为青原山康复医院。1994 年被评为市级文物保护单位，现为待批省级文物保护单位，2013 年在原址按原貌修复。

阳明书院坐东北朝西南，占地 12 亩，书院分南北两院，中轴线上为斗门、传心堂、五贤祠，前后三进；南院为讲堂、号房、庖湢、库庋；北院为核室。

阳明书院于 2014 年 3 月 1 日正式对外免费开放。建筑面积 2600 平方米，展厅面积 1000 平方米，是国家 AAAA 级旅游景区，“市级爱国主义教育示范基地”“东固革命根据地红色旅游景点”。

## 涧东书院 吉安市青原区

涧东书院于清光绪戊子年（1888）创建，位于吉安市青原区东固畲族乡。该建筑为一古书院，坐北朝南，砖木结构，主体结构保存较好，占地面积 380 平方米。

涧东书院后来在 1923 年改为东固平民小学，1931 年改为东固列宁小学，1935 年改为东固国民中心小学，新中国成立后改为东固小学，1981 年定名为东固中心小学，1997 年 8 月 1 日国家计划委员会以老红军的名义，专项拨款于建成；1999 年江泽民总书记为学校亲笔题词“八一希望小学”。学校历史悠久，是一所富有革命传统的学校。解放后，学校发展迅速，教育、教学都取得了显著成绩。学校现有教师 30 人，教学班 13 个，学生 634 人。占地总面积 7135 平方米，建筑面积 1931 平方米，有两栋教学大楼，一栋教工宿舍，校园绿树成荫，环境清新、优雅。

## 龙江书院 吉安市井冈山市

龙江书院

龙江书院坐落在井冈山市龙市镇，始建于清道光二十年（1840），是由湘赣边界的茶陵、酃县、宁冈三县的客籍绅民捐款集资修建的，是当年三县客籍的最高学府。因背依五虎岭，面临龙江河而得名。书院外观飞檐翘角，古雅大气。

书院坐西南朝东北，砖木混合结构，穿斗式梁架，封火硬山墙，阴阳瓦屋面，由前后三进，左中右三组，以中轴线对称布局而成的一个建筑组群。通面阔 38.16 米，通进深 53.40 米，占地面积 2037.7 平方米。中间依次为门厅、明道堂、文星阁。左右两侧建筑分别设有启秀斋、珍席斋、锦心斋、报功祠、漱芳斋、梯云斋、步月斋、崇文祠。书院内屋宇参差，天井错落，回廊串通，俗称“九井十八厅”。

1928 年 4 月下旬，毛泽东和朱德在书院首次会见，并率两支部队的领导人登上文星阁进行亲切会谈，由此龙江书院誉称为“我军军政院校的摇篮”和“朱毛会师圣地”。

龙江书院历经沧桑，保存至今。新中国成立后，国家多次拨款进行了整修。1961 年被评为全国重点文物保护单位。

## 爱莲书院 吉安市吉安县

爱莲书院坐落于吉安县敦厚镇传统村落店下村，店下村处于禾水下游东岸的河谷地带，禾水从村落西面流过，距县城 5 千米。因此地富庶，自古读书之风盛行，故当地人在此修建爱莲书院，以供当地学子读书求学之便。爱莲书院原由爱莲书院、节孝祠、福神庙三部分组成，现重修后合为爱莲书院，最初为清道光庚戌年（1850），同惇叙堂一起修建。爱莲书院坐西朝东，长 38.4 米，宽 13.7 米，占地面积 526 平米。书院为三进两天井形制，门框皆为汉白玉石材。爱莲书院后经重新修缮，原来的装饰经过了一定的修改，书院内遗留有两个红石雕刻的香案案基，造型优美精致。

正中为一天井，四周为走廊，10 根方形立柱，将两边宽阔的走廊分隔成对称的格子。立柱面上，书有描金的楹联。立柱上支撑着双层的木质结构，楼上则是三面厢房。穿过天井两边的走廊往里走，又见一方形的们，门后为后堂。后堂有一镂空雕花的木质槅门隔开，槅门后原来为紧贴后墙做成的紧凑“半天井”。

书院中还镶有清朝陈公勖的《好人歌》描金木刻，劝勉族人行善乐施，知书达理。爱莲书院现辟为店下村新农村文化活动中心，为村里的娱乐休闲之地。

捐建者周茂五（行庆松，字节飞，号青亭）将书院取名为“爱莲书院”，意在尊崇周敦颐《爱莲说》之义，勉励后辈秉持像莲花一样的君子品行。周茂五本人即为谦谦君子形象的代表，他早年在外经商富甲一方，而生平笃友于谊，轻财仗义，慷慨捐资修路、设义渡、砌河岸、赈饥荒、建宗祠、捐祭田、立义学、修宗谱，在四方百姓中声名斐然，被朝廷封为“义士”，并累封至资政大夫知府衔加五级，赏顶戴花翎。

## 曲山书院 吉安市吉安县

吉安县永阳镇的曲山是风行于宋、元、明、清时期的一个地名。曾经的曲山现在划分为 3 个村委会 15 个自然村，光萧姓就有 1 万多人口，均为曲山开基祖文昌公的后裔。千余年来，曲山人以儒为业，诗书传家。先后建了十多个书院，从这些书院，曲山走出了20多个进士，朝廷命官上百人，县州教谕几十个。

曲山最早的书院由萧维祯兴建，萧维祯（1406—1472），名肇，号廖阳居士，1465年休政回家。他考虑到曲山学子众多，另外还有相当多的举人、贡士需要进一步提高，曲山需有一个能满足这些人求学的书院。于是他在曲山较为中心的地方——观音阁创办了廖阳书院，这是当时曲山最有名的书院，也就是历史上的曲山书院。书院规模宏大，有学堂、食堂、宿舍和操场，还有一个让人想象不到的跑马场，甚是气派。由于朱老夫子理学思想的潜移默化，曲山村民崇学尚文，八百多年来，一直妥善保护和使用着这座古老的书院，书院里一直是书声琅琅。维祯聘请名师授教，学者接踵而至，学习风气极为浓厚。

一直到今天演变为今日的曲山书院，薪火相承，为曲山培养了无数的人才，是永阳成为千年古镇人文荟萃之地的一大重要成因。

## 文儒书院 吉安市永丰县

文儒书院又名文儒读书堂，位于欧阳修故里永丰县沙溪镇西阳宫内，为宋敕赐欧阳修读书之堂。元至大四年（1311）艾幼创建，现存清嘉庆二十五年（1820）重修建筑。坐北向南，砖木结构，双层建筑，中间两平行天井，四周有回廊，东西各开一券门。面阔26.25米，进深18.1米，高8米。2007年维修加固，保存较好。

包含文儒读书堂在内的西阳宫建筑群，是目前全国保存最为完整的纪念欧阳修及其父母的一处历史文化遗存，具有丰厚的文化底蕴和重要的历史和艺术价值。它既是欧阳修家族发展历程和文化传承的展示，又体现了欧阳氏后裔对欧阳修道德文章的崇敬与彰扬。它激励着后学晚辈勤学苦读，勤俭持家，孝敬和赡养父母。西阳宫古建群布局工整，结构严密，虽经历代重修，但还保留了宋代江南书院建筑和祠堂建筑的典型特色。2018年，西阳宫被评为第六批省级文物保护单位。

## 衡公书舍 吉安市吉水县

衡公书舍位于吉水县金滩镇燕坊村委会燕坊村小组，坐西向东，砖木结构，建于清中期，高7米，面宽18米，进深11米，面积为198平方米。该建筑为硬山顶，穿斗式梁架，山墙用碎砖垒砌，外抹白灰，四角用1米长红条石垒砌，大门上方一红石匾额，雕刻“衡公书舍”字样，字迹刚劲，书写工整，门楣上人物故事图案石雕也栩栩如生。整体现状建筑陈旧，结构完整。

## 复初书舍 吉安市吉水县

复初书舍位于吉水县金滩镇燕坊村委会燕坊村小组，坐北朝南，砖木结构，清建。面宽 11 米，进深 19.6 米，面积 215.6 平方米。该书舍为硬山顶，穿斗式构架和五滴水式封火墙的三开间建筑。书舍门开于正房右侧，红石门楣上浮雕人物故事、花卉等图案，门楣上方浅阳刻“復初书舍”四字，舍内有少量木雕装饰，后厅有天井与天窗，并存有道光甲辰吉旦“袭风堂”木匾一块，2005 年被评为县级文物保护单位。

## 朗山书院 吉安市吉水县

朗山书院位于吉安市吉水县金滩镇荷塘村委会粟头村小组，坐东朝西，清代建筑，穿斗式砖木结构，青砖抹缝，硬山顶，朝天式防火墙，两井三进，进深 34.5 米，面阔三间，宽 15 米，高 8 米，面积 517.5 平方米。正面为庑廊式结构，门楣上楷书“朗山书院”。前厅顶上有一彩绘覆斗式藻井，绘花鸟草虫、人物山水等图，画工精湛，人物栩栩如生，两侧有骑楼，上下两层，且用木板隔成若干间书房，中间天井将头进与二进槅扇隔开，后进厅堂正上方有一覆斗式藻井，绘凤穿牡丹、蝙蝠、竹梅图案，四角镶刻花饰。粟头村建村近千年，据《吉水粟头村曾氏族谱》记载，曾氏开基祖德兴公宋朝中期由永丰新陂迁居吉水粟头，历史悠久，聚落发展成熟。该村 40 余栋古民居，若干座牌坊、祠堂、古池塘等文物古迹，与朗山书院相映成趣。2005 年，郎山书院被评为县级文物保护单位。2018 年，被评为省级文物保护单位。

## 科山书院 吉安市吉水县

科山书院位于涅田镇涅田村下涅田自然村，紧邻圩镇，在涅田街北约 300 米处。科山书院原名菩提院，明晚期由南京工部侍郎日升公后代创建。涅田四祖世亮公 5 岁时于丁元季“红巾之变”中被乱军一指挥掳至金陵，后被陈公所救，因感恩陈公扶救，为其造金身，敬仰永世，顶礼膜拜。菩提神院内同时还供奉的有观音、财神、关公、罗汉等菩萨。光绪丙午年间，钦赐翰林维先倡导下扩建成书院，并聘请先生教授学子，学堂取名科山学院。北面为民居，南面为刘氏宗祠，东西两侧为水泥路。书院坐东向西，面阔 11.9 米，进深 33.8 米，正门山墙高 5.5 米。占地面积 402 平方米。现存正门山墙一堵为原有建筑，其后为近年重修。正面山墙上有一石灰粉饰的牌匾，镌“科山书院”四字楷体阳文，牌匾四周为浅蓝色框，框上点缀莲花状石灰塑浮雕，工艺精美，风格清丽，流露出别样的书院气息。书院大门两边原有楹联“澧水河清海晏，科山斗转星移”，现已消失。

科山书院见证了庐陵文化的繁荣昌盛，具有浓厚的庐陵气息，它的存在给庐陵地区当年的学者提供了良好的读书教学的场所，既是历史的创造者，也是历史的见证者。

## 石莲书院 吉安市吉水县

石莲书院位于吉水县阜田镇，现已毁。据吉水县志记载，嘉靖年间，状元罗洪先致仕归，开辟石莲洞，并于洞南建正学书院讲学，后人为祀罗洪先将其改名为石莲书院。据图谱显示，书院规模较大，青砖黛瓦，前后两栋，中有天井，前栋为正学堂，后栋为观复阁，正学堂左边六秀堂，右边为归静处，门前两侧有厢房，右侧为远尘楼，左侧为探月轩。石莲书院在以后的几百年里，修修补补从来没有停止过。1981 年 8 月改为石莲中学，现在石莲中学撤销了，石莲书院也被拆除了。石莲书院旁边的石莲洞曾经是罗洪先开坛讲学的地方，他广招弟子，进行讲学，培育了胡直、曾乾亨等许多名人。1989 年，吉水县政府拨款修葺石莲洞。洞上的讲经台修葺一新，洞内与洞外有历朝名人与历届县长的题词。正洞右侧有罗洪先手植的罗汉松，树干 3 人搂抱不过，苍翠茂盛，罗汉松旁古荆树杆粗 1 米有余，高达数丈，洞中冬暖夏凉，是休闲的胜地。

## 匡山书院 吉安市泰和县

匡山书院原名甘山书院，后唐明宗长兴三年（932）由罗韬兴建，原址在泰和县苑前镇书院村风景秀丽的紫瑶山脚下。

匡山书院门楼

罗韬（886—969），字洞晦，一字晦夫，号匡山，吉州泰和（今泰和县）人。他生于唐僖宗光启二年农历六月十五日（公元 886 年 7 月 20 日），从小就有志于学。因他学问渊博，品行高洁，故四方来求学的人越来越多。为满足青年的要求，罗韬便在紫瑶山顶一块叫“圈椅形”的平坦之地创立书院，设“孔圣殿”“五经阁”，讲解道经、理学，以育贤才。书院扩大后，搬到山脚下的定光寺，并置学田，供给书院的费用。至今，苑前镇仍有一行政村以书院为村名，称“书院村”。唐明宗李亶于长兴三年（932）八月敕赐“匡山书院”匾额，命翰林学士赵凤书之，中书侍郎、同平章事冯道为之记。元末，匡山书院毁于战火。罗韬后裔曾3次重修，至清仍为讲学之所。1一千多年间，文人学士慕名来游览的很多，写下了许多赞美罗韬办学的诗文。

如今，在匡山书院的旧址上，建起了匡山小学，现有5个年级，9位老师，100多名学生。“至今匡山风高在，千家万户尽读书。”从1977年恢复高考制度以来的三十多年间，这片丰腴的土地先后产生63名博士，占全县博士总数的1/5。罗韬的故乡被誉为“博士之乡”。苑前镇18个行政村，几乎村村有博士，平均每500人就有一个博士。

## 横溪书院 吉安市万安县

横溪书院坐落于万安县窑头镇横塘村，在县城东南约30千米。据族谱记载，书院系族人张昭垲于光绪甲申年（1884）创建。张昭垲字晏居，名善敬，号益齐，嘉庆丙子年（1816）生。书院东南雄踞东华山和天湖山两座名山，门前有芦源河和蕉源河交汇的溪流，书院故而得名。依山傍水，沃野无边，绿意盎然，宁静旷远，确为修身治学好场所。

书院坐北向南，砖木结构，四扇八间，宽10.9米，深13.3米，垒有4个台阶通往书院，大门楣书“横溪书院”4个字，用云纹和云雷纹圈边，弓形额方，檐额绘文房四宝山水画，一顶二顺法砌墙。

相传清嘉庆年间，张氏先人创建书院，意在重振读书风气，再出贤能。这与文张（文天祥与张氏）两家庐陵世代密不可分，为此还有“固山古寺”见证。固山古寺坐落于书院西北约3千米，建于南宋，寺庙分前后两栋，中间是天井，一边有耳门，依古代祠堂规制而建。虽为寺，实为横塘张氏祖祠。寺内供奉一尊千手观音像，侧室塑有一尊文天祥雕像。每逢祭祀，族人先拜先祖，再拜文天祥。此乃文张两家原为庐陵世代的历史见证，两家在固山均有别业。后张氏自庐陵西街徙居万安横塘，仍交往甚密。文天祥中状元时，为固山寺亲题“大雄宝殿”匾额一块，款题“赠张府”，刻“文山印”，现仍存寺内。

时过境迁，如今，学校建设相对完善，横塘作为行政村只能有一所村级小学，但横溪书院依然屹立。书院前的护林经百年书声浸润，越发显得精神，风声过处，猎猎作响，如遥远的句读之声，横亘在村庄上空。

## 新兴书院 吉安市遂川县

新兴书院位于吉安市遂川县衙前镇双镜村上镜村民小组，始建于宋朝咸平元年（998），是遂川最早的书院之一。

新兴书院建在山腰处，视野开阔。其所在的承德堂为两井三厅，有 24 根大柱子，砖木结构，长 60 米、宽 12 米、高 15 米，占地面积为 720 平方米。整祠内斗拱上有书画、诗词歌赋、花鸟鱼兽等作品。祠堂后有古樟百棵，前有七口风水塘呈“品”字形排列，称为“七星伴月”。厅内梁柱交错，雕刻精美。建筑整体设计气势雄伟，独具匠心，结构独特精美。

北宋初年天下未平，统治者无力恢复唐时的官学体系，执意归隐的彭氏先祖定居在群山叠翠、绿水环绕、古树名木遍野的衙前上镜后，于是创办了新兴书院。新兴书院属于彭氏家族书院，该家族财力较为雄厚，因此有实力聘请周边地区的一些名师到书院任教，教学规模较大。

该书院创办之后，名气与日俱增，外县学子慕名而来，北宋天圣八年（1030）进士及第名列第二、“自进士设科，擢高第至宰相者，吉郡以沆为首”的永新（现吉安市永新县）刘沆就曾在此读书，并有诗题壁“水静雁凫浴，山深猿狖啼。仙源足佳致，不羡武陵溪”。

新兴书院的创办，推动了当地学风鼎盛，上镜从宋朝至清朝科考的进士、举人、秀人有 120 多人，皇帝敕封翰林以下学士的有 22 人，朝廷、州、府所赐的牌匾有 36 块，现有一块“名登天府”匾仍悬于梁上。

在井冈山革命斗争时期，这里曾是红军的办事处和营地，它目睹过革命斗争的刀光剑影，炮火硝烟，然而历尽沧桑的上镜古祠仍以其巍峨瑰丽的雄姿屹立一方。

## 燕山书院 吉安市遂川县

燕山书院位于江西省遂川县堆子前镇鄢背村，坐西南朝东北，建于清乾隆五十九年（1794）至嘉庆十一年（1806）。

燕山书院为黄氏“正亮堂”的家族书院，据堆子前镇鄢溪黄氏族谱记载，鄢溪黄氏由湖南桂东迁徙本地后，其四世族裔黄由相率其子黄义方、黄义言、黄义齐，迁到鄢溪井下开创基业，利用当地丰富的木材资源，贩卖木材发家致富，后于 1794 年开始兴建黄氏祖宅“正亮堂”和“燕山书院”，历时 13 年方竣工。开基之时，黄氏家族仅有 13 人，而到鼎盛时期有 300 多人居住在宅内。黄氏家族后裔及其亲戚子弟在“燕山书院”习文研读。学生最多时达 300 多人，全部免交学费。书院教师有本家族中博学多才的教书先生，也有外地请来的博学先生。学院教学直至 20 世纪初期，培养出了曾任江西南安知府的周埙与广西太平知府黄存铨等一大批优秀人才，为中国近代教育做出了贡献。

书院命名为“燕山”，缘于《三字经》“窦燕山，有义方；教五子，名俱扬”。恰巧燕山书院的创办者亦名“义方”，以“燕山”为书院名，寄托着建造者对后裔光宗耀祖“名俱扬”的殷切期望。

该书院为四水归堂四合院式建筑，砖木结构，占地 3000 余平方米，建筑面积 1982 平方米，高 9 米，由内外两院组成。

外院包括院门、棂星池、院坪和马厩。内院是书院主体，以天井为中心，由前厅（讲学堂）、下房、左右厢房、文昌阁等构成，楼上设有孔子牌位，屋面为假歇山顶，小青瓦盖顶。整体建筑飞檐翘角，廊回道转，院内有许多错落有致的小房间，是当时分班教育的场所，与同期其他书院集中讲学的教育方式迥然不同。

书院实施分级施教，从启蒙教育直到县学都有，被称为“全国私塾典范”。15 岁以下读塾馆；15 岁以上研习八股文、练字习艺，为科举应试做准备。书院建筑风格也独具特色，是客家文化和庐陵文化在建筑风格上相融合的结晶。2006 年被评为省级文化保护单位。

## 复真书院 吉安市安福县

复真书院（萃胜楼）位于洲湖镇樟洲村田家自然村，现洲湖中学院内。明嘉靖三十七年（1558）邑南士民在北真观废址兴建，为南乡最大的书院。刘阳题其堂曰“坻德砺材”，题其楼曰“萃胜”，内藏有书籍。左为飞巾阁，还有聚奎楼和祠宇等。明末，书院废圮，仅余聚奎楼。清康熙、乾隆、道光年间多次重修葺治，恢复了萃胜楼，增建了魁星阁。清末，改为复真学堂。民国时期先后改为复真学校、复真小学。抗战时期，南昌实验小学一度迁来此处。新中国成立后在这里办了小学中学，原有院舍因陆续拆建，书院旧址仅存萃胜楼（即大门门楼）及门口的一对石狮。

萃胜楼为砖木结构，坐北朝南。建有硬山顶、马头墙。门斗设吊楼、木质门框，门额木牌匾书“萃胜楼”三字。门前两尊明代红狮，前院前正对陈山河，际内有一古樟，前院由七步半台阶而上。萃胜楼设两层，前檐有彩绘，院内有鹅卵石铺地。

## 复古书院 吉安市安福县

复古书院位于安福县城东南处，今安福中学所在地。明嘉靖十五年（1536）知县程文德倡建，是全县公有、规模最大的书院。清嘉庆以前就开始招收学生读书，但因数额未定，靠院租维持办学，经费不足，就读者甚少。嘉庆二十四年（1819）知县朱俛莼任后，清理院租存项，始定每月官课一、私课二，生员取超特等各 20 名，童生取上、中卷各 20 名。同治十年（1871）复议于正月甄别时，取定生、童正课各 25 名，副课各 20 名。清末兴办近代教育，废科举，兴学堂。光绪二十八年（1902）公布“壬寅学制”，次年公布并推行“癸卯学制”，复古书院为县内初创的四大学堂之一。民国二十九年（1940）创办安福中学，至 20 世纪 60 年代，1978 年迁回原址。

## 山角书院 吉安市安福县

山角书院位于安福县金田乡柘溪村口，始建于大清嘉庆年间，由本村富商刘尔凯独资兴建。该书院为砖木结构，坐南朝北。总建筑面积为 478.72 平方米，面宽 13.6 米，进深 35.2 米，系书院与文昌阁相联建筑，三直三进二天井，后为菜圃，前面的泮池已淤塞。

柘溪村为水部刘氏刘楚翁开基，自宋至清末有 11 名进士诞生于此，代有才人出，知府、知县层出不穷。现任中共中央文献出版社主任刘崇文（正部级）、中央民族大学副教授刘善良均出生于此。山角书院一直至新中国成立前夕，均为南乡片金田、柘田、前溪、白塘等村小学读书之场所。为研究儒学建筑及地方人文提供了实物依据。

## 兴鲁书院 抚州市临川区

抚州市中心城区有一条东西向的街巷，它东接荆公路，西连赣东大道，名叫兴鲁坊路。

兴鲁坊路的命名源自它北侧的古代著名学校——兴鲁书院。书院建于宋朝嘉祐元年（1056），是唐宋八大家之一的曾巩及其诸弟创办的。曾巩的祖籍是山东，简称鲁，其先祖是山东曲阜孔子的得意门生曾参。曾巩兄弟从小受父辈教育，一直尊儒崇道，有很强的道统观念，所以他们把书院命名为兴鲁书院，含有上承曾子之家学，以继周公孔子之传者的意义。兴鲁书院规模很大，房屋错落有致，内设讲堂学馆，还有彩亭后院；书院内环境幽雅，奇花异草飘香，绿丛竹生辉，是一处传道授业解惑的好地方。

历代官吏对兴鲁书院十分重视，从而延长了它的生命力。明清两代，兴鲁书院是抚州郡六县（临川、崇仁、宜黄、乐安、金溪、东乡）的讲学之所，继续为本地培育出大批人才。对兴鲁书院的维修，历任知府们也尽了自己的职责。清乾隆五年（1740），抚州知府刘永锡重修了兴鲁书院，稍后还延请清代名臣、理学家、诗文家李绂（字穆堂）就任书院山长并主讲席。乾隆四十六年（1781），抚州知府陈朗重修兴鲁书院，后来还在书院讲堂旁建造梦欧亭，一面纪念曾巩师事欧阳修，一面鼓励学子师法先贤努力成才。道光二年（1822），抚州知府郑祖琛、临川知县刘绳武等人又捐资重修兴鲁书院。兴鲁书院就这样绵延了八百多年，这是全国各书院中少有的事，这既显示了曾巩教育思想的强大感召力，也表明了临川人民具有重视教育的光荣传统。

## 问渠书院 抚州市东乡县

问渠书院位于抚州市东乡县黎圩镇后畲村委会后畲村西，始建于清代中期，坐北朝南，砖木石结构，四合院式天井院建筑，斗砖封火马头墙，单进厅，穿斗式构架。面宽 22 米，进深 32 米，四进三天井，屋内木刻精美，大门朝东开，由于南面环水，西面是田野，书院环境额外清幽，南面大石砖窗透光通风，窗户上额大石匾阳刻“问渠书院”行书四字。天井两侧建廊楼，堂房地面高出天井和廊楼地面。门坊上青砖红石上多雕刻有龙凤呈祥、鲤跃龙门等花卉鸟兽雕刻图案，南面墙体上石刻阴文“问渠书院”4 个楷书大字，书院内装饰质朴无华。体现了封建社会“学而优则仕”的思想意识。书院前后共设有 5 个门楣，除大门外，周边门楣均为半圆型，门楣上用红石刻成匾额“桂园”“兰室”等字样，书院与民居之间有精致的长廊。

问渠书院占地面积 2000 余平方米，总建筑面积为 704 平方米，室内分别为教室、住房、厨房、柴间等，是该村古时教书的书院。主体结构基本完好，木结构局部损坏，至今仍有人在此居住。

据悉，问渠书院在清代时为王氏私家书院，是东乡较早的一座乡村书院。系王氏先祖弃官还乡时创建。初创时为王氏家族自办的学堂，专供族中子弟就学，后因教学质量高，逐渐衍变成为一所地方性的学校，不再只是王姓的家族学堂，邻里乡亲也都捐钱、粮和田地资助问渠书院，同时将自己的子弟送入问渠书院就读。二百多年来，书院为村里培养了许多人才。新中国成立后，书院作为村小的前身，仍然是教书育人的场所，一直到新的教学大楼建成。

## 盱江书院 抚州市南城县

盱江书院位于南城县城北登高山下，于北宋庆历三年（1043）由著名思想家、哲学家、教育家及诗人李觏所建，是江西古代书院史记载中能有“门徒千人”的仅有 3 所书院之一，成为当时东南学子向往的著名书院。书院的大门正对着南城的母亲河——盱江，于是他把书院取名为盱江书院。2010 年 8 月盱江书院重建，占地面积 3500 平方米，建筑面积 1200 平方米，总投资 400 余万元。整个书院采取四合院式仿古样式群，上下错落有致。

李觏，字泰伯，人称盱江先生，生于 1009 年，卒于 1059 年。李觏以教学为生，在盱江书院主事 6 年，以学者讲学为主，不仅接纳本郡学子，而且还接纳各郡府前来求学的“俊秀者”，学者过千余人，培养了大量的优秀人才。唐宋八大家之一的曾巩就是他的高足；曾任吏部、礼部、兵部尚书、尚书左丞的邓润甫也是盱江书院李觏的得意门生；北宋著名学者陈次公、西京作坊使李山甫等 38 人都是他的优秀学生，从此，盱江书院声名鹊起。

北宋时期的江西学风重经世致用，这一学风，由欧阳修倡之于前，王安石得君行道于后，而李觏则是处于其间的一个十分重要的思想代表。他的许多思想给予范仲淹“庆历新政”理论上的支持，又是后来“王安石变法”的思想渊源。

盱江书院经历了 5 个朝代，一直存留到民国初，在这 870 余年间，书院多次进行了维修、易址、重建，在府城西南隅的东岳庙、北隅的清原庙、府城北廓的空地，都曾有明代盱江书院的一席之地；在府城内的提学署（现物资局、交通局一带）以及武岗山上也曾留下了清代盱江书院学子们的足迹，盱江书院成了南城封建教育的重要基地。

## 如蘭书院 抚州市乐安县

如蘭书院位于乐安县东坑村。东坑村自古有四大书院齐名，即如蘭书院、道山书院、应宿第书院、思南书院。其中如蘭书院最为历史悠久。

如蘭书院建于明嘉靖年间，坐西向东，通面阔 11 米，通进深 16 米，占地面积 183 平方米。书院坐落于风景优美的高岭，颇有几分诗情画意，为东坑文人墨客会面场所，也是诸多文人相会吟诗作画的好地方。目前书院外观保持完好，经历几百年岁月的如蘭书院至今四字还清晰可见，是东坑村保护较好的一座古建筑。

如蘭书院每年正月十五（即元宵节），东坑村文人志士都会举行拜“孔夫子”仪式，以表达对孔夫子的敬意。激励后代以读书为本，养成尊老爱幼的良好村风。

如蘭书院

## 元猷书院 抚州市乐安县

元猷书院位于乐安县万崇镇丰林村万坊自然村，建于清代康熙年间（1662—1722），由万氏家族三十七世万元猷建造，距今已有300多年的历史。民国六年（1917）丰林万坊步云高等小学（七都书院）建立后，元猷书院历时200余年私熟时代彻底结束。一代又一代的万氏后裔在私塾习文学武、茁壮成长。

元猷书院自私熟时代结束后就成为百姓居住、祭祖、避邪、避难的场所。第二次土地革命时，成为苏区革命的秘密活动联络点、红军的秘密指挥所，朱德总司令多次秘密居住在此。

元猷书院虽历经300多年风雨沧桑，但牌坊保存基本完好。为保护这一珍贵的历史文化遗产，2016年元猷后人集资对其进行了修复，修复后的元猷书院焕然一新。

## 文　馆 抚州市乐安县

流坑目前保存最为完好的书院——江都书院，俗称“文馆”，它始建于明代晚期，为流坑董氏一族所立，前带庭院，三进二天井三开间，硬山式。平面纵向长方形，通面阔18.8米，通进深43.8米。坐北向南偏东（150度），砖木结构，青砖墙，单丁斗子砌成，上覆青灰瓦，各进山面为五滴水式，前墙中央双开门，入内即为平面近方形的庭院，内以麻石铺地，东西两侧各为三开间的观看兜式硬山平房，是为两庑。庭中央为泮池，跨单拱石构步桥（状元桥）进入主体建筑。首进由前廊、下堂面，前天井间组成。二进由中堂和后天井间组成。后进为上堂，二层，有天花藻井。上堂西侧，有前带庭院和古桂的两层文昌阁。对研究流坑古文化乃至乐安书院文化具有较高的历史、科学和艺术价值。清代前期经大修，以后也有修葺，现在的建筑是在2004年进行整修的。

文馆位于环境幽雅、地域开阔的流坑村北陌兰洲，其东侧紧靠大宗祠，背江面村而建。为前带庭院，西连藏书楼，主体为三进式砖木结构的建筑。它集读书、讲学、祀祖、敬贤、藏书多种功能于一体。

文馆自下堂至上堂，地面逐渐升高，入其内须曲折迂回而进，这种平面设置，据说寓有学子们学业循序渐进、逐级登高之意。楼上为文昌阁，上悬“日进高明”匾。文昌阁是文人览阅与雅会之所。

## 仰山书院 抚州市金溪县

仰山书院坐落在金溪县县城王家巷16号。该书院是清乾隆二年（1737）知县阎廷佶为纪念陆九渊，在宋代陆九渊与朱熹曾讲学的崇正书院原址兴建，后经历代修葺成为金溪县造就人才之地，在历史上与白鹿洞书院、鹅湖书院齐名辉映。

仰山书院

陆九渊（1139—1193），字子静，号存斋，因讲学于贵溪象山，世人尊为象山先生。

他创立“陆学”（又称“心学”），提出“心即理”的观点。认为“宇宙便是吾心，吾心即是宇宙”，坚信“心即理”是永久不变的，把“心”当作世界的本源。淳熙二年（1175），应吕祖谦之邀，与朱熹在铅山鹅湖寺聚会，就“太极”“无极”和认识论的问题展开辩论，史称鹅湖之会。淳熙八年（1181），应朱熹之邀，至白鹿洞讲学，阐述“君子喻于义，小人喻于利”，切中时人隐微深痼之病。熹以其讲义刻石，与诸生共守。淳熙十四年（1187），于贵溪应天山创象山书院，时名象山精舍。授徒极盛，来见者数千人。陆九渊其以毕生之力用于讲学、治学、游学。

金溪县人民政府为纪念陆九渊先生和充分发挥仰山书院的教育功能，于1995年3月15日，经县机构编制委员会会议研究决定在仰山书院成立“金溪县陆九渊纪念馆”。

## 怀仁书院 抚州市金溪县

怀仁书院

怀仁书院坐落在抚州市金溪县双塘镇竹桥村委会竹桥村小组步云公祠上首，清代建筑，坐北朝南，进门为一庭院，大门朴素无纹，石质框架，门上石匾为“怀仁书院”四个苍劲大字，书院规模不大，二进上下堂穿斗式木构，正间为正厅，两侧是厢房，一个天井。天井不大，在后堂后面，建筑占地面积187.8平方米，属清代典型的乡村学校。

## 雯峰书院 抚州市广昌县

雯峰书院位于抚州市广昌县甘竹镇龙溪村饶家堡，坐西向东，占地5032平方米，有庭院5处，房间56间，组合紧凑，布局合理大方，具有明代特色。建筑为穿斗式构架。庭院照壁前有桅杆1处，寓中举出人才之意，惜已不存。庭院右侧为砖木结构门楼，高大宏伟，状如飞翼。

建筑布局：一是主体部分，即中轴线上前中后大厅为讲学主要场所。三厅均采用硕大木柱梁架。建筑木雕、石雕精美，图案丰富，有几何连续纹、万字、喜字、花卉、卷草、芦笙、蕉叶、钱锦等。二是北侧有养心斋和楼阁，为主人研习学问和休憩之所。三是养心斋和楼阁以北，为士子居住的房舍。四是东面有石山、花园、鱼池、菜园，照壁围墙错落其间，生活气息浓郁。

据考证，书院始建于明成化六年（1470），为饶秉鉴所建。饶秉鉴（1413—1486），字宪章，号雯峰，江西广昌县甘竹镇人，并著有《春秋提要》与《春秋会传》，破前人之错讹，成一家之言。他的办学宗旨是唯有发展教育，人皆有学，才能达到士有定习，民有定志，官有定守，国有定制。教育学生务实，认为成才多径，里居倡行乡约。并延请当时著名教育家罗伦来院讲学，四方人士慕名前来求学者甚众，一时名声大噪，成为明中叶江西省有影响的书院之一。

明中叶后，雯峰书院持续发展，读书风气甚重，人才辈出，特别是明末至清早中期，达到了鼎盛时期，涌现了大量广昌籍人才，出现了父子、兄弟、祖孙三代中举入仕盛况，尤以当地罗姓（罗鸿、罗棨）、饶姓（饶一辛、饶学曙）、魏姓（魏方泰、魏定国、魏允迪）为最，仅魏姓一族在清朝就考中进士10人、举人32人。

雯峰书院

# 六 省级以上重点寺院道观图

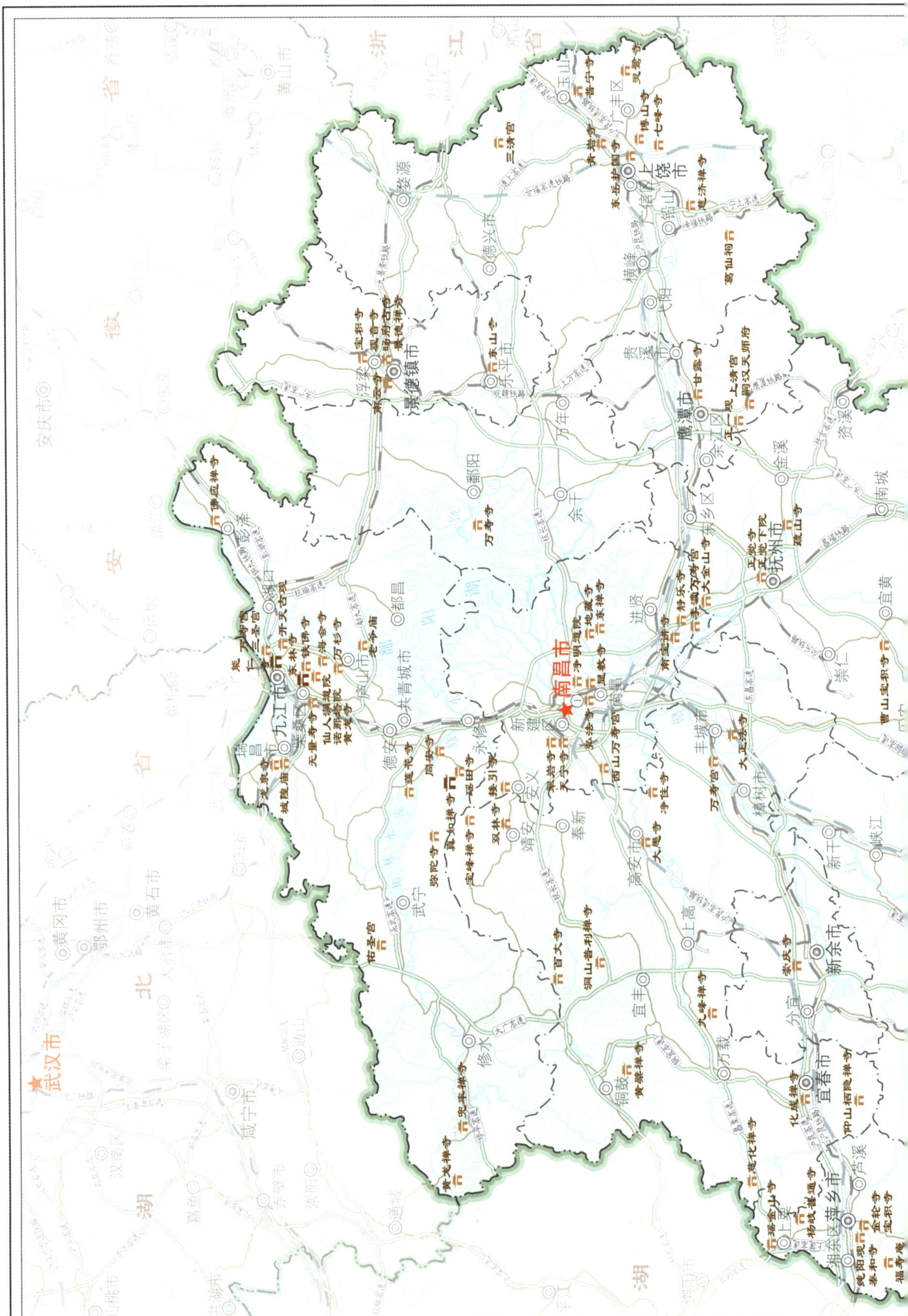

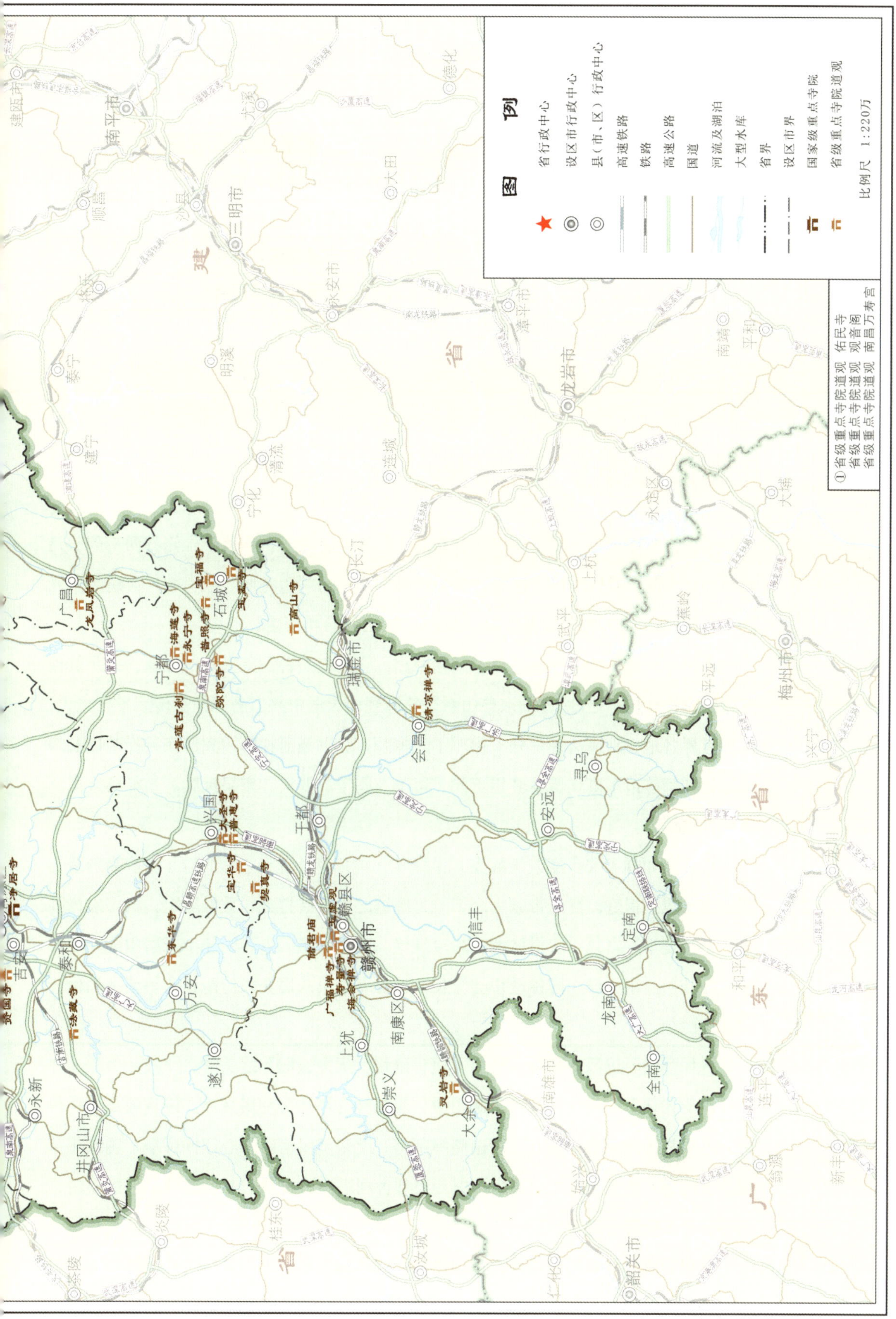
图例
省行政中心
设区市行政中心
县（市、区）行政中心
高速铁路
铁路
高速公路
国道
河流及湖泊
大型水库
省界
设区市界
国家级重点寺院
省级重点寺院道观
比例尺 1:220万
① 省级重点寺院道观 佑民寺
省级重点寺院道观 观音阁
省级重点寺院道观 南昌万寿宫
赣州市
赣县区
南康区
瑞金市
石城
宁都
广昌
兴国
于都
会昌
寻乌
安远
信丰
定南
龙南
全南
大余
崇义
上犹
遂川
万安
泰和
吉安
永新
井冈山市
龙岩市
三明市
梅州市
南平市
建瓯市
永安市
漳平市
长汀
连城
清流
宁化
明溪
建宁
泰宁
将乐
顺昌
沙县
尤溪
大田
德化
上杭
武平
永定区
大埔
蕉岭
平远
兴宁
南靖
平和
和平
连平
翁源
新丰
始兴
南雄市
仁化
韶关市
汝城
桂东
炎陵
茶陵
福建省
广东省

# 1 国家级重点寺院

| 国家级重点寺院 | |
|---|---|
| 1 | 九江市永修县真如禅寺 |
| 2 | 九江市浔阳区能仁寺 |
| 3 | 九江市濂溪区东林寺 |
| 4 | 吉安市青原区净居寺 |

## 真如禅寺 九江市永修县

云居山真如禅寺，是全国汉传佛教三大样板丛林之一，坐落于永修县西南隅，乃幕阜山之余脉；其四周峰峦崔嵬，中央坦然平正，有“莲花城”之美誉。自唐宪宗元和三年（808）道容禅师肇基以来，距今已有1200余年历史。

千百年来真如禅寺宗风浩荡，高僧辈出。它不仅是曹洞宗主脉所在地，亦是其他五宗七家法脉传承之地。曹洞宗曹山系之正脉经由云居中兴道膺禅师弘传后发扬光大，远播世界各地。除道膺禅师外，佛印了元禅师、克勤圆悟禅师、大慧宗杲禅师以及晦山戒显禅师等诸多高僧皆曾驻锡于此，留下《圆悟心要》《宗杲尺牍》《禅林宝训》等传世法语。

近代真如禅寺曾一度毁于战火。1953年，禅门泰斗虚云老和尚以114岁高龄登上云居山，重振祖庭。虚老带领大众于一片废墟之上敲砖打瓦、重修殿宇，扬“农禅并重、冬参夏学”之风，安僧弘道，兴废继绝。此外，虚云老和尚还于云居山成立“佛学研究社”。第七届中国佛教协会会长一诚长老、第八届会长传印长老等诸多高僧皆曾就读此社。

真如禅寺附近风景优美，享有“冠世绝境，天上云居”之美誉。

由历代诸多高僧大德驻锡云居山故，真如禅寺周边舍利塔林立，皆具较高文物价值。其中较为著名的僧塔有：唐道膺禅师塔、北宋罗汉塔、宋心印禅师塔、明颛愚和尚全身法塔、清戒显和尚全身塔、虚云大师舍利塔等。此外，赵州关内还有碧溪桥、谈心石等多处历史胜迹。

云居山真如禅寺道风古朴、清规肃然，汉传禅宗丛林之千年传统在此得以完整传承与发扬。

## 能仁寺 九江市浔阳区

能仁寺

能仁寺，位于九江市庾亮南路168号，旧名“承天院”。建于南北朝梁武帝在位时（公元500年前后），元时遭兵火焚。

明洪武十二年（1379）重建。寺院历代甚受官方重视，虽屡遭天灾、战火之毁，皆能重建，香火延燃，梵乐久响。先后有智聪、杨岐宗二世白云守端、云门宗五世佛印了元、曹洞宗十世宏智正觉、南康府沙门师严等高僧住持。民国后相继有修一、静修、禅静、惠禅、如相等执掌法席，率众维护香火，1919年秋，法天主教九江总铎罗望达，侵占寺内名胜，翌年2月基督教美以美会在寺西空基强划为建书院之用，僧人数陷冤狱，寺产被蚕食。抗战期间，又遭日军抢劫、占领。直至抗日战争胜利后，寺院得到一定程度的修复，并开展正常佛事活动；1937年，寺院启坛传授三坛大戒，由住持光明主持，为数百名戒子圆具员戒，印光、太虚等曾先后来寺礼佛敬祖。

新中国成立后，佛光主持寺务。1953年夏，中国佛教协会名誉会长虚云在果一、觉民等陪同来寺礼佛。1983年，国务院批准能仁寺为汉族地区佛教全国寺院。

能仁寺现占地面积约36亩，殿宇建筑，依坡就势，布局整规，主次分明，宽敞幽静，寺内分前、中、后3个院落。前院有山门、天王殿、大雄宝殿、大胜宝塔；中院有铁佛殿、左右禅房、方丈室；后院有藏经楼、法堂等建筑。3个院落面积共15595平方米，殿宇占地面积为2986.6平方米。

## 东林寺 九江市濂溪区

东林寺位于九江市，庐山西北麓，南面正对庐山香炉、天地诸峰，北倚分水岭及上方塔，西北有香谷，东南有乌龙潭，地势雄伟。东林寺距九江城南30余千米，交通便利，寺旁有105国道直通南昌。东林寺前明堂开阔，香炉峰呈趋拜之势，千年紫烟不断，虎溪具眷恋之情，万载常流，寺内建筑恢宏，布局合理，避阴抱阳，松竹密植，石径苔合，徜徉其中，心旷而情怡。

东林寺建成于东晋太元十一年（386），为佛教净土宗发祥地，并以净土宗第一祖庭的地位屹立于佛教之林，而且一度成为中国南方佛教中心，开山祖师慧远大师也被尊为净土宗初祖。慧远大师以东林为道场，修身弘道，著书立说，劝进行者，不遗余力，30 余载迹不入俗，影不出山，其一生德业隆盛，饮誉遐迩，鸠摩罗什大师赞称为“东方护法菩萨”，受国内外僧众钦敬。

东林寺建寺以来，迄今已有 1600 多年历史，沧桑历尽，屡废屡兴。隋朝以后，东林寺为全国佛教八大道场之一，至唐宋时达到顶峰，盛时寺院建筑宏伟，殿宇辉煌，经藏万卷，僧徒逾千，号称“万僧之居”。元明清三代，东林寺逐渐衰落，虽经屡废屡修，但规模与香火都远逊于唐宋年间。清末至民国，战乱频繁，民生凋敝，国家内忧外患，东林兴复无望。新中国成立后，1957 年东林寺公布为省级重点文物保护单位。改革开放之后，国家落实宗教政策，1978 年起东林寺逐步修复，并于 1983 年被列为汉族地区佛教全国重点寺院。

历史上，与东林寺结缘的名流高士不乏其人，且寺内古迹和文物甚多，从出木池、译经台、聪明泉、唐代尊胜陀罗尼经幢，到清末康有为题刻的《柳公权残碑记》，时间跨度千余年。每一处古迹和每一件文物都寄寓着一段历史典故，其丰厚的文化底蕴对中国传统文化也产生了至为深远的影响。更为重要的是，由慧远大师倡导的东林莲社的净土征信，不仅在中国净土宗建立及弘传历史中具有划时代的意义，而且对于华夏民族亦是一件惊天动地的大事。华夏文明中超越性意向受惠于净土宗文化，并直接影响到中国的哲学、艺术、建筑与生活方式等各个方面。

东林寺

## 净居寺 吉安市青原区

净居寺

净居寺位于吉安市东南 9 千米处的青原山。

净居寺始建于唐神龙元年（705），初名安隐寺，至宋徽宗时（1104），赐名“净居寺”，并沿用至今。

唐代高僧行思禅师未出家前，尝游于青原山中，见其景致秀丽，山水佳绝，便随手折下荆柴一枝倒插入地，言“此地若为灵地，树当活”，后果应验，行思禅师得法于禅宗六祖慧能大师，遂入青原山弘法，史有“青原行思”之称。唐开元二十八年（740）行思圆寂于青原，唐僖宗赐建弘济禅师归真之塔，后称行思为禅宗七祖。行思禅师在净居寺弘扬禅宗顿悟之说，使之宗风大盛，石头希迁、菏泽神会等当时的高僧纷纷诣青原参悟。青原山由此成为南方禅宗中心，开青原一系，为曹洞、法眼、云门之祖。

净居寺历经千年，梵音播于四海，经传日本、东南亚等诸国，与历代名僧高士结下了不解之缘。文人名士也慕名而来，游山礼佛，吟诗作赋，留下许多珍贵墨迹。唐代大书法家颜真卿篆书“祖关”二字，刻石碑嵌于山门之首。山门墙上“青原山”三字为文天祥手书。明代理学大师王明阳眷恋青原山，为净居寺题碑“曹溪宗派”。

净居寺现有 30 位常住僧人，往来参禅修行的挂单僧人平均每月有 100 多位，常年来寺庙做义工的居士有上千人之多。尤其是 2 月 19 日、6 月 19 日和 9 月 19 日观世音菩萨圣诞，十方信众敬奉愈盛。目前，净居寺占地面积 100 余亩，建筑面积 2 万余平方米，建有大雄宝殿、天王殿、毗卢阁、地藏殿、念佛堂、藏经楼、七祖塔亭、禅堂等，寺内还保存有千僧锅、明代大钟等文物。大雄宝殿四面环水，三桥拱立，相传是龙王为七祖让出的龙穴。如今的净居寺，已是江南佛教圣地。

## 2 省级重点寺院道观

| 省级重点寺院道观 | | | |
|---|---|---|---|
| 1 | 南昌市南昌县东禅寺 | 31 | 九江市柴桑区无量寿寺 |
| 2 | 南昌市南昌县显教寺 | 32 | 九江市浔阳区万寿宫 |
| 3 | 南昌市南昌县地藏寺 | 33 | 九江市浔阳区三圣宫 |
| 4 | 南昌市南昌县弘法寺 | 34 | 九江市浔阳区能仁寺 |
| 5 | 南昌市进贤县李渡万寿宫 | 35 | 九江市濂溪区东林寺 |
| 6 | 南昌市进贤县南宝讲寺 | 36 | 九江市濂溪区仙人洞道院 |
| 7 | 南昌市进贤县静乐寺 | 37 | 九江市濂溪区开天古观 |
| 8 | 南昌市安义县接引寺 | 38 | 九江市濂溪区诺那塔院 |
| 9 | 南昌市东湖区佑民寺 | 39 | 九江市濂溪区铁佛寺 |
| 10 | 南昌市西湖区南昌万寿宫 | 40 | 景德镇市乐平市东山寺 |
| 11 | 南昌市西湖区观音阁 | 41 | 景德镇市浮梁县宝积寺 |
| 12 | 南昌市湾里区天宁寺 | 42 | 景德镇市昌江区旸府寺 |
| 13 | 南昌市湾里区翠岩寺 | 43 | 景德镇市昌江区南云寺 |
| 14 | 南昌市青山湖区净明道院 | 44 | 景德镇市珠山区观音寺 |
| 15 | 南昌市新建区西山万寿宫 | 45 | 景德镇市珠山区景德禅寺 |
| 16 | 九江市修水县兜率禅寺 | 46 | 萍乡市安源区纯阳观 |
| 17 | 九江市修水县黄龙禅寺 | 47 | 萍乡市安源区金轮寺 |
| 18 | 九江市武宁县弥陀寺 | 48 | 萍乡市安源区宝积寺 |
| 19 | 九江市武宁县佑圣宫 | 49 | 萍乡市湘东区泰和寺 |
| 20 | 九江市瑞昌市龙泉寺 | 50 | 萍乡市湘东区福寿庵 |
| 21 | 九江市瑞昌市城隍庙 | 51 | 萍乡市上栗县瑶金山寺 |
| 22 | 九江市都昌县老爷庙 | 52 | 萍乡市上栗县杨岐普通寺 |
| 23 | 九江市彭泽县佛应禅寺 | 53 | 新余市渝水区崇庆寺 |
| 24 | 九江市永修县同安寺 | 54 | 鹰潭市贵溪市正一观 |
| 25 | 九江市永修县莲花寺 | 55 | 鹰潭市贵溪市嗣汉天师府 |
| 26 | 九江市永修县瑶田寺 | 56 | 鹰潭市贵溪市上清宫 |
| 27 | 九江市永修县真如禅寺 | 57 | 鹰潭市月湖区甘露寺 |
| 28 | 九江市庐山市万杉寺 | 58 | 赣州市章贡区寿量寺 |
| 29 | 九江市庐山市海会寺 | 59 | 赣州市章贡区广福禅寺 |
| 30 | 九江市庐山市黄龙寺 | 60 | 赣州市章贡区玉虚观 |

| 省级重点寺院道观 | | | |
|---|---|---|---|
| 61 | 赣州市章贡区海会禅寺 | 90 | 上饶市信州区东岳护国寺 |
| 62 | 赣州市赣县区储君庙 | 91 | 上饶市信州区青岩寺 |
| 63 | 赣州市赣县区契真寺 | 92 | 上饶市广丰区灵鹫寺 |
| 64 | 赣州市赣县区宝华寺 | 93 | 上饶市广丰区博山寺 |
| 65 | 赣州市大余县灵岩寺 | 94 | 上饶市广信区七峰寺 |
| 66 | 赣州市兴国县大圣寺 | 95 | 上饶市玉山县三清宫 |
| 67 | 赣州市兴国县普惠寺 | 96 | 上饶市玉山县普宁寺 |
| 68 | 赣州市宁都县永宁寺 | 97 | 上饶市铅山县慈济禅寺 |
| 69 | 赣州市宁都县普照寺 | 98 | 上饶市铅山县葛仙祠 |
| 70 | 赣州市宁都县海莲寺 | 99 | 上饶市鄱阳县万寿寺 |
| 71 | 赣州市宁都县弥陀寺 | 100 | 吉安市吉州区灵泉寺 |
| 72 | 赣州市宁都县青莲古刹 | 101 | 吉安市吉州区铁佛寺 |
| 73 | 赣州市瑞金市高山寺 | 102 | 吉安市青原区净居寺 |
| 74 | 赣州市会昌县清凉禅寺 | 103 | 吉安市吉安县资国寺 |
| 75 | 赣州市石城县宝福寺 | 104 | 吉安市泰和县法藏寺 |
| 76 | 赣州市石城县玉盂寺 | 105 | 吉安市万安县东华寺 |
| 77 | 宜春市袁州区化成禅寺 | 106 | 抚州市临川区正觉下院 |
| 78 | 宜春市袁州区慈化禅寺 | 107 | 抚州市临川区金山寺 |
| 79 | 宜春市袁州区仰山栖隐禅寺 | 108 | 抚州市临川区正觉寺 |
| 80 | 宜春市丰城市万寿宫 | 109 | 抚州市南城县宝方禅寺 |
| 81 | 宜春市丰城市大正法寺 | 110 | 抚州市黎川县寿昌寺 |
| 82 | 宜春市丰城市净住寺 | 111 | 抚州市南丰县地藏寺 |
| 83 | 宜春市靖安县宝峰禅寺 | 112 | 抚州市南丰县南台寺 |
| 84 | 宜春市靖安县双林寺 | 113 | 抚州市南丰县寿昌寺 |
| 85 | 宜春市奉新县百丈寺 | 114 | 抚州市宜黄县曹山宝积寺 |
| 86 | 宜春市高安市大愚寺 | 115 | 抚州市宜黄县石巩寺 |
| 87 | 宜春市上高县九峰禅寺 | 116 | 抚州市金溪县疏山寺 |
| 88 | 宜春市宜丰县黄檗禅寺 | 117 | 抚州市广昌县龙凤岩寺 |
| 89 | 宜春市宜丰县洞山普利禅寺 | | |

## 东禅寺 南昌市南昌县

东禅寺位于南昌县幽兰镇东南南湖岘山（岘山原名凤凰山，幽兰街之东南，南湖万村之西南，南面濒临碧波荡漾的青岚湖），掩映在万绿丛中。

东禅寺兴建于唐高宗咸亨年间（670—674），唐代名臣魏征之四子出任洪州刺史，因怀念其父魏征葬在长安岘山，逐改凤凰山为岘山，并建寺以资冥福。

该寺建筑风格为仿唐建筑，寺院环境清雅之极，南宋绍兴年间，进士戴孔目有诗赞云："天别一区寺院深，苍松万树古如今。疏枝漏影开幽迳，雅韵飘空当典琴。鸟过无知风雨避，人来哪觉霜雪侵。禅关隔断红尘世，凤在岗头鹤在阴。"寺门上方的石匾"岘山禅林"为乾隆御笔赐书。寺门两旁墙上楹联录唐人诗句"云开东岭千峰出，树鉴南湖一片明"，传说亦为乾隆御笔。

东禅古寺四次改寺名，寺宇的兴建、重建，记载 9 次。1989 年，落实党的宗教政策，地方政府及信众邀请云居山真如寺上妙下法老和尚重修，2001 年，经上妙下法老和尚推荐，接云居山真如寺上一下诚老和尚法旨，明果大和尚升座方丈至今，为南昌正规的禅宗道场，南昌县首批合法宗教活动场所。

## 显教寺 南昌市南昌县

显教寺位于南昌县八一乡甫下村灌山，据史书记载，发祥于西汉初年，最早是为了纪念西汉初年颖阴侯灌婴而建立的古祠堂，颖阴侯是西汉高祖刘邦平定天下之后，首次封侯中 11 位异姓侯之一。高祖五年（前 202），灌婴被派往豫章郡驻守，高祖六年（前 201），章文献地给灌婴。因此，灌婴也就是颖阴侯在章文献地筑城，此城首名为灌城，后经数载，更城名为南昌。由于南昌城首为灌婴所建，颖阴侯后人及南昌城老百姓为纪念颖阴侯建城、守城，使百姓们安居乐业的功绩，并为了祭祀他，便在原灌城，也就是现在的南昌县八一乡甫下村灌山修建了颖阴侯灌婴祠堂，又名灌山寺。古寺烟火鼎盛，一直延续到六朝时期，易名为显教寺。迄今已有 1000 多年历史了。

据南昌县志记载，当时显教寺风貌蔚为壮观，规模宏大，香火极盛，为南昌市一带著名寺院之一。由于经历了历朝历代政权更迭，战事不断，经历多重劫难的显教古刹，能搬动之文物，虽无留存，却有一树一碑，默默地告诉人们显教古刹曾经的辉煌。

这一碑，是一方高约 90 厘米，宽约 80 厘米的深豆绿色石碑。碑文上面的字迹依稀可辨。这块古老的石碑，是清朝乾隆元年丙辰岁刻立，上面记载了显教古刹当时住持照容和尚 9 岁出家削发为僧，随从师祖上广下修和尚勤修苦行。

这一树，是六朝时期遗存下来的一株古银杏树，这棵可敬的老树，每年春夏之季，枝干遒劲，叶密且绿。

1993年春，上戒下全老和尚率领一众僧人，来到这里，望着一碑一树，老和尚发愿重振古刹雄姿。1995年就建成800多平方米的法堂一座。1999年，气势恢宏的大雄宝殿也圆满建成。2003年，天王殿顺利竣工。2004年起，兴建方丈室、念佛堂，建居士楼，近年鼓楼、钟楼相继竣工。

如今的显教寺于2007年列入江西省重点寺院之一，这座庄严的古刹，重现千年丛林风采。

## 地藏寺 南昌市南昌县

地藏寺地处南昌县幽兰镇北1千米处，临鄱阳湖而近青岚湖，占地面积约2万平方米。

寺院始建于明朝万历年间（1573—1620），时有东田村宗道第十二代孙万兴隆，其发达后，因母虔诚信佛，为报母恩，发心为母建寺。万员外观其村后七塘连环，号称七星伴月，风光秀丽，恰是一块风水宝地，便出资请能工巧匠建造一寺，取名“兴隆庵”。寺庙建成后礼请僧人住持，香烟缭绕，曾盛极一时，成为方圆百里善男信女朝拜之地。万法无常，寺院于明末清初毁于战火，从此僧去寺空直至清朝中叶寺院才重新复建。

现在的地藏寺为一坐北朝南的长方形院落，沿中轴线依次坐落正山门及前、中、后三进院落。中轴线最南端为新建的山门，山门之内，放生池碧波荡漾，鱼戏莲叶间，与池上石拱桥相映成趣，池边绿树成荫，此为寺内前院。沿石拱桥而上，即可进入本寺第一层殿——“天王殿”。殿内供奉弥勒菩萨、护法韦陀菩萨及护法四大天王。

穿过天王殿，到达寺内中间的院落，院中央为大雄宝殿，两旁即是钟楼和鼓楼。因原大殿年久失修漏雨严重，历时4年建成现今的大雄宝殿。大雄宝殿整体为明清结构建筑，采用石柱作为主体支撑，配以木质的雕梁画柱，尤显大雄宝殿的庄严及法喜。殿中供奉10米多高的三宝佛，佛像均为樟木贴金雕塑。店内东西两边的十八罗汉及文殊、普贤菩萨塑像均贴金饰彩，塑画威容，端严毕备。

后院的第三进殿是本寺最具特色的地藏殿。殿内供奉着国内目前最高的室内纯铜地藏王菩萨圣像，11米高的圣像全由真金镶贴，须弥座为惠安石雕，龙、麒麟、祥云等吉祥图案惟妙惟肖，栩栩如生。此殿两侧为念佛堂、玉佛殿、观音殿、普照楼，其余的客堂、云水堂、斋堂等配设齐全。

殿后西北角矗立25.8米高的地藏塔。全塔均由石材建造，仿木构楼阁式，八角七层。

地藏寺于2007年列入省级重点寺院。寺内常住僧人自耕自食，如法如律，清心伴道。道场清净庄严，恰是远离尘嚣修心养性的人间净土。

## 弘法寺 南昌市南昌县

南昌县莲塘镇弘法寺，始建于唐朝贞观年间。原名昌益寺，寺院鼎盛时，常住僧众达300余众。建筑占地面积30余亩，拥有用水塘、饮用水塘各1个，竹林1座。历史上著名的有宋朝雪岩法师住寺，并任住持；讲经布道，弘法利生。为了全民强身，每年秋季，寺院都会举办武术大赛。由于历史原因，几经兴衰，最终毁于1958年。

在改革开放落实党的宗教政策后，本寺和全国其他寺院一样，迎来了春天。在各级政府领导的大力支持下，信教群众的极力拥护下，于1997年12月，本寺得以批复正式开放。为了更好地发扬佛教优良传统，弘法利生的宗旨，由原名昌益寺更名为弘法寺，并迁址于李埠村西桂花山上进行重建，在本寺住持圣宏法师及广大信众的支持下先后购买了土地24.83亩。从一片荒山，先后建成了大雄宝殿、卧佛殿、双峰莲池阁万佛楼、观音殿综合楼、地藏殿综合楼、斋堂综合楼、大寮、山门等。建筑面积达1万余平方米，寺院已具备一定规模，并于2007年被正式评定为省重点寺院。

## 李渡万寿宫 南昌市进贤县

李渡万寿宫位于进贤县李渡镇翠花街北头的抚河码头口岸处，占地面积10余亩，是抚河沿岸闻名遐迩的道教活动胜地。据《临川县志》记载，李渡万寿宫为唐贞观年间抚州巡抚李德年令本地高士吴道南所建，规模十分壮观，五进五殿，三楼一堂，有高明殿、玉皇殿、三清殿、关帝殿、财神殿、仙女楼、会仙楼、小姐楼、观音堂以及牌坊、亭阁等，尤以风雨祈台螺丝旋顶，更是风格独特。李渡万寿宫系净明忠孝道，与西山万寿宫同为江西两大著名道场。相传许逊真君曾在李渡珠山桃花崖修炼，道行大进。昔日道众礼拜，信士云集，许多名人名士都曾慕名而至。

李渡倚金山，控抚河，上连盱水，下达赣江，入鄱阳，通长江，是建昌（南城）、抚州哀州（丰城）、南昌四府交衢的工商重镇，水路交通便利。每逢道场节日，赶庙会、舞龙灯、赛龙舟时，万寿宫前更是人山人海，香烟缭绕，热闹非凡。

目前李渡万寿宫已修饰一新，有高明殿、谌母殿、财神殿、三清殿、文昌殿、玉皇殿、观音堂等7座雄伟大殿。被省宗教局评为省重点宫观 。

## 南宝讲寺 南昌市进贤县

南宝讲寺原名南保寺，寺庙原址地处抚河中下游的文港镇南保山下，区位优势明显，交通便利，风光无限，佛教文化底蕴深厚。唐代诗人、宋代文学家、明代戏曲家、近代政治家等无不与文港结下深深情缘。

历经千年的南保讲寺，终日晨钟暮鼓、梵音香赞，十方共享佛喜，寺院渐成规模。至20世纪六七十年代遭毁，后复建。整体设计依山胜形由东而西主轴排列，藏金阁、感恩塔、卧佛殿、大雄宝殿、花坛、天王殿，以及小桥流水、方亭、放生池，直至山门殿和殿前广场。南北侧则是呼应中的观音殿、禅房、静室、功德堂、佛学院、报恩堂、碑廊等配套建筑和设施。落成于2005年8月的藏经阁在日月星辰的映射下金碧辉煌、流光溢彩。来自缅甸长达8.6米的玉石卧佛已安放在藏经阁的卧佛殿址，雍容华贵，静态安详，复建中的大雄宝殿丝毫掩藏不住它那恢宏气势和雄伟庄严。

## 静乐寺 南昌市进贤县

静乐寺位于进贤县文港镇东郊罗岭山麓浮云峰下静谷之中，始建于元，肉齿和尚在此结庐而居。因地处静谷，故名静乐，意为静谷中的极乐之境。占地面积约3000多平方米，建筑面积1500平方米。远远望去，半山坡上，万绿丛中，红墙绿瓦，甚是庄严。

静乐寺的泉水亦是远近闻名，相传肉齿和尚在此日日讽诵大乘经典，有一小龙化作螃蟹蛰伏在附近听经，之后依旧化龙飞去，小龙感念肉齿和尚度化之恩，于蛰伏处化一小潭，供养肉齿和尚。至此一人饮之不溢，百人饮之不匮的龙泉于此而生。

静乐寺从元朝以来几经兴替，以至方丈作糟糠之仓、僧寮作烟霞之窟，沉睡泯灭。时至1988年政通人和，百废俱兴，长老慧云法师应邀驻锡罗岭，复兴静乐。

2004年顿解法师继承其师遗志，担任住持一职，身体力行，服务常住。法师于1987年礼金山寺印空长老剃度依止慧云长老，1988年受具。1989年与其师来静乐，同甘共苦。目前静乐寺有常住比丘尼、居士10余人。

2008年法师又发弘愿，扩建静乐，于山下购置土地，大兴土木，现已建好普光明殿、僧舍、斋堂。整体建筑乃徽派建筑，目前依旧在扩建中。

## 接引寺 南昌市安义县

接引寺始建于唐朝天宝至贞元年间（742—805），位于安义县城北1.5千米的樟灵岗上，距今有1200余年历史，原为“接引庵”，后改为“万寿宫”，为古龙津八景之一，东有9座小丘连绵起伏，呈奔腾之势，故有“九龙奔岗”之说。每年农历八、九、十月，建昌、修水、豫章等地邑民结对前来进香祈福，香火旺盛。寺庙内有千年古樟，枝繁叶茂，亭亭如盖，特有灵气，据说旧时出外经商的安义生意人，每每遇到困难或经商不顺之时，只要朝安义接引寺古樟方向顶礼膜拜三下，

接引寺

诸事困难都得化解而事事顺意，故名“樟灵”。时至今日，开店经商之人及善男信女，也多有到寺院及古樟前祈福保佑，此树又名“月圆许愿树”。

抗战时期，原有寺院毁于兵焚，伽蓝颓废，篷幔飘零，牛槽为群，然是地山灵水秀，瑞气氤氲，常有佛光呈现、天龙护法之象，外纳而内之透。1946 年，群众集资建简易庙宇。1993 年，政府批复重建，易名为“接引寺”。有“接天地之灵气，引万物之生灵”之意。

寺院格局为古老式四合院，整个寺院包括围墙和殿宇都是黄色墙面、金黄色琉璃瓦顶，飞檐斗拱，彩绘画栋。一对大理石狮子镇坐在山门台阶两侧，进入山门后左右两边的回廊经东西钟鼓与大雄宝殿两侧相连接，环抱着整个大殿广场，广场两边栽种名贵树种花卉，奇花异果，各呈芬芳。山门正对着滴水观音、九龙壁、三圣殿和雄伟壮观的大雄宝殿，殿内供奉释迦牟尼佛像，两侧供奉十八罗汉及海岛观音，全部用樟木精工雕刻而成，大殿左侧是客堂、寮房和右边厢房遥相呼应。寺内有古井一口，古井的水是透山泉水，清而洁净，入口甘甜，名“九龙井”。

## 佑民寺 南昌市东湖区

佑民寺，中国古代著名寺庙，佛教禅宗“洪州禅”的发源地，坐落于南昌市东湖区民德路 181 号，是南昌市唯一一座完整的寺院。

寺庙始建于南朝梁天监年间（502—519），至今已有一千五百多年的历史。原为豫章王萧综之师葛鲟之私宅，因“镇蛟龙”捐献为寺。唐大历年间，禅宗高僧马祖道一来寺说法，信徒云集洪州，形成“洪州禅”，佑民寺（时称“开元寺”）成为当时江南的佛学中心。后亦不断有新罗僧人慕名前来入寺修行，佑民寺的宗风心法被传播至朝鲜半岛、日本等地。此后佑民寺时毁时修，先后易称过承天寺、能仁寺、永宁寺等名。

佑民寺于 1957 年公布为全国重点文物保护单位。1986 年 9 月以来，逐步重建，至 1991 年初，山门、天王殿、大雄宝殿、药师殿、钟楼相继竣工，延僧开放，香火颇盛。南昌“三宝”（佑民寺铜佛、钟鼓楼铜钟、普贤寺铁象）中仅存的铜钟（南唐铸，重 10064 斤）现置于钟楼内，近代南昌民谣有云“江西穷又穷，还有三万六千介铜”，即是指此。

佑民寺历代香火鼎盛，享誉东亚、东南亚。从佑民寺发端的“洪州禅”，是与石头宗并列的唐代禅宗两大派系之一，并开启了后世的临济、沩仰、杨岐、黄龙等佛教宗派。

佑民寺

佑民寺规模约为八九千平方米，寺内分为主殿及侧殿两大建筑群。主殿内的建筑包含了山门、天王殿、铜佛殿、大雄宝殿、法堂等，而侧殿内的建筑有尊客寮、客堂、大寮、库房、观音殿、祖师殿、伽蓝殿、地藏殿等。

佑民寺殿堂雄伟，前殿有众多佛像和千佛缸，缸外装饰 90 余个佛像，神态各异，古朴端庄。在缸上饰佛像众多，国内罕见。后殿有巨型铜佛像，造型庄严肃穆。佑民寺右侧，一座四层角形的钟楼挺然护在佑民寺旁。

## 南昌万寿宫 南昌市西湖区

南昌万寿宫是江西省重点道观（亦称铁柱或妙济万寿宫），原址位于南昌市内广润门左、洗马池之南、翠花街西面。2004 年移址重建在南昌市象湖景区。移址重建的南昌万寿宫位于象湖中的一座小岛，总面积约 60 亩，岛上建筑面积约 4600 平方米的建筑群。

万寿宫进深 150 余米，由南向北，依次为宫门、仪门，上有“万寿宫”三字。进门为戏台，真君殿、铁柱井、玉皇殿，两侧为钟楼、鼓楼，东为谌母殿，西为斗姆殿，后为玉册阁。传说此地是许真君铸铁柱以镇蛟璃的所在，为供奉许真君，始建于晋代永嘉元年（307），是南昌市区中心的一座著名道教宫观。唐咸通年间（860—874）赐额为“铁柱观”。宋真宗大中祥符二年（1009）赐名“景德观”。宋徽宗政和八年（1118）改名为“延真观”，又降玉册，上许逊尊号曰“神功妙济真君”，改观为宫并加“万寿”二字。南宋宁宗嘉定元年（1208）又改名为“铁柱延真宫”，并御书匾额置于宫门上。明代正统元年（1436）又复名“铁柱宫”，天顺二年（1458）门北幻，地方人士聚铜万余斤，铸造许真君铜像于宫中，嘉靖二十五年（1546）世宗朱厚熜赐名为“妙济万寿宫”。神宗万历二十八年（1600）毁而复建。

清代几经兴废，多次重修重建，并定名为“万寿宫”，延用至今。民国四年（1915）宫殿旁的商店失火，延烧宫内，两座大殿被毁。省、市各界十分痛惜，于是集资重修，聘请能工巧匠，历经5年，费工30万个，终于修缮了万寿宫。抗日战争，南昌沦陷，万寿宫损毁严重。2002年，南昌市政府在象湖风景区湖中间新建了一座万寿宫，经政府批准，命名为南昌万寿宫。新南昌万寿宫，雕梁画栋，十分壮观。

## 观音阁 南昌市西湖区

观音阁位于南昌市十字街204号，现有建筑占地2.25亩，建筑面积2015.2平方米，常住僧众7余名。

南昌市观音阁始建于1676年，由江西布政使刘楗创建，1679年江西布政使王新命增建罗汉殿，并改名为“珠林庵”。1750年僧人源椿树法师重建寺院，并有邑人陈弘绪诗曰：“琉璃灯影在，人世几沧桑。草树天无际，江山鸟独心。僧闲龙隐钵，寺古鸽栖梁。记得停船日，风吹茉莉香。”

1898年富家小姐出家的尼僧执忠法师独自来寺潜修，法师医好5岁女病孩并拜其徒宏明法师出家，法名“惟心”。10年后宏明早亡，年幼的惟心法师苦守旧庵，不畏艰辛护持三宝。此时十字街上有观音阁、定福庵、定慧庵、清大寺、延寿寺、百福寺等寺院，解放前夕日寇侵寺，之后寺产陆续为居民所占，由房管部门接管，其仍守寺院持戒苦修。

1988年由于南昌市没有尼众寺院，四众弟子及各政协委员提议强烈要求恢复“水观音亭”，而该僧地一直被南昌画院所占，南昌市政府为解决尼僧宗教活动场所，决定落实修复观音阁为南昌市唯一的尼众道场。

1989年观音阁恢复原名对外开放。1990年观音阁迁出占寺住户恢复道场，惟心老法师倾一生积蓄携四众弟子齐心募化安置筹建。1991年经南昌市宗教局批准涵广法师来寺主持工作，携四众之力艰苦创业重建，历经10年初具规模，殿宇生辉超逾历代。观音阁于1994年正式开光，重建后的寺院清净庄严，成为了红尘闹市中的一片净土。

## 天宁寺 南昌市湾里区

天宁寺，坐落于风景秀丽的南昌西山中部，旅游名胜区梅岭国家森林之南，南昌市湾里区招贤镇。

天宁寺始创建于唐朝开元年间，当时律宗高僧惠钦律师因“安史之乱”离京经钟陵绝江至南昌西山，于双岭崇胜院、洪岩翠岩寺、香城寺三者之间见四周青山列岫，林间岗丘如菡萏出水，遂安单于此，辟山开田，创建为寺，名曰“光孝寺”。昭宗乾宁年间（894—898）山溪上游发现铜矿，南平王钟传命人兴工开采；光孝寺近水楼台，于是在地方豪绅的帮助下，大修殿宇，铸造佛身，并改名“天宁寺”。建寺至今，斗转星移，天宁寺经历了唐、五代、宋、元、明、清等 7 个朝代，可谓历史悠久沧桑饱尝。20 世纪初又因时局动荡，僧去寺空，景象惨然，时有江西吉安徐氏与一比丘尼无性入住天宁寺，且重新修复。至此改为女众丛林。

1985 年落实宗教政策，顺因尼师来到天宁寺，发愿重修，在党和政府的关怀以及善男信女的大力支持下，成为占地约 50 亩的女众丛林，1999 年 9 月顺因尼师退居，涵伟法师接任天宁寺住持。于 2000 年 9 月，在天宁寺传授三坛大戒，开了江西省尼众传授二部僧戒的先河。

现在的天宁寺是江西省重点寺院之一，主要建筑有山门、天王殿、韦陀殿、大雄宝殿、钟鼓楼、观音殿、斋堂、千佛塔等。天宁寺不仅有着雄伟庄严的殿堂，还有着清雅的绿化空间，碧草幽幽，静谧竹林，飘香桂树。更有 800 余年的古樟树、铁树、杉树等守护着佛寺。

## 翠岩寺 南昌市湾里区

翠岩寺位于南昌市湾里区翠岩路北端，坐落在梅岭东麓湾里盆地内，东临陈家山，西近伏虎山，前望钵盂山。始建于南北朝，是江西著名寺庙之一。它与香城、双岭、云峰、奉圣、安贤、六通、蟠龙同为“西山八大名刹”。寺宇宏壮，金碧辉煌，历来香客游人如织。

翠岩寺

翠岩寺历经兴衰。古寺初名“常缘寺”，唐朝武德年间改寺名曰“洪井”，随后又更名为“翠岩”，南唐曾以“翠岩广化院”称，北宋以后，寺庙逐渐衰落，明朝废为民居，后复毁于战乱。1977 年，从缅甸迎请玉佛 1 尊，又自福建迎请观音菩萨 1 尊，并重建大雄宝殿。本着佛教慈悲济世精神，翠岩寺先后创办佛教诊所、安养院、图书馆等慈悲机构。1991 年翠岩寺再次重建。1995 年，于新址重建翠岩寺。新址在旧址东北山腰，嵌山附坡，规模宏大。

翠岩禅寺历史悠久，古迹众多，著名的有迎笑堂、千年橘、妙高台、灵官坛、慧泉等。

## 净明道院 南昌市青山湖区

南昌净明道院，原名“郭西古庙”，坐落于昌东工业园区大沈桥，为江西省重点宫观之一。2009 年至 2012 年是南昌市道教协会所在地和青山湖区道教协会的会址所在地，占地面积 2 万多平方米，建有玉皇殿、三清殿、地母殿、天师殿、福主殿、药王殿、财神殿、转运殿、聚仙楼、讲经堂、善堂、办公楼、戏台，是南昌市城东地区最大的道教宫观。

据文献记载，郭西古庙始建于西汉初年，是南昌地区历史最为悠久的百姓祀神祈福之地。至唐玄宗年间，江南道教兴盛，郭西古庙成为道家练功福地。相传净明福主许逊——许真君曾在此布道，其奶母之冢遗迹尚存罗家集慈母村，这也是“慈母村”名称的由来。南昌市罗家集一带流传“张家打蛟，许家登仙”“晓闻城隍钟，暮听郭西鼓”的传说。可见，郭西古庙道教文化底蕴深厚，历史悠久。

南昌净明道院（郭西古庙）供奉三清、玉皇、许逊等道教神明，为古代南昌四十八大庙之一。由于历史的兴衰更替，该庙几经废替，战火损毁，历尽沧桑，但香火延绵不断。

## 西山万寿宫 南昌市新建区

西山万寿宫位于南昌市新建区西山镇，是江西省重点道观、道教四大法坛之净明宗坛，江南著名的千年古观。

西山万寿宫

西山万寿宫是净明道的主要发源地，东晋宁康二年（374），人们为了纪念治水专家许逊的功绩，修建了许仙祠，南北朝时，升“祠”为“观”，迭名游帷观。沿至宋代，游帷观始得宋朝历代皇帝的重视，太宗、真宗、仁宗都曾颁赐御书，宋真宗大中祥符三年（1010），升游帷观为玉隆宫，并赐“玉隆”御书匾额。明末清初，玉隆万寿宫遭战乱被破坏。

清顺治年间，吏部侍郎熊文举会同新建地方官吏筹款捐物重修万寿宫。清康熙二年（1663），西山万寿宫住有全真道道士并募建万寿宫。乾隆二年（1737），江西巡抚岳浚重修万寿宫，今宫内仍留有巡抚岳浚重修万寿宫的碑文。咸丰十一年（1861）六月二十八日，高明殿、谌母殿、夫人殿、三清殿、玉皇阁、关帝殿、三官殿、全真堂、道院、望仙楼遭火焚。同治六年（1867）重修西山万寿宫大殿，高明殿、关帝殿、三官殿仍保留至今，其3座大殿横梁仍刻有“同治十一年吉旦重修”的字样。

1930年7月30日，毛泽东、朱德率领红一军团西渡赣江，经高安抵达新建县西山，红军总部设在西山万寿宫，带领红军在此展开一系列革命活动。西山万寿宫内围墙上留存有墨写的“红军是工农的军队”的 标语。现仅保存了这条4米长的标语墙，字迹依稀可见，至今到西山万寿宫还能看到这一句标语。

西山万寿宫现已修复修缮8大殿：高明殿、关帝殿、谌母殿、三官殿、三清殿、夫人殿、玉皇殿、财神殿及万寿阁、素食楼、宫门、仪门、道德门等，已成为远近闻名、香烟缭绕、香客云集、磬响钟鸣的道教旅游胜地。

## 兜率禅寺 九江市修水县

兜率禅寺，位于修水县西部渣津镇龙安山东麓，兜率禅寺于隋开皇末年始建，距今1800多年。是佛教在修水传播最早的地方，中国禅宗五宗七派之一的黄龙宗的重要弘法道场。2007年，公布为江西省重点寺院，建筑规模可谓湘、鄂、赣三省邻近地区最大的佛教寺院，总占地12万平方米，建筑面积5万平方米，在原址中轴线上，建有文殊殿、天王殿、大雄宝殿、藏经楼等主要殿堂和其他建筑，四季香火旺盛。

自宋代黄龙宗兴起之后，兜率禅寺便成为临济正宗黄龙宗派的重要弘法道场。全县有黄龙禅院、兜率禅院、云岩禅院、法昌禅院、宝山禅院和兴化禅院，并称修水六大禅院。宋元祐年间（1086—1094）黄龙宗三世从悦住持期间，以“兜率三关”接法，宗风远振，名震丛林。

兜率禅寺盛时建筑颇多。宋代邑人黄庠、大文学家曾巩、清代翰林院学士毛奇龄等曾为兜率禅寺写过碑记文章。宋代“殿舍中严，斋官、宿庐、庖幅之房，布列两序，厩圄困仓，以固以密，资所以奉养之物，无一而外求”。清代规模为东西两序，一进九程，有“九井十八厅”之说。殿堂中有3尊大泥塑佛像，圆门上面有韦陀神台，前面有廊廓，后进是方丈室观音堂，相传乾隆皇帝曾到寺游憩，题有“大雄宝殿”四字。寺外旧有“着衣亭”“三眼桥”“升仙桥”“试心梯”“万功池”等景物。

寺院附近有众多墓塔，如从悦禅师墓塔、慧云禅师墓塔和少嵩禅师寿幢及太祖东周庵塔，坐落在寺后山咀蛇形蜿蜒的龙峰山下。荣杲良禅师，行端禅师墓塔坐落寺前左首尚书砦，蛤庵禅师墓塔和鼎新墓坐落寺左侧山咀上。现保存完整且有碑记的墓塔就有30多处。过去寺院山场、田产约占1平方千米。

# 黄龙禅寺 九江市修水县

黄龙禅寺

黄龙禅寺，位于九江市修水县黄龙乡黄龙山，由超慧法师于唐乾宁二年（895）创建，至今已有1100多年历史，系佛教禅宗五家七宗之一黄龙宗祖庭。

黄龙禅寺自北宋临济名僧慧南入主后，创立黄龙宗，自成黄龙一宗，名扬天下，声震丛林，弟子远传日本、朝鲜及东南亚。该寺另有的特点：一是“斗法”，超慧禅师降伏吕洞宾做三年侍客童子，把集三教于一身的古今异人、道教中的纯阳祖师、八仙之一的吕洞宾如此屈尊处置，这是佛教史上的唯一，也是黄龙寺傲视天下寺庙的最大资本，故声名鹊起，有“法窟”之称。二是“石刻”，皈依黄龙宗的居士如苏轼、黄庭坚、张商英、徐禧等一大批文人士大夫，以及曾经宦游修水的文人曾巩、陆游等人，都为黄龙寺写过诗篇文章。特别是黄庭坚，由于是修水人，入祖心晦堂之室，又与灵源惟清、死心悟新、兜率慧照、清凉慧洪等一批黄龙高僧过从甚密，所以为黄龙禅寺留下诸多诗文书法。三是“三敕”，即光化二年（899）、元祐元年（904）、大中祥符八年（1015），唐、宋曾3次旌表超慧和黄龙寺为“黄龙大德祖师”“黄龙祖师”与“崇恩黄龙禅院”，故有“三敕崇恩禅院”之称。四是“塔林”，遍布寺周的高僧塔林有300多座，堪称寺庙拥有高僧塔林之最。黄龙禅寺至今存有众多历史遗迹，如遍布寺周的僧坟及摩崖石刻，著名的景观“九关十三锁”在寺正前方。

黄龙禅寺右侧有石刻“翠云洞”三字，洞内有宋人摩崖石刻“张颜几、黄叔豹、叔熬、茂来谒长老清公，时堂中有众500人。建乙酉二月甲子”。其侧有江西派诗人韩驹题刻“韩驹丕驰来游”。寺右侧有崖凿石梯级，名“上天梯”。其石壁刻有“南无阿弥陀佛”六字，其侧另有一处僧人焚化之地，名“化人坑”，其石壁上有“三关”二字石刻。寺前约500米处右侧石壁刻有“法窟”二字。黄龙宗祖师慧南于宋熙宁二年圆寂，塔葬寺之右前嶂，保存至今。他的两代主要传人祖心、死心圆寂后其舍利塔皆建于此，后人称为“三塔叽”，为黄龙寺著名人文胜迹。清光绪六年的木刻禅匾上行书“箭锋妙法”四个大字虽距今130余年，依然完好。

历尽沧桑，几经兴废。黄龙禅寺在历史长河中也难逃厄运，现仅存断垣残壁和数间清代庙宇。但黄龙禅寺仍以其深邃厚重的禅宗文化、神奇美丽的典故传说，每年吸引国内外朝觐观光旅游的客人3万多人次，2007年，公布为江西省重点寺院、江西省重点文物保护单位。

## 弥陀寺 九江市武宁县

弥陀寺坐落在武宁县杨洲乡森峰村凤凰山上，是江西省重点佛教场所之一。前有吴王峰为屏，后依武陵岩作幛，左倚西流，右偎东源；俯瞰庐山西海，远眺匡庐名山。山中有木鱼包、禅师坛、放生池、双树林、舍利塔、古墓群、一字案山、双凤朝阳等独具特色的风景名胜和人文景观；有含羞草、芍药花、银杏树、红豆杉、紫金树、黄金茶、大理茶花、洛阳牡丹等不胜枚举的奇花异草和名贵树木。弥陀寺，殿宇气势恢宏，佛像庄严雄伟，文化底蕴深厚。全寺有大小殿堂、寮房 16 幢、160 余间，总建筑面积达 8600 余平方米。大殿内供奉的塑金三尊大佛，清净庄严；五百罗汉，形态各异。藏经楼供奉的毗卢遮那佛铜像是继新峰寺铜佛后又一大佛像。还有唐代观音铜像、明代释迦木雕坐像、现代玉雕地藏菩萨像和惟因和尚汉白玉像（高 1.3 米，约 2 吨，世界仅 3 尊）等极具庄严；《乾隆大藏经》《大正新修大藏经》《频伽大藏经》、稀世珍品《贝叶经》属镇寺之宝；崇祯十三年（1640）刊刻的《西瓜寺长明灯会碑记》石碑，规格之大、保存较好为全县之冠；乾隆十三年（1748）隆旺映辉大和尚墓塔，造型精巧，居全县第一；明代四脚香炉、大铜磬等法物，规格之大，为此仅有。此外，还有新添置的重 1.3 吨的大铜钟、直径 1.7 米的大鼓、高 1.2 米的大香炉、高 3 米的带蓬香炉等法器，冠绝古今；著名书法家赵朴初、启功、沈鹏和释一诚、释传印两任中佛协会长及邓小平保健医生纪本章与上校刘玉华先生的墨宝，使弥陀寺形成了深厚的文化底蕴。

弥陀寺

## 佑圣宫 九江市武宁县

佑圣宫位于赣鄂边界太平山景区内，属全真道广慧派祖庭，距今有近 800 年历史，宫内供奉有“章真人”肉身，是江西省重点宫观。位于武宁县北部赣鄂边界甫田、澧溪、大洞三乡镇交界处，海拔 1329 米，山北为湖北通山县境。明成化丁亥年（1476），因该山佑圣宫奉祀的章真人（权孙）“显圣助战有功”，宪宗钦书“通真宝殿”，改丝萝山为“太平山”。山上有极高明亭、北极山、龙井、龟山、鹤山、枯楂溪、云棋峰、雷岩、三仙坡、榔梅、义栎、鹿跑泉、五雷峰、龙门、孟姥潭、狮子岩、梧桐冈、葫芦石、虎石、豹齿石、石人洞、仙迹石等 32 处景观。元代著名诗人揭傒斯游山后每景题诗一首，为《太平山杂咏》，留传至今，使太平山名声大噪，前来朝山、观光者络绎不绝。塔内供奉着章祖真身像。宫内存有宋代石雕四大真人、十大雷神等神像以及元代铁钟、清时香炉、供器等文物。《太平山志》载，过去还藏有宋、元、明三朝敕封的圣旨和明进士方孟缙、梅雨田、张定增等人撰联真迹。

佑圣宫

## 龙泉寺 九江市瑞昌市

龙泉寺

龙泉寺位于瑞昌市桂林街道办庆丰村龙口源，前身为显济庙，相传曾是东汉云台上将槐里侯万修（东汉云台二十八将之一）隐居之地。建炎初丙子旱，百姓祈祷上苍以济众生。不料龙泉寺处出一清泉得解旱情。后人因此立祠绘像纪之，称龙蟠土主福瑞之神祠，这就是最早的龙泉寺。此后每遇旱饬，乡人祈祷无不感应，得此泉灌溉田地，其利甚多，境内因此常年解饥歉之患。南宋建炎四年（1130），时驻军江州（现九江）宣抚使岳飞讨伐逆贼李成进入瑞昌境内，见白龙泉（龙泉寺附近）美景，题“神龙明佑”四字于石上。庆元六年（1200）南宋王朝“敕江州瑞昌县显济庙潜龙在渊，为帝司雨”，“特封孚泽侯”。到元代至正元年（1341），朝廷认为，如此神龙宝地，冠之以“侯”不妥，遂改封为“孚泽福裕仁烈英显王”。明清继之。康熙年间奉旨春祭，嘉庆十三年重建，道光十五年奉旨举行秋祭。咸丰五年兵毁。同治二年近庙九保重建。1986 年，信教群众修复一简单庙堂，以供香火，名曰“龙源庙”，亦曰“白龙泉”。1992 年正式更名为龙泉寺。

龙泉寺现建有大雄宝殿、显圣殿、三圣殿、地藏殿、僧寮、居士楼、斋堂等，建筑面积近万平方米，水、电、通讯、网站等设施一应俱全。龙泉寺具有悠久的历史和动人的传说，多年来收集的文人骚客题写的诗、词、联、赋百幅以上，为寺院营造了浓厚的文化氛围。如今的龙泉寺，暮鼓晨钟，香烟缥缈，一派佛门圣地风光。

## 城隍庙 九江市瑞昌市

瑞昌市城隍庙，明洪武八年（1375）建造，始建人知县李凤，始称为坛，乃春秋仲月上戊日合祭于风、云、雷、雨、山川坛，暨增设城隍社稷二之一簏。明隆庆《瑞昌县志》秩序志：“按祭法凡有功德于民者，例得岁祀，瑞之祀唯城隍社稷风、云、雷、雨、山川。邑历诸坛。名宦乡贤、三贤诸祀鲜非族矣，明禋秩祀，弗淫弗黩，斯尽祭之义乎。”庙址位于县署西兴教坊右一百步许（今赤乌西路北侧）。后经明清两朝有知县傅思勉、黄源大、骆秉韶、胡谓仁、江皋、邹尚仁、蒋有道及推官黄骐、教谕张禹逊等贤公为首不断修缮、扩建。至清同治年间，已建成五间六曹，占地8亩（深35丈、广15丈），恢宏壮丽，屹然巨观，为时人仰慕的城隍圣地。奉祀的城隍神衍化为以郡邑守令为代表的城隍神形象——城隍爷。城隍庙历经沧桑，代远年湮，迭废迭兴而香火延绵。后因战乱，焚毁于1942年侵华日寇之手。新中国成立后，被市供销社占用。

改革开放后，从1991年开始，城隍庙逐渐恢复宗教活动。并迁址城北龙源水库脚下西山凹（现为大罗宫）。2000年，经市政府批准，又在原老庙基处借仓库设立诵经堂，恢复供奉城隍爷神像。瑞昌市道教协会亦挂牌于此办公。

城隍庙实际使用庙基地面积4.32亩。2015年11月25日，财神殿、办公楼、斋堂宿舍等配套设施相继修缮。2016年11月25日，地藏宫、慈仁殿、斗姆殿、娘娘殿、圆通殿竣工落成，总建设面积3668平方米，并已雕绘包括城隍爷在内的道教神像百余尊，初步能展观出整体道教神仙文化。与此同时，城隍庙的宗教活动也已步入常态化和科仪规范化，每逢初一、十五和神仙圣诞日，庙内香烟杳杳、信众芸芸，法器清馨，经韵朗朗，呈现一派瑞霭祥和而庄严的气氛。

## 老爷庙 九江市都昌县

老爷庙，旧为龙王庙。位于九江市都昌县多宝乡龙头山首，与庐山市隔鄱阳湖相望。此地建庙久远，庙基以花岗石条堆砌7米高，右侧有阶梯曲折而上，庙群总面积为600多平方米，分主庙、龙王殿、同仁堂、大小客厅、厨房六部分，附属建筑分布主庙两侧。

据旧县志记载，清康熙二十二年、嘉庆十五年和光绪辛巳年，对此庙进行过3次维修和扩建。

光绪辛巳年改称“定江王庙”，群众把王爷称老爷，故后人一直称此庙为老爷庙。

民国二十七年（1938）老爷庙遭日寇炸毁，民国三十五年（1946）由僧人在来往船商捐助下，按光绪时模样重修。1983年县政府又进行了修缮，为省级保护文物。

老爷庙主庙面积为300多平方米，高9米，面宽14.2米，进深26.8米，系穿斗与架梁式混合结构，共52根立柱。老爷庙庙内由上中下三部分组成，上部为正殿，中部为游楼，下部为万年台。庙内门窗梁枋雕刻花纹并涂以丹漆。殿内有定江王塑像。庙的两侧墙壁嵌有石碑2块，右为“鼎建左蠡元将军庙记”，左为“加封显应元将军庙记”。正殿前有方形花岗岩石立柱，上阴刻对联，上联是“数百年庙貌重修偏颂吾王功德”，下联为“九万里威灵丕显顿平蠡水风波”。庙门平台两侧有石狮1对。庙后有朱元璋“点将台”和“插剑池”遗址。左岩上有“水面天心”摩岩石刻，相传为明太祖朱元璋题。

千百年来，老爷庙宁静伫立在鄱阳湖北岸，庙前的4个窗子，像是极目凝视着湖中的险要地段，关切过往船只的安全。过去曾有不少船民和旅客，过往老爷庙水域，遇到狂风大浪危急导致船体漂荡、失控、颠簸时，他们在大雾朦胧、前方渺茫、一片漆黑中，唯一的希望就是寻觅老爷庙的灯光和钟声，全速朝老爷庙靠近求救。这种惊心动魄的险情，在老爷庙的传闻中并不稀罕。因此，长期以来它保护船民的安全，救助受难的过往船民，历来香火极盛。

老爷庙

## 佛应禅寺 九江市彭泽县

佛应禅寺

佛应禅寺坐落于彭泽县城东龙城镇泉山村老屋张组神虎山中间高台处，山势凌空，绝特本郡，东面罗汉捧山，南面凤凰展翅，古刹隐现其中。明永乐二年（1404），当地民众创建姚王庙，后废；宣德七年（1432），有九华山高僧行脚至此，欣其圣境，卓锡住持，中兴道场，改称姚王寺，师道行高标，四众景仰，一时云集500余单，盛极一方；天启七年（1627），寺不幸毁于火，此后虽屡经修复，终不如前，兴废更迭至新中国，仅余瓦砾遗迹。

1979年，杭州灵隐寺辉悟法师参学登临至此，为其独特灵异风水所钟，决志重建梵宇，愿佛感应，遂定寺名佛应禅寺，与同参惟宏法师结茅而居，垦荒躬耕，密修道业。神州改革，圣教复兴，四方信众络绎不绝，随师披剃僧团日盛，历经数载艰苦卓绝，道场重建远胜从前。20世纪90年代初，九江市统战部门迎请辉悟法师住持能仁禅寺，法师以拳拳爱国爱教之心，荷担如来家业，在中兴能仁禅寺的同时，全面规划再造古刹。历经三十余年建设，在党和政府重视及四众弟子鼎力护持下，九江能仁禅寺联袂佛应禅寺雕梁画栋，宝像庄严，俨然人间净土，与日月争辉，因此辉悟长老被拥戴为中国佛协理事、省佛协副会长、市佛协会长；省、市政协常委。

辉悟长老以十方丛林规制设计佛应禅寺，将江南园林与佛教建筑艺术融入山水文化之中，造就了今日佛应禅寺之大观，入得庄重典雅的山门，眼前展现出长桥卧波的巨大放生池，水榭亭阁分布其间，中轴线上天王殿、大雄宝殿、藏经楼、法堂，逐层递升，左右钟鼓楼、祖师殿、伽蓝殿、大悲殿、地藏殿、三圣殿、禅堂、客堂、上客堂、方丈室、斋堂、大寮、库房、僧寮等错落有致，各殿堂佛菩萨、宝像、法器一应庄严备致，国内外高僧大德，社会各界无不称扬赞叹。2010年5月，佛应禅寺隆重举行了全堂佛像开光、辉悟老和尚升座大型庆典法会。在道场成就的同时，长老大力弘扬佛学，2012年8月传授三坛大戒，实现了辉悟老和尚绍隆佛种、续佛慧命之宏愿，而今佛子天下，名扬天下，佛应禅寺已然成为江左独具特色之鼎盛古刹。

## 同安寺 九江市永修县

同安寺坐落于永修县艾城镇凤栖山山麓，创建于唐中和年间，为江南名刹之一，距今已有1100多年历史。因由同安和尚开基创建，故名曰“同安禅院”。唐末五代至宋初，先有同安道丕禅师在此开法，道席盛极一时，后有同安观志禅师于此弘扬曹洞宗风。同安禅院于元末遭兵毁，明洪武年间重建。清顺治时由住持僧人募缘，再予重修。清乾嘉时期，寺中香火较旺，先后有如渭禅师、文庵禅师、净旭禅师、希霆禅师等于此执掌法席。清代《建昌县志》将其列为县内佛教丛林之一。清道光五年（1825）至道光十年（1830）又募化修复，此时由同安禅院改称同安寺。民国三十八年（1949）春，因年久失修，殿堂大多坍塌。解放初期，寺中仍有僧人奉守香火。后“文化大革命”中再遭毁坏。公元1980年，慧参法师来寺驻锡，募款重建，同安寺改为同安禅寺。同年，有关方面先后归还200余亩山林，3.8亩旱地。该寺奉行“农禅并重”道风，经济上自给自余。自慧参禅师组织重建寺院以来，寺院建筑面积近万平方米，主要包括：静修堂、宝塔、大雄宝殿、法堂、天王殿、山门、海会塔、厨房、斋堂、功德堂、伽蓝殿、寮房等。

寺庙中现存的古迹有如渭禅师塔和文庵和尚塔。如渭禅师塔，坐落于同安禅寺后西北侧，约110米处。清嘉庆二十年（1815）12月建造，现大部分已遭毁，仅存半圆形塔坪和后沿的部分花岗石护墙。嵌在塔后方正中处高1.2米，宽0.9米青石碑除部分损毁外，其上所镌竖列楷体字，有不少勉强可辨认。文庵和尚塔距如渭禅师塔东南侧约10米，清雍正十三年（1735）建造。寺院内还保存下来的文物有1只石龟，龟背直立一石碑，长2米、宽0.8米，上端雕有双龙朝珠图，栩栩如生。另外有红色石柱5块、红色石墩数十及凿有“同安禅寺”字样石碑4块。同安寺于2007年，被列为省级重点寺院。

## 莲花寺 九江市永修县

莲花寺是永修县境内一座历史悠久的古道场，相传始建于唐朝，距离云居山真如禅寺约20千米，坐落于风景秀丽的柘林湖畔，是远近闻名的佛教圣地。现今的莲花寺位于柘林电厂宿舍背后，西龙山麓，在山顶1千米至1.5千米处是莲花古寺旧址所在地。据传曹洞宗道膺祖师宏化云居期间，这里兴旺一时，住僧数百，殿宇百楹，山林田产100亩左右。其间高僧辈出，知名度仅次于真如禅寺。到宋朝，依然香火鼎盛，法道兴隆，中间经过元明清数朝，兴废交替，但香火不断。抗日战争期间，遭日寇炮火轰炸，寺院荡然无存。1998年，在残垣断壁中，冷寂了几十年的古寺开始恢复了生机，并且移址重建。安徽籍僧人觉先法师，在当地护法居士的帮助下修复了大殿天王殿。后觉先法师离去，同安寺慧参法师接手修复，中间几经波折。2000年，本赜法师接手扩建，重修了三圣殿、斋堂、寮房，建筑面积达600多平方米，又修通了水泥路，架设了高压线，寺院面貌焕然一新。在此基础上，准备重修新大殿、地藏殿、天王殿、放生池、禅堂等，让莲花寺焕发出时代的精神风貌。

## 瑶田寺 九江市永修县

瑶田寺，曾名保定寺，据清康熙版《云居山志》记载，唐宪宗元和初年就有高僧道容禅师在此禅修，可见，古刹已逾1200多年。瑶田寺初为十方丛林，唐朝后期衰废。入明以后，曹洞宗法嗣延家和尚来此募化重建，其后不乏圆通法秀禅师、庆传禅师等高僧驻锡于此，领众重整殿宇，广招徒众，购置田产，兴盛一时。至解放初期仍有田产40余亩。

1980年相关政策落实后，比丘尼释法常法师率尼众数人重建瑶田寺，直至今日，先后新修大雄宝殿、天王殿、法堂、念佛堂、东西厢房、僧寮等建筑13幢之多，建筑面积将近2万余平方米，并历任数十载，不远千里，从缅甸请进玉佛达几十尊之巨，使瑶田寺满堂供奉缅甸玉佛，形成了一定的文化特色。另外多方筹资修造一座虚云老和尚舍利塔，让虚公舍利得以保存和供奉。

瑶田寺于2004年以来，先后举行4届全国汉传佛教传授三坛大戒亚部僧传戒法会，培养出1000多名合格的僧才，为汉传佛教事业做出了不小的贡献。

如今的瑶田寺，在释印定法师的主持下，秉承一日不作、一日不食、农禅并重的祖训，一边出坡劳作，一边参禅念佛，使得瑶田古寺道风良好，戒律严明，信从远近同布，香火鼎盛，吸引着众多的佛教信徒和游人前来礼佛、观光。

## 真如禅寺 九江市永修县

内容介绍详见P230。

## 万杉寺 九江市庐山市

万杉寺坐落于庐山南麓庆云峰下，距庐山市区7千米，乃庐山山南五大丛林之一，2007年，公布为全省重点寺院，名播江南，引人瞩目。

万杉寺始建于梁代，原名庆云院，因建在庐山庆云峰下而得名。北宋真宗景德年间，寺周一片荒芜。时僧人大超任住持后，持志不懈，坚韧苦行，于寺周围“手植杉万本”，使寂寂无闻的

万杉寺

庆云院迅速成为“门前松径深，屋后杉色奇”的清幽禅宇，吸引了当时众多的文人墨客游寺观赏。

1995 年 4 月，能行法师应原庐山市委、县政府及相关部门领导之邀住持万杉寺，择原址而重兴。今日的万杉寺，笑纳四海来宾，恭迎八方朝圣，接待海内外宗教团体和旅游观光团达百万人次；先后随团出访印度、尼泊尔、韩国、中国台湾等佛教圣地，进行佛法交流。接待来自美国、英国、印度、斯里兰卡、缅甸、泰国等 6 个国家的数十名僧侣来我寺参学。为绍隆佛种、续佛慧命，目前已两次传授全国汉传二部僧三坛大戒，戒子 629 人。为祈世界和平、国泰民安、风调雨顺，4 次启建大型水陆大斋盛会。为培育后昆，兴办万杉寺律学讲堂，现有常住僧近百名，该寺坚持早晚上殿、半月诵戒、每年结夏安居，日常实行农禅并重、禅净双修，戒行精严、道风纯正，是庐山乃至江西省规模较大、道风严谨的尼众道场。

## 海会寺 九江市庐山市

海会寺为庐山山南五大丛林之一，位于庐山市海会镇，背靠庐山五老峰，东望鄱阳湖，西南有白鹿洞书院，东北有三叠泉，为形胜之地。

海会寺历史悠久，最早可追溯至唐代，武则天时期庐山山北即建有海会寺。山南海会寺初名海会庵，建于明万历年间，由释西来肇基始建。清嘉庆二十二年（1817）释旦云主持重修，咸丰年间遭兵毁。清同治五年（1866）释至善重修海会寺。近代以来，庐山迭经兵燹，寺庙大多未能复兴，唯有海会寺经至善中兴，巍巍屹立于五老峰下。海会寺相继建立起观音堂、念佛堂、九老堂、月牙池等，寺外有祖堂石壁、飞来石等名胜。寺内僧人勤苦修行，道风纯正，珍藏有赵孟頫书《妙法莲华经》、普超和尚血书《华严经》等宝物，一时成为东南名刹，庐山佛教的代表。

庐山海会寺见证了近代中国数百年佛教和社会的巨大变迁。禅宗泰斗虚云老和尚曾在此参加念佛法会，太虚法师弟子大愚曾在此闭关念佛并修密宗，康有为、梁启超、黄侃等人多次访寺，题跋赠诗，蒋介石在此创办军官训练团，党和国家领导人刘少奇亦曾于大革命时期在此休养。故国内海会寺虽多，而以庐山海会寺最为著名。

新中国成立后，党和政府利用原庐山军官训练团旧址先后建设了大型后方康复医院、江西共产主义劳动大学、海会师范学校等，为社会主义建设做出了巨大贡献。海会寺是近代中国从衰落走向复兴的历史见证，在中国佛教史上具有重要的地位。

## 黄龙寺 九江市庐山市

黄龙寺

庐山黄龙寺位于牯岭西南的芦林地区，距离牯岭镇 7.2 千米。背枕玉屏峰，面向天王峰，处于峰峦环抱之中。寺院四周参天古木，浓荫如盖，神秘缥缈。据史载：该寺于明代万历年间，由著名高僧彻空（号了堂）和尚创建。当年彻空和尚见此处鹿群出没，山野空旷，景色奇幽，最适修心。如是他口念有词：“此间与我有缘，群鹿为徒。”寺建成后，起名为“鹿野禅林”，后改名黄龙寺。据民国版《庐山志》载：“寺因近黄龙潭而得名。”

黄龙寺现存前后两座殿宇，前殿为大雄宝殿，气势庄严，后殿内香案前地面，有天然大石突起，叩之有声，世称“龙眼石”，使人感到神奇。寺门横匾镶嵌“黄龙寺”三个大字，系清代维新派代表人物康有为游历庐山时，为该寺题写匾额。

耸立于寺前的 3 棵古树，其中柳杉 2 株，银杏 1 株。传为晋僧昙诜手植，迄今仍枝繁叶茂，冠盖挺拔，高耸入云，树大五人围，蔚为一大奇观。柳杉又称婆娑宝树，此树相传从西域引进。银杏有“活化石”之美称，亦为珍稀之物，自古称为“三宝树”。

明万历十四年（1586），神宗皇帝的母亲——慈圣皇太后（肃皇后）虔诚佛教，恩赐黄龙寺旧刻藏经 539 函，继刻藏经 41 函，共 410 卷。还有罗汉画 18 轴及唐代铜质佛头 1 尊，铭文简画《富春山图》二帧，均为元代至正年间珍品。对于这些画轴古人曾高度评价“静雅生动，笔意高古”。明神宗还为此颁发“拥护藏漱”，同时，诏令工部拨专银，修建“赐经亭”。并为此亭题书“护藏”及“圣母印施藏经赞”。黄龙寺因此名声大噪，可谓是古迹与景观相辉映，“客为看画至，寺以伏龙传”，其意是对当时文人雅士毕至、香客游人如涌的写照。

由于明神宗和慈圣皇太后的恩重赏赐，黄龙寺一度拥有大量珍贵文物和古迹。可惜这些文物散失，后只有立于寺后山顶的“赐经亭”为庐山保护最完好的明代石构建筑及其碑刻。

黄龙寺在历史上几经兴衰，修复此寺，使黄龙寺殿阁重现，雄姿不减当年。1989 年，该寺列为省级重点开发寺庙。

## 无量寿寺 九江市柴桑区

柴桑区无量寿寺坐落在风景如画、秀丽巍峨的庐山西北麓，道场列为江西省对外开放重点寺院，也是柴桑区佛教协会所在地。

无量寿寺原名定明寺，亦称定名寺，是莲宗初祖东晋慧远大师开创的道场，距今已有1600余年的历史。据九江《嘉靖府志》《九江县志》和《江西佛教史》等文献记载，定明寺原址在甘泉乡，即今九江县黄老门乡青岗村，东晋太元间慧远大师开创，因年代久远，屡有毁圮。“元至正初僧定乘复兴，壬辰（1352）兵火毁，明宣德年间僧慧湛、成化年间僧性琼相继再造，清顺治初僧容谷重建。”民国时期寺占地约4亩，寺宇一进两重，殿堂佛像远胜前朝，信众络绎，香火颇旺。新中国成立后，定明寺因历史原因逐渐衰落。

改革开放，圣教重兴。公元1999年，在党的宗教政策指引下，经九江县人民政府批准同意，恢复定明寺净土道场，广大信众前往东林，诚请东林寺监院释常福法师来寺住持，法师慨叹原址为地理所限，遂将寺迁至九江县沙河镇渊明公园后山，改定明寺为无量寿寺，以期契合净宗本意。

无量寿寺现住僧众30余人。现在已建成包括山门、莲池、钟鼓楼、地藏殿、观音殿、念佛堂、祖师殿、斋堂、讲经堂、般舟堂、图书馆、僧寮和居士楼等初具规模的十方丛林。

## 万寿宫 九江市浔阳区

万寿宫全称九江市浔阳区万寿宫，位于浔阳区金鸡坡街道游岭村九湖路口西段，属浔阳区东郊城乡接合部。

该宫历史悠久、源远流长，起源于江西新建县境内，距今已有1600多年的历史，于东汉明帝永平十年创建。由于道教的发展，故地游岭埂亦建万寿宫，虽经各朝代遭兵灾而损毁，几经修葺，兴衰相间。民国三十年（1941），国之不崇，人之疏索，宫宇逐渐寥落，有似寂寞。新中国成立初期，因管摄乏力，渐次荒废，椽梁疏流、砖瓦散佚。后期由于民族宗教民宗信仰自由的政策，群众依法从教，于1997年信众申请复修，经政府各有关部门批准立项复修。2007年顺利开光，由何莲因道长授官住持，宫观内外已修整焕然一新，四方香客朝拜不绝，香火日益兴旺，2009年，公布为江西省重点宫观。

万寿宫位于九江浔阳城郊以东近5公里的游岭村境内，紧靠九江石化总厂、西北临距铜九铁路旁，南依九湖公路长岭口万寿宫车站。宫殿富丽堂皇、雕梁画栋，神翁红漆镀金。全宫占地面积6900多平方米，建筑面积为1500平方米，有龙王殿、三清殿、三圣殿、水母亭、连英池（放生池）

及万寿长廊，建筑群体气势恢宏、错落有致、装饰精美、金碧辉煌、蔚为壮观，同时院内种植花木，绿化环境，形成庭栽栖凤竹、池养化龙鱼之景观。

## 三圣宫 九江市浔阳区

三圣宫全称九江市三圣宫，位于浔阳区滨江东路金鸡坡街道金鸡坡村，属浔阳区城东工业园区范围内。三圣宫前身系天花三圣宫，简称三圣庙，建于明初，在永乐年间又加修建。当地信众自落实宗教政策后，于 1994 年自发组织筹集资金恢复该庙宇。

2008 年，三圣宫支持浔阳区城市发展建设，顺利实行了整体搬迁，现建成占地面积约 4 亩，现有大殿、寮房等基本设施 2000 多平方米的仿古建筑。三圣宫在 2009 年公布为江西省重点宫观，2010 年圆满开光。

## 能仁寺 九江市浔阳区

内容介绍详见 P231。

## 东林寺 九江市濂溪区

内容介绍详见 P231。

## 仙人洞道院 九江市濂溪区

庐山仙人洞道院位于锦绣谷南端，距离庐山牯岭镇 2.9 千米。仙人洞深广 10 余米，洞顶覆盖的岩石，因其形似佛手，古人取名“佛手岩”，故此地原为佛教僧人所住持。这里历来不仅是游人最喜爱的胜景，又是中国道教的洞天福地。清嘉庆年间，始设仙人洞道院，参与仙人洞道众弟子增多，遂成为庐山最重要的道教场所。光绪三十一年（1905），长安道人静阳子主持仙人洞，募款重修老君殿，增设藏经阁，正式设立仙人洞道院，遂成为千人顶礼、万人膜拜的道教胜地。后几经兴衰，至 2015 年，由王理天任住持，主持仙人洞道院的教务工作，从此，仙人洞道院教务工作走上正轨，道众弟子逐年增多，爱国爱教活动正常开展。

仙人洞洞内置有石质殿阁——纯阳殿。殿内立吕纯阳（洞宾）石雕神像，两旁有两副对联云：“称师亦称祖，是道仍是儒”“古洞千年灵异，岳阳三醉神仙”。神坛前用黑白两色云母石拼组一个大八卦图，四周配有雕花石栏，石栏内有香港飞燕洞佛道社于1994年春朝拜“纯阳祖师”留下的石刻。洞旁右侧，依山临崖建立一栋斗拱彩绘，飞檐凌空的“老君殿”“藏经阁”等古建筑，殿呈长方形，仿照陕西楼观台的老君殿式样，整个建筑显得庄重古朴，与崖洞配置十分融洽。殿内供奉“太上老君”雕塑神像。

1959年和1961年夏，毛泽东、周恩来、朱德、刘少奇、董必武、彭德怀、贺龙等曾数游庐山仙人洞。毛泽东主席欣然题下“暮色苍茫看劲松，乱云飞渡仍从容。天生一个仙人洞，无限风光在险峰”雄伟、磅礴的诗句，使仙人洞名扬天下。

今日的仙人洞道院，已经成为庐山旅游胜地的重要一景，游人如织，香客纷纷，晨钟暮鼓，太平声声，可谓是“国运昌盛，重亦重光，老君肃穆，吕祖轩昂，仙人洞增色，绣谷生香，三清之境，地久天长”。

## 开天古观 九江市濂溪区

开天古观坐落于庐山北麓鄱阳湖畔扑船山中，属九江市濂溪区虞家河乡开天村所辖。

据传，开天古观始建于南宋，初名西凤寺。元末朱元璋与陈友谅大战鄱阳湖，朱元璋败逃至西凤寺。此时天色骤然变黑，伸手不见五指，陈友谅无奈，停止追杀，退师回营。不一会儿，只见乌云四散，红日升空，豁然大亮，真乃开天也。朱元璋得救，深感西凤寺神明庇佑。称帝后，拨银两重修西凤寺，赐名“开天寺”。自南宋建寺以来，寺内一直供奉着道教的玉皇大帝，杨泗将军、玄武大帝三大神明，寺名佛而实道。

1994年，当地开天、民生两村群众及周边信士捐资8万余元在古寺旧址处，按原建筑风格复建。1998年，经省、市、区宗教管理部门审核批准登记为道教活动场所。同年10月，中国道教协会副会长谢宗信亲自题写“开天古观”匾额。开天古观占地面积20亩，自1998年以来，武宁籍女道长李华卿担任开天古观住持，她广结善缘，带领广大信教人士辛勤劳作，苦心募修，现已建成各类殿堂、寮房、客房等总建筑面积达4000平方米。1999年华卿道长在古寺的后山——扑船山上筹建“天师殿”。天师殿坐西北，朝东南，与前道场上下相距10米高度，广宽辽阔。2009年10月，庐山区（2016年更名为濂溪区）道教协会成立，在开天古观召开第一届代表会议，选举华卿道长为庐山区道教协会第一任会长。自此，开天古观又成为庐山区道教协会日常办公场所。

# 诺那塔院 九江市濂溪区

诺那塔院

庐山诺那塔院位于庐山小天池峰巅，距牯岭镇1.6千米。塔院中，有着藏式金轮宝顶造型的古式建筑群，整体掩映在翠绿松柏丛中。位于西侧的形似澡瓶形白塔为藏传佛教领袖人物之一的诺那活佛的墓塔，耸入云霄，巍峨壮丽。

据民国版《庐山续志稿》载：诺那塔系西藏喇嘛诺那呼图克图的墓塔，钢筋水泥建筑。全仿印度如来五轮塔样式，每轮安装《三藏经纶》和《普陀罗尼》藏经经文，水轮瓶中供诺那精雕樟木像，风轮下复以赤铜华盖，塔的最上层为鎏金圆形宝盖，重愈2200多斤，阳光照射，金光闪闪，耀眼夺目，建于诺那塔的右侧有莲花生大师殿，系仿古宫殿式建筑，梁柱藻井，斗拱陛下，雕花台基，琉璃粉画幡盖铃铎，庄严无比，殿旁还建有诺那精舍两座，一中一西，相映成趣，共同构成诺那塔建筑群。

诺那呼图克图，原名逞列匠搓，莲花生大师十七代法嗣。呼图克图是清王朝授予蒙、藏族地区仅次于达赖、班禅喇嘛大活佛的尊称。

现在塔院的入口处，是以长方块条大理石屹立于山门，寺院主要由祖师殿、度母观音殿、财神殿、四面佛殿、护法殿等殿宇组成。大殿右边通往诺那活佛舍利塔，塔身整体为白色，塔座为折角式四方须弥座，座上承托着覆钵式塔身，中部正中有壶门式眼光门，塔的上部为圆锥形13层，顶部有赤铜伞盖，顶端为宝镜制刹，塔下有记述诺那活佛生平的碑文。诺那塔为藏蒙佛教的特殊建筑，为内地少见。

经过数年恢复整理，庐山诺那塔院更加雄伟壮观，重置的流金宝盖塔顶，高入云端，成为庐山顶上最高建筑物之一，每遇晴空万里，在相距数十里之遥的九江都可看到塔顶的金光闪耀。更具特色的是，诺那塔院作为迄今内地唯一的藏传佛教道场，到此瞻礼的海内外四众弟子络绎不绝。多年来，仅台湾同胞来访的已有数十批，数千人次。美国佛教的信众参拜团数批专程前来朝圣。正是这样，庐山诺那塔院今天真正成为藏、汉族佛教文化交流的纽带，海外联谊的桥梁。

## 铁佛寺 九江市濂溪区

铁佛寺

铁佛寺位于庐山西北麓，寺依莲花峰，东隔白龙泉与鸡公石峰相望；西接莲花峰余脉，蜿蜒如龙，寺山之间，涧溪以界。寺左寺右两山相抱，两水相绕。朝西一面，远山如案，大江东来，浩渺朝揖，赛湖如镜，水天相融，千里风光尽收眼底。背后的莲花主峰连同左右余脉，使整座山势酷似一把太师椅，乃藏风聚气、虎踞龙盘之地貌。铁佛寺恰似安放在椅座上的一颗明珠，正应了佛门莲花生佛的传说。夕阳西下，佛光万道，帝纲云霓变幻莫测，宛若西方胜景。

铁佛寺始建于唐朝贞观年间，开山祖师为昆仲禅师。唐宋以降，香火传续。铁佛寺白龙泉旁的一块卧石上有石刻一通，书法楷隶相参，古朴典雅，未见著录于公开发表的庐山石刻艺术介绍之中。石刻文字为：“凤翕虎降白龙泉，鹿鹤龟伏十八湾。豫章巳兔匡庐面，吊桥目前得峰仙。沙滩溪潭明指点，低头空过一洞天。”据考为宋朝愿莲法师镌刻，此石右边有“云生功成就，愿莲传真禅”字样。明高僧憨山大师驻锡铁佛寺时，曾赋诗赞曰“江上青山不断春，门前流水净无尘，开门忽见庵中主，恰是金刚不坏身”。清至民国，铁佛寺逐渐凋敝。至 20 世纪 80 年代，唯留下一间破旧殿堂兀立于荒榛之中。

1985 年，九江市委统战部向妙乐法师推荐重修铁佛寺。妙乐法师以“泉水一瓶解口渴，红薯一个充饥饱。日间劳作捏泥土，夜晚设计绘宏图”的精神，历 20 年含辛茹苦，昔日荒山野岭，破殿残檐，如今殿宇宏伟，金碧辉煌，晨钟暮鼓，信众云集，千年古刹再放毫光。

## 东山寺 景德镇市乐平市

东山寺建于北宋太平兴国年间（976—984），曾获朝廷赐匾。因庙宇以供奉观音菩萨为主，且有泉水赐福百姓，曾改名观音泉，位于乐平市区东山（亦名康山）东湖公园内。从山门进入寺院，顿感寺内古树参天，枝繁叶茂，林荫蔽日。前面为放生池，池水平静如镜，清澈见底，水藻、游鱼、卵石明晰可见，一尊大理石雕观音菩萨立于池中心，绕池前行即是圆通殿，亦是本寺从路边街上唯一能看见的大殿，内供奉四面千手观音菩萨，圆通殿的右下侧，就是两口互连的镇寺之宝“观音泉”。古井泉清水满，四时不涸。从圆通殿左侧一小径穿过树林，有一占地 2 亩的寺内广场，广场左侧一大殿为三圣殿，左侧为僧尼阁等建筑，正面即是寺院主体建筑大雄宝殿。三圣殿和大雄宝殿里供有释迦牟尼、药师琉璃光佛、阿弥陀佛、观音菩萨、十八罗汉、文殊菩萨、普贤菩萨、弥勒菩萨、韦陀菩萨等。佛像雕刻精美，金光灿烂。

东山寺

## 宝积寺 景德镇市浮梁县

宝积寺，位于景德镇市浮梁县城北 5 里毛家岭，始建于唐代大中年间（9 世纪中叶）。史载，宝积寺系由原冷泉寺被山洪冲毁后迁址而来，住持于兹禅师曾云：佛以启迪智慧为宝，沉淀灵根净化人生为积，故改寺名为宝积寺。

千百年来，宝积寺三毁三建，历经沧桑，史上不少居士善人功德居高：朱元璋尝于洪武十七年（1384）下旨重修宝积寺，顺治七年（1650）知县娄维高恭请阳府寺住持普静长老出面半官方半民间化缘再修，该寺最后毁于清末民初。50 年代初，宝积寺寺碑尚存，刻有该寺赐建经过和高僧佛印和尚的文字记载，宝积寺始重见天日，扬名天下。

## 旸府寺 景德镇市昌江区

旸府寺

旸府寺位于景德镇西面的旸府山下。旸府山东临昌江，南接三间庙，西北层峦叠嶂，为市区最高山峰。相传旸府寺为禹皇炼丹处，是景德镇古老的寺庙之一。旸府寺系宋绍兴年间（1131—1162）所建，元末毁，明洪武年间（1368—1398）重建，1982 年，该寺公布为江西重点寺庙。

据史载，宋绍兴年间（1131—1162），岳飞曾带兵路过景德镇，驻于寺中。晚间，登山观景，对这里的秀丽山川赞叹不已。第二天临去时，应寺内禅师朗日之请，挥笔题了一副对联：“机关不露云垂地，心境无瑕月在天。”岳飞走后，朗日将岳飞手书制作成黑底金字的木质楹联。从此，寺名远杨，香火兴盛。文人墨客也常来此吟诗题对，填词作赋。

千百年来，旸府寺几度兴废。该寺被定为省重点开放寺庙后，在几任住持和各位护法居士的悉心操持下，先后兴建了大雄宝殿、地藏殿、天王殿、山门、寮房、斋堂等。该寺总建筑面积4000平方米，其建筑规模已然超过昔日古寺。

## 南云寺 景德镇市昌江区

南云寺位于昌江区吕蒙乡二亭下村的南门山坳里，有四五栋庙宇殿堂点缀于青山翠柏之中，俨如一个颇具规模的禅林，这就是南云寺。

南云寺

受祖辈影响而笃信佛教的罗翠声居士，于1978年在四处拜佛时，无意中听到二亭下一处佳境是老庙址，而且山壁有“仙水”，便鼓动信徒罗翠香、项淑兰、欧阳水英、柯金娥等同去探访。于是几个人便搭间草棚，自带伙食，同修功课，而且风雨无阻。同年几个人凑钱做了“三佛殿”，并取名“南云寺”，由于不接香火，不求供养，条件有限，只用泥塑一尊观音，并于墙面上画上“西方三圣”，自供自己修心养性，不为他人做佛事、求平安。

后来，随着不少宗教活动场所开放，应当地群众和众多信徒要求，罗翠声等人多次到佛教圣地名山请来僧尼，渐渐做些佛事，摆摆道场，一时香火兴旺。先后4次到都昌接来菩萨，做起了观音殿、地藏殿等庙堂，1996年争取宗教部门登记后，僧众又做好斋堂、寮房，宗教活动逐渐频繁也日趋正常。1998年农历9月26日，罗翠声等管理小组成员到九华山肉身殿请来现任住持释果祥。由于果祥师道风淳正，为人谦和，众居士也虔诚护法，因而南云寺广结善缘，名声日盛。

## 观音寺 景德镇市珠山区

观音寺位于景德镇市城北的昌江河畔的石埭山，俗称石嘴头。据史载，此处原有闻名地方的观音阁，始建于明末清初，鼎盛时期共五大殿，三阁二亭楼，规模巍为壮观，因其时浮梁县通衢

观音寺

穿此而过，佛事频仍，香火极其兴旺。加之此处西临昌江水，东靠石埭山，山上针松成林，四季常青，江中碧波荡漾，帆影点点，时为景德镇一大景点。

1990 年，景德镇千年古刹旸府寺和尚宽旺法师确认此处山清水秀，实为修心养性处所。五戒居士况大毛、杨胜莲等人立即募集几千元买下 50 平方米土地，盖成一座小屋，取名观音寺，仅供宽旺法师参禅。1993 年受众居士虔诚相邀，九华山佛协秘书长岳藏法师来该寺出任住持。由于岳藏法师虔诚护庙，全心事佛，观音寺佛事渐兴，香火日旺。1995 年 2 月，岳藏法师倾其毕生积蓄 1 万余元，众居士捐资 4 万余元，重建一座占地 200 平方米的大悲殿，新塑佛像七尊，购置大批法器。紧接着，又修建西方三圣殿，新建大斋堂、寮房 20 余间，此时的观音寺才初具规模，日渐兴旺。观音法会期间，敲钟击鼓，念佛诵经，仙乐缥缈，寺内寺外香客如云，热闹非凡。

## 景德禅寺 景德镇市珠山区

景德禅寺

景德禅寺坐落在景德镇市昌江河西岸的凤凰山上，一千多年来，瓷茶文化和佛教文化为古老的瓷都增添了不少色彩，景德寺见证了它们的历史成为景德镇佛教文化兴衰的一座重要寺院。史书记载宋真宗笃信佛道二教，即位时在全国各地大肆修建庙宇、寺院，多处寺院都被钦赐他的景德年号作为寺院的名称。所以此地相传“未有景德镇，先有景德寺”这一说法。

寺庙后经元代时毁于大火，明朝洪武二年（1369）复建。清雍正十三年（1735），由本镇刘希圣善信得以鼎立护持。时至新中国成立时仅存一座天王殿，其余殿堂只存遗迹。现今政通人和，国运昌隆，经政府和佛教弟子多方努力，因缘和合，决定修复千年古寺，为景德镇寻回一所历史古迹，成为江南旅游重镇的一所重要景观。因原景德寺早已改为陶销仓库，同时有大量居民居住，在原址修复已不可能。为保护和延续历史文化遗迹，经市宗教部门同意将原寺迁移至河西凤凰山三路 19 号景山寺，更名为景德禅寺。

## 纯阳观 萍乡市安源区

纯阳观，位于萍乡城西门5里许长兴馆村境内，是一座幽静的道教圣地，道观群山环抱，松柏翠竹林立，清泉流汇，四季皆春，1987年，公布为萍乡市重点文物保护单位。

纯阳观历史悠久，为萍乡名胜古迹之一。据史载，唐朝便在此建立了寺院，唐证圣元年（695）武则天南巡时曾来寺朝拜，唐名诗人宋之问曾为其书写匾额“龙鸣寺”。随着朝代的更替和时序的推移，该寺亦几经兴衰。据《昭萍志略》载：宋时依岩结声，时称庵，及明覆以瓦，明天顺年间（1457—1464）知县王施率邑人王廷兰在此建殿宇，明正德九年（1514）知县吴佩增建钟鼓楼，明万历二十四年（1596）知县王鉴僧建避尘轩、濯缨亭，并改庵为寺，即横龙寺。清乾隆四十八年（1783）知县胥绳武增建四奇亭、枕流桥于寺后，至道光年间（1821—1850）复重修，咸丰年间（1851—1861）遂建成前后两栋、布局统一的殿宇式观舍，并顺山势建成自下而上的十八拱长廊，连接前后两栋殿宇。至此，寺院已具规模，殿堂高耸，神像庄严，山环水绕，以其历史的人文景观和秀丽的自然景观吸引远近香客和游人。

民国三十五年（1946）改寺院为道观，即横龙洞纯阳观。从此，观院正式由道人管理，开展正常的道教活动。现道观新塑三始祖，慈航、吕祖、灵官等大小神像12尊，屋宇参差，前后两殿雄峙观中，琉璃覆顶，金碧辉煌，观内逍遥门内有一水井，名曰天井，井水甘洌甜美，冬温夏凉，四季不涸，且与观前清泉潜通，给人昭示神圣庄严之感。

1993年纯阳观被评为爱国爱教先进集体，1996年至2000年，被连续评为市爱国爱教先进活动场所。

## 金轮寺 萍乡市安源区

武云山金轮寺，位于萍乡南门桥附近，原名真圣观，道长忠武祖师住持，后传给谢道长，雍正年间，改名武云观，并集资重建。1937年由比丘尼清法、远康、离相三师合购于惠双谢道长，从此改名金轮寺，属佛教所省。为女众学佛场所，至今已有200多年历史。

寺内塑有释迦牟尼佛、阿难迦叶尊者、西方三圣、伽蓝菩萨及道教的玄帝祖师诸像，又有十八罗汉瓷砖画像。

经太虚大师的女弟子离相法师几十年的艰苦经营，金轮寺已成为一所道风纯正的尼众道场。现在的金轮寺在离相老法师的领导下，不化缘，不抽签问卦，不做经忏，完全以随缘的原则接受信众的随喜功德，在广大信众中享有盛誉。

## 宝积寺 萍乡市安源区

宝积寺位于萍乡市安源区东大街高山庙社区南门环城路边，始建于五代后周广顺年间（951—953），至今已有1000余年历史，其曾名星名，梵林，由本邑李氏施地所建，据《昭萍县志》记载，宝积寺名源于显德年间（954—959）寺内有宝光八太虚，又因佛经“宝积”而得名，整个宝积寺现有建筑面积7000平方米，宝积寺院建筑群采用明清建筑样式，为钢筋混凝土、砖石、砖木黄瓦，金碧辉煌，在萍乡城南显得十分醒目。寺院烟火缭绕，肃穆幽深。宝殿内红柱亭亭玉立，金顶屋檐一派鼎新，各种精美图案和彩绘相映生辉。是当地重要的宗教活动场所，对研究当地宗教文化具有重要历史价值。

宝积寺

## 泰和寺 萍乡市湘东区

泰和寺位于萍乡西郊4千米处，创建于晋朝泰始元年（265）。清康熙三年（1664）重修。清嘉庆三年（1798）大修。1995年至1997年利用石门框重建。

泰和寺，原名泰和庵。小地名叫“苍龙吐珠”，系风水宝地。这里风景幽静，空气清新；两山环抱，一径独出；门前古樟蔽日，后山枫林成片；院内梵音缭绕，钟鼓长鸣。

泰和寺始建于晋代，初建台，后改为庵，历代香火旺盛。如今的泰和寺是中南地区赫赫有名的佛教文化圣地，建筑面积有1万多平方米，土地使用面积约48亩，尼众数十人。仿古式的主体建筑，依地势起伏而架构，中轴线上，天王殿、钟鼓楼、大雄宝殿、大悲殿、法堂、藏经阁等仿古式礼佛宏愿圣地。逐阶而上，层叠高耸，气势雄伟，雕刻精细，栩栩如生；民居式的附属建筑，傍山形蜿蜒而平砌。左右两侧，三合院、五观堂、居士寮、客堂等静心禅思、夙兴夜寐的场所，错落有致、朴实无华。合理的布局，肃穆的氛围，使古老的泰和庵呈现出胜于以往的兴盛景象。

## 福寿庵 萍乡市湘东区

福寿庵又名七丘田福寿庵。坐落在萍乡市湘东区东桥镇，位于五峰山腰，居五峰寺左下。始建于唐之前，相传是为纪念周朝十一代周幽王驾前丞相潘葛之妻李氏建。元朝时遭毁，明代万历年间夏阳汤楚英的后代重修扩建。庵内有圣母殿、观音殿、大雄宝殿、关圣殿；庵前、庵后古木参天，毛竹丛生；庵左侧有一小溪，清泉自山峡中潺潺而来，隐入林中。溪边佳竹奇异，竹茎上圆下方，形同竹筷；一年三、六、九月三次生笋。宋代黄庭坚游五峰山时，曾在此作诗，后人将其诗作刻于庵内墙壁上："我穿高安过萍乡，七十二峰绕羊肠。水边林下两衲子，南北东西古道场。五峰秀出云霄上，中有宾坊如侧掌。云与青山作主人，不负法昌老禅将。栽松种竹是家风，莫嫌斗艳无来往。但愿螺蛳吞大象，从来斗酒无深巷。"相传贾岛曾游此地，刘凤浩来游时，为庵门手书"有贾岛来"的横匾和"梵宇起平腰千万翠峦齐府地，后峰凌绝顶九重碧落不知天"的对联。此庵与五峰寺均已列为市级文物。

## 瑶金山寺 萍乡市上栗县

瑶金山寺原名宝华观，位于上栗县金山镇金山村，始建于唐开元年间（713—741），由彭普明祖师住持。元、明、清多次重修。据《昭萍志略》记载，元大德四年寺院重建，清康熙四年寺院再次重修。现存寺院是康熙四年重建后的原型。进士中宪大夫王龙峰题山门额"敕封瑶金第一山"。占地面积3000平方米，建筑面积1300平方米，至今已有1300多年历史。

瑶金山寺

寺内建筑规模宏大，内有祖师殿、前殿、正殿、后殿、配殿和左右厢房数十间，殿中飞檐翘壁，钩心斗角，雕梁画栋，无不体现出我国古代劳动者的智慧和工艺。九岭十八坡间原建有殿宇房屋300余间，是赣西历史悠久的古寺之一。素有"天下大慈化，第一瑶金山"盛誉，是一所融释、道、儒三家为一体的综合性寺庙。

瑶金山寺内现有保护完好的唐代栽植的罗汉松，树高 8 余米、胸径约 0.5 米。为唐代祖师彭普明手植，邹元标题写的石碑“唐开元年间植，古罗汉松，明南阜山人题”。后栽植的桂花树，生长茂盛，四季飘香。

解放前，瑶金山寺有僧侣 300 余人，解放后均离寺还乡。党的十一届三中全会以后重修了正殿、大雄宝殿、观音堂、地藏王殿、斋堂、僧侣宿舍等建筑，建筑面积 2000 余平方米，并修塑了几十尊佛像。1983 年，该寺公布为市级文物保护单位，现有常住僧侣 30 余人，信士 3000 余人。

## 杨岐普通寺 萍乡市上栗县

杨岐普通寺属于省级文物保护单位，地处杨岐山风景名胜区中心，坐落在萍乡市上栗县杨岐山寿桃峰下，距萍乡市区 25 千米、上栗县城 6 千米。

杨岐普通寺是我国佛教禅宗五家七宗临济宗下一大支派——杨岐宗祖庭，始建于盛唐天宝十二年（753），乘广禅师主持建造，是我国佛教禅宗五家七宗之一的杨岐禅宗发祥地，初曰“广利寺”，宋更名“普通寺”，沿袭至今，已有 1200 多年历史。1996 年经江西省民族宗教事务局批准为宗教活动场所，属省重点寺院。

杨岐普通寺

杨岐普通寺依山而建，逐层递高，古朴雄伟。全寺院由山门、弥勒佛殿、大雄宝殿、祖师堂、厨房、餐厅、客堂、宿舍组成，占地面积 7600 平方米，建筑面积 1200 平方米。在寺院周边有瑶金山寺、妙清寺、何大仙庙、上栗万寿宫、宝积寺、金轮寺等一批底蕴深厚的人文景点、名胜古迹、文化遗产丰富多彩。

其中唐碑、唐塔、唐柏均属于省级文物保护单位。唐碑共 2 块，镶嵌在普通寺大门的两边上，一块为唐元和二年（807）唐代大文豪刘禹锡为乘广利禅师所撰写的碑文，一块为甄叔禅师塔铭。这是江西省仅存的两块唐碑，两碑的高度为 2.8 米，宽为 0.9 米。唐塔有两座，一座为乘广利禅师塔，塔高约 4 米，分 4 层，为花岗岩垒成，每层为 8 面浮雕装饰，雕刻古朴，具有唐代艺术风格；一座为甄叔禅师塔，高 1.78 米，宽 0.88 米，形似方亭。两塔至今留有乘广、甄叔师徒两人碑文。唐柏是甄叔禅师所植，故称“甄叔柏”，又称“倒栽柏”，高约 30 米，主干直径 2.33 米，苍劲挺拔，生机盎然。

## 崇庆寺 新余市渝水区

崇庆寺，初名唐兴寺。隋大业年间（605—618）邑人唐兴，于龙泉山麓，舍宅为寺，故名“唐兴寺”。北宋开宝年间改为安和寺。太平兴国五年（980），太宗赵炅赐额“崇庆寺”。元至正十二年（1352）毁于兵火。明洪武三年（1370）重建，前有天王殿、大雄宝殿，后有毗卢阁、花雨台，左右钟鼓楼，东接兰堂书社，西枕木鱼山冈，最为一邑之胜。

崇庆寺

崇庆寺原址在新余钢铁厂苗圃内，由于历史变迁，历尽沧桑，几度兴废，至 20 世纪末，寺院大部分遭毁坏。2001 年，根据城市规划，经新余市人民政府批准，将崇庆寺迁往仰天岗九龙坡，由通能（法号道云）法师主持重建工作，相继建成山门、天王殿、大雄宝殿、斋堂、钟楼、鼓楼、客堂、僧寮和海会塔等殿堂，常住僧众 20 余，晨钟暮鼓、坐禅念佛，香火鼎盛。崇庆寺现占地面积 51 亩，建筑面积 28 亩。中国佛教协会原会长一诚长老先后两次莅临崇庆寺，亲书“崇庆寺”并撰联：“崇祖训建丛林龙泉新址启佛域，庆盛时立规制古刹重兴扣圣钟。”如今的崇庆寺，四周山环水绕，茂林修竹，幽深静谧。寺前明月湖，碧波荡漾。真可谓“崇岭纳源藏道妙，庆云如盖沐香花；青山万叠常护持，红土千层颂和谐”。

## 正一观 鹰潭市贵溪市

正一观

正一观坐落在道教第三十二福地的江西省鹰潭市龙虎山脚下，它坐东朝西，南北对称，背山面水，风水奇特，是道教祖师张道陵当年炼丹得道之地。如今仍有丹灶崖、濯鼎池遗迹可寻。

正一观最早的名称叫“祖天师庙”，是第四代天师张盛自四川回龙虎山“永宣祖教”，为祭祀祖天师而建的庙宇。宋代时改称演法观。明嘉靖年间始称正一观。

其是正一道祖庭的象征。据《龙虎山志》载：汉和帝时张道陵携弟子王长由淮入鄱阳，登乐平雩子峰，溯信江入贵溪云锦山炼“九天神丹”，丹成而龙虎见，山因以名。张道陵得道成仙之地龙虎山也就成了中国道教的发祥地。道教随着封建社会的灭亡而走下坡，宫观建筑便在风雨飘摇中生存。1947 年，国民党的军队驻扎在正一观内，晚上因马夫失火，这座千年古观化为灰烬，成为历史的一大遗憾。

现在的正一观是 2000 年在被毁原址上按宋代建筑风格重建的，翌年竣工，为仿古歇山式建筑，正门外环山抱水，风景如画。主要包括七星池、正门、仪门、钟鼓楼、元坛殿、从祀殿、祖师殿、玉皇楼、丹房、红门、廊庑以及生活用房等。正殿为祖师殿，高 15 米，供祖天师及其弟子神像。二进院落中有“老君阁”“丹房”等建筑，祀太上老君，四御，侧房内还有炼丹灶模型。正一观占地 4 万余平方米，建筑面积 6000 多平方米，整个建筑群灰瓦白墙，古朴典雅，重檐丹楹，气势雄伟，蔚为壮观。“正一神观”是龙虎山陆路八大景观之一。

## 嗣汉天师府 鹰潭市贵溪市

龙虎山嗣汉天师府是历代张天师生活起居和祀神的地方，又是中国道教正一派的祖庭，张天师曾经在这里掌管天下道教事务。天师府坐落在道教第三十二福地的鹰潭市龙虎山风景名胜区的上清镇，南朝琵琶峰，背靠西华山，门临泸溪河，依山带水，气势非凡。

嗣汉天师府

天师府始建于北宋崇宁四年（1105），是宋徽宗赐建给三十代天师张继先的府第，至今已有900年历史。原址建于上清镇关门口，元延祐六年（1319）迁建长庆坊。

全府占地4.2万平方米，建筑面积1.4万平方米，坐北朝南，在保持明清古建筑的基础上，以府门、二门、私第为中轴线，修有玉皇殿、三省堂、玄坛殿、法箓局和提举署、万法宗坛、授箓院等，宫观与王府建筑合为一体。天师府为四进前宫后府式古徽派风格建筑群，重檐丹楹，彤壁朱扉。头门“麒麟殿上神仙客，龙虎山中宰相家”，尽显神仙洞府，相国侯门之威严。玄坛殿为历代天师登坛授箓旧地，法箓局曾为掌管道门公事之官署。二进之玉皇殿金碧辉煌，“宫保第”古色古香。院内豫樟参天，绿草如茵。三进为天师居室，称“南国无双地，西江第一家”。授箓院与万法宗坛分置两侧，乃万法归宗之根基，道门玄风之祖脉。四进为灵芝园、敕书阁，后有百花塘。

1983年，国务院确立“嗣汉天师府”为全国宫观重点保护单位并对外开放，在主持张金涛的带领下，古老宫殿相继恢复，规模气势远胜从前。游人信士朝拜不断，正一玄坛香火鼎盛。

2009年，龙虎山天师道音乐、龙虎山天师道斋醮文化被列入省级非物质文化遗产名录。2011年，张天师传说被列为省级非物质文化遗产。2013年，龙虎山天师道音乐被列为国家级非物质文化遗产。

2013年，国家文物局确定的第七批国家级文物保护单位——“龙虎山古建筑群”，有7处建筑位于天师府内。

## 上清宫 鹰潭市贵溪市

上清宫位于鹰潭市龙虎山景区上清镇东隅，距嗣汉天师府约1千米。左拥象山，右注沂溪，溪山环拱，实乃仙灵都会也。古称仙源乡招宾里，其前街曰“琼林”。在施耐庵笔下《水浒传》中，就是由大上清宫镇妖殿内的镇妖井，冲出三十六天罡、七十二地煞，演绎出一部惊天动地的农民起义的故事，至今仍为世人津津乐道。

上清宫

故老相传，这里是九龙聚会的宝地。“九龙集结上清宫，天师擒妖显神通。唯有一龙不伏法，顺水飘游遇虎凶。”这九龙指的是上清宫周围的天门山、台山、乌剑山、狮子山、冲天峰、应天山、西华山、乌龟山和圣井山。

汉末第四代天师张盛承启道教，在此建“传箓坛”。唐武宗赐额匾曰“真仙观”。北宋大中祥符年间（1008—1016），宋真宗敕改真仙观为上清观。

清朝时期，皇帝赐银大规模修建上清宫 1 次，零星修建 3 次以上。上清宫建制规模不仅在江南称为第一大观，在全国也是首屈一指，故素有“神仙所都”和“百神受职之所”的称誉。当时建制为两宫、十三殿、二十四院。

民国十九年（1930）因意外失火，上清宫惨遭焚毁，殿宇楼阁化为灰烬。2000 年起，龙虎山风景旅游区管委会启动对大上清宫进行重建，已恢复的有：福地门、龙街、下马亭、棂星门、天一池、东隐院等。2013 年，东隐院被纳入“龙虎山古建筑群”，并公布为第七批国家级文物保护单位。2014 年，在修复玉皇殿二期工程的过程中，发现了大上清宫明清时期遗址。大上清宫遗址出土的宋元明清文物反映了宫观从宋代至清代不间断延续活动的过程，是北宋以后龙虎山道教祖庭的主体。考古发掘揭示的大上清宫建筑遗址体现了明、清完整的宫观建筑布局，是我国南方地区迄今所发现的等级最高、规模最大、保存最完整的皇家等级宫观建筑遗址。

如今，大上清宫已恢复为宗教活动场所，大量海内外信士来此朝拜圣真；伏魔殿仍在，镇妖井仍存，游人信士络绎而至，都忍不住要探一探伏魔殿的神奇，镇妖井的玄秘。

## 甘露寺 鹰潭市月湖区

鹰潭市南山甘露寺又称安福寺、仙人寺，位于市区南郊 320 国道旁，距中国道教发祥地龙虎山风景名胜区 16 千米，距角山商代古窑址 1 千米。

该寺原名“安福寺”“仙人寺”，始建于清朝顺治年间，香火一直很旺。每年农历八月二十传统庙会，热闹非凡，并由此发展成为鹰潭地区特有的民间商贸活动——漾会。1993 年 6 月，经当地政府批准，该寺得以重修。1995 年 7 月，主持重建工作的圣融法师根据厦门南普陀寺原方丈妙湛大和尚的建议，将寺名改为甘露寺。经过近 10 年的重建，建成了大雄宝殿、地藏殿、三圣殿、钟鼓楼等建筑。其规模为鹰潭地区佛教寺庙之最。该寺各殿堂的佛像，全部用缅甸玉石雕刻，如来佛祖金身则用一整块纯汉白玉雕成，是江西佛教界一绝。

鹰潭市南山甘露寺拟于 5 年至 10 年内筹资数千万元人民币，逐步重建天王殿、观音殿、慈善医院、老人公寓等建筑。规划总占地面积达 50 亩、总建筑面积达 2 万平方米，成为鹰潭市月湖区主要旅游景点之一。

## 寿量寺 赣州市章贡区

寿量寺已有1500多年的历史，是赣州城区著名寺院，在赣南乃至江西都享有盛名。该寺始建于五代后梁（907—923），为当时地方官百胜军防御使卢光稠报答道诚大师医疾之恩特捐东苑所建，寺初名“卢兴延寿”，后改“圣寿”，宋祥符年间易称今名。位置在赣州市区中山路东段南侧，民间有传，“先有寿量寺，后有赣州城”，可见寿量寺在当地早已享有盛名。寿量寺历经沧桑，所幸香火从未间断。

元末兵毁，明洪武年间（1368—1398），僧人荣安重建，著名《永乐大典》主编侍读大学士解缙特撰《重建寿量寺略记》和题写《中兴寿量寺碑词》。清顺治年间（1644—1661），南安总镇胡有升再次重修。民国四年（1915），赣州城浸遭洪涝，寿量寺殿堂、僧房淹倾，寺院一时荒芜，香火凋落。1932年，赣州市政规划，拟将寺院拆除改建街道，时僧人持芳闻悉，奔告京苏呼吁，孰请苏州名僧德森法师为“名誉住持”，并请印光大师致信官方。大师慈悲亲撰《赣州寿量寺重修缘起》，使寺幸存并修复“圆通宝殿”。新中国成立以后，国家制定公民有宗教信仰自由政策，寿量寺香火得以延续，1957年，公布为江西省第一批文物保护单位。

1997年，寺旁临街发生火灾，寺边成为废墟，在当地政府重视下，划拨土地，重建寺院。现在寿量寺的地理方位与传统位置有了大变动，原寿量寺殿堂是坐北朝南，山门殿在大公路段，如今寿量寺殿是坐西南朝东北。寺前是宋城公园、古城墙、贡江河，与灶儿巷、建春门，乃至八境公园成一古建群体。门前观望，景色宜人，环境优美，香客至此心胸开阔，善心大增，智慧提升，烦惑顿息。僧尼、善信至此亦法喜充满。目前，寿量古寺将往南延扩，拟建殿堂等，完善古寺丛林，寺院的功能也将得到更大的发挥。

## 广福禅寺 赣州市章贡区

广福禅寺，原名石窟寺，亦称广福禅林。位于赣州市西北郊6.8千米处。始建于盛唐，依崖而建，是江南最大的石窟寺，2013年，公布为国家重点文物保护单位。

中国的石窟寺约始于公元4世纪中期，为佛教寺庙建筑的一种。广福禅寺的众多石龛造像、石刻造像均为佛教题材，且多为北宋时间作品，翠微岩部分雕刻为隋唐风格。石龛造像遍布在峻峭悬突、凹深多姿的崖壁上，通天岩石刻造像和题记不仅保存了大量的文史资料，而且刻工精致，为古代书法艺术珍品，其数量之多，为江南之冠。

明朝嘉靖年间编写的《赣州府志》一书中记载：通天岩，县西二十里，岩下空峒如屋，僧即为居。

寺内层殿复阁，依岩而建。古树参天、林木繁茂、洞壑幽深。内设大雄宝殿、念佛堂，方丈室（后改为双桂堂）、僧房、斋堂等。岩壁上现存唐宋大小造像 267 尊。历代名人题刻 15 品，大部分已风化削落，少数保存较好。寺院几经兴废，元代释文郁主持法席，属曹洞正宗。1920 年以前，该寺由释芳品和尚主持，后由明志法师继掌法席，明志法师主持修葺殿堂，常住僧众 20 余人。民国十八年（1929）又在通天岩西侧构筑普同塔一座，安放僧众的遗骨，此塔今存。随后，有慧广、常志两和尚守寺。民国年间，戒尘法师再次翻修，并把大殿屋顶降低 1 米，便于专修净土法门。

广福禅寺也是历史名人弘法场所。如六祖慧能、马祖道一、虚云老和尚、一诚大和尚都曾在广福禅寺留下了足迹。广福禅寺是曹洞宗道场，以马祖道一“农禅”为宗旨，提倡“五位说”，以“回互”著称，因材施教，讲究“行解相应”，不仅具有哲学的辨证精神，还体现禅宗对儒、道思想的融摄。吸引了如王阳明、周敦颐、苏东坡、辛弃疾、文天祥、孟浩然、汤显祖、阳孝本、李大正、岳飞、朱熹等文人墨客在此泼墨、隐居、讲学，成为一个参学、朝礼、游览的场所。

## 玉虚观 赣州市章贡区

玉虚观位于赣州水东贡江河岸，到万松山直上步行 5 千米，观内有三清宫、太极宫、万寿宫、天后宫、聚仙亭、吟珑塔、仙山，道观是唐开元时建立，属唐代宗庙，所以历代君臣上任均以君臣礼仪朝拜。加上明朝朱元璋敕破浮州之地即令军师刘伯温察看定局攻赣取胜，用卦布局，“三春取胜”，该山布卦处还在。取胜回报明君恩赐定名“仙山”，立为虔州第一仙山，赣南无双福地。现今古迹尚存。

玉虚观

玉虚观原立府观，有千年以上历史，明代龙图大学士解缙在观敬书“玉虚古观”横匾一块，挂中殿上方。1380 年刘洲然大真人在观内修道，清代道士刘继先、刘明法、刘子英在观修道，民国初焦泽洪道士在观主持道场工作。民国八年“中央道教会”成立后，原赣县道教成立分部建立掌管。1989 年，经人民政府批准在仙山重建万松山玉虚观，1990 年正式开放。

现玉虚观建有三清宫大殿面积约 200 平方米，整栋建筑楼上设有天师殿、吕祖祠、万寿宫，楼下有宗师堂、灵堂。后面建有财神殿面积约 100 平方米，大殿前左边有会议室，前有山门及周围有围墙。

玉虚观是市属宗教活动场所，也是中心城区最大的道观，为赣南道教的发展和传承培养了一批正一派道士，这些人目前也是赣南道教界的中坚力量。

## 海会禅寺 赣州市章贡区

海会禅寺，原名慈云寺。据清《乾隆一通志》载，该寺始建于唐贞元年间。开成年间（836—840）赣州府僧纲司设置于寺内。

海会禅寺

宋天圣年间（1023—1032）僧人修惠重建，并在寺内修建了舍利塔，清代后期慈云寺渐为冷落。1932 年，在上海参加上海崇信观音同志会的工商界张德馨、刘俊千、赖命才、王念民等人，相继回到赣州，组织上海崇信观音同志会赣州分会，开展佛事活动。1939 年购置慈姑岭地基，重新建造佛堂，迎请出家法师驻会主持法务，礼请道行出众者为方丈，同时礼请首座、都监、维那、知客等职事，组成僧团。

寺院殿堂配备较为完整，佛殿正堂为大雄宝殿，三开间木石结构，殿内塑有三宝佛、观音菩萨、韦陀菩萨、地藏菩萨和瓷制十八罗汉像等。前楼为藏经楼，两厢分别为功德堂和客堂，1982 年落实宗教政策，殿堂房产归还赣州市佛教协会筹备组，经四众弟子民主协商，决定更名为“海会禅寺”，以纪念道行出众、功德不凡的释海禅大师。1990 年海会禅寺改为尼众道场。海会禅寺现有常住尼众 10 余人，释悟弘法师任住持。

## 储君庙 赣州市赣县区

储君庙，又名“广济庙”，地处千里赣江东岸的储潭圩，距赣州中心城区 10 千米。储君庙历史悠久，始建于晋咸和二年（327），距今有 1700 多年。为赣州一大名胜古迹，有着千里赣江第一庙的美誉。1993 年，公布为县级重点文物保护单位。

储君庙的神像在全国属独一无二的，共有神像 41 尊。

储君庙气势宏伟壮大，坐东朝西。由于万安电站的建设，储潭属移民库区，储湖公路升高，山门古戏台及两边厢房已被拆除，用于修公路。原庙建筑面积6000多平方米，现只剩下前殿一进。新建了一栋一进三栋二层的储君庙。占地面积3254平方米，建筑面积2164.6平方米。

储君庙

二层建筑是由储君殿、关公殿、三清殿、雷神殿、晏公庙、种德堂、功德堂前后三栋七个殿堂组成。前面有平台，围有护栏过道，前栋中间是法物流动处，两边是道众居住的房间及储君庙办公室。中栋属储君正殿，左边是种德堂。原种德堂改为三清殿，右是功德堂。后栋中间是关公殿，左边是三清殿，边上为晏公庙，右边是雷神殿及道众自用厨房。

2008年储君庙码头重建后气势磅礴壮观。山门、古戏台建筑面积268平方米，储君庙膳厅、住宿楼建筑总面积663平方米，储君庙的建筑是赣州至万安水上旅游的一大靓点，属赣州地区比较完善的一所道观，是游客和香客的好去处。

## 契真寺　赣州市赣县区

契真寺位于赣县田村圩镇，东南面街市，西北傍民居，是闹市中的一片净土。契真寺始建于汉代。据传当初是一道观，原址在村北后龙山，唐时迁建现址。原名“弃假”，后名“契假”，复改名为“契真”。

唐时禅宗祖师马祖道一在距契真寺不到10千米路的龚公山宝华寺开山布道，受其影响，常有高僧大德住契真寺弘法。住寺和尚大多是禅宗临济宗的法嗣。宋明以后，香火鼎盛，高僧辈出。民国时有寺僧释法云，聪慧颖悟，为禅宗泰斗虚云老和尚所器重，悉心栽培，并传给云门法脉。法云和尚得道后往美国建寺传法，成为海内外知名高僧。契真寺修复重兴，法云和尚捐资建言，功德殊胜。

清末民初，契真寺占地10余亩，有大小殿堂18座，佛像数百尊，常住僧尼多时达70余人。寺院有田产数亩，一度被誉为赣州东河出城首富。香火炽盛，可见一斑。

自20世纪50年代末开始，契真寺大部殿堂被用作学校、商业等场所，香火曾中断20余年。

1988年重新修复开放，先后修整和重建了大雄宝殿、观音殿、地藏殿、天王殿等大小殿堂；重塑了释迦牟尼、观世音、地藏王等储佛菩萨神像；新建了山门、斋堂、僧寮等生活设施。今日之契真寺，虽不及往日辉煌，但也初具一方宝刹的清净与庄严。

契真寺传承千余年的农历六月初六晒经法会和八月初一至十五的罗汉法会，现都依例举行；每年诸佛圣诞或重要纪念日，契真寺都举行诵经祈福法会，远近信众得以同参佛仪，共沾法惠。香火之旺盛，不逊旧日。

## 宝华寺 赣州市赣县区

宝华寺位于田村镇东山村，海拔321米，相传"昔为隐士龚毫所栖"。龚毫，名蜀，字毫，号继承，曾任虔州刺史，告老还乡后隐居。由于他将山寺、田地都施舍了马祖道一师徒建寺，为纪念他的功德，人们便将这座山称为"龚公山"。后因寺内有"十宝"。明代又改为"宝华山"宝华寺，距离赣县县城梅林镇53千米，距田村圩镇12千米。

宝华寺

宝华寺中原有"十宝"：玉石塔、出木井、千人锅、千人床、千年柏、千年杏、龙王井、四方竹、古鼎钟、倒栽葱。山门上写有"宝华古寺"4个字，两旁楹联为"天下名山马祖洪规第一，人间仙境禅宗妙谛无双"。宝华寺的殿堂均为砖木结构，分前、中、上三栋。前栋为天王殿，中栋为大雄宝殿，上栋为地藏殿（原为诺诺殿）、大觉殿、观音殿、西堂禅楼（原为大春楼，僧人坐禅经营活动的地方）。前、中、上栋间有马巷长廊拾级而上，整个寺院结构严整。

宝华寺在唐武宗时（841—846）遭毁，唐大中七年（853），香火乃盛。宋末元初遭重创。明崇祯甲申年（1644），巡抚林一柱启建梵宇，以居通忍，忍之徒超痛、超伊，"各以经律文翰自著，有方丈、戒坛、经阁、规制称盛"。清康熙三十八年（1699），又再次被毁，寺宇倒塌，寺产被卖，唯余玉石塔。道光十二年（1832），才将寺产赎回。道光十六年（1836），封职钟崇阶倡捐千余金，"迁建于寺西偏，前后三楹，而故址遂废，唯宝光塔独存"。1930年，又遭战火，僧众星散。1934年，开始修复重建。寺院几经兴衰，直至1983年10月，江西省文物处曾拨专款对宝华寺玉石塔进行了维修。1988年6月，赣县人民政府批准宝华寺对社会开放，恢复其宗教活动。根据新规划，宝华寺禅占地170多亩，建筑面积达4万平方米，殿堂、禅院、楼、台、亭、阁等一应俱全。

## 灵岩寺 赣州市大余县

灵岩寺堪称“江西有数、赣南为甚”的佛门圣地，地处江西大余县东北角的丫山腹地。

灵岩寺

丫山灵岩寺始建于南唐初年，开山鼻祖为普举、慧杲。长期以来，灵岩寺殿宇的大变更，共有 4 次，先是明天顺年间（1457—1464），寺院因年久失修，自然倾圮，其他设施及佛像也毁坏殆尽。到了明代弘治年间，才重建殿堂、购置粮田、木山。清代咸丰八年（1858），寺院又毁于兵燹，殿宇化为焦土，佛像等荡然无存。时隔 22 年，到了清代光绪六年（1880），才着手重建，光绪十六年（1890），才得以建成。后寺院再次被毁。1982 年，灵岩寺公布为县重点文物保护单位。1987 年，党的宗教信仰自由政策得到进一步落实，灵岩寺经县人民政府批准正式得以恢复和对外开放。时隔 23 年，1989 年至 1993 年复建灵岩寺，按照清光绪十六年重建时的格局，如采用仿明建筑风格，砖木结构，依山傍势呈台阶式布局等，复建总面积为 4531 平方米。1999 年，传昌法师驻锡灵岩寺后，为适应日益发展的新形势的需要，重新规划，经政府批准，对寺院进行了大的改建。即对在中轴线上的四大殿，包括与三圣殿并排的其他几座殿宇在改建时，既保持原建筑风格，又有新的突破，将大雄宝殿升高一层，其他一些殿宇也相应改建或重建。近几年来，县民宗局积极向上争取政策，在县委、县政府领导的关心和支持下，将丫山灵岩寺改、扩建纳入丫山景区规划建设。

## 大圣寺 赣州市兴国县

大圣寺位于兴国县城，滨江东大道东侧。原名大乘寺，旧址县城东门直（县衙门）后，唐武德二年（619）建。初名万年寺，元至正八年（1348），赐“大乘寺”。

重修大乘寺 2001 年 5 月开始策划，同年冬改名为“大圣寺”。2002 年元月 8 日大雄宝殿奠基，到 2006 年 10 月主要殿堂及寮房全部竣工，总建筑面积 15244 平方米，全寺占地面积 115 亩。

大圣寺门口矗立着一座雄伟的建筑物是四柱三门七楼山门，高 11 米，长 20 米，是仿清古建。

大圣寺

走进二山门是一座平桥，桥下面及两侧有三个造形不同的放生池，面积1800平方米，池内放养着兴国红鲤鱼和乌龟等动物，供游客观赏。

大圣寺已建成为一座融学佛修行、弘法利生为一体的生态园林式佛教寺院，前来朝拜的信众和游客络绎不绝。大圣寺2007年公布为江西省江西省重点寺院。

## 普惠寺 赣州市兴国县

普惠寺位于兴国县潋江镇南门外，始建于唐高祖武德二年（619）。

普惠寺

宋朝末年，文天祥率兵在兴国抗元，普惠寺受战争破坏，元初曾修葺。元末又毁于元兵；明太祖洪武四年（1377）将普惠寺重修，题额为“西禅圣地”“普惠古寺”，一直沿用至今。

晚唐和南唐时石雕艺术高超，寺内3尊2米多高的大佛、1尊1米多高的观音菩萨，取材于本县境内的红石精雕而成，庄严慈祥，已历千余年之久。因其地形之利，凡属设立大型道场法会，均设于普惠寺内。

寺院大雄宝殿是唐代古老形式。大殿正面供奉着3尊三世佛佛像。大殿左右端坐的是十八罗汉。佛寺中西方三圣殿在最后，是专供年老僧人念佛之殿。现存明宣德年间铜香炉1只，后殿已重修佛像5尊，近年又新建大悲阁1栋，楼顶塑有千手观音像1尊。1993年由释会元、释振舟共同主持下建玉佛楼，新建大客堂；2004年2月18日由释坚明主持成立了兴国县佛教慈善基金会。至今每年寺庙护法人员以个人名义自愿捐资捐物给那些特困户生存度日。

2007年寺里创办了一个佛教慈光图书馆，这是全县宗教场所独创。馆内藏有乾隆《高丽大藏经》《中国佛学通史》等上百部经书，另外还有文化杂志，休闲读物，品种繁多。2007年普惠寺公布为江西省重点寺院。

## 永宁寺 赣州市宁都县

永宁寺位于宁都县城南水口塔旁，因塔建寺，同时建于明万历壬辰年（1592），初名“永凝寺”，清改名“塔下寺”，1988年重建后更名“永宁寺”。

永宁寺初建时规模狭小，只有3间土木结构的平房，占地面积百余平方米，常住人员二三人，“文化大革命”期间遭毁。时至1988年江西省佛教协会副会长印慈老和尚，为了复兴道场，弘扬佛法、教化众生，倡导并推荐其弟子证通肩负重修永宁寺重任。逐年建起了大雄宝殿、真君殿、藏经室、客堂、斋堂、观音殿、僧寮、客房、学习楼、海会塔，建筑面积达3000余平方米。

永宁寺位居县城，交通方便，既是县佛协的会址，又是过往僧侣挂单之处，对于100多平方米的殿堂显然狭小，不能满足四众弟子礼佛诵经的需要。根据永宁寺的地形，1996年寺南新建了600多平方米，砖混结构，二重飞檐、琉璃瓦屋面的大雄宝殿，新塑金堂佛像，寺内法物俱全，2吨重铜钟，1吨重香炉和万年宝鼎，并藏有《佛祖道影》1部、《大藏经》3部。1999年兴建祖师殿、寮房。2000年利用殿前10余丈深的丘壑立柱建起一座500多平方米的念佛堂，两边设有24间客房，建筑面积1000多平方米。2001年至2007年建起了客堂、图书馆、功德堂、钟鼓楼、法堂、藏经楼、万佛楼、延生堂、讲堂、地藏殿、伽蓝殿、天王殿、斋堂、山门、碑廊、平安钟鼓楼等建筑。2008年至2014年建起了放生池，请来四面观音圣像，兴建上客堂（永宁大楼）、真君段、五层楼式海会塔。2017年宝塔北处建山门、弥勒广场、佛教文化长廊、恭请石雕弥勒佛像。至今永宁寺香火鼎盛，常住人员近百人。

## 普照寺 赣州市宁都县

普照寺位于宁都县城西北20千米的如日山。据传如日山昔日山顶尼庵中有一玉牌（日晷）能随日而转故名。该山古名高寨，其山顶原名高灵峰。高灵峰上古有佛寺，名高灵峰庵。康熙至雍正间又建道观，有大师余本来在此修炼传教，一时门徒甚多。多次修建，佛道同存，故有上、中、下三寺庙之说。明清时期，该处曾出过惠显、了凡、德勤3位佛门宗师，正静、慈惠、法登、修诚等名僧先后在此担任住持。1984年公布为全省“重点开放寺院”。现今全寺占地34600平方米，建筑面积4600平方米，今常住教职人员6人，住持释明贤。

该寺珍藏有两部佛典及一件文物，两部佛典皆名《大藏经》。《大藏经》为集佛教古代经典之大乘的综合性古籍。一部旧版《大藏经》，1937年金陵印经处出版，计80部160册。抗日战争时期，时任宝福寺方丈的印慈法师，冒着日军战火从上海请回，后几经转手虽有残缺尚基本保存下来，1984 年由仁善法师请入。一部新版《大藏经》，1989 年由台湾出版，计 40 部 128 册，1989 年，县佛教协会经明法师从台湾请入。

一件文物是一只陶缸，色丹赤，高 87 厘米，口径 75.5 厘米。系清雍正年间道士余本来坐化缸。1981 年出土，出土时有盖，后盖毁，缸仍存于寺中。

该寺重视寺院文化建设，自 2005 年殿舍改建翻新竣成始，至 2009 年，陆续请技师将名人、文士题撰对联书漆，或镌刻于寺内外柱壁上。

## 海莲寺 赣州市宁都县

海莲寺位于宁都县城环西路的长庚门，始建于元朝元贞二年丙申（1296），距今已有 700 多年历史。海莲寺原名海莲庵，民国二十六年（1937）改为今名。海莲寺曾为广昌、石城、于都、瑞金、会昌、寻乌、兴国八县佛教协会驻地，寺内住持月净法师任会长。1937 年，时任国家考试院院长戴季陶先生欣然命笔题写寺名“海莲寺”，字迹雄浑厚重，至今仍挂庙门前。近 80 年来，继月净法师后，先后由普莲、宁学、海云、彰钦、会荣、证寿、证藏、法诵、印慈、会明、耀辉、证柱、常妙任住持。

海莲寺原址地域宽广，殿堂林立，庄严肃穆，街环水抱，景色宜人，素有“九曲桥下碧波涌，七宝池中夏莲香”之美称。海莲寺经历过兴衰沧桑。1992 年来，释常妙担任住持，她艰苦奋斗，勤俭办寺，新建成大雄宝殿、千佛楼、钟鼓楼、三圣殿、观音殿、念佛堂、斋堂、厨房、客堂、寮房、接待室、法物流通处和山门等，使得古寺面貌焕然一新。同时从泰国请回玉佛 6 尊，从浙江请回铜佛像 106 尊，从福建省请回光明灯 1 对，使古寺重现当年鼎盛风采。如今海莲寺建筑面积已达 200 多平方米，固定资产超过 1000 万元。2006 年 6 月 1 日，隆重举行了落成庆典，一座金碧辉煌、香烟缭绕、钟鼓震宇、梵声悠扬的古寺呈现在人们面前。海莲寺已成为外宾观访、信众拜吊的圣地，并被列为江西省重点宗教寺庙和中国佛教百大名寺之一。

## 弥陀寺 赣州市宁都县

弥陀寺，距县城 10 余千米，由淡身祖师创建于明洪武二十九年丙子岁（1396），迄今已有 600 余年历史，明万历至清咸丰 200 多年间，该寺香火鼎盛。其间，相继有大千、道崇、通标、月镰等住持，寺属管辖五岭九垅十八坑、六排三崇一圳水。有山林面积 1370 余亩，水旱耕地 60 余亩。油茶遍坡，梯田层层，竹木成林，禅农双修，岁岁丰熟，年年有余，故有“万户寺”美称，名闻遐迩。

乾隆年间，宁都修水口塔时，弥陀寺住持通标和尚捐银“十字改千”的典故传世。抗战期间，省府南迁宁都，随来僧团慧定法师住锡弥陀古寺。开戒说法，授弟子千余人。为祈祷和平，成立居士念佛林 3 处。

20 世纪 60 年代，弥陀古寺殿宇被拆，佛像被毁，僧众被逐下山。县批转宁都中学办“曙光农场”，后又转为长胜镇公社林场。20 世纪 80 年代初，由于党的宗教政策得到落实。为振兴佛法，将荒废了 20 多年的寺院开始重建，当时得到了香港大屿山宝莲禅寺圣一大和尚、石溪兰若心明法师、果观法师及各位居士的巨资援助。远近善信得悉古寺钟鼓重响，佛道重光，纷纷捐钱捐物，献工献料。继建起了天王殿、大雄宝殿、三圣殿、地藏殿、大悲殿、伽蓝殿、药师殿、香积厨。寺院占地面积约 4 万余平方米，共建筑面积 8000 余平方米，各殿大小佛像金碧辉煌，钟鼓磬钹一应俱全，现有常住 10 人。

21 世纪初至今，寺内又增建了水陆内坛、僧寮、客堂、山门、9.9 米石刻阿弥陀佛塑像、能缘法师舍利塔等。2007 年，该寺公布为江西省重点寺院。

## 青莲古刹 赣州市宁都县

莲花山青莲古刹，位于赣州市东北部，宁都县之西隅，梅江与青塘两镇交界处莲花山之山腰，距县城 20 千米。

青莲古刹乃青莲和尚（法名智遁）于西晋泰始二年（266）从河南出家来此创建，迄今已有 1750 多年，是江西省早期佛教寺院。据《传灯支录》载，历代高僧众多。新中国成立后，中国佛教协会常务理事、江西省佛教协会副会长印慈老和尚曾任住持，法妙法师亦任过住持。

随着漫长的岁月，青莲古刹饱经沧桑，但香火一直没有泯灭，在当地人们心中始终视为一所祈求福祉、人杰地灵、保民平安的香界。留下了许多动人的传说、稀世的珍宝、奇特的胜迹。诸如：“遇莲则开”“袈裟占山”“潭涌神运木”“殿架无楔之梁”“仙女升天”等传说，早已脍炙人口。

寺内现存文物有 20 多块明、清碑刻。至今保留的是莲花山十四景：莲峰凌霄、天湖浴仙、高山览胜、甘泉永注、祖植古树、镇山宝树、青莲古刹、月池荷花、灵塔生辉、半山梵宇、鳌鱼拜佛、洞喷灵风、太平奇洞、双龙护庵，供人思古、溯源、探奇、览胜，吸引历代骚人墨客、信众游人。还有清代翰林大书法家谢远涵手书“大雄宝殿”，李维修题写的“佛日增辉”两块大匾悬挂于殿内，古代大书法家题写的“青莲古刹”四个隶书字石匾额，至今仍然保存完好。更有青莲祖师手植 3 棵镇寺宝杉，1 棵千年甘露树（红豆杉），枝繁叶茂，屹立后山，现砌结石路，树树互通，砌结水泥圈护卫宝树，珍惜文物。

青莲古刹始建时地域相传袈裟占山，只知覆盖三栋九嵊，不知其多少面积。解放后，县政府发给林权土地证是 1500 亩含山林、土地，其中良田 70 多亩、茶园 10 余亩，是为僧尼自耕自奉之园圃，列为省级重点开放寺院。

## 高山寺 赣州市瑞金市

高山寺位于瑞金城北25千米，处于壬田镇桥岭村莲花山腹部，有高山其焉，峰峦罗布，祥云覆岭，有此之山故名“高山寺”。此寺始建于唐朝贞观年，至大明不灭而复，嘉靖、万历年各重修一次并建造山门。现仍有《高山寺临济正宗碑》和《重修高山寺殿宇碑记》等石碑保存寺内，可供考证。

1982 年由当地群众发起重建，因工程质量差，造成三建三倒。致使该寺荒芜数年。直至 1989 年由现任住持照香法师发心携众重建。师父的慈悲、平等使寺庙香火日渐兴盛。为了发展佛教事业、弘扬佛法，僧尼们有更好办道的道场，信众有更好礼佛忏悔、祈福消灾的场所，1999 年照香法师再次携众，怀着艰苦创业的精神，领众培福报，种善根的宗旨，按丛林规划，重布新局。于 2000 年冬建起了一座仿古式雄伟庄严的大雄宝殿。2001 年大雄宝殿内请雕塑师精工雕塑佛像 100 余尊。2003 年冬，修通 206 国道至寺内水泥公路，更加快了寺院修复进度。

高山寺在各级政府的关怀下和社会各界人士的发心捐助下。经过 10 余年的艰辛努力，现有建筑面积 6000 余平方，寺内天王殿、钟鼓楼、地藏殿、观音殿、斋堂、寮房等建筑相继竣工。现正在建山门、迴廊等建筑。如今，高山寺面貌一新，殿宇布局紧凑，依山而建，错落有致，雄伟巍峨，所有建筑各具特色，殿内佛像栩栩如生。

2002 年大殿佛像开光时，江西省佛协副会长证通、瑞印两位大和尚亲临主法。

2007 年高山寺公布为江西省重点寺院。2014 年被列为赣州市宗教活动场所规范化管理寺院示范点。

## 清凉禅寺 赣州市会昌县

清凉禅寺，原名南禅古寺，通称南禅寺，位于会昌县文武坝镇文武坝村茶果山，距县城约 2 千米。

宫殿式仿古建筑群，占地面积约 4000 平米。四周青松垂柳、绿影婆娑，景色秀丽，坐北朝南，冬暖夏凉。

清凉禅寺的前身为南禅寺，始建于北宋宣和年间（1119—1125）。据清乾隆《会昌县志》记载：“南禅寺，在县治大街之右，宋宣和中建。明成化二十一年（1485），僧人洪福重修，鼎革毁于兵，顺治六年（1649）僧人达慈即于故址筑小庵以居。”

南禅寺是会昌古城墙区域内唯一的一座佛教小庙，是古时城墙内士民朝圣佛主的主要场所。

明清以来，随着经济社会、城区人口的发展，南禅寺在老城区内始终难以拓展，到20世纪60年代，南禅寺小庙完全废除，用于县城单位建设用地。

1992年，释界源法师引领重建南禅寺，择县城东郊文武坝村茶果山，辟地立基，占地面积约4000平方米。1995年秋，大雄宝殿落成，从此更名为“清凉禅寺”（简称“清凉寺”），随着寺庙规模的扩大，寺僧和佛事的影响不断增大，来清凉禅寺朝圣的香客日益增多，香火日盛。先后兴建了天王殿、大雄宝殿、万佛殿、观音殿、地藏殿、念佛堂、藏经楼、放生池、菩提桥及客堂、客房、斋堂、僧寮等，建筑总面积1万余平方米，占地面积约4000平方米。内供奉阿弥陀佛、西方三圣、四大天王、观音菩萨、文殊、普贤、药师佛、地藏王等，常住僧俗18人，香火鼎盛，管理有序。2007年公布为江西省重点寺院。

清凉禅寺属宫殿式仿古建筑群，四周青松垂柳、绿影婆娑，景色秀丽，坐北朝南，冬暖夏凉，距县城约2千米，交通便利，是人们修性悟道、观光休闲的胜地。

## 宝福寺 赣州市石城县

宝福寺古称宝福院，位于赣州市石城县县城东南、琴江东岸，与古县城仅一水之隔；于琴江镇梅福村与仙源村交界处，是一座宋建古刹。各种地方史志均有详载。

清道光四年(1824)《石城县志》载：“宝福院，县河东南，宋大中祥符间建，大观四年庚寅(1110)僧应可修。元至正二十年庚子（1360）寇毁。明洪武三年庚戌（1370）僧明海重建。国朝顺治十二年乙未（1655）知县郭尧京重修。乾隆六年（1741）知县马尹奇祷雨于此获验，因与典史柴文元、邑绅熊承统等倡率捐助，复行建造。”北宋崇宁间于寺后增建宝福院塔。民国初年于寺左增建玉皇坛，祀玉皇大帝。成为佛寺、佛塔、神坛三位一体的建筑群。

民国二十年（1931）冬，县当局以修葺县城墙为名，拆毁院中佛寺。数年后由比丘尼释证芳（陈普环妻）倡导，十方信众募资重建，县长谢祖安曾为之作序。民国二十九年（1940）迎请印慈法师住持该寺，乃重行扩建殿宇，重塑诸佛菩萨宝像；未久又自上海迎取《大藏经》一部；民国三十二年（1943）请兴国县翰林谢远涵为其题书“大雄宝殿”匾额（现为文物藏寺内），一时声望大著。

新中国成立初10余年，政府征用宝福寺，1984年县佛教协会始收回宝福寺产权，设简易佛坛，复兴香火。1993年5月31日经县人民政府批复重建，县佛教协会、县佛教居士林相继入住寺内。

宝福寺成为梵宇巍峨、宝像庄严之佛教丛林，石城县佛教中心道场和指导、联络中心。

今全寺占地3300多平方米，有殿堂4座，西归堂1间，办公、接待、会议及生活用房20余间，生活设施一应俱全。2000年底，计有常住人员8人，其中比丘、比丘尼6人，沙弥尼2人，住持僧释宽远，法宗临济。

## 玉盂寺 赣州市石城县

玉盂寺史称玉盂禅林，位于县城东南15华里通天寨上西侧小山窝内，坐东南朝西北，因其地形如盂得名。

禅林为古寺院，历代州县地方史志均有详载。史载为明万历十年（1582）僧德存肇建。四周山地颇广，盛产茶叶，其中马栏茶品质极优，曾进贡朝廷。玉盂寺为通天寨主庵，自肇建至当代，几经修葺，香客不绝，佛灯长明。

1984年6月，该寺公布为全省14所重点开放寺院之一。寺院内有砖木结构民居式古建殿堂1座，当代新建念佛堂1座，天王殿1座，土木结构僧舍、起居、接待等用房8间，厨房、膳厅各1间，制茶工房1间，生活设施齐备。大殿上祀木质三宝大佛及观音、地藏、韦陀、伽蓝等塑像，天王殿祀四大天王像。今全寺占地110平方米，建筑面积1500平方米。常住教职人员1人，即住持释耀有。

玉盂寺处石城著名风景区通天寨。寺之附近有许多著名的风景点，如通天岩、船舷崖、猴爬石、双龟石、仙人脚迹、仙人犁田等，登上“仙人犁田”坡顶向东北望，古琴江八景之一的“石笋干霄”（今称“大士之阳”）就在眼前。此外还有住持自修之净土岩等岩群寺。故历代文人雅士留有咏岩、咏寨、咏峰等咏景诗词，给香客游人以文化佳肴。

## 化成寺 宜春市袁州区

宜春化成寺是宜春市重点文物保护单位、省级重点寺院，位于城区西郊秀江河北岸化成岩森林公园内，建筑面积3000平方米，坐北向南，依山面水，临沪瑞高速、浙赣铁路，距南昌、长沙均约200千米，是赣西历史悠久的城市宗教文化风景园林。化成岩是城市西北角的一座小山，其山石嶙峋、树木翁郁，千百年来，游人香客频频来顾，此地也就声名远播，于今益盛了，被誉为“江南一胜”“天然图画”。

宜春化成寺始建于唐初，原为上、下两寺，上岩为开化院，下岩为惠明院，两院遥相呼应，距今已经有一千二百多年历史。宋代诗人赵善坚的《化成岩》诗云：“僧居罗上下，钟声答晨暮。”讲述的就是当时化成寺的盛况，每当渔舟唱晚、牧笛催归之际，古寺钟声，悠扬清越，回荡在寥廓江天，城郊内外，清晰可闻，给人清静幽远之感。后人据此将“化成晚钟”列为古袁州府“宜春八景”之一。千百年来，“暮钟何处起，明月满禅关”。到清代，化成晚钟却因入耳而成风景，足见那山间水边，悠悠而起的薄暮钟声是如何招人遐思，动人玄想。清康熙年间，袁州知府李芳春题额“赞化裁成”，方改今名。唐宰相李德裕被贬为袁州长史时曾寄寓于此，寺周还保存了“天然图画”“李卫公读书处”等8块摩崖题刻及“青莲古洞”遗迹。文物保护情况非常好，主要是摩崖石刻，都用白玉围栏围护，由寺院负责保护。

化成寺

1985年后，化成寺经政府多次重修。1998年8月，原宜春市政府批准重新开放化成寺，聘请南昌显教寺方丈戒全老和尚为禅寺住持。1999年8月，化成寺旧殿拆除，新建一栋五层大殿。2004年元月4日，化成寺举行大雄宝殿奠基典礼。2008年1月21日，化成寺举行了大雄宝殿落成暨佛像开光法会。2009年完成包括大雄宝殿、观音阁、廊道、围墙、般若门等寺院主体工程。2013年9月30日，化成寺举行圣常法师晋院升座庆典法会。至此，化成寺作为城市宗教文化风景园林，正逐渐形成了宜春中心城区一道新的自然和人文景观。现任住持圣常法师。

## 慈化禅寺 宜春市袁州区

宜春市袁州区慈化禅寺是江西省重点寺院、省级重点文物保护单位，包括天龙岩和观音阁两座分院，占地面积10万余平方米。地处宜春市西北慈化镇，距宜春城区70千米，扼湘赣边陲要冲，素称吴楚之咽喉。

慈化禅寺由开山祖师临济宗十二世普庵印肃禅师于南宋乾道二年（1166）创建，为当时江南佛教大道场之一，已经有近千年历史，多次得到皇帝诏封御题。慈化寺鼎盛之时建有10座殿堂，东西二十四寮，共2000多间房屋，占地6万多平方米，纳僧千名。明朝太祖洪武十八年（1385）赐建龙亭，书“天下第一禅林”，世称“天下大慈化”即由此而出。明朝正统十年（1445），英宗赐额“南泉山大护国大慈化禅寺”。慈化寺由于遭受多次毁损，今尚存《敕赐南泉山宗谱》一、二卷和《普祖录验记》《释迦如来密行化迹全谱》《普庵手书加颂金刚般若波罗密经》、千人锅、鼻涕钟等文物。普庵祖师还是我国佛教禅宗史上不可多得的一代高僧，其留下的许多经典传说和神迹广行于民间，而且他精通梵文和音律，其创造的“普庵咒”不仅是江西省非物质文化遗产，更是国内许多高等音乐学府的教学内容。时至今日，普庵文化不仅在宜、万、萍、浏等周边县市有深厚的历史沉淀，在福建、广州、台湾乃至东南亚各国也广为流传。从 2007 年至今每年农历九月均举办一届佛教音乐文化节，并多次举办普庵祖师和“普庵咒”文化研讨会。“慈化寺神奇传说”于 2009 年被列入省级非物质文化遗产名录。2017 年，“普庵咒佛教音乐”和“普庵信俗”被列入省级非物质文化遗产名录。

## 仰山栖隐禅寺 宜春市袁州区

仰山栖隐禅寺位于宜春市东南 20 千米处的洪江乡境内，是禅宗五家七宗第一家沩仰宗祖庭，也是江西省重点寺院。现遗存唐代沩仰宗创始人之一慧寂禅师墓塔（仅存地宫部分）、塔背冲及塔窝里宋代僧人墓塔，以及网形、虎形、人形、猪形等多处塔林，统称“仰山墓塔群”，为江西省文物保护单位。现任住持是养航法师。

唐会昌年间，慧寂禅师隐居袁州仰山。宣宗大中年间，慧寂在仰山聚徒说法，道风大炽，学人日众，因建禅寺。宋初，仰山栖隐禅寺奉敕改名“太平兴国寺”（寺名一直沿用至清代）。宋、元之际，高僧大德相继驻锡，为禅宗著名丛林。元代大德七年（1303）毁于火灾，皇庆元年（1312）重建落成，规模倍于旧。仁宗赐额“大仰山太平兴国禅寺”，命程钜夫撰《大仰山重建太平兴国禅寺碑》文，赵孟頫执笔书丹，勒石立碑于寺内。明、清以来，太平兴国寺屡经废兴，规模渐至衰败。清道光十一年（1831），最后一次重建，额曰“兴国古寺”。

1980 年冬，仰山兴国寺被拆毁。2005 年寺院修复重建，寺院的整体风格为明清建筑样式，建筑占地 150 多亩，主要由天王殿、大雄宝殿、伽蓝殿、观音殿、禅堂等部分组成。寺院于 2011 年 9 月 9 日举行落成暨佛像开光庆典。

## 万寿宫 宜春市丰城市

万寿宫位于丰城市剑光街道东方红大街 320 号，清同治《丰城县志·寺观》载，“万寿宫，治西大井头，祀晋真人许逊，雍正十年（1732）知县刘象贤即蔡公讲堂改建”而成。民国二十九年（1940），日军飞机炸毁正殿和后殿一部分，不久重新修复，现为丰城博物馆馆址所在。

万寿宫祭奉晋代“斩蛟治水害，造福于万民”的许逊真人（世人称许仙），历来香火鼎盛，原丰城城区由工、商、士、农各界人士组成的六大（永保、永佑、永长、永仁、永恒、永丰）盔袍会，会众达数万人之多。每年农历七月二十九日到八到月初一日，六大盔袍会相继为许仙真君更换龙袍，彻夜灯火通明，鞭炮盈耳，表达了数以万计信士的一片虔诚敬意。

宫院坐北朝南，宫殿式，重檐歇山顶，内分宫院、正殿、后殿三部分，占地面积780平方米。庭院内有吊楼，红柱黄瓦，古朴雅致。外围大红宫墙，宫墙嵌石雕石坊，上有浮雕蟠龙和宫廷人物故事，每组人物，神态各异，栩栩如生。正殿立彩绘牌楼，面阔三间，高12米，宽19米，进深23.5米。大红漆柱，彩枋澡井，内穹顶彩枋，雕花门扇。宫顶为黄琉璃筒瓦，鳌鱼飞檐，金碧辉煌，雄伟庄严。宫内神龛中置许逊塑像，两旁列座若干佛像，每年时值节日，人们来此朝拜，祀奉许仙治水功绩。1998年被评为丰城市重点文物保护单位。

## 大正法寺 宜春市丰城市

大正法寺是丰城历史悠久、规模宏大、影响深远的寺院之一，曾名集善寺、大寺、正法寺。原址位于丰城老城区东部，即原市人民医院所在地。寺院创建于唐代中期（805年前后），距今已有1200多年历史。大正法寺为当时曾任主簿、赠官晋邑县令的傅士华将他在曲豆镇（今剑光镇之古称）一片方圆65亩的地基及租金650文全部捐出施建的一座“集善寺”，并另捐梅仙乡（今丽村镇一带）田租81石以供寺庙香火。寺院建成以后，第一位前来寺中弘扬佛法的高僧，是佛教禅宗之一的沩仰宗创立者慧寂的得意弟子、沩仰宗第二代传人南塔光涌禅师（850—938）。寺院为光涌发扬光大，到宋代大中祥符年间（1008—1016）时改称大寺，高宗绍兴二年（1132）正式定名为正法寺。

正法寺历经元、明两代，屡有修葺。明嘉靖时僧人大庸、圆祥重振寺风，清顺治十七年（1660）知县何士锦重创师表堂，高僧如初购置《金藏经》，乾隆三十年（1765）以后又多次重修，其时大正法寺内分十院，香火鼎盛，废而复兴，千年不绝，直至新中国成立后改建市人民医院为止。

作为丰城最知名的佛教圣地之一，大正法寺留下了许多传说和典故。明初建文帝曾落难于此，安然脱险；清初著名画家黄璧曾居寺内，为画三大士巨像并作偈自书，被知县高岑称为诗、书、画“三绝”。

1996年，根据广大信众的要求，经市政府研究同意，批准大正法寺在市大桥公园内恢复重建。但由于大桥公园内有道教场所剑邑万寿宫和佛教场所大正法寺同处一地，场地狭小，于2003年9月，迁至环境优美，而且文化底蕴厚重的荣塘镇汕田村仙龙山，同时，聘请省佛教协会副会长纯一法师修复大正法寺这一禅宗祖庭。2007 年，在市委、市政府的高度重视下，大正法寺搬迁重建工作正式启动，被列为市政府重点建设工程。

## 净住寺 宜春市丰城市

净住寺，又名静隐寺，坐落在丰城市董家镇老塘村罗家岭中。相传在唐朝时期（618—907），有一老僧马祖访道，一路经兴隆山，看到这里峰峦叠翠，云雾缥缈，景色秀丽，环境幽雅，便在山下建一寺庙，号“净住寺”，收纳弟子，拜佛念经，并于庙前栽下两棵柏树。净住寺规模宏大，前面是佛子殿，后面是观音殿，观音殿后曾设讲学堂，佛子殿上有一尊佛门大帝塑像，两侧有 18 尊泥塑罗汉，神态各异，形象逼真。庙内早年住有和尚百余人，种田 300 余亩，鸣钟而食，盛极一时。净住寺周边还有观音峰、马返泉、石凳、石门、无字碑等名胜环抱。明朝进士吴道南曾在此读书。清朝乾隆皇帝游江南时，曾入庙夜宿。乾隆临走时，挥笔题写了“九龙主”三个大字，落款乾隆真君。1958 年修水库时，净住寺被拆毁。2015 年 11 月，净住寺全面启动重修事宜，大雄宝殿建设奠基，其规模与气势，虽是今非昔比，但净住寺声名远播，远近闻名，各地慕名而来的游客、香客日盛，从未间断。

寺院中的古柏历经千年沧桑，如今越发苍翠欲滴，长势繁茂，浓荫蔽日，硕大无比，树高数丈，树干粗大，须 6 人环抱合围。古柏与净住寺相映成趣，历来视为传奇，早已蜚声国内外，成了一块旅游胜地，如今被列为丰城市“重点文物保护景点”。

## 宝峰禅寺 宜春市靖安县

宝峰禅寺位于靖安县城以北 20 千米的宝峰镇宝珠峰下、泐潭之滨。初名为“泐潭寺”，又名“法林寺”，因坐落在石门山内，故有“石门古刹”之称。宝峰寺为江南著名古刹，在东南亚、日本、朝鲜等地享有盛名。唐大中四年（850）宣宗赐“宝峰”匾额，遂易名“宝峰寺”，沿用至今。宝峰寺现任方丈为一诚法师，原籍湖南省望城县，现为全国政协常委，中国佛教协会名誉会长。

宝峰禅寺是马祖道一的重要道场。自创建一千二百余年来，几度兴废，历尽沧桑，1992 年秋，江西省佛教协会副会长、真如寺方丈一诚禅师倡议修复并亲自设计宝峰寺，得到靖安县人民政府的鼎力支持。1993 年开始兴工重建，同年农历 9 月 12 日，为虚云和尚圆寂 40 周年之纪念，大雄宝殿暨山门殿等落成开光，法会隆重，僧俗共喜，同日举行。

寺内全国重点文物保护单位马祖塔，始建于唐朝中期，宋代重建，为马祖舍利珍藏处，全称为“宝峰马祖道一大寂禅师马祖塔亭舍利之塔”，并建有一石亭，护罩塔身，曾于1957年，被评为全省重点文物保护单位。1993年，马祖塔重建，全部采用汉白玉构建。塔高4.5米，底层为正方形须弥座造型，塔身是正方形，正面碑石上刻有著名书法家启功先生所书：“马祖道一大寂禅师舍利之塔”。东西两面的碑石上，分别刻有唐朝权德舆和当代一诚禅师所撰写塔铭。塔亭以花冈石为原料，六柱六角宝盖式造型，用石板覆盖，檐首六角均有昂首龙头状饰物。

寺内古柏参天，树木成荫，花圃星罗棋布，形成园林式寺庙。江西佛学院就设在此处，培养了不少佛门弟子，成为江西佛教文化的中心地之一。此外，全国各寺和香港、台湾、朝鲜、韩国、日本、新加坡、马来西亚、泰国、以色列、苏联、美国、加拿大等地僧侣、居士、游客纷纷前来礼佛、参观，已成为弘扬佛法道场，游览观光胜地。

## 双林寺 宜春市靖安县

双林寺位于县城东北2.5千米的雷公尖乡绣谷峰南麓，为靖安历史上最早的一座佛寺。东晋西域沙门僧竺昙云游至此，爱其山水似西天婆罗双林间如来说法之地，因此开山驻锡，参禅悟道，一时香火大盛。唐代大书法家柳公权曾亲笔手书的该寺门额“大中双林禅寺”六个大字，系千年珍品。该寺几遭毁灭。1993年经县政府批准，住持释大福（比丘尼）在樵山坳口重建并开放。1995年，其住持释养性（比丘尼）着手扩建寺宇，至2006年5月完成山门殿、观音殿、大雄宝殿、钟鼓楼、斋堂、寮舍等主体工程的修建，全寺占地4500平方米。

双林寺历史悠久，《靖安县志》（历代版本）均载：“双林寺在县北五里绣谷峰下。东晋西域沙门竺昙过之，爱其山水似西天婆罗双林间，如来说法地，遂开山居焉。唐柳公权书门匾曰‘大中双林禅寺’。”竺昙开山之地在铁山潭旁，绣谷峰半山腰。为方便信众，以后搬至山脚，名“老寺”。这个地方，规模甚大，占地约200余亩。宋代出诗僧善权，系以黄庭坚为首的25人组成的江西诗派中著名诗人之一。由于年深月久，庙宇倒塌，2002年宝峰寺住持一诚大师发善心欲重建，县人民政府大力支持，在近樵山坳口的后山拨出土地和公益林80亩，前者建寺庙，后者为养寺之资。现在，双林禅寺占地30亩，建筑面积3800平方米，有殿宇4幢，放生池1座。主殿为大雄宝殿，奉祀释迦牟尼佛，配殿奉祀观音和四大天王等。今住持为养性尼师。“东晋名蓝”红石石匾现为靖安县博物馆收藏。

## 百丈寺 宜春市奉新县

百丈寺乃中国佛教禅宗“天下清规”发祥地，坐落于有“仙源灵境”之誉的江西奉新百丈山，至今已有 1200 余年历史。百丈寺代有高僧，唐代有黄檗希运、沩山灵佑、惟政，五代有明照安（韩国人），宋代有道恒、道震、智映、净悟、以栖等，元代有大昕、德辉，明代有明雪，清代有云堂、德清、石兰等。唐宣宗亦曾于此避祸当沙弥，并留下著名佳句："溪涧岂能留得住，终归大海作波涛。"

百丈寺

百丈山上胜迹甚多，著名景点有："天下清规"石刻、野狐岩遗迹、犀牛潭瀑布、皇娘墓、祖师塔、黄犬坟、木人冢、仙人旧馆、老僧看经等，每一个景点都包含了一个动人的故事和传说。历代名公巨卿、文人墨客如晏殊、黄庭坚、柳公权、周敦颐、汤显祖等曾慕名到此游历，并留下不少名篇佳作。

百丈寺总占地 1164.25 亩，其中山林 625.25 亩，旱地 539 亩，围墙办占地 300 余亩。从 2004 年大雄宝殿、天王殿奠基开始，历经 5 年建设，现大雄宝殿、天王殿、云海楼、虚怀楼、藏经阁、祖师殿、法堂、方丈楼、贵宾楼、斋堂等建筑主体工程已全部完成，正在进行内外装修及整体绿化，一座规模宏大、气势雄伟的新丛林已耸立在人们面前。2010 年百丈寺举行开光大典，正式向世人开放。

## 大愚寺 宜春市高安市

大愚寺

1998 年大愚寺被评为江西省重点寺院。现任住持释心妙，寺院坐落于高安市瑞州街道西湖公园 2 号，占地 80 余亩。寺院始建于唐德宗建中元年（780），原址在高安城南朝阳门外，名真如寺，因大愚禅师住持于此，故以"大愚"名寺。

义玄早年投黄檗山希运禅师门下，多年未领深旨，师嘱其往高安参拜大愚。经大愚禅师指点，义玄顿悟佛法，终得希运禅师印可。后北上河北建临济院，创临济宗，宗风大行于天下。末山尼了然禅师，嗣法大愚，驻末山天竺峰下上定林院，机锋犀利，聚徒 500 余众，名震一时。由是，大愚寺名声日隆，诸方留迹，高德如缕。清顺治十三年（1656），洞山智哲禅师来寺开座讲话，时任县令黄奎龄将其语录刊刻行世。此后，其门人遍鹏苦心募资，建山门、正殿、藏经阁等，寺院面貌一新。乾隆十三年（1748）春，皇上御赐紫金袈裟，延请洞山普利寺文达璋禅师入驻，扩展园地数十亩，一时香火鼎盛。清末寺毁。民国初年曾复建小庙，抗日战争期间复遭焚毁。

1998 年，高安市人民政府批准重建大愚寺，划拨新址于高安市城西西湖公园之畔。寺内殿宇森然，香烟缭绕。目前，大愚寺已具规模，设石牌楼坊、山门殿、放生池、水上观音像、天王殿、大雄宝殿、钟鼓楼、东西配殿、祖师塔院等，计建筑面积 25000 平方米。

## 九峰禅寺 宜春市上高县

九峰禅寺（又名崇福禅寺），位于上高县九峰山中，始建于唐昭宗年间，距今有 1000 多年的历史，是佛教禅宗祖庭之一，与宜丰的洞山、黄檗、五峰和高安的真如并称为“五大道场”，在海内外佛教界享有盛名，是省级重点寺庙，被列入我国禅宗文化重点保护遗产名单。

九峰禅寺

据同治九年《上高县志》记载：“有寺凡九，惟末山九峰最高，末山与蒙山并峙，蒙最大，末最高，与匡庐、西山并称雄盛”，“九峰崇福寺，为唐钟传故宅，僖宗乾符时（874—879）钟传聚兵此山，既封南平王，拾宅为寺”。乾宁年间（894—898），延请宜丰洞山高僧普满来此开山。后又有名僧道虔来住持寺庙。由于香火鼎盛，名声远播。昭宗皇帝为九峰禅寺赐额“宏济”，天复年间（901—903）改额“崇福禅林”，成为远近闻名的佛教圣地。清初九峰禅寺毁于火。康熙十年（1671），灵石和尚从宜丰洞山来，复就故址，重建殿宇。重修的九峰禅寺为砖木结构，禅堂二进一井，两侧上下有对称厢房 17 间，整个寺院占地 1800 平方米，庙宇的重新修葺，使得僧徒云集，曹洞宗风因之重振。晚清至民国初年，佛教活动持续不断。抗日战争之后，因战乱影响，僧徒渐散，僧去寺空。由于年久失修，梁柱蛀蚀，屋顶渗漏，至 1993 年，寺庙大部分已倒塌。2010 年由抚州金山寺监院顿成法师（九峰禅寺住持）正式开始恢复重建。

目前，九峰禅寺共有禅宗教职人员 37 人，寺庙在家居士近 400 人，占地面积 300 余亩，在建建筑面积约 1 万平方米。

## 黄檗禅寺 宜春市宜丰县

黄檗山，位于宜丰县城西端的黄岗镇黄檗村境内，是宜丰、万载、铜鼓三县的交界山。黄檗山是唐宋时期盛极一时的著名禅宗道场，也是中国佛教禅宗五家之一临济宗的发祥地。黄檗山原名鹫峰，曾有西域僧人住此峰，见山形如天竺鹫岭，故名鹫峰，并建鹫峰寺。唐开成年间（836—840），希运禅师得百丈正传后卓锡鹫峰。希运幼时出家于福建福清县之黄檗山，为纪念家乡，于是将鹫峰改山名为黄檗，易寺匾为黄檗寺。希运在此倡立"无心"说，与弟子义玄共弘法理，终成气势，创立了中国南禅宗五大派之一的临济宗，并使之广扬中外；山也蜚声天下，名盖福建黄檗。

现今黄檗禅寺的原寺已仅存遗址，目前正在复建。复建的黄檗禅寺面积为135亩，建筑为明代风格，造型简练、结构严谨、装饰适度、纹理优美。

## 洞山普利禅寺 宜春市宜丰县

洞山普利禅寺位于宜春市宜丰县北，是中外佛教禅宗曹洞宗的发祥地，也是国家AA级旅游景区、江西省省级风景名胜区，建筑特点为仿唐风格，气魄宏伟，严整开朗，大殿结构简练，没有繁杂装饰之感。洞山普利禅寺是江西省重点寺院，素有"洞天佛国，释家祖庭"的盛誉。

洞山普利禅寺

唐大中年间（859），高僧良价在此涉溪顿悟，创寺弘法，以其独特的"顿悟"和"五位君臣，偏正回互"禅学新法，授引学徒，辐奏大雄，其法嗣数十人，皆高僧大德，传法四方，影响施及海内外；弟子本寂后到江西宜黄曹山广扬良价禅法，遂成一代宗风，因此后世将良价首创、本寂弘扬的这种禅法称为"曹洞宗"。

在历史上，洞山古寺几度兴衰，历尽沧桑。唐大中年间，良价禅师创建广福寺，北宋咸平年间，易名功德禅寺，宋真宗赵恒敕额，元末被毁，明崇祯年间，高僧净聪重整洞山寺宇，使曹洞宗风复振，净聪也被誉为"洞山中兴第一祖"，清康熙年间，洞山寺宇更名为普利禅寺，清末民国初，洞山逐渐荒冷，目前仅遗存藏经楼、僧寮阁等，其中藏经楼为一幢木质结构的三层楼阁，建于清康熙壬子岁（1672），距今300余年，正面悬有“佛在性中”木匾，乃清嘉庆二十三年（1818）洞山正宗三十八代住持海寿所书。直到20世纪80年代，才再次得到开发。1987年，洞山墓塔群、价祖塔、逢渠桥公布为省级文物保护单位。

## 东岳护国寺 上饶市信州区

东岳护国寺坐落在上饶信江南岸的琅邪山文笔峰（今琅琊山云碧峰）下，庙宇坐北朝南，群山环绕，清幽秀丽，为国家级森林公园里仅存的人文景观和宗教胜地。东岳护国寺原名东岳庙，自古就由僧人住持管理，每年农历3月28日庙会，当地信徒龚、刘、王、陈姓氏委派代表协助搞好庙会。

据《上饶县志·广信府志》记载，上饶市东岳护国寺始建于宋绍兴年间（1131—1162），经明、清两代几度修葺扩建，成为规模壮观的古代建筑群，后有文昌阁、左有圣母殿、右有睢阳祠、建筑面积达3000平方米，具有孔庙和宫殿建筑特征、气势非凡。由于风雨侵蚀，年久失修，现仅存东岳大殿和殿前三重台阶和明代文物九龙丹墀石雕。1990年在寺内发现临济正宗第三十七世怡下山师祖的灵位牌。

新中国成立后，法正法师、妙祥法师分得土地1.5亩。1966年寺院遭毁。1991年上饶市人民政府首批批准恢复东岳庙并更名为东岳护国寺。1997年经上饶市佛协聘请净明法师任住持。经过十几年努力，在保护原貌基础上，新建了大雄宝殿、钟楼、鼓楼、客堂、斋堂、疗房、居士楼及其他生活设施，初步形成寺院格局，建立较完整寺院管理规章制度，多次评为省、市两级“五好”宗教活动场所，2007年被评为全省重点寺院。

## 青岩寺 上饶市信州区

信州区青岩寺，坐落在沙溪镇青岩村角坞的纱帽山脚下。据考，青岩寺至今已有1360多年历史，系唐末年间慧空禅师创建。至明朝洪武年间，由一正禅师掌理该寺，当时沙溪五里吁年郑阁老在此攻读，后考取宰相，改名郑帮福。于是兴建殿宇楼阁，且有山林、田地、水塘数十亩，颇具规摸，僧人云居不断。据碑记所载：清末德明禅师、印通禅师等当地前辈老人说，民国年间及解放初仍有围墙殿宇等，后佛像毁坏，殿堂房舍被拆，僧人被迁下山，此地改为农场。

1989年，由虚云老和尚法子宽圆大师前来苦行6年重兴。新建的青岩寺坐北面南，占地面积6000多平方米。有天王殿、大殿、念佛堂、僧寮，寺内窗明几净，清静幽雅，学修并重，清规整肃，是上饶尼众道场的典范。

## 灵鹫寺 上饶市广丰区

灵鹫寺位于广丰区东阳乡灵鹫山北麓，为江西省 14 座重点保护古庙之一，建于唐元和间，宋重建。清咸丰年间被毁，清光绪后期又先后兴建了玉皇殿、观音堂等“九栋十三厅”。寺依灵鹫山而建，远视若鹫鸟凌空飞舞，故得名。寺内有金塑金佛像 37 尊。寺周围有木鱼山、古城、鹫岭、五星峰、双狮、张叔夜衣冠墓等“灵鹫十景”。

灵鹫寺原名宝积禅院，为全县现存最早创建的古刹，距今 1200 年，据清同治县志记载：“宝积禅院，在三十九都（今广丰县社后乡境内）今名灵鹫寺，唐元和（806—820）间建”。又据新中国初期住持师静礼叙述，寺院为灵隐寺僧明道、智开两禅师开山创建。传说明道、智开从杭城来赣，游名山，访胜地，当进入灵鹫山时，见群峦叠嶂、云绕峰回，似鹫鸟展翅凌空腾飞，上有五峰，巍峨壮观，同杭州灵隐山五峰有相似之处。乃曰：“灵鹫飞来，此传法之胜地也。”遂靠山建寺，名宝积禅院，与灵隐寺同属临济宗。初建的宝积禅院规模不大，未建佛殿，乃法堂为演说佛法皈戒集会之处，以僧堂为禅僧行道之地。

五代时（907—960），南唐王信仰佛教，寺院持续发展。元代（1206—1368），县设僧司管理全县僧务，对汉族佛教管理甚严。皇庆间（1312—1313），又废除僧司，寺院定住持由僧人自己管理僧务，重建了寺宇，此时把宝积禅院更名为灵鹫寺。1986 年灵鹫寺被评为广丰县文物保护单位。

## 博山寺 上饶市广丰区

博山寺位于广丰区洋口镇青桥村，广丰城区西去 15 千米。博山寺周围山峦叠翠、林谷幽深，泉石清奇。古时，此处石峰云起、曲洞回图、长林缅邈、古树参天、殿阁巍峨、香烟缥缈、晨钟暮鼓，自明始，博山寺一直是江南名刹，有“天下第二丛林”之称，闻名国内外。

博山寺，又名能仁寺。始建于后唐同光年间（923—925），明隆庆间毁于火，万历间重建，天启元年建成大殿、藏经阁、法堂、禅堂 等 12 栋二十四厅，铸成大铜佛、铜香炉、铜钟多件，最著名的是 11 口铜钟，据说用了 36000 斤赤宝铜。至 1952 年，寺内还保存有 31 间楼、殿、堂屋，面积 1104 平方米。南宋著名爱国词人辛弃疾晚年闲居时，在博山建“稼轩书舍”，读书于此，吟咏颇多，写词 10 多阕。明代吕夔、夏尚朴，清代傅宏彪、夏显煜、徐光祚、刘尧裔、杨丕烈、刘梓等均有游博山寺诗文留传于世。全国政协副主席、中国佛教协会会长赵朴初题写“能仁禅寺”四字位于山门，博山寺以其曹洞博山一系在中国佛教历史上具有一定的历史价值和地位，现为江西省重点开放寺庙之一。

## 七峰寺 上饶市广信区

七峰寺又名七峰岩，位于距上饶市区 12 千米处的丰溪河畔，因有 7 座形状各异的峰峦拱围一起而得名。洞背负鹤山，前眺信水，有龙井、神岩毗连其东，山林幽静，古木参天，属丹霞地貌，平原低丘，海拔 70 米至 300 米，主峰下有一岩洞，宽敞明亮，可容数百人，岩外七峰各异，曲径通幽，翠竹古树，遮天蔽日，可谓福地洞天。岩洞夏天清凉、冬天温暖，还有“流米洞”“流油洞”的传说。

七峰寺

七峰寺原是岩洞寺庙，建于唐朝，据《上饶县志》记载，唐开元年间，四川峨嵋山的松月禅师结草堂于岩前，收徒传教，曾得到了唐玄宗的称赞、扶持和御封。后由尘空禅师住持置田户、建庙堂、塑佛像，历代名人纷至沓来，留下许多游七峰寺的诗作。明天启年间，大学士郑以伟亲题长联于寺殿石柱上：“丘壑川原，去住低徊，妙在补天一石。风云雪月，吞吐浮沉，廓然世界三千。”唐咸通六年，有文人作“老佛前经唐帝赞，高僧本自雪山来”一联，刻于寺庙的山门上。在寺庙正屋天井中，有一株铁树，植于唐末，距今已有 1400 余年，至今树挺叶茂，英姿勃发。1941 年“皖南事变”后，因七峰寺僻静隐蔽，国民党顽固派将谈判被扣的新四军军长叶挺、新四军第三纵队司令员张正坤、教育总队副总队长兼教育长冯达飞等 20 余名高级将领囚禁于此。新中国成立后，七峰寺高干禁闭室旧址按原状保存有大小禁闭室 4 间。1957 年列为省级重点文物保护单位，1988 年、2001 年分别被评为全国重点文物保护单位、国家级爱国主义教育示范基地。2004 年被列为全国 100 条红色旅游线之一。2007 年公布为江西省首批重点寺院之一。

## 三清宫 上饶市玉山县

三清宫在三清山中心区域的山谷盆地，坐南朝北。海拔 1532.8 米，木石结构，面阔 10.4 米，进深 19.82 米，总占地面积约为 518 平方米，是三清山道教宫观主要建筑之一，也是三清山道教宫观建筑八卦形制的中心。

三清宫始建于宋乾道六年（1170），因供奉道教三清尊神而得名。宫观前殿后阁，左右厢房，宫前设有天井，井内有潜龙吐珠石雕，井前置石香炉、石香亭、甬道、排云桥，牌坊及左右灵官

三清宫

魁星殿构成一严密的群体建筑单元。

大殿石柱上的两副对联很有意思。一副为“殿开白昼风来扫，门到黄昏云自封”。它既表现了三清山的风云变幻，又蕴含了道家清净无为的意境，十分贴切自然。另有一副“一统大明祝皇祚百世千世万世，三天无极存道气玉清上清太清”，据说是明朝第二个皇帝建文帝朱允炆写的。其中还有个不寻常的故事，说是朱允炆被叔叔燕王朱棣推翻之后，潜藏在三清宫，天天梦想报仇复位。太上老君给他托了个梦，说明成祖朱棣把国家治理得很好，老百姓也很安定，为什么要再起纷争呢？第二天，朱允炆拐弯抹角地向老百姓打听，果然如此。从此他打消了复位的念头，安于悟道修身，于是写下了这副对联。

三清宫殿内正中供奉着玉清元始天尊、上清灵宝天尊和太清太上老君 3 位道教正神。后阁现在改为观音堂，供奉观音、王母等神道。

## 普宁寺 上饶市玉山县

普宁寺位于玉山县城冰溪河南岸、武安山北麓，又名水南寺。始建于唐总章年间（668—670），由唐代高僧、中国佛教禅宗六祖惠能、法嗣智常将阎立本所捐住宅改建而成。宋时寺内有天王殿、大雄殿、观音殿共百余间，占地面积 30 余亩，僧徒 160 余人，香火极盛。寺庙于元末毁于兵灾，明朝重建后复被火烧。道光二年重修，民国十三年（1924）寺塌，法森和尚重建。民国二十二年（1933），兴建浙赣铁路，中厅拆毁，铁路横贯其中。民国三十一年（1942），日军入侵玉山县城，普宁寺被焚毁殆尽。

普宁寺建寺至今已 1330 余年，是玉山县最早最大的寺庙，是佛教禅宗派曹洞宗的法脉。民国三十一年（1942）普宁寺被侵华日军烧毁，今大雄宝殿是 1991 年由江西省政协委员，省佛教协会副秘书长云居山真如寺首座和尚达定法师主持兴建，历 3 年而成。如今的普宁寺规模宏大，建筑壮丽，建筑面积 2000 多平方米，各殿共塑佛像 180 多尊，现保留有前后两座庙宇。普宁寺地处玉山县的交通要枢，寺前有浙赣铁路、冰溪河通过。由玉山县城过玉虹大桥有公路直达山门。寺后有唐朝宰相、著名画家阎立本墓，1987 年被列为省级文物保护单位。

## 慈济禅寺 上饶市铅山县

慈济禅寺地处武夷山北麓江西省铅山县鹅湖镇境内，鹅湖山诸峰连绵，形若狮、象、龙、虎。最高峰为鹅湖峰，海拔 690 米。山上林木葱茏，风景秀丽。为唐朝大历十一年（776）大义禅师开山所建，是我国东南地区著名的佛教禅林寺院之一，原寺院占地面积约 2.2 万平方米，规模巨大，风景秀丽，是一座传授释迦遗教、弘扬正法、祖师辈出的著名道场。

早在唐大历年间（766—779），洪州马祖道一弟子大义禅师（禅宗第九代高僧）就奉旨来此开山卓锡，创建峰顶寺。峰顶寺又名“大义道场”，唐德宗赐额为“鹅湖峰顶禅院”。唐元和二年（807），唐宪宗在麟德殿召见大义禅师，并下旨赐号“慈济”，敕建“鹅湖峰顶慈济禅院”，至今已有 1200 多年佛教传播历史。

北宋初，鹅湖峰顶慈济禅院重建并迁址于鹅湖山下。咸平三年（1000）宋真宗赐额“慈济禅院”，景德四年（1007）改赐“仁寿禅院”，后人因山名称为“鹅湖寺”。明洪武年间（1368—1398），鹅湖山又被朝廷立为“鹅湖禅林”，鹅湖山遂与山西五台山、浙江普陀山、四川峨眉山、安徽九华山等并称为“天下八大丛林之一”。至明万历年间（1573—1620），住持养庵和尚将寺庙迁回峰顶。“鹅湖寺”则成为“鹅湖峰顶慈济禅院”的“脚庙”，归峰顶禅院管辖，并作为其收租储谷之所。鹅湖山人文荟萃，底蕴深厚，王安石、曾巩、陆游、宋濂、李梦阳等众多的历代文化名人都对鹅湖山情有独钟，留下了许多脍炙人口的诗篇。

慈济禅寺历受各皇朝拨库敕建，直至解放初时寺内尚有殿宇 10 余楹，僧寮百间，常住僧人多达百名。1986 年慈济禅寺被列为重点寺院。

## 葛仙祠 上饶市铅山县

葛仙祠（玉虚观）位于葛仙山上。葛仙山是著名的道教名山，葛仙祠因东汉的葛玄在此创教立派而得名，位于上饶市铅山县中部偏南，是武夷山脉主峰黄岗山南北走向支脉上的一座主要山峰，山峰之脉络，东与福建武夷山市，南与天柱山、篁碧乡，西与陈坊乡、弋阳县，北与杨林、港东乡境内诸峰相连。葛仙山海拔 1096.3 米，方圆 11 平方千米。

葛仙山

葛仙山集传统文化，道、佛文化，民俗文化于一体，寓沧桑起落、兴衰沉浮于一山。据历史记载，三国、两晋、隋、唐间，土祠时兴时废，香火延绵不绝。北宋元祐七年（1092），在云岗庵旧址始建葛仙祠。南宋时，递圮递修。元至正年间（1341—1368），重构更新，建屋千楹。明时扩建，飞檐石门，气势恢宏。清代祠毁于火，再次重建。新中国成立前，两毁于烛火，三次重建。新中国成立后，寺观荒废。中共十一届三中全会后，宗教政策得以落实，省人民政府批准葛仙祠、慈济禅寺为全省重点开放寺观，佛寺道观陆续修复。20 世纪 90 年代，寺观建设规模扩大，新建屋宇殿堂共达 7000 余平方米。特别是新建的石亭、碑林堪称江南一绝。寺观管理规范，科仪俱全。朝山者众，游人如织，日具名山气象。

## 万寿寺 上饶市鄱阳县

万寿寺坐落在莲湖乡高桥村莲华山，始创于后梁开平三年（909），建于后晋天福元年（936），距今已有近 1100 年的历史。堪称江南有影响的佛教圣地。慧通大师为万寿寺开山之始祖师。

相传后梁开平三年（909），慧通禅师持钵云游，辗转于黄山、婺源、浮梁等地，继而来到鄱阳县城的芝山寺小住。一天拂晓前，他登上芝山，发现西南方有灵光隐现，且连续四天不灭。慧通禅师遂告别芝山寺长老，乘船西行，来到一地，只见竹翠松茂、古木参天，周围田野里荷叶飘香，莲花满地，顿觉心旷神怡。环视再三，见此地远离尘嚣，幽雅清净，纵目远眺，俨然身居九龙攒珠之中，他立即醒悟，是佛要他在这风水宝地里居留。遂砍茅伐树，搭盖棚舍，事佛修行。至后晋天福元年，住持僧致远见香火旺盛，信众渐多，乃四方募化，起造庙宇，垒筑大殿，精塑地藏王菩萨，正式名其山曰“莲华”，名其寺为“万寿”。

万寿寺在清代乾嘉时期最盛，建有地藏王殿、十八罗汉殿、观音殿、王灵官殿、关帝殿、托塔李天王殿、龙王殿、弥勒佛殿。诸多巨形佛像，有雕有塑，或坐或立，各具形态，栩栩如生。寺内的附属建筑亦配套齐全，有经库、香库、签房、斋堂、僧舍等共 81 间，寺所经营之田地、花园、林苑 81 亩，僧俗 81 人。远至湖北、安徽、福建及本省上饶、九江、抚州等地都有人来此朝拜。

万寿寺内原有“二宝、一奇”：一宝为“千斤铁锅”；二宝为“十里晨钟”；一奇，乃中心大殿。即地藏王殿前那座如悬犹耸，高逾 10 米的八卦空心亭。人站立下面仰视，只觉高深莫测，实不明所以然。

1984 年 10 月，当地群众聚资，在万寿寺原址上建了一座小庙。1990 年 5 月 31 日，鄱阳县人民政府批复恢复莲华山万寿寺，经过 20 多年的重建，现在已建造了供奉地藏王菩萨的大殿和龙王殿、大悲殿、观音殿、祖师殿、斋堂、寮房等建筑，共占地 1.27 万多平方米。

## 灵泉寺 吉安市吉州区

吉安市灵泉寺位于吉安市城北螺子山南麓，赣江之滨，庐陵文化生态公园内。是 2007 年通过省民宗局登记的寺观教堂，寺庙内现有教职人员 2 人。

灵泉寺始建于东晋升平元年（357），至今已有 1600 多年的历史，是吉安历史最为悠久的佛教净土宗道场。据史志载，在郡城北 10 里螺子山内，有一眼泉，深不盈尺，清洁甘洌，冬夏不竭。泉旁有塔，塔旁有寺，是谓“灵泉”，相传慧远大师也酷爱此泉，在井边设坛说法，并将泉旁的寺庙命名为灵泉寺，寺以泉名，可见此泉之名气。

灵泉寺在一千多年的历史中，屡兴屡废、屡毁屡修。清朝光绪年间编纂的《吉安府志》记载，灵泉寺在顺治三年（1646）被毁，康熙三年（1664）重建，此后又延续了近 300 年，民国十九年（1930）毁，仅存残垣断壁，灵泉保留如初。

进入新世纪以来，为了弘扬佛教文化，满足信众信仰需求，当地政府同意寺院重建，灵泉寺作为庐陵文化园主要建筑之一备受瞩目。2011 年 4 月，大雄宝殿正式开工建设，天王殿相继开工，整个灵泉寺重建工程包括大雄宝殿、天王殿、观音殿、地藏殿、钟鼓楼等建筑。

## 铁佛寺 吉安市吉州区

铁佛寺位于吉安市吉州区马铺前，是 2006 年 10 月通过省民宗局登记的寺观教堂。

铁佛寺始建于唐朝，位于吉州区马铺前，因塑有 3 尊铁佛而闻名，据说是由七祖行思大法师所募建，建初位于现铁佛寺桥畔，赣江岸边，有大雄宝殿、天王殿、毗庐阁、观音殿及斋堂、客堂等，占地面积达 1.5 公顷，并铸 3 尊重达 1 吨以上的铁佛。清顺治三年（1646）被兵所毁，3 尊铁佛也被推入赣江至今未见天日。清顺治九年（1652）僧尼言法师将其迁到如今的马铺前重建，民国初年（1912）大乐法师大修过一次。

铁佛寺由前、后两院及东西厢房组成，南北长 60 米，东西宽 50 米。前院主殿为天王殿，殿前东西两侧是钟、鼓两楼对峙。殿中央供奉的是一尊袒腹露胸、面目慈祥的弥勒佛。在弥勒佛像左右站立着威武雄壮、手持法器的四大天王，俗称四大金刚，弥勒佛身后是护法天尊韦陀。

在前后院之间有一露天井。经过天井进入后院，后院主殿为大雄宝殿，殿内供奉着 3 尊佛像，中间一尊庄严慈祥的佛像便是佛祖释迦牟尼。其左右站着一老一少二位侍者，左侧老者为迦叶擎拳含笑之像，右侧少者是阿难合掌随侍之像。后院左右两侧各有一小门通入禁地。据记载僧尼言重建时购置田地 2 公顷余，经清朝至建国前的数百年历史变迁，仅存不足 0.13 公顷菜地，寺内僧尼靠此菜地为生，生活比较清苦。新中国成立后政府每月给予该寺僧尼一定补助，使其生活有保障。

## 净居寺 吉安市青原区

内容介绍详见 P233。

## 资国寺 吉安市吉安县

资国寺

资国寺位于吉安县梅塘乡土坊村龙须山麓，原名“长兴寺”，是2006年经省民宗局批准成立的寺观教堂，寺院住持为市佛协会长妙心。

据宋《周必大游记》:“资国寺之开山祖为曹溪六祖之弟子法登。”法登为青原山开山祖行思（660—740）之弟，唐代宗大历（766—779）来此隐居。而其兄行思则于唐玄宗开元二年（714）从广东韶关曹溪山南华寺来青原山开辟佛堂。因此，资国寺的创建时间从唐代宗大历算起，较青原山晚了几十年，迄今1200多年。但民间仍流传着“先有资国寺，后有青原山”的说法。

法登在此建寺庙后，初名为法云禅院，后在山坡上发现唐太宗御赐的“永兴寺”匾，便请唐代宗改赐为“长兴寺”。唐文宗太和二年（828）“长兴寺”改名“长兴禅院”。宋真宗大中祥符二年改“长兴禅院”为“资国禅院”，迄今世人称为“资国禅寺”。

资国寺不仅在地方文献中有详尽记载，在寺内现还保存着不少文物古迹。其中有唐、宋时代刻凿的缠枝莲纹、莲瓣纹青石柱墩近10尊。有光绪癸巳（1893）刻镌的青石“地藏殿”“地藏阁”石刻2方。有香炉峰、木鱼峰、翠映鹅公之岭（鹅公岭）、仙之岗（仙人岗）、合派之泉流（合派泉）、偏风亚眼（亚眼池）、万松坪（风起传音）、龟蛇门、狮象关、袈裟石、法雨塔等。在万松坪东边，解放后还在该处筑了一座近百亩的大水库，为资国寺新添了一景。

## 法藏寺 吉安市泰和县

法藏寺，坐落在泰和县桥头镇水坑村，距井泰公路（319国道）3千米处，是1996年6月通过省民宗局登记的寺观教堂。

法藏寺始建于唐代后期，此地初名高紫名山，因山四周长满茂密竹林而得名。据说，唐代后期一时香火鼎盛，经常有香客到此烧香拜佛。

法藏寺初盛时占地约10亩，新中国成立之初仍有殿堂数栋。后来寺被烧毁，原址只剩瓦砾，周围村民在庙地上放牛种菜，居士钟月秀念及当年老信士到外地去拜佛，十分不便，顿生复兴法藏寺之心。1994年泰和县人民政府批准该寺重建后，钟居士四方募化，并不顾年迈体弱，经数载艰苦努力，筹资百万余元，在原址上建起了一座崭新的寺庙。

新建的法藏寺坐落在高紫名山峡谷之中，山上林木葱茏，寺前溪水湍湍，寺内香烟缭绕，气势雄伟，寺中的天王殿、大雄宝殿、圆通宝殿、禅房、客堂都是红墙黄瓦，金碧辉煌。

法藏寺地处桥头镇旁，交通方便，因而香火旺盛。每逢法会或菩萨圣诞，路上车水马龙，人来人往。现当家的钟居士，虽年近8旬仍壮心不已，决心在有生之年还要兴建钟楼、鼓楼、藏经楼、地藏殿，使寺庙日臻完善，成为十方丛林胜地。

## 东华寺 吉安市万安县

东华寺位于吉安市万安县枧头镇石塘村仙坛岭。寺庙占地面积约1500平方米，属县级文物保护单位。

东华寺北宋时称东华观，后东华观改称东华庵，东华庵改称东华寺，至今已有1000余年历史。由于历史悠久，地势险峻，风光秀丽，景色优美，常有游客云集于此，特别是庙会期间更为热闹。现寺内建有大雄宝殿、地藏殿、真君殿、观音寺、闻经堂、听法堂、斋堂。大雄宝殿内有释迦牟尼和十八罗汉塑像，外有“东华祖塔”和“临济堂”舍利塔。祖塔上刻有“云游不染尘，影却在西林。借问何处去，云梁那里寻”诗一首。

## 正觉下院 抚州市临川区

正觉下院原名下桥寺。1984年将该寺列为正觉寺下院，故改名为正觉下院。明万历以前就有下桥寺，万历年间因寺庙倒塌，遂改建为崇儒书院，后又改为寺庙。今寺内尚有清康熙三十一年（1692）刻“广寿寺仙源和尚塔铭”石碑1块。

到清康熙中叶，下桥寺又告颓废，后仙源法师继任住持，将寺庙修缮一新。仙源法师系崇仁县杨氏之子，壮年省悟，慕道出家，朝礼九华、庐山、寿昌、疏山、曹山各大名刹，修复寺院23座，装塑佛像金身200余尊，是一位颇具修持与业绩的有道高僧。下桥寺是仙源法师担任寺院住持复兴的最后一座寺庙。20世纪40年代，下桥寺由当地瑶坪李姓、已受五戒、法名慧行的居士担任住持。1942年6月，日本侵略军窜扰临川，该寺被日军烧为平地。日军退出抚州后，慧行居士决心重建。她广结善缘，十方募化。来到黎川章、宏二村化得上好杉木数10立方米，经周年操劳，重建了一栋老式砖木结构的殿宇，塑有佛像，此时下桥寺已成为一座女性清修的寺庙。20世纪五六十年代，抚州市洋洲乡把坐落在瑶坪的多福寺和上桥寺改为生产基地，将中、老年尼僧并至下桥寺居住。她们在寺内以养茉莉花为生，无劳动能力的给予“五保”待遇。1984年，被列为省级对外开放重点寺庙。1985年，兴建了占地140平方米的双层观音阁殿堂，以后又扩建了东、西两层僧舍和斋房。1986年，佛殿塑有佛像6尊，观音阁塑有观音和弥勒佛各1尊，1987年用混凝土浇筑建成上、下两层的大膳堂1栋，该寺总建筑面积600余平方米。

## 金山寺 抚州市临川区

金山寺位于素有“才子之乡”美誉的临川境内，坐落在临川、进贤、东乡3县交界的金山岭主峰(海拔269.5米），占地约2平方千米，寺庙建筑面积约8万余平方米。

金山寺始建于唐代，迄今千余年，历史悠久，源远流长。明末寺庙被毁后，凋零冷落300余年。1939年，出身书香世家年仅19岁的胡瑞兰，弃教从佛，来到金山寺。次年礼当代中国佛教著名高僧、佛门泰斗、禅门尊宿本焕和尚为师，剃度出家，赐名“印空”，字“源了”，自此点燃了金山寺复兴之星火。1947年，印空法师发愿建宇，大殿落成开光之日，恭请西康贡噶活佛登坛说法，故更名为“中华贡噶寺”，名噪一方。1989年12月复名“金山寺”。寺宇恢复，僧众安顿，印空老法师虑佛门龙象匮乏，为绍隆僧种，续佛慧命，遂创办江西省尼众佛学院。于是，寺院与学院同发展，学习与修行共增进，形成了教学与参禅相结合的丛林学院风范，影响深远。至此，金山寺香火日旺，名扬四海。时年已8旬高龄的印空法师再度立下宏愿：扩建金山寺，兴办大丛林。本焕老和尚闻讯后欣喜万分，于7月上旬亲临金山寺，为新道场选址和规划蓝图，并亲笔题写了“大金山禅寺”。

金山寺包括主体建筑群、尼众佛学院建筑群，安养院建筑群和舍利塔建筑群。建筑总面积达5万余平方米，纵轴有山门、天王殿、大雄宝殿和法堂，一步步登高，一栋栋上升，仰头直见山顶的万佛金刚扫恩塔；大金山寺整体保持了仿明清寺院建筑风格，所有建筑都是红墙绿瓦，飞檐翘角，雕花门窗，红柱到顶，宽敞通透，巍峨庄严。佛像材质有玉质、石质、木质和泥质，尊尊贴金，庄严灵韵，一座可容纳千人修行传法的禅宗大道场由此而诞生。

## 正觉寺 抚州市临川区

正觉寺

正觉寺原址位于抚州犀牛山（今临川区第六小学内）。相传建寺前此处地形如同一只犀牛，正觉寺就是建筑在这只犀牛身上，而寺内的大雄宝殿则坐落在犀牛的头上，所以又有“犀牛山正觉寺”之说。

正觉寺始建于唐代，位于县城东门城外，初名妙觉寺。相传是由南宗八祖之尊的马祖道一开基立寺，规模不大，其景观现不可考，至宋代盛况空前，北宋著名政治家、文学家王安石，明代大戏剧家、临川乡贤汤显祖，明代思想家、文学家李贽等人都留有赞誉诗文。进入清代咸丰六年（1856），正觉寺毁于兵火，僧众四散。后太平天国翼王石达开的一员部将因战事失利，遁入寺中，取法名“法果”。法果担任住持，将“妙觉寺”改为“正觉寺”后，请河北高僧清泉大和尚来寺弘法，指导重建寺庙。数年后，在废墟上建起的正觉寺又香火复盛。法果圆寂后，正觉寺数代住持不断对寺庙进行扩建。到了观庵住持时，正觉寺进入鼎盛时期。当时，寺内有天王殿、大雄宝殿、观音殿、地母殿、祖师殿等19幢，并建有僧寮房舍300余间，占地面积2万平方米，还有寺田200多亩，成为抚州一大丛林。寺内还有历代祖师佛塔20多座，皆用麻石雕砌，富有艺术特色。此时的正觉寺，曾刻印过佛经100多种，印经木版都堆满几个大房间，住寺僧人多时达100余人。当时的正觉寺法务昌隆，每隔三五年就要“开期”一次。外地僧侣纷至沓来，四方信徒相约而至。慕名前来参禅礼佛的甚至还有印度、日本等国高僧，由此，正觉寺更加声名远播。

1926年以后，该寺逐渐衰落，至中共十一届三中全会以后，宗教政策得到落实，正觉寺也重获新生。1984年，抚州地区行署和抚州市人民政府批准将与原址相邻的建昌会馆改建为正觉寺，戒慧法师为住持。经过多年改造扩建，先后建成天王殿、大雄宝殿、地藏殿、观音殿、钟鼓楼、西归堂、延寿堂等1000多平方米建筑。自此，正觉寺香火不断，逐渐恢复往日的生机。建筑面积1500多平方米的五百罗汉堂、千佛殿，五层楼的法堂、讲经堂、图书室、藏经楼，以及斋堂、僧寮等众多建筑相继竣工，全寺建筑面积已达6000余平方米，成为赣东地区大丛林之一。

## 宝方禅寺 抚州市南城县

宝方禅寺位于南城县严和乡上蓝村，距县城约60千米，与黎川县接壤。宝方禅寺始建于唐高宗麟德二年（665），至今已有1300多年的历史。该寺初名上蓝院，是曹洞宗二世祖禅锡别院，旧址在今上蓝村委会东张家窠村，距相宝方寺约2千米，后改为宝方院，宋英宗治平元年（1064）敕封为宝方禅寺，此寺名一直沿用至今。

宝方禅寺占地总面积为4681平方米，其中寺殿房舍占地面积为3398平方米，花园、晒谷场占地面积1283平方米，共有水田、旱地、山林面积共40.5亩。该寺坐北向南偏东，三面环山，气候宜人，风景优美。寺前翠竹掩映，溪水潺潺；寺后松林葱郁，古树参天，云雾缭绕。寺后侧有保留完整的化身窑、佛塔林（其中有清康熙年间所建云净禅寺塔、母女塔两座）。整个寺院建筑雄伟，工艺精巧，其中法堂、禅堂、斋堂、观音殿、大雄宝殿等建筑均红墙绿瓦，雕梁画柱，是南城、黎川两县修复比较完整的一座古佛寺，被列为省重点寺庙之一。

上蓝院自盛唐建成后，传了数代，几成废墟。后有住持僧德稠和徒文善，共发奋诚募，遂得江夏黄道珍居士与妻郑氏、安定梁德城居士与妻陈氏等鼎力相助，建正殿1座，装塑释迦牟尼佛及左右护卫等佛像9尊，重装罗汉堂、观音堂各1座，使上蓝院面貌一新。

百余年后，寺宇倾颓，直至南宋嘉定元年（1208），经宝方禅师的努力和宋人国俊等人的帮助，宝方禅寺方才恢复旧貌。明神宗万历年间（1573—1620），寺院又遭焚毁，无明禅师不畏艰难，于万历二十九年（1601），鼎建大殿、天王殿、禅堂、僧房等，万历三十五年（1607）立石铭，无名禅师重兴宝方。

## 寿昌寺 抚州市黎川县

寿昌寺，坐落于风景优美的黎川县洵口镇香炉山之畔。寿昌寺始建于唐咸通年间（860—873），由高僧泉南桂琛筹资兴建，已有1500多年历史，是省文物保护单位，为佛门禅宗五家之“曹洞宗”的祖庭。

元末明初，曹洞宗二十五世法嗣常忠禅师，发愿为中兴曹洞宗修道，他隐于新城（今黎川），潜修20年，悟透禅机，了明大道，传二十六世法嗣于无明禅师。无明禅师承传法嗣后，初住持宝方禅寺，后游历海内名山大川古寺，再返黎川，住持寿昌寺。

寿昌寺

在这人杰地灵的风水宝地，历代高僧辈出，僧侣过千，成佛作祖者甚多，佛法曾远传至日本等国家和地区。始建于唐建中年间（780—783）的福州鼓山涌泉寺是本寺祖师无明禅师的弟子元贤禅师所开创，至今涌泉寺还存有“寿昌堂”，并存有《寿昌语录记经板》100多块、200余页。现今所存佛门曹洞宗派系，大都由寿昌寺诞生。

寿昌寺建筑群高大宏伟，大雄宝殿、天王殿、观音堂、僧众宿舍、膳房及斋堂等建筑古朴庄重。大雄宝殿，砖木结构，双层重檐，琉璃瓦覆顶，双龙戏珠顶脊，攒头飞角，梁栋拱椽均朱漆描金绘彩，气势雄伟，色彩富丽堂皇。殿中所塑诸佛菩萨罗汉等，全部金箔贴身，灿烂耀眼。大雄宝殿侧旁的观音堂，占地约300平方米，亦为橘黄琉璃瓦顶，朱漆梁柱。堂内莲座上的观音坐像，高1丈余，形体丰润，神态慈祥，衣饰飘逸华美。天王殿耸立于大雄宝殿前，殿内气氛肃穆，四大护法金刚挺立四隅，仪态威严，极具威慑感。新建的僧舍占地400余平方米，为双排对合式砖木结构平房，中间内院砌有条形花坛，坛中花木繁茂。膳房、斋堂、浴室等生活用房基本配套完备，且设计大方，分布合理，内部粉饰洁白，宽敞明亮。寺前设有放生池。

## 地藏寺 抚州市南丰县

南丰县地藏寺位于南丰县城胜利路349号，占地面积1000余平米，是南丰县皈依弟子最多的寺院。依山而建的地藏寺是南丰历史较短、开放最早的寺院之一，始建于民国三十二年（1943）。该寺院曾经被改为油库，未遭人为破坏，巨大石雕佛像——地藏王菩萨才得以保存，是全省保留得最为完整的石雕佛像之一。该寺院于20世纪90年代被列为抚州地区开放寺院，2007年被列为江西省重点寺院。

地处龙首山上的地藏寺，10余级石阶呈八字形的山门，从山门到大殿依山岩而构筑，气势雄伟。再往上瞧，“地藏寺”三个苍劲有力的大字赫然入目，颇值一观。进山门后的弥勒、韦陀与其他寺院一般。供奉地藏王的大殿略显古朴，占地面积60余平方米，殿内岩壁正中凿成雕塑丈八尺高的“幽冥教主”——地藏王菩萨，全身赤足立在谛听身上，菩萨身披红缎袈裟，慈眉善目，正视前方。左手握光焰四溢的明珠，右手持金黄灿烂的锡杖，正是大愿菩萨的写照：“明珠照彻天堂路，金锡顿开地狱门。”而地藏曾发下宏誓大愿，要度尽众生方才成佛，所以殿内就有了说明地藏不同凡响的一副绝妙好联：“地狱未空，誓不成佛；众生度尽，方证菩提。”

从地藏殿出来，沿弧形阶梯拾级而上，便可至五百罗汉殿，该殿占地达740平方米，殿内正中央塑了一尊巨大的释迦佛结跏趺坐像，两旁侍立的则是老成持重的迦叶和温顺虔诚的阿难。旁边亦有一联云：“一佛法镜现慈云，观秋月春花，尽是三空妙谛；五百智灯悬宝座，听晨钟暮鼓，无非一点禅机。”对联对仗工整且深具佛理，高大宽敞的殿内擦肩挤背地排列着五百罗汉（另加一尊人们熟知的济颠和尚），其尺寸比例适中，个个栩栩如生。站在山巅的罗汉殿前，居高远眺，琴城美景尽收眼底。盱水蜿蜒向东缓缓流去，沿江的读书岩、宝岩塔、南台寺和跨江的索桥等风景名胜历历在目。

## 南台寺 抚州市南丰县

南丰县南台寺地处县城盱江东岸的南台山（县城河东路8号），占地面积13000余平方米，依山傍水建设的南台寺，原名南台山、南岱山、南台道院，寺院信徒已达千人，是南丰规模最大、环境最优美、管理最规范的寺院。它是集自然景观、宗教景观、人文景观三者融为一体的佛教旅游圣地。20世纪90年代，被列为抚州地区开放寺院，2007年被列为江西省重点寺院，2015年南台寺获批为国家AA级旅游景区。

南台寺

唐太和年间（827—835）开始建寺，曰“南台”，宋仁宗赐名“宝岩寺”，徽宗赐名“祥光寺”。相传，北宋曾布任地方官回家探亲，在乡邻官宦引领下游览南台山，在进香礼佛时求了上上签后，风运隆起、仕途显赫，历神宗、哲宗、徽宗三朝重臣，官至参知政事（宰相），从此南台香火也兴旺起来。明嘉靖年间，建许旌阳真君祠于南台山上以镇水患。新中国成立初仅存的南台寺是道光十二年（1832）于原许旌阳真君祠的基础上重建的。后改为公产，1990年重建现大雄宝殿建筑，占地面积360平方米。殿内塑像庄严肃穆，佛坛中间塑有一佛二尊者像，中为娑婆世界教主释迦牟尼佛（约2米高）端坐莲花座上，阿难、迦叶两尊者（约1.8米高）侍立两侧，慈眉善目，仁慈大度。大殿两旁和后两端分别是十二圆觉（约1米高）和文殊、普贤的塑像，海岛观音像面北而设，大殿后面是一尊大型木雕千手千眼盘坐式观音菩萨像。

目前寺院建设规模不断扩大，寺院中有山门、天王殿、大雄宝殿、钟鼓楼、膳堂、禅堂、长廊、海会塔、七层宝塔、念佛堂、四合院等建筑配套，功能齐全。

此外，寺内有数百年来被邑人视为南丰标志的建筑——七层宝塔。宝塔俗称“宝岩塔”，始建于北宋嘉祐三年（1058），是由圆觉禅师创导，仿照古泗州宝塔原貌建造的七级大圣僧伽舍利塔，当时全国仅有两座。

## 寿昌寺 抚州市南丰县

寿昌寺地处南丰县县城胜利路直钟巷 18 号，占地面积 3000 余平米，现主持为释宽坚（女）。该寺占地面积 3000 余平方米，建筑面积 1 万多平方米，寺院塑有西方三圣、文殊、普贤、观音、立佛、卧佛、十八罗汉等大小菩萨 2 万余尊，寺内菩萨数量之多，堪称赣东佛界一绝，寺内有接引亭、大雄宝殿、藏经楼、舍利殿、立（卧）佛殿、观音殿、万佛殿、斋堂等建筑。

千余年的寿昌古寺，以它悠久的历史和名气，曾哺育出不少高僧名人，其中载入中国佛教史册的有宋代圆觉和真如两位禅师，寺院创建人如石大师。先后住持分别是怀崑老和尚、法亮大师、善华师、无可大法师、演成法师，2012 年住持释宽坚接任。1957 年被列为省级文物保护单位，石佛寺为其附属寺院。2007 年，被列为江西省重点寺院。

寿昌寺原名永安禅院，为记载中南丰最早的一座佛教寺院，始建于唐高祖武德二年（619）。千年古寺寿昌寺，历经多次兴废，相传初建时的禅院规模很大，山门面水，方丈背山。目前，寺院中最有特色的是舍利塔立佛、卧佛和原佛楼。舍利塔七级八角，高 7.2 米，直径 5 米，每层都塑有若干个小佛，每个小佛高约 20 厘米。全塔共塑佛像千尊，故又称“千佛塔”，堪称艺术珍品。立卧两尊大佛于 1992 年同期塑成，立佛像（无量寿佛）高 5.2 米，卧佛像（释迦牟尼佛像）长 5.3 米，两尊大佛披红挂黄，金碧辉煌，与北京香山寺的同种佛像的形态和大小一样。

寺内万佛楼又称观音显圣殿。2002 年初始建，共计三层半（斋堂、观音殿、万佛殿、西方三圣殿），占地面积 840.5 平方米，建筑面积 1152 平方米，殿内有 1 丈 6 尺高的泥塑跻龙驾云洒露观音、高 5.33 米的树脂塑西方三圣，共有 20488 尊大小不一、形态迥异的佛像，堪称一绝。

## 曹山宝积寺 抚州市宜黄县

曹山宝积寺简称曹山寺，位于抚州市宜黄县县城西 13 千米处的陈坊桥村后曹山山麓，占地 52 亩，山林 380 多亩。始建于唐代咸通年间（860—874），为佛教禅宗南岳青原法系弟子本寂禅师所创，是中国佛教禅宗五大派系之一的曹洞宗祖庭。寺初为“今龙堂”，后由居士王若一改为“何玉观”。

唐末，何玉观在本寂禅师驻锡后发生了重大变化，开创了佛教禅宗的一个鼎盛时期。

曹山宝积寺

唐咸通十一年（870），本寂辞师洞山，拜别良价，遂前往广东曲江曹溪礼禅宗六祖墓塔，决心寻找新的曹溪以广佛法。相传他返赣后一路风餐露宿，磨破了许多僧鞋，脚上也打起了血泡，找了好些地方也未找到新的曹溪。有一夜梦见六祖在他手心写了“心坚石穿”四字，遥指东北方向。本寂会意而行，终于在宜黄找到这个圣地。居士王若一见本寂志诚心坚，遂舍观相与。

1999 年始，加快曹山宝积寺的恢复重建筹备工作，先后从缅甸迎请玉佛 13 尊。2003 年 12 月，县政府礼请全国佛教协会理事心亮法师亲任寺院住持。2004 年 9 月重建奠基以来，先后修建三学堂、斋堂、藏经阁、大雄宝殿及两侧走廊、配殿、天王殿、钟鼓楼、客堂、养净院等建筑，建筑面积约 1.7 万平方米。2009 年 11 月 12 日举行重建落成和佛殿开光典礼。一座以佛学教育研究、礼佛和观光旅游为一体的仿唐建筑风格、江南山水园林式大型佛教丛林呈现在世人面前，千年古刹重放异彩，曹洞祖庭再现庄严。

## 石巩寺　抚州市宜黄县

石巩寺位于二都镇二都村西北约 2 千米。所谓“石巩”，就是天然的“石拱”，如桥架空。《徐霞客游记》中谓该石巩“东西横跨，若飞梁半天，较贵溪古桥，高与大俱倍之”。巩石裂为三叠，状如太极图，故又称“太极岩”。巩洞坐北朝南，跨径 40 余米，东壁高 15 米左右，夏凉冬暖，可以依居；西壁直下山脚，高达 30 余米。巩之四周十八石峰，各具神态。有所谓狮、象、虎、马、狗五山；钟、鼓、木鱼三山，以及二山一体的铁牛推磨、鲤鱼挽水、金钟盖龟、老鸦抱（孵）蛋、二龙戏珠等。而巩则雄踞中央，世有“十八罗汉拱如来”“十八罗汉伴观音”之说。山石嵯峨，林木苍翠，小涧湾抱，清泉幽幽，大有“雁荡、天目诸峰之况”。古人曾有诗赞曰：“石巩横空一罅开，坐邀峰翠落霞杯。断崖斜日留青霭，古树凉阴老碧苔。风带钟声穿洞去，云随人影渡岩来。元猿白鹤请牵引，疑是桃源不忍回。”自古以来，就有不少高僧慕名而来，结庐面壁，建寺弘法。清同治《宜黄县志》载唐肃宗（756—761）时，马祖道一“自建阳（属福建）佛迹岭迁至宜黄石巩，结庵巩下”，开堂说法，广招门徒。

党的十一届三中全会后，宗教政策得到全面落实。1985 年，于巩洞内先后建成法堂、客堂、僧舍、斋堂，恢复了正常的佛事活动。2014 年县委、县政府决定重修石巩寺，礼请赵州柏林禅寺崇度法师住持石巩寺。2015 年 5 月 18 日举行了中兴奠基法会。1996 年 4 月正式批准为开放寺庙。

## 疏山寺 抚州市金溪县

疏山寺

疏山寺位于金溪县城西郊 28 千米的疏山群岭之中。

疏山又名“书山”，唐朝名士何仙舟曾在此筑室读书。中和二年（882），白云长老匡仁在此建室礼佛，原名白云寺，南唐时改名疏山寺。寺名虽然改了，但所沾染的那股文化之气没有被改变。创建以后即成为我国佛教曹洞正宗传教胜地之一，鼎盛时期僧徒多至千名，朝鲜、韩国等国有不少弟子来疏山寺拜师求学，曹洞宗教义就此带入朝鲜半岛。清初杭州灵隐寺方丈戒显法师也曾在此担任住持。故而疏山寺曾是曹洞宗、临济宗二派禅宗的传教圣地。历史上宋朝皇帝亲题寺额，历代名人雅士络绎不绝来游。王安石、曾巩、陆象山、陆游、汤显祖都在此留下了诗文。现在寺院主体为光绪末年到宣统年间重建，大殿宏伟，庭院开阔，佛像庄严，亭阁巍然，既是信男善女礼佛念经的宗教场所，又是游人观赏风景的佳胜之处。疏山八景，如袈裟地、倒栽柏、无人渡、眺日台、普同塔等都保存完好，供人游览。

## 龙凤岩寺 抚州市广昌县

广昌县龙凤岩寺，位于广昌县城西北 15 千米的东华山下，坐落在盱江镇大陵村庙下组范围内，占地面积 15 亩，建筑面积 3600 平方米。现有住寺人员 10 名，其中教职人员 3 名，释如清法师任主持。

龙凤岩分为前岩（普陀岩）、中岩（罗汉岩）、后岩（青雨岩）和岩上岩（七星岩）。后岩是主岩，因该岩东西两翼有石壁相蟠，犹如龙飞凤舞，故习惯称该岩为“龙凤岩”。又因其山扎瀑规连，晴亦散雨，其飞泉瀑布如青雨纷飞，故称“青雨岩”。青雨寺就建在此洞内，现在正殿门上仍有十分清秀的“青雨古刹”4 个字。1986 年全国政协副主席、中国佛教协会会长赵朴初为该岩正门题写了“龙凤岩”三个大字。

龙凤岩的著名景点除上述四岩外，还有古松关、鸣春桥、龙泉瀑、茶厂岩、巷里岩、龙泉井等景观，有罗汉拜月、湖潭鱼跃、马栏坑、放生池、神女峰等胜景，争妍竞秀，交相辉映。

1983 年，该寺被列为县级重点文物保护单位。1984 年 6 月，龙凤岩寺被列为全省 36 个重点寺观之一。

# 七 文化名人纪念馆图

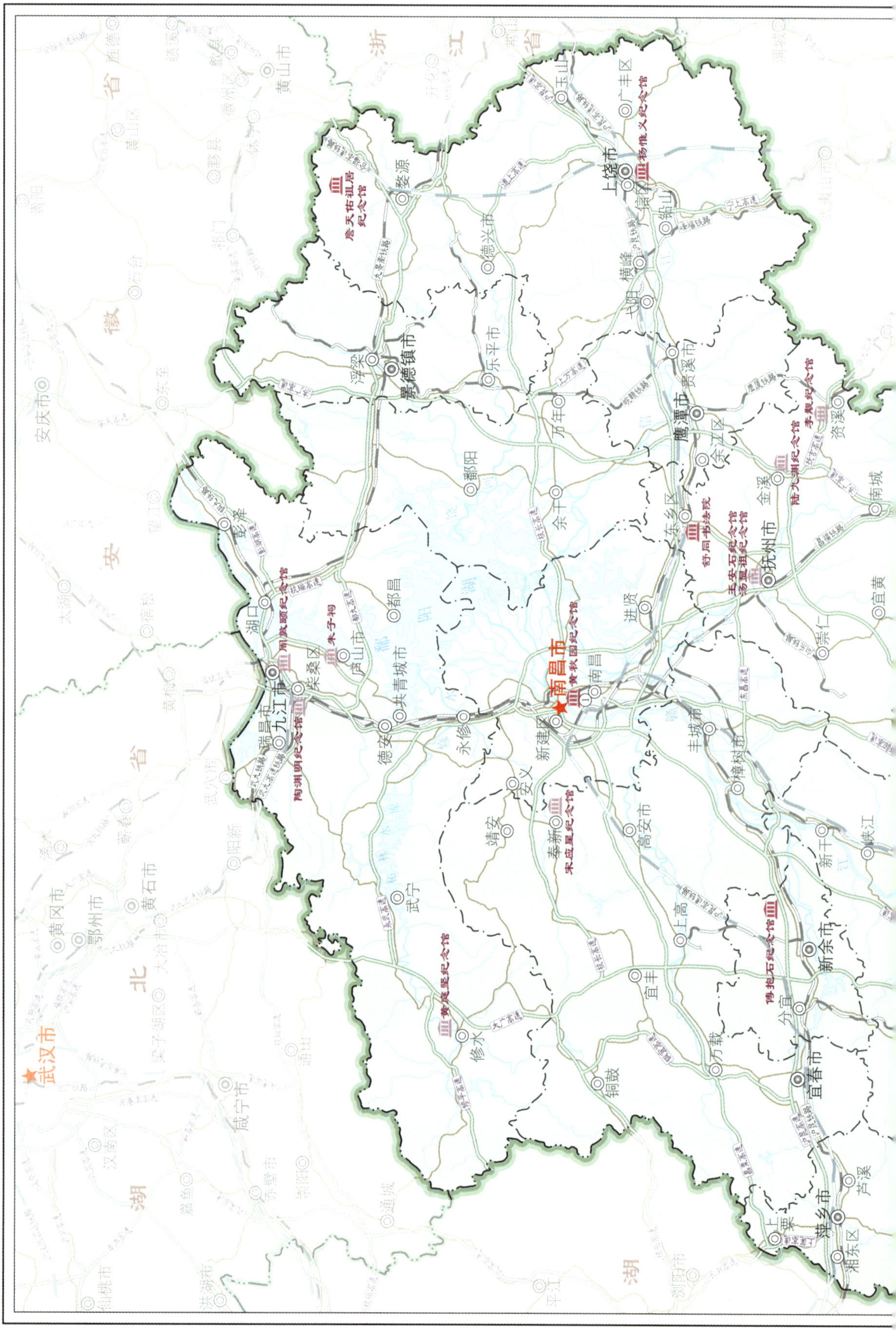

詹天佑祖居纪念馆
杨惟义纪念馆
周敦颐纪念馆
朱子祠
陶渊明纪念馆
黄秋园纪念馆
宋应星纪念馆
黄庭坚纪念馆
舒同书法院
王安石纪念馆
汤显祖纪念馆
陆九渊纪念馆
李觏纪念馆
傅抱石纪念馆
南昌市
九江市
景德镇市
上饶市
鹰潭市
抚州市
新余市
宜春市
萍乡市
武汉市
婺源
德兴市
玉山
广丰区
铅山
横峰
弋阳
贵溪市
乐平市
浮梁
万年
鄱阳
余干
彭泽
湖口
都昌
庐山市
柴桑区
共青城市
瑞昌市
德安
永修
新建区
南昌
安义
靖安
奉新
高安市
进贤
东乡区
金溪
资溪
南城
崇仁
宜黄
丰城市
樟树市
新干
峡江
上高
宜丰
万载
分宜
铜鼓
修水
武宁
芦溪
湘东区
上栗

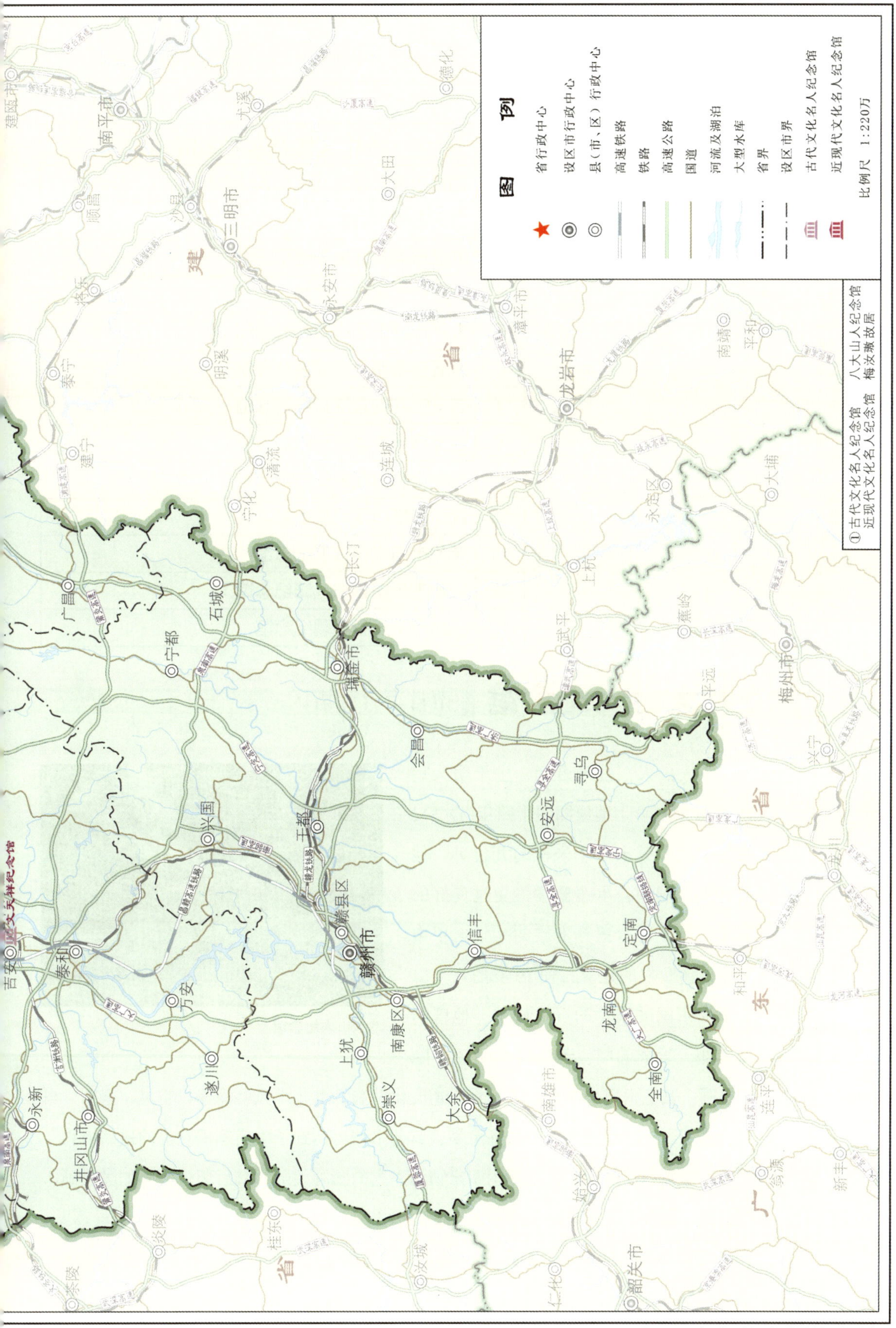
图例
省行政中心
设区市行政中心
县（市、区）行政中心
高速铁路
铁路
高速公路
国道
河流及湖泊
大型水库
省界
设区市界
古代文化名人纪念馆
近现代文化名人纪念馆
比例尺 1:220万
①古代文化名人纪念馆 八大山人纪念馆
近现代文化名人纪念馆 梅汝璈故居
文天祥纪念馆
赣州市
赣县区
南康区
瑞金市
井冈山市
吉安
泰和
万安
遂川
永新
上犹
崇义
大余
信丰
龙南
全南
定南
安远
寻乌
会昌
于都
兴国
宁都
石城
广昌
建
省
南平市
三明市
永安市
漳平市
龙岩市
沙县
顺昌
将乐
泰宁
建宁
宁化
清流
明溪
尤溪
大田
德化
长汀
连城
上杭
武平
永定区
南靖
平和
大埔
广
东
省
梅州市
蕉岭
平远
兴宁
和平
连平
翁源
新丰
始兴
南雄市
韶关市
仁化
桂东
汝城
炎陵
茶陵

# ❶ 古代文化名人纪念馆

| 古代文化名人纪念馆 | |
|---|---|
| 1 | 南昌市青云谱区八大山人纪念馆 |
| 2 | 九江市修水县黄庭坚纪念馆 |
| 3 | 九江市柴桑区陶渊明纪念馆 |
| 4 | 九江市濂溪区朱子祠 |
| 5 | 九江市濂溪区周敦颐纪念馆 |
| 6 | 宜春市奉新县宋应星纪念馆 |
| 7 | 吉安市吉安县文天祥纪念馆 |
| 8 | 吉安市永丰县欧阳修纪念馆 |
| 9 | 抚州市临川区王安石纪念馆 |
| 10 | 抚州市临川区汤显祖纪念馆 |
| 11 | 抚州市南丰县曾巩纪念馆 |
| 12 | 抚州市金溪县陆九渊纪念馆 |
| 13 | 抚州市资溪县李觏纪念馆 |

## 八大山人纪念馆 南昌市青云谱区

八大山人纪念馆

八大山人，姓朱名耷，生于明天启六年(1626)，卒于清康熙四十四年(1705)，为明朱元璋第十六子朱权的九世孙。他幼时天资聪颖，承袭儒学，受过良好的艺术熏陶，过着王孙贵族的生活。甲申之变，清政权的建立，使19岁的八大山人承受了国破家亡的沉重打击，他曾削发为僧，皈依佛门，苦心修炼后还俗隐于书画，其艺术思想融合了儒、释、道文化精髓，其艺术风格深邃、空灵、含蓄、自然，表现了中国绘画追求的崇高意境，其艺术技巧达到了中国笔墨功夫的最高境界，“三百年来领袖群伦”，是我国明末清初杰出的国画大师，其后历代大师如吴昌硕、齐白石、张大千等莫不对其推崇备至而心追手摹。

八大山人纪念馆坐落在南昌市南郊梅湖之滨定山桥畔，位于南昌市青云谱区，于1959年在青云谱道院原址上建立。

## 黄庭坚纪念馆 九江市修水县

黄庭坚纪念馆

黄庭坚纪念馆位于修水县城修河南岸，傍水而座、风景天成，绝壁耸立、古树参天。馆址南山崖为国家AAAA级旅游景区，素有“七百里修江第一山”之美誉，曾是黄庭坚少时读书游憩之地。南山崖人工建筑始于宋，历代多次修葺，现辟为黄庭坚纪念馆。

黄庭坚纪念馆1982年7月开始筹建，1985年建成开馆。黄庭坚纪念馆前身为修水县博物馆。1984年，将博物馆改名为黄庭坚纪念馆。该馆藏丰富，文物、标本5100余件。为省重点文物保护单位、省爱国主义教育基地及“百姓喜爱的江西百景”之一。

## 陶渊明纪念馆 九江市柴桑区

陶渊明纪念馆

陶渊明纪念馆为纪念东晋诗人陶渊明所建，坐落于九江市柴桑区中华贤母园内。该馆于1982年筹建，1985年正式对外开放。整个馆区占地面积2.7平方千米，建筑面积2.6平方千米，由纪念馆、陶靖节祠、陶渊明墓三部分组成，附有归来亭、碑廊、洗墨池、柳巷等景点。纪念馆馆舍建筑面积约1.6平方千米，四组厅室以朱柱回廊石阶串接，成“已”字型布局；两个坪院以假山鱼池装点，南墙外竹柏掩映，北墙中有月门通往菊圃；整个建筑外观与陶靖节祠风格相仿。

陶渊明（约365—427），字元亮，又名潜，别号五柳先生，私谥“靖节”，世称靖节先生，浔阳柴桑（今江西省九江市）人。东晋末至南朝宋初伟大的诗人、辞赋家，是中国第一位田园诗人，被称为“古今隐逸诗人之宗”，著有《陶渊明集》。

元嘉四年（427），陶渊明与世长辞，葬面阳山（今九江市柴桑区马回岭镇）。元末兵乱墓塌，明正德八年（1513）重整坟冢，清乾隆元年（1736）、道光九年（1829）、民国十年（1921）和新中国成立后均有较大的修葺，现保存完好。墓地四周苍松环抱，层林迭翠，环境清幽。1995 年值陶渊明诞辰 1630 周年之际，为便于海内外学者游人观瞻、凭吊，柴桑区选址建陶渊明纪念馆，对陶渊明墓、牌坊、神道、碑亭等文物遗产、纪念设施，按其原貌在陶渊明纪念馆内复修保护。

## 朱子祠 九江市濂溪区

朱子祠为先贤书院主要建筑之一，位于庐山风景区内，是专祀朱熹之祠。南宋淳熙间，朱熹知南康军，勤学教民，兴利除害，振兴白鹿洞书院，功绩卓著。当朱熹离开南康后，诸生为他立生祠。朱熹知道此事后很生气，即修书致白鹿洞主撤除。宋开禧元年（1205）诸生又以周濂溪、程颐、程颢和朱熹合祀于讲堂，称“三贤祠”。宋宝庆二年（1226）赠朱熹为太师，封信国公。绍定二年（1229）改封徽国公。明正统三年（1438）南康知府翟溥福亦建三贤祠于大成殿之左，祀周濂溪、朱熹和李渤。清康熙四十八年（1709）应南康府教授熊士伯之请，南康知府张象文申请为朱熹建立专祠。现为 1980 年重修。

朱子祠

现朱子祠内中立朱子自画像石刻，左有张象文《文公朱子专祠碑记》，右有《白鹿洞书院教条》碑刻。为了尊崇儒学大师，又以立轴形式，由江西知名画家丁世弼线描周敦颐、程颐、程颢及追随朱熹的 14 人林用中、黄干、蔡沈、黄颢、李燔、胡泳、吕炎、吕焘、彭方、周耜、彭蠡、张洽、冯椅、陈宓等作为陈列。上悬清康熙手书“学达性天”金字匾额。

朱子祠为砖木结构，硬山顶，灰瓦白墙，平面呈长方形，四柱五开间，三面为墙，前以木板门窗栏护，门上段格心为几何图形，下部裙板饰以方框。

## 周敦颐纪念馆 九江市濂溪区

周敦颐纪念馆位于九江市濂溪区莲花镇周家湾栗树岭，是纪念北宋著名哲学家、教育家、文学家、宋明理学的奠基人周敦颐而设立的名人纪念馆。周敦颐（1017—1073），字茂叔，号濂溪，湖南道县人。宋熙宁六年（1073）病逝，与其母郑太夫人及其妻陆氏、蒲氏合葬于此。其代表作有《太极图说》《通书》和《爱莲说》。

周敦颐纪念馆是在周敦颐墓的基础上设立。周敦颐墓（又称濂溪墓）经历朝历代的修葺，1959年被列为省级文物保护单位。“文化大革命”期间，濂溪墓遭到破坏。1999年和2005年，在九江市政府的重视下，由香港周氏宗亲总会资助，文物部门先后对其进行了修复建设，形成了墓冢区、园林建筑区和文化碑廊三大部分，总体设计以正门墓冢为中心，濂溪祠、爱莲堂为两翼，园林建设为烘托，文化碑廊依山围抱，恰似莲花花瓣环拥，护濂溪先生于蕊芯安眠。2006年，周敦颐墓被重新公布为省级文物保护单位。2007年设立周敦颐纪念馆后，免费对外开放。2015年在市政府的支持下，启动了濂溪公园（即周敦颐纪念馆新馆和园林景观）项目建设。2017年11月底，新馆建成并对外开放。

## 宋应星纪念馆 宜春市奉新县

宋应星纪念馆位于宋应星故乡——奉新县宋埠镇（冯田开发区内），为缅怀明末清初世界著名科学家宋应星，于1987年宋应星诞辰400周年之际开馆，为全省爱国主义教育基地、全省科普教育基地。馆内环境优美，景观绿化面积达14万余平方米，每年接待游客20万余人次。

宋应星字长庚，1587年出生于奉新县北乡。历任江西分宜教谕，福建汀州府推官，南直隶亳州知州。迄今有《天工开物》《野议》《伦气》《谈天》《思怜诗》等著作流传于世。他的《天工开物》是我国古代文化典籍中一部卓越的科学巨著，是科学界公认的世界第一部叙述有关农业和手工业生产的技术典籍，被中外学者誉为“中国17世纪的工艺百科全书”，被译为日、英、俄、德、法等多种文字，在世界上广泛传播。

## 文天祥纪念馆 吉安市吉安县

文天祥纪念馆坐落在吉安县城东，处于105国道与吉井公路交汇点上，距京九铁路吉安站仅12千米。

文天祥纪念馆始建于1984年，1992年元月（文天祥就义709周年）正式对外开放。纪念馆主体建筑采取中轴对称宫廷式布局，构成一组仿古的建筑群。馆中利用了艺术和科技的手段，通过情景再现、布景、多媒体等多种艺术表现形式，展现了民族英雄文天祥的重要人生节点和高尚情操。

文天祥生于1236月6月6日，吉安市青原区富田镇文家村人。20岁时文天祥来到京城临安，参加了三年一度的省试和殿试，在殿试中他一气呵成，写下了扬名天下的万言对策《御试策》，

文天祥纪念馆

理宗皇帝阅过后，钦点他为601名进士中的状元。随后又在多个地方任职，深受老百姓的尊重和爱戴。

南宋末年，元军大举南侵，文天祥于广东海丰县五坡岭被俘。经过千里行役，囚禁在元大都的兵司马监牢。在囚禁期间，宁死不屈，于1283年元月9日从容就义，年仅47岁。

文天祥不仅是一位民族英雄，也是一位爱国诗人，留下了大量的诗歌，其中具有代表性的是《过零丁洋》和《正气歌》，“人生自古谁无死，留取丹心照汗青”等诗句，名垂千古，光耀史册。

## 欧阳修纪念馆 吉安市永丰县

欧阳修纪念馆

欧阳修纪念馆位于永丰县城南恩江河畔，是全省十大名人纪念馆之一，占地15000平方米，主要建筑有宰相府、明道阁、致用厅、六一亭、醉翁亭、仿古长廊、碑廊等，总建筑面积1780平方米。2007年，为纪念欧阳修诞辰1000周年，在公园内新建“画荻教子”“文坛泰斗”雕塑，并对馆内陈列展览进行了提升，新辟展室4个，利用图表、文字、照片、实物和场景等形式，全面介绍了欧阳修在文学、史学、政治、谱牒学等学术方面的贡献。经过多年建设，逐步形成了集名人纪念、娱乐休闲、旅游观光为一体的古典园林式纪念馆。

欧阳修纪念馆自然景观优美，文化内涵丰富，被评为“全国AAA级旅游景区”。自2001年“江西省爱国主义基地”挂牌以来累计接待游客逾150多万人次，成为对未成年人进行传统道德教育和爱国主义教育的重要场所。

## 王安石纪念馆 抚州市临川区

王安石纪念馆

王安石纪念馆坐落于抚州市赣东大道南段（1085 号），是为了纪念我国北宋著名政治家、思想家、文学家王安石而建，为江西省首批十大历史名人纪念馆之一。王安石纪念馆筹建于 1984 年，1985 年破土动工，1986 年于“江西省纪念王安石逝世 900 周年学术讨论会”召开之际揭幕开馆。1994 年被省委、省政府命名为江西省爱国主义教育基地。2014 年被评为“江西省社会科学知识普及宣传基地”。

纪念馆占地 1.3 平方千米，建筑面积 1.56 平方米，是一座仿宋园林式建筑群。馆内门楼，影壁、水榭、游廊、碑廊、亭台、荷池、曲桥与主楼相得益彰，浑然一体。馆内辟有“明月轩”“踯躅园”“辛夷园”“荆公亭”“半山堂”等景致。主楼为两层陈列厅，介绍王安石生平事迹。展示王安石的一生，汲取王安石研究的最新成果，突出王安石在中国历史上的巨大贡献。纪念馆每年都接待了许多中外游客，已成为广大群众游览、受教育、对外进行文化交流和传播友谊的场所。王安石自 22 岁考中进士，踏入仕途，几近 10 多年的地方官生涯，兴修水利，发展生产，局部地推行了改革弊政的革新措施，被列宁称赞为“中国 11 世纪的改革家”。在文学方面，王安石不仅理论上独树一帜，而且在创作实践上别具一格。卓绝的文学造诣使他或为“唐宋八大家”之中坚。现存著作有《临川集》《临川集拾遗》《周官新义》《宋说》等。

## 汤显祖纪念馆 抚州市临川区

抚州市汤显祖纪念馆位于抚州市文昌大道 1325 号，总占地面积 6.7 平方千米，是为纪念抚州杰出乡贤、东方戏圣汤显祖而建的一座集文化、教育、休闲、娱乐于一体的综合性仿古景观园林。为弘扬中华优秀传统文化，纪念推介这位杰出乡贤，抚州市委、市政府于 2013 年将抚州市汤显祖纪念馆提升改造项目列为中心城区重点项目斥资建设，2016 年 9 月 24 日改造建设完成后的新馆对公众重新开放。

汤显祖纪念馆

汤显祖(1550—1616),字义仍,号若士,别署清远道人,江西临川人。中国明代伟大的戏剧家,是与英国莎士比亚同时辉映于东西方剧坛的世界文化巨星。

汤显祖生于书香门第,少有文名。21岁乡试以第8名中举;因谢绝首辅张居正延揽,直至张去世的次年(1583,即万历十一年)始中进士。万历二十六年(1598),因深感朝政败坏,素志难申,遂迳自弃官归里。写成《临川四梦》,终老家乡。汤显祖早年扬名于文坛,中年失意于官场,晚年却功铸于曲苑。所著传奇四部《紫钗记》《牡丹亭》《南柯记》《邯郸记》,合称《临川四梦》或《玉茗堂四梦》。汤显祖还留下诗作2200多首,文赋尺牍近700篇。他在中华民族文化史上树立了一座丰碑。不仅于戏曲文学上表现其伟大,其人格气节和学问思想,亦令人深深景仰。

## 曾巩纪念馆 抚州市南丰县

南丰县博物馆(曾巩纪念馆)位于琴城镇老城墙文明门(南城门)对面、盱江之南、南台山之西河东村21号。博物馆主要以征集、典藏、陈列和研究该县的自然和人类文化遗产为主。曾巩纪念馆为纪念南丰县杰出人物曾巩,内设曾巩生平陈列、曾氏家谱掇英陈列、傩文化展览、文物展览等展厅,是江西省省级爱国主义教育基地。

曾巩纪念馆

曾巩(1019—1083),字子固,世称“南丰先生”,谥号“文定”。北宋杰出的政治家,文学家,为“唐宋八大家”之一。曾巩自幼喜欢读书,六艺百家、史氏之籍无不博览,这为他日后发展打下坚实的基础,也使他远近闻名。

曾巩作为“唐宋八大家”之一是当之无愧的。他一生写了大量的散文和诗歌,主要收辑于《元丰类稿》五十卷、《续元丰类稿》四十卷、《外集》十卷中,还有《隆平集》等。其中《越州赵公救灾记》《醒心亭记》《墨池记》等文章及《胡使》《追租》等诗作脍炙人口。

## 陆九渊纪念馆 抚州市金溪县

金溪县陆九渊纪念馆坐落在金溪县县城王家巷16号，仰山书院内。该书院是清乾隆二年，知县阎廷佶为纪念陆九渊，在宋代陆九渊与朱熹曾讲学的“崇正书院”原址兴建，后经历代修葺成为金溪县造就人才之区，在历史上与白鹿洞书院、鹅湖书院齐名辉映。纪念馆建筑面积为1078平方米。

陆九渊（1139—1193），字子静，号存斋，因讲学于贵溪象山，世人尊为象山先生。同时，陆九渊还创立“陆学”（又称“心学”）提出“心即理”的观点。认为“宇宙便是吾心，吾心即是宇宙”。坚信“心即理”是永久不变的。把“心”当作世界的本源。他的“心”又叫“本心”。即“恻隐，仁之端也；羞恶，义之端也；辞让，礼之端也；是非，智之端也。此即本心”。把心和理、心和封建伦理纲常等同起来。故自南宋以来，历元、明、清以至中华民国，统尊其为百世大儒。淳熙二年（1175），应吕祖谦之邀，与朱熹在铅山鹅湖寺聚会，就“太极”“无极”和认识论的问题展开辩论，史称鹅湖之会。鹅湖之会上他鲜明地阐述“尊德性”和“发明本心”学说，认为“心即理也”，不必多作对外穷理功夫。淳熙八年（1181），应朱熹之邀，至白鹿洞讲学，阐述“君子喻于义，小人喻于利”，切中时人隐微深痼之病。熹以其讲义刻石，与诸生共守。

金溪县人民政府为充分发挥仰山书院的教育功能，纪念陆九渊先生，于1995年3月15日，经县机构编制委员会会议研究决定：在仰山书院成立“金溪县陆九渊纪念馆”。

陆九渊纪念馆

## 李觏纪念馆 抚州市资溪县

李觏纪念馆又叫泰伯楼，以李觏的字命名，为资溪博物馆的主馆，坐落于江西资溪县鹤城镇北部泰伯公园内，于 2009 年筹建，2012 年底落成并对外开放。馆区总建筑面积 2009 平方米，展厅面积 1538.8 平方米。馆舍为“中高两平”的仿古建筑群，成中轴对称式布置，高低错落有致，气势雄浑庄重。主展厅泰伯楼分上下两个厅，一楼大厅主要是以大型壁画和展板展示李觏的生平事迹与学术成就。

李觏（1009—1059），字泰伯，号“盱江先生”，是北宋江西建昌军长山（今资溪县）人，北宋著名思想家、教育家和文学家。

李觏为资溪乡贤之首，世代受到尊崇。2009 年，资溪县举办了李觏诞辰 1000 周年纪念活动，海内外近百位专家学者莅临大会，省内外多家媒体参与报道，其间举行了李觏纪念馆奠基仪式。

李觏自幼敏而好学，一生长怀康国济民之志，大量著书立言，现存有《直讲李先生文集》37 卷，被誉为“皆从大处着眼”的“真医国之书”。李觏创办了盱江书院，倾力兴学授业，培养了曾巩、邓润甫、李山甫等高徒，盱江书院成为当时江南著名书院。

李觏一生短暂而位卑，但他位卑未敢忘忧国。李觏将学术探索与社会实践相结合，力图在社会变革之中展现经世致用之学，并一生为之奋斗，成为一代大儒。李觏是宋代社会改革的思想先驱，其思想学说奠定了庆历新政的理论基础，并成为王安石变法的先导。

## 2 近现代文化名人纪念馆

| 近现代文化名人纪念馆 | |
|---|---|
| 1 | 南昌市西湖区黄秋园纪念馆 |
| 2 | 南昌市青云谱区梅汝璈故居 |
| 3 | 新余市渝水区傅抱石纪念馆 |
| 4 | 上饶市上饶县杨惟义纪念馆 |
| 5 | 上饶市婺源县詹天佑祖居纪念馆 |
| 6 | 抚州市东乡区舒同书法院 |

### 黄秋园纪念馆 南昌市西湖区

黄秋园纪念馆故居位于南昌市小桃花巷21号，是画家黄秋园的故居，1987年由中共江西省委宣传部，江西省文化厅批准建立。江西省人民政府、南昌市人民政府先后将黄秋园纪念馆、黄秋园居室列为省级、市级文化保护单位。

黄秋园纪念馆

纪念馆由黄秋园先生所居两间陋室扩建而成，为一栋江南明式建筑，粉墙黛瓦，青砖红梁，质朴中透出典雅与灵秀。正门上方，悬一黑底金字匾额，为赵朴初先生手笔。侧门匾额，乃吴作人先生墨迹。馆中一楼4个房间，为陈列室、接待室、客厅、先生卧室。陈列室中，展出当代画坛巨擘所赠之作，刘海粟、吴作人、李可染、关山月诸贤均在此列。周览之，皆奇笔。接待室中，陈列黄秋园先生生前所藏古董字画与书籍。中置方台，上有一座先生的石膏塑像，其目光睿智而坚毅。客厅内，列有先生各时期之照相，让来者得以一瞻其生前之风神。相纸泛黄，令人顿生世事沧桑之感。所谓卧室者，被先生兼作画室之用。室之门楣，悬先生亲笔题写之堂名：三退轩。先生视艺术为生命、利禄若浮云，室名以明志，意在对世俗之诱惑退避之。伫立门前，凝神屏息，轻推而入，仿佛先生尚在室中纵笔，无端相扰，心有愧歉。

纪念馆二楼为一面积近 80 平方米的展厅，内列黄秋园先生 30 余件遗作。无论鸿篇巨构或尺幅小制皆绝类离伦，墨彩生辉，令人流连忘返。黄秋园纪念馆侧门有一小巧庭院，先生手植的一株丹桂至今勃然留香，几棵嫩竹黄绿可人。

## 梅汝璈故居 南昌市青云谱区

梅汝璈故居位于南昌市青云谱区南莲路石马村朱姑桥梅村自然村内，始建于清末民初，因年久失修严重残损。2011 年，青云谱区政府启动梅汝璈故居抢修工作，按照“原址修复、修旧如旧”的原则进行维修加固，并于 2013 年正式对外开放。

梅汝璈故居

梅汝璈出生在南昌市青云谱区朱姑桥梅村，20 世纪 20 年代初期进入清华大学学习，1924 年赴美国斯坦福大学留学，获文科学士学位。后考入芝加哥大学法学院攻读法律，获法学博士学位。1929 年春，他游历了英、法、德、苏等国后回国任教。1949 年起在北京从事国家外交工作。然而，真正让梅汝璈名留青史的是他受命以中国首席审判官的名义，参加了著名的“东京审判”，整个审判长达两年半之久。这段历史在故居展厅中有所展示。

梅汝璈故居分为 6 个展区，分别是放映厅、起居室、东京审判纪事厅、二战时期中国的抗日战场展示厅、爱国主义教育园地、梅汝璈家族展厅。其中，展示的实物以梅汝璈在东京大审判穿过的法官袍、亲笔修改的判决书、东京大审判所用的工作物件、生平所用物品、工具著作书籍为主。同时，展示的还有梅汝璈家族史，让大家深刻体会和认识到梅汝璈是怎样从一个乡村学子走向震惊世界的远东国际军事法庭，代表中国出任首席大法官的。

## 傅抱石纪念馆 新余市渝水区

傅抱石纪念馆隶属于新余市博物馆，始建于 1985 年，位于我国第一个以现代美术家名字命名的城市公园——新余市抱石公园内。是新余市委、市政府为了纪念新余籍我国著名艺术巨匠傅抱石先生建立的一座专题名人纪念馆和艺术博物馆。整个馆建筑面积 3000 平方米，展览面积 1500 平方米。现有的“傅抱石生平事迹与艺术成就”展览分为艺术人生、艺术成就和翰墨流芳 3 个部分。现为江西省爱国主义教育基地、江西省社科普及教育基地。

傅抱石纪念馆

傅抱石（1904—1965），名中洲，字庆远，又名长生、瑞麟，江西新余人。中国杰出的国画家、金石家、美术史论家和美术教育家。曾任江苏省国画院院长、中国美术家协会副主席、美协江苏分会主席、西泠印社副社长等职。当选过第二届全国政协委员、第三届全国人大代表。

傅抱石少时家贫，11 岁在瓷器店学徒，自学书法、篆刻和绘画。1926 年毕业于省立第一师范艺术科，并留校任教。1933 年在徐悲鸿帮助下赴日本留学。1935 年回国，在中央大学艺术系任教。抗日战争期间客居重庆。1952 年任南京师范学院美术系教授。

傅抱石一生创作了 3000 多幅中国画、1000 多枚印章和 240 多万字的美术史论著，并培养了大批美术人才。人民大会堂的巨幅国画《江山如此多娇》是他与关山月合作完成的。

傅抱石在艺术上的成就举世公认，尤其是他的绘画作品具有鲜明的个性和强烈的时代气息。张大千曾赞誉傅抱石的绘画“开千年来未有之奇”。他的山水画雄健泼辣，浑厚华兹；人物画线条劲健飘逸，表情刻画入微。他以造化为师、以自然为师、以天地为师而独创的一种绘画技法——散峰乱笔，被美术理论界命名为“抱石皴”。 他是新山水画派的一代宗师，创作了大量符合时代特点的作品。在 20 世纪的中国画家中，傅抱石以其大无畏的革新精神和崭新的绘画风貌著称于世，他从绘画观念和绘画技法上革新了旧的中国画。他的画开创了一个新的时代，对现代中国画的产生与发展做出了最大的贡献，产生了最为深远的影响，是中华民族也是世界艺术宝库中璀灿的瑰宝。

## 杨惟义纪念馆 上饶市上饶县

杨惟义纪念馆（上饶县昆虫博物馆）是全国科普教育基地、省科普教育基地、省青少年科技教育基地，位于上饶县旭日街道惟义路惟义公园内，建筑面积近 1500 平方米，展厅面积 900 多平方米，于 2012 年建成开馆。

杨惟义 (1897—1972)，江西上饶县人。世界著名昆虫学家，教育家，国家一级教授，首批中国科学院学部委员，历任江西省人民政府委员、中南军政委员会文教委员会委员、江西农学院院长、北平静生生物调查所代理所长、中国昆虫学会理事、江西省昆虫学会理事长、英国皇家昆虫学会和法国昆虫学会会员，系我国半翅目昆虫分类和昆虫区系分布研究领域的开拓者和奠基人之一。

该馆共设两个场馆，其一为上饶县昆虫博物馆，分为上下两层，总面积为 800 平方米。目前昆虫博物馆已收集昆虫标本各类近 800 种，数量达 8000 多个，另收藏了近 2000 个标本。该馆现已被评为全国科普教育基地、江西省青少年科技教育基地。其二为杨惟义纪念馆，面积 125 平方米，展览厅收藏了杨惟义先生一生热爱祖国、崇尚科学、教书育人的图片、遗著、手信、遗物以及相关文献资料共 200 多种，生动翔实地展示了一代学者的伟大风采及上饶家乡人民缅怀、学习、研究杨惟义先生的一系列活动。

## 詹天佑祖居纪念馆 上饶市婺源县

詹天佑祖居纪念馆

詹天佑（1861—1919），江西婺源人。我国近代杰出的工程学家、工程管理学家和工程法规专家，是我国民族铁路事业和早期工业革命的开拓者，中国近代科技事业的先驱，被誉为“中国铁路之父”“中国近代工程之父”。詹天佑纪念馆坐落在詹天佑祖居地婺源县浙源乡庐坑村。这里群山环抱，竹树环合，小桥流水，古树成群，恬静而和谐。纪念馆于 2004 年经婺源县发改委批准立项开始筹建，于 2010 年落成对外开放。其建馆资金由海内外詹氏后裔、爱国人士捐助，原铁道部詹天佑科学技术发展基金会和原铁道部北京詹天佑纪念馆提供展览资助。纪念馆园区占地面积 3000 平方米，展馆面积 1200 平方米，宣讲厅面积 180 平方米。目前该馆公用设施面积（含停车场）1000 平方米，

纪念馆立足詹天佑桑梓，通过大量珍贵文物、图片、图表、京张铁路电动模型、电脑触摸屏等展示詹天佑先生爱国奋进的一生，激发人们热爱祖国、热爱家乡的热情。同时纪念馆还收藏了詹天佑先生赠送给家乡的救火“水龙”；詹天佑先生获取“工科进士”称号时的旗杆石墩（乙酉年，即宣统元年制），纪念馆后侧是詹天佑先生祖母墓。

## 舒同书法院 抚州市东乡区

舒同书法院，又名东乡区博物馆，坐落于城区中心繁华地段街心花园旁。是为纪念和缅怀著名书法大师舒同而建，始建于 1986 年，占地面积 6666.67 平方米。2011 年进行了改扩建，新馆建成后建筑面积达 6000 平方米，是一座集文物收藏、展览、研究、教育为一体的综合性博物馆。该馆 2014 年 4 月被评为江西省爱国主义教育基地、江西省青少年科普教育基地，2014 年 11 月被评为国家 AAA 级旅游景区。

作为文管单位，馆内馆藏历史出土文物及珍贵书法作品共计 631 件（其中国家二级文物 1 件、国家三级文物 47 件、珍贵书法 141 幅），并管理着部分不可移动文物。其中不可移动文物主要为古建筑，主要分布在县城以外的各乡镇，如黎圩镇、瑶圩、红亮、占圩、岗上积、虎圩、王桥、珀玕等地。

# 八 重大考古发掘遗址图

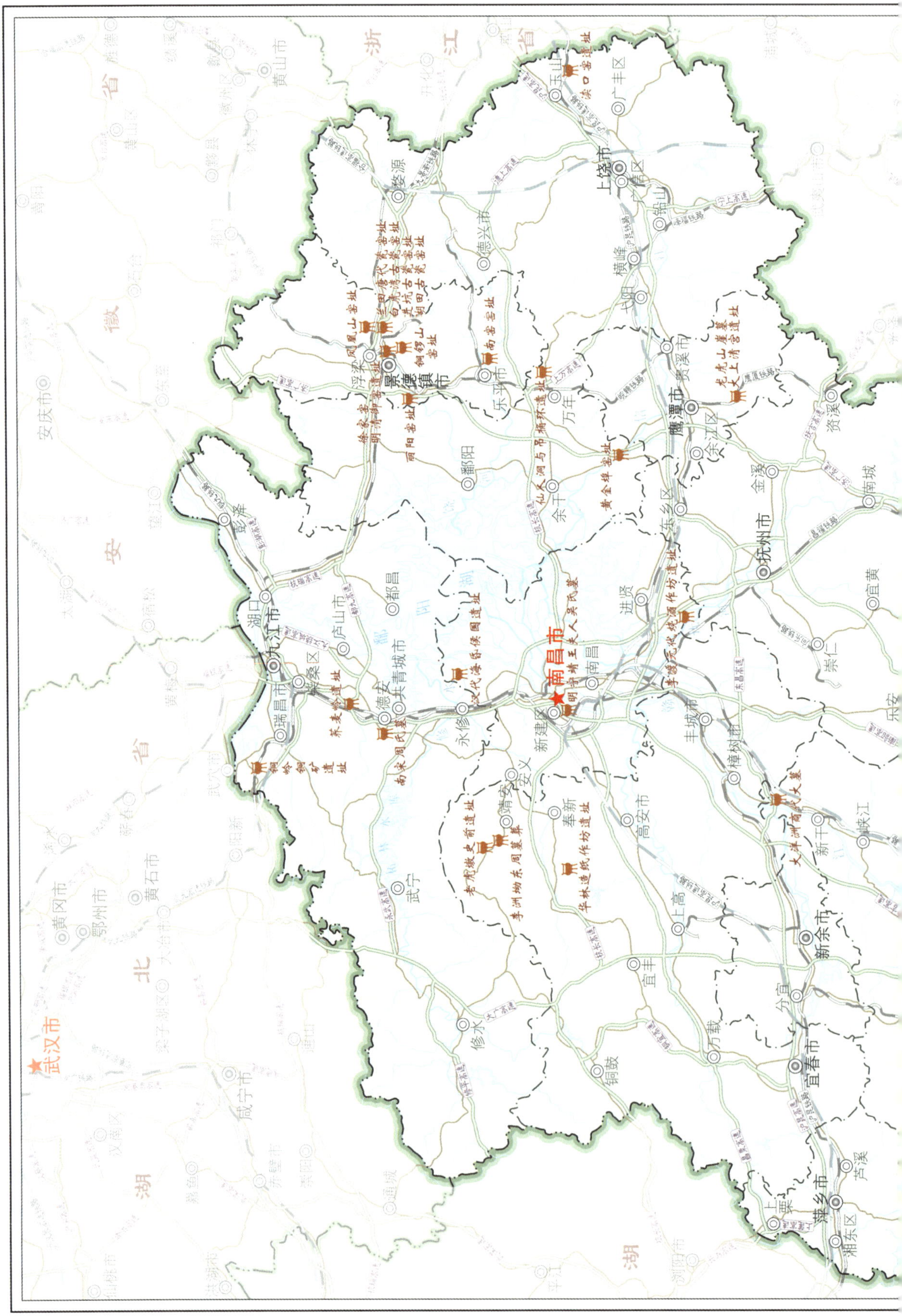

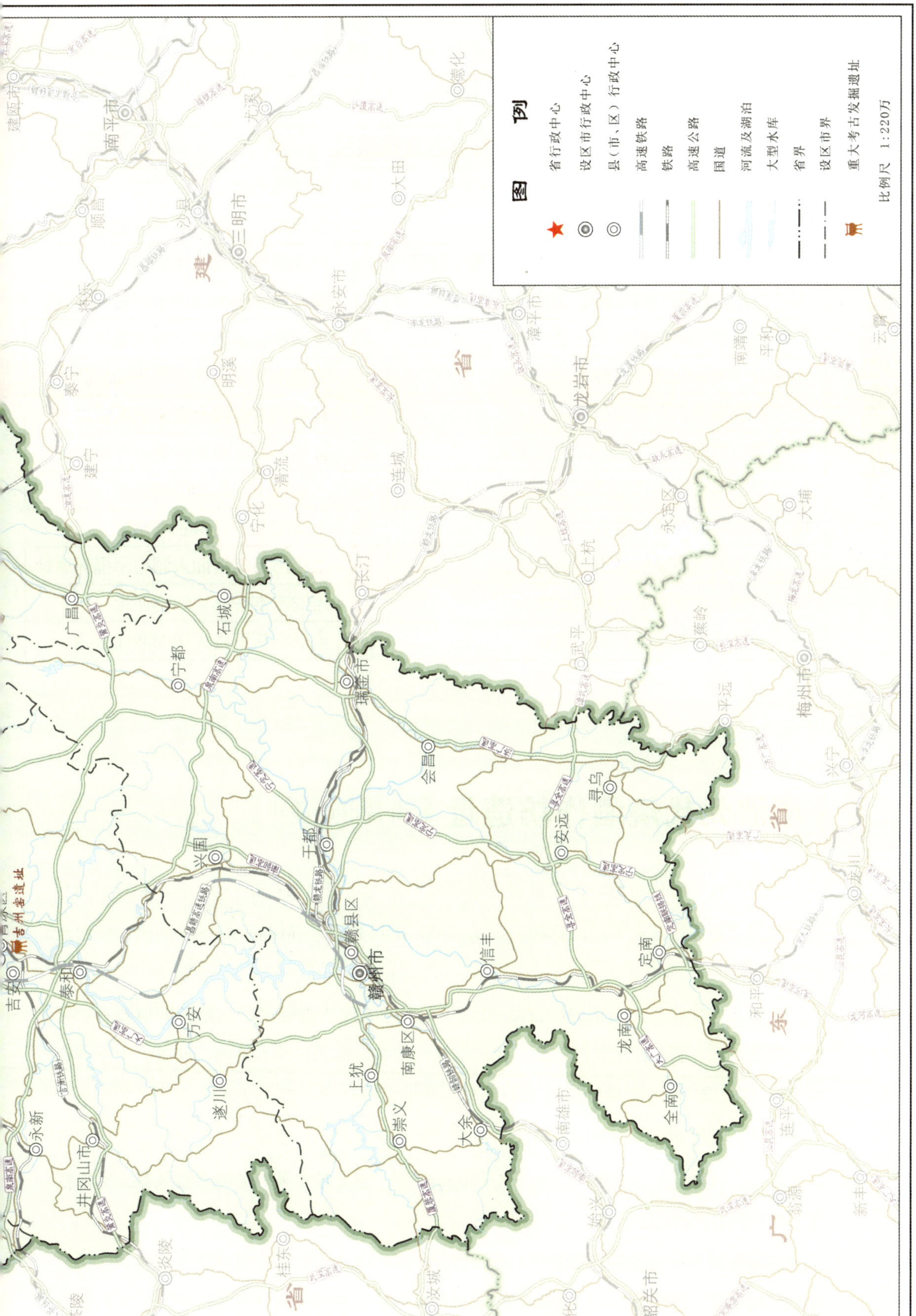
图例
省行政中心
设区市行政中心
县（市、区）行政中心
高速铁路
铁路
高速公路
国道
河流及湖泊
大型水库
省界
设区市界
重大考古发掘遗址
比例尺 1:220万
吉州窑遗址
建
省
广
东
省
赣州市
赣县区
南康区
瑞金市
井冈山市
龙岩市
三明市
南平市
永安市
漳平市
梅州市
韶关市
南雄市
吉安
泰和
万安
遂川
永新
上犹
崇义
大余
信丰
龙南
全南
定南
安远
寻乌
会昌
于都
兴国
宁都
石城
广昌
宁化
清流
长汀
连城
上杭
武平
永定区
明溪
泰宁
建宁
将乐
顺昌
沙县
尤溪
大田
德化
建阳
蕉岭
平远
兴宁
大埔
龙川
和平
连平
翁源
新丰
始兴
仁化
乐昌
汝城
桂东
炎陵
茶陵
南靖
平和
云霄

# 重大考古发掘遗址

| 重大考古发掘遗址 | | | |
|---|---|---|---|
| 1 | 南昌市进贤县李渡元代烧酒作坊遗址 | 14 | 景德镇市昌江区丽阳窑址 |
| 2 | 南昌市新建区汉代海昏侯国遗址 | 15 | 景德镇市珠山区明清御窑遗址 |
| 3 | 南昌市南昌经济技术开发区明宁靖王夫人吴氏墓 | 16 | 景德镇市珠山区徐家窑 |
| 4 | 九江市瑞昌市铜岭铜矿遗址 | 17 | 鹰潭市贵溪市龙虎山崖墓 |
| 5 | 九江市德安县南宋周氏墓 | 18 | 鹰潭市贵溪市大上清宫遗址 |
| 6 | 九江市柴桑区荞麦岭遗址 | 19 | 宜春市靖安县李洲坳东周墓葬 |
| 7 | 景德镇市乐平市南窑窑址 | 20 | 宜春市靖安县老虎墩史前遗址 |
| 8 | 景德镇市浮梁县兰田唐代瓷窑址 | 21 | 宜春市高安市华林造纸作坊遗址 |
| 9 | 景德镇市浮梁县白虎湾古瓷窑址 | 22 | 上饶市玉山县渎口窑遗址 |
| 10 | 景德镇市浮梁县进坑古瓷窑址 | 23 | 上饶市余干县黄金埠窑址 |
| 11 | 景德镇市浮梁县湖田古瓷窑址 | 24 | 上饶市万年县仙人洞与吊桶环遗址 |
| 12 | 景德镇市浮梁县凤凰山窑址 | 25 | 吉安市吉安县吉州窑遗址 |
| 13 | 景德镇市昌江区铜锣山窑址 | 26 | 吉安市新干县大洋洲商代大墓 |

## 李渡元代烧酒作坊遗址 南昌市进贤县

李渡元代烧酒作坊遗址位于进贤县李渡镇。距省会南昌市往南 68 千米。李渡镇拥有良好的交通条件，其紧邻沪昆铁路、沪昆高铁、沪昆高速、福银高速、316 国道，距南昌昌北国际机场 75 千米。

李渡元代烧酒作坊遗址的挖掘是 2002 年中国十大考古发现之一，挖掘的遗迹有：元代的陶质地缸、酒窖、水井，以及明代的炉灶、晾堂、蒸馏设施、水沟、墙基。出土遗物共 350 余件，其中 70 多件为陶瓷酒器。整个遗址呈凸字形，符合酿酒的生产工艺要求。后经论证，古代李渡镇属抚河大码头，古有“焦石李家渡，打酒卖豆腐”之称，前店后坊式酿酒作坊风行，现存古酿酒区域在 16000 平方米，为更好地保护遗址原有风貌，暂只挖掘 350 平方米进行论证。

2006 年国务院对挖掘文物进行了论证评定，证明具有 800 多年历史的李渡烧酒作坊遗址是时代最早、遗物最多、遗迹最全、延续时间最长、最富有鲜明地方特色工艺的烧酒作坊遗址，并将作坊遗址列为全国重点文物保护单位。

## 汉代海昏侯国遗址 南昌市新建区

汉代海昏侯国遗址位于南昌市新建区东北部，鄱阳湖西岸，东临赣江，地处大塘坪、铁河两乡境内。南距南昌市城区 45 千米，北距九江市 70 千米，西距昌九高速约 11 千米。遗址本体包括紫金城城址及历代海昏侯墓园、贵族墓葬与平民墓；其中墎墩汉墓墓园 1 号大墓经过考古发掘确定墓主人为西汉第一代海昏侯、汉废帝刘贺。墎墩海昏侯刘贺墓园呈梯形，共占地约 4.6 万平方米。墓园内由 2 座主墓、7 座祔葬墓、1 条外藏坑和院墙、北、东门及其门阙、寝、祠堂及园寺吏舍等构成，有完善的道路系统和排水设施，是中国迄今为止发现的墓主人明确、保存最好、结构最完整、功能布局最清晰、拥有最完备祭祀体系的西汉列侯墓园。

自 2011 年墎墩汉墓墓园开始考古发掘以来，共出土了金器、青铜器、铁器、玉器、漆木器、陶瓷器、竹编、草编、纺织品和竹简、木牍等各类珍贵文物 1 万余件（套）。其中出土五铢钱 200 多万枚，重达 10 余吨，是全国出土五铢钱最多的汉墓之一。出土马蹄金和麟趾金、金饼、金版达 480 件，其中重汉金 1 斤（250 克）的金饼是 385 枚，大马蹄金 17 枚，小马蹄金 33 枚，麟趾金 25 枚，金版 20 版，总重量在 120 公斤以上，为我国汉墓考古史上之最，见证了西汉黄金到东汉突然减少之谜。在主椁室内发现一个具有屏风作用的立镜，上面漆绘孔子及其弟子的画像和他们生平事迹的文字，是迄今为止发现最早的孔子像。在所有文物中，价值最高的是 5000 多枚竹简和近 200 余版木牍上的文字资料。在对 5000 多枚竹简的保护过程中，研究人员初步发现了《论语》《易经》《礼记》《孝经》等儒家经典，还有《六博棋谱》《悼亡赋》以及房中术方面的养生类医书以及签牌和奏牍。其中发现的论语版本是失传已久的“齐论语”，具有极高的文化价值。

该遗址 2013 年被公布为第七批全国重点文物保护单位，公布名称是紫金城城址与铁河古墓群。2015 年考古发掘成果甫经公布，即囊括了中国社会科学院“中国考古六大新发现”、中国考古学会“2011—2015 年度田野考古奖”、国家文物局 2015 年度“全国十大考古新发现”、首届中国考古大会“考古资产保护金尊奖”等中国考古四大奖项；2016 年入选国家大遗址保护“十三五”专项规划；2017 年入围国家文物局公布的第三批国家考古遗址公园立项名单。

## 明宁靖王夫人吴氏墓 南昌市南昌经济技术开发区

2001 年，为配合基建，江西省文物考古研究所在南昌市西北部经开区华东交通大学校园内东南山坡南麓，抢救性发掘了一座明代墓葬。该墓位于西山山脉东缘，西距梦山宁献王朱权墓约 20 千米，北枕西山南坡，南眺孔目湖。墓上原有高约 8 米的土堆，封土下有 12 平方米的墓圹。墓圹呈长方形，南北长 410 厘米、东西宽 270 厘米至 348 厘米、深 200 厘米。墓室建于墓圹正中央 1.5 米厚的石灰糯米汁土垫层之上，为单人砖室券顶墓。砖室仅两侧有平铺错缝叠砌的砖墙，墓尾及墓门不见封门砖，墓底见松香，不见铺地砖，券顶残。墓室长 252 厘米、宽 132 厘米至 160 厘米。墓室顶有大块长方形青石板覆盖。墓室外被石灰、糯米汁土整体包裹。

棺为楠木质，整板加工而成，内外髹红漆。整个墓室内充填松香，棺木封闭紧密，棺内尸身及随葬物品保存基本完好。棺底内铺有 5 厘米厚石灰以防潮，其上由 3 根横垫木托起笭板。笭板厚 2 厘米，中间纵向等距镂雕 3 个圆形钱纹孔。笭板上满铺灯芯草，垫尸被平铺草上，厚 10 厘米。墓内出土物较丰富。有金、银、玉器、凤冠及丝织锦缎等 70 余件（套）。墓碑、墓志出于墓圹封土南侧乱土中（原应在墓室券顶上），原应为明碑。因推土机破坏，目前均剩局部残片。墓碑为长方形，四周刻缠枝纹。从残片拼对可知，碑文为篆书，碑铭为“皇明宁□王夫人□氏墓……”墓志近方形，长约 56 厘米、宽 51 厘米，四周刻缠枝纹。

据墓志记载，墓主吴氏，为宁靖王夫人，生于正统己未年（1439）十一月，殁于弘治壬戌年（1502）九月，下葬于弘治十七年（1504）春，享年 63 岁。吴氏身高约 160 厘米，出土时面容苍白，秀眉乌黑，脸部触之尚有弹性；胸部肌肤尚鼓，腹部下陷，双手还可曲伸。左膝微曲，左膝斜压右膝。双膝间塞两件长圆形大棉包，口含金、银圆珠各 1 颗。

自永乐元年朱权立国至正德十四年朱宸濠反诛国除，宁藩一系历经五世在南昌统治达 116 年。目前考古资料显示，宁王系已发掘明宁献王朱权墓、明宁康王朱觐钧及冯妃墓。其他诸王及王妃墓均未发现，也未发现夫人墓。因此，发掘的吴氏墓葬对江西的明藩王研究，特别是对明代中国丝织品的研究将产生重要影响。

## 铜岭铜矿遗址 九江市瑞昌市

铜岭铜矿遗址位于瑞昌市夏畈镇，是我国迄今为止发现的年代最早、保存最完整、内涵最丰富的一处大型采铜炼铜遗址。1988 年，瑞昌市夏畈镇铜岭村村民在铜岭头修筑公路过程中发现了大量的古代矿井木支护，同时还出土有古代采矿用的青铜生产工具。1988 年至 1993 年，省、地、市三级文物部门组成了联合考古发掘队，对遗址的部分地区进行了五期考古发掘。根据考古资料推算，遗址始采于距今约 3300 余年的商代前期，发展于西周，盛采于春秋，延于战国，前后连续开采达 1000 多年，与中国青铜文明同步起源、同步衰落。遗址分采矿区、选矿区、冶炼区、生活区，总面积约 3.5 平方千米。古采矿区集中分布范围约 7 万平方米，在已发掘的 1800 平方米的范围内，发现古竖井 103 口，巷道 19 条，露采坑 7 处，工棚 6 处，选矿场 1 处，马头门、斫木场、围棚等若干，出土石、木、铜、陶等生产生活用具 468 件。选矿区发掘面积约 100 平方米，清理出木溜槽、尾砂池、滤水台等西周时期选矿遗存。冶炼区散布面积 18 万平方米，主要分布在矿山脚下的邹家、戴家铜石坡、下戴铜石坡、禁地铜石坡等处，发现炼炉 6 座及大量的炼渣，从冶炼区的分布面积及炼渣的堆积厚度估算，古代铜炼渣合计约六七十万吨。生活区位于万家、檀树咀、铜岭下，面积合计约 3000 平方米，发现灰坑、房基、灰沟、木骨泥墙的压棍印痕烧土等遗迹，出土有商代中期至战国时期典型陶器等生产生活用具。

铜岭铜矿遗址早在 3000 多年前就已形成一整套先进而又完备的采矿、选矿、冶炼、提升、通风、排水及管理系统。其井巷开拓系统、巷道支护技术、采矿技术、溜槽选矿技术、冶炼技术及管理系统等在当时已处于世界领先地位。

铜岭铜矿遗址是新中国文物考古的一项重要发现，1991 年被评为“全国十大考古新发现”。2001 年，遗址被国务院批准为第五批全国重点文物保护单位；2006 年，被国家文物局列入《中国世界文化遗产预备名单》；2011 年，入选国家大遗址保护“十二五”专项规划；2016 年，入选国家大遗址保护“十三五”专项规划。遗址还先后被授予江西省社会科学知识普及宣传基地、爱国主义教育基地、瑞昌市青少年优秀传统文化教育基地等称号。铜岭铜矿遗址是继湖北大冶铜绿山矿冶遗址后的又一重大发现，将中国实证的采铜历史向前推进了 300 余年，它是中国青铜文明的象征之一。

## 南宋周氏墓 九江市德安县

1988 年，德安义峰羽绒厂在桃源山建水塔时发现一座宋墓，经初步清理发现完整的棺木一具。为确保文物的安全，县博物馆组织力量将棺木运回馆内，在省文物考古研究所的协助下，进行开馆清理，出土随葬品 408 件，以丝绸服饰为主，共 329 件，另有金银器、梳妆用品、麻织品及其他物品 79 件。据出土墓志得知，墓主为南宋新太平州（今安徽当涂）通判吴畴妻周氏。

墓葬所在的桃源山位于德安县宝塔乡杨桥村罗家榨。东距南浔铁路约 300 米，山高约 10 米，周围是丘陵地带。墓葬修建于山的缓坡处，长方形砖室墓，长 3.34 米，宽 1.5 米，深 1.8 米。砖室内以整块的青石板搭成石椁，石椁内置红漆楠木棺，棺椁之间填石灰。漆棺长方形，前高后低，上部稍大，下部较小，底座四面出边。棺由整板制作，转角处以榫卯结合，生漆填缝，棺内四壁涂抹松香，棺口与棺盖以子母槽衔接，再用苎麻布紧贴木壁，涂以生漆、油灰密封。出土时棺木油漆完好，色泽鲜艳，漆棺上放置青石墓志 1 盒。

棺内表面覆盖一幅彩绘星宿图，星宿图下为褐色丝罗，揭去丝罗即为尸体。尸体保存完好，身高 1.52 厘米，仰面直肢肌肉呈灰褐色，局部肌肉有弹性，毛发、牙齿、指甲齐全，毛孔清晰可见，关节稍可活动。死者穿戴整齐，上身着黄褐色罗袍，下身穿黄褐色罗裤，系褐色素罗卫生带 3 条。缠足。发型整齐，上插金钗 7 支，头戴金丝彩冠。

周氏墓出土的精美丝绸服饰，丝织品纹样，为我们研究这一时期纺织业的生产力水平和工艺水平提供了新的实物资料。同时出土的化妆品、星宿图、棕子等也为研究天文学、民俗学提供了极高的参考和研究价值。

## 荞麦岭遗址 九江市紫桑区

荞麦岭商代遗址位于九江县马回岭镇富民村荞麦岭组后的山垄上，该山垄为低矮山丘，遗址即位于山垄的南坡，海拔高度为 45 米至 46 米。遗址东侧 30 米为昌九高速，东距庐山 5 千米，南距德安县城 15 千米。2013 年开始，为配合都九高速公路工程建设，江西省文物考古研究所联合九江文博力量对荞麦岭遗址位于工程红线范围内的区域进行了抢救性考古发掘，总发掘面积 2000 平方米。

荞麦岭遗迹主要有灰坑、房址和水井；遗物主要为陶器、石器，极少的玉器残片，青铜器只发现一枚箭镞和一块铜锭，未见骨器。陶器主要器形有罍、鬲、斝、圜底罐、圜凹底小罐、直口罐、高领深腹罐、盔形罐、釜形罐、盘形鼎、假腹豆、真腹豆、簋、尊、鬶。商文化中心区早商中商时期出土的器物有着千丝万缕的联系，有的形制基本一致，从出土遗物判断，荞麦岭夏商遗址主体年代为二里岗下层二期略晚至二里岗上层一期之间。另在遗址下层发现有中原二里头文化因素的器物，遗址下层年代与二里头三期、四期接近。

荞麦岭夏商遗址是江西地区发现保存较好的二里头晚期至二里岗期的古文化遗址，分布范围大，地层堆积深厚，发现遗迹众多，出土遗物丰富，年代系列清晰，对于认识江西地区夏商文化全貌有重要作用。遗址中出土的冶炼相关遗物对于研究长江中游矿冶技术有重要意义。遗址的文化内涵以中原商文化因素为主，融合了本土的文化因素，是中原夏商文化早期经略南方地区的重要证据。而出土的二里头文化因素遗物地层关系明确，叠压有序，对于探寻江西夏时期文化内涵提供了条件。荞麦岭夏商遗址的发掘，对于研究长江中游南岸地区夏商时期文明的南渐和江西地区早期历史具有重要价值。

## 南窑窑址 景德镇市乐平市

南窑古瓷窑址位于乐平市接渡镇南窑村。1964 年，南窑遗址由江西省文物管理委员会调查发现，1983 年乐平县人民政府公布其为县级文物保护单位。2011 年、2013 年江西省文物考古研究所联合有关单位对其进行调查和考古发掘。2014 年 4 月唐代南窑遗址考古发掘被评为“2013 年度全国十大考古新发现”。

考古发掘和研究表明南窑烧造始烧于中唐，兴盛于中晚唐，衰落于晚唐，距今有 1200 多年的烧造历史。是景德镇境内目前已知最早的瓷业遗存，将瓷都景德镇的制瓷历史向前推进了 200 年。

南窑窑址文化层堆积厚，达 1 米至 3 米，规模宏大，分布面积超出 3 万平方米，规模巨大，保存完好，在江西省境内同类窑址中罕见。南窑遗址的遗存丰富，包含了取土的白土塘、运输原料的江湖塘、溪坑、码头、陈腐池以及烧造产品的窑炉等反映制瓷工艺流程的作坊遗迹。这些遗迹保存较好，布局连片有序，无论从整体规模还是制瓷工艺流程等方面，都能够反映南窑唐代制瓷的真实面貌。在窑山上发现 12 条呈扇形分布的龙窑，长度均在 60 米以上，是我国迄今发现窑炉分布最密集的、布局最有规律的、瓷业生产组织最严密的唐代窑场。考古发掘的一条龙窑遗迹长达 78.8 米，推断为使用竹藤材料起拱，采用支座垫烧的中晚唐时期龙窑，由窑前工作面、火膛、窑室、窑壁等几部分组成，结构完整，北壁保留有 13 处窑门，窑室中多处保留原始的支烧状态，是迄今我国考古发掘最长的唐代龙窑遗迹。南窑发现的方形减火坑，表明南窑是我国最早使用减火坑技术的窑场，是晚期分室龙窑的发端。

南窑是唐代青瓷窑场的集大成者，所烧瓷器品种多样，有青釉瓷、酱黑釉瓷、青釉褐斑瓷、青釉褐色彩绘瓷以及素胎器，以青釉瓷器为主。器物造型典雅，胎质细腻，釉层均匀，釉色莹润，形成了独具特色、个性鲜明的，具有包容性、开创性的风格。

南窑器形丰富，以碗、盘、双系瓶居多。碗盘类器流行圆饼足、玉璧底，见少量的圈足碗。还发现了穿带壶、人面埙、茶碾、瓷杈、砚滴等罕见的器物。产品中腰鼓、夹耳盖罐和器形硕大的大碗器，彰显了唐代赣鄱与西域交流频繁的史实。夹耳盖罐是公元 800 年前后出现的新产品，是随着海上陶瓷之路的兴起而出现的，是海上陶瓷之路兴起的标志性产品，表明南窑还是唐代重要的外销瓷器生产基地之一。

## 兰田唐代瓷窑址 景德镇市浮梁县

兰田村位于浮梁县湘湖镇，湘湖镇南河流域一带，是景德镇早期重要的瓷业中心。历年来考古研究发现，这里分布有 30 余处晚唐、五代至北宋时期的瓷业遗址。

2012 年 10 月底，经国家文物局批准，北京大学考古文博学院、景德镇陶瓷考古研究所和江西省文物考古研究所组成了联合考古队，景德镇民窑博物馆、浮梁县博物馆、景德镇陶瓷大学参与，对景德镇浮梁县兰田古窑址进行主动考古发掘。发掘工作以兰田（万窑坞）窑址为主，同时对附

兰田唐代瓷窑址

近的柏树下窑址进行了小规模试掘，对大金坞窑址进行了考古调查。共清理各类遗迹12处，包括窑炉2座、灰坑7个、墓葬1座、沟2条，出土了数以吨计的各时期的瓷器和窑具，湮没在土层中一千多年的瓷窑遗址及其窑业遗存，逐渐展示在世人面前。

兰田古瓷窑为龙窑，平面呈长条形，方向北偏西36度。窑炉总长28.7米，宽（内部最宽处）1.9米，残高0.1米至0.7米，分窑门、火膛、窑床、窑前工作面四部分组成。通过考察发掘，出土了丰富的晚唐、五代时期的遗物，瓷器主要有三类，即青绿釉瓷器，青灰釉瓷器和白釉、青白釉瓷器。出土器物的种类丰富，除了常见的碗、盘、执壶、罐等器物外，还发现了一些十分罕见的器物，有些在景德镇古代窑址中首次发现，如腰鼓、茶槽子、茶碾子、瓷杈、瓷网坠等。还出土了丰富的不同种类的窑具，其中带有“周”“生”“申”“生”“大”“元”“和”“中”款及其他文字款的数百件。

兰田村万窑坞遗址考古清理出有效文化层3层，柏树下遗址清理出有效文化层5层，在所有文化层都同时出土青绿釉瓷器、青灰釉瓷器和白釉、青白釉瓷器，按照器物的精粗程度采用不同的装烧方法。表明这种同出的器物不是偶然的现象，而是当时同时烧制这三类器物。以往学界认为这三种器物有发展的先后承继关系，但这次发掘证明其是同时生产，并延续了较长时间，白瓷的出现可以提早至晚唐时期。这一发现将景德镇制瓷业的起始时间推前百余年，并改写“南青北白”历史，即景德镇除了是青瓷制作中心外，也是当时精细白瓷的江南制瓷中心，对于探讨南方地区白瓷的起源具有重大意义。

## 白虎湾古瓷窑址 | 景德镇市浮梁县

白虎湾村（又称石虎湾）位于景德镇市东郊的景（德镇）婺（源）公路边，在黄泥头村与湘湖村之间，隶属浮梁县湘湖镇。离白虎湾村600米的小山坡上，发现有100多座集中埋葬的古墓，在墓地的北边是一个规模庞大的白虎湾古窑址群，因为20世纪70年代以来，这里是部队营区，所以没有被破坏。但近年部队迁走，古窑址最近有多处被盗挖。

白虎湾地区古窑址规模宏大，古代烧造瓷器曾盛极一时，相传唐宋时期这里有 32 窑。在渡槽、小麦坞老虎床、白虎湾、南门坞、羊里坞口、匣钵墩等地发现窑业遗存 13 处，面积达 3 万平方米，为中国五代至宋代初期的陶瓷生产基地。村南的公路边就是以南宋陶瓷残骸堆积物为主的遗址，共有 3 处，堆积总面积共约 1 万平方米，保存完好，受到国内外陶瓷专家的重视。

渡槽遗存在白虎湾村北约 400 米处，渡槽由东北向西南穿过堆积层。东南为稻田，遗物倚山坡堆积，东西约 30 米，南北 50 米。遗存高 8 米，可分为三层：上层为影青瓷；中层除白瓷外，尚有青瓷，两类瓷器形制相同，底层皆为青瓷。器型有盘、碗、洗等，因修建渡槽部分遗存已被破坏；小麦坞老虎床遗存在白虎湾村北约 500 米，遗物由西向东倚山坡堆积，面积约 300 平方米；白虎湾 1 号至 6 号遗存在村东南侧约 400 米一带，南临南河约 250 米。彼此相邻的堆积层有 3 处，分布面积达 1.7 万平方米；白虎岭遗存在村西侧，相距百米有两个较大的堆积层，面积分别为 1 600 平方米和 7 500 平方米，厚度一般为 0.3 米至 1 米；南门坞羊里坞遗存在村东北约 350 米处，遗存由南向北倚山坡堆积，保存完好。东西约 23 米，南北约 23 米；匣钵墩遗存在村西侧，北与小麦坞口相望，堆积面积约 1 300 平方米。

白虎湾窑址群未经考古发掘。从 1986 年进行调查采集的瓷片标本来看，青瓷比白瓷丰富，而影青瓷则比青瓷丰富。从白虎湾窑址群出土的窑具分析，青瓷和白瓷是采用垫柱支钉迭烧法装烧，影青瓷是采用匣钵与垫饼仰置装烧。青瓷和白瓷的特征与五代相似，影青瓷则与北宋的影青瓷相似。因此该窑址烧造年代为始烧于唐代，盛烧于五代至北宋时期。白虎湾瓷窑群规模宏大，烧造时间早，延续时间长，是景德镇唐宋时期主要窑业聚集地之一。

## 进坑古瓷窑址　景德镇市浮梁县

进坑位于浮梁县湘湖镇西南面，景（德镇）涌（山）公路东侧。清澈的小溪绕村而过，古人称溪为坑，故名进坑。南宋蒋祈在《陶记》中载：“进坑石泥，制之精巧，湖坑、岭背、界田所产已为次矣。”进坑在什么地方？一直没有人去考证。2014 年，景德镇陶瓷学院教授、古陶瓷学者黄清华和黄薇夫妇，经过 4 个月的考察，在村民的帮助下，根据洞口构造和散落瓷石，经相关单位和学者对矿址进行考察鉴定，认为是目前景德镇发现的唯一一个五代瓷石矿洞遗址，是世界上已知最早最为完整的原生态矿洞。在矿洞周围 500 米范围内还发现有宋元窑址 20 余处，主要有百业坞五代矿石洞遗址，五代、北宋窑址，油榨坞窑址，国山下龙窑遗址，仓坞龙窑遗址，双河口窑址等。仓坞窑址上可以看出排烟孔、窑壁，但它的形态与现在大家熟知的龙窑并不完全一致，

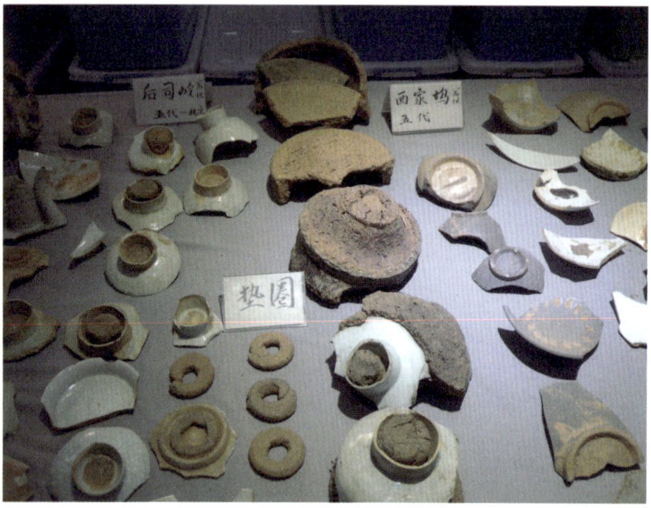


进坑古瓷窑址

它虽然依山而建，但显得更为短小。窑业堆积上的瓷片为青白瓷，达到了景德镇北宋中后期的制瓷水平。

双河口古窑址面积约有 3000 平方米，遗存器物丰富，胎质细腻，釉色透明，纹样以半刀泥牡丹、卷草、海水纹最为特色，采用一器一匣仰烧装烧方法。主要有壶、碗、盘、盏等，壶类较精，尤其是瓜棱壶最佳。经考察判断该窑址年代为北宋时期，为研究宋代以前景德镇以原料产地建窑生产的瓷业布局及产品特征提供了丰富的实物资料。在进坑坞上游 2000 米的山涧旁发现有一处规模较大的古水碓遗址，大小不同的瓷土淘洗坑保存完整，据调查进坑有 16 座水碓遗址，并且都保存完好。连接水碓的山道岩石上留有独轮车碾出的凹槽，说明当初有很大的运输量。在古矿山的另一面，一座现代瓷石矿正在开采，说明进坑的瓷石蕴藏丰富。

进坑瓷石矿洞及窑址的发现，填补和完善了景德镇五代以来制瓷业体系，对于景德镇镇申报世界历史文化遗产具有重要意义。

## 湖田古瓷窑址 景德镇市浮梁县

景德镇湖田古窑群坐落在景德镇市东南方郊外，南山与南河之间的一片台地上。北起南河南岸，东至张家地东侧断崖，东南至豪猪岭南侧山脚，西南至竹坞里南侧山脚，西至北望石坞西侧山脚，东西长约 700 米，南北长约 800 米，现存遗存 16 处。五代、宋、元时期窑址，多分布在天门沟以南的豪猪岭、刘家坞、望石坞、龙头山和南河北岸。天门沟以北的窑岭上、乌泥岭、琵琶山、木鱼岭、何家墩等地，则以元、明时代的窑址为多。

湖田古瓷陈列

湖田古窑创烧于五代，终烧于明代隆庆、万历时期，延续600余年。宋代成为影青瓷的主要产地，产品居于景德镇诸窑之冠。入元持续发展，工艺尤为高超，是著名的枢府器、青花瓷和釉里红的烧造中心。生产的宋代影青瓷和元代青花瓷，烧制技术相当成熟，代表着当时瓷器生产的最高水平，产品远销日本、东南亚和中亚的许多国家。湖田窑年代延续不断，堆积丰富，出土文物众多，不同年代的窑炉遗址保存较好，是反映景德镇烧瓷由初级到高级的历史进程的典型窑址。湖田窑烧造珍品无数，传世较多，青瓷和白瓷都曾风靡一时，行销海内外。

1959 年湖田窑遗址被公布为江西省文物保护单位，1982 年被公布为全国重点文物保护单位。1984 年，湖田古窑遗址保护区内设立的保护机构——景德镇民窑博物馆开馆，不仅收藏陈列了湖田窑各个历史阶段生产的各类典型标准器物和历次考古发掘出来的珍贵文物及标本，还保护了宋、元、明各个重要历史时期弥足珍贵的窑炉、制瓷作坊等遗迹，较完整地保存了历史原貌，向人们展示了古代制瓷场景。

## 凤凰山窑址 景德镇市浮梁县

凤凰山窑址位于景德镇市浮梁县湘湖镇盈田村委山脚下自然村西南侧凤凰山的西北山坡上，西北 300 米是南河，凤凰山窑址于 20 世纪 80 年代初第二次全国文物普查时由景德镇的文物工作者发现，当时在山脚下村附近发现 6 处窑业遗存，其中村内 2 处、口坑坞 1 处、凤凰山 3 处，是景德镇地区宋代主烧青白瓷的重要窑场之一。

浮梁凤凰山窑址是一座北宋中晚期以烧制青白釉执壶为主的专业性较强的综合性窑场，该窑址的发掘，为研究景德镇地区的陶瓷发展史、宋代陶瓷工艺以及宋代手工业和区域经济发展史，提供了非常重要的考古资料。

## 铜锣山窑址 景德镇市昌江区

2006年，江西省文物考古研究所会同景德镇民窑博物馆、浮梁县博物馆分别对铜锣山窑址、道塘里窑址以及凤凰山窑址进行了抢救性的考古发掘，在公路穿过窑址的红线范围内布探方16个，共计发掘面积1917平方米。揭示龙窑遗迹2座、制瓷作坊遗迹3处、练泥池1个，出土了一批青釉、酱黑釉、青白釉瓷器和窑具标本，其中青白釉瓷和匣钵窑具占出土物的绝大部分，完整和可复原的器物达数百件。3处古窑址均位于南河南岸，紧邻古代的运输线，水上交通极为方便，背靠崇山峻岭，柴草充裕，又与瓷土产地三宝蓬、进坑接近。

铜锣山窑址位于景德镇市昌江区竟成镇银坑村铜锣山的山坡上，西南约300米处是道塘里窑址。通过发掘揭露作坊遗迹1处，练泥池1个，出土了大量青釉、黑釉、青白釉瓷器和窑具。

铜锣山窑址是一处北宋早中期以烧造青白釉日常生活用瓷为主，兼烧少量青釉、黑釉瓷器的民窑址，其上限或可早到五代晚期，下限当在北宋晚期，不晚于南宋。此窑址的发掘为景德镇乃至江西地区的陶瓷史研究提供了新资料，对于探索青白瓷的起源、生产和发展具有重要意义。

## 丽阳窑址 景德镇市昌江区

丽阳窑址坐落在景德镇丽阳古镇的昌江之滨。

丽阳窑址是指现已发掘的元代龙窑、明代葫芦窑两座古窑遗址。这两个遗址位于丽阳镇彭家村和丽阳村，距镇政府约3千米，昌江河自东向西从古窑址南面流过。此外，据当地传说，丽阳古镇有18座古窑。在已发掘的古窑遗址附近，还发现有五代瓷窑遗址1处，有待于进一步考古发掘。而当地传说的其他古瓷窑，目前尚未发现。

2005年丽阳窑址的考古发现，被评为“2005年中国考古十大新发现”之一。2006年，当地文物部门对丽阳古镇已发掘出来的元代龙窑、明代葫芦型窑，建起了两座面积达1100平方米的保护棚。2012年，文物部门又建立丽阳古窑展区。人们可以近距离看到那些曾经长期封存在地下的宝藏。2013年3月，丽阳窑址被评为全国重点文物保护单位。

2005年，经国家文物局批准，故宫博物院、江西省文物考古研究所、景德镇陶瓷考古研究所联合组成了一支考古队，进驻丽阳古窑考古现场。考古工作经过3个月的发掘，获得了重要发现。此次发掘面积约800平方米，发掘出元代龙窑窑炉1座和明代早期的葫芦形窑炉1座。出土了一大批瓷器，有青瓷、青花瓷器、仿龙泉釉瓷器、仿哥窑瓷器等。出土的瓷器器型有碗、盘、高足杯、罐、执壶、盏等。经过考古专家们实地考察，确认了丽阳村龙窑遗址内大量完整的初烧瓷器遗迹，尚属全国首次发现。

丽阳元末龙窑遗址，和以往发现的龙窑相比，具有短而宽的特点。尤其是窑膛、窑口、窑床上有着大量还装在匣钵中叠放整齐的初装瓷，说明这是一座突然被停止烧造的窑炉，或者说是非正常停烧的窑炉。专家们亲切地把这种初装瓷称为一锅“夹生饭”。专家们认为，这锅“夹生饭”不仅具有很强的代表性，而且它还可以反映出当时烧造工艺和时代、品种特色，具有较高的研究价值。

## 明清御窑遗址 景德镇市珠山区

景德镇御窑厂在瓷都景德镇老城区，重檐翘角、雄浑凝重的御窑厂大门前便是车水马龙、热闹繁华的珠山中路。

景德镇御窑厂国家考古遗址公园

御窑也称“官窑”，是中国古代封建王朝的皇家瓷厂。景德镇早在宋代初期即设置窑丞，督造瓷器。元代至正十五年（1278），元王朝在景德镇珠山设置了浮梁瓷局，专为元皇室督造御用瓷器。元代景德镇成功地烧造出枢府瓷、青花瓷和釉里红瓷器，为明清两代御窑厂工艺的创新奠定了基础。明洪武二年（1369），朱元璋延续元代官窑制度，在珠山设立御器厂，至万历三十六年（1608）停烧。两百多年间，烧制了无数精美御器，如永乐青花和甜白釉、宣德青花和铜红釉、成化的斗彩、万历的五彩，都是一代珍品。清代顺治时期，延续明代官窑制度在珠山设立御窑厂，至清廷覆亡而停烧，康、雍、乾三代，官窑瓷器臻于鼎盛，达到历史最高水平。御窑厂是明、清两代专造宫廷用瓷的皇家窑厂，是中国烧造时间最长、规模最大、工艺最为精湛的官办瓷厂。初期有窑 20 座，宣德年间增至 58 座，“官匠”陶工常年维持 300 多名。御器厂由州县官管理，每逢大量烧造时，朝廷便派宦官来“督陶”。现存御窑遗址以珠山上的龙珠阁为中心，东至中华北路道路东侧线及迎祥弄、湖口弄一线，南至珠山中路道路南侧线，西至中山北路道路西侧线，北至斗富弄道路北侧线。占地面积约 13.1 公顷，其中重点保护范围面积 51300 多平方米。

经历考古发掘，景德镇御窑遗址现已清理出清末民初江西瓷业公司发行所房屋建筑、明代初年御窑的北围墙、洪武永乐时期的葫芦形窑炉、埋藏落选御用瓷器的小堆积坑等遗迹；出土了一大批元代、明洪武、永乐、宣德、正统、成化、弘治、正德、嘉靖、万历等朝的落选御用瓷器碎片。其中有许多重要的发现，为明清御窑的研究提供了新资料、新信息，对研究景德镇御窑厂的发展、变迁、烧成技术及其渊源、瓷器的制作工艺，复原御窑的生产面貌，和探讨御窑的管理制度等具有重要的学术价值。2003 年，御窑考古发掘的成果被评为年度“中国十大考古新发现”。

## 徐家窑 景德镇市珠山区

2016 年，徐家窑停烧 38 年后，在其原址上成功完成复建工程，这是景德镇保留最古老、最完整、最大的柴窑。

20 世纪 70 年代，随着以煤代柴技术的成熟和烧柴成本的制约，景德镇市建国瓷厂的柴窑逐步被煤窑取代。1978 年徐家窑停烧。2013 年徐家窑及其周边 8 座明清传统坯房，作为一个完整瓷业窑作体系，被列为国家陶瓷非物质文化遗产保护项目。

徐家窑

复建完工的徐家窑房，保留典型明代窑房建筑风格，建筑面积 1892.5 平方米；用大于 30 厘米直径的弯曲杂木做窑屋立柱，共 108 根，屋柱之间是穿斗框架二层结构，屋柱下垫有 1 尺多宽的方形或柱形的石墩，屋面为人字形，盖小青瓦（也叫土瓦），四五分水路，分三匹排雨水。第二层是存放生松，周围用 7 厘米左右宽的杉木条或杂木围成排气窗。西侧窑室对口有一落眼与落夹子（丢松柴口）。整个窑屋木结构，看上去就像一片无枝叶的森林，交错有序，气势壮观；外围是用窑砖头与黄泥砌成的护墙，护墙厚 0.5 米，高 3 米多；护墙南面有窗户 10 扇及两扇门。

徐家窑的窑体（含窑门、窑畔、窑室、烟囱），占地建筑面积 215.25 平方米的长方体，用砖与黄泥砌成；窑门处窑屋中间，宽 60 厘米，成八字形向西开；窑畔起保温、固护窑室等作用；窑畔内砌有鸭蛋形窑室、烟囱。窑室内长 17.36 米，内径最宽处 4.25 米，可容纳 300 多担坯。烟囱处窑屋南边，高 15.6 米冲出窑屋顶，顶部如钢笔尖。窑畔的北侧有水井（口径 0.6 米）、储水窖、阶梯；南侧有木板梯，宽 2 米，方便挑担上下。南侧与西侧是装坯间。

徐家窑是景德镇保存的最大一座鸭蛋形柴窑，一窑可烧 300 担瓷器。历史上，在其周边多个瓷器坯坊生产，才能满足其烧造要求。徐家柴窑及其周边窑业体系建筑，既是景德镇制瓷业进入手工业工场时代的历史见证，更是我国古代陶瓷工业建筑典范，具有很高的历史价值。

## 龙虎山崖墓 鹰潭市贵溪市

龙虎山崖墓

龙虎山仙水岩崖墓群位于鹰潭市龙虎山风景名胜区龙虎山镇，是我国现存崖墓最集中的地区之一，是龙虎山独特重要的文化景观。已有考古发掘成果和调查表明，在景区内16座山峰的崖壁上，现存119座墓葬，崖墓年代为春秋战国时期。

1978年、1979年江西省历史博物馆考古队和贵溪县文化馆联合对仙水岩崖墓进行了两次发掘，共发掘18座崖墓，发现棺木42具，出土随葬品250件，以陶器、原始瓷器、竹木器为主。随葬品中的纺织机构件是我国出土最多的一批，且种类齐全。崖墓中出土的古代斜织机构件，将中国古代斜织机的使用年代从东汉提前至春秋，而木筝的发现则将中国的弦乐器发明历史从汉代提前到春秋战国。2001年6月经国务院批准，仙水岩崖墓群被公布为第五批全国重点文物保护单位，属古墓葬。

仙水岩崖墓群主要分为两大密集区，主要密集区为仙水岩崖墓区，分布于泸溪河两侧的水岩、仙女岩、禾斛岩、金钟峰、覆盆岩、仙岩、河豚堡、鼓仔峰、柱石峰、僧尼峰等10座山峰的崖壁中下部；另一密集区为保家峰崖墓区，主要分布于白塔渠东侧的保家峰、螺丝岭、雄咀石、猴石等4座山峰的崖壁中下部，其他零星崖墓分布于瑶簪石、香炉峰等2座山峰的崖壁中下部。崖墓利用崖壁上天然崖洞构筑，墓穴大小不一，木棺大小不等，大的长达3.9米、高1.2米，小的长0.9米、宽0.2米。崖墓的组成部分包括崖洞、封门、土棺床、棺木。仙水岩崖墓利用天然洞穴而成，是集崖墓、丹山、碧水、绿野于一体的独特文化景观，是中国古代“天人合一”世界观的深刻体现和历史实证。

仙水岩崖墓群是研究中国古代卓越的高空升置技术的重要实证，体现了中国古代先进的科学技术水平。在春秋战国时期的生产力条件下，古人将千斤重棺木吊升放入离水面和地面数十米高的崖洞中，其升置技术难度超乎想象，堪为千古之谜。

## 大上清宫遗址 鹰潭市贵溪市

大上清宫遗址位于鹰潭市龙虎山上清镇，其历史最早可追溯至东汉永元年间（89—104）初代天师张道陵修建的天师草堂。宋崇宁四年（1105）上清观迁址于今天遗址所在地，文献记载“时宫中学道者常数百人”，宫观已初具规模。清康熙二十六年（1687），康熙御书“大上清宫”匾额，大上清宫由此得名。后雍正帝主持重建，参照北京故宫乾清宫——坤宁宫的样式建造，形成两宫、十二殿、二十四院的庞大规模。与中国其他的道观相比，上清宫的重要性在于，它是皇家所认可的，掌管全国道教事务乃至地方宗教和民间祭祀的皇家道观。同时，龙虎山上清宫还是道教正一道的祖庭，历代天师在此阐演道法。

大上清宫不幸于 20 世纪 30 年代毁于火灾，1954 年至 1956 年大上清宫主体基址为鹰厦铁路基建工程余土掩埋。2014 年，该遗址被发现，经国家文物局批准，对该遗址进行科学系统的考古发掘，共计发掘面积约 5000 平方米。

发掘出土的主体殿宇建筑基址有龙虎门、玉皇殿、后土殿、三清阁、三官殿、五岳殿、天皇殿、文昌殿、御碑亭、东厢房、院墙等。宫宇主体正南向，依地势而建，由龙虎门向北至三清阁层层抬升。遗址内大量采用红砂岩作为基石，台明基址呈“工”字形，主殿柱础均为体量巨大的古镜础，庭院铺设鹅卵石地面。基址整体具有典型的明清官式建筑风格。紧邻上清宫院墙的东侧区域，发现宋、元、明、清各时期连续不断的地层叠压，清理出宋代“人”字纹青砖地面、元代灰坑、明清建筑基址等遗存。

遗址出土文物丰富，主要为建筑材料和生活用具。建筑材料主要为琉璃、灰陶、石质建筑构件。琉璃构件多为瓦当、滴水以及各类脊饰，釉色主要为黄、绿、黑三色；灰陶构件多为雕花脊砖；石质构件主要为栏杆、柱础等。生活用具可见宋、元、明、清时期陶瓷器，器形多样，纹饰丰富。宋代多为青白瓷，种类有碗、盘、碟、执壶等；元代瓷器以青白瓷、卵白釉碗、盘、杯等为主；明清瓷器多为民窑青花。

大上清宫遗址是我国迄今为止考古发现等级最高、规模最大的道教宫观建筑遗址，填补了我国大规模道教考古研究的空白，是宗教考古的一次重大突破。2018 年，大上清宫遗址入选“2017 年度全国十大考古新发现”。

## 李洲坳东周墓葬 宜春市靖安县

李洲坳东周墓葬位于靖安县水口乡李家自然村茅屋组李洲坳山东坡。此墓室是我国迄今为止发现的时代最早、结构最为奇特、埋藏棺木最多的一坑多棺型墓葬。此墓下葬年代为春秋晚期，共发掘出土各类珍贵文物600余件，有纺织品、竹木漆器、玉器、金器、陶瓷器等，还有大量的人体遗骸。其中大量的纺织品文物品种丰富、色彩鲜艳、工艺精湛，是我国发现的时代最早、数量最多的纺织品，改写了中国纺织史；直径达30厘米的金龙神徽是目前我国发现的同时期体量最大、结构最为繁复的金器。彩绘木剑、竹扇、竹席等，因年代最早、保存完好、被考古界专家誉为“天下第一”。该墓被评选为“2007年全国十大考古新发现”。

李洲坳墓葬出土的文物与江西贵溪崖墓出土的同类器物基本一致；与湖南地区越人墓葬的随葬品组合也相似，反映了南方越人集团所具有的特殊文化现象。同时也具有某些早期楚文化的因素。因此，李洲坳东周墓葬所代表的是一支具有深厚越文化因素，又受某些楚文化影响的新型青铜文化。它也反映了春秋时期，在赣西北地区可能存在一支具有高度青铜文明成果的大型政治集团。

## 老虎墩史前遗址　宜春市靖安县

老虎墩史前遗址位于宜春市靖安县高湖镇中港村委邓家自然村东侧水稻田中间，属于高湖——水口盆地的中心地带，是一处土墩类型的古文化遗址，现存面积3000余平方米。

此处发掘遗址是新石器时代晚期宗教祭祀广场，以及与祭祀有关的墓葬63座和红烧土建筑遗迹。宗教祭祀广场是用比较纯净的黄色黏土堆筑而成，局部厚达80厘米。63座小墓就是在广场祭祀过程中多次埋葬形成的，墓葬为土坑烤壁墓，长80厘米至110厘米，宽约40厘米，深20厘米至25厘米，墓穴内有火烧过的骨渣以及残破的陶器，陶器的种类主要有鼎、豆、壶、器盖等。墓葬中还出土了鬶、觚等。

在祭祀广场的南部还发现一处大型的红烧土建筑遗迹，建筑大致成长方形分布，每间长宽约5.7米，可能是祭祀广场上的一处功能建筑。

老虎墩史前遗址是江西迄今发现最早的史前祭祀台遗迹，此次发掘的祭祀广场和数十座墓葬是江西省史前考古的又一次重大突破。祭祀台已发掘面积约600平方米，还延伸至发掘区之外。局部厚约80厘米，层次清晰。祭祀台大致分为三个区域。中部为方形土台，分布有密集柱洞，南部为一组红烧土建筑，北部为密集排列的墓葬群。该遗址是我省目前发现最早的、具有统一规划的、功能齐备的、面积最大的祭祀遗址。墓葬均为东西向排列，少数有打破关系。墓葬为土坑墓，少量有烤壁，墓穴内有火烧过的骨渣以及残破的陶器。火烤壁墓的再次发现，把江西地区史前墓葬形制的分布范围大大拓展，极大地丰富了赣江流域埋葬习俗，是十分重要的资料。流行鼎、豆、壶、罐、鬶的器物组合，具有江西地区新石器时代晚期的基本特点。但是，单一的罐形鼎、单一的侧装鼎足，又具有自身的风格，特别是出土了一批黑皮磨光的高圈足镂空觚，更是江西其他地方所未见；多样的高圈足直腹壶、器盖等，也是该遗址独具的造型特点。通过发掘初步判定，老虎墩遗址新石器时代堆积的年代在距今4500年至4000年左右。它是江西省新发现的一处从史前时期到文明过渡时期的重要的遗址。

## 华林造纸作坊遗址 宜春市高安市

华林造纸作坊遗址位于高安市周岭自然村。2007年9月至10月，2009年10月至12月，江西省文物考古研究所、高安市博物馆联合组成考古队，对华林造纸作坊遗址进行了先后两次发掘，发掘面积达700多平方米。

华林造纸作坊遗址的最早年代可以上溯到南宋时期，这无疑是目前我国发现的最早的造纸遗址，延续生产时间又历经元代、明代，对研究我国古代造纸科技发展史有重要研究价值。

第一期考古发掘，完整再现明代宋应星《天工开物》所记“造竹纸”有关原料加工的一整套工序。第二期考古发掘证实了华林造纸作坊始建于宋代，并对华林古代造纸的规模与商贸路线有了详细的了解，在福纸庙作坊区650平方米范围内，考古工作者发现了各类与造纸相关的遗迹共28个，在周岭村清理水碓遗迹7座，西溪村清理水碓遗迹7座，这是目前我国发现造纸遗迹最多的遗址。

期间对遗址的调查和试掘，发现了宋代至明代时期的竹麻坑20多处，分布于村北部山坡上；水碓遗址16处，坐落在距村东南约100米的山坡下水溪两旁，其中9座暴露在地表，7座为此次调查发现；槽房10多处，分布在周岭村民居群落中，以及蒸煮、拌料、漂洗、槌打台、烧灰坑等造纸遗迹。并对3座保存较为完整的水碓和福纸庙造纸作坊遗址进行了发掘和清理，通过对遗址中主要遗迹、地层堆积和出土遗物的分析，表明华林造纸作坊遗址是迄今为止国内发现时间最早、最完整的造纸作坊遗址，是我国考古学的新发现、新领域。同时通过此次发掘、清理，还发现了宋元时期的铜器、瓷器等大批文物。因华林造纸作坊遗址的重要价值，该遗址入选“2009年中国重大考古发现”；2013年被公布为第七批全国重点文物保护单位。

## 渎口窑遗址 上饶市玉山县

渎口窑是晚唐至北宋中期烧造青瓷的民间窑场，是江西地区重要的早期窑址之一。从出土器物的造型、胎釉和纹饰特征分析，渎口窑应属于婺州窑窑系，它的发掘丰富了婺州窑的内容，也为江西陶瓷史增添了新的资料，“渎口窑”的发现因此被评为“2004年度全国重大考古发现之一”。

渎口窑位于玉山县东部的下镇镇渎口村东面的小山坡上，下镇溪和八都溪从窑址南部蜿蜒流过，汇入信江，西注鄱阳湖。由邻近的3个窑包组成，主要烧造青瓷器。在玉山县博物馆的配合下，江西省文物考古研究所于2004年5月至7月对其中的一个窑包进行了抢救性发掘。该窑包地势北高南低，最高处高出周边水田约 40 米。东西长约 100 米、南北宽约 60 米，面积约 6000 平方米。瓷片堆积厚度最深处达 5 米余。计开 5 平方米探方 42 个，发掘面积共 1050 平方米。

渎口窑是江西省东部紧邻浙江的一处中型烧造青瓷器的民间窑场，产品种类较多，造型较独特，与浙江的一些同时期的窑口关系较为密切，江西、浙江自古以来，曾属于同一辖区，三国时期的“江东”，为吴、庐江、会稽、丹阳、豫章和庐陵六郡，相当于今江苏、安徽两省长江以南，江西中北部和浙江省，与隋唐以后的“江南”大体一致。景德镇、玉山与浙江上虞、绍兴一带窑业相互交往，相互仿烧。渎口窑的发掘不仅为江西陶瓷发展史充实了一段至为重要的实物资料，为研究赣浙两省窑业的相互交流提供了新的佐证，同时为研究当时江南地区的经济史提供了新的实物资料。

## 黄金埠窑址 上饶市余干县

黄金埠窑址，位于余干县黄金埠镇近郊刘家山一带。该窑址始烧于中唐，盛于晚唐，延烧至五代，有 1200 多年的历史。附近还有九妹山、细桥山窑等，是一个范围很大的青瓷系窑群，因窑址时代相同、文化面貌一致，因统称其黄金埠窑址。

2006 年 3 月至 7 月，为配合景鹰高速公路建设，江西省文物考古研究所联合余干县博物馆，对工程所涉黄金埠刘家山窑址进行了考古发掘。发掘面积近 600 平方米，窑址是 2006 年我国考古的重大发现，它揭示出龙窑 1 座，灰坑 1 个，出土各类窑具、青瓷器 3000 余件。

其龙窑结构是迄今我国最早从“单体龙窑”演进到“分室龙窑”的阶梯式龙窑，为南方地区烧瓷窑炉发展史的研究提供了新的资料。窑床散布的大量支烧具上刻有“上”“中”“下”方位款，对研究唐代青瓷的窑位区分和装烧工艺提供了科学依据。

其诸多青瓷产品中刻有“贞元”纪年款的瓷罐残片、青釉瓷腰鼓、器形硕大的碗、釉下褐色梅花碗、青瓷圆形曲齿圈足砚，青瓷长方形釉下褐色花草纹砚等的出土，在江西均为首次，全国亦属罕见。揭示了江西的青瓷烧制在唐代就已自成体系，填补了江西陶瓷发展史上的一个空白，印证了江西是中国青瓷生产发源地之一的事实，具有重要科研、历史价值，是一次极为重要的考古新发现。

## 仙人洞与吊桶环遗址 上饶市万年县

1993 至 1995 年，北京大学考古系、江西省文物考古研究所和美国安德沃考古基金会联合组成中美农业考古队开展了对万年仙人洞取样、发掘和对万年吊桶环遗址的发掘，两遗址相距约 800 米，其中吊桶环遗址应为仙人洞居民狩猎的临时性营地和屠宰场。时代在距今 2 万年至 1.5 万年的旧石器时代末期及距今 1.4 万年至 0.9 万年的新石器时代早期。出土遗物有 625 件石器、318 件骨器、26 件穿孔蚌器、516 件原始陶片，20 余片人骨和数以万计的兽骨残片。两遗址在石制品加工和陶器制作方面有明显差异。陶片为目前发现的中国最原始的陶制品之一。发现了从旧石器时代向新石器时代过渡的清晰的地层关系证据，并找到新石器早期的水稻遗存。万年仙人洞和吊桶环遗址的地层堆积，涵盖了由旧石器时代末期向新石器时代过渡的完整地层序列，它对于研究人类如何由旧石器时代过渡到新石器时代，提供了一个完整的文化演进过程。尤其是对有关稻作农业起源、陶器的发现、动物的驯化等重大学术课题的解决提供了相关的考古学证据，揭示出目前我国从旧石器时期向新石器时期过渡的最清晰的地层关系证据。

考古发现，万年县大源乡仙人洞、吊桶环遗址是从旧石器时代晚期向新石器时代早期过渡的重要遗址，是目前已知世界最早的水稻栽培稻起源地和原始制陶起源地，具有很高的历史价值和文化价值，因此获评列入 1995 年和“八五”期间“全国十大考古新发现”和“中国 20 世纪 100 项考古大发现”，并于 2001 年被国务院公布为全国重点文物保护单位。

## 吉州窑遗址　吉安市吉安县

吉州窑遗址位于吉安县永和镇，现存废窑堆积 24 处，内涵极为丰富。吉州窑创烧于唐代晚期，兴于五代、北宋，极盛于南宋，至明初终烧，迄今已有 1200 多年的历史。吉州窑是我国古代江南地区一座举世闻名的综合性窑场，其制瓷经验丰富，技艺高超，所烧瓷器种类繁多，釉色齐全，纹饰精美生动，丰富多彩，具有浓厚的地方风格和民族艺术色彩，尤以木叶天目、剪纸贴花更具特色，为吉州窑所独创，在中国陶瓷史上可谓独树一帜，占有十分重要的地位，它在推动我国古代瓷业生产、积累制瓷经验、促进我国与世界各国贸易和文化交流等方面做出了不可磨灭的贡献。2001 年吉州窑遗址被批准为全国重点文物保护单位。2017 年国家文物局公布了第三批国家考古遗址公园，吉州窑国家考古遗址公园名列其中。

## 大洋洲商代大墓　吉安市新干县

新干大洋洲商代大墓位于新干县大洋洲镇域中心北 2 千米处的程家村委会涝背沙丘上，距今已有三千二百多年的历史，是商朝中晚期时的墓葬。

此墓葬发现于 1989 年，是当地的村民在沙丘上取土加固赣江堤时无意中发现的。经过江西省考古队 1 个多月的科学发掘，出土了青铜器 475 件、玉器 754 件、陶器和原始瓷器 356 件。青铜器中的四足铜甗、乳丁纹虎耳方鼎、伏鸟双尾虎和玉器中的神人兽面形玉饰、侧身羽人玉佩饰更是被评为“国宝”。在这1000多件的文物中，尤其以青铜器令人瞩目，其数量之多、纹饰之美、造型之奇、铸工之精，不仅在江南地区，就是在全国都是非常罕见。这次空前发现，弥补了对江南文明史认识的断层，成为揭开3000多年前长江流域文化之谜的重大依据，因此新干被誉为“江南青铜王国”。这是继河南殷墟妇好墓、四川广汉三星堆之后，又一震惊世界的重大考古发现。这项考古被称作“我国江南考古的一项重大突破。它的发现，不仅充分证明了早在商代江南的文化就已相当发达，对江南的文明史必将重新认识，而且也为我国青铜文化的研究揭开了新的篇章”。新干商代大墓的发掘被评为“七五”期间“全国十大考古发现之一”以及“20世纪中国百年百项重大考古发现之一”。

大洋洲商代青铜博物馆于2003年在商墓遗址旁建成并对外开放，对商代大墓文物从发现、发掘到修复展出的全过程做了全面的介绍，2009年被江西省人民政府公布为第四批爱国主义教育基地，2011年被评为国家AA级景点。博物馆占地面积53000多平方米，展厅面积1580平方米，共有6个展厅，以“虎踞南国”为总标题，分为“器藏以礼”“兵戎征伐”“渔樵耕织”“狩厉之美”“天人合一”“王气南来”六部分以文物来展示新干商墓的文化内涵。

# 九 重点文化旅游景区图

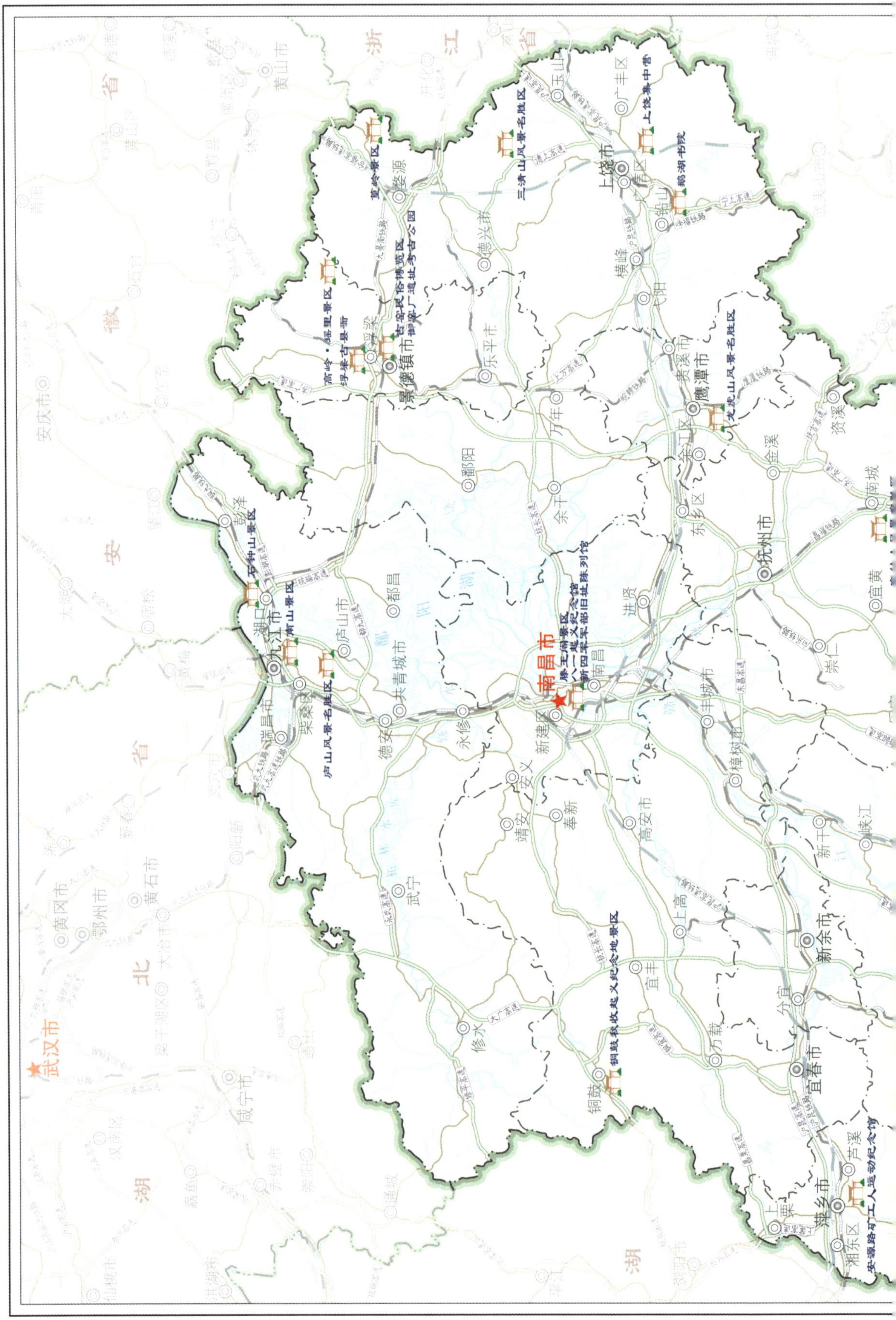

南昌市
滕王阁景区
八一起义纪念馆
新四军军部旧址陈列馆
九江市
石钟山景区
南山景区
庐山风景名胜区
景德镇市
古窑民俗博览区
御窑厂遗址考古公园
高岭·瑶里景区
浮梁古县衙
篁岭景区
上饶市
三清山风景名胜区
上饶集中营
鹅湖书院
鹰潭市
龙虎山风景名胜区
抚州市
宜春市
铜鼓秋收起义纪念地景区
新余市
萍乡市
安源路矿工人运动纪念馆
武汉市

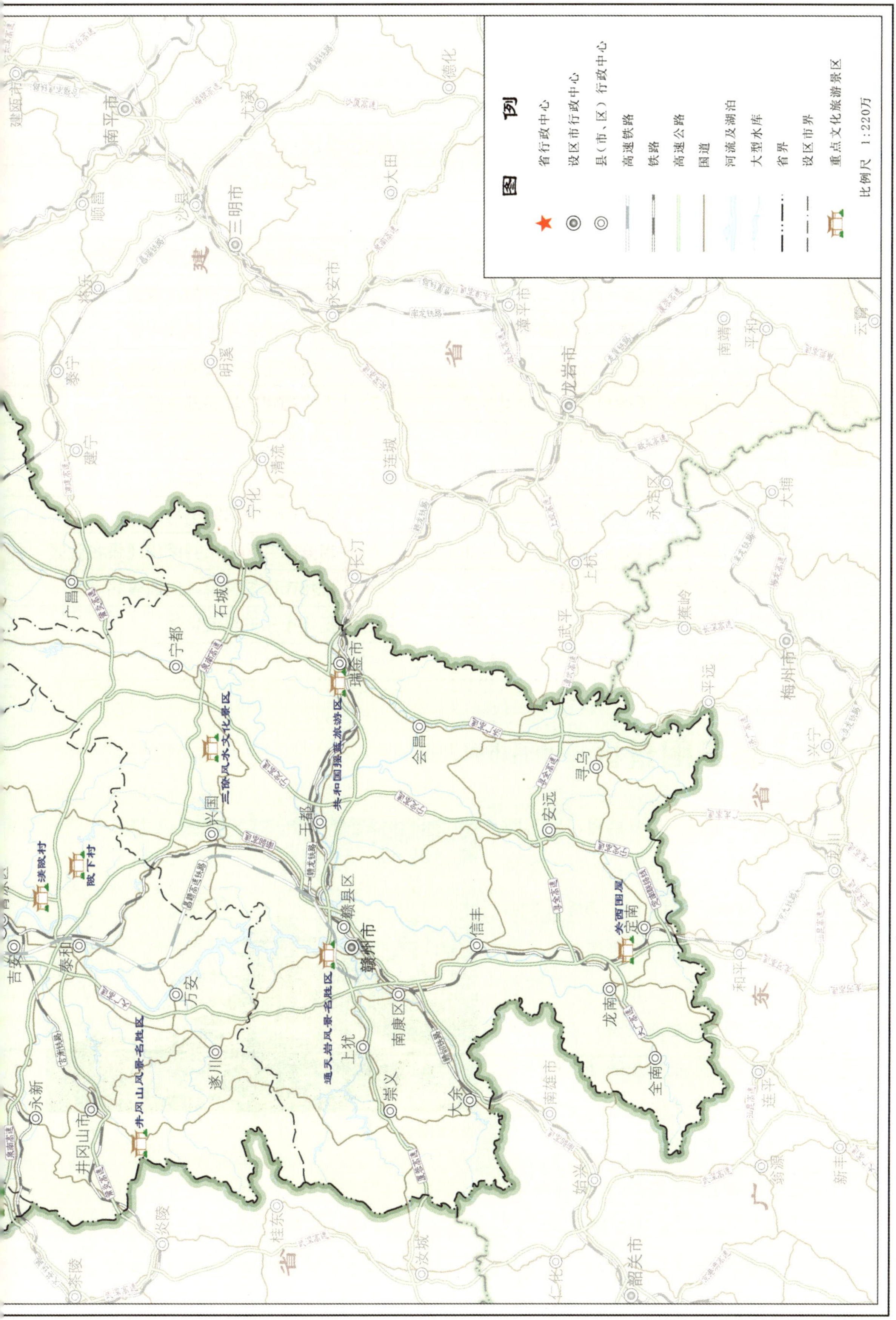
图例
省行政中心
设区市行政中心
县（市、区）行政中心
高速铁路
铁路
高速公路
国道
河流及湖泊
大型水库
省界
设区市界
重点文化旅游景区
比例尺 1:220万
建
省
省
东
广
省
建瓯市
南平市
尤溪
德化
顺昌
沙县
三明市
大田
将乐
永安市
漳平市
泰宁
明溪
龙岩市
南靖
平和
云霄
建宁
清流
连城
宁化
永定区
大埔
长汀
上杭
广昌
石城
宁都
瑞金市
武平
蕉岭
梅州市
平远
会昌
寻乌
兴宁
三僚风水文化景区
共和国摇篮旅游区
于都
兴国
安远
渼陂村
陂下村
赣县区
赣州市
信丰
定南
关西围屋
吉安
泰和
万安
龙南
和平
通天岩风景名胜区
上犹
南康区
井冈山风景名胜区
遂川
全南
永新
大余
崇义
南雄市
连平
井冈山市
始兴
翁源
新丰
炎陵
桂东
汝城
仁化
韶关市
茶陵

# 重点文化旅游景区

| 重点文化旅游景区 | | | |
|---|---|---|---|
| 1 | 南昌市东湖区滕王阁景区 | 15 | 赣州市兴国县三僚风水文化景区 |
| 2 | 南昌西湖区市新四军军部旧址陈列馆 | 16 | 赣州市龙南县关西围屋 |
| 3 | 南昌市西湖区八一起义纪念馆 | 17 | 赣州市瑞金市共和国摇篮旅游区 |
| 4 | 九江市湖口县石钟山景区 | 18 | 宜春市铜鼓县铜鼓秋收起义纪念地景区 |
| 5 | 九江市庐山市庐山风景名胜区 | 19 | 上饶市信州区上饶集中营 |
| 6 | 九江市濂溪区南山景区 | 20 | 上饶市玉山县三清山风景名胜区 |
| 7 | 景德镇市浮梁县高岭·瑶里景区 | 21 | 上饶市铅山县鹅湖书院 |
| 8 | 景德镇市浮梁县浮梁古县衙 | 22 | 上饶市婺源县篁岭景区 |
| 9 | 景德镇市昌江区古窑民俗博览区 | 23 | 吉安市青原区渼陂村 |
| 10 | 景德镇市珠山区御窑厂遗址考古公园 | 24 | 吉安市青原区陂下村 |
| 11 | 萍乡市安源区安源路矿工人运动纪念馆 | 25 | 吉安市井冈山市井冈山风景名胜区 |
| 12 | 萍乡市莲花县花塘官厅 | 26 | 抚州市南城县麻姑山风景名胜区 |
| 13 | 鹰潭市贵溪市龙虎山风景名胜区 | 27 | 抚州市乐安县流坑村 |
| 14 | 赣州市章贡区通天岩风景名胜区 | | |

## 滕王阁景区 南昌市东湖区

滕王阁，与黄鹤楼、岳阳楼并称江南三大名楼。为唐永徽四年（653），唐太宗之弟滕王李元婴任洪州都督时所创建，因初唐诗人王勃所作《滕王阁序》而名传千古。韩愈曾赞道：“江南多临观之美，而滕王阁独为第一，有瑰伟绝特之称。”故又素享“西江第一楼”之美誉。

滕王阁景区

滕王阁建筑群，坐落在南昌市抚河路赣江与抚河故道交汇处，占地6.67公顷，依城临江，濒邻南浦，距唐代阁址仅百余米。滕王阁是一座大型仿宋式古建筑，主体建筑共9层，重檐歇山式大屋顶，净高57.5米，底层平面为十字交叉型，南北长80米，东西宽140米，建筑面积13000平方米；其下部为象征古城墙的12米高台座，台座以上取“明三暗七”

格式；其两翼为对称的一级高台，高台上部为游廊；游廊南端为“压江亭”，北端为“挹翠亭”。整个建筑为钢筋混凝土仿木结构，主阁碧瓦重檐，斗拱层叠，画栋彩柱，雕门透窗，保有唐阁“层台耸翠，上出从霄，飞阁流丹，下临无地”的雄伟气势。

新近建成的滕王阁二期工程位于滕王阁以北的原水产码头、集装箱码头沿赣江西岸与抚河大道之间的狭长地带，建筑面积 12347.28 平方米，主要包括后山景区、演艺场景区、游客中心景区、过渡带景区等 4 个景观区域。是集“览胜、求知、休闲、娱乐、餐饮、购物”于一体的多功能特色文化旅游区。

2000 年景区被评为第三批全国文明风景旅游区示范点； 2004 年被国务院批准为国家风景名胜区；2010 年，荣获江西省十大文明风景旅游区、中国网民最喜爱的江西十大旅游景区（点）称号；2011 年，被中央文明办授予全国文明单位称号；2018 年，获批为国家 AAAAA 级旅游景区。

## 新四军军部旧址陈列馆 南昌市西湖区

新四军军部旧址陈列馆包括南昌新四军军部旧址和中共中央东南分局旧址两处革命遗址，是抗日战争时期新四军诞生的见证。2014 年，获批为国家 AAAA 级旅游景区。

新四军军部旧址陈列馆

南昌新四军军部旧址位于南昌市西湖区象山南路，建于 1915 年，原为北洋军阀张勋的公馆。1938 年 1 月 6 日至 4 月 4 日，新四军军部在此正式对外办公，并组织指挥南方八省红军游击队下山改编为新四军，开赴抗日前线，南昌因此成为新四军的诞生地。1987 年，旧址被评为江西省文物保护单位；2006 年被公布为第六批全国重点文物保护单位。

1988 年，南昌市政府成立南昌新四军军部旧址陈列馆对旧址进行管理使用并改扩建。改扩建后的陈列馆由军部旧址保护区、陈列展示区、纪念广场区三大部分组成，占地面积约 3 万平方米，总建筑面积 11633 平方米。

中共中央东南分局旧址位于南昌市西湖区东书院街 21 号，紧邻南昌新四军军部旧址。中共中央东南分局旧址是一组民国时期砖木结构的西式建筑群，始建于 1917 年，原为盐商余兴庆私宅，总占地面积约1600平方米，建筑面积1908.2平方米，共有6栋并列排成两排的小洋楼。其6栋建筑都是相同风格的红砖瓦结构，红砖上刻有英文字母“WAY”“兴和”等字样，字迹清晰。房屋上下两层，坐南朝北，灰色瓦盖顶。院内还有一口水井。

## 八一起义纪念馆 南昌市西湖区

南昌八一起义纪念馆位于南昌市中山路，占地面积5903平方米，是为纪念南昌起义而设立的专题纪念馆。1956年成立，1959年正式对外开放，1961年被国务院公布为全国首批重点文物保护单位（所辖五处革命旧址——总指挥部旧址、贺龙指挥部旧址、叶挺指挥部旧址、朱德军官教育团旧址和朱德旧居）。作为“中国军史第一馆”自开放以来就备受瞩目，周恩来、朱德、董必武、贺龙、陈毅、彭真、江泽民、胡锦涛、习近平等老一辈无产阶级革命家以及党和国家领导人先后莅临，参观指导。

纪念馆先后被评为全国文明单位、国家一级博物馆、国家AAAA级旅游景区、全国红色旅游工作先进集体、中国十大经典红色景区（点）、全国首批爱国主义教育示范基地和国防教育示范基地等一系列荣誉。

2007年改扩建工程全面竣工后，陈展内容主要有：新馆大楼南昌起义、人民军队光辉历程以及旧址复原陈列等。其中《南昌起义》陈列斩获了中国博物馆陈展界的最高奖——全国博物馆十大陈列展览精品评选“精品奖”。2014年，纪念馆再次进行基本陈列提升，新增了第八单元《强军之梦》，主要展示党的十八大以来习近平总书记对国防和军队建设的重要论述和成果等内容，并对各处旧址相应进行了陈展更新。

南昌八一起义纪念馆蕴藏着丰富的历史文化和红色文化资源，是开展爱国主义和革命传统教育、培养社会主义核心价值观的重要资源。

八一起义纪念馆

## 石钟山景区　九江市湖口县

石钟山景区

石钟山位于长江与鄱阳湖交汇处东南岸，是庐山“世界文化景观”的重要组成部分，长江沿线上的主要景点之一，全国重点文物保护单位，素有“中国千古奇音第一山”“鄱湖明珠”之美称，2012年获批为国家AAAA级旅游景区。石钟山海拔高度61.6米，总面积9万平方米，建筑面积约1万平方米。山上奇石突兀，花木扶疏，楼亭林立，曲径通幽，有“小蓬莱”之称。山下悬崖如削，穴缝纵横，涛拍浪击，声若洪钟。登山凭栏，可见江湖交汇，中间一条长数千米清浊分明的天然分界线，蔚为壮观。山上园林建筑自汉唐以来历经战火兵焚，屡废屡兴，现存建筑多为清咸丰八年（1858）后重建，1979年以来多有修葺。还有唐至清石刻170多处，其中唐代魏征手书《尚书·洪范》碑和宋代苏轼、黄庭坚的诗画碑尤为珍贵。

石钟山历代为游览胜地，自然风光雄伟秀美，尤以石钟山的水和石最为奇特。“江湖两色，石钟千年。”浩瀚鄱湖，滚滚长江，江湖汇合处，江水西来而浊，湖水南来而清，以截然不同的水色“划”出了一条奇妙的界线，延绵20多千米，堪称一大奇观。石又是另一大奇景。石钟山的石头具有天然形成的“绉”（绉折规则）、“透”（纹理通透）、“瘦”（清瘦秀）、“漏”（孔隙透光）、“丑”（奇形怪状）等特点，有的石块呈紫红色，有的石块作金钟声，千姿百态，观之出奇。

历史上500多位帝王将相、达官显贵、思想名家、文坛巨匠来到石钟山，留下了丰富多彩的文物和1000多篇诗辞歌赋。1084年，苏东坡送子赴德兴途经湖口，月夜泛舟三访下石钟山，留下了旷世名篇《石钟山记》，更是让石钟山名扬天下。碑刻如清末曾国藩、彭玉麟《石钟山楚军水师昭忠祠记》等；石刻有王安石《古仙洞》，程景题《江湖锁钥》等。

## 庐山风景名胜区　九江市庐山市

庐山位于九江市南部，长江和京九铁路的十字交叉线上，区位优势明显，水、陆、空交通均十分发达。并建有南山、北山两条登山公路，景区内建有环山公路、支线公路和品质优良的游步道。

庐山以雄、奇、险、秀闻名于世，素有“匡庐奇秀甲天下”之美誉。1996年，庐山以“世界文化景观”列入《世界遗产名录》；2004年，庐山成为世界首批地质公园；2006年，被评为全国文明风景旅游区；2007年，获批为首批国家AAAAA级旅游景区。

庐山是一座风景名山。东临鄱阳湖，北枕长江，山水浑然一体的大山江湖结构形成了世所罕见的壮丽景观，构成了一幅充满魅力的立体天然山水画卷。

庐山是一座文化名山。从司马迁“南登庐山”，到陶渊明、李白、郭沫若等2000余位文坛巨匠登临庐山，留下1万多首诗词歌赋，至今许多脍炙人口的名篇佳句仍在海内外传诵。

庐山是一座历史名山。中国近现代史上许多重大事件都与庐山有着密切联系。20世纪中叶，庐山为国民政府的“夏都”，解放后中共中央在庐山召开三次重要会议，一度成为中国的政治信息中心和世界媒体关注的焦点。

庐山是一座建筑名山。从历代文人“借得名山避世哗”的隐居之庐，到上世纪初20多个国家风格的庐山别墅群的兴建，使庐山成为世界近代别墅建筑博物馆。

庐山是一座宗教名山。晋代高僧慧远建东林寺，创净土宗，庐山成为当时南方宗教中心。如今庐山成为集佛、道、天主、基督、伊斯兰教于一身的宗教圣地。

庐山是一座教育名山。唐代设“庐山国学”，白鹿洞书院为宋代四大书院之首；朱熹重建白鹿洞书院弘扬“理学”，成为“中国七百年理学发展大趋势”的代表。

庐山是一座科学名山。植物学家胡先骕在庐山创建中国第一个亚热带山地植物园；地质学家李四光在庐山创立“第四纪冰川”学说，庐山成为世界首批地质公园。正如“世界文化景观”含义所指出的那样：庐山是“自然与人类的共同作品”。

## 南山景区 九江市濂溪区

南山公园位于九江市中心城区南端，庐山脚下，面积68.7万平方米，由广场、山体景区组成。公园的名称，取自中国田园诗派的鼻祖陶渊明的千古绝唱：“采菊东篱下，悠然见南山。”陶渊明笔下的“南山”，就是有“秀甲天下”之誉的庐山。南山公园，就处在150千米锦绣匡庐的绿韵环抱之中。公园于2010年建设，已建成各类景点18处，并于2014年获批为国家AAAA级旅游景区。

南山广场分别有入口景石铭牌、汉白玉莲生雕塑、古浔城八景地雕、音乐喷泉、九水汇江等景观。山体景区由山门、广场入口、文化墙、亭台楼阁（悠然亭、思贤台、德化楼、清心阁）、五柳湖及带月河溪流组成，环山道路全长2924米，景观树绿化覆盖率达到70%多。五柳湖为人工修建，取名五柳湖，意在纪念陶渊明，重现先生梦恋中闲适优雅的山水美景，让游览者有往返世外桃源之感。德化楼，始建于 2012 年，因九江古称德化而名。建筑总面积 3100 平方米，高 43.6 米，外 5 层、内 7 层，为清时期南派风格仿古建筑。登楼则远可眺览庐山、长江、鄱阳湖之美景，近可览浔南城市客厅之秀色。思贤台，始建于 2011 年，典型的中式仿古建筑。清心阁，始建于 2013 年，建筑总面积 307 平方米，高 18.28 米，共两层，外观为仿清大木做法。“绝胜云林清闭阁，宛如渊明桑落洲。” 颇得登阁清心之妙。悠然亭，为纪念陶渊明而建，重现了“万仞峰前一水旁，晨光翠色助清凉。谁知几片石多情，曾送渊明入醉乡”之先生饮酒赋诗场景。带月河，为南山公园西侧的溪流。来自庐山仙洼水库，经濂溪河、汇入长江。两岸有梅花林、桃花林、樱花林、紫薇林、竹林等自然生态景观。

## 高岭 · 瑶里景区 景德镇市浮梁县

高岭 · 瑶里风景区为国家 AAAA 级旅游景区、国家重点风景名胜区、中国历史文化名镇、国家矿山公园、国家森林公园、国家重点文物保护单位、国家自然与文化双遗产。位于举世闻名的瓷都东北端，距景德镇城区 50 千米。地处三大世界文化遗产（黄山、庐山、西递和宏村）的中心，素有“瓷之源，茶之乡，林之海”的美称，目前规划面积 195 平方千米。

瑶里，古名“窑里”，因景德镇陶瓷发祥地而得名，远在唐代中叶，这里就有生产陶瓷的手工作坊。瑶里境内山高林密，盛产制瓷原料——高岭土，虽经数百年采掘，至今仍蕴藏丰富。其境内高岭村是古代景德镇制瓷原料的产地。18 世纪初，“高岭”之名传播国外，成为国际黏土矿物学通用

高岭 · 瑶里风景区

术语——“高岭土”的命名地。高岭孕育了瓷都，瓷都把高岭推向了世界。高岭引起了世界陶瓷界的关注，许多专家学者接踵而至，他们追踪溯源，寻幽探秘，著书立说，让世人对高岭多了一份了解，多了一份执着。

始建于西汉末年的瑶里古镇，群峰环抱，如画如屏，南踞象山，北卧狮山，瑶河穿镇而过。这里有展示徽派“三雕”艺术的狮冈胜览、程氏宗祠；有展现封建家族礼仪思想的进士第；有再现革命斗争历史的陈毅旧居、抗日动员大会会场、红军游击队驻址；有印证往日繁华景象的明清商业街、徽州古道；有反映瑶里风土人情的灯彩、地戏等。

瑶里最为秀丽的景色当数汪湖生态游览区和梅岭休闲度假区，位于汪湖生态游览区的南山瀑布群，由南山瀑、石花瀑、飞龙瀑、飘锦瀑等 4 段瀑布组成。瀑布群全长 400 多米，落差达 220 米，主瀑宽 70 米。一水四瀑，首尾相接，从大到小，先急后缓，若断若续，时隐时现。四瀑景致，瀑瀑不同。汪湖生态游览区的另一处景点——原始森林、天河谷，气候湿润，植被完整，从阔叶林到针叶林，从藤蔓乔木到花草灌木，色彩斑斓，层次分明，俨然一座天然植物园。

## 浮梁古县衙 景德镇市浮梁县

浮梁古县衙，坐落在风景秀丽的昌江河畔，位于瓷都景德镇浮梁县旧城村，距市中心 8 千米，县城 3 千米。是一个以省级文物保护单位“浮梁县署”“红塔”为核心开发的历史人文景点，2005 年获批为国家 AAAA 级旅游景区。

景区总规划面积 6.8 平方千米，以“红塔”“浮梁县署”为核心景点，两处景点分别在 1959 年、1987 年列为省级文物保护单位。景区现已开发建成并开放的景点有 10 处，从外到内依次为：中国

浮梁古县衙

最古老的天文计时仪器——日晷（太阳针）、千喜良缘广场、历史文化长廊、哥德堡号、千年瓷坛、古城门楼、红塔、三座牌坊、千年奇桂、完整古县衙。

红塔又名西塔，始建于北宋初年，距今已有一千多年历史，1959 年被列为首批江西省重点文物保护单位，为中国 72 座古塔之一，是浮梁的标志性建筑。

浮梁古县衙是一座保存较为完整的清代县衙，也是全国仅有的 4 处古县衙之一，1987 年被列为省级文物保护单位，始建于清道光年间，是一部活生生的中国古代县级行政博物馆，既可领略古代衙府的风貌，又可了解封建社会衙门的历史，被誉为“江南第一衙”“中国县署第一衙”。

## 古窑民俗博览区 景德镇市昌江区

古窑民俗博览区是景德镇辉煌灿烂陶瓷历史文化的一道缩影。坐落于景德镇市瓷都大道古窑路 1 号，是全国唯一一家以陶瓷文化为主题的国家 AAAAA 级旅游景区，是全国旅游标准化示范景区、国家文化产业示范基地、全国科普教育基地、国家级非物质文化遗产生产性保护示范基地。

古窑民俗博览区

古窑民俗博览区分 3 个展示区，分别是历代瓷窑展示区、陶瓷民俗展示区和瓷生一日艺术休闲区。历代瓷窑展示区内有古代制瓷作坊、世界上最古老制瓷生产作业线、明清御窑、清代狮子窑、清代镇窑、明代葫芦窑、元代馒头窑、宋代龙窑、风火仙师庙、致美轩陶瓷陈列馆、唐英纪念馆、红店等景点，向人们展示了古代瓷业建筑，宋元明清时期景德镇手工制瓷工艺流程展示及传统名瓷精品展。陶瓷民俗展示区是以 12 栋明、清古建筑为中心的民俗展示区，内有陶瓷民俗陈列、天后宫、祖师庙、金瓷工坊、瓷碑长廊、瓷音水榭、瓷乐演奏等景观。瓷生一日艺术休闲区内有中国古窑馆、紫禁书院、世博江西馆、窑神童宾大型青铜像、昌南问瓷、三间庙码头、耕且陶焉、前瓷今生、木瓷前缘、哇陶体验馆等瓷文化创意休闲景观。

瓷器之成，窑火是赖。泥做火烧，关键在窑。在 2009 年 10 月 19 日，沉寂了 15 年的清代镇窑重新点燃圣火，并在央视等各大媒体、各大陶瓷专家的认证下开窑，复烧成功，一项新的吉尼斯世界纪录“世界上最大的柴烧瓷窑”诞生了。古窑至今复活复烧了宋元明清历代典型瓷窑 11 座，已经成为一座“活的陶瓷博物馆”。

## 御窑厂遗址考古公园 景德镇市珠山区

御窑厂遗址位于景德镇市珠山区，保护区总面积约131000平方米，历史遗存丰富，包括明清时期御窑厂窑业遗迹、窑炉遗迹、墙体、道路遗迹、古井、古树、窑业堆积遗迹、衙署建筑及其他附属建筑遗迹；另外还包括与明清御窑紧密相关的元代官窑遗迹，以及出土的明清御窑瓷器碎片及窑业工具等可移动文物；同时御窑厂遗址区周边传统街巷、民居、商铺、民窑作坊、历史文脉以及昌江等，也是其遗存构成的重要组成部分。

经历多次考古发掘，现已清理出明代及清末民初葫芦形窑炉等遗迹，出土了一大批元代、明洪武、永乐、宣德、正统、成化、弘治、正德、嘉靖、万历等时期的落选御用瓷器碎片。

御窑厂遗址景区于2012年元月对外准开放。2015年获批为国家AAAA级旅游景区。

御窑厂遗址景区从南至北依次包含：御窑厂古井、阅瓷楼、陶瓷修复研究中心、明代御窑南麓遗址、佑陶灵祠、中国御窑工艺博物馆、御诗亭、龙珠阁、明代御窑北麓遗址等场馆和景点。

## 安源路矿工人运动纪念馆 萍乡市安源区

安源路矿工人运动纪念馆

安源路矿工人运动纪念馆占地面积10万平方米，始建于1956年。位于江西省萍乡市安源镇境内，是集参观、游览、休闲于一体的国家级重点风景名胜区，铁路浙赣线和公路319线、320线贯穿其间，交通便利。

安源路矿工人运动纪念馆陈列大楼坐北朝南，建筑面积3245平方米。现有馆藏文物2652件，其中一级文物61件（套），二级文物67件（套），三级文物2050件（套），文献史料和回忆录5000余份，照片、录音、录像资料6000件。负责保护和宣传的文物保护单位共17处，其中全国重点文物保护单位6处，江西省文物保护单位9处，萍乡市文物保护单位2处。

安源路矿工人运动纪念馆1997年为首批全国爱国主义教育示范基地，2004年获批为中国井冈山干部学院现场教学点，2008年获批为中国十大红色旅游景区，2009年获批为首批国家国防教育示范基地、2010年获批为国家AAAA级旅游景区全国红色旅游先进集体、全国优秀社会教育基地，

2014 年获批为全国青少年革命传统教育基地、全国人文社会科学普及基地、全国工会干部革命传统教育示范基地，2017 年获批为全国红色旅游经典景区国家一级博物馆等荣誉。安源路矿工人运动纪念馆结合实际打造全方位、全天候、全过程的红色安源德育课程，以多维化、多视角向游客介绍从 1921 年到 1930 年，毛泽东、刘少奇、李立三等老一辈无产阶级革命家领导安源路矿工人，团结自己，团结农民和其他民众，准备和实行武装斗争，反对帝国主义、封建主义和官僚资本主义，为建立新民主主义的新中国和最终实现共产主义社会而奋斗的历史。

在纪念馆的陈列大楼内，观众可以通过量身定制的讲解内容通篇了解安源工运的 10 年历史，参观旧址旧居，身临其境地对话历史；然后观看具有安源特色的红色文化演出，由点带面，立体感知历史的过往。最后经由专家授课，深入感触安源的历史。

## 花塘官厅 萍乡市莲花县

花塘官厅位于莲花县城南花塘村，原是清宫帝师、北大第六任校长朱益藩及其兄湖南巡抚朱益浚的官邸，占地 16 亩，建筑面积 4445 平方米。池塘、花园、水井等一应俱全。两幢房屋建筑融赣西民居、北方风格和湘西特点于一体，雕梁画栋，做工精湛，是赣西境内古建筑之杰出代表。

花塘官厅

花塘官厅是重要的革命旧址，包括湘赣省旧址、列宁学校旧址、胡耀邦革命生涯第一站。湘赣省委及省苏维埃第一次代表大会先后在此召开。老一辈无产阶级革命家彭德怀、王首道、王震、胡耀邦、袁德生、张启龙、甘泗淇等都曾在此工作、生活过。特别是胡耀邦同志与花塘官厅有着特殊的历史渊源，他参加革命的第一站就在花塘官厅。1986 年，他为此曾亲笔题写“列宁学校”。2011 年 9 月，胡耀邦同志的遗孀李昭同志为胡耀邦陈列室亲笔题词“莲花——胡耀邦同志革命生涯第一站”。花塘官厅现为江西省重点文物保护单位，2015 年获批为国家 AAA 级旅游景区。

2011 年，莲花县委、县政府对花塘官厅及院内环境实施了维修和整治，在湘赣省一苏、一大会议旧址实施了复原陈列，并设立了列宁学校陈列、胡耀邦专题陈列、朱益藩陈列和花塘村史等多个专题陈列布展。以“胡耀邦革命生涯第一站”为主线，融合列宁学校、中共湘赣省一大、一苏会议旧址等史料，重点突出胡耀邦同志与花塘官厅的特殊渊源，充分展示莲花在井冈山革命斗争和湘赣革命斗争中的历史地位以及老一辈无产阶级革命家在莲花的光辉足迹，左栋为清代帝师朱益藩生平和花塘村史陈列。

## 龙虎山风景名胜区 鹰潭市贵溪市

龙虎山，位于鹰潭市西南 20 千米处。龙虎山景区，1988 年获批为国家重点风景名胜区，2009 年获批为世界地质公园、2010 年获批为世界自然遗产，2012 年获批为国家 AAAAA 级旅游景区、中国道教祖庭。自古以“神仙所都”“人间福地”而闻名天下。源远流长的道教文化、奇绝秀美的丹山碧水和千古未解的崖墓之谜，构成了龙虎山自然和人文景观完美结合的惊世奇观。

龙虎山风景名胜区规划面积 262 平方千米，现由 7 大景区、1 个外围独立景点组成。其中，仙水岩景区、正一观景区、上清宫景区、马祖岩景区、应天山景区、天门山景区、圣井山景区为风景区的主体，鬼谷洞为风景区的外围独立景点。全区共有 52 个景点，景物景观 230 处。

龙虎山的山水自然天成，美轮美奂。泸溪河（流经上清镇、龙虎山一带俗称上清溪）发源于福建光泽和江西资溪的崇山峻岭之中，似一条逶迤的玉带，把龙虎山的奇峰怪石、茂林修竹串联在两岸。由红色砂砾岩构成的丹霞地貌与泸溪河相伴，构成了“一条涧水琉璃合，万叠云山紫翠堆”的奇丽景象。丹崖碧水、山水交融，且和源远流长的道教文化、千古未解的古越崖墓之谜完美结合，交相辉映构成了龙虎山景观的“三绝”。

道教以修炼成仙为最高境界，而龙虎山神奇灵秀的丹山碧水，远离尘嚣、刚柔相济、阴阳平衡，“接天地无涯之真气，摄宇宙虚空之阳精”，是修炼的理想之地。第一代天师张道陵，遍访名山大川，最后选择了龙虎山肇基炼丹，“丹成龙虎见”，龙虎山自然而然成为道教发源地。

龙虎山又与春秋战国古越人的崖墓密不可分。古干越人选择在离地（河）面十米至五六十米高的层控槽穴（向阳、避风、干燥、安全）中安葬死者。据不完全统计，在龙虎山风景名胜区内共有崖墓 200 余座，主要分布在仙水岩景区和马祖岩景区。

## 通天岩风景名胜区 赣州市章贡区

通天岩风景名胜区位于赣州市西北郊 6.8 千米处。1988 年获批为全国重点文物保护单位，2001 年获批为国家 AAAA 级旅游景区。景区具有“丹霞地貌独特、石窟文化深厚、文物古迹众多、生态景致宜人”四大特点。

通天岩风景名胜区至今保留着唐朝至宋代的石龛造像 359 尊，宋代至民国的摩崖题刻 128 品，

是我国江南地区最大、保存最完好的一座石窟寺，是我国佛教界石龛造像十八罗汉的形成地，被专家誉为“江南第一石窟”。代表性地貌景观景点主要有忘归岩、观心岩、龙虎岩、通天岩、翠微岩等。其中雕刻于唐代的 8 尊造像飘逸洒脱、栩栩如生。历经千年，苏东坡、王阳明、唐邦佐、蒋经国等名人在此留下了众多历史遗迹，遂使通天岩扬名海内外。北宋大文豪苏东坡 1094 年与隐士阳孝本在通天岩畅谈人生，共同栽种了象征友谊的铁树，千年铁树至今依然枝繁叶茂；明代理学大师王阳明 1517 年在忘归岩石壁上刻下了五言诗“青山随地佳，岂必故园好。但得此身闲，尘寰亦蓬岛。西林日初暮，明月来何早。醉卧石床凉，洞云秋未扫”；1579 年赣州通判唐邦佐留在通天岩的三品书法清新飘逸、纵横挥洒，融众家之长，无论是运笔、结构还是章法都有独到之处，是通天岩书法艺术价值最高的书法题刻，是书法石刻艺术历史长河中不可多得的精品；蒋经国 1939 年至 1945 年主政赣南时，倡导实施他的新生活运动，通天岩至今留下了蒋经国舞厅和避暑山房，是蒋经国先生新生活运动的真实写照。

如今的通天岩，新石刻区、情苑、十二生肖园、人生荟萃园和水上游乐园与通天岩石窟紧紧相连，有 23.66 米的丹崖卧佛、9.99 米高的汉白玉滴水观音、赣州历代名人造像、千佛洞和财神庙，体现了历史与现代的完美结合，自然与文化的和谐统一，是休闲度假的好去处。

## 三僚风水文化景区 赣州市兴国县

三僚风水文化景区位于兴国县梅窖镇三僚村，景区连接 319 国道和泉（州）南（宁）高速公路，距京九铁路兴国火车站 67 千米，赣州黄金机场和井冈山机场 150 千米，交通便利。

三僚村因其独树一帜的风水文化，被海内外易学界誉为“中国风水文化第一村”“中国风水文化发祥地”。风水祖师杨筠松（名益，号救贫），携弟子曾文辿、廖金精隐居三僚著书立说，创立中国赣派风水文化理论体系，三僚曾、廖二姓师承杨公奇术并发扬光大。从此，中国风水文化传播海内外。自五代十国、宋、元、明、清历朝，明师迭出，其中白衣承诏，由皇帝钦封为钦天监博士的风水师就达 36 人，享誉世界。古都南京、北京著名建筑，如明十三陵、故宫、长城清东陵等都是三僚风水先生堪择。景区内至今保存了大量的风水作品，如龟蛇相会、曾氏砂手、蛇形祠、虎形墓、七星池等，是中国风水文化保存最为完好、风水作品最为集中的古村落，成为世界风水文化爱好者朝觐的圣地。

走进三僚，盆地四边各有东华、西竺、南极、北斗 4 座寺庙和御屏帐、活龙脑、九尾杉、和合石、多士石、章罡士、七星池、甘泉井 8 个景点，仿佛在演绎着《易经》中“太极生两仪，两仪生四象，四象生八卦”的原理。又如走进一座巨大的风水文化陈列馆，布满了历代风水师们留下的独具匠心的风水文化建筑，如：这里有大小祠堂42座，典型的有“挂壁天井”“蛇形祠”“龟蛇相会”“狗形祠”“半坑祠”“无蚊祠”“万方祠”“月洲祠”“美女照镜祠”等。每一座祠堂都蕴藏着高深的玄机和包含着神奇的故事。又如：现存明清从前古墓几百座，其大者如皇陵，座座皆有风水说道。2007年，三僚风水文化景区被评为江西乡村游十大旅游景点、国家农业旅游示范点荣誉称号。2008年，三僚风水文化列入江西省第二批非物质文化遗产名录。2009年，三僚村被评为省级历史文化名村。2011年，三僚村被评为全国生态文化村江西省新十大旅游景区。2011年，获评为国家AAAA级旅游景区。2012年特批为保护性规划单位。

## 关西围屋 赣州市龙南县

关西围景区位于龙南县关西镇境内，距县城15千米，景区包含关西新围、西昌围、鹏皋围、田心围、圳下围、大书房等围屋。

景区的核心景点——关西新围，始建于清嘉庆三年（1798），竣工于道光七年（1827），迄今已有二百多年的历史。该围屋规模宏大、保存完整，是迄今国内外发现保存最为完好、结构功能最为齐全的围屋。被外国人称为东方的古罗马城堡、第十九届世界客属恳亲大会指定参观点。客家人传颂的九栋十八厅，是赣南客家围屋中占地面积最大、保存最完整、功能最全、最具代表性的客家民居，其独特的建筑风格和深厚的历史文化底蕴，使之成为享誉中外的旅游景区。

关西新围是当地名绅徐名钧所建。与老围“西昌围”相对映，俗称为“新围”。关西新围占地总面积7426平方米，呈正方形，四角建有炮楼。其整体结构像个巨大的“回”字，中间是祠堂，围内建筑对称布局，形成九幢十八厅的典型建筑。围内百余间房屋布局科学、结构严谨，其采光、通风、排污考虑周到。关西围绘画、装饰之美也令人赞叹，正厅大门前有一对雕刻精美栩栩如生的石狮；厅堂厢房都镶嵌有龙、虎、麒麟等。

关西新围2001年被评为第五批全国重点文物保护单位，2003年公布为第一批省级历史文化名村，2008年获批为国家AAAA级旅游景区。

## 共和国摇篮旅游区 赣州市瑞金市

瑞金是共和国摇篮、红色故都、红军长征出发地。党史专家以“上海建党，开天辟地；南昌建军，惊天动地；瑞金建政，翻天覆地；北京建国，改天换地”精辟地概括了瑞金在中国革命史和中共党史的重要地位。共和国摇篮旅游区于2015年获批为国家级AAAAA级旅游景区，景区包括叶坪、红井、二苏大、中华苏维埃纪念园4个红色旅游区,是中宣部首批公布的全国爱国主义教育示范基地,也是全国红色旅游经典景区之一，景区分别分布在瑞金城郊和城区。

叶坪红色旅游区古木参天、绿树成荫，是全国保存最完好的革命旧址群之一，其中全国重点文物保护单位16处。一座谢家宗祠（中华苏维埃共和国中央政府诞生地），见证着红色革命的前世今生。置身景区中，千年古樟娓娓诉说当年的华彩乐章。

红井红色旅游区屋舍俨然，幽美而古朴。全国重点文物保护单位10处。一口甘甜红井水，震撼着无数中国人的心灵。

二苏大红色旅游区松涛阵阵、曲径通幽。景区有中华苏维埃临时中央政府大礼堂，造型独特，从空中俯视，宛若扣在大地中的红军八角帽，被称为北京人民大会堂的前身，成为中华苏维埃临时中央政府的形象标志。

中华苏维埃纪念园景区主要有瑞金革命烈士纪念馆、瑞金中央革命根据地历史博物馆、红五星音乐广场、苏区精神铜字、中华苏维埃纪念鼎、十三苏区景观等。走进景区，一道道红色景观诉说着那段峥嵘岁月，一份历史的厚重感油然而生。

这里的一草一木，凝结着无数先烈的热血；一山一水，折射出苏区精神的真谛。共和国摇篮，中国革命最光辉的篇章之一。

## 铜鼓秋收起义纪念地景区 宜春市铜鼓县

秋收起义纪念地景区是由秋收起义铜鼓纪念馆、湘赣边界秋收起义前敌委员会旧址——萧永翁祠、毛泽东化险地组成。2016年铜鼓秋收起义纪念地景区获批为国家AAAA级旅游景区。

秋收起义铜鼓纪念馆

秋收起义铜鼓纪念馆坐落在铜鼓县城定江东路489号，于1977年8月建成并对外开放，展馆总占地面积5000平方米。通过序厅、历史背景介绍和谋划起义、举旗暴动、转兵南移、红旗飘扬4个部分的合理组合，把秋收起义在中国共产党建军思想、军队旗帜和军队发展中的重要历史地位进行了全面展现。秋收起义铜鼓纪念馆先后被列为全国爱国主义教育示范基地、首批“国家国防教育示范基地”“中国井冈山干部管理学院现场教学点”，还被评为“江西省十大红色旅游景点”之一。1927年，毛泽东以中央特派员和前敌委员会书记的身份，亲临铜鼓领导和发动了著名的湘赣边界秋收起义。历史的际遇把铜鼓推到革命风暴的中心，从此，铜鼓与毛泽东联系在一起，并见证了毛泽东领导秋收起义的伟大实践过程。秋收起义如一声惊雷震撼了整个中国，成为中国共产党独立领导革命战争、创建人民军队开端的重要标志，开启了中国革命新纪元。

湘赣边界秋收起义前敌委员会旧址——萧永翁祠俗称萧家祠坐落在秋收起义纪念馆旁边，建于清光绪初年，土木结构。总占地面积 2200 平方米，是一座典型的客家建筑。1987 年就被评为省级重点文物保护单位。2013 年被公布为“第七批国家级重点文物保护单位”。

毛泽东化险地景区坐落在铜鼓县排埠镇的西南，南邻万载，西接浏阳，北通鄂东南的交通要塞。占地面积 400 亩，于 2004 年动工兴建， 2006 年对外接游，景区内有毛泽东旧居吴家祠、毛泽东脱险陈列馆、毛泽东铜像广场以及自然景观等。1927 年 9 月，毛泽东来到铜鼓领导湘赣边界秋收起义，就是在这里发生了他老人家生平第一次也是唯一一次遇险并成功脱险的传奇经历。

## 上饶集中营　上饶市信州区

上饶市集中营

上饶集中营景区坐落于上饶市城区南部（今茅家岭街道境内），景区总体面积 2 平方千米，拥有革命烈士纪念碑、革命烈士纪念馆、纪念亭等纪念性建筑物及 23 处遗址、遗迹，景区可分五大参观游览区。上饶集中营名胜区是全国重点文物和革命烈士纪念建筑物重点保护单位、全国爱国主义教育示范基地、全国十大红色旅游基地、全国红色旅游经典景区、国家 AAAA 级旅游景区。

闻名于世的上饶集中营，是“皖南事变”的历史产物。国民党 1941 年 1 月初发动震惊中外的皖南事变之后，同年 3 月 22 日在江西上饶周田、茅家岭、李村、七峰岩等地设立的一座规模庞大的法西斯式人间地狱。这里当时监狱四周架设起铁丝网，负责管理的是军统康泽系特务。第三战区特务团调遣一个加强排担任看守，监狱门外有荷枪实弹的卫兵日夜站岗。主要囚禁皖南事变中谈判被扣的新四军军长叶挺和弹尽粮绝被俘的新四军排以上干部及爱国进步人士 760 余人。

1955 年人民政府在茅家岭修建了烈士陵园和烈士纪念碑，碑上刻有周恩来题书的“革命烈士永垂不朽”八个大字，1980 年重新修葺，并建立了上饶集中营革命烈士纪念馆。该陵园 1988 年获批为第二批全国重点革命烈士纪念建筑物保护单位。

## 三清山风景名胜区 上饶市玉山县

三清山又名少华山，位于江西省东北部怀玉山脉中段，因玉京、玉虚、玉华三峰峻峭挺拔，宛如道教玉清、上清、太清三仙境而得名。三清山主峰为玉京峰，海拔 1819.9 米。1988 年经国务院获批为国家级风景名胜区。现景区规划范围达 756.57 平方千米（其中核心区面积 229.5 平方千米，缓冲区面积 168.5 平方千米，外围保护区面积 358.57 平方千米），共分南清园、万寿园、西海岸、玉京峰、三清宫、西华台、三洞口、石鼓岭、玉灵观和阳光海岸十大景区。三清山素有“天下第一仙峰，世上无双福地”的美誉。它“东险西奇，南绝北秀”，兼有“泰山之雄伟，华山之峻峭，衡山之烟云，匡庐之飞瀑”的特点。“览胜遍五岳，绝景在三清”是对三清山风景优美的最好写照。

三清山是一座具有一千六百余年历史的道教名山，古代文化遗产在此得到了完好的保存。早在 1600 多年前，晋代方士葛洪就曾在此修道炼丹。按八卦布局的三清宫古建筑群，被国务院文物考证专家组评价为“中国古代道教建筑的露天博物馆”，2011 年获批为国家 AAAAA 级旅游景区，于 2013 年被列为国家级文物保护单位。现山上遗留下的三清宫、龙虎殿、九天应元府、飞仙台、步云桥等古建筑多与道教有关。

三清山风景名胜区

在三清山核心景区就有奇峰48座，造型石89处，景物、景观384处，三清山又被称为第四纪冰期时东亚最重要的“生物避难所”。现在三清山已查明的高等植物种类达2373种，其中很多都是珍稀的物种，像红豆杉、白豆杉、银杏、天女花等。三清山不仅是南方铁杉的分布中心，还有数千亩的高山杜鹃树，尤其到了春暖季节，花开时，姹紫嫣红，令人心醉。

三清山还是国家动物保护基地。已经查明的野生动物有1827种，其中有54种国家重点保护野生动物，其中国家一级重点保护野生动物有黑麂、云豹、豹、白颈长尾雉、黄腹角雉、中华秋沙鸭、金斑喙凤蝶等7种。国家二级重点保护野生动物有47种。

三清山全长约3700米的西海岸栈道在海拔1600米的高山悬崖绝壁上，横空出世，其中2700米不见台阶，是三清山乃至全世界最长、路面最宽、视野最开阔的悬空栈道。身临西海悬廊，惊、奇、险、幻、幽、宏，无不令人唏嘘感叹；玉京峰景区的云海、雾涛、日出、宝光和插天奇峰，使游客流连忘返。

## 鹅湖书院 上饶市铅山县

内容介绍详见P209。

## 篁岭景区 上饶市婺源县

以“晒秋”闻名遐迩的篁岭位于婺源县东北部，建村于明代中叶，距今有五百多年历史。梯田叠翠铺绿，村庄聚气巢云，被称为“梯云人家”。

篁岭景区

挂在山崖上的篁岭古村，千棵古树环绕、万亩梯田簇拥，造就了500年世外桃源般的山居田园隐居生活。“地无三尺平”，数百年来，奇特的地形地貌却激发了先民的想象力和创造力，从而在无意间造就了一处中国特有的“晒秋人家”风情画。篁岭古村数百栋徽派民居在百米落差的坡面错落排布，每当日出山头，整个山间村落徽式民居晒架上、圆圆晒匾里，五彩缤纷丰收果实组合，绘就出世界独一无二的“晒秋”农俗景观。春晒茶叶、夏晒辣椒、秋晒黄菊、冬晒乡俗……128户“古宅晒秋”，365天永不落幕的童话。

可以说，篁岭古村既是自然的宠儿，也是人文的杰作，更是造物主遗落在人间的一块美玉。2014年篁岭景区被评为国家AAAA级旅游景区，2014年被评为中国最美休闲乡村，2014年被评为最美中国符号，2015年被评为中国乡村旅游模范村，2016年被评为中国最美休闲胜地，2017年被评为全国乡村旅游超级IP村，2017年被评为亚洲旅游“红珊瑚”奖——最佳旅游小镇等。被网友赞誉为世界最美村庄、全球十大最美梯田。

## 渼陂村 吉安市青原区

内容介绍详见P040。

## 陂下村 吉安市青原区

内容介绍详见P041。

## 井冈山风景名胜区 吉安市井冈山市

井冈山风景名胜区位于江西省西南部，地处湘赣两省交界的罗霄山脉中段。20世纪20年代末，毛泽东、朱德等老一辈无产阶级革命家在这里开展了2年零4个月的井冈山斗争，把马克思主义与中国革命实践相结合，建立了中国第一个农村革命根据地，开创了农村包围城市武装夺取政权

井冈山风景名胜区

的成功道路，并铸就了伟大的井冈山精神，留下的革命遗址遗迹 110 多处。井冈山被誉为“中国革命的摇篮”和“中华人民共和国的奠基石”，是一座没有围墙的红色博物馆，已成为人们励志修身、接受革命传统教育的“精神家园”。

井冈山风景名胜区现有 11 大景区，76 个景点，460 多处景观景物。景区千峰竞秀，万壑争流，苍茫林海，飞瀑流泉。主要景区（点）有：黄洋界、茨坪革命旧址群、井冈山革命烈士陵园、大井毛泽东同志旧居、井冈山革命博物馆、茅坪八角楼、会师纪念馆、龙潭、主峰、水口、笔架山等。当年，朱德委员长重上井冈山挥笔写下了“天下第一山”的题词。著名文学家郭沫若畅游井冈山后，留下了“井冈山下后，万岭不思游”的赞美诗句。井冈山风景名胜区森林覆盖率达 86%，每立方厘米空气中含负氧离子数量超过 8 万个，最高的地方达 16 万个，素有“天然动植物园”“绿色宝库”之称，被誉为“天然氧吧”。1982 年，井冈山获批为第一批国家级重点风景名胜区，2007 年获批为国家 AAAAA 级旅游景区、全国文明风景旅游区、全国生态旅游示范区、中国研学旅游目的地等殊荣。

井冈山属山岳型风景名胜区景观景点，属中亚热带湿润季风型气候，雨量充沛，气候宜人，夏无酷暑，冬无严寒，年平均温度为 14.2℃，是从事爱国主义教育、学习革命传统、观赏自然风光的理想之地。井冈山景区旅游产品丰富多样，设施齐全完善，服务优质舒适，交通顺畅便利。建有集旅游观光、休闲度假、教育培训为一体的多元化旅游产品体系；构建了以铁路、高速公路、飞机为一体的立体交通网络；景区服务管理全面推行标准化、智能化、数字化。

## 麻姑山风景名胜区 抚州市南城县

麻姑山位于抚州市南城县，2017 年获批为国家 AAAA 级旅游景区、国家水利风景名胜区、省级重点风景名胜区、省级森林公园。它位于南城县西部，距县城 4 千米，距省会南昌 165 千米，景区面积约 48 平方千米。麻姑山是武夷山系军峰山的余脉，主峰芙蓉峰海拔 1176 米。自古就是我国东南道、释、儒三教的活动中心和避暑养生休闲胜地。

麻姑山，原名丹霞山，麻姑仙女的故事发祥于此。历史上的麻姑山，以唐宋时期的发展最为鼎盛。唐开元二十三年，麻姑山道士邓紫阳应召入朝，请立麻姑庙。天宝五年，唐玄宗下令为麻姑庙“增修仙宇，塑立诸像，显耀祠宇”。由此，麻姑庙名声大躁。而麻姑山也借助麻姑仙女和麻姑庙的名声得以遐迩闻名。唐大历六年，大书法家颜真卿登游麻姑山并撰书了被世人誉为“天下第一楷书”的《麻姑山仙坛记》，加上后来刘禹锡、白居易等名人对麻姑山的赞咏，使慕名登游麻姑山的文人骚客、官宦商贾、布衣郡民络绎不绝。

麻姑山

北宋思想家、教育家李觏曾在麻姑山办“读书林”讲学，唐宋八大家之一的曾巩就曾求学于此。宋代两位名相李纲、文天祥还曾担任麻姑山仙都观的主管，从宋真宗到高宗，8 代帝王对麻姑仙女及仙都观均有诰封，把麻姑山的名声推上了一个高峰。

麻姑山历史悠久、人文荟萃，它集宗教、书法、医学、物产、自然景观于一体，可谓山灵水秀、洞天福地。现已开发的景点主要有垂玉亭、长寿涧、玉练双飞、龙门桥、神功泉、仙坛、碧涛庵、仙都广场、读书林、仙都观等。

## 流坑村 抚州市乐安县

内容介绍详见 P044。

# 十　省级以上爱国主义教育基地图

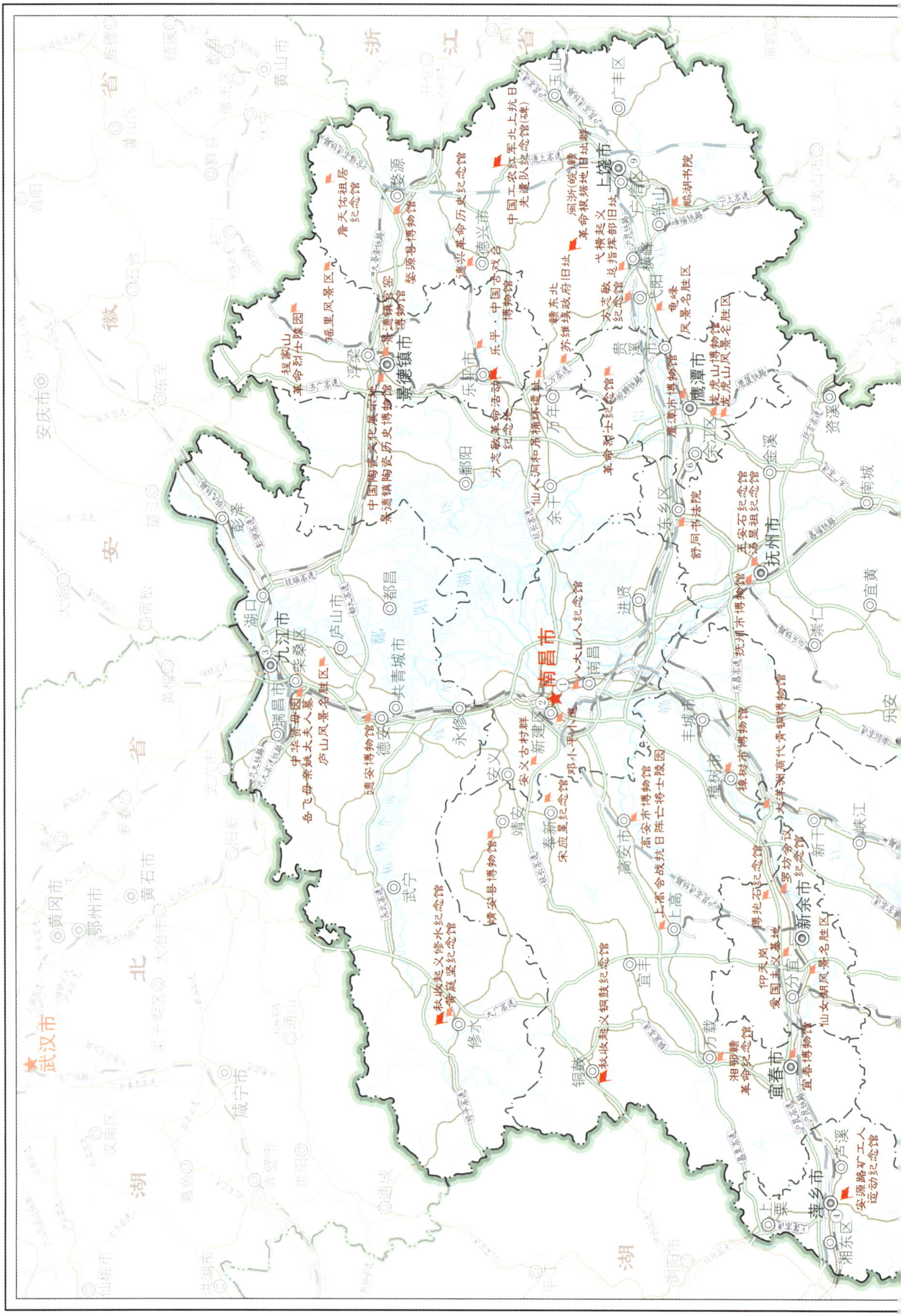

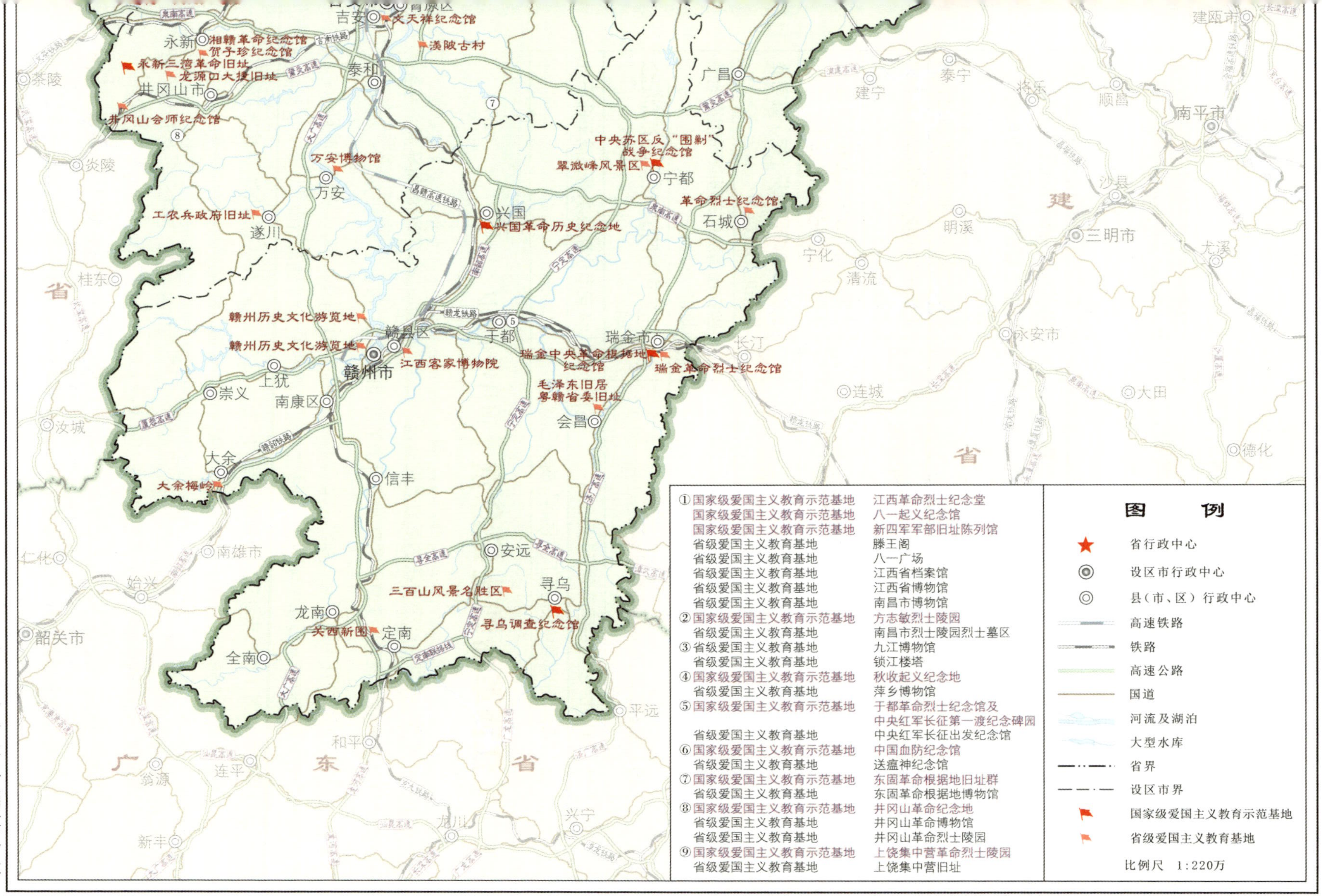
图 例
省行政中心
设区市行政中心
县（市、区）行政中心
高速铁路
铁路
高速公路
国道
河流及湖泊
大型水库
省界
设区市界
国家级爱国主义教育示范基地
省级爱国主义教育基地
比例尺 1:220万
①国家级爱国主义教育示范基地 江西革命烈士纪念堂
国家级爱国主义教育示范基地 八一起义纪念馆
国家级爱国主义教育示范基地 新四军军部旧址陈列馆
省级爱国主义教育基地 滕王阁
省级爱国主义教育基地 八一广场
省级爱国主义教育基地 江西省档案馆
省级爱国主义教育基地 江西省博物馆
省级爱国主义教育基地 南昌市博物馆
②国家级爱国主义教育示范基地 方志敏烈士陵园
省级爱国主义教育基地 南昌市烈士陵园烈士墓区
③省级爱国主义教育基地 九江博物馆
省级爱国主义教育基地 锁江楼塔
④国家级爱国主义教育示范基地 秋收起义纪念地
省级爱国主义教育基地 萍乡博物馆
⑤国家级爱国主义教育示范基地 于都革命烈士纪念馆及中央红军长征第一渡纪念碑园
省级爱国主义教育基地 中央红军长征出发纪念馆
⑥国家级爱国主义教育示范基地 中国血防纪念馆
省级爱国主义教育基地 送瘟神纪念馆
⑦国家级爱国主义教育示范基地 东固革命根据地旧址群
省级爱国主义教育基地 东固革命根据地博物馆
⑧国家级爱国主义教育示范基地 井冈山革命纪念地
省级爱国主义教育基地 井冈山革命博物馆
省级爱国主义教育基地 井冈山革命烈士陵园
⑨国家级爱国主义教育示范基地 上饶集中营革命烈士陵园
省级爱国主义教育基地 上饶集中营旧址
吉安
文天祥纪念馆
渼陂古村
永新
湘赣革命纪念馆
贺子珍纪念馆
永新三湾革命旧址
龙源口大捷旧址
井冈山市
井冈山会师纪念馆
泰和
茶陵
炎陵
万安博物馆
万安
工农兵政府旧址
遂川
兴国
兴国革命历史纪念地
中央苏区反“围剿”战争纪念馆
翠微峰风景区
宁都
革命烈士纪念馆
石城
广昌
赣州历史文化游览地
赣县区
赣州市
江西客家博物院
于都
瑞金市
瑞金中央革命根据地纪念馆
瑞金革命烈士纪念馆
毛泽东旧居
粤赣省委旧址
会昌
上犹
崇义
南康区
大余
大余梅岭
信丰
安远
三百山风景名胜区
寻乌
寻乌调查纪念馆
龙南
关西新围
定南
全南
桂东
汝城
南雄市
仁化
始兴
韶关市
翁源
连平
和平
新丰
龙川
兴宁
平远
长汀
连城
宁化
清流
明溪
永安市
三明市
大田
德化
尤溪
沙县
南平市
顺昌
将乐
泰宁
建宁
建瓯市
广 东 省
建
省

江西省自然资源档案馆

# 1 国家级爱国主义教育示范基地

| 国家级爱国主义教育示范基地 | | | |
| --- | --- | --- | --- |
| 1 | 南昌市东湖区江西革命烈士纪念堂 | 13 | 赣州市于都县于都革命烈士纪念馆及中央红军长征第一渡纪念碑园 |
| 2 | 南昌市西湖区八一起义纪念馆 | 14 | 赣州市瑞金市瑞金中央革命根据地纪念馆 |
| 3 | 南昌市西湖区新四军军部旧址陈列馆 | 15 | 赣州市寻乌县寻乌调查纪念馆 |
| 4 | 南昌市青山湖区方志敏烈士陵园 | 16 | 宜春市铜鼓县秋收起义铜鼓纪念馆 |
| 5 | 九江市修水县秋收起义修水纪念馆 | 17 | 宜春市万载县湘鄂赣革命纪念馆 |
| 6 | 景德镇市乐平市方志敏革命活动纪念地 | 18 | 上饶市信州区上饶集中营革命烈士陵园 |
| 7 | 景德镇市景德镇中国陶瓷文化展示基地 | 19 | 上饶市玉山县中国工农红军北上抗日先遣队纪念馆（碑） |
| 8 | 萍乡市安源区安源路矿工人运动纪念馆 | 20 | 上饶市横峰县闽浙（皖）赣革命根据地旧址群 |
| 9 | 萍乡市安源区秋收起义纪念地 | 21 | 吉安市青原区东固革命根据地旧址群 |
| 10 | 鹰潭市余江区中国血防纪念馆 | 22 | 吉安市井冈山市井冈山革命纪念地 |
| 11 | 赣州市兴国县兴国革命历史纪念地 | 23 | 吉安市永新县永新三湾革命旧址 |
| 12 | 赣州市宁都县中央苏区反“围剿”战争纪念馆 | | |

## 江西革命烈士纪念堂 南昌市东湖区

江西，是富有光荣传统的革命老根据地。江西人民在中国共产党的领导下，为新民主主义革命和社会主义事业的胜利，付出了巨大的牺牲，做出了卓越的贡献。据不完全统计，牺牲的江西籍有名有姓烈士达253000余人，占全国登记烈士总数的1/6以上。江西省人民政府于1952年7月兴建江西省革命烈士纪念堂，位于南昌市中心八一大道东侧。1957年10月1日正式开放，目前基本陈列《红土魂——江西英烈事迹展》，按照革命历史时期顺序排列，分为前厅、序厅和6个部分18个专题。陈列江西25万余名烈士的英名录，展示了赵醒侬、袁玉冰、王尔琢、方志敏、刘和珍、毛泽覃、艾萍、李湘等1642名著名烈士的英雄事迹和21个英烈集体典型的事迹，展出文物、照片、图表等1500余件，各类美术作品100余件。2005年被命名为全国爱国主义教育示范基地，2009年被国家国防教育办公室命名为国家国防教育基地，2011年被中国人民解放军第二炮兵命名为为首批理想信念教育基地。

## 八一起义纪念馆 南昌市西湖区

内容介绍详见 P352。

## 新四军军部旧址陈列馆 南昌市西湖区

内容介绍详见 P351。

## 方志敏烈士陵园 南昌市青山湖区

方志敏烈士陵园位于南昌市西部梅岭山麓，是中宣部公布的江西省全国爱国主义教育示范基地方志敏纪念馆的一个组成部分。为全国重点烈士纪念建筑物保护单位、全国重点红色旅游景点。陵园占地面积 136 亩，方志敏烈士墓筹建于 1962 年，1965 年完工。1977 年 8 月 6 日在陵园进行了烈士骨灰安葬仪式。1999 年修建了纪念广场，2001 年兴建了方志敏烈士事迹陈列室，2009 年进行了整体升级改造。经过历年建设，方志敏烈士陵园已打造成教育主题鲜明、配套设施齐全、风景幽雅秀丽、环境庄严肃穆的免费开放场所，并初步形成了“一场一墓一室一线一堂”即“纪念广场、方志敏烈士墓、方志敏烈士事迹陈列室、环山体验线、祭先烈道德讲堂”为主线的爱国主义教育、党性教育、廉政教育、国防教育的示范基地格局。

方志敏革命烈士陵园

## 秋收起义修水纪念馆 九江市修水县

秋收起义修水纪念馆总占地面积 3000 平方米，始建于 1977 年，2008 年 1 月 1 日起正式免费对外开放，是中宣部公布的江西省全国爱国主义教育示范基地秋收起义的一个组成部分。馆标由秋收起义时师部参谋、工农革命军军旗设计者之一、原全国政协副主席何长工题写。修水是秋收起义主要策源地，是秋收起义部队——工农革命军第一军第一师的组建地和主力部队的集结地，是我党打出的第一面军旗设计、制作并率先升起的地方，是打响秋收起义第一枪的地方。

2001 年该馆被命名为全国爱国主义教育示范基地；2007 年被命名为国防教育基地。2009 年被命名为国家级国防教育基地。2010 年 被列为中国井冈山干部学院现场教学点。 2017 年 ，经过改版提升后的秋收起义修水纪念馆正以其厚重的历史文化底蕴、庄严肃穆而典雅的展览，成为广大观众特别是青少年进行爱国主义和革命传统教育以及国防教育的示范基地。

## 方志敏革命活动纪念地 景德镇市乐平市

方志敏革命活动纪念地位于乐平市，有 3 处，分别为赣东北特委旧址、红十军建军旧址、篁坞方志敏旧居，是中宣部公布的江西省全国爱国主义教育示范基地方志敏纪念馆的一个组成部分。赣东北特委旧址始建于 1930 年，占地面积约 1800 平方米。主楼长 26 米，宽 15 米，高 12 米，顶为四面坡式，2001 年被命名为全国爱国主义教育示范基地；土地革命时期，方志敏领导的红十军曾将中共赣东北特委和赣东北革命委员会机关设在该旧址长达 3 个月之久，指导革命工作；旧址展馆分为上下两层，一楼布展成“方志敏与红十军在乐平革命活动史迹展”，馆藏 1000 余张史料图片、200 余件实物。二楼以“方志敏事迹展”为主题和情景还原方式进行布展。

红十军建军旧址建立于 1983 年，占地面积 2200 平方米，建筑面积 560 平方米。1930 年方志敏、邵式平、周建屏、黄道等老一辈革命家在此创建中国工农红军第十军，以南界首马氏祠堂为红十军军部，并以此为核心创建闽浙皖赣革命根据地，1990 年旧址举行红十军成立六十周年纪念大会，汪东兴、饶守坤、吴官正等出席了会议，徐向前、杨得志、汪东兴、余秋里等领导先后为旧址题词；红十军建军旧址主题鲜明，由红十军军部旧址、红十军广场、万年台、红十军纪念碑广场、其他遗迹设施五部分组成，展馆共展 60 余幅史料图片、20 余件实物。

篁坞方志敏旧居始建于解放初期的 50 年代末，为总面积约 140 平方米，建筑面积约 70 平方米。1927 年，方志敏在弋阳漆工镇领导暴动后遭追捕，由战友黄道、张其德等护送，秘密来到篁坞石塘村汪歧芬家，方志敏在此村安全居住 43 天，发展共产党员 6 名，并进行一系列革命活动，使当地一时成为赣东北地下革命斗争指挥中心。目前，有方志敏烈士纪念塔、敏枫亭和烈士公墓，并在方志敏当年学习研究工作的古樟树下立了一块树碑和方志敏像。

## 景德镇中国陶瓷文化展示基地 景德镇市

景德镇中国陶瓷文化展示基地主要包含：景德镇中国陶瓷博物馆、景德镇陶瓷民俗博物馆、景德镇御窑博物馆，2019 年 9 月被命名为全国爱国主义教育示范基地。

基地以陈列为抓手，集中展示了各个不同历史时期的陶瓷珍品重器、精湛的制瓷工艺、辉煌的制瓷成就以及深邃的景德镇瓷业习俗文化，全方位系统展现了景德镇悠久的陶瓷历史和灿烂的陶瓷文化。据统计，基地陈展了图片、文字资料、实物共计 3 万余件。其中，已定级一级文物 27 件，二级文物 297 件，三级文物 546 件。

此外，基地还结合各重大活动和主题，以瓷为媒，举办纪念展，弘扬主旋律，传播正能量。举办了“纪念毛泽东诞辰 120 周年”特展、“纪念改革开放 40 周年”专题展、“庆祝中华人民共和国成立 70 周年——景德镇国家用瓷特展”。对外文化交流方面，先后在荷兰、南非成功举办了“故宫瓷器——皇帝御用暨景德镇御窑陶瓷特展”和“感知中国 · 丝路瓷行”中国陶瓷文化展，得到了中宣部和当地文化部门的高度肯定。

## 安源路矿工人运动纪念馆 萍乡市安源区

内容介绍详见 P358。

## 秋收起义纪念地 萍乡市安源区

秋收起义萍乡纪念地包括萍乡秋收起义广场纪念碑和卢德路烈士陵园，是中宣部公布的江西省全国爱国主义教育示范基地秋收起义的一个组成部分。萍乡秋收起义广场纪念碑，于 2000 年建成。2001 年 6 月，被中共中央宣传部命名为第二批全国爱国主义教育示范基地；同年 12 月，被江西省委、省政府命名为全省爱国主义教育基地。2004 年 12 月，秋收起义纪念碑被列为全国红色旅游经典景区。2009 年在纪念碑基座内新建秋收起义萍乡陈列馆，陈列馆面积约 600 平方米，展陈内容共分为 5 个单元，通过文字及展示实物 11 件、图片 230 幅、文献资料 23 套等详细介绍了 1927 年毛泽东领导的湘赣边界秋收起义的光辉历史。

卢德铭烈士陵园兴建于 1982 年，位于江西省芦溪县上埠镇山口岩村。2001 年，命名为江西省省级爱国主义教育基地。2005 年，被列为全国红色旅游景点。2009 年，被国务院批准为全国重点革命烈士纪念建筑物保护单位。2009 年 11 月，获批为国家 AAA 级旅游景区。

经过改建、扩建后卢德铭烈士陵园占地面积达 1000 余亩，分为几方面陈列，分别是浮雕文化墙：它以“秋收起义”的历史事件为主要内容，将历史概括为决策张家湾、转折文家市、激战山口岩、整编枫树枰与会帅井冈山 5 个部分进行场景展览。卢德铭烈士纪念碑：正面是卢德铭烈士雕像，背面是卢德铭简介。由原总参谋长杨得志上将题写碑名，现在作为文物保存。另有秋收起义烈士纪念碑、卢德铭烈士展览馆、将军雕塑园、散葬烈士墓。

## 中国血防纪念馆 鹰潭市余江区

中国血防纪念馆于 1978 年落成。2019 年被命名为“全国爱国主义教育示范基地”。余江人民响应毛主席“一定要消灭血吸虫病”的号召，于 1958 年率先以县为单位消灭血吸虫病，树立了全国第一面血防红旗。毛主席看到余江消灭血吸虫病的报道后，欣然命笔，写下了《七律二首·送瘟神》著名诗篇。

整个纪念馆由序厅、血防厅（五大部分）和尾厅组成。馆内陈展了图片、资料、实物，标本共 1300 多件。展示了血吸虫的认知、危害、科学消灭方法以及在党中央的领导人和高度重视之下彻底消灭血吸虫病的过程。展馆如今是收藏血防工作文物和史料的博物馆，更是弘扬血防文化和传播血防知识的科普馆。

## 兴国革命历史纪念地 赣州市兴国县

兴国革命历史纪念地于 2001 年被命名为第二批全国爱国主义教育示范基地，目前包括兴国县革命历史纪念馆、兴国革命纪念馆、苏区干部好作风陈列馆、将军馆、长岗乡调查纪念馆、涟江书院、兴国县烈士陵园。

兴国革命纪念馆原名为兴国革命历史纪念馆，1963 年 11 月正式建成。1968 年 12 月改名为毛主席创建苏区兴国模范县纪念馆，1973 年更名为兴国县革命历史纪念馆，1981 年 8 月更名为兴国县博物馆，1986 年 5 月定名为兴国革命纪念馆至今。占地面积 4333.8 平方米，陈列有苏区兴国革命史、毛泽东做长冈乡调查专题、毛泽东举办土地革命干部训练班等专题。

长冈乡调查纪念馆（含长冈乡调查旧址），占地面积 7028 平方米。主要陈列毛泽东注重“调查研究，实事求是”的工作作风以及长冈乡三条工作经验：密切联系群众、关心群众生活、注意工作方法。

土地革命干部训练班旧址，原为潋江书院，建于清乾隆三年（1738），是江西省保护最为完整的古代书院。主要陈列有毛泽东在兴国的革命实践历史、兴国县土地革命干部训练班、兴国县苏维埃政府和建筑文化等方面内容。

将军馆建筑面积 4200 平方米，主要展陈兴国籍 56 位开国将军生平，共有上将 2 位，分别是肖华与陈奇涵，中将 6 位以及少将 48 位。

苏区干部好作风陈列馆总建筑面积 6000 平方米，共展出文物 213 件，油画 18 幅，大型仿生景观 12 组。2016 年，将军馆和苏区干部好作风纪念馆获批为国家 AAAA 级红色景区。

兴国县革命烈士纪念馆（兴国烈士陵园）包括革命烈士纪念馆、烈士英名碑廊、悼念广场、烈士浮雕墙。

## 中央苏区反“围剿”战争纪念馆 赣州市宁都县

中央苏区反“围剿”战争纪念馆于 2013 年正式开馆，占地面积 240 平方千米。2009 年被命名为江西省第四批爱国主义教育基地，2017 年被命名为全国爱国主义教育示范基地，是全国唯一一所反映中央苏区五次反“围剿”战争的军事纪念馆。

中央苏区反“围剿”战争纪念馆

整个展厅分为 8 个部分，全面介绍了中央苏区的开创、中央苏区第一、二、三次反“围剿”胜利，中华苏维埃共和国临时中央政府的成立，宁都起义暨红五军团的成立，1932 年的 6 次进攻战役，第四次反“围剿”胜利，王明“左”倾路线的推行和第五次反“围剿”的失败，反“围剿”战争中走出的新中国成立初期省部级以上领导人等相关历史。陈展突出展示毛泽东、周恩来、朱德等老一辈无产阶级革命家指挥革命战争的高超艺术和丰功伟绩；红军将士英勇无畏、敢于战胜一切敌人的英雄气概以及人民群众支援革命战争和根据地建设的生动事迹。馆藏文物近 400 件（张），其中三级文物 8 件，一般文物 118 件。

## 于都革命烈士纪念馆及中央红军长征第一渡纪念碑园 赣州市于都县

于都县革命烈士纪念馆位于县城长征大道，系全国烈士纪念建筑物重点保护单位。2005 年 11 月被中宣部列为“全国爱国主义教育示范基地”。

第二次国内革命战争时期，于都人民在党的领导下，开展武装斗争、打土豪、分田地，有 6.8 万人参加红军。全县为革命事业光荣捐躯的烈士达 16344 人。为褒扬革命先烈的丰功伟绩，1955 年县政府在现址建有烈士纪念塔、亭各一座，1987 年 3 月兴建革命烈士纪念馆，1990 年 12 月正式开馆，原中共中央顾问委员会副主任宋任穷同志题写了馆标。

广场中间的是 1934 年 10 月至 1936 年 10 月中国工农红军长征路线示意图。矗立在于都河边的中央红军长征出发纪念碑高 19.34 米，底座边长 10.18 米，碑身为双帆船造型。碑座上的三幅巨型浮雕，分别以“集结于都”“渡河出发”“倾情奉献”为主题，周围的围栏上雕刻着中央红军各军团渡河出发的八个主要渡口。

毛泽东、周恩来等中央直属机关长征第一渡口 ——于都县城的东门渡口简介 1934 年 10 月 16 日，红军各部队在于都河以北地区集结完毕，从 17 日晚开始至 20 日晚，中央红军主力共 8 · 6 万余人从于都县城的东门渡口、南门渡口、西门渡口等八个主要渡口渡河出发，踏上战略转移的征途，开始了著名的长征。1934 年 10 月 18 日傍晚，中共中央、中革军委、红军总部、中央政府机关、以及毛泽东、朱德、周恩来等中央领导同志就是从东门渡口迈开了二万五千里长征的第一步。

## 瑞金中央革命根据地纪念馆 赣州市瑞金市

瑞金中央革命根据地纪念馆是为纪念土地革命战争时期中国共产党及其领袖毛泽东、朱德、周恩来等老一辈无产阶级革命家直接领导创建中央革命根据地和红一方面军，缔造中华苏维埃共和国的历史而建立的革命类纪念馆，筹建于 1953 年，1958 年正式开馆，2004 年进行改扩建，2007 年竣工并对外免费开放。以《人民共和国从这里走来》陈列馆为主展区，建有中华苏维埃纪念园、叶坪革命旧址群、二苏大旧址群、红井革命旧址群、军委旧址群等红色旅游景点。管辖全市 115 处革命旧居旧址，其中全国重点文物保护单位 35 处，省级文保单位 2 处，县（市）级文保单位 38 处；馆藏文物 1 万多件。是首批全国爱国主义教育示范基地、全国青少年教育基地、全国中小学爱国主义教育基地等，2008 年被评为首批国家一级博物馆，2015 年共和国摇篮旅游区获批为国家 AAAAA 级旅游景区。

## 寻乌调查纪念馆 赣州市寻乌县

寻乌县革命历史纪念馆又称毛泽东寻乌调查纪念馆，是一处专题性纪念馆，位于赣州市寻乌县城马蹄岗（中山路136号），成立于1968年，主要展陈内容是寻乌调查。寻乌调查是毛泽东同志在1930年5月对寻乌的政治、经济、文化以及社会各阶级的历史和现状进行考察的珍贵记录，它对毛泽东了解农村阶级关系、制定正确的土地政策起了最为重要的作用。纪念馆占地面积约8000平方米，建筑面积3638平方米，其中陈展场所面积约1500平方米。馆内有寻乌调查旧址、红军医院旧址、红四军大队以上干部会议旧址一处三点全国重点文物保护单位。馆藏文物共有665件，其中一级文物2件，二级文物10件，三级文物78件，革命文物80余件。寻乌县革命历史纪念馆被命名为江西省爱国主义教育基地。2015年被命名为全国爱国主义教育示范基地。

## 秋收起义铜鼓纪念馆 宜春市铜鼓县

秋收起义铜鼓纪念馆于1977年8月建成开放，馆址位于铜鼓县湘赣边界秋收起义前敌委员会旧址——萧永翁祠旁，占地面积5000平方米。1994年12月成立铜鼓县博物馆，与秋收起义铜鼓纪念馆两馆合署办公。该馆是中宣部2001年公布的江西省全国爱国主义教育示范基地秋收起义纪念地的一个组成部分。同年被省委、省政府命名为第二批全省爱国主义教育示范基地。自建馆开放至今，已接待国内外观众近800万人次。

2017年，秋收起义铜鼓纪念馆进行了整体改陈提升，现专题陈列共分：谋划起义、举旗暴动、转兵南移、红旗飘扬四个部分，展览面积3000余平方米，通过大量的文物、图片、文字资料，结合现代声、光、电等场景再现和写实雕塑，生动再现了1927年9月毛泽东同志领导秋收起义的伟大实践历程。

该馆共有馆藏文物1297件/套（23594件），其中一级文物9件/套（13件）、二级文物32件/套（32件）、三级文物513件/套（706件）、一般文物743件/套（22843件），藏品自成体系，特色突出。

## 湘鄂赣革命纪念馆 宜春市万载县

湘鄂赣革命纪念馆

湘鄂赣革命纪念馆坐落于万载县城阳乐大道，馆舍占地2000余平方米。2001年，纪念馆被命名为第二批省级爱国主义教育基地；2017年，湘鄂赣革命纪念馆及其所管理的湘鄂赣革命根据地旧址被命名为全国爱国主义教育示范基地。

纪念馆设立的“湘鄂赣革命根据地斗争史陈列”以文字图表、油画、实景模型、雕塑、声光电等表现形式来展现湘鄂赣革命根据地创建、巩固和发展的斗争历程。湘鄂赣革命纪念馆共有馆藏文物1800余件。

## 上饶集中营革命烈士陵园 上饶市信州区

1955年建立，2001年6月被命名为全国爱国主义教育示范基地。闻名于世的上饶集中营，是“皖南事变”的历史产物，是国民党第三战区设立的一座规模庞大的法西斯式的人间地狱，羁押了在皖南事变中下山谈判被扣押的新四军军长叶挺将军和弹尽粮绝、因病因伤而被俘的新四军排以上干部，以及三战区特务机关在东南各省搜捕来的共产党员、抗日爱国进步人士。上饶集中营革命志士们同国民党顽固派展开了形式多样的斗争，先后成功举行了茅家岭暴动和赤石暴动，两次暴动英勇悲壮、可歌可泣，显示了革命志士顽强不屈、英勇斗争、敢于胜利的伟大爱国主义精神，为中国革命建立了彪炳千秋的丰功伟绩。

上饶集中营分四大参观游览区：中心景区、周田监狱旧址区、李村监狱旧址区、七峰岩监狱旧址区，主要参观游览区在中心景区。中心景区即上饶集中营革命烈士陵园景区，以革命烈士纪念碑为中心，东侧为烈士公墓，南侧为子芳亭、施奇烈士塑像、纪念馆，北侧为冯达飞纪念亭，西南侧是集中营茅家岭监狱旧址及摆着各种刑具的审讯室。其中纪念馆是第三次重建的，落成于2005年4月，正式开馆于2006年5月。占地面积17000平方米，建筑面积4300平方米，馆内布展共分为1个序厅、4个展厅，共7部分内容。馆内陈展主要是图片、文字资料、实物共计4000余件（其中，已定级一级文物6件、二级文物1件、三级文物4件、一般文物18件）。老一辈无产阶级革命家周恩来、刘少奇、朱德以及新一代党和国家领导人江泽民、乔石、李鹏等都题了词。

## 中国工农红军北上抗日先遣队纪念馆（碑） 上饶市玉山县

中国工农红军北上抗日先遣队纪念馆（碑）是怀玉山爱国主义教育基地的一个组成部分，成立于2005年，2006年5月被共青团中央命名为“全国青少年教育基地”、2009年5月被中宣部命名为“全国爱国主义教育示范基地”。建于景区中的方志敏烈士清贫园、中国工农红军北上抗日先遣队纪念馆（碑），无一不印证着革命先烈浴血奋战的足迹。

怀玉山爱国主义教育基地主要展陈设施包括中国工农红军北上抗日先遣队纪念馆、中国工农红军北上抗日先遣队纪念碑、清贫园、方志敏烈士纪念亭、旗山战壕遗址、虎形红军营地体验区等，各个展点功能设施完好、各有特色。现已基本上形成了主题鲜明、布局合理、内容丰富、规模适度的教育场所。

## 闽浙（皖）赣革命根据地旧址群 上饶市横峰县

闽浙（皖）赣革命根据地旧址群

闽浙皖赣革命根据地旧址群位于上饶市横峰县，包含中共闽浙赣省委机关旧址、省苏维埃政府旧址、省军区司令部旧址、红军五分校旧址、红军操场司令台旧址、列宁公园旧址。2009年被命名为全国爱国主义教育示范基地。基地是第二次革命战争时期闽浙（皖）赣革命根据地的中心，方志敏等革命先驱在这里创建红色政权，开创“两条半枪闹革命”的历史，被毛泽东同志誉为“我们光荣的模范苏区”。中共闽浙赣省委机关旧址，以党的政权建设、军事建设、经济建设、文化建设、廉政建设、法制建设等7个方面内容进行展陈；闽浙赣省军区司令部旧址，从初创正规红军、保卫苏区斗争、红军发展壮大、人民武装体系、组建红十军团、余部战斗足迹等6个方面进行展陈；中国工农红军学校第五分校旧址，以军校的历史沿革、军校的组织机构、军校的办学宗旨、军校的教学课程、紧张愉快的学习生活、造就大批的军事人才等6部分内容进行展陈。横峰革命烈士纪念馆，以根据地初创、根据地壮大、三年游击战争、抗日及解放战争等不同时期牺牲的革命烈士以及建国之后病故老同志等5部分进行展陈。

## 东固革命根据地旧址群 吉安市青原区

东固革命根据地位于吉安市青原区东南部，是中共创建最早的农村革命根据地之一，也是第一、二、三次反“反围剿”的主战场，党史上誉其为“中央苏区的奠基石”，在东固革命根据地，遍布毛泽东、朱德、陈毅、曾山等老一辈无产阶级革命家的战斗足迹，为中国革命做出过巨大贡献。第五次反围剿以后，整个东固根据地在主力红军即将长征前夕，进行长征作战的准备，积极筹措物资给养，确保了红军长征之需。

东固革命根据地内革命旧居、旧址遍布整个根据地，目前已初步摸清有 400 多处（重点 110 多处），其中国保 4 处，省保及待批省保 30 余处，毛泽东、邓小平、朱德、陈毅、曾山等老一辈无产阶级革命家在青原区的旧居就多达 30 多处。区内还有红军标语 1000 余条。革命旧居、旧址绝大多数均为原物，周边环境也没有太大的改变。陈展内容主要为东固革命历史展览，馆藏文物 500 余件。2009 年中宣部将东固革命根据地旧址群（含东固革命根据地博物馆）命名为第四批全国爱国主义教育示范基地。

## 井冈山革命纪念地 吉安市井冈山市

井冈山革命纪念地包括井冈山革命博物馆、井冈山革命烈士陵园，荣获首批“全国百个爱国主义教育示范基地”，首批国家一级博物馆、中国建设工程鲁班奖（国家优质工程）、新中国成立 60 周年“百项重大经典建设工程”等。

井冈山革命博物馆位于吉安市井冈山市茨坪镇，1958 年由国家文物局倡议兴建，1959 年 10 月即新中国成立 10 周年竣工开放，是我国第一个地方性革命史类博物馆，毛泽东主席审阅陈列大纲，朱德委员长题写馆标。全馆收藏文物 30000 余件，文献资料 7000 多份，图书 7000 多册，历史图片 1 万余张；珍藏党和国家领导人、著名书画家及社会各界知名人士的墨宝珍迹数千幅；保存毛泽东、

井冈山革命博物馆

井冈山革命烈士陵园

朱德重上井冈山等影视资料片数百件。担负弘扬井冈山精神、宣传井冈山革命斗争历史、保护管理修缮井冈山革命纪念地旧居遗址的光荣职责和神圣使命。先后接待了毛泽东、朱德、邓小平、江泽民、胡锦涛等党和国家领导人及海内外观众3000多万人次。

井冈山革命博物馆新馆于2007年对社会免费开放，占地面积1.782公顷，总建筑面积20030平方米，展厅面积8436平方米，运用“红色经典，现代表述”的理念，采取声、光、电和多媒体等高科技展陈手段，生动再现了毛泽东、朱德等老一辈无产阶级革命家把马克思主义的普遍原理与中国革命的具体实践相结合，点燃“工农武装割据”的星星之火，开辟第一个农村革命根据地—井冈山革命根据地的光辉历程，宣传了“农村包围城市，武装夺取政权”的具有中国特色的革命道路—井冈山道路和带有原创意义的民族精神—井冈山精神。

井冈山革命烈士陵园坐落在井冈山市茨坪北山。陵园的总体布局是以陵园为中轴，后左侧是井冈山碑林，后中心点为井冈山革命烈士纪念碑，后右侧是井冈山雕塑园，陵园中为纪念堂和门庭这样五位一体建筑风格组成。陵园占地面积400亩，1987年始建，同年10月建成并开放参观游览。1997年10月，由邓小平题字的“井冈山革命烈士纪念碑”落成剪彩。

陵园整体建筑包括陵园门庭、纪念堂、碑林、雕塑园、纪念碑5大部分。

## 永新三湾革命旧址 吉安市永新县

三湾改编旧址位于永新县三湾乡三湾村，这里冲垅交错、地形复杂。1927年9月，毛泽东率领秋收起义部队经过长途跋涉，艰苦转战，于9月29日抵达永新三湾村。在这里，毛泽东亲自领导了著名的“三湾改编”：一是把“支部建在连上”，确立了党对军队的绝对领导；二是成立了士兵委员会，建立了军队内的民主制度；三是对部队进行组织整顿，实行精兵简政，提高了部队战斗力。三湾改编塑造了军魂，建立了一支新型、民主的人民军队，具有伟大的历史意义和现实意义，是中共政治建军史上的第一块里程碑。三湾改编旧址1961年被列为为第一批全国重点文物保护单位，2001年被命名为全国爱国主义教育示范基地。它是井冈山革命遗址的重要组成部分。主要包括三湾毛泽东旧居、士兵委员会旧址、工农革命军第一军第一师第一团团部旧址、枫树坪、三湾改编纪念馆及红双井、练兵场、军民大会场等遗址。

永新三湾革命旧址

## 2 省级爱国主义教育基地

| 省级爱国主义教育基地 | | | |
|---|---|---|---|
| 1 | 南昌市安义县安义古村群 | 26 | 景德镇市昌江区景德镇陶瓷历史博物 |
| 2 | 南昌市东湖区八一广场 | 27 | 景德镇市珠山区景德镇官窑博物馆 |
| 3 | 南昌市东湖区滕王阁 | 28 | 萍乡市安源区安源路矿工人运动纪念 |
| 4 | 南昌市东湖区江西革命烈士纪念堂 | 29 | 萍乡市安源区秋收起义萍乡纪念地 |
| 5 | 南昌市东湖区江西省博物馆 | 30 | 萍乡市安源区萍乡博物馆 |
| 6 | 南昌市西湖区南昌市博物馆 | 31 | 萍乡市莲花县莲花一枝枪纪念馆 |
| 7 | 南昌市西湖区南昌八一起义纪念馆 | 32 | 萍乡市莲花县良坊赣西民俗陈列馆 |
| 8 | 南昌市西湖区新四军军部旧址陈列馆 | 33 | 新余市渝水区罗坊会议纪念馆 |
| 9 | 南昌青云谱区八大山人纪念馆 | 34 | 新余市渝水区仙女湖风景名胜区 |
| 10 | 南昌市青山湖区方志敏革命烈士墓 | 35 | 新余市渝水区仰天岗爱国主义基地 |
| 11 | 南昌市新建区邓小平小道 | 36 | 新余市渝水区傅抱石纪念馆 |
| 12 | 南昌市南昌经济技术开发区南昌市烈士陵园烈士墓区 | 37 | 鹰潭市贵溪市龙虎山风景名胜区 |
| 13 | 南昌市红谷滩新区江西省档案馆 | 38 | 鹰潭市贵溪市龙虎山博物馆 |
| 14 | 九江市修水县秋收起义修水纪念馆 | 39 | 鹰潭市贵溪市革命烈士纪念馆 |
| 15 | 九江市修水县黄庭坚纪念馆 | 40 | 鹰潭市余江区送瘟神纪念馆 |
| 16 | 九江市德安县德安博物馆 | 41 | 鹰潭市月湖区鹰潭市博物馆 |
| 17 | 九江市庐山市庐山风景名胜区 | 42 | 赣州市章贡区赣州历史文化游览地 |
| 18 | 九江市柴桑区岳飞母亲姚太夫人墓 | 43 | 赣州市赣县区江西客家博物院 |
| 19 | 九江市柴桑区中华贤母园 | 44 | 赣州市大余县大余梅岭 |
| 20 | 九江市浔阳区锁江楼塔 | 45 | 赣州市安远县三百山风景名胜区 |
| 21 | 九江市八里湖新区九江博物馆 | 46 | 赣州市龙南县关西新围 |
| 22 | 景德镇市乐平市方志敏革命活动纪念地 | 47 | 赣州市兴国县兴国革命历史纪念地 |
| 23 | 景德镇市乐平市乐平 · 中国古戏台博物馆 | 48 | 赣州市宁都县翠微峰风景区 |
| 24 | 景德镇市浮梁县程家山革命烈士陵园 | 49 | 景德镇市浮梁县瑶里风景区 |
| 25 | 景德镇市昌江区中国陶瓷文化展示地 | 50 | 赣州市于都县中央红军长征出发纪念 |

| 省级爱国主义教育基地 | | | |
|---|---|---|---|
| 51 | 赣州市瑞金市瑞金革命烈士纪念馆 | 76 | 上饶市方志敏纪念馆 |
| 52 | 赣州市瑞金市瑞金中央革命根据地纪念馆 | 77 | 吉安市吉州区白鹭洲书院 |
| 53 | 赣州市会昌县粤赣省委旧址、毛泽东旧居 | 78 | 吉安市青原区渼陂古村 |
| 54 | 赣州市寻乌县寻乌调查纪念馆 | 79 | 吉安市青原区东固革命根据地博物馆 |
| 55 | 赣州市石城县革命烈士纪念馆 | 80 | 吉安市井冈山市井冈山革命博物馆 |
| 56 | 宜春市袁州区宜春博物馆 | 81 | 吉安市井冈山市井冈山革命烈士陵园 |
| 57 | 宜春市樟树市樟树市博物馆 | 82 | 吉安市井冈山市井冈山会师纪念馆 |
| 58 | 宜春市靖安县靖安县博物馆 | 83 | 吉安市吉安县文天祥纪念馆 |
| 59 | 宜春市奉新县宋应星纪念馆 | 84 | 吉安市吉安县永新三湾革命旧址 |
| 60 | 宜春市高安市博物馆 | 85 | 吉安市新干县大洋洲商代青铜博物馆 |
| 61 | 宜春市上高县上高会战抗日阵亡将士陵园 | 86 | 吉安市永丰县欧阳修纪念馆 |
| 62 | 宜春市铜鼓县秋收起义铜鼓纪念馆 | 87 | 吉安市吉水县吉水博物馆 |
| 63 | 宜春市万载县湘鄂赣革命纪念馆 | 88 | 吉安市万安县万安博物馆 |
| 64 | 上饶市信州区上饶集中营旧址 | 89 | 吉安市遂川县工农兵政府旧址 |
| 65 | 上饶市信州区上饶集中营革命烈士陵园 | 90 | 吉安市安福县安福孔庙 |
| 66 | 上饶市铅山县鹅湖书院 | 91 | 吉安市永新县湘赣革命纪念馆 |
| 67 | 上饶市横峰县弋横起义总指挥部旧址 | 92 | 吉安市永新县贺子珍纪念馆 |
| 68 | 上饶市横峰县闽浙（皖）赣省委机关旧址 | 93 | 吉安市永新县龙源口大捷旧址 |
| 69 | 上饶市弋阳县龟峰风景名胜区 | 94 | 抚州市临川区抚州市博物馆 |
| 70 | 上饶市万年县赣东北苏维埃政府旧址 | 95 | 抚州市临川区王安石纪念馆 |
| 71 | 上饶市万年县仙人洞和吊桶环遗址 | 96 | 抚州市临川区汤显祖纪念馆 |
| 72 | 上饶市婺源县詹天佑祖居纪念馆 | 97 | 抚州市东乡区舒同书法院 |
| 73 | 上饶市德兴市德兴革命历史纪念馆 | 98 | 抚州市南丰县曾巩纪念馆 |
| 74 | 上饶市婺源县博物馆 | 99 | 抚州市乐安县流坑村 |
| 75 | 赣州市宁都县中央苏区反“围剿”战争纪念馆 | | |

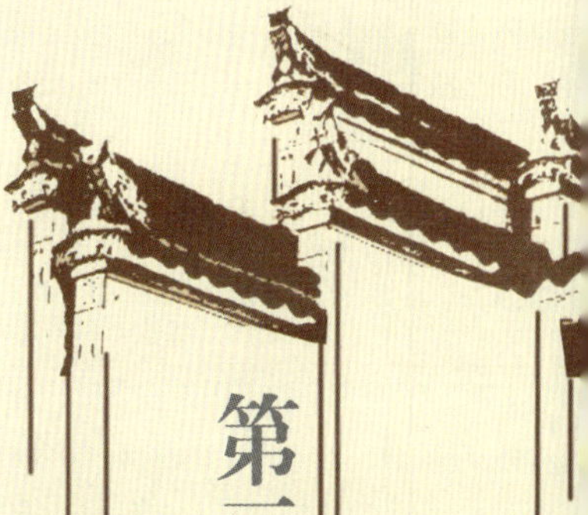

# 第三章 江西文化区域图

Cultural Sites in 11 Municipalities of Jiangxi

# 一　南昌市

| | |
|---|---|
| ① 国家级历史文化名村 | 汪山村 |
| 省级历史文化名村 | 汪山村 |
| 国家级传统村落 | 汪山村 |
| ② 省级历史文化名村 | 罗田村 |
| 国家级传统村落 | 罗田村 |
| ③ 省级历史文化名村 | 艾溪陈家村 |
| 国家级传统村落 | 艾溪陈家村 |
| ④ 省级历史文化名村 | 杨溪李家村 |
| 国家级传统村落 | 杨溪李家村 |
| ⑤ 省级历史文化名村 | 周坊村 |
| 国家级传统村落 | 周坊村 |
| ⑥ 省级历史文化名村 | 前后万村 |
| 国家级传统村落 | 前后万村 |
| ⑦ 省级爱国主义教育基地 | 滕王阁 |
| 重点文化旅游景区 | 滕王阁 |
| 省级爱国主义教育基地 | 江西省博物馆 |
| ⑧ 省级爱国主义教育基地 | 南昌市博物馆 |
| ⑨ 省级历史文化街区 | 万寿宫 |
| 重点保护古代书院 | 东湖书院 |
| 重点保护古代书院 | 友教书院 |
| 重点文化旅游景区 | 八一起义纪念馆 |
| 国家级爱国主义教育示范基地 | 八一起义纪念馆 |
| 省级爱国主义教育基地 | 八一起义纪念馆 |
| ⑩ 省级爱国主义教育基地 | 八一广场 |
| 国家级爱国主义教育示范基地 | 江西革命烈士纪念堂 |
| 省级爱国主义教育基地 | 江西革命烈士纪念堂 |
| ⑪ 古代文化名人纪念馆 | 八大山人纪念馆 |
| 省级爱国主义教育基地 | 八大山人纪念馆 |
| 近现代文化名人纪念馆 | 梅汝璈故居 |
| ⑫ 省级爱国主义教育基地 | 江西省档案馆 |
| ⑬ 省级历史文化街区 | 绳金塔 |
| 省级历史文化街区 | 进贤仓 |
| 近现代文化名人纪念馆 | 黄秋园纪念馆 |
| 重点文化旅游景区 | 新四军军部旧址陈列馆 |
| 国家级爱国主义教育示范基地 | 新四军军部旧址陈列馆 |
| 省级爱国主义教育基地 | 新四军军部旧址陈列馆 |
| ⑭ 国家级爱国主义教育示范基地 | 方志敏烈士陵园 |
| 省级爱国主义教育基地 | 南昌市烈士陵园烈士墓区 |

鄱
阳
湖
南矶乡
邑乡
圩镇
支
北
支
中
新乡
南
支
瑶
金
溪
湖
杭长高速
353
三里乡
陈
家
湖
麻丘镇
353
塘南镇
泾口乡
山
三阳集乡
军
梅庄镇
地藏寺
幽兰镇
东禅寺
青
山
二塘乡
前坊镇
塔城乡
岚
西湖李家
南台乡
湖
湖
旧厦
三房
七里乡
钟陵乡
青
岚
湖
罗溪镇
池溪乡
泉岭乡
张公镇
进贤
民和镇
沪昆铁路
温圳镇
320
福银高速
沪昆高速铁路
下埠集乡
衙前乡
晏家
南宝讲寺
文港镇
静乐寺
沪昆高速
白圩乡
曾湾
前塘
五桥
316
李渡万寿宫
长山晏乡
李渡镇
桂桥
李渡元代烧酒
作坊遗址
图例
省行政中心
县（区）行政中心
乡、镇
高速铁路
普通铁路
高速公路
在建高速公路
105
国道及编号
省道
县道
水库
河流及湖泊
设区市界
县（区）界
京台
省级历史文化名村
国家级历史文化名城
晏家
国家级传统村落
五桥
省级传统村落
省重点保护古代书院
省级重点寺院道观
省重大考古发掘遗址
省级爱国主义教育基地
比例尺 1:50万

# 南昌市

南昌，简称“洪”或“昌”，古称豫章、洪都。南昌市为江西省省会城市，总面积7402平方千米，建成面积317.3平方千米，截至2018年，常住人口546.3万人，是新中国航空工业的发源地、中国重要的综合交通枢纽和光电产业基地，世界级的光伏产业基地。南昌制造了新中国的第一架飞机、第一批海防导弹、第一辆摩托车、拖拉机，是重要的制造中心。南昌区位优势独特，在新时代成为京港台高铁、沪深高铁、沪昆高铁、沪广高铁、福银高铁等线路交汇的全国综合交通枢纽之一。

南昌市辖6区3县，分别为东湖区、西湖区、青云谱区、青山湖区、湾里区、新建区、南昌县、进贤县、安义县。其中市辖区下辖红谷滩新区、高新区、南昌经济开发区、小蓝经济技术开发区、桑海经济技术开发区、望城新区等。同时还设有1个国家级新区（赣

红谷滩新区

滕王阁

江新区），总面积 0.74 万平方千米（含水域），平原占 35.8%，水面占 29.8%，素有“物华天宝”之美誉。高速发展的南昌正吸引越来越多的年轻人，据《2017全国城市年轻指数报告》，南昌入选中国十大最年轻城市。

南昌城始建于公元前 202 年，寓意“昌大南疆、南方昌盛”，是国家历史文化名城。初唐四杰王勃在《滕王阁序》中称其为“物华天宝、人杰地灵”之地，南唐时期南昌府为“南都”。1927 年 8 月 1 日，“南昌起义”宣告中国共产党领导下的中国人民军队从此诞生。2000 多年的建城史，留下海昏侯墓、滕王阁、八大山人纪念馆、百花洲、八一起义旧址群等名胜古迹。

# 二 九江市

| | | |
|---|---|---|
| ① | 省级历史文化名村 | 鹤舍村 |
| | 国家级传统村落 | 鹤舍村 |
| ② | 省级历史文化名村 | 朱砂村 |
| | 国家级传统村落 | 朱砂村 |
| ③ | 省级爱国主义教育基地 | 锁江楼塔 |
| ④ | 省级重点寺院道观 | 无量寿寺 |
| | 省级爱国主义教育基地 | 中华贤母园 |
| ⑤ | 重点文化旅游景区 | 南山景区 |
| ⑥ | 古代文化名人纪念馆 | 周敦颐纪念馆 |
| ⑦ | 省级历史文化街区 | 鹦鹉街 |
| | 重点保护古代书院 | 凤巘书院 |
| | 古代文化名人纪念馆 | 黄庭坚纪念馆 |
| | 省级爱国主义教育基地 | 黄庭坚纪念馆 |
| | 省级历史文化街区 | 秋收起义红色历史文化街区 |
| | 国家级爱国主义教育示范基地 | 秋收起义修水纪念馆 |
| | 省级爱国主义教育基地 | 秋收起义修水纪念馆 |
| ⑧ | 省级历史文化街区 | 大中路 |
| | 省级历史文化街区 | 庾亮南路 |
| | 国家级重点寺院 | 能仁寺 |
| | 省级重点寺院道观 | 能仁寺 |
| | 重点保护古代书院 | 同文书院 |
| | 省级爱国主义教育基地 | 九江博物馆 |
| ⑨ | 重点文化旅游景区 | 庐山风景名胜区 |
| | 省级爱国主义教育基地 | 庐山风景名胜区 |

棉船镇
马垱镇
泊湖
大
佛应禅寺
彭泽
瀼溪镇
浩山乡
芙蓉墩镇
黄花镇
东升镇
岚陵
定山镇
黄岭乡
流泗镇
太平关乡
彭湖高速
(属柴桑区)
江洲镇
凰村乡
石钟山景区
湖口
庄前潘
大垅乡
张青乡
天红镇
均桥镇
付垅乡
杨梓镇
码头镇
城子镇
夏畈镇
武蛟乡
赤湖
铜岭铜矿遗址
瑞昌市
港口街道
永安乡
浔阳区
三圣宫
万寿宫
龙泉寺
城隍庙
九江市
濂溪区
开天古观
高丰镇
杭瑞高速
城门街道
武九高速铁路
武九铁路
柴桑区
威家镇
姑塘镇
陶渊明纪念馆
东林寺
铁佛寺
高垅乡
城山镇
范镇
岳飞母亲姚太夫人墓
戴山
诺那塔院
舜德乡
武山镇
仙人洞道院
海会寺
海会镇
流芳乡
春桥乡
大港镇
横港镇
黄龙寺
岷山乡
白鹿洞书院
昌九高速
东九铁路
林泉乡
马回岭镇
万杉寺
朱子祠
苏山乡
徐埠镇
蔡岭镇
爱民乡
东佳书院
吴山镇
庐山市
左里镇
丰林镇
高塘乡
温泉镇
多宝乡
芙垅
石树南边圈
鸣山乡
芙蓉岭遗址
星子镇
老爷庙
都九高速
中馆镇
聂桥镇
华林镇
土塘镇
磨溪乡
德安博物馆
横塘镇
新妙湖
汪墩乡
宝塔乡
泽泉乡
蛟塘镇
狮山乡
德安
阳峰乡
南宋周氏墓
金湖乡
北山乡
三汉港镇
南峰镇
蓼南乡
鄱
都昌
大树乡
聂桥镇
白鹭镇
苏家垱乡
都昌镇
大沙镇
万户镇
芗溪乡
梅棠镇
和合乡
燕坊镇
共青城市
江益镇
西源乡
三溪桥镇
虬津镇
周溪镇
阳
江上乡
昌九城际铁路
昌九高速
吴城镇
同安寺
艾城镇
九合乡
三角乡
瑶田寺
湖
涂埠镇
永修
立新乡
滩溪镇
马口镇
修水
潦河
图例
设区市行政中心
县（市、区）行政中心
乡、镇、街道
高速铁路
普通铁路
高速公路
国道及编号
省道
县道
河流及湖泊
水库
省界
设区市界
县（市、区）界
省级历史文化名镇
国家级传统村落
省级传统村落
重点保护古代书院
国家级重点寺院
省级重点寺院道观
古代文化名人纪念馆
重大考古发掘遗址
重点文化旅游景区
省级爱国主义教育基地
比例尺 1:90万


江西省自然资源档案馆

# 九江市

九江，乃天下“眉目之地”。九江之称，最早见于《尚书·禹贡》中“九江孔殷”“过九江至东陵”等记载，简称“浔”，为江西省地级市，古称柴桑、江州、浔阳，是一座有着2200多年历史的江南名城，享有“三江之口，七省通衢”的名号。在这里，古老的长江水吟咏历史的韵律。中国历史名山庐山吸引了历代名人高士在这里驻足；龙宫洞、狮子洞千奇百怪、鬼斧神工。置身其中，如梦如幻，恍如隔世仙游。游浔阳楼、锁江楼、能仁寺、琵琶亭、烟水亭等楼亭，可发思古之幽情。九江依山抱水，优雅至极。

庐山西海

九江市位于长江、京九铁路两大经济开发带交叉点，是长江中游区域中心港口城市，是中国首批 5 个沿江对外开放城市之一，也是东部沿海开发向中西部推进的过渡地带，有“江西北大门”之称。九江全境东西长 270 千米，南北宽 140 千米，总面积 1.88 万平方千米，占江西省总面积的 11.3%，其中市区规划面积 118 平方千米，建成区面积 48.4 平方千米。2018 年年末，全市总人口为 489.68 万人。

目前九江市下辖浔阳区、濂溪区、柴桑区、武宁县、修水县、永修县、德安县、都昌县、湖口县、彭泽县、瑞昌市、共青城市、庐山市等 3 区 7 县 3 县级市。

此外，九江市还设立县级管理单位九江经济技术开发区(国家级)、庐山风景名胜区等。

# 三 景德镇市

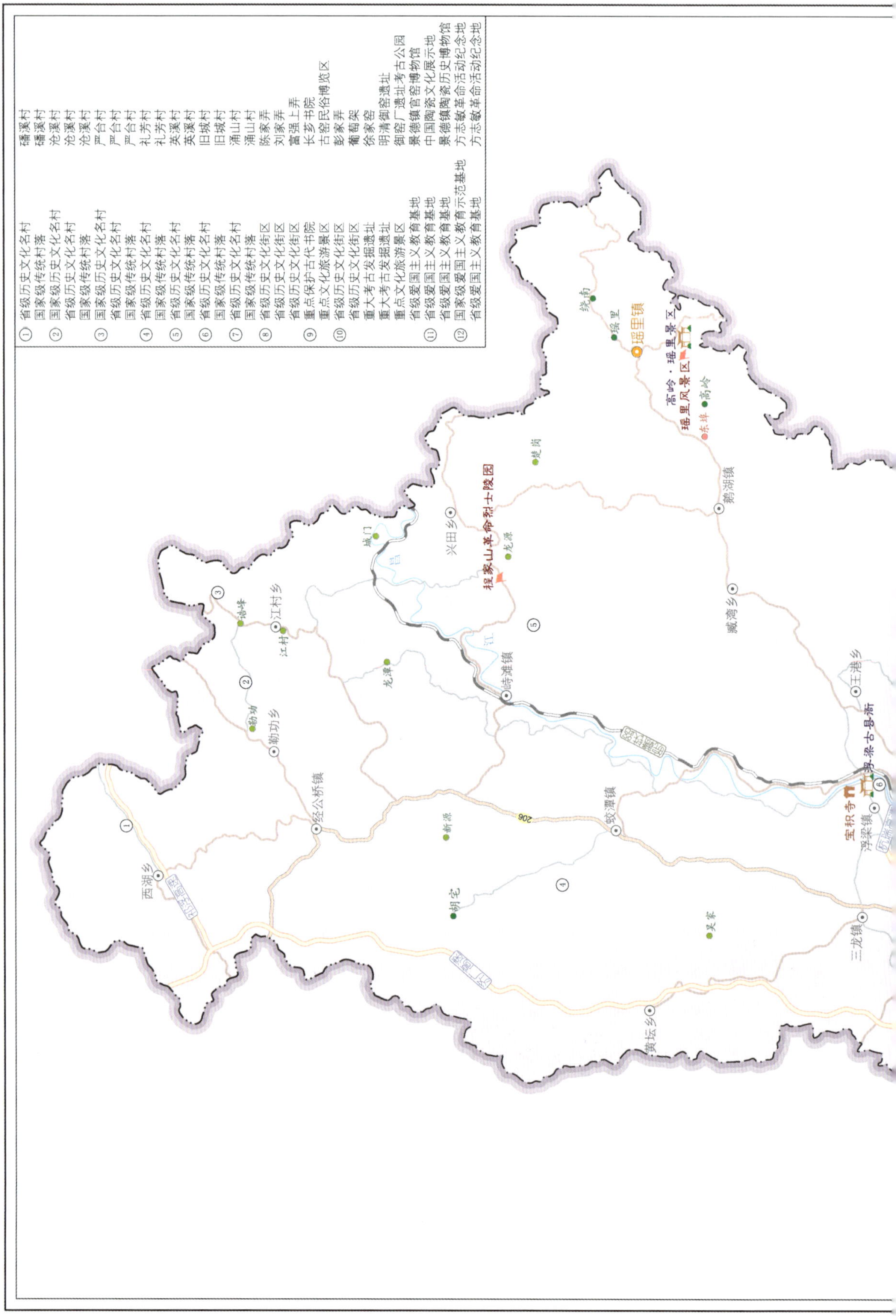

① 省级历史文化名村 磻溪村
国家级传统村落 磻溪村
② 国家级历史文化名村 沧溪村
省级历史文化名村 沧溪村
国家级传统村落 沧溪村
③ 国家级历史文化名村 严台村
省级历史文化名村 严台村
国家级传统村落 严台村
④ 省级历史文化名村 礼芳村
国家级传统村落 礼芳村
⑤ 省级历史文化名村 英溪村
国家级传统村落 英溪村
⑥ 省级历史文化名村 旧城村
国家级传统村落 旧城村
⑦ 省级历史文化名村 涌山村
国家级传统村落 涌山村
⑧ 省级历史文化街区 陈家弄
省级历史文化街区 刘家弄
省级历史文化街区 富强上弄
⑨ 重点保护古代书院 长芗书院
重点文化旅游景区 古窑民俗博览区
⑩ 省级历史文化街区 彭家弄
省级历史文化街区 葡萄架
重大考古发掘遗址 徐家窑
重大考古发掘遗址 明清御窑遗址
重点文化旅游景区 御窑厂遗址考古公园
省级爱国主义教育基地 景德镇官窑博物馆
⑪ 省级爱国主义教育基地 中国陶瓷文化展示地
省级爱国主义教育基地 景德镇陶瓷历史博物馆
⑫ 国家级爱国主义教育示范基地 方志敏革命活动纪念地
省级爱国主义教育基地 方志敏革命活动纪念地
瑶里镇
高岭·瑶里景区
高岭·瑶里风景区
绕南
瑶里
高岭
东埠
鹅湖镇
兴田乡
程家山革命烈士陵园
城门
昌
江
峙滩镇
臧湾乡
王港乡
浮梁古县衙
宝积寺
浮梁镇
三龙镇
江村乡
江村
勒功乡
经公桥镇
西湖乡
蛟潭镇
206
胡宅
黄坛乡

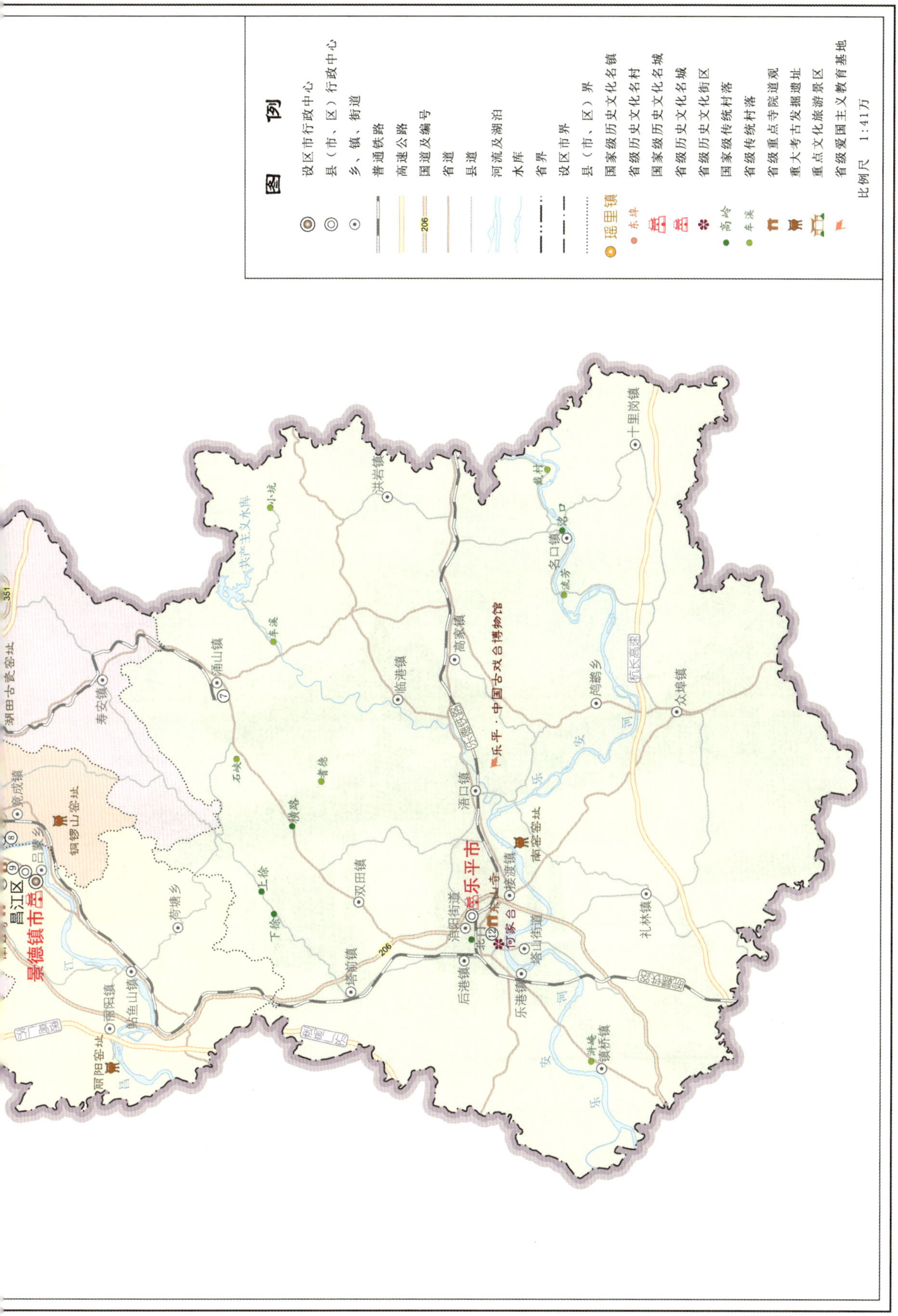
图例
设区市行政中心
县（市、区）行政中心
乡、镇、街道
普通铁路
高速公路
国道及编号
省道
县道
河流及湖泊
水库
省界
设区市界
县（市、区）界
国家级历史文化名镇
省级历史文化名村
国家级历史文化名城
省级历史文化名城
省级历史文化街区
国家级传统村落
省级传统村落
省级重点寺院道观
重大考古发掘遗址
重点文化旅游景区
省级爱国主义教育基地
比例尺 1:41万
乐平市
景德镇市
昌江区
乐平·中国古戏台博物馆
洪岩镇
十里岗镇
名口镇
高家镇
涌山镇
临港镇
鸿鹄乡
众埠镇
涌口镇
寿安镇
竟成镇
铜锣山窑址
南窑窑址
接渡镇
双田镇
礼林镇
塔山街道
洎阳街道
后港镇
塔前镇
乐港镇
镇桥镇
丽阳镇
鲇鱼山镇
荷塘乡
湖田古瓷窑址
丽阳窑址
共产主义水库
乐安河
杭长高速
206
351

# 景德镇市

景德镇市，别名“瓷都”，位于江西省东北部，属于黄山、怀玉山余脉与鄱阳湖平原过渡地带。处于皖、浙、赣三省交界处，是浙赣皖重要的交通枢纽中心之一。

景德镇御窑厂

景德镇市下辖乐平市、浮梁县、珠山区、昌江区和景德镇市高新技术开发区。有13个街道、39个乡镇、3个国有农林牧渔场。全市土地面积5270平方千米，截至2017年末，全市常住人口166.49万人，是国务院首批公布的24座历史文化名城之一和国家甲类对外开放地区。

景德镇古称“新平”，又名“昌南”，景德镇陶瓷享誉全世界，历史上是官窑之地。民国时期曾与广东佛山、湖北汉口、河南朱仙并称全国四大名镇。景德镇是江西省重要的旅游与工业城市、世界瓷都、中国直升机工业的摇篮，曾获得“中国优秀旅游城市”“国家生态园林城市”“全国卫生城市”等称号。

景德镇陶溪川

# 四 萍乡市

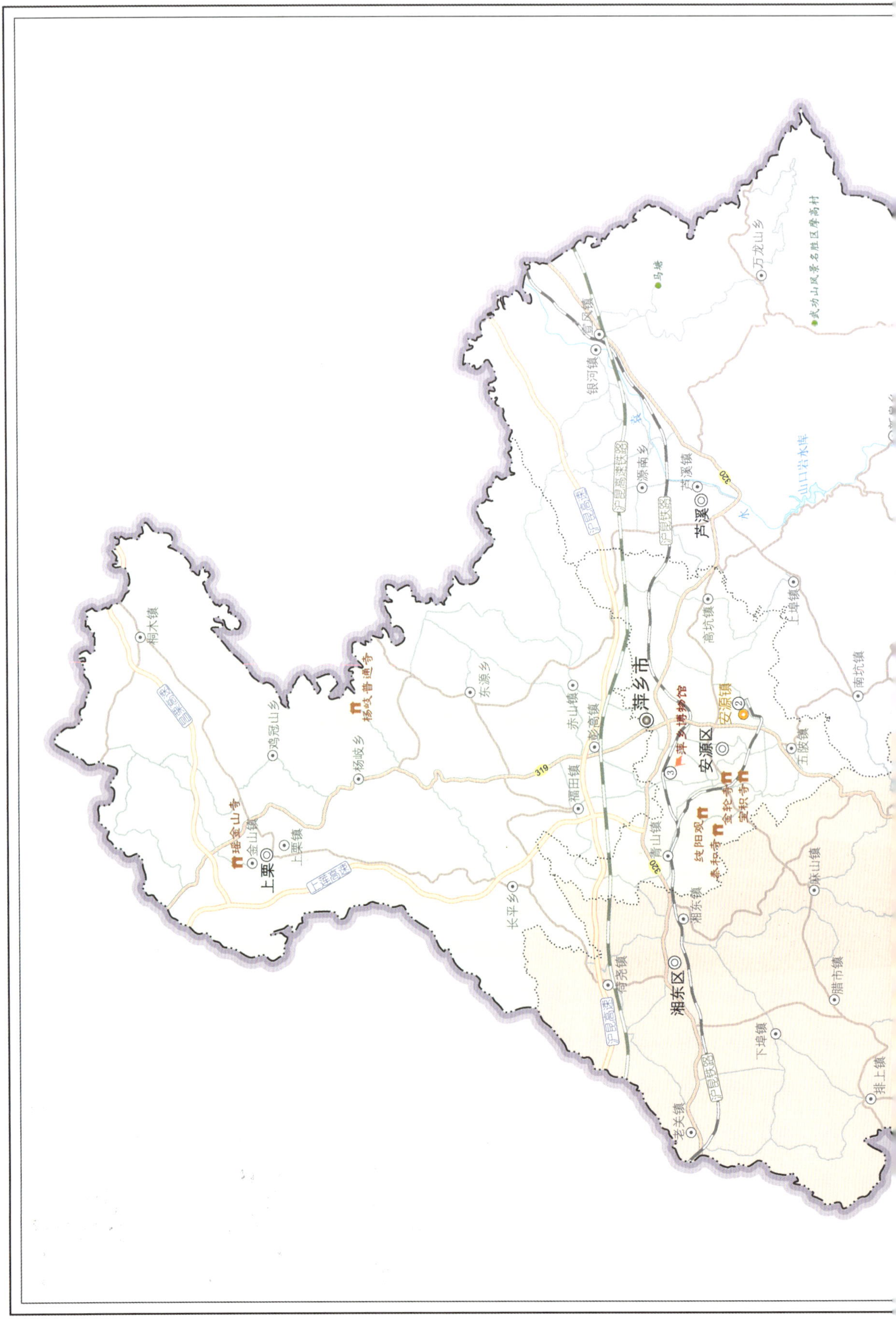

萍乡市
安源区
湘东区
芦溪
上栗
万龙山乡
宣风镇
银河镇
源南乡
芦溪镇
山口岩水库
上埠镇
高坑镇
南坑镇
安源镇
萍乡博物馆
五陂镇
赤山镇
彭高镇
东源乡
杨岐乡
杨岐普通寺
鸡冠山乡
桐木镇
福田镇
金山镇
上栗镇
瑶金山寺
长平乡
青山镇
纯阳观
金轮寺
宝积寺
麻山镇
湘东镇
荷尧镇
腊市镇
下埠镇
排上镇
老关镇
沪昆高速
沪昆铁路
沪昆高速铁路
319
320

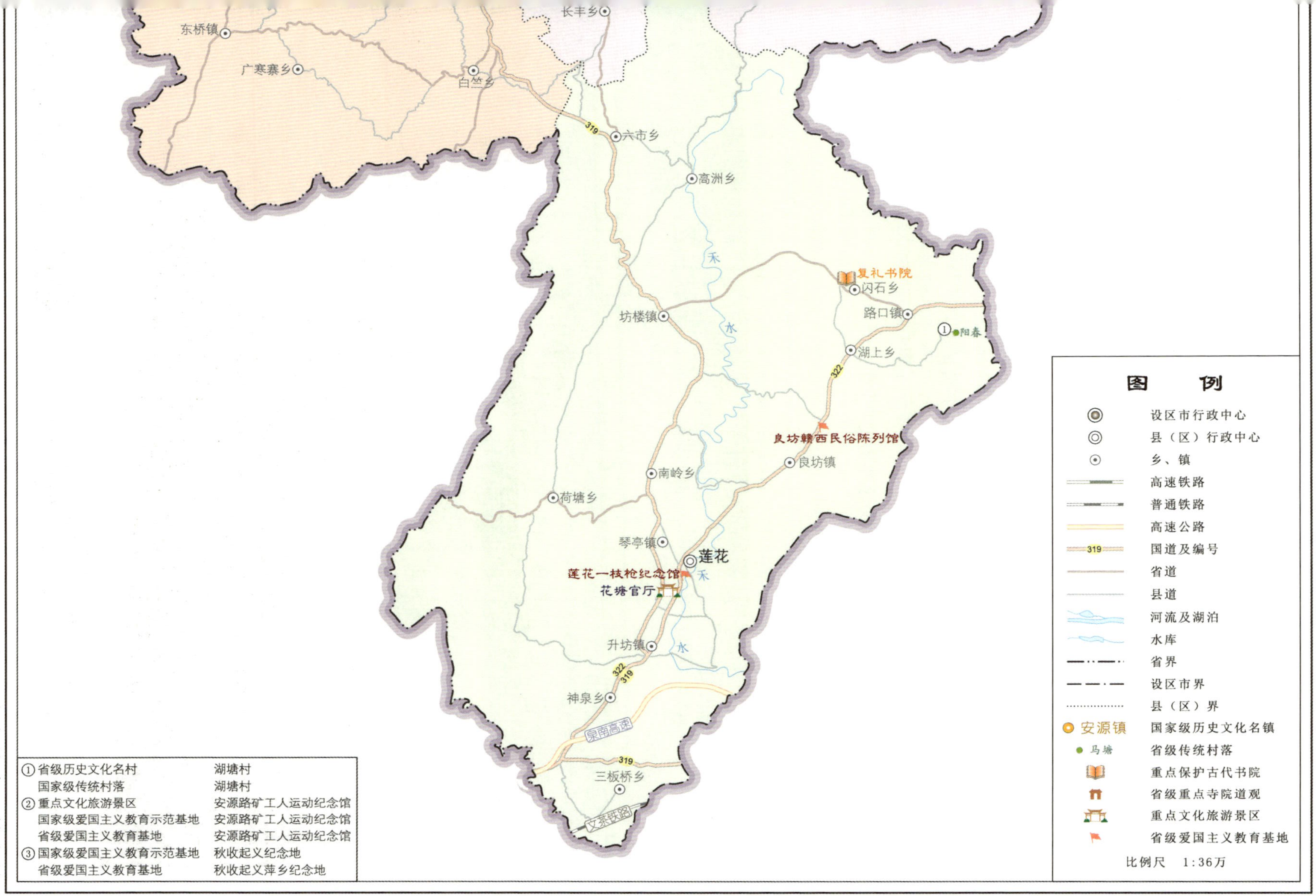
东桥镇
广寒寨乡
白竺乡
长丰乡
319
六市乡
高洲乡
禾
复礼书院
闪石乡
路口镇
①阳春
湖上乡
坊楼镇
水
322
良坊赣西民俗陈列馆
良坊镇
南岭乡
荷塘乡
琴亭镇
莲花
莲花一枝枪纪念馆
禾
花塘官厅
升坊镇
水
322
319
神泉乡
泉南高速
319
三板桥乡
文茶铁路
图例
设区市行政中心
县（区）行政中心
乡、镇
高速铁路
普通铁路
高速公路
319 国道及编号
省道
县道
河流及湖泊
水库
省界
设区市界
县（区）界
安源镇 国家级历史文化名镇
马塘 省级传统村落
重点保护古代书院
省级重点寺院道观
重点文化旅游景区
省级爱国主义教育基地
比例尺 1:36万
①省级历史文化名村 湖塘村
国家级传统村落 湖塘村
②重点文化旅游景区 安源路矿工人运动纪念馆
国家级爱国主义教育示范基地 安源路矿工人运动纪念馆
省级爱国主义教育基地 安源路矿工人运动纪念馆
③国家级爱国主义教育示范基地 秋收起义纪念地
省级爱国主义教育基地 秋收起义萍乡纪念地

## 萍乡市

萍乡乃古之吴楚咽喉，今之赣西明珠，是中国近代工业起始最早的城市之一，改革开放以来，经济快速发展，商贸繁荣，已成为江西重要工业城市之一，下辖芦溪县、上栗县、莲花县、安源区、湘东区，全市土地面积 3824 平方千米，人口 192.5 万。

萍乡市是江西区域中心城市之一、中国首批内陆开放城市、国家卫生城市。萍乡市作为湘赣核心区域和龙头城市，有“湘赣通衢”“吴楚咽喉”之称。萍乡是一座有 1700 多年历史的文化古城，

武功山风景区

在近代史上，萍乡是中国工人运动策源地、秋收起义策源地、中国少年先锋队诞生地、红领巾的摇篮。2015年3月，萍乡入选“国家海绵城市建设试点市”行列，是江西唯一获批的设区市。

萍乡地处亚热带季风气候区，属亚热带季风性湿润气候类型，全年光照充足、雨水丰沛、四季分明，这里不仅文化底蕴丰厚，而且环境秀美，是旅游观光的好去处。萍乡武功山风景区被评为国家级风景区，这里拥有大量的红色历史遗迹和文物。境内有古战场遗迹、金鸡山、白玉洞、平岗岭地下长城、亚热带森林等旅游景点。

# 五 新余市

操场乡
塘西
高岚乡
洞村乡
白梅
杨桥镇
桐川
双林镇
欧里镇
观巢镇
洋江镇
凤阳镇
湖泽镇
袁
水
沪昆高速
仰天岗爱国主义基地
城北街道
分宜
分宜镇
沪昆铁路
220
袁河街道
河下镇
界水乡
533
江口水库
仙女湖风景名胜区
大广高速
铃山镇
分文铁路
九龙山乡
良

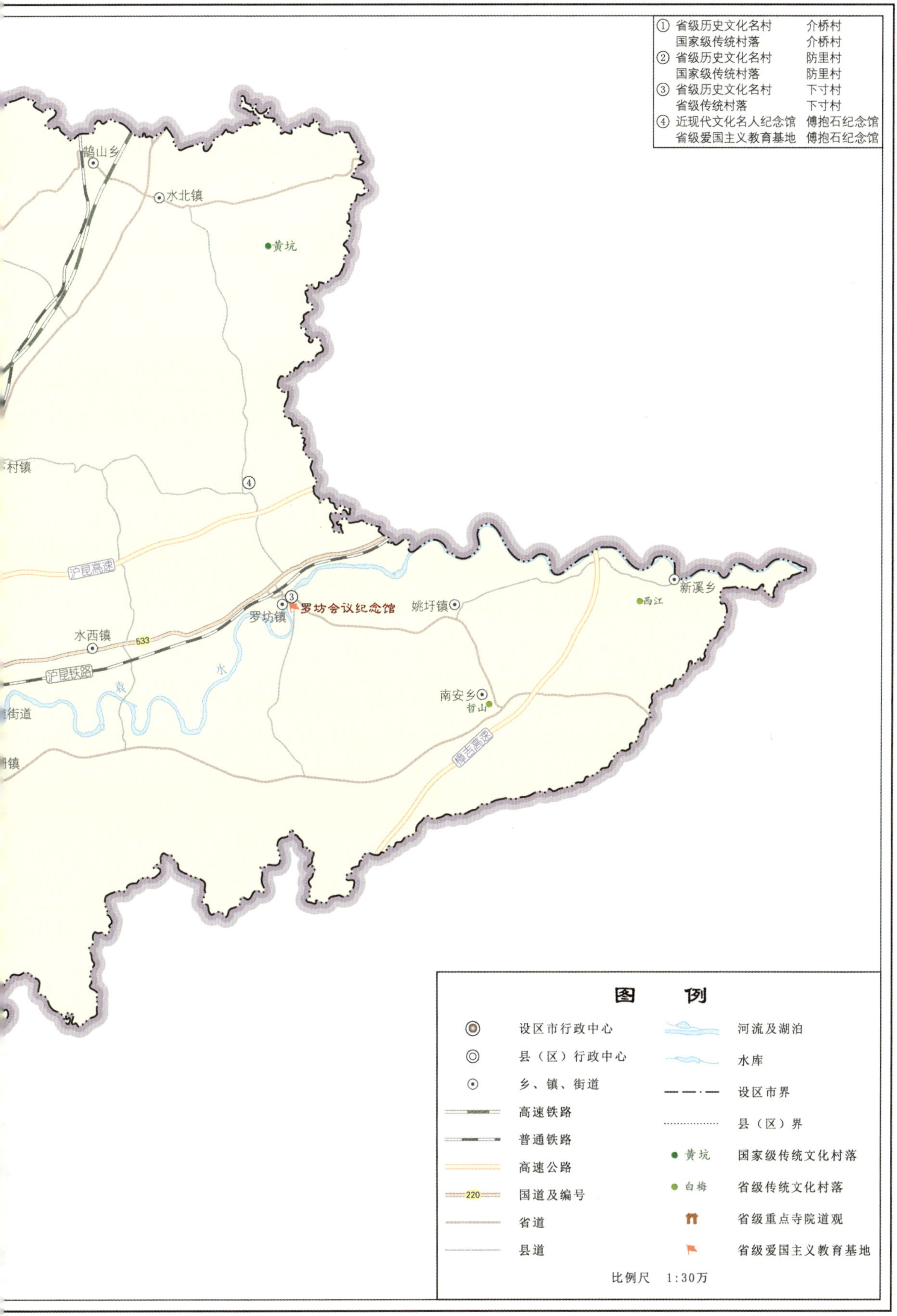

① 省级历史文化名村 介桥村
国家级传统村落 介桥村
② 省级历史文化名村 防里村
国家级传统村落 防里村
③ 省级历史文化名村 下寸村
省级传统村落 下寸村
④ 近现代文化名人纪念馆 傅抱石纪念馆
省级爱国主义教育基地 傅抱石纪念馆
鹄山乡
水北镇
黄坑
④
沪昆高速
③
罗坊会议纪念馆
罗坊镇
姚圩镇
新溪乡
西江
水西镇
633
沪昆铁路
袁
水
南安乡
哲山
樟吉高速
图例
设区市行政中心
县（区）行政中心
乡、镇、街道
高速铁路
普通铁路
高速公路
220
国道及编号
省道
县道
河流及湖泊
水库
设区市界
县（区）界
黄坑 国家级传统文化村落
白梅 省级传统文化村落
省级重点寺院道观
省级爱国主义教育基地
比例尺 1:30万

## 新余市

新余市，位于江西省中部偏西，浙赣铁路西段，全境东西最长处 101.8 千米，南北最宽处 65.2 千米，东临樟树市、新干县，西接宜春市袁州区，南连吉安市青原区、安福县、峡江县，北毗上高县、高安市。新余总面积 3178 平方千米，总人口 117.37 万，多为汉族江右民系。

新余是江西省的一个新兴工业城市，1960 年设市，1963 年撤市，1983 年复市，工业化率达 51.3%，城市化率达 56.6%，是中国唯一的国家新能源科技城、全国 22 个国家森林城市之一、全国首批“全国节能减排财政政策综合改革示范市”之一、国家“城市矿产”示范基地、资源枯竭转型试点城市、国家教育部全国职业教育现代学徒试点市、中国新能源之都、全国可再生能源示范城市、国家园林城市、全国卫生城市、全国金融生态示范城市、中国十大最具安全

仙女湖风景区

感城市、全国双拥模范城市、中国诚信政府前10名、中国最具竞争力100强城市、中国最佳投资城市、中国最具海内外影响力城市、中国光电产业最佳投资城市，连续5届获全国社会治安综合治理优秀市。

新余是江西第四大城市，因盛产新余蜜橘被称为“中国蜜橘之乡”，同时也是江西省最大的葡萄园和江南驰名的葡萄生产基地之一。新余环境优美，城市三面环山，一面傍水，孔目江、袁河绕城而过，城南有抱石公园，城北有仰天岗森林公园，城东有江西省唯一国家级湿地公园孔目江湿地公园，城西有著名景区仙女湖。新余风景秀丽，而其中又以仙女湖最具神韵，是传说中七仙女下凡之地。除了自然风光外，新余积极挖掘独具自己特色的仙文化，群众文化红红火火，联合拍摄了电视连续剧《欢天喜地七仙女》。

仙女湖景区雕塑

# 六 鹰潭市

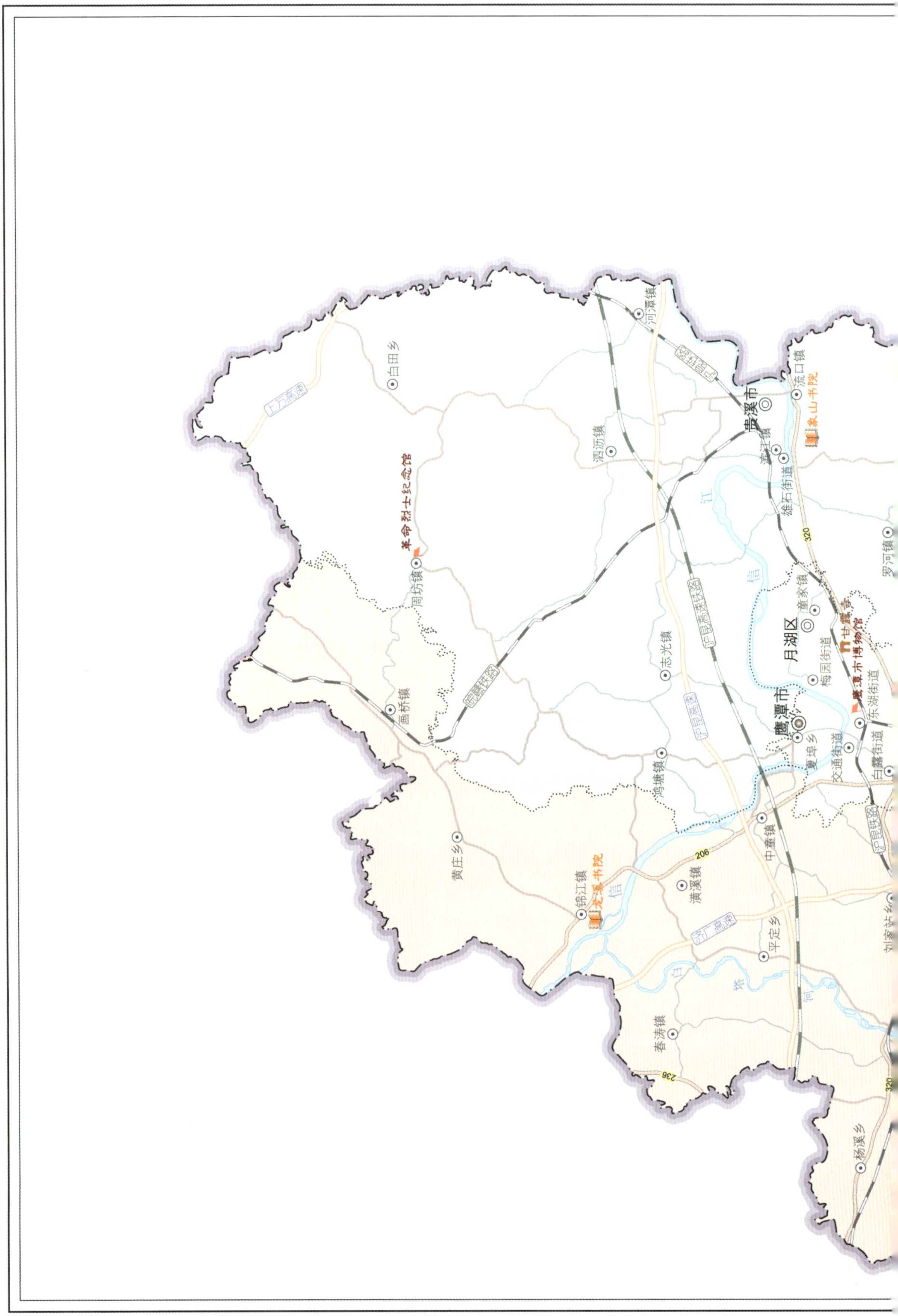
白田乡
上万高速
革命烈士纪念馆
周坊镇
画桥镇
黄庄乡
锦江镇
潢溪镇
平定乡
春涛镇
236
杨溪乡
河潭镇
泗沥镇
贵溪市
流口镇
象山书院
雄石街道
320
罗河镇
志光镇
童家镇
月湖区
梅园街道
鹰潭市博物馆
东湖街道
鹰潭市
夏埠乡
交通街道
白露街道
鸿塘镇
中童镇
206
刘家站乡
沪昆高速
沪昆铁路
信
江
白
塔
河

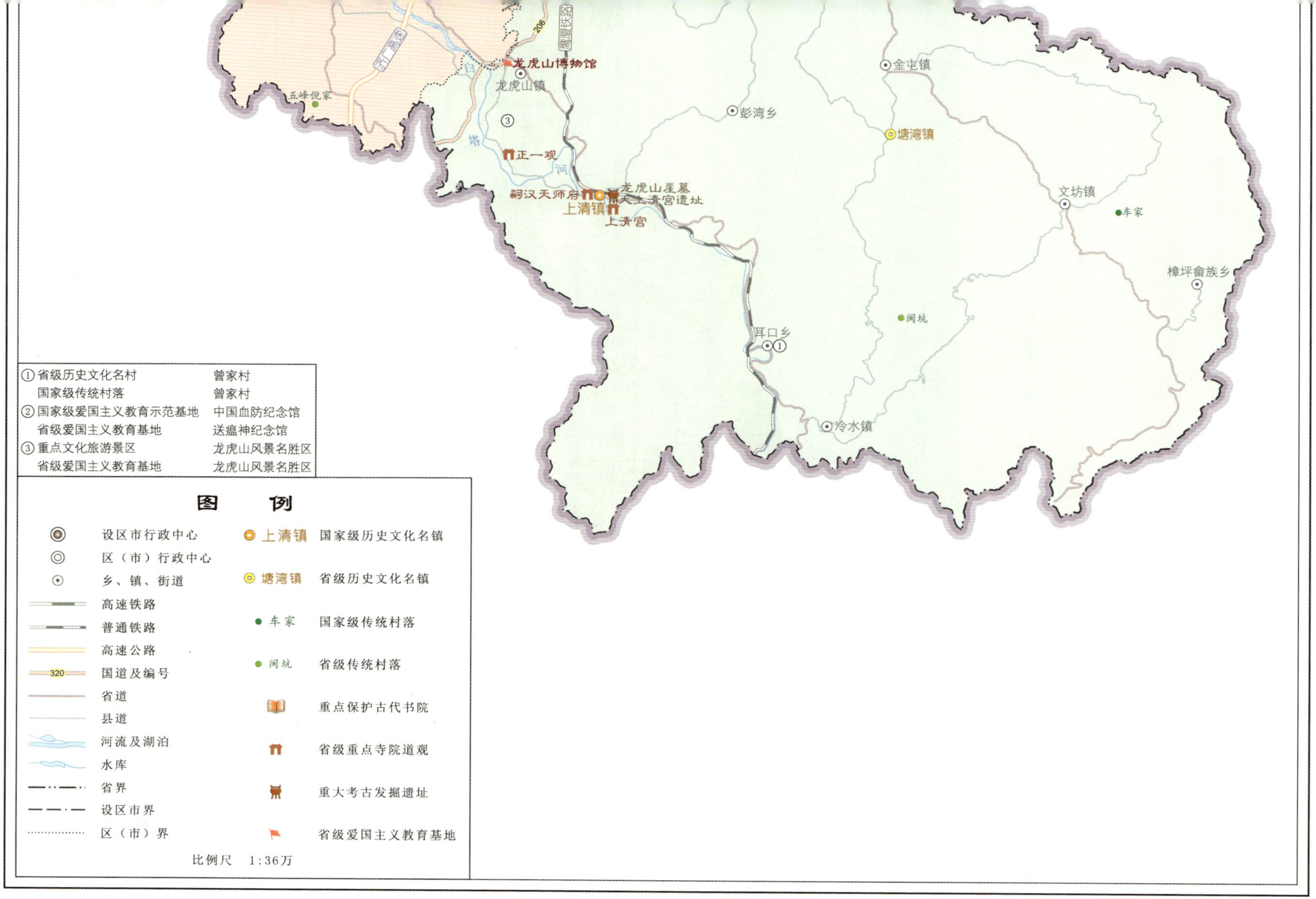
龙虎山博物馆
龙虎山镇
五峰倪家
206
鹰厦铁路
白
塔
河
③
正一观
嗣汉天师府
上清镇
龙虎山崖墓
大上清宫遗址
上清宫
彭湾乡
金屯镇
塘湾镇
文坊镇
车家
樟坪畲族乡
闽坑
耳口乡
①
冷水镇
① 省级历史文化名村 曾家村
国家级传统村落 曾家村
② 国家级爱国主义教育示范基地 中国血防纪念馆
省级爱国主义教育基地 送瘟神纪念馆
③ 重点文化旅游景区 龙虎山风景名胜区
省级爱国主义教育基地 龙虎山风景名胜区
图例
设区市行政中心
区（市）行政中心
乡、镇、街道
高速铁路
普通铁路
高速公路
320
国道及编号
省道
县道
河流及湖泊
水库
省界
设区市界
区（市）界
上清镇 国家级历史文化名镇
塘湾镇 省级历史文化名镇
车家 国家级传统村落
闽坑 省级传统村落
重点保护古代书院
省级重点寺院道观
重大考古发掘遗址
省级爱国主义教育基地
比例尺 1:36万

# 鹰潭市

鹰潭，因“涟漪旋其中，雄鹰舞其上”而得市名，同时享有“道都”“铜都”“创客之城”等美誉。鹰潭市背靠龙虎山山脉，秀丽的鄱阳湖流域，是一座有 3600 余年历史的历史名城，荟萃了自中华

龙虎山风景名胜区

民族诞生以来的道教文化，拥有众多历史名胜古迹和人文景观。鹰潭位于江西省东部偏北，信江中下游，面向珠江、长江、闽南3个“三角洲”，珠三角经济区和海西经济区在中部的最大最近的共同腹地，是赣东北承接东南沿海产业转移第一城。是内地连接东南沿海的重要通道之一。鹰潭东接弋阳县、铅山县，西连东乡县，南临金溪县、资溪县，北靠万年县、余干县，东南一隅与福建省光泽县毗邻。境域南北长约81千米，东西宽约38千米。距省会南昌市143千米（铁路里程）。全市总面积3556.7平方千米，占江西省总面积的2.15%，截至2018年末，全市常住人口为117.5万人。

鹰潭市地处鹰厦线、浙赣线、皖赣线和沪昆线4条铁路主干线纵横交汇，被誉为“火车拉来的城市”。邓小平先生曾3次驻足鹰潭，大赞“鹰潭是个好口子”。《水浒传》开篇重笔描绘的龙虎山，位于鹰潭市境内，现为世界自然遗产和世界地质公园双冠景区。龙虎山风景区以其道教祖庭、丹霞地貌和春秋战国大型崖墓群珠璧联合为特色，嗣汉天师府、上清古镇、古越崖墓群等吸引着众多游客前往鹰潭，在世界级风景名胜区中独树一帜。

# 七 赣州市

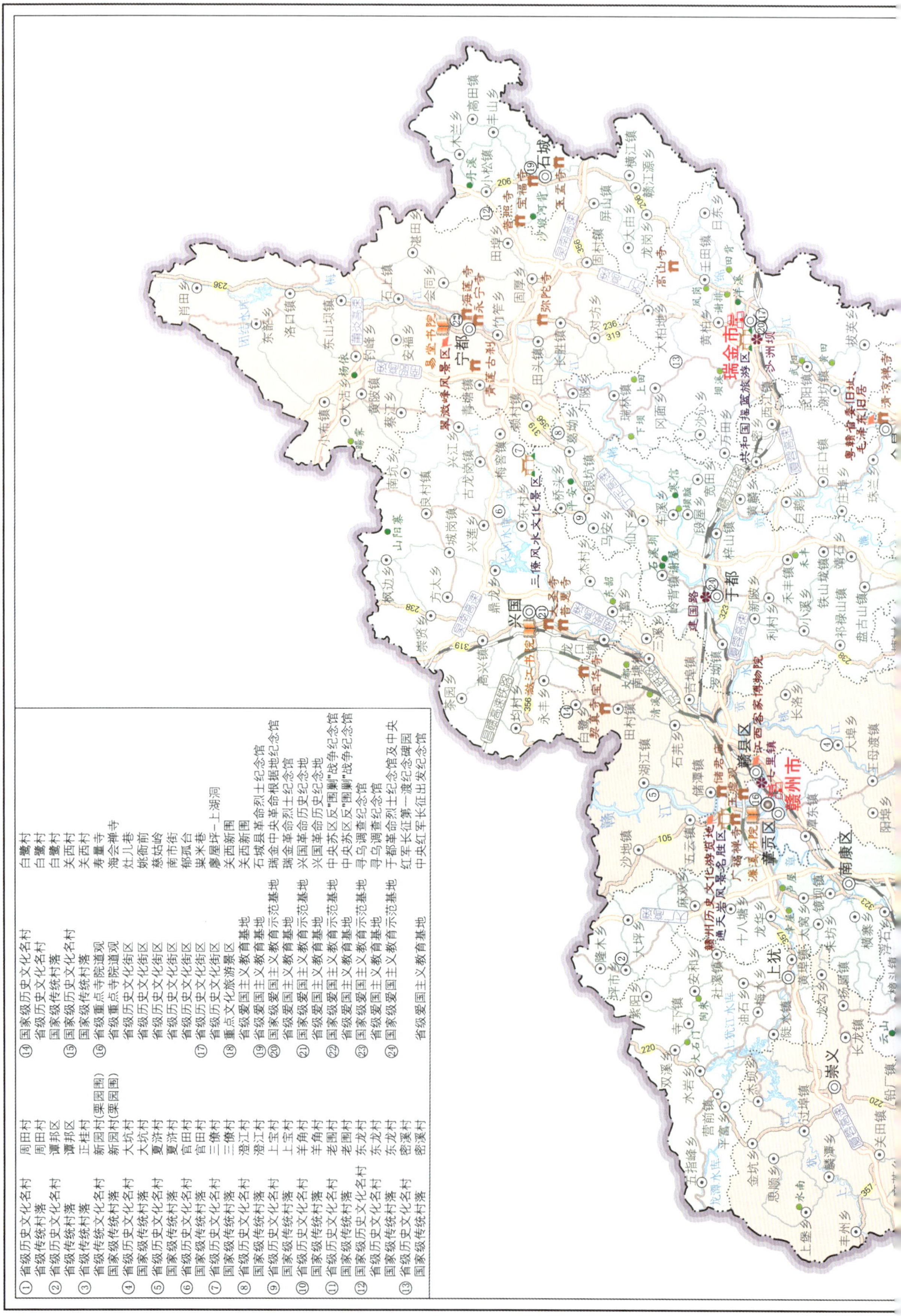

① 省级历史文化名村 周田村
省级传统村落 周田村
② 省级历史文化名村 谭邦区
省级传统村落 谭邦区
③ 省级传统村落 正桂村
省级传统文化名村 新园村(栗园围)
国家级传统村落 新园村(栗园围)
④ 省级历史文化名村 大坑村
国家级传统村落 大坑村
⑤ 省级历史文化名村 夏浒村
国家级传统村落 夏浒村
⑥ 省级历史文化名村 官田村
国家级传统村落 官田村
⑦ 省级历史文化名村 三僚村
国家级传统村落 三僚村
⑧ 省级历史文化名村 澄江村
国家级传统村落 澄江村
⑨ 省级历史文化名村 上宝村
国家级传统村落 上宝村
⑩ 省级历史文化名村 羊角村
国家级传统村落 羊角村
⑪ 省级历史文化名村 老围村
国家级传统村落 老围村
⑫ 国家级历史文化名村 东龙村
省级历史文化名村 东龙村
国家级传统村落 东龙村
⑬ 省级历史文化名村 密溪村
国家级传统村落 密溪村
⑭ 国家级历史文化名村 白鹭村
省级历史文化名村 白鹭村
国家级传统村落 白鹭村
⑮ 国家级历史文化名村 关西村
国家级传统村落 关西村
⑯ 省级重点寺院道观 寿量寺
省级重点寺院道观 海会禅寺
省级历史文化街区 灶儿巷
省级历史文化街区 姚衙前
省级历史文化街区 慈姑岭
省级历史文化街区 南市街
省级历史文化街区 郁孤台
⑰ 省级历史文化街区 粜米巷
省级历史文化街区 廖屋坪–上湖洞
⑱ 重点文化旅游景区 关西新围
省级爱国主义教育基地 关西新围
⑲ 省级爱国主义教育基地 石城县革命烈士纪念馆
⑳ 国家级爱国主义教育示范基地 瑞金中央革命根据地纪念馆
省级爱国主义教育基地 瑞金革命烈士纪念馆
㉑ 国家级爱国主义教育示范基地 兴国革命历史纪念地
省级爱国主义教育基地 兴国革命历史纪念地
㉒ 国家级爱国主义教育示范基地 中央苏区反"围剿"战争纪念馆
省级爱国主义教育基地 中央苏区反"围剿"战争纪念馆
㉓ 国家级爱国主义教育示范基地 寻乌调查纪念馆
省级爱国主义教育基地 寻乌调查纪念馆
㉔ 国家级爱国主义教育示范基地 于都革命烈士纪念馆及中央红军长征第一渡纪念碑园
省级爱国主义教育基地 中央红军长征出发纪念馆

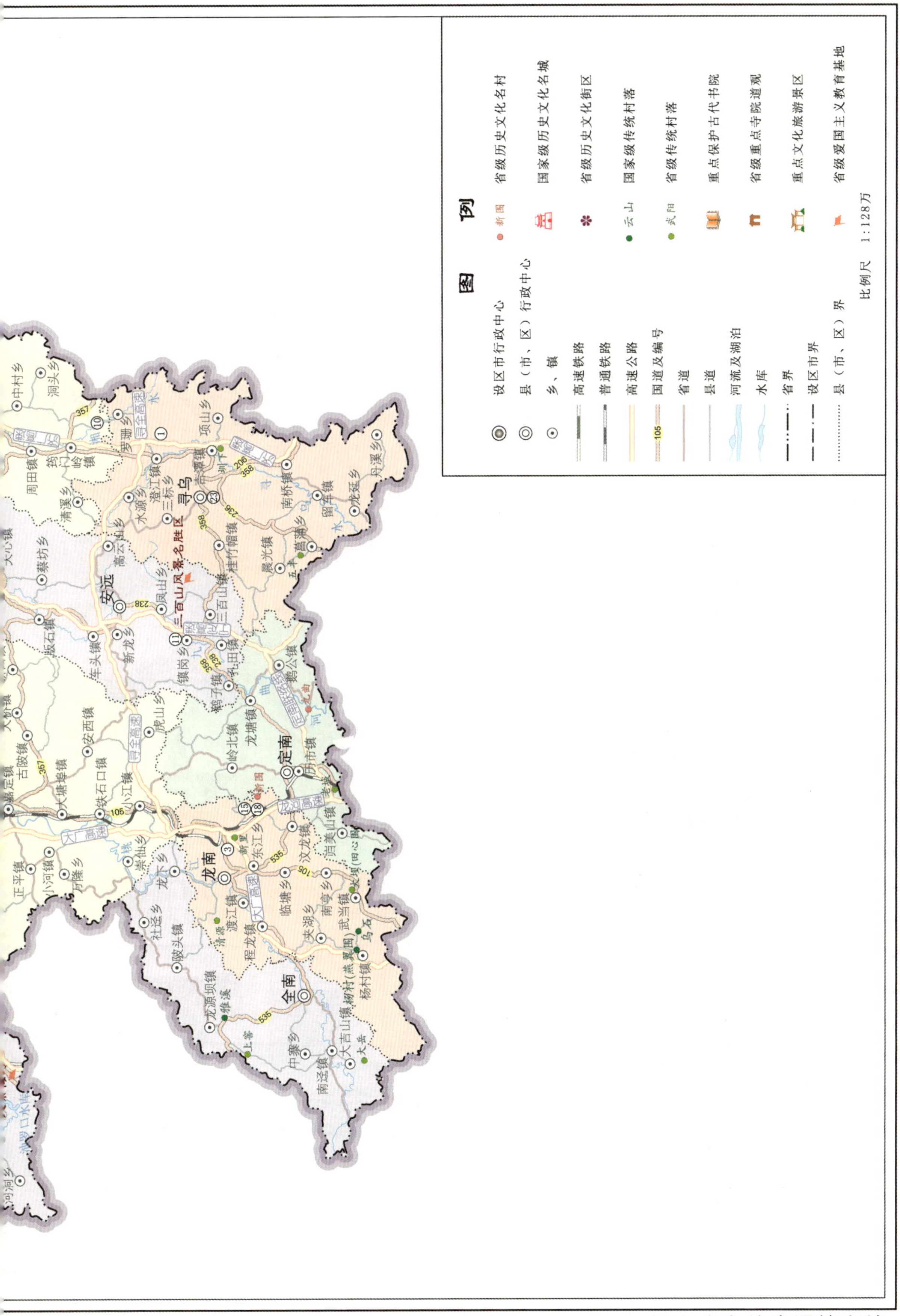
图例
设区市行政中心
县（市、区）行政中心
乡、镇
高速铁路
普通铁路
高速公路
国道及编号
省道
县道
河流及湖泊
水库
省界
设区市界
县（市、区）界
省级历史文化名村
国家级历史文化名城
省级历史文化街区
国家级传统村落
省级传统村落
重点保护古代书院
省级重点寺院道观
重点文化旅游景区
省级爱国主义教育基地
比例尺 1:128万
寻乌
安远
定南
龙南
全南
三百山风景名胜区

# 赣州市

赣州，简称“虔”，别称“虔城”，也称“赣南”，位于江西省南部，是江西省的南大门，是江西省面积最大、人口最多的地级市。赣州地处中亚热带南缘属亚热带季风气候区，地形以山地、丘陵为

中华苏维埃共和国临时中央政府大礼堂旧址

主，总面积 39379.64 平方千米，占江西省总面积的 23.6%，下辖 3 个市辖区、14 个县、1 个县级市。2017 年末全市户籍人口为 974.25 万人。

赣州市是江西省省域副中心城市，拥有 4 个国家级开发区和 1 个综合保税区，是全国稀有金属产业基地和先进制造业基地、原中央苏区振兴发展示范区、红色文化传承创新区和著名的红色旅游目的地，是全国区域性综合交通枢纽、赣粤闽湘四省通衢的区域性现代化中心城市。

赣州是国家历史文化名城、全国文明城市、国家森林城市、原中央苏区所在地、万里长征的起点城市，文天祥、周敦颐、海瑞、王守仁、辛弃疾和中共第一代核心领导人皆在赣南主政过。赣州四季分明、气候温和，是一个宜居宜旅游的生态美城。2017 年 11 月，赣州市荣获“第五届全国文明城市”称号。

赣州市

# 八 宜春市

| | |
|---|---|
| ①国家级历史文化名村 | 天宝村 |
| 省级历史文化名村 | 天宝村 |
| 国家级传统村落 | 天宝村 |
| ②国家级历史文化名村 | 贾家村 |
| 国家级传统村落 | 贾家村 |
| ③省级历史文化名村 | 厚板塘村 |
| 国家级传统村落 | 厚板塘村 |
| ④省级历史文化名村 | 白马寨村 |
| 国家级传统村落 | 白马寨村 |
| ⑤古代文化名人纪念馆 | 宋应星纪念馆 |
| 省级爱国主义教育基地 | 宋应星纪念馆 |
| ⑥国家级爱国主义教育示范基地 | 秋收起义铜鼓纪念馆 |
| 省级爱国主义教育基地 | 秋收起义铜鼓纪念馆 |

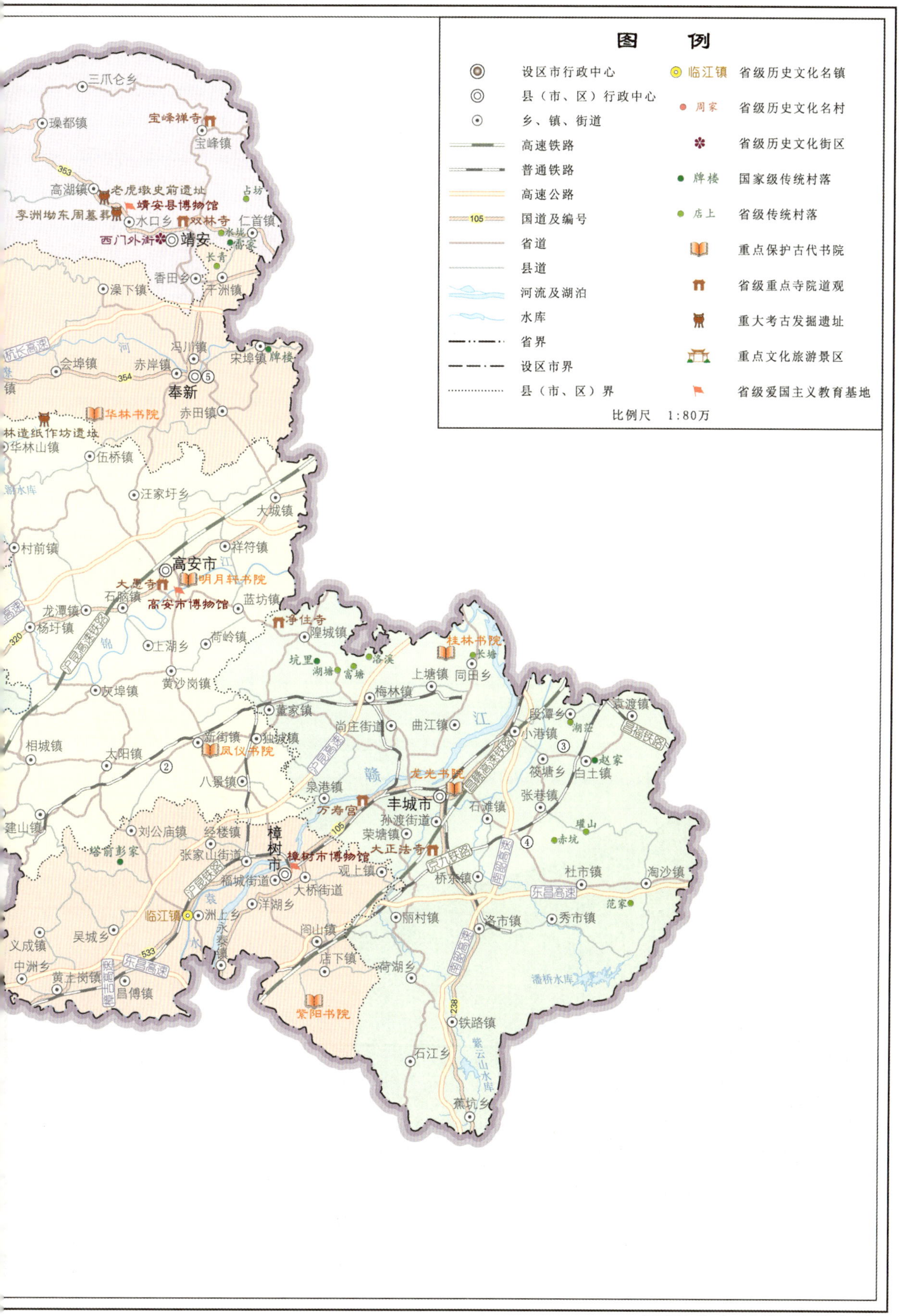
图 例
设区市行政中心
县（市、区）行政中心
乡、镇、街道
高速铁路
普通铁路
高速公路
105
国道及编号
省道
县道
河流及湖泊
水库
省界
设区市界
县（市、区）界
临江镇
省级历史文化名镇
周家
省级历史文化名村
省级历史文化街区
牌楼
国家级传统村落
店上
省级传统村落
重点保护古代书院
省级重点寺院道观
重大考古发掘遗址
重点文化旅游景区
省级爱国主义教育基地
比例尺 1:80万
三爪仑乡
璪都镇
宝峰禅寺
宝峰镇
353
高湖镇
老虎墩史前遗址
靖安县博物馆
李洲坳东周墓葬
水口乡
双林寺
仁首镇
占坊
水垅
高家
西门外街
靖安
长青
香田乡
澡下镇
干洲镇
冯川镇
会埠镇
赤岸镇
宋埠镇
牌楼
354
奉新
赤田镇
华林书院
林造纸作坊遗址
华林山镇
伍桥镇
汪家圩乡
大城镇
村前镇
祥符镇
高安市
大愚寺
明月轩书院
石脑镇
高安市博物馆
蓝坊镇
龙潭镇
杨圩镇
320
净住寺
隍城镇
上湖乡
荷岭镇
坑里
洛溪
湖塘
富塘
桂林书院
长塘
上塘镇
同田乡
黄沙岗镇
灰埠镇
梅林镇
董家镇
尚庄街道
曲江镇
段潭乡
湖茫
袁渡镇
小港镇
新街镇
独城镇
凤仪书院
相城镇
太阳镇
八景镇
泉港镇
龙光书院
筱塘乡
赵家
白土镇
丰城市
张巷镇
万寿宫
石滩镇
孙渡街道
建山镇
刘公庙镇
经楼镇
樟树市
荣塘镇
大正法寺
罐山
赤坑
塔前彭家
张家山街道
樟树市博物馆
观上镇
杜市镇
淘沙镇
福城街道
桥东镇
东昌高速
大桥街道
范家
临江镇
洲上乡
洋湖乡
丽村镇
洛市镇
秀市镇
义成镇
吴城乡
永泰镇
阁山镇
533
中洲乡
黄土岗镇
昌傅镇
店下镇
荷湖乡
潘桥水库
紫阳书院
238
铁路镇
石江乡
紫云山水库
董坑乡
赣
江
沪昆高铁
沪昆铁路
沪昆高速
昌福铁路
昌赣高速铁路
京九铁路
昌铜高速
济广高速
东昌高速
杭长高速
樟吉高速
105

## 宜春市

宜春市位于江西省西北部，东境与南昌市接界，东南与抚州市为邻，南陲与吉安市及新余市毗连，西南与萍乡市接壤，西北与湖南省的长沙市及岳阳市交界，北与九江市相邻。

宜春总面积 1.87 万平方千米；辖 1 个区、6 个县、代管 3 个县级市；总人口 610 万。境内以丘陵、山地为主，气候温和，雨量充沛，四季分明，素有“山明水秀，土沃泉甘，其气如春，四时咸宜”之称。宜春有京九铁路、沪昆高铁、浙赣铁路交汇；赣粤、沪昆、

宜春明月山风景区

大广等高速公路和 320 国道、105 国道纵横交错，此外，宜春明月山机场还拥有北京、上海等 10 多条航线。

宜春文化积淀厚重，自古被誉为“江南佳丽之地，文物昌盛之邦”，汉高祖六年（前 201），堂邑候陈婴奉命来此筑城立治，因“城侧有泉，莹媚如春，饮之宜人”，故名宜春。唐代韩愈写下了“莫以宜春远，江山多胜游”的诗句；宋代理学家朱熹发出了“我行宜春野，四顾多奇山”的感叹。晋代田园诗鼻祖陶渊明、明代《天工开物》作者宋应星、现代物理学家吴有训、两届奥运会冠军杨文军都是宜春人。

# 九 上饶市

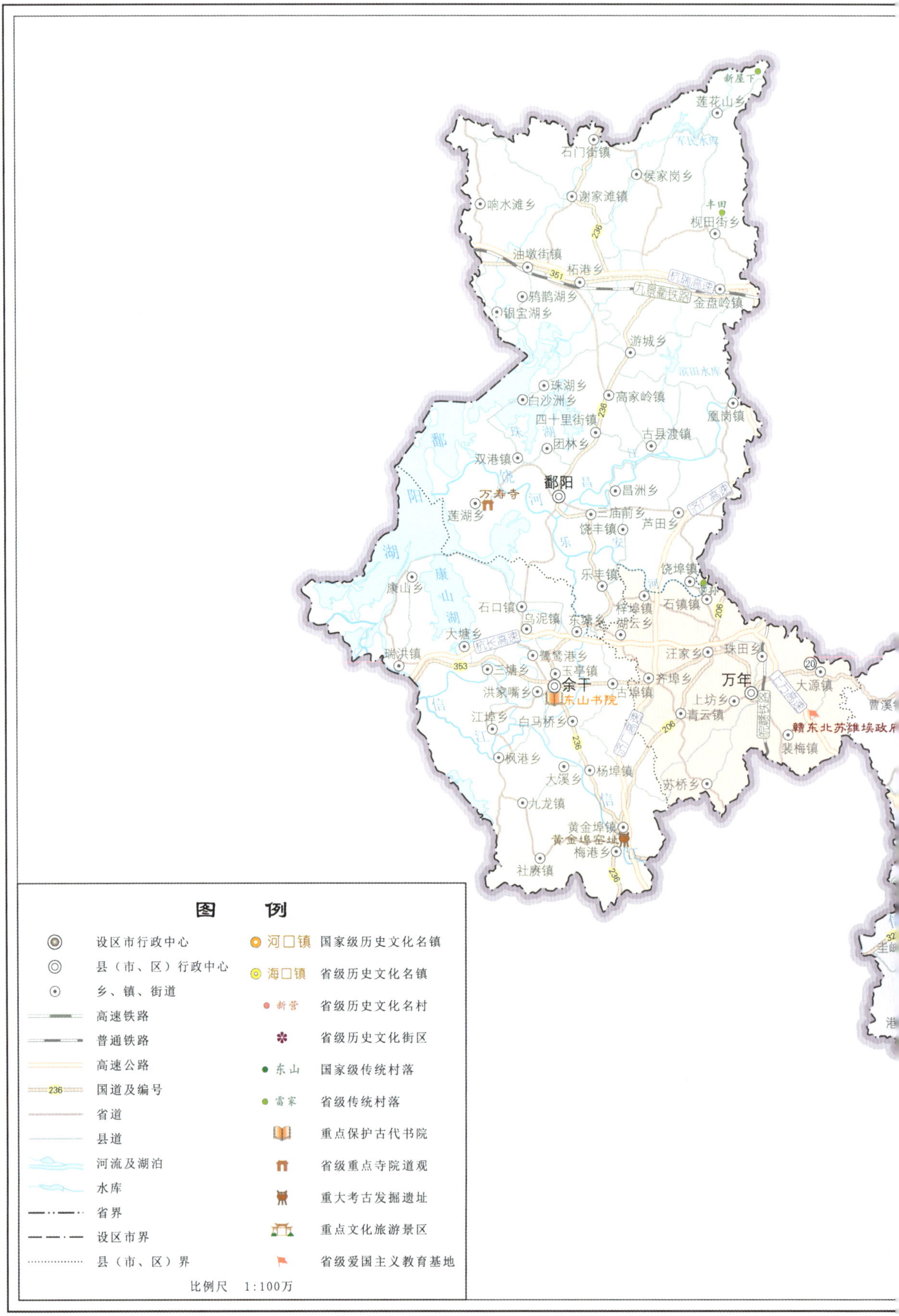

新屋下
莲花山乡
石门街镇
军民水库
侯家岗乡
响水滩乡
谢家滩镇
丰田
枧田街乡
236
油墩街镇
351
柘港乡
杭瑞高速
九景衢铁路
金盘岭镇
鸦鹊湖乡
银宝湖乡
游城乡
滨田水库
珠湖乡
白沙洲乡
高家岭镇
四十里街镇
凰岗镇
团林乡
古县渡镇
双港镇
鄱阳
万寿寺
昌洲乡
莲湖乡
三庙前乡
饶丰镇
芦田乡
济广高速
鄱阳湖
珠湖
饶河
昌江
乐安河
饶埠镇
康山乡
康山湖
乐丰镇
梓埠镇
石镇镇
石口镇
乌泥镇
东塘乡
湖云乡
大塘乡
杭长高速
瑞洪镇
汪家乡
珠田乡
鹭鸶港乡
353
三塘乡
玉亭镇
万年
大源镇
洪家嘴乡
余干
古埠镇
齐埠乡
东山书院
上坊乡
曹溪
江埠乡
白马桥乡
青云镇
赣东北苏维埃政府
206
裴梅镇
信江
枫港乡
大溪乡
杨埠镇
苏桥乡
九龙镇
黄金埠镇
黄金埠窑址
梅港乡
社赓镇
图例
设区市行政中心
县（市、区）行政中心
乡、镇、街道
高速铁路
普通铁路
高速公路
国道及编号
省道
县道
河流及湖泊
水库
省界
设区市界
县（市、区）界
河口镇 国家级历史文化名镇
海口镇 省级历史文化名镇
新营 省级历史文化名村
省级历史文化街区
东山 国家级传统村落
雷家 省级传统村落
重点保护古代书院
省级重点寺院道观
重大考古发掘遗址
重点文化旅游景区
省级爱国主义教育基地
比例尺 1:100万

| 编号 | 类别 | 名称 |
| --- | --- | --- |
| ① | 国家级历史文化名村 | 理坑村 |
| | 省级历史文化名村 | 理坑村 |
| | 国家级传统村落 | 理坑村 |
| ② | 国家级历史文化名村 | 虹关村 |
| | 省级历史文化名村 | 虹关村 |
| | 国家级传统村落 | 虹关村 |
| ③ | 国家级历史文化名村 | 思溪村 |
| | 省级历史文化名村 | 思溪村 |
| | 国家级传统村落 | 思溪村 |
| ④ | 国家级历史文化名村 | 延村 |
| | 省级历史文化名村 | 延村 |
| | 国家级传统村落 | 延村 |
| ⑤ | 国家级历史文化名村 | 汪口村 |
| | 省级历史文化名村 | 汪口村 |
| | 国家级传统村落 | 汪口村 |
| ⑥ | 省级历史文化名村 | 凤山村 |
| | 国家级传统村落 | 凤山村 |
| ⑦ | 省级历史文化名村 | 庆源村 |
| | 国家级传统村落 | 庆源村 |
| ⑧ | 省级历史文化名村 | 晓起村 |
| | 国家级传统村落 | 晓起村 |
| ⑨ | 省级历史文化名村 | 西冲村 |
| | 国家级传统村落 | 西冲村 |
| ⑩ | 省级历史文化名村 | 李坑村 |
| | 国家级传统村落 | 李坑村 |
| ⑪ | 省级历史文化名村 | 江湾村 |
| | 国家级传统村落 | 江湾村 |
| ⑫ | 省级历史文化名村 | 篁岭村 |
| | 国家级传统村落 | 篁岭村 |
| ⑬ | 省级历史文化名村 | 游山村 |
| | 国家级传统村落 | 游山村 |
| ⑭ | 省级历史文化名村 | 十都村 |
| | 省级传统村落 | 十都村 |
| ⑮ | 省级历史文化名村 | 兰子畲族村 |
| | 省级传统村落 | 兰子村 |
| ⑯ | 重点保护古代书院 | 信江书院 |
| ⑰ | 重点保护古代书院 | 鹅湖书院 |
| | 重点文化旅游景区 | 鹅湖书院 |
| | 省级爱国主义教育基地 | 鹅湖书院 |
| ⑱ | 近现代文化名人纪念馆 | 杨惟义纪念馆 |
| ⑲ | 近现代文化名人纪念馆 | 詹天佑祖居纪念馆 |
| | 省级爱国主义教育基地 | 詹天佑祖居纪念馆 |
| ⑳ | 重大考古发掘遗址 | 仙人洞和吊桶环遗址 |
| | 省级爱国主义教育基地 | 仙人洞和吊桶环遗址 |
| ㉑ | 国家级爱国主义教育示范基地 | 闽浙（皖）赣革命根据地旧址群 |
| | 省级爱国主义教育基地 | 闽浙（皖）赣省委机关旧址 |
| ㉒ | 国家级爱国主义教育示范基地 | 上饶集中营革命烈士陵园 |
| | 省级爱国主义教育基地 | 上饶集中营革命烈士陵园 |
| | 省级爱国主义教育基地 | 上饶集中营旧址 |

## 上饶市

上饶，古称信州，位于江西省东北部，东联浙江、南挺福建、北接安徽，处于长三角经济区、海西经济区、鄱阳湖生态经济区三区交汇处。全市总面积 2.3 万平方千米，常住人口 678 万人。上饶自古就有“上乘富饶、生态之都”“八方通衢”和“豫章第一门户”

婺源村景

之称。辖境东西宽 210 千米，南北长 194 千米。上饶下辖 3 个区、8 个县、代管 1 个县级市，荣获“中国优秀旅游城市”“中国最具幸福感城市”（2 次）、“中国最佳投资城市”等多项城市荣誉。

上饶是典型的江南鱼米之乡，辖区内名山胜迹众多，早在唐朝就已是旅游胜地，历代官宦名流、文人墨客留下的观光游记、诗词歌咏数不胜数。境内山水秀丽景色宜人，更有丰富的红色革命遗址和古色文化遗存。

三清山风景名胜区

# 十 吉安市

| | | | | | | | |
|---|---|---|---|---|---|---|---|
| ① | 国家级历史文化名村 | 湖洲村 | ⑩ | 国家级历史文化名村 | 渼陂古村 | ⑲ | 国家级历史文化名村 | 塘边村 |
| | 省级历史文化名村 | 湖洲村 | | 国家级传统村落 | 渼陂古村 | | 省级历史文化名村 | 塘边村 |
| | 国家级传统村落 | 湖洲村 | | 重点文化旅游景区 | 渼陂古村 | | 国家级传统村落 | 塘边村 |
| ② | 省级历史文化名村 | 沂溪村 | | 省级爱国主义教育基地 | 渼陂古村 | ⑳ | 省级历史文化名村 | 仁和店村 |
| | 国家级传统村落 | 沂溪村 | ⑪ | 省级历史文化名村 | 圳头村 | | 国家级传统村落 | 仁和店村 |
| ③ | 省级历史文化名村 | 何君村 | | 国家级传统村落 | 圳头村 | ㉑ | 省级历史文化名村 | 东陂村 |
| | 国家级传统村落 | 何君村 | ⑫ | 省级历史文化名村 | 爵誉村 | | 省级传统村落 | 东陂村 |
| ④ | 国家级历史文化名村 | 桑园村 | | 国家级传统村落 | 爵誉村 | ㉒ | 重点保护古代书院 | 白鹭洲书院 |
| | 省级历史文化名村 | 桑园村 | ⑬ | 省级历史文化名村 | 蜀江村 | | 省级爱国主义教育基地 | 白鹭洲书院 |
| | 国家级传统村落 | 桑园村 | | 国家级传统村落 | 蜀江村 | ㉓ | 古代文化名人纪念馆 | 文天祥纪念馆 |
| ⑤ | 国家级历史文化名村 | 燕坊村 | ⑭ | 省级历史文化名村 | 毛家村 | | 省级爱国主义教育基地 | 文天祥纪念馆 |
| | 省级历史文化名村 | 燕坊村 | | 省级传统村落 | 毛家村 | ㉔ | 古代文化名人纪念馆 | 欧阳修纪念馆 |
| | 国家级传统村落 | 燕坊村 | ⑮ | 省级历史文化名村 | 桥上村 | | 省级爱国主义教育基地 | 欧阳修纪念馆 |
| ⑥ | 国家级历史文化名村 | 钓源村 | | 国家级传统村落 | 桥上村 | ㉕ | 重大考古发掘遗址 | 大洋洲商代大墓 |
| | 省级历史文化名村 | 钓源村 | ⑯ | 国家级历史文化名村 | 陂下村 | | 省级爱国主义教育基地 | 大洋洲商代青铜博物馆 |
| | 国家级传统村落 | 钓源村 | | 省级历史文化名村 | 陂下村 | ㉖ | 国家级爱国主义教育示范基地 | 东固革命根据地旧址群 |
| ⑦ | 省级历史文化名村 | 柘溪村 | | 国家级传统村落 | 陂下村 | | 省级爱国主义教育基地 | 东固革命根据地博物馆 |
| | 国家级传统村落 | 柘溪村 | | 重点文化旅游景区 | 陂下村 | ㉗ | 国家级爱国主义教育示范基地 | 井冈山革命纪念地 |
| ⑧ | 省级历史文化名村 | 上街村 | ⑰ | 省级历史文化名村 | 夿田村 | | 省级爱国主义教育基地 | 井冈山革命烈士陵园 |
| | 国家级传统村落 | 上街村 | | 国家级传统村落 | 夿田村 | | 省级爱国主义教育基地 | 井冈山革命博物馆 |
| ⑨ | 省级历史文化名村 | 樟枧村 | ⑱ | 省级历史文化名村 | 横坑村 | ㉘ | 国家级爱国主义教育示范基地 | 永新三湾革命旧址 |
| | 省级传统村落 | 樟枧村 | | 国家级传统村落 | 横坑村 | | 省级爱国主义教育基地 | 永新三湾革命旧址 |

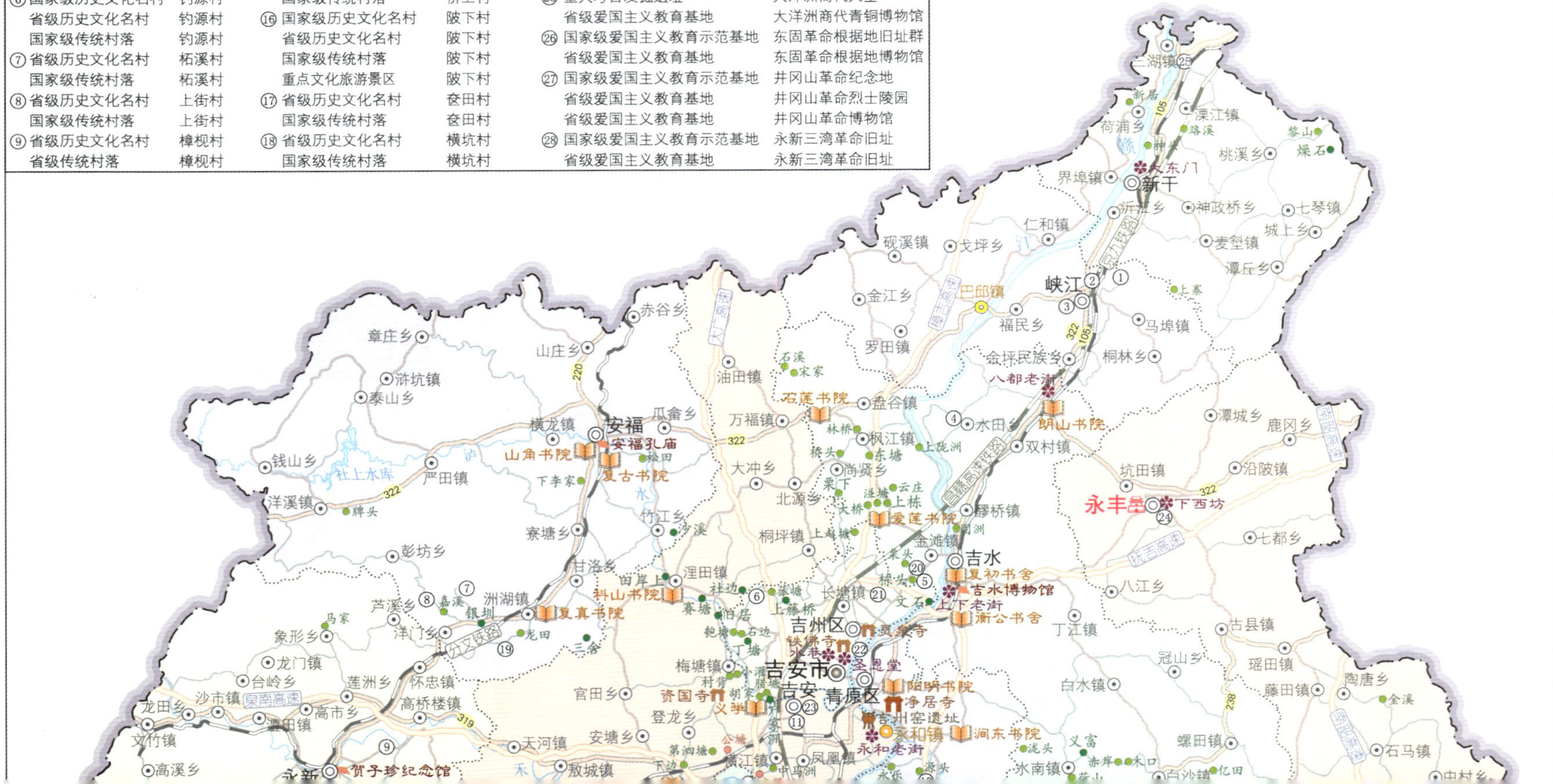

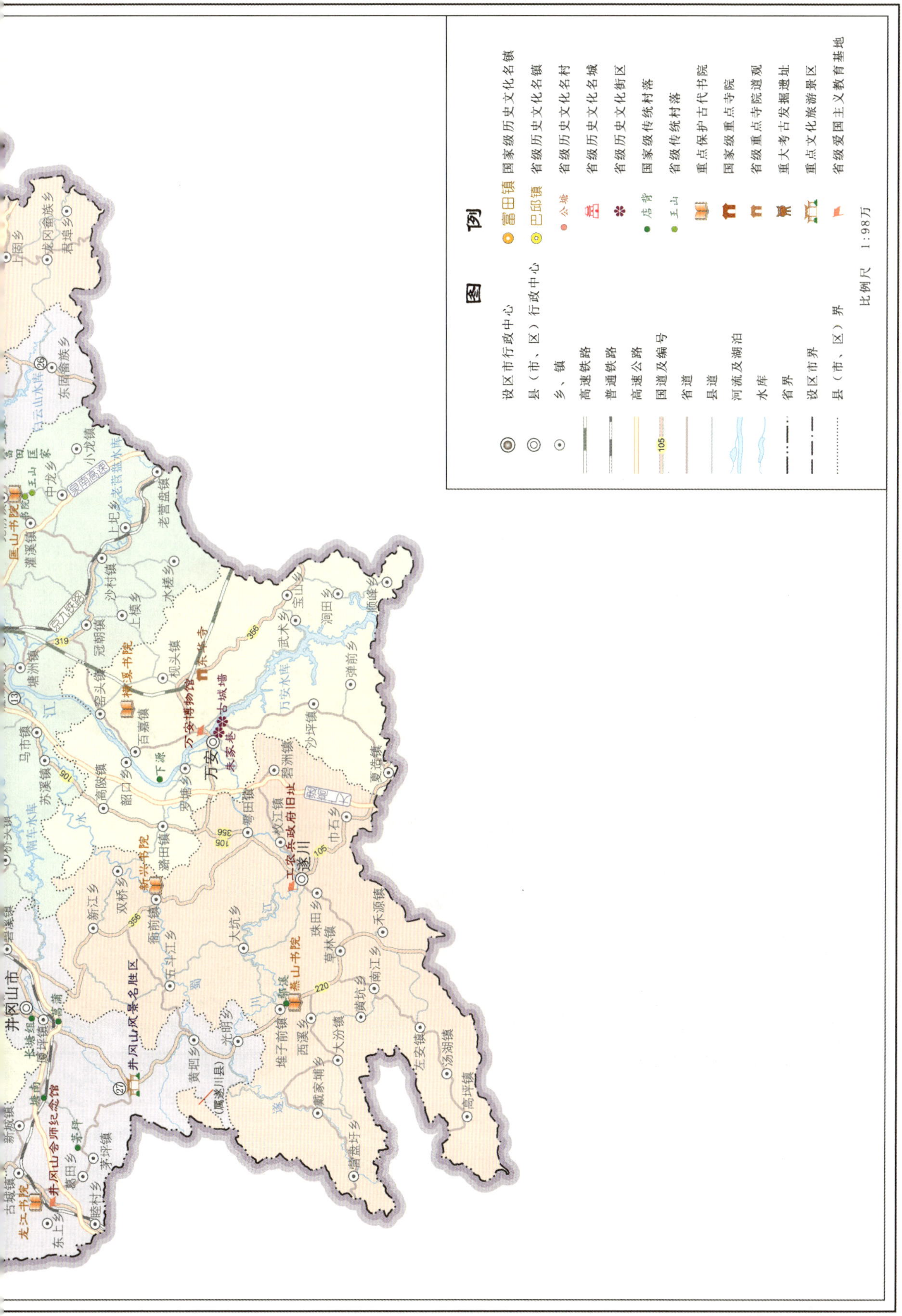

图例
设区市行政中心
县（市、区）行政中心
乡、镇
高速铁路
普通铁路
高速公路
国道及编号
省道
县道
河流及湖泊
水库
省界
设区市界
县（市、区）界
富田镇 国家级历史文化名镇
巴邱镇 省级历史文化名镇
公塘 省级历史文化名村
省级历史文化名城
省级历史文化街区
店背 国家级传统村落
王山 省级传统村落
重点保护古代书院
国家级重点寺院
省级重点寺院道观
重大考古发掘遗址
重点文化旅游景区
省级爱国主义教育基地
比例尺 1:98万
万安
遂川
井冈山市
万安博物馆
古城墙
工农兵政府旧址
燕山书院
新兴书院
横溪书院
匡山书院
龙江书院
井冈山会师纪念馆
井冈山风景名胜区
万安水库
南车水库

## 吉安市

吉安，古称庐陵、吉州，元初取“吉泰民安”之意，改称吉安。吉安市位于江西省中部（赣中），西接湖南省，揽罗霄山脉中段，赣江中游，踞富饶的吉泰盆地，是江西建制最早的古郡之一，素有江右名邑之称，是江右文化发源地之一。

吉安下辖吉州区、青原区、井冈山市和吉安县、泰和县、万安县、遂川县、永新县、永丰县、吉水县、峡江县、安福县、新干县等2

井冈山雕塑

吉安市生态园音乐喷泉

区 1 市 10 县，另设有井冈山经济技术开发区（国务院批准设立的副厅级国家级开发区）、吉安高新技术产业开发区（国家级高新区）、井冈山出口加工区（国务院批准设立）和庐陵新区（正县级），是国家级电子信息产业示范基地。吉安全市总面积 2.5 万平方千米，人口 530.4 万人。

吉安是赣文化三大支柱之一，自古乃人文渊源之地，“三千进士冠华夏，文章节义写春秋”，孕育了自成一系的江右庐陵文化，素有“金庐陵”“江南望郡”“山水福地”“文章节义之邦”“状元之乡”“才子之乡”“将军市”“红色摇篮”“革命圣地”等美誉。唐宋八大家之一的欧阳修、南宋四大家之一的杨万里、禅宗七祖青原行思、抗元民族英雄文天祥等都出自吉安，同时也是江南青铜文明源地、禅宗青原法系源地、江右王门心学源地、中国十大名窑“吉州窑”所在地。

# 十一 抚州市

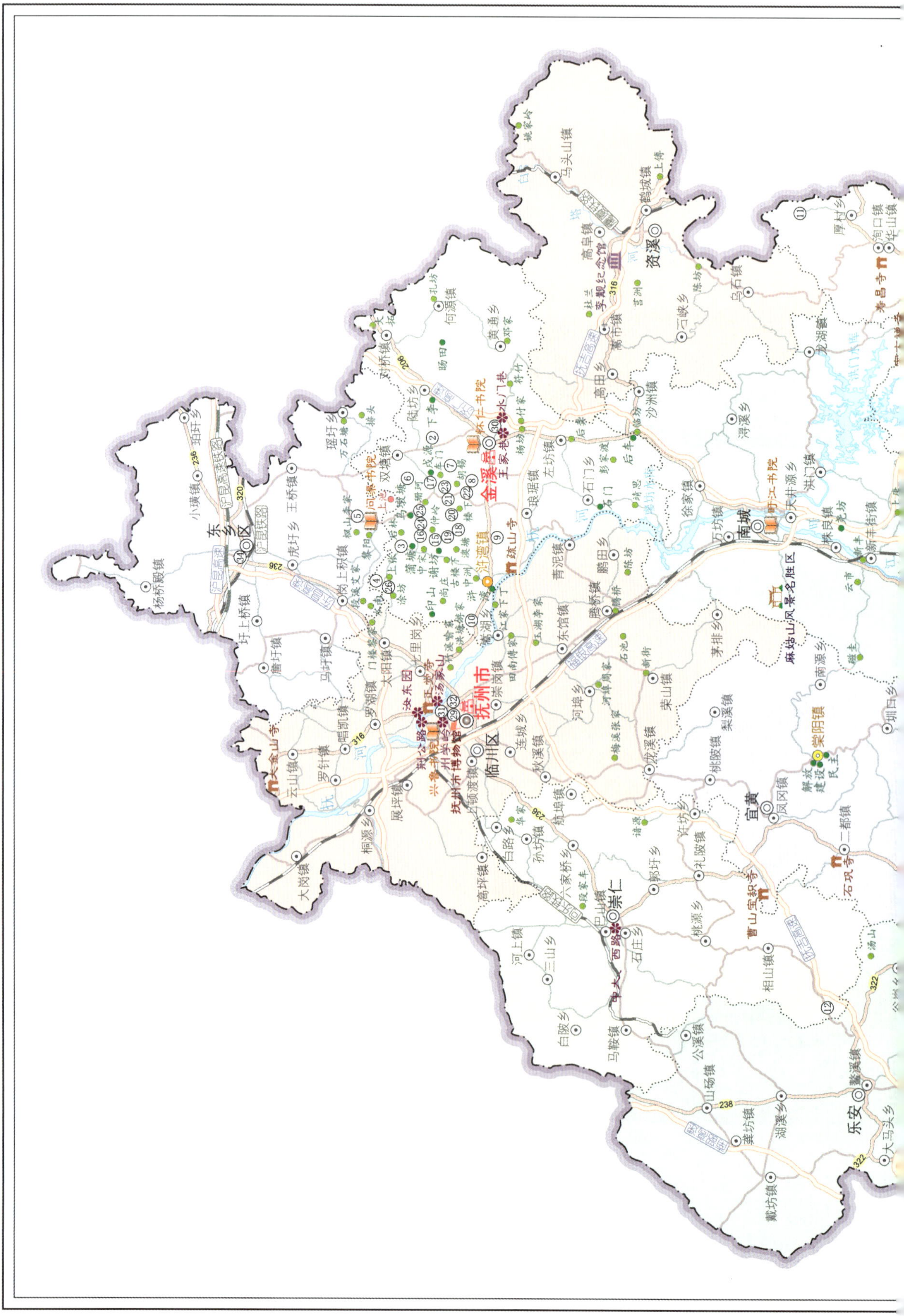

抚州市
临川区
东乡区
金溪县
资溪
南城
宜黄
崇仁
乐安
浒湾镇
崇阳镇
李觏纪念馆
疏山寺
麻姑山风景名胜区
曹山宝积寺
石巩寺
宝山寺
汝东园
抚州市博物馆
文昌里
拟岘台
名人雕塑园
王家巷
竹桥古村

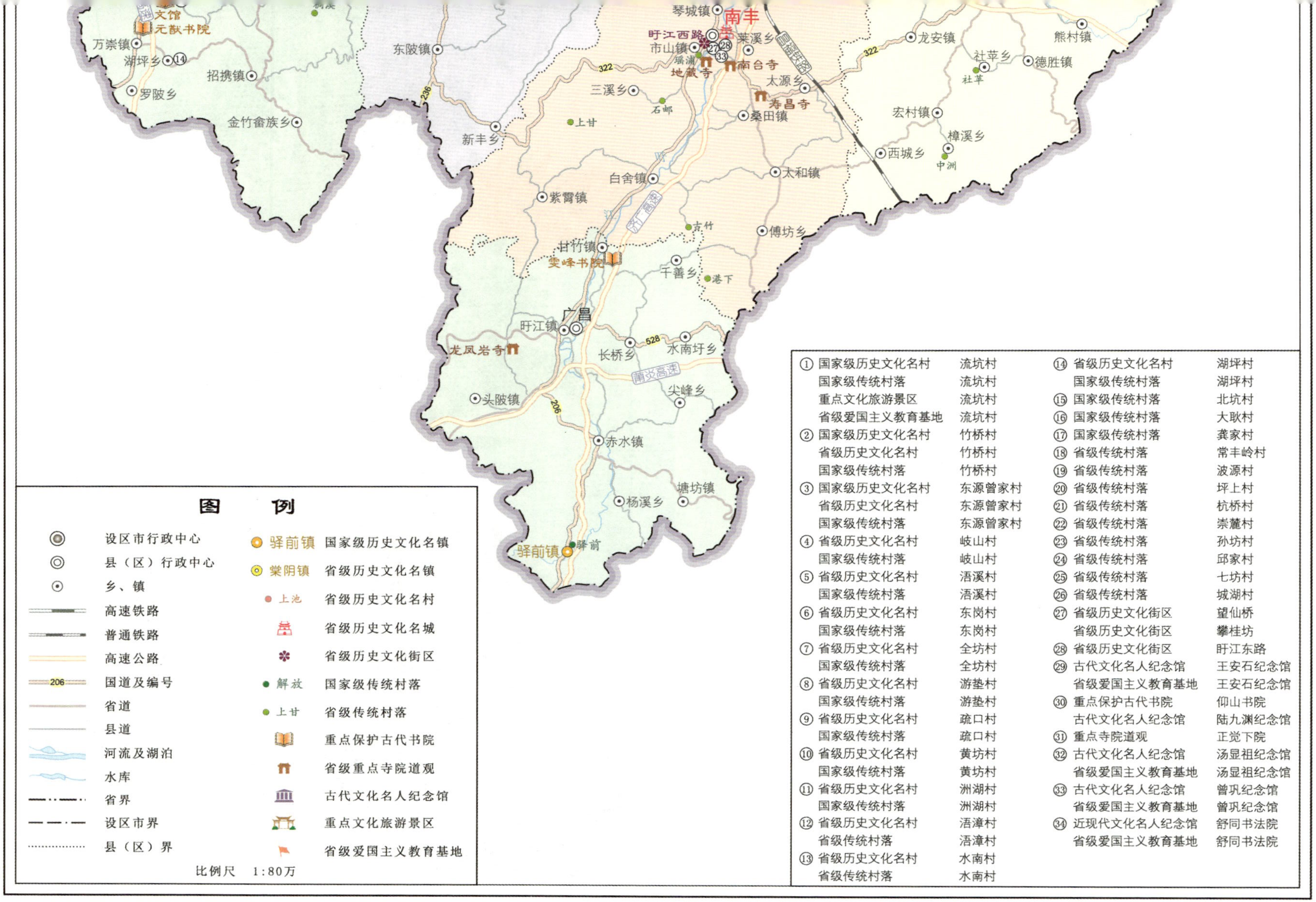


## 图例

| | | | |
|---|---|---|---|
| ◎ | 设区市行政中心 | 驿前镇 | 国家级历史文化名镇 |
| ◎ | 县（区）行政中心 | 棠阴镇 | 省级历史文化名镇 |
| ⊙ | 乡、镇 | 上池 | 省级历史文化名村 |
| | 高速铁路 | | 省级历史文化名城 |
| | 普通铁路 | | 省级历史文化街区 |
| | 高速公路 | 解放 | 国家级传统村落 |
| 206 | 国道及编号 | 上甘 | 省级传统村落 |
| | 省道 | | 重点保护古代书院 |
| | 县道 | | 省级重点寺院道观 |
| | 河流及湖泊 | | 古代文化名人纪念馆 |
| | 水库 | | 重点文化旅游景区 |
| | 省界 | | 省级爱国主义教育基地 |
| | 设区市界 | | |
| | 县（区）界 | | |

比例尺 1:80万

| | | |
|---|---|---|
| ① | 国家级历史文化名村 | 流坑村 |
| | 国家级传统村落 | 流坑村 |
| | 重点文化旅游景区 | 流坑村 |
| | 省级爱国主义教育基地 | 流坑村 |
| ② | 国家级历史文化名村 | 竹桥村 |
| | 省级历史文化名村 | 竹桥村 |
| | 国家级传统村落 | 竹桥村 |
| ③ | 国家级历史文化名村 | 东源曾家村 |
| | 省级历史文化名村 | 东源曾家村 |
| | 国家级传统村落 | 东源曾家村 |
| ④ | 省级历史文化名村 | 岐山村 |
| | 国家级传统村落 | 岐山村 |
| ⑤ | 省级历史文化名村 | 浯溪村 |
| | 国家级传统村落 | 浯溪村 |
| ⑥ | 省级历史文化名村 | 东岗村 |
| | 国家级传统村落 | 东岗村 |
| ⑦ | 省级历史文化名村 | 全坊村 |
| | 国家级传统村落 | 全坊村 |
| ⑧ | 省级历史文化名村 | 游垫村 |
| | 国家级传统村落 | 游垫村 |
| ⑨ | 省级历史文化名村 | 疏口村 |
| | 国家级传统村落 | 疏口村 |
| ⑩ | 省级历史文化名村 | 黄坊村 |
| | 国家级传统村落 | 黄坊村 |
| ⑪ | 省级历史文化名村 | 洲湖村 |
| | 国家级传统村落 | 洲湖村 |
| ⑫ | 省级历史文化名村 | 浯漳村 |
| | 省级传统村落 | 浯漳村 |
| ⑬ | 省级历史文化名村 | 水南村 |
| | 省级传统村落 | 水南村 |
| ⑭ | 省级历史文化名村 | 湖坪村 |
| | 国家级传统村落 | 湖坪村 |
| ⑮ | 国家级传统村落 | 北坑村 |
| ⑯ | 国家级传统村落 | 大耿村 |
| ⑰ | 国家级传统村落 | 龚家村 |
| ⑱ | 省级传统村落 | 常丰岭村 |
| ⑲ | 省级传统村落 | 波源村 |
| ⑳ | 省级传统村落 | 坪上村 |
| ㉑ | 省级传统村落 | 杭桥村 |
| ㉒ | 省级传统村落 | 崇麓村 |
| ㉓ | 省级传统村落 | 孙坊村 |
| ㉔ | 省级传统村落 | 邱家村 |
| ㉕ | 省级传统村落 | 七坊村 |
| ㉖ | 省级传统村落 | 城湖村 |
| ㉗ | 省级历史文化街区 | 望仙桥 |
| | 省级历史文化街区 | 攀桂坊 |
| ㉘ | 省级历史文化街区 | 盱江东路 |
| ㉙ | 古代文化名人纪念馆 | 王安石纪念馆 |
| | 省级爱国主义教育基地 | 王安石纪念馆 |
| ㉚ | 重点保护古代书院 | 仰山书院 |
| | 古代文化名人纪念馆 | 陆九渊纪念馆 |
| ㉛ | 重点寺院道观 | 正觉下院 |
| ㉜ | 古代文化名人纪念馆 | 汤显祖纪念馆 |
| | 省级爱国主义教育基地 | 汤显祖纪念馆 |
| ㉝ | 古代文化名人纪念馆 | 曾巩纪念馆 |
| | 省级爱国主义教育基地 | 曾巩纪念馆 |
| ㉞ | 近现代文化名人纪念馆 | 舒同书法院 |
| | 省级爱国主义教育基地 | 舒同书法院 |

# 抚州市

抚州市位于江西省东部，长江中游城市群重要成员，辖 1 区 10 县和 1 个高新技术产业园区，总面积 1.88 万平方千米，全市人口 418 万。抚州南北长约 222 千米，东西宽约 169 千米。东邻福建，南接赣州通达广东，西近京九铁路与吉安、宜春相连，北临鄱阳湖与南昌、鹰潭毗邻。

抚州人文鼎盛，自古素有“江右古郡、才子之乡”的美誉。抚州市是江西省唯一同时享受鄱阳湖生态经济区国家战略、海峡两岸经济区国家发展战略、振兴原中央苏区战略等三大国家重大发展战略政策的设区市。

王安石纪念馆

抚州地形地貌特征以山地、丘陵为主。自隋朝建州以来，距今已有1400多年的历史。历史上抚州层孕育了一大批对中国历史文化有深远影响的文化名人。依托丰富的自然资源、良好的生态环境、优越的发展条件，抚州日益成为一方“宜业的热土、宜游的乐园、宜居的福地”。抚州是新型工业城市，亦为台湾海峡西岸经济区中心城市，是中国第一个纳入国家战略区域性发展规划的鄱阳湖生态经济区，也是江右民系的主要聚居地和繁衍地，自古就有“襟领江湖，控带闽粤”之称。

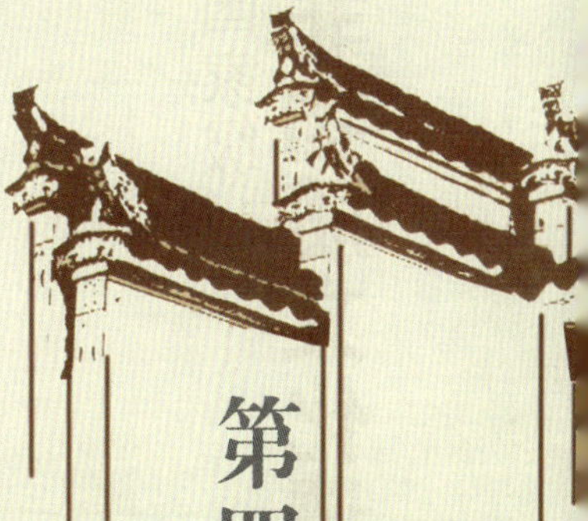

# 第四章 附录

Appendices

# 1 国家级非物质文化遗产项目（共计70项）

## 一、传统文学（共计1项）

解缙故事 · 吉水县

## 二、传统音乐（共计7项）

九江山歌 · 九江县

武宁打鼓歌 · 武宁县

龙虎山正一天师道道教音乐 · 鹰潭市

兴国山歌 · 兴国县

于都唢呐公婆吹 · 于都县

花镲锣鼓 · 丰城市

万载得胜鼓 · 万载县

## 三、传统舞蹈（共计9项）

婺源傩舞 · 婺源县

古陂席狮、犁狮 · 信丰县

丰城岳家狮 · 丰城市

鲤鱼灯舞 · 吉安县

永新盾牌舞 · 永新县

南丰傩舞 · 南丰县

乐安傩 · 乐安县

宜黄禾杠舞 · 宜黄县

黎川舞白狮 · 黎川县

## 四、传统戏剧（共计15项）

江西目连戏 · 江西省艺术研究院

赣剧 · 江西省赣剧院

高安采茶戏 · 高安市

青阳腔 · 湖口县

西河戏 · 庐山市

永修丫丫戏 · 永修县

德安潘公戏 · 德安县

婺源徽剧 · 婺源县

赣南采茶戏 · 赣州市

东河戏 · 赣县

万载开口傩 · 万载县

弋阳腔 · 弋阳县

抚州采茶戏 · 抚州市临川区

宜黄戏 · 宜黄县

广昌孟戏 · 广昌县

## 五、曲艺（共计3项）

萍乡春锣 · 萍乡市

客家古文 · 于都县

永新小鼓 · 永新县

## 六、传统体育、游艺与杂技（共计 1 项）

井冈山全堂狮灯 · 井冈山市

## 七、传统美术（共计 10 项）

南昌瓷板画 · 南昌市

瑞昌剪纸 · 瑞昌市

瑞昌竹编 · 瑞昌市

湖口草龙 · 湖口县

婺源三雕 · 婺源县

萍乡湘东傩面具 · 萍乡市湘东区

莲花打锡 · 莲花县

夏布绣 · 新余市

东固传统造像 · 吉安市青原区

新干剪纸 · 新干县

## 八、传统技艺（共计 15 项）

金星砚制作技艺 · 庐山市

景德镇传统瓷窑作坊营造技艺 · 景德镇市

景德镇手工制瓷技艺 · 景德镇市

婺源歙砚制作技艺 · 婺源县

婺源绿茶制作技艺 · 婺源县

古戏台营造技艺 · 乐平市

萍乡烟花爆竹制作技艺 · 上栗县

赣南客家围屋营造技艺 · 龙南县

赣南客家擂茶制作技艺 · 全南县

万载夏布制作技艺 · 万载县

万载花炮制作技艺 · 万载县

铅山连四纸制作技艺 · 铅山县

鄱阳脱胎漆器髹饰技艺 · 鄱阳县

吉州窑陶瓷烧制技艺 · 吉安市

庐陵传统民居营造技艺 · 泰和县

## 九、传统医药（共计 1 项）

樟树中药炮制技艺 · 樟树市

## 十、民俗（共计 8 项）

上坂关公灯 · 南昌市湾里区

西山万寿宫庙会 · 新建区

全丰花灯 · 修水县

樟树药俗 · 樟树市

赣南客家匾额习俗 · 会昌县

石城灯会 · 石城县

稻作习俗 · 万年县

中秋烧塔习俗 · 吉安市

（该信息来源于江西省人民政府官网，于 2018 年发布。）

# ❷ 状元名录（共计54人）

**一、唐代**

王徽、卢肇、易重、王克贞、伍乔、邓及、乐史

**二、宋代**

马适、郑獬、刘辉、彭汝砺、何昌言、何涣、汪应辰、徐元杰、张渊微、姚勉、文天祥

**三、元代**

笃列图、薛朝晤、李谨斯

**四、明代**

吴伯宗、朱善、胡广、曾棨、萧时中、陈循、曾鹤龄、刘俨、彭时、谢一夔、彭教、罗伦、张升、曾彦、费宏、杨慎、舒芬、罗洪先、韩应龙、刘同升

**五、清代**

刘子壮、戴衢亨、吴其濬、汪鸣相、刘绎、刘福姚、徐衡、李知诚、吕延彦、文武、秦藩信、汪道诚、张鸿翥

（此内容摘录于李天白编著的《江西状元全传》。）

# 3 开国将军名录（共计 325 位）

## 一、南昌（3 人）

1. 南昌市（1 人）

周维

2. 进贤县（2 人）

齐钉根、陶汉章

## 二、九江（1 人）

1. 德安县（1 人）

杨恬

## 三、萍乡（18 人）

1. 莲花县（13 人）

朱辉照、甘祖昌、胡登高、江勇为、金忠藩、况开田、李夫克、刘镇、龙炳初、徐国贤、朱家胜、朱云谦、谢锡玉

2、上栗县（5 人）

黎新民、罗桂华、王六生、王耀南、吴烈

## 四、鹰潭（1 人）

1. 贵溪市（1 人）

刘亨云

## 五、赣州（134 人）

1. 南康区（6 人）

曹丹辉、袁渊、曹传赞、曹德连、曹光琳、巫金锋

2. 赣县区（8 人）

赖传珠、廖容标、刘大煜、吴保山、谢镗忠、徐光华、游好扬、罗亦经

3. 信丰县（5 人）

曾思玉、童国贵、曾保堂、李长暐、彭寿生

4. 大余县（1 人）

黄萍

5. 上犹县（4 人）

何家产、黄振棠、廖昌金、钟元辉

6. 崇义县（4 人）

黄志勇、谢振华、兴中、余光茂

7. 兴国县（55 人）

陈奇涵、萧华、康志强、温玉成、谢有法、朱明、陈美福、陈熙、龚兴贵、黄朝天、黄文明、黄友凤、黄玉昆、雷永通、李呈瑞、李良汉、李士才、李佐玉、廖鼎琳、刘涌、刘世洪、刘耀宗、刘玉堂、吕黎平、

马泽迎、毛会义、欧阳平、邱会魁、邱先通、王屏、魏洪亮、谢国仪、谢立全、谢良、杨卓、杨汉林、叶运高、曾克林、曾美、曾新泮、曾昭墟、张英辉、钟炳昌、钟发宗、钟国楚、钟人仿、钟生溢、钟文法、邹衍、陈坊仁、陈远波、邓经纬、江学彬、周彬、邱会作（林彪集团）

8. 宁都县（13 人）

刘浩天、黄思沛、梁玉振、廖冠贤、卢文新、罗有荣、曾凡友、钟辉琨、张光华、黄径琛、曾凡有、陈力、许诚

9. 于都县（17 人）

丁荣昌、丁盛、段德彰、方槐、康林、李致远、刘友光、谢明、谢正浩、杨思禄、叶荫庭、曾庆良、曾雍雅、张耀祠、黄经耀、黄作珍、钟贤文

10. 瑞金市（13 人）

江拥辉、孙文采、严庆堤、杨俊生、张雄、郑旭煜、钟发生、钟辉、朱耀华、梁达三、刘锦平、谢家祥、杨力

11. 会昌县（2 人）

陈士法、宋玉琳

12. 寻乌县（2 人）

邝任农、曾征

13. 石城县（4 人）

赖达元、温先星、伍生荣、郑三生

## 六、宜春（11 人）

1. 袁州区（1 人）

周赤萍

2. 樟树市（2 人）

杨树根、张海棠

3. 丰城市（1 人）

李振邦

4. 上高县（1 人）

汪祖美

5. 宜丰县（1 人）

黎同新

6. 万载县（5 人）

杜平、王宗槐、罗章、谢胜坤、彭盛

## 七、上饶（9 人）

1. 广丰县（1 人）

蒋润观

2. 铅山县（1 人）

陈仁洪

3. 横峰县（1 人）

刘毓标

4. 弋阳县（4 人）

吴克华、汪东兴、谢锐、方震

5. 万年县（1 人）

黄玉庭

6. 德兴市（1 人）

饶守坤

## 八、吉安（145 人）

1. 吉州区（5 人）

刘绍文、任昌辉、舒行、王茂全、谢斌

2. 青原区（12 人）

梁必业、梁兴初、袁升平、梁仁芥、刘华香、刘贤权、罗通、钱江、杨怀珠、姚国民、黎有章、李作鹏（林彪集团）

3. 井冈山市（1 人）

赖春风

4. 吉安县（28 人）

刘西元、彭嘉庆、彭林、吴富善、萧望东、余秋里、周彪、周贯五、杜文达、郭金林、郭延林、胡备文、李木生、李铨、刘华春、罗文坊、欧阳家祥、萧大荃、萧荣昌、曾光明、曾如清、张太生、邓龙翔、胡云生、刘昂、刘世相、王力生、蔡顺礼

5. 新干县（1 人）

6. 泰和县（17 人）

蔡永、陈德先、陈云开、罗维道、王英高、萧锋、易耀彩、尹明亮、袁光、袁佩爵、曾威、康庄、林茂源、刘兴隆、罗元炘、严俊、张济民

7. 永新县（41 人）

旷伏兆、王道邦、王恩茂、张国华、陈信忠、贺光华、贺庆积、贺盛桂、贺振新、江夔元、李真、李治、刘鹤孔、刘义、刘子云、龙道权、龙飞虎、龙福才、龙潜、龙振彪、罗斌、马辉、彭富九、彭龙飞、彭清云、盛治华、谭开云、萧森、萧思明、张铚秀、周志飞、周志刚、左齐、陈云中、刘发秀、刘福、王学清、吴融锋、萧新春、颜文斌、左爱

8. 万安县（7 人）

匡裕民、王辉球、钟汉华、黄荣海、萧前、萧元礼、游胜华

9. 吉水县（17 人）

董永清、何运洪、李景瑞、李水清、罗仁全、宋景华、王东保、萧文玖、杨家保、张开荆、张文碧、蔡长风、戴润生、李道之、罗文华、余致泉、周长胜

10. 永丰县（9 人）

郭林祥、金如柏、汤光恢、萧学林、张华、周涌、曾传芳、刘辉山、吴法宪（林彪集团）

11. 安福县（7 人）

黄厚、毛少先、欧阳奕、童炎生、张强生、廖明、王元和

## 九、抚州（3 人）

1. 乐安县（1 人）

黄火星

2. 南丰县（1 人）

江含章

3. 广昌县（1 人）

廖鼎祥

（此内容摘录于吴畏编著的《江西籍开国将军故事》。）

# 4 历代宰相名录（共计115人）

一、东汉（1人）

刘陵

二、东晋（1人）

熊远

三、南朝（2人）

邓琬、黄法氍

四、唐（8人）

钟绍京、杨於陵、舒元舆、杨嗣复、杨收、陈伯彦、钟传、胡曈

五、五代（9人）

刘言、王定保、元德昭、宋齐邱、李征古、陈乔、童发、王克贞、邓及

六、宋（50人）

陈恕、王钦若、陈彭年、夏竦、晏殊、李谘、陈执中、刘沆、欧阳修、王安石、王韶、王绛、郭峻、王安礼、李山甫、刘奉世、邓润甫、程节、曾布、吴居厚、张叔夜、聂昌、王寓、徐俯、程克俊、余尧弼、董德元、陈康伯、汪澈、张焘、洪遵、洪适、王刚中、周必大、施师点、萧燧、赵汝愚、京镗、罗点、刘德秀、雷孝友、崔与之、刘伯正、江万里、马廷鸾、包恢、陈宗礼、章鉴、曾渊子、文天祥

七、元（2人）

燕公楠、危素

八、明（31人）

王傅、王子澄、胡俨、杨士奇、金幼孜、解缙、胡广、王直、陈循、彭时、萧镃、刘定之、陈文、彭华、尹直、杨廷和、费宏、桂萼、夏言、严嵩、张位、吴道南、何宗彦、刘一爆、郑以伟、傅冠、何如宠、蔡国用、姜曰广、曾樱、杨廷麟

九、清（11人）

范文程、朱轼、裘曰修、彭元瑞、董诰、戴均元、曹振镛、戴衢亨、李鸿宾、陈孚恩、胡家玉

（此内容摘录于李天白编著的《江西宰相传》。）

# 5 第七批国家级历史文化名镇名村名单

| 第七批国家级历史文化名镇名村名单 | |
|---|---|
| 1 | 九江市修水县山口镇 |
| 2 | 鹰潭市贵溪市塘湾镇 |
| 3 | 宜春市樟树市临江镇 |
| 4 | 景德镇市浮梁县礼芳村 |
| 5 | 景德镇市浮梁县英溪村 |
| 6 | 鹰潭市贵溪市曾家村 |
| 7 | 赣州市龙南县新园村 |
| 8 | 赣州市寻乌县周田村 |
| 9 | 上饶市婺源县篁岭村 |
| 10 | 上饶市婺源县西冲村 |
| 11 | 吉安市泰和县爵誉村 |
| 12 | 吉安市安福县柘溪村 |
| 13 | 抚州市乐安县湖坪村 |
| 14 | 抚州市金溪县游垫村 |
| 15 | 抚州市金溪县全坊村 |
| 16 | 抚州市金溪县疏口村 |
| 17 | 抚州市金溪县岐山村 |

# 6 第五批中国传统村落名单

| 第五批中国传统村落名单 | | | |
|---|---|---|---|
| 1 | 南昌市进贤县桂桥村 | 22 | 鹰潭市贵溪市上祝村闵坑村 |
| 2 | 南昌市进贤县前塘村 | 23 | 赣州市南康区幸屋村 |
| 3 | 九江市修水县太阳村 | 24 | 赣州市南康区卢屋村 |
| 4 | 九江市武宁县太平山村合港村 | 25 | 赣州市赣县区清溪村 |
| 5 | 景德镇市乐平市浒崦村 | 26 | 赣州市赣县区大都村 |
| 6 | 景德镇市乐平市东岗村石峡村 | 27 | 赣州市信丰县李庄村上龙村 |
| 7 | 景德镇市乐平市车溪村 | 28 | 赣州市大余县杨梅村 |
| 8 | 景德镇市乐平市小坑村 | 29 | 赣州市上犹县陶朱村 |
| 9 | 景德镇市乐平市耆德村 | 30 | 赣州市上犹县大石门村 |
| 10 | 景德镇市浮梁县桃岭村楚岗村 | 31 | 赣州市安远县筼筜村 |
| 11 | 景德镇市浮梁县鸦桥村 | 32 | 赣州市龙南县大坝村 |
| 12 | 景德镇市浮梁县五华村 | 33 | 赣州市龙南县正桂村 |
| 13 | 景德镇市浮梁县龙潭村 | 34 | 赣州市龙南县新里村 |
| 14 | 景德镇市浮梁县城门村 | 35 | 赣州市定南县老城村 |
| 15 | 景德镇市浮梁县程家山村龙源村 | 36 | 赣州市兴国县东韶村 |
| 16 | 景德镇市浮梁县诰峰村 | 37 | 赣州市兴国县白石村 |
| 17 | 景德镇市浮梁县江村村 | 38 | 赣州市宁都县暘霁村 |
| 18 | 新余市分宜县塘西村 | 39 | 赣州市于都县坝脑村 |
| 19 | 新余市渝水区白梅村 | 40 | 赣州市瑞金市下坝村 |
| 20 | 新余市渝水区新生村哲山村 | 41 | 赣州市瑞金市粟田村黄田村 |
| 21 | 新余市渝水区西江村 | 42 | 赣州市瑞金市武阳村 |

| 第五批中国传统村落名单 | | | |
|---|---|---|---|
| 43 | 赣州市瑞金市上田村 | 64 | 上饶市横峰县枫林村 |
| 44 | 赣州市寻乌县周田村 | 65 | 上饶市鄱阳县清溪村新屋下村 |
| 45 | 赣州市寻乌县桥头村 | 66 | 上饶市鄱阳县枧丰田村 |
| 46 | 赣州市石城县大畲村 | 67 | 上饶市婺源县河山坦村新源村 |
| 47 | 宜春市丰城市湖茫村 | 68 | 上饶市婺源县长滩村龙腾上村 |
| 48 | 宜春市丰城市湖塘村 | 69 | 上饶市婺源县桃溪村坑头村 |
| 49 | 宜春市丰城市红湖村赤坑村 | 70 | 上饶市婺源县菊径村 |
| 50 | 宜春市丰城市六坊村富塘村 | 71 | 上饶市婺源县水岚村 |
| 51 | 宜春市丰城市洛溪村 | 72 | 上饶市德兴市海口村 |
| 52 | 宜春市丰城市长塘村 | 73 | 吉安市吉州区湖田村匏塘村 |
| 53 | 宜春市靖安县大团村水垅村 | 74 | 吉安市吉州区藤桥村菰塘村 |
| 54 | 宜春市靖安县象湖村占坊村 | 75 | 吉安市吉州区赵塘村上赵塘村 |
| 55 | 宜春市靖安县船湾村 | 76 | 吉安市吉州区彭家村胡家村 |
| 56 | 宜春市奉新县长青村 | 77 | 吉安市青原区永乐村永乐村 |
| 57 | 宜春市宜丰县店上村 | 78 | 吉安市青原区毛家村源头村 |
| 58 | 宜春市宜丰县龙岗村 | 79 | 吉安市青原区江头村毛家村 |
| 59 | 宜春市宜丰县下屋村 | 80 | 吉安市吉安县泗塘村第泗塘村 |
| 60 | 上饶市广丰区十都村 | 81 | 吉安市新干县上寨村 |
| 61 | 上饶市玉山县官溪社区 | 82 | 吉安市新干县塘下村新居村 |
| 62 | 上饶市铅山县陈坊村 | 83 | 吉安市永丰县金溪村 |
| 63 | 上饶市铅山县太源村水美村 | 84 | 吉安市吉水县坪洲村东塘村 |

| 第五批中国传统村落名单 | | | |
|---|---|---|---|
| 85 | 吉安市吉水县兰田村林桥村 | 106 | 抚州市临川区娄溪村门楼黎家村 |
| 86 | 吉安市吉水县上陇洲村 | 107 | 抚州市临川区玉湖村李家村 |
| 87 | 吉安市吉水县溎塘村 | 108 | 抚州市临川区腾桥村 |
| 88 | 吉安市吉水县西岭村上栋村 | 109 | 抚州市临川区石池村 |
| 89 | 吉安市吉水县云庄村 | 110 | 抚州市临川区洪塘村游家村 |
| 90 | 吉安市吉水县荷塘村栗头村 | 111 | 抚州市临川区竹溪村喻家村 |
| 91 | 吉安市吉水县固洲村 | 112 | 抚州市临川区陈油村田南傅家村 |
| 92 | 吉安市吉水县金城村大坰村 | 113 | 抚州市临川区江下村下丁村 |
| 93 | 吉安市吉水县桥头村 | 114 | 抚州市临川区陈坊村 |
| 94 | 吉安市吉水县王家村栗下村 | 115 | 抚州市临川区河埠村周家村 |
| 95 | 吉安市泰和县书院村 | 116 | 抚州市东乡区段溪村艾家村 |
| 96 | 吉安市泰和县王山村 | 117 | 抚州市南城县红米丘村磁圭村 |
| 97 | 吉安市泰和县钟埠村 | 118 | 抚州市南城县云市村 |
| 98 | 吉安市泰和县店边村梅冈村 | 119 | 抚州市南城县上唐村 |
| 99 | 吉安市安福县浮山村下李家村 | 120 | 抚州市南城县上舍村 |
| 100 | 吉安市安福县毛田村龙田村 | 121 | 抚州市南城县源头村 |
| 101 | 吉安市安福县枫田村松田村 | 122 | 抚州市南城县下崔村 |
| 102 | 吉安市安福县嘉溪村 | 123 | 抚州市南城县临坊村 |
| 103 | 吉安市永新县樟枧村 | 124 | 抚州市南城县新丰村 |
| 104 | 抚州市临川区新街村 | 125 | 抚州市南城县汾水村 |
| 105 | 抚州市临川区梅溪村张家村 | 126 | 抚州市黎川县中洲村 |

| 第五批中国传统村落名单 | | | |
|---|---|---|---|
| 127 | 抚州市黎川县中田村 | 148 | 抚州市金溪县古圩村铜岭村 |
| 128 | 抚州市南丰县瑶浦村 | 149 | 抚州市金溪县对塘村湖山村 |
| 129 | 抚州市南丰县上甘村 | 150 | 抚州市金溪县坪上村楼下村、里姜村 |
| 130 | 抚州市南丰县古竹村 | 151 | 抚州市金溪县湖坊村珊珂村、仲岭村 |
| 131 | 抚州市南丰县长岭村梅坑村 | 152 | 抚州市金溪县崇麓村 |
| 132 | 抚州市南丰县石邮村 | 153 | 抚州市金溪县良种场郑坊村 |
| 133 | 抚州市南丰县港下村 | 154 | 抚州市金溪县安吉村彭家村 |
| 134 | 抚州市崇仁县浯漳村 | 155 | 抚州市金溪县徐源村 |
| 135 | 抚州市崇仁县陈村段家车村 | 156 | 抚州市金溪县后龚村 |
| 136 | 抚州市崇仁县吴坊村华家村 | 157 | 抚州市金溪县陆坊村 |
| 137 | 抚州市崇仁县谙源村 | 158 | 抚州市金溪县植源村 |
| 138 | 抚州市乐安县水南村 | 159 | 抚州市金溪县桥上村 |
| 139 | 抚州市乐安县丰林村万坊村 | 160 | 抚州市金溪县城湖村 |
| 140 | 抚州市乐安县右源村峡源村 | 161 | 抚州市金溪县陈坊村上张村 |
| 141 | 抚州市乐安县水溪村 | 162 | 抚州市金溪县高坪村 |
| 142 | 抚州市乐安县罗陂村古村村 | 163 | 抚州市金溪县桂家村下宋村 |
| 143 | 抚州市乐安县炉桐村稠溪村 | 164 | 抚州市金溪县白沿村横源村 |
| 144 | 抚州市乐安县汤山村 | 165 | 抚州市金溪县靖思村 |
| 145 | 抚州市金溪县马街村符竹村 | 166 | 抚州市资溪县大觉山村上傅村 |
| 146 | 抚州市金溪县先锋村傅家村 | 167 | 抚州市资溪县莒洲村 |
| 147 | 抚州市金溪县荣坊村 | 168 | 抚州市资溪县杜兰村 |

# 7 第五批省级历史文化街区名单

| 第五批省级历史文化街区名单 | |
|---|---|
| 1 | 九江市庐山市牯岭街历史文化街区 |
| 2 | 九江市庐山市西宁街历史文化街区 |
| 3 | 赣州市章贡区石板头历史文化街区 |
| 4 | 赣州市南康区盐街上历史文化街区 |
| 5 | 上饶市婺源县大庙街历史文化街区 |
| 6 | 上饶市婺源县南门街历史文化街区 |
| 7 | 吉安市井冈山市挹翠湖历史文化街区 |
| 8 | 吉安市遂川县工农兵政府旧址历史文化街区 |
| 9 | 抚州市南城县北街历史文化街区 |
| 10 | 抚州市南城县将军岭历史文化街区 |

# 后记 Postscript

江西物华天宝、人杰地灵。从古至今，这片古老而富饶的土地，留下了丰富而珍贵的人文资源。这些文化元素通过历史名城、红色胜地、传统村落、古代书院、千年古刹、考古遗址等等风景名胜，连接古今，向当下述说着历史的辉煌。

为了更好地贯彻落实习近平新时代中国特色社会主义思想，讲好中国故事，宣传好江西文化，我们于两年前启动编写了这本《江西文化地图》，旨在对江西丰富的文化资源进行系统梳理，给读者提供一本详实的文化指南。

因此，这本书主要突出三大特色。一是文化元素与地图相结合，这也是本书最大的亮点。本书是对江西历史文化元素的一次系统性展示，是江西历史文化的大集纳，但又区别于其他江西文化类的书籍，用 23 张地图将江西的十大文化类别以及区域文化分布直观地呈现在读者面前，使江西丰富的人文历史一目了然，尽收眼底。二是动态视频与静态图文相结合。本书不仅以文字的形式全面系统地梳理了江西历史文化，收入了 200 余幅精美图片，更重要的是采取视频补充的方式，通过二维码的植入，可观看动态信息，视频内容还可以根据文化发展与时俱进，不断更新。三是文化探寻与文化旅游相结合。此书既是江西文化人文读本，又是江西文化旅游指南，具有知识性、资料性、实用性和普及性，是关注江西、喜爱江西旅游人士的必备读物。

历经两年多的打磨，此书即将与广大读者见面。在编写过程中，地图绘制得到了江西省自然资源档案馆的鼎立支持，他们对地图的绘制专业规范，精益求精，是此书浓墨重彩的一笔；在图书基础资料方面，得到了各地党委宣传部、文明办以及江西日报社有关同志的大力支持和帮助，提供了大量的文字信息，为内容的出处提供依据；在知识把关环节，得到了梁洪生教授、邹华生处长、万一君处长以及其他专家的审读提点，为图书提供了学术和专业上的指导。在此，谨向所有支持、帮助过本书出版的领导、专家、学者致以衷心的感谢！限于水平和时间，在编写过程中，难免存在缺憾和不足，敬请广大读者批评指正！

编者

2020 年 10 月

**图书在版编目（CIP）数据**

江西文化地图 / 张天清主编. -- 南昌 ：江西美术出版社，2020.11
ISBN 978-7-5480-7404-5

Ⅰ. ①江… Ⅱ. ①张… Ⅲ. ①文化史—江西 Ⅳ. ①K295.6

中国版本图书馆CIP数据核字(2020)第011225号

---

**出 品 人：** 周建森
**责任编辑：** 方 姝 邱 婧 姚屹雯
**责任印制：** 汪剑菁
**书籍设计：** 梅家强 林思同

---

**制图编辑部**

**总体设计：** 赵珍珍 饶 君 曾翠云
**数字制图：** 魏 悦 刘 锬 彭 兵 崔亚如 何 伟
**审 校：** 朱亚敏 桂崇慧 殷 敏 欧阳龙琴

**江西文化地图**
JIANGXI WENHUA DITU

**主 编：** 张天清
**出 版：** 江西美术出版社
**社 址：** 南昌市子安路66号
**邮 编：** 330025
**电 话：** 0791-86566309
**发 行：** 全国新华书店
**印 刷：** 武汉市金港彩印有限公司
**版 次：** 2020年11月第1版
**印 次：** 2020年11月第1次印刷
**开 本：** 787×1092 1/16
**印 张：** 28.5
**ISBN** 978-7-5480-7404-5
**定 价：** 128.00元

**审图号：** 赣S（2020）167号

---